Tilman Plath

Zwischen Schonung und Menschenjagden

KLARTEXT

Tilman Plath

Zwischen Schonung und Menschenjagden

Die Arbeitseinsatzpolitik in den baltischen Generalbezirken des Reichskommissariats Ostland 1941–1944

Umschlagabbildungen:

Oben: Das Lager Salaspils bei Riga nach dem Abzug der Deutschen im Herbst 1944, aus: Nollendorfs, V. (Hrsg.), Museum of the Occupation of Latvia. Latvia under the Rule of the Soviet Union and National Socialist Germany, Riga 2002, S. 74.

Unten: Männer des Reichsarbeitsdienstes bei einer Parade auf dem Domplatz von Riga 1943, aus: Latvia State Archive of Audiovisual Documents, Standbild aus „Ostland-Woche" Nr. 65.

Gedruckt mit freundlicher Unterstützung der
Stiftung „Erinnerung, Verantwortung und Zukunft".

evz STIFTUNG ERINNERUNG VERANTWORTUNG ZUKUNFT

Im Rahmen eines internationalen Forschungsprogramms unterstützte die Stiftung „Erinnerung, Verantwortung und Zukunft" 13 Forschungsvorhaben, um Wissenslücken in der historischen Forschung zur Zwangsarbeit während des Nationalsozialismus sowie zur Situation ehemaliger Zwangsarbeiterinnen und Zwangsarbeiter nach 1945 zu schließen.

Diese Veröffentlichung stellt keine Meinungsäußerung der Stiftung „Erinnerung, Verantwortung und Zukunft" dar. Für inhaltliche Aussagen trägt der Autor die Verantwortung.

1. Auflage September 2012
Satz: Griebsch & Rochol Druck GmbH & Co. KG, Hamm
Umschlaggestaltung: Volker Pecher, Essen
Druck und Bindung: Griebsch & Rochol Druck GmbH & Co. KG, Hamm
ISBN 978-3-8375-0199-5

www.klartext-verlag.de

Inhaltsverzeichnis

Grußwort

Die Stiftung „Erinnerung, Verantwortung und Zukunft" wurde im Jahr 2000 mit doppeltem Auftrag gegründet. Ihr vorrangiges Ziel war zunächst, Zahlungen an ehemalige Zwangsarbeiter und andere NS-Opfer zu leisten. Diese Aufgabe hat sie erfolgreich abgeschlossen: Von 2001 bis 2007 wurden 4,4 Milliarden Euro an 1,66 Millionen Menschen in fast 100 Ländern ausgezahlt. Der zweite Auftrag der Stiftung bleibt: In Erinnerung an die Opfer nationalsozialistischen Unrechts setzt sich die Stiftung EVZ für die Stärkung der Menschenrechte und für Völkerverständigung ein. Sie engagiert sich weiterhin auch für die Überlebenden. Die Stiftung EVZ ist damit Ausdruck der fortbestehenden politischen und moralischen Verantwortung von Staat, Wirtschaft und Gesellschaft für das nationalsozialistische Unrecht.

Im Erinnern an die Gräuel der Nationalsozialisten wurde die millionenfache Zwangsarbeit lange Zeit vergessen oder bewusst verschwiegen. Um Wissenslücken in der historischen Forschung zur Zwangsarbeit während des Nationalsozialismus sowie zur Situation ehemaliger Zwangsarbeiterinnen und Zwangsarbeiter nach 1945 zu schließen, unterstützte die Stiftung EVZ 13 internationale Forschungsprojekte, darunter auch das hier vorliegende. Die Wissenschaftler und Wissenschaftlerinnen untersuchten verschiedene Aspekte der Zwangsarbeit, die Menschen für das Deutsche Reich auch außerhalb seiner Grenzen sowie in mit Deutschland verbündeten Ländern leisten mussten. Hier hat Tilman Plath mit seiner Arbeit über die Zwangsarbeit im „Reichskommissariat Ostland" einen beispielhaften Beitrag geleistet.

Andere geförderte Forschungsprojekte befassten sich unter anderem mit Themen wie den Zwangsarbeitslagern für Juden im Distrikt Krakau, den Arbeitsverwaltungen in jugoslawischen Besatzungsgebieten, der Zwangsarbeit von nach Transnistrien deportierten Roma und den Zwangsarbeitserfahrungen belarussischer Opfer.

Eine internationale Konferenz im November 2010 bildete den Abschluss des Forschungsprogramms und bot die Möglichkeit, Forschungsergebnisse vorzustellen, zu diskutieren und zu vergleichen. Dadurch wurde ein differenzierter Blick auf die nationalsozialistische Zwangsarbeit als transnationale Erfahrung in der europäischen Geschichte möglich.

Nach dem Ende der Auszahlungen an ehemalige Zwangsarbeiter erfüllt die Stiftung EVZ mit ihrer einmaligen Förderinitiative einen ihrer gesetzlichen Grundaufträge: Sie unterstützt die internationale und nationale Auseinandersetzung mit der Zwangsarbeit im Nationalsozialismus und hilft Wissenslücken in der historischen Forschung zu schließen.

Günter Saathoff
Vorstand der Stiftung EVZ

Vorwort

Der vorliegende Band ist das Resultat eines Projekts, das in mehrfacher Hinsicht prototypisch ist für das Haus, an dem es entstand – das Institut für schleswig-holsteinische Zeit- und Regionalgeschichte der Universität Flensburg (IZRG).

Wesentlichen Tendenzen der Forschung folgend haben sich Mitarbeiterinnen und Mitarbeiter des Instituts in den vergangenen anderthalb Jahrzehnten immer wieder in verschiedenen Forschungsprojekten mit dem Thema der Zwangsarbeit ausländischer Arbeitskräfte im nationalsozialistischen Deutschland beschäftigt. Dazu gehören neben einer umfänglichen Statuserhebung bezogen auf die preußische Provinz Schleswig-Holstein zahlreiche Regionalstudien sowie eine wichtige Spezialstudie zum Thema Zwangsarbeit und Krankheit.

Weniger offensichtlich ist der Forschungsschwerpunkt zum „Reichskommissariat Ostland" für eine regionalhistorische Einrichtung. Hier liefert die stark ausgeprägte Personalunion von Besatzungspersonal und schleswig-holsteinischen Nationalsozialisten, angefangen bei Reichskommissar, Oberpräsident und NSDAP-Gauleiter Hinrich Lohse bis hinunter zu einfachen Verwaltungskräften und Fahrern, eine wichtige Begründung für das Paradoxon, das „Reichskommissariat Ostland" auch als ein Stück schleswig-holsteinische Regionalgeschichte zu begreifen.

Inhaltlich ist Tilman Plaths Studie ergo tief verankert im Arbeitsgebiet des IZRG. Zugleich spiegelt die Tatsache, dass die Studie mit hoher Intensität in hoher Qualität und rekordverdächtiger Zeit von nur zwei Jahren abgeschlossen wurde, das Tätigkeitsprofil und das Verständnis von Projektarbeit in unserem Haus wider. Dazu gehört auch, dass Tilman Plath seine Sachkenntnis, Arbeitskraft und sein sonniges Gemüt in die Arbeit des Instituts und vor allem in die am Haus beheimatete Doktoranden-Arbeitsgemeinschaft eingebracht hat, von der er als junger Doktorand selbst erheblich profitieren konnte.

Zur Realität der täglichen Forschungsarbeit nicht zuletzt kleinerer Institute gehört, dass Projekte, wie jenes, dessen Ergebnisse nun hier vorliegen, ohne eingeworbene Drittmittel kaum denkbar sind. Umso erfreulicher ist zu bewerten, dass die Stiftung „Erinnerung, Verantwortung und Zukunft" das Projekt „Zwischen Schonung und Menschenjagden. Die Arbeitseinsatzpolitik in den baltischen Generalbezirken des Reichskommissariats Ostland 1941–1944" in ihr Forschungsprogramm „Dokumentation der Zwangsarbeit als Erinnerungsaufgabe" aufgenommen und durch ein Stipendium sowie durch die Finanzierung der Druckkosten des Bands auf großzügigste Weise gefördert hat.

Prof. Dr. Uwe Danker (Geschäftsführender Direktor des IZRG),
Schleswig im Juni 2012

1. Einleitung

1.1 Methodisch

1.1.1 Thema

„Die Juden haben wir ihnen ja nun beseitigt, bei den Altgläubigen und Polen gehen ihre Ziele konform mit unseren. Nun kommt das Problem der Russen. Auch diese möchte man nun bei der Gelegenheit aus Lettgallen herausbringen. Es wird von lettischer Seite mit allen Mitteln versucht, dieses Ziel, das ihnen in den 20 Jahren nicht gelungen ist, nun zu erreichen und durchzusetzen mit Hilfe und auf die Kappe der Deutschen"[1].

Zu dieser Einschätzung kam der deutsche Gebietskommissar in Dünaburg (Daugavpils) Friedrich Schwung im Sommer 1942. Schwung bezog sich auf die „Lettgallenaktion", bei der etwa 8000 Zivilpersonen aus der im Osten Lettlands gelegenen Region Lettgallen (Latgale) unter der organisatorischen Regie der deutschen Arbeitseinsatzverwaltung für den „Reichseinsatz" deportiert worden waren. Diese „Aktion" besitzt gewissermaßen exemplarische Funktion der historischen Problematik der deutschen „Arbeitseinsatzpolitik" in den drei baltischen Generalbezirken. Das nationalsozialistische Verwaltungskonstrukt „Reichskommissariat Ostland", das am 17. 7. 1941 ins Leben gerufen wurde[2], umfasste neben den drei baltischen Bezirken noch den Generalbezirk Weißruthenien, der sich jedoch nicht nur bezüglich der „Arbeitseinsatzpolitik" von der Besatzungsherrschaft im Baltikum gravierend unterschied[3]. Hier war die deutsche Besatzungspolitik deutlicher von der auf der Idee des „Untermenschentums" basierenden Politik bestimmt. Doch auch die „Arbeitseinsatzpolitik" im Baltikum war alles andere als eine nur auf die Zustimmung der Zivilbevöl-

1 LVVA-P-69.1a.18 S. 485–497. Gebietskommissar in Dünaburg gez. Schwung, Monatsbericht Mai/Juni 1942 – Kurzer Überblick über geschichtliche Ereignisse zum Verständnis der augenblicklichen politischen Struktur Lettgallens. An: GK in Riga Abt. II z.H. Bönner, 18. 6. 1942, hier: S. 488.

2 Seppo Myllyniemi, Die Neuordnung der baltischen Länder 1941–1944: Zum nationalsozialistischen Inhalt der deutschen Besatzungspolitik, Helsinki 1973, S. 87–96; Siehe zum Reichskommissariat Ostland auch: Wolfgang Benz (Hg.), Einsatz im „Reichskommissariat Ostland". Dokumente zum Völkermord im Baltikum und in Weißrussland 1941–1944, Berlin 1998; David Gaunt (Hg.), Collaboration and resistance during the Holocaust. Belarus, Estonia, Latvia, Lithuania, Bern 2004; Hans-Dieter Handrack, Das Reichskommissariat Ostland. Die Kulturpolitik der deutschen Verwaltung zwischen Autonomie und Gleichschaltung 1941–1944, Hann. Münden 1981; Uwe Danker, Die „Zivilverwaltung" des Reichskommissariats Ostland und der Holocaust: Wahrnehmung, Rolle und „Verarbeitung", in: David Gaunt (Hg.), Collaboration and resistance during the Holocaust, Bern 2004, S. 45–76.

3 Zu Weißrussland unter deutscher Besatzung: Christian Gerlach, Kalkulierte Morde. Die deutsche Wirtschafts- und Vernichtungspolitik in Weißrussland 1941 bis 1944, Hamburg 2000[1]; Bernhard Chiari, Alltag hinter der Front : Besatzung, Kollaboration und Widerstand in Weißrussland 1941–1944, Düsseldorf 1998; Babette Quinkert, Propaganda und Terror in Weißrussland 1941–1944: Die deutsche „geistige" Kriegführung gegen Zivilbevölkerung und Partisanen, Paderborn 2009.

kerung abzielende Strategie, wie folgende im Zitat Schwungs deutlich werdende Problemfelder aufzeigen:

- Die menschenverachtende Qualität der deutschen „Arbeitseinsatzpolitik"[4]: Wie in dem Zitat deutlich wird, stellte das Baltikum keine Ausnahme dar. Im Gegenteil, die Versuche auch aus dieser Region einen größtmöglichen Nutzen für die deutschen Kriegsanstrengungen zu gewinnen, stellen einen exemplarischen Fall für die allgemeine deutsche „Arbeitseinsatzpolitik" dar.
- Die rassenideologische Komponente der „Arbeitseinsatzpolitik": Schwung stellt in diesem Zitat unmissverständlich die inhaltliche Verknüpfung zwischen Rekrutierung von Arbeitskräften und dem Kriterium von ethnischen Gruppen als potentielle Opfergruppen her. Wie am Beispiel des „Arbeitseinsatzes" von Fremdarbeitern im Reich schon hinlänglich gezeigt[5], war die Praxis des nationalsozialistischen „Arbeitseinsatzes" massiv von einer auf rassenideologischen Grundsätzen basierenden Hierarchie begründet. Auch diesbezüglich war das Baltikum keine Ausnahme. Und trotzdem war diese Region in gewisser Weise ein Spezialfall, wie die Definitionsgrenze des Ostarbeitstatus' verdeutlicht[6]: Denn Arbeitskräfte aus dem Baltikum – einschließlich der slawischen Minderheiten – galten nicht als „Ostarbeiter". Und doch gab es „Ostarbeiter" im Baltikum[7] – eine widersprüchliche Situation, auf die einzugehen sein wird.
- Die Verbindung der „Arbeitseinsatzpolitik" mit dem System der „Vernichtung durch Arbeit"[8]: Wie durch den Verweis Schwungs auf die Vernichtung der Juden dargelegt, ist diese Politik auch unmittelbar im Zusammenhang des Holocaust zu

4 Einführend zur nationalsozialistischen „Arbeitseinsatzpolitik": Hans-Christoph Seidel u. Klaus Tenfelde (Hg.), Zwangsarbeit im Europa des 20. Jahrhunderts. Bewältigung und vergleichende Aspekte, Essen 2007[1]; Ulrich Herbert, Fremdarbeiter. Politik und Praxis des „Ausländer-Einsatzes" in der Kriegswirtschaft des Dritten Reiches, Bonn 1999[2]; Ulrich Herbert (Hg.), Europa und der „Reichseinsatz". Ausländische Zivilarbeiter, Kriegsgefangene und KZ-Häftlinge in Deutschland 1938–1945, Essen 1991b[1]; Mark Spoerer, Zwangsarbeit unter dem Hakenkreuz. Ausländische Zivilarbeiter, Kriegsgefangene und Häftlinge im Deutschen Reich und im besetzten Europa 1939–1945, Stuttgart 2001.

5 Hierzu siehe vor allem: Herbert, Fremdarbeiter, 1999, S. 96–104, 244–250.

6 Zur Definitionsgrenze siehe: Stefan Karner u. a., Zwangsarbeit in der Land- und Forstwirtschaft auf dem Gebiet Österreichs 1939 bis 1945, Wien, München 2004, S. 90 f., 118; Pavel Polian, Die Erinnerung an die Deportationen während der deutschen Besatzung in der Sowjetunion, in: Hans-Christoph Seidel u. Klaus Tenfelde (Hg.), Zwangsarbeit im Europa des 20. Jahrhunderts. Bewältigung und vergleichende Aspekte, Essen 2007[1], S. 59–74, S. 62.

7 Siehe: BA-R-91.439 u. p. GK in Riga gez. Matthiessen, Verordnung über die Einsatzbedingungen der Ostarbeiter in den Generalbezirken Estland, Lettland und Litauen, 28. 1. 1943.

8 Zu dieser Beziehung im Allgemeinen: Dieter Maier, Arbeitseinsatz und Deportation. Die Mitwirkung der Arbeitsverwaltung bei der nationalsozialistischen Judenverfolgung in den Jahren 1938–1945, Berlin 1994[1].

verstehen[9]. Das Zitat Schwungs zeigt, wie gleichgültig physische Vernichtung („die Juden haben wir ihnen ja nun beseitigt") mit der Deportation zum „Arbeitseinsatz" von Menschen gleichsetzt wurde. Die Berücksichtigung des Holocaust und des jüdischen „Arbeitseinsatzes" ist für das Baltikum[10] auch deshalb von großer Bedeutung, da sich die einzigen KZs auf sowjetischem Territorium im Baltikum befanden und das KZ Kaiserwald in Riga sowie die Ölschieferabbaustätten Estlands zu den wichtigsten Schauplätzen von jüdischer Zwangsarbeit zählten[11].

- Gestaltungsspielräume der „landeseigenen Verwaltung": Schwungs Beschwerde über den Versuch der Beeinflussung der deutschen Besatzungspolitik durch lettische Kräfte verweist auf die Tatsache, dass der deutschen Besatzungsmacht nur begrenzte machtpolitische Mittel zur Verfügung standen. Hierbei ergeben sich Fragen sowohl nach der Reichweite der deutschen Aufsichtsverwaltung bei der Umsetzung politischer Ziele als auch nach Formen von Kollaboration[12] und Widerstand, die Relevanz für das weite Forschungsfeld der Kollaborationsforschung anhand des exemplarischen Falls der Arbeitseinsatzverwaltungen besitzen[13].
- Ethnische Konflikte: Die Relation von Rasse- und „Arbeitseinsatzpolitik" fand in Lettland, wie das Zitat Schwungs zeigt, vor dem Hintergrund eines bereits bestehenden ethnischen Konfliktes statt, der insbesondere zwischen dem lettischen

9 Zum Holocaust im Baltikum siehe als Einführung u. a.: Benz, Einsatz im „Reichskommissariat Ostland", 1998; Gaunt, Collaboration and resistance during the Holocaust, 2004; Wolfgang Curilla, Die deutsche Ordnungspolizei und der Holocaust im Baltikum und in Weißrussland: 1941–1944. Die deutsche Ordnungspolizei und der Holocaust im Baltikum und in Weißrussland, Paderborn 2006; Hans-Heinrich Wilhelm, Die Einsatzgruppe A der Sicherheitspolizei und des SD 1941/42, Frankfurt am Main 1996.

10 Zum jüdischen „Arbeitseinsatz" in Riga siehe vor allem: Andrej Angrick u. Peter Klein, Die „Endlösung" in Riga. Ausbeutung und Vernichtung 1941–1944, Darmstadt 2006, S. 276–297, 323–337, 346–360.

11 Zu diesen KZ siehe: Abschnitt zu jüdischer Zwangsarbeit in den KZ des Baltikums.

12 Zum Kollaborationsbegriff: Werner Röhr, Kollaboration: Sachverhalt und Begriff. Methodische Überlegungen auf der Grundlage vergleichender Forschungen zur Okkupationspolitik der Achsenmächte im Zweiten Weltkrieg, in: Joachim Tauber (Hg.), „Kollaboration" in Nordosteuropa. Erscheinungsformen und Deutungen im 20. Jahrhundert, Wiesbaden 2006, S. 21–39; Werner Röhr (Hg.), Europa unterm Hakenkreuz:. Okkupation und Kollaboration, Berlin 1994a; Michajl Ivanovič Semirjaga, Kollaboracionizm: priroda, tipologija i projavlenija v gody vtoroj mirovoj vojny, Moskva 2000; Vgl. auch Abschnitt zum Kollaborationsbegriff in dieser Einleitung.

13 Zur Kollaboration im Baltikum siehe u. a.: Meelis Maripuu, Kollaboration und Widerstand in Estland 1940–1944, in: Collaboration and resistance during the Holocaust. 2004, S. 403–419; Katrin Reichelt, Kollaboration und Holocaust in Lettland 1941–1945, in: Täter im Vernichtungskrieg. 2002, S. 110–124; Karlis Kangeris, Kollaboration vor der Kollaboration? Die baltischen Emigranten und ihre „Befreiungskomitees" in Deutschland 1940/1941, in: Werner Röhr (Hg.), Europa unterm Hakenkreuz. Okkupation und Kollaboration, Berlin 1994, S. 165–190; Robert Bohn, Kollaboration und deutsche Mobilisierungsbemühungen im RK Ostland: Grundsätzliche Überlegungen, in: David Gaunt (Hg.), Collaboration and resistance during the Holocaust, 2004, S. 33–44.

und slawischen Bevölkerungsteil schwelte[14]. Ähnliche angespannte Situationen bestanden auch in den beiden Nachbarländern Lettlands zwischen den Mehrheitsbevölkerungen und den slawischen Minderheiten[15].

All diese Punkte bilden nicht etwa in sich abgeschlossene Problemfelder, sondern bedingten sich wechselseitig und entwickelten eine interdependente Dynamik, welche die „Arbeitseinsatzpolitik" im Baltikum kennzeichnete. Beispielsweise verschärfte die nationalsozialistische Rassedoktrin die interethnischen Konflikte ebenso, wie die menschenverachtenden Züge der deutschen „Arbeitseinsatzpolitik" die Beziehungen zu der „landeseigenen Verwaltung" belastete. Zudem ist zu berücksichtigen, dass die hier vom Gebietskommissar Schwung suggerierte Einheit der deutschen Besatzungspolitik insbesondere auf dem Feld der „Arbeitseinsatzpolitik" eine Illusion und alles andere als geschlossen war. Ganz im Gegenteil wurde sie zum Austragungsort von machtpolitischen Auseinandersetzungen zwischen einer Vielzahl von deutschen und nicht deutschen Akteuren. Dass das Charakteristikum der Widersprüchlichkeit die „Arbeitseinsatzpolitik" kennzeichnete, war also nicht nur das Ergebnis einer in sich wechselhaften und unentschlossenen Politik, sondern auch Folge von Zielkonflikten, welche die unterschiedlichen Akteure der deutschen Besatzungspolitik untereinander austrugen[16].

Relevanz des Themas – Erkenntnisgewinne:

Die „Arbeitseinsatzpolitik" im Baltikum wird hier als exemplarisches Untersuchungsfeld der nationalsozialistischen Herrschaft in ihrer Gesamtheit verstanden und bewertet, eingebettet in umfassendere Fragen der Forschung zur nationalsozialistischen „Arbeitseinsatzpolitik" – eine Politik, die zu keinem Zeitpunkt eine zur Ruhe kommende Balance zwischen den beiden Gegenpolen von rassenideologischen Vorstellungen und kriegswirtschaftlichen Notwendigkeiten gefunden hat[17].

In diesem Sinne liefert diese Arbeit einen wesentlichen Beitrag zur Erforschung der nationalsozialistischen „Arbeitseinsatzpolitik" mittels der diesbezüglich bisher

14 Zur Geschichte der Minderheiten in Lettland zur Einführung: Leo Dribins, Mazākumtautības Latvija: vēsture un tagadne, Rīga 2007.

15 Karsten Brüggemann, Estonia and its escape from the east: the relevance of the past in Russian-Estonian relations, in: Representations on the margins of Europe. 2007, S. 139–165, S. 139–165; Michael McQueen, Collaboration as an element in the Polish-Lithuanian struggle over Vilnius, in: Joachim Tauber (Hg.), „Kollaboration" in Nordosteuropa, 2006, S. 164–173.

16 Zu dem hinter dieser Argumentation liegende Begriff der „Polykratie" als Erscheinungsform nationalsozialistischer Herrschaft vgl.: Bernhard Gotto, Polykratische Selbststabilisierung. Mittel- und Unterinstanzen in der NS-Diktatur, in: Rüdiger Hachtmann (Hg.), Hitlers Kommissare. Sondergewalten in der nationalsozialistischen Diktatur, Göttingen 2006, S. 28–50.

17 Zu diesem strukturellen Gegensatz siehe: Mark Spoerer, Zwangsarbeit unter dem Hakenkreuz, Stuttgart 2001, S. 24–34.

unberücksichtigten Region des Baltikums. Denn gerade vor diesem Hintergrund des Gegensatzes von rassenideologischer Doktrin und kriegsökonomischen Überlegungen spielte insbesondere das Baltikum eine aufschlussreiche Rolle. Es waren die baltischen Länder, in denen sich die nationalsozialistische Herrschaft in einem andauernden Schwebezustand zwischen Repressionsmaßnahmen und Kooperationsversuchen befanden[18]. Nur das Ziel der größtmöglichen Ausnutzung der heimischen Ressourcen für die deutschen Kriegsanstrengungen war kleinster gemeinsamer Nenner der deutschen Besatzungspolitik, was sich insbesondere in der „Arbeitseinsatzpolitik" im Baltikum zeigen lässt.

Auch kann die „Arbeitseinsatzpolitik" im Baltikum als exemplarisches Analysefeld für die allgemeine deutsche Besatzungszeit auf dem Territorium des Baltikums gesehen werden und in dieser Funktion Erkenntnisse für die regionalhistorische Forschung zum Baltikum liefern. In diesem Kontext ist vor allem an das Themenfeld der interethnischen Beziehungen in dieser Region zu denken, das insbesondere durch die Problematik der Kollaborationsfrage innerhalb der Arbeitsverwaltung eine nicht zu unterschätzende Brisanz besitzt, was unter anderem an der bis heute höchst unterschiedlichen Wahrnehmung dieser Zeit durch Angehörige der slawischen Minderheiten im Baltikum im Vergleich zu den baltischen Mehrheitsbevölkerungen ersichtlich ist[19].

Zum Verständnis dieser beiden hier ausgeführten Herangehensweisen ist eine Einführung in den Bezugsrahmen der historischen Verortung des Baltikums am Vorabend des deutschen Angriffs notwendig, um die spezifischen regionalen Begebenheiten hinreichend zu berücksichtigen. Dabei ist in diesem Zusammenhang vor allem auf die Aufeinanderfolge der recht kurzen Unabhängigkeitsphase und der einjährigen sowjetischen Herrschaft unmittelbar vor der deutschen Okkupation zu verweisen – ohne deren Erwähnung und Behandlung viele Aspekte der deutschen Besatzungszeit unverständlich bleiben würden[20]. Auch müssen die charakteristischen Merkmale des NS-„Arbeitseinsatzprogramms" im Allgemeinen skizziert werden, um so die Grundlage für eine vergleichende Perspektive zu schaffen, welche die besondere Rolle der Region des Baltikums in der nationalsozialistischen „Arbeitseinsatzpolitik" erst deutlich zu machen vermag.

18 Myllyniemi, Die Neuordnung der baltischen Länder 1941–1944: Zum nationalsozialistischen Inhalt der deutschen Besatzungspolitik, 1973, S. 286.

19 Björn M. Felder, Lettland im Zweiten Weltkrieg. Zwischen sowjetischen und deutschen Besatzern 1940–1946, Paderborn 2009b, S. 345–349; auch: B. M. Felder, Stalinismus als „russisch-jüdische Herrschaft". Sowjetische Besatzung und ethnische Mobilisierung im Baltikum 1940 bis 1941, in: Zeitschrift für Geschichtswissenschaft 57. 2009a, S. 5–25.

20 Daina Bleiere (Hg.), Latvija Otrajā pasaules karā: (1939–1945), Rīga 2008, S. 7–10.

1.1.2 Allgemeine Fragestellungen

Im Mittelpunkt der Untersuchung steht das Spannungsverhältnis zwischen normativen und planerischen Zielvorstellungen einerseits sowie der praktischen Umsetzung des „Arbeitseinsatzes" und der Rekrutierungspraxis in den drei baltischen Generalbezirken des Reichskommissariats Ostland andererseits. Zentral ist dabei der Umstand, dass sowohl die Diskussion um die normativen Vorgaben, als auch die Praxis des „Arbeitseinsatzes" von massiven Zielkonflikten der an der „Arbeitseinsatzpolitik" beteiligten Akteure gekennzeichnet war. Diese Zielkonflikte erwuchsen unter anderem aus der Konkurrenzsituation zwischen der Ausnutzung von baltischen Arbeitskräften im Reich oder im Baltikum. Im Ergebnis war sowohl die Differenz zwischen normativen Vorgaben und „Arbeitseinsatzpraxis" immens, als auch die Praxis des „Arbeitseinsatzes" selbst von markanten Widersprüchen beispielsweise bezüglich der Statuszuschreibung einzelner Betroffenengruppen durchzogen.

Konzept der Gliederung und spezifische Fragestellungen:
Vor dem Hintergrund der angedeuteten Determinanten und Konstellationen verfolgt die Untersuchung einen Ansatz, der sowohl die Handelnden auf deutscher und einheimischer Seite als auch die vom Arbeitseinsatz „Betroffenen" mit einschließt. Denn betrachtet man die hier bereits als insgesamt verworren und widersprüchlich gekennzeichnete „Arbeitseinsatzpolitik" im Baltikum, so lässt sich festhalten, dass eine Beschäftigung mit diesem Thema nur dann zu gewinnbringenden Ergebnissen führen wird, wenn sowohl nach den Ursachen als auch nach den Wirkungen dieser Politik gefragt wird. Diese Überlegungen rechtfertigen eine Gliederung der Untersuchung in einen Abschnitt, der sich mit den „Machern" und den Planern der „Arbeitseinsatzpolitik" beschäftigt und einen Teil, in dem den Auswirkungen auf die Menschen, die für die nationalsozialistische Herrschaft arbeiten mussten, nachgegangen wird.

Beiden Blickrichtungen gemeinsam ist das Interesse am bereits thematisierten Gegensatz von Theorie und Praxis der „Arbeitseinsatzpolitik" im Baltikum, da dieser eines der Wesensmerkmale eben dieser Politik war. Was sich mit Blick auf die Akteure auf eine Gegenüberstellung von Planung und umgesetzter Praxis der „Arbeitseinsatzpolitik" konzentriert, findet seine Entsprechung im Rahmen der Beschäftigung mit den Betroffenengruppen in dem Gegensatz von normativen Vorgaben der Behandlung von bestimmten Gruppen und deren tatsächlichem Schicksal, also dem noch bestehenden Forschungsdesiderat der Statuszuschreibung von Arbeitskräften im Baltikum.

Über dieses grundsätzliche Interessengebiet des Gegensatzes von Planung und Praxis der „Arbeitseinsatzpolitik" hinaus soll sich in der Feinstruktur der Fragestellungen eine gewisse Parallelität der Interessenschwerpunkte in beiden Untersuchungsteilen fortspinnen: Konkret heißt dies, dass auf der Ebene der Untersuchung der Akteure nach folgenden Untersuchungsparametern gefragt wird:

1. Parameter des Ortes des „Arbeitseinsatzes": Der vielleicht bedeutendste Zielkonflikt entsprang aus der Frage, wo die zur Verfügung stehenden Arbeitskräfte der deutschen Besatzungsmacht den größeren Nutzen bringen würden. Neben anderen „Einsatzorten" entzündete sich diesbezüglich die Hauptauseinandersetzung an dem Prioritätenkonflikt zwischen „Reichseinsatz" und der Arbeit vor Ort im Baltikum. Oder, wie es auf einer Konferenz zur „Arbeitseinsatzplanung" beim RKO auf den Punkt gebracht wurde: „Es ergaben sich somit drei Punkte, die es zu berücksichtigen galt: a) Einsatz der Menschen im Ostland selbst, b) Forderungen der Heeresgruppe, c) Forderungen des Reiches"[21].
2. Parameter der Art des „Arbeitseinsatzes": Eine weitere grundsätzliche Frage der „Arbeitseinsatzplaner" bezog sich auf das Ausmaß von Zwangsmitteln, um einen für deutsche Absichten möglichst großen Nutzen zu erzielen. Hier stellt sich die Frage, mit welchen Methoden zwischen Repression und Kooperation der Akteur gedachte, die Arbeitskräfte des Baltikums für die deutsche Kriegswirtschaft gewinnen zu können. Zu diesen höchst komplexen strategischen Überlegungen der deutschen Besatzungsbehörden gehörte nicht zuletzt auch der Einsatz von Propaganda und der Versuch der Einbindung „Landeseigener Verwaltungen", weshalb dieser Aspekt auch im Kontext der weiteren Kollaborationsforschung anzusiedeln ist.
3. Parameter der Rassenideologie: Neben reinen ökonomischen Erwägungen spielten in der nationalsozialistischen Herrschaftspolitik bekanntermaßen auch rassenideologische Überlegungen eine entscheidende Rolle. So stellt sich mit Bezug auf die einzelnen Akteure die Frage, in welchem Maße rassenideologische Prinzipien ihre Politik bestimmte.
4. Bewertung der Durchsetzungsfähigkeit: Schließlich ist zurückzukommen auf das Verhältnis von Theorie und Praxis und die Frage nach dem Durchsetzungsvermögen des einzelnen Akteurs. Konnten oben genannte Ziele durchgesetzt werden, und wenn nicht, woran scheiterte der entsprechende Akteur?

Diese Untersuchungsparameter sollen, um die versprochene Parallelität der Untersuchung zu gewährleisten, auch im zweiten Teil mit Blick auf die Betroffenen als thematischer Leitfaden dienen. Die entsprechenden Einzelaspekte lassen sich wie folgt formulieren:

1. Parameter des Ortes des „Arbeitseinsatzes": In wie starkem Maße war die jeweilige Betroffenengruppe von der Rekrutierung für den „Reichseinsatz" betroffen.

21 LVVA-P-1018.1.43 S. 64 f. Konferenzprotokoll beim RKO Lohse vom 15. 2. 1944, Konferenzprotokoll Beitrag des Abteilungsleiters für Arbeit Schütte, 15. 2. 1944.

Wurden die Arbeitskräfte eher vor Ort eingesetzt oder in das Reich oder in andere besetzte Gebiete zum „Arbeitseinsatz" deportiert?

2. Parameter der Art des „Arbeitseinsatzes": Wie ist der Charakter der Rekrutierung und des „Arbeitseinsatzes" im Baltikum zu beschreiben? War es eine „Zwangsrekrutierung" oder bestand ein gewisses Maß an Freiwilligkeit? Zur Beantwortung dieser Fragen wird ein hohes Maß an vergleichender Perspektive vonnöten sein, da absolute Aussagen zum Begriff „Zwang" normativ schwer zu fassen sind. Ein mögliches Untersuchungskriterium wird dabei das Ausmaß an Einflussmöglichkeiten darstellen, welche die jeweiligen Gruppen ausüben konnten, um ihr Schicksal innerhalb der nationalsozialistischen „Arbeitseinsatzpolitik" in ihrem Sinne zu verändern[22]. Weitere Kriterien zur Unterscheidung von Betroffenengruppen sind beispielsweise Arbeitsbedingungen, Löhne, Anteil an den für den „Reichseinsatz" Rekrutierten und schließlich auch die Sterblichkeitsrate von Zwangsarbeitern. Doch besitzen diese Kriterien bereits den Charakter von sekundären Kriterien, denn sie stellen eine Folge des ersten Kriteriums der Einflussnahmemöglichkeit dar. Bei solchen Gruppen allerdings, die keinerlei Einflussmöglichkeiten auf ihr eigenes Schicksal hatten, ist jedoch auf diese sekundären Kriterien zurückzugreifen.
3. Parameter der Rassenideologie: Auf welcher Stufe innerhalb der nationalsozialistischen Rassenhierarchie rangierte die jeweilige Gruppe und hatte dies auf ihr Schicksal bezüglich des „Arbeitseinsatzes" Konsequenzen?
4. Bewertung des Verhältnisses von normativen Vorgaben und der Praxis: Um den angesprochenen Kontrast von Theorie und Praxis auch im Hinblick auf die Betroffenengruppen anzusprechen, müssen hier die normativen Vorgaben der deutschen „Arbeitseinsatzpolitik" bezogen auf die jeweilige Betroffenengruppe mit dem tatsächlichen Schicksal verglichen werden, um so schließlich die hier vorgenommene Einteilung von Betroffenengruppen abschließend zu bewerten und zu rechtfertigen.

Der hier gewählte Ansatz, parallele Untersuchungsfelder in zweifach gebrochener Perspektive auf die Akteure und auf die Betroffenen der „Arbeitseinsatzpolitik" im Baltikum zu konstruieren verspricht den Vorteil, klare Kriterien der Vergleichbarkeit zu schaffen – vor dem Hintergrund einer sich auf den ersten Blick als äußerst widersprüchlich und verworren präsentierenden „Arbeitseinsatzpolitik" im Baltikum. So soll die Zuordnung von klareren Verantwortlichkeiten auf Seiten der Akteure ermöglicht werden, die durch den Abgleich von Zielen und Praxis auch den Aspekt der Effizienz der „Arbeitseinsatzpolitik" der jeweiligen Akteure mit einschließt. Auf Seiten der Betroffenen wird so eine Kategorisierung und relative Unterscheidbarkeit ver-

22 Zum Kriterium der Einflussnahmemöglichkeit: Spoerer, Zwangsarbeit unter dem Hakenkreuz, 2001, S. 14 f.

schiedener Schicksale gewährleistet, die ebenfalls noch die Betrachtung von einer normativen und praktischen Binnendifferenzierung umfasst.

Methode der Darstellung:
Nach Benennung der inhaltlichen Hauptaspekte und der Erläuterung der strukturellen Themenschwerpunkte der zwei Hauptteile, nun ein paar Worte zur Darstellungsweise dieser zwei Teile: Die Untersuchung der Akteure wird der oben vorgestellten Struktur der Fragestellungen folgen. Die Beschäftigung mit den Betroffenen versteht sich aber zugleich auch als stärker deskriptiv gehaltene Dokumentation der Schicksale der einzelnen Gruppen mit weitgehend chronologischer Struktur, so dass hier eine strikte Befolgung der vier Untersuchungsparameter, so wie im Teil A, nicht geeignet erscheint. Stattdessen wird eine freiere Erzählstruktur zu wählen sein, um die höchst unterschiedlichen Bedingungen des jeweiligen „Arbeitseinsatzes" flexibler einzufangen. Diese ungleichen Schicksale manifestieren sich schon bereits in der Größe der anzusprechenden Gruppen. So wird dem „Arbeitseinsatz" der Mehrheitsbevölkerung größeren Raum zugestanden werden müssen, als beispielsweise der Teilgruppe der „Ostarbeiter". Doch sollen die genannten Untersuchungsparameter stets Leitfaden und Interessenschwerpunkt der Darstellung bleiben.

1.1.3 Forschungslage

Das Thema nationalsozialistische „Arbeitseinsatzpollitik" in den baltischen Generalbezirken des RKO stellt bisher ein Forschungsdesiderat dar. Nur vereinzelt ist es zum Gegenstand der Forschung geworden und meist dann auch nur am Rande thematisch weiter oder anders gefasster Studien. So finden sich die detailreichsten Erkenntnisse zum „Arbeitseinsatz" von Balten in einer Studie zur Zwangsarbeit in der österreichischen Land- und Forstwirtschaft[23]. Die verdienstvollen und detaillierten Informationen dieser Untersuchung leiden jedoch an einer gewissen Schwäche der Kontextualisierung, da einzelne Quellenfunde detailliert wiedergegeben werden, darüber hinaus aber die Suche oder Existenz anderer, womöglich konträrer Quellenfunde, gar nicht thematisiert wird. Eindrücklichstes Beispiel für diese Kritik ist die Beschränkung auf litauische und estnische Zwangsarbeiter, da eine Sichtung des umfangreichen Quellenmaterials in Riga offenbar nicht im Rahmen einer Studie zur Zwangsarbeit in Österreich durchführbar war. Das Fehlen einer Thematisierung von lettischen Arbeitskräften wird dabei allerdings weder angesprochen noch begründet.

23 Karner u. a., Zwangsarbeit in der Land- und Forstwirtschaft auf dem Gebiet Österreichs 1939 bis 1945, 2004.

Im Gegensatz dazu finden sich zu den lettischen zwangsweise ins Reich verschleppten Personen Hinweise in der Untersuchung der DDR-Historikerin Roswitha Czollek zur deutschen Wirtschaftspolitik im Baltikum von 1974, welche sich im Wesentlichen auf die veröffentlichten Akten der Alliierten Kriegsverbrecherprozesse von Nürnberg, aber auch auf baltische Archivbestände stützt. Allerdings ist die Studie durch die ideologisch begründeten Sichtweisen teilweise schwer lesbar und insbesondere Zahlenangaben, auch zur Zwangsarbeiterverschleppung, weichen deutlich von westlichen Forschungsergebnissen ab[24].

Realistisch erscheinende Zahlenangaben, aber insgesamt nur einen kurzen Abschnitt zur „Arbeitseinsatzpolitik", liefert die Studie zur deutschen Besatzungspolitik im Baltikum von Myllyniemi, die etwa zeitgleich zu Czolleks Untersuchung entstand[25]. Beide Darstellungen bildeten in der Regel die Basis für Referenzen zur Zwangsarbeiterverschleppungen aus dem Baltikum in den folgenden Studien zur deutschen Besatzungszeit in den baltischen Generalbezirken[26]. Selbständige niveauvolle, aber kurze Einzeluntersuchungen zum Thema entstanden in der Zwischenzeit nur in der baltischen Historiographie selbst für Lettland und Litauen[27]. Insbesondere Karlis Kangeris weitete inzwischen den Blick über sein Heimatland hinaus und veröffentlichte bereits einen Aufsatz zum gesamten Baltikum und seinen Zwangsarbeitern, der neben den Untersuchungen aus Österreich die kenntnisreichste Veröffentlichung zum Thema darstellt und vergleichsweise deutlich besser kontextualisiert ist[28].

So gering die Forschungsdichte zum Thema der „Arbeitseinsatzpolitik" im Baltikum ist, so immens erweitert sich die Forschungsliteratur, dehnt man das Thema auf einen seiner beiden Bestandteile – „Arbeitseinsatzpolitik" bzw. deutsche Besatzungspolitik im Baltikum 1941–1944 – aus.

24 Roswitha Czollek, Faschismus und Okkupation. Wirtschaftspolitische Zielsetzung u. Praxis des faschistischen dt. Besatzungsregimes in d. baltischen Sowjetrepubliken während d. 2. Weltkrieges, Berlin 1974.

25 Myllyniemi, Die Neuordnung der baltischen Länder 1941–1944: Zum nationalsozialistischen Inhalt der deutschen Besatzungspolitik, 1973.

26 Valdis O. Lumans, Latvia in World War II, New York 2006; Romuald J. Misiunas u. Rein Taagepera, The Baltic States : years of dependence 1940–1980, London 1983.

27 Kārlis Kangeris, Nodeva reiham. Latvijas ģenerālapgabala iedzīvotāji darbos Lielvācijā, in: Latvijas zinātņu akadēmijas vēstis 12. 1990b, S. 34–47; Justinas Braslauskas, Okupacine darbo prievoliu politika Lietuvoje 1941–1944 metais, in: Lietuvos istorijos studijos 15. 2005, S. 38–59.

28 Kārlis Kangeris, Baltische Zwangsarbeiter im Dritten Reich, in: Peter Ruggenthaler u. Walter Iber (Hg.), Hitlers Sklaven – Stalins „Verräter". Aspekte der politisch-administrativen Repressionen an Zwangsarbeitern und Kriegsgefangenen; eine Zwischenbilanz, Innsbruck 2010^1, S. 43–62.

Die „Standardwerke" hierzu sind die bereits genannten Werke von Myllyniemi und Czollek. Sie werden noch flankiert durch eine Einzeluntersuchung zur deutschen Kulturpolitik im Baltikum durch Handrack[29] und die militärhistorisch-apologetische Darstellungen Werner Haupts[30]. Jüngst ist eine Überblicksdarstellung zu den nationalsozialistischen Verbrechen in den drei baltischen Generalbezirken erschienen, die bisherige Forschungsergebnisse zusammenträgt. Doch ist der Darstellung ein zu starker Impetus zueigen, die verbrecherische Kollaboration der baltischen Völker herauszustellen, und deren tatsächlich nicht ganz unproblematische Aufarbeitung der Ereignisse zu dramatisieren[31]. Lobenswert ist die starke Berücksichtung auch der russischen und sowjetnahen Forschung, doch ist diesem Kontext auch zugleich der allzu unkritische Umgang mit Zahlenangaben und der damit verknüpfte Zweck einer Dramatisierung leicht ersichtlich[32]. Eine ausgewogene Grundlage zur deutschen Besatzungspolitik in den besetzten Ostgebieten im weiteren Kontext bilden die Arbeiten von Dallin[33], Reitlinger[34], sowie der Band zur Sowjetunion in der Reihe „Europa unterm Hakenkreuz"[35], aber auch die neuere Studie von Zellhuber zum Ostministerium[36]. Die Forschung zur deutschen Besatzungspolitik im RKO im engeren Rahmen erhielt in der jüngeren Vergangenheit vor allem durch Ergebnisse vieler Ein-

29 Handrack, Das Reichskommissariat Ostland. Die Kulturpolitik d. dt. Verwaltung zwischen Autonomie u. Gleichschaltung 1941–1944, 1981; Vgl. zur Kultur- bzw. Hochschulpolitik in Riga auch: Margot Blank, Nationalsozialistische Hochschulpolitik in Riga (1941–1944): Konzeption und Realität eines Bereiches deutscher Besatzungspolitik, Lüneburg 1991.

30 Werner Haupt, Das war Kurland: d. 6 Kurlandschlachten aus d. Sicht d. Divisionen, Friedberg 1987; Werner Haupt, Baltikum 1941: Die Geschichte eines ungelösten Problems, Neckargmünd 1963.

31 Speziell zur Aufarbeitung der deutschen Besatzungsgeschichte in Lettland siehe auch die Arbeiten von Eva-Clarita Onken: Eva-Clarita Onken, Revisionismus schon vor der Geschichte: Aktuelle Kontroversen in Lettland um die Judenvernichtung und die lettische Kollaboration während der nationalsozialistischen Besatzung, Köln 1998; Eva-Clarita Onken, Demokratisierung der Geschichte in Lettland: Staatsbürgerliches Bewußtsein und Geschichtspolitik im ersten Jahrzehnt der Unabhängigkeit, Hamburg 2003.

32 Karl Heinz Gräfe, Vom Donnerkreuz zum Hakenkreuz: Die baltischen Staaten zwischen Diktatur und Okkupation, Berlin 2010.

33 Alexander Dallin, German rule in Russia, 1941–1945. A study in occupation politics, London 1957.

34 Gerald Reitlinger, The house built on sand: the conflicts of German policy in Russia ; 1939–1945, London 1960.

35 Norbert Müller, Europa unterm Hakenkreuz, Sowjetunion. Die faschistische Okkupationspolitik in den zeitweilig besetzten Gebieten der Sowjetunion (1941–1944), Berlin 1991a.

36 Andreas Zellhuber, „Unsere Verwaltung treibt einer Katastrophe zu ...". Das Reichsministerium für die besetzten Ostgebiete und die deutsche Besatzungsherrschaft in der Sowjetunion 1941–1945, München 2006; Eine aktuelle Übersicht zur Literatur über die deutsche Besatzungsherrschaft in der Sowjetunion in: Rolf-Dieter Müller u. Gerd R Ueberschär, Hitler's war in the east, 1941–1945. A critical assessment, New York 2009[3].

zeluntersuchungen Auftrieb[37]. Von außerordentlichem Wert sind weiterhin die Ergebnisse der drei in den baltischen Ländern seit 1998 gegründeten Historikerkommissionen, die sich mit der Aufarbeitung der deutschen und sowjetischen Vergangenheit im 20. Jahrhundert in ihren Ländern beschäftigen. Während in Estland zur deutschen Besatzungszeit ein beachtliches Werk mit einer Vielzahl von wertvollen Einzelstudien erschienen ist[38], veröffentlichte die litauische Historikerkommission unter internationaler Beteiligung zwei Bände zur deutschen Besatzungszeit[39]. In Lettland wiederum sind bisher 25 Sammelbände erschienen, welche aber nicht alle die deutsche Besatzungszeit behandeln[40]. Eine Art Zusammenfassung der Ergebnisse der lettischen Historikerkommission findet sich in der Überblicksdarstellung zur Geschichte Lettlands im Zweiten Weltkrieg, herausgegeben von den führenden lettischen Historikern[41].

Neben diesen äußerst wertvollen Veröffentlichungen der drei Historikerkommissionen sind in jüngster Zeit noch einige Studien zu den einzelnen Ländern erschienen. Insbesondere sei hier auf die kürzlich veröffentlichte Arbeit von Christoph Dieckmann zu Litauen verwiesen, die eine ungeheure Informationsdichte zusammenträgt[42]. Zu Lettland ist die Überblicksdarstellung des amerikanischen Historikers Lumans mit lettischen Wurzeln[43] zu nennen, sowie eine auf fundierter Quellenbasis beruhende Studie des deutschen Historikers Björn Michael Felder, der einen besonderen Schwerpunkt seines Interesses auf die ethnischen Aspekte unter den wechselnden Herrschaften zwischen Stalinismus und Nationalsozialismus legt[44]. Eine ebenfalls in jüngster Zeit erschienene wertvolle Untersuchung ist die Arbeit zur deut-

37 Siehe vor allem die Sammelbände: Sebastian Lehmann (Hg.), Das „Reichskommissariat Ostland", Tatort und Erinnerungsobjekt, Paderborn 2012; Gaunt, Collaboration and resistance during the Holocaust, 2004, sowie u. a. folgende Artikel in Sammelbänden: Uwe Danker, Der gescheiterte Versuch, die Legende der 'sauberen' Zivilverwaltung zu entzaubern. Staatsanwaltschaftliche Komplexermittlungen zum Holocaust im 'Reichskommissariat Ostland' bis 1971, in: Robert Bohn (Hg.), Die deutsche Herrschaft in den „germanischen" Ländern 1940–1945, Stuttgart 1997, S. 159–186; Uwe Danker, Der schleswig-hosteinische NSDAP-Gauleiter Hinrich Lohse: Überlegungen zu seiner Biografie, in: Michael Ruck u. Karl Heinrich Pohl (Hg.), Regionen im Nationalsozialismus, Bielefeld 2003, S. 91–120; Wulf Pingel, Von Kiel nach Riga. Schleswig-Holsteiner in der deutschen Zivilverwaltung des Reichskommissariats Ostland, in: Zeitschrift der Gesellschaft für Schleswig-Holsteinische Geschichte 122. 1997, S. 439–466, Klaus Bästlein, Völkermord und koloniale Träumerei. Das „Reichskomisssariat Ostland" unter schleswig-holsteinischer Verwaltung, in: NS-Gewaltherrschaft. 2005, S. 217–236.

38 Toomas Hiio (Hg.), Estonia 1940–1945: reports of the Estonian International Commission for the Investigation of Crimes Against Humanity, Tallinn 2006.

39 Christoph Dieckmann (Hg.), Lietuvos žydų persekiojimas ir masinės žudynės 1941 m. vasarą ir rudenį: šaltiniai ir analizė 2006b; Christoph Dieckmann u. a. (Hg.), Karo belaisvių ir civilių gyventojų žudynės Lietuvoje. 1941–1944 = Murders of prisoners of war and of civilian population in Lithuania, Vilnius 2005.

40 Im Internet sind inzwischen ab Band 11 alle Publikationen frei zugänglich unter: www.president.lv

41 Bleiere, Latvija Otrajā pasaules karā: (1939–1945), 2008.

42 Christoph Dieckmann, Deutsche Besatzungspolitik in Litauen 1941–1944, Göttingen 2011.

43 Lumans, Latvia in World War II, 2006.

44 Felder, Lettland im Zweiten Weltkrieg, 2009b.

schen Zivilverwaltung in Lettland von Sven Jüngerkes[45]. Das Gegenstück zur Arbeit von Jüngerkes stellt gewissermaßen die Untersuchung des jungen lettischen Historikers Edvins Evarts zur lettischen „Landeseigenen Verwaltung" dar, die in vergleichender Perspektive zu Litauen und Estland strukturiert ist und das Feld der Wirtschaftspolitik in den Mittelpunkt des Interesses stellt[46]. Das damit angeschnittene Thema der Kollaboration in Lettland wird auch in einer Vielzahl von Artikeln der Historikerin Katrin Reichelt behandelt, von der eine Gesamtdarstellung zu diesem Thema unlängst erschienen ist[47]. Ihr Interessenschwerpunkt bildet allerdings die lettische Beteiligung am Holocaust[48].

Diesen thematischen Schwerpunkt haben auch die neueren Veröffentlichungen zur Besatzungsgeschichte im nördlichen Nachbarland Estland. Ruth Bettina Birn behandelt in diesem Kontext ausschließlich die Rolle der Sicherheitspolizei während der deutschen Besatzung[49], während Anton Weiss-Wendt den Forschungsrahmen auf die Beziehung des estnischen Volkes zum Holocaust ausweitet. Letztere Untersuchung ist hier von besonderem Wert, da sie eine ausführliche Darstellung zu der bisher nahezu unerforschten jüdischen Zwangsarbeit in den estnischen Ölschiefergebieten enthält[50].

Die somit angesprochenen Forschungen zur Kollaboration im Baltikum leiten zum Thema des Holocaust im Baltikum über, das Gegenstand einer enormen Vielzahl von Einzeluntersuchungen[51], teils in den genannten Ergebnissen der Historikerkommissionen veröffentlicht, geworden ist, die mitunter auch Aspekte der jüdischen Zwangsarbeit beleuchten[52]. Bis heute fehlt jedoch eine Überblicksdarstellung zum Holocaust im Baltikum. Aufgrund dieser historiographischen Schieflage wird in dieser Arbeit versucht, die jüdische Zwangsarbeit im Baltikum von 1941–1944 in den Vordergrund zu stellen und gleichsam einen ersten Überblick zu diesem Thema aus der bestehenden umfangreichen Holocaustliteratur zu erlangen.

45 Sven Jüngerkes, Deutsche Besatzungsverwaltung in Lettland 1941–1945. Eine Kommunikations- und Kulturgeschichte nationalsozialistischer Organisationen, Konstanz 2010.
46 E. Evarts, Zemes pašpārvalde Latvijas ģenerālapgabalā 1941.–1944.g., Rīga 2008.
47 Katrin Reichelt, Lettland unter deutscher Besatzung 1941–1944. Der lettische Anteil am Holocaust, Berlin 2011.
48 Katrin Reichelt, Kollaboration und Holocaust in Lettland 1941–1945, 2002; Katrin Reichelt, Der Anteil der Letten an der Enteignung der Juden ihres Landes zwischen 1941 und 1943, in: Kooperation und Verbrechen. 2003, S. 224–242; Katrin Reichelt, Kollaboration: Zwei Beispiele aus der Judenverfolgung in Lettland 1941–1944, in: Joachim Tauber (Hg.), „Kollaboration" in Nordosteuropa. Erscheinungsformen und Deutungen im 20. Jahrhundert, Wiesbaden 2006, S. 77–86.
49 Ruth Bettina Birn, Die Sicherheitspolizei in Estland 1941–1944: Eine Studie zur Kollaboration im Osten, Paderborn 2006.
50 Anton Weiss-Wendt, Murder without hatred. Estonians and the Holocaust, Syracuse, N.Y. 2009[1].
51 Siehe Literaturhinweise im Abschnitt zur jüdischen Zwangsarbeit.
52 Hier ist neben der schon erwähnten Studie von Weiss Wendt folgende Arbeit besonders hervorzuheben: Angrick u. Klein, Die „Endlösung" in Riga, 2006. Sowie Untersuchungen zu den KZ in Riga, Vauvara und Kauen in: Wolfgang Benz u. Barbara Distel (Hg.), Riga-Kaiserwald, Warschau, Vaivara, Kauen (Kaunas), Płaszów, Kulmhof/Chełmno, Bełżec, Sobibór, Treblinka, München 2008.

Da diese Untersuchung sich in doppelter Weise als exemplarische Studie versteht, und nicht nur als Teilstudie zur deutschen Besatzungszeit in der Region des Baltikums zu lesen ist, sondern auch in umgekehrter Richtung Ergebnisse für die überregionale Forschung zur nationalsozialistischen „Arbeitseinsatzpolitik" liefern möchte, sei kurz auch die Forschungslage auf diesem Feld dargestellt. Im Zentrum der Historiographie zu diesem Thema steht die Feststellung, dass sich die Forschung zur Lage der ausländischen Zwangsarbeiter auf dem Territorium Deutschlands seit der Studie Ulrich Herberts auf einem hohem Niveau des Kenntnisstandes bewegt[53]. Dies gilt jedoch weniger für die Frage der nationalsozialistischen „Arbeitseinsatzpolitik" in den besetzten Gebieten Europas. Nicht zuletzt auch die besetzten Ostgebiete stellen in weiten Teilen noch ein Forschungsdesiderat dar, obwohl in diesen Gebieten etwa 35 Millionen „arbeitsfähige" Menschen über Jahre hinweg für die deutschen Besatzer hatten arbeiten müssen[54]. Erst in jüngster Zeit sind auf diesem Feld erste Lücken geschlossen worden[55]. Das Baltikum und der Aspekt der deutschen „Arbeitseinsatzpolitik" stellt hier keine Ausnahme dar. Erste Ansätze zur Schließung dieses Desiderats sind in jüngerer Zeit die Forschungsarbeiten von Christian Gerlach zu Weissrussland, in denen er sich auch umfassend mit dem Aspekt der deutschen Mobilisierungsbemühungen zum „Arbeitseinsatz" und der Rekrutierungsmethoden zum „Reichseinsatz" beschäftigt[56]. Ähnliche Ergebnisse finden sich zu der Ukraine bei Tanja Penter[57]. Überblicksdarstellungen hauptsächlich zu den Rekrutierungen von „Ostarbeitern" für den „Reichseinsatz" finden sich in den zahlreichen Aufsätzen und Schriften des russischen Geographen Pavel Polian[58], sowie bei Rolf Dieter Mül-

53 Ulrich Herbert, Fremdarbeiter. Politik und Praxis des „Ausländer-Einsatzes" in der Kriegswirtschaft des Dritten Reiches, Berlin [u. a.] 1985; Frühe Überblicksdarstellungen sind: Edward L. Homze, Foreign labor in Nazi Germany, Princeton 1967; Hans Pfahlmann, Fremdarbeiter und Kriegsgefangene in der deutschen Kriegswirtschaft 1939–1945, Darmstadt 1968; Siehe darüber hinaus zur Einführung auch zur Historiographie: Spoerer, Zwangsarbeit unter dem Hakenkreuz, 2001.

54 Vgl.: Sergej Kudryashov, Labour in the occupied territory of the Soviet Union, 1941–1944, in: Richard J. Overy (Hg.), Die „Neuordnung" Europas. NS-Wirtschaftspolitik in den besetzten Gebieten, Berlin 1997, S. 161–167.

55 Siehe: Karsten Linne, Florian Dierl (Hg.), Arbeitskräfte als Kriegsbeute: Der Fall Ost- und Südosteuropa 1939–1945, Berlin 2011.

56 Gerlach, Kalkulierte Morde, 2000.

57 Tanja Penter, Arbeiten für den Feind in der Heimat: Der Arbeitseinsatz in der besetzten Ukraine 1941–1944, in: Jahrbuch für Wirtschaftsgeschichte. 2004, S. 65–94.

58 Siehe u.a.: Pavel Markovič Poljan, Žertvy dvuch diktatur, Moskva 2002[2]; Pavel Polian, Die Rekrutierung der Zwangsarbeiter in der Sowjetunion, in: Dittmar Dahlmann (Hg.), Zwangsarbeiterforschung in Deutschland. Das Beispiel Bonn im Vergleich und im Kontext neuerer Untersuchungen, Essen 2010a[1], S. 63–86; Pavel Polian, Sowjetische Zwangsarbeiter und Kriegsgefangene im Dritten Reich, in: Peter Ruggenthaler u. Walter Iber (Hg.), Hitlers Sklaven – Stalins „Verräter". Aspekte der politisch-administrativen Repressionen an Zwangsarbeitern und Kriegsgefangenen; eine Zwischenbilanz, Innsbruck 2010b[1], S. 27–42.

ler[59]. Neuere Studien zu anderen deutsch besetzten Gebieten sind gerade im Entstehen oder jüngst herausgekommen[60]. In diesem Kontext ist auch die Untersuchung als Teilstudie eines übergeordneten Projektes der Stiftung „Erinnerung, Verantwortung, Zukunft" zur nationalsozialistischen Zwangsarbeit in den besetzten Gebieten einzuordnen.

1.1.4 Quellen

Zur Analyse der nationalsozialistischen „Arbeitseinatzpolitik" in den baltischen Generalbezirken des RKO wurden überlieferte Akten der deutschen und „landeseigenen" Verwaltungsorgane der deutschen Besatzungszeit im Baltikum aus den Staatsarchiven in Tallinn, Riga und Vilnius, sowie aus dem Bundesmilitärarchiv in Freiburg und dem Bundesarchiv in Berlin herangezogen. Die Nutzung gedruckter Quellenbände[61], sowie die Heranziehung von Quellenbeständen des IfZ bilden eine Ergänzung zu den oben genannten staatlichen Archiven.

Mit dem methodischen Ansatz einer Zweiteilung der Untersuchung in einen Analyseabschnitt mit Blick auf die Akteure der „Arbeitseinsatzpolitik" und einem zweiten Abschnitt mit Perspektive auf die Betroffenen korreliert in gewissem Maße auch eine Unterscheidung der Quellengattungen. Während bei der Analyse der Zielkonflikte der Akteure vor allem der Schriftwechsel der verschiedenen deutschen und „landeseigenen" Behörden im Vordergrund steht, da hier die Absichten, Lösungsstrategien und die Durchsetzungsfähigkeit der Akteure zum Ausdruck kommen, dominieren im zweiten Teil der Arbeit eher die Lageberichte der Arbeitsverwaltung als Grundlage für die stärker dokumentarisch gehaltene Beschreibung des Schicksals der Betroffenengruppen in chronologischer Perspektive.

Bestände, die somit für den ersten Teil der Arbeit von besonderem Wert waren, sind vor allem die Akten der vier Ebenen der Zivilverwaltung, die in den Archiven in Berlin, Riga, Tallinn und Vilnius überliefert sind. Hier wiederum zeichnen sich in Ber-

59 Rolf-Dieter Müller, Die Rekrutierung sowjetischer Zwangsarbeiter für die deutsche Kriegswirtschaft, in: Ulrich Herbert (Hg.), Europa und der „Reichseinsatz". Ausländische Zivilarbeiter, Kriegsgefangene und KZ-Häftlinge in Deutschland 1938–1945, Essen 1991c[1], S. 234–250; Rolf-Dieter Müller, Menschenjagd. Die Rekrutierung von Zwangsarbeitern in der besetzten Sowjetunion, in: Hannes Heer (Hg.), Vernichtungskrieg. Verbrechen der Wehrmacht 1941–1944, Hamburg 1995[2], S. 92–103.

60 Siehe beispielsweise: Anna Maria Grünfelder, Arbeitseinsatz für die Neuordnung Europas. Zivil- und ZwangsarbeiterInnen aus Jugoslawien in der „Ostmark" 1938/41–1945, Wien 2010.

61 Beispielsweise die gedruckten Quellen der Kriegsverbrecherprozesse von Nürnberg (IMT), sowie u. a.: Benz, Einsatz im „Reichskommissariat Ostland", 1998; A. Kadiķis (Hg.), Mēs apsudzam. Dokumenti un materiāli par hitlerisko okupantu un latviešu buržuāzisko nacionālistu ļaundarībām Latvijas Padomju Socialistiskajā Republikā, Rīga 1965a.

lin vor allem die Akten des Ostministeriums[62], des Reichskommissars Ostland[63] und des Generalkommissariats in Riga[64] aus. Leider existieren im Bundesarchiv die entsprechenden Bestände zu den Generalkommissariaten in Reval und Kauen nicht. Genauso auf Riga konzentriert sind im Bundesarchiv auch die Bestände der Gebietskommissariatsebene[65]. Doch kann diese Lücke durch die Bestände der Generalkommissariate und Gebietskommissariate in Estland und Litauen der Archive in Tallinn und Vilnius ausgeglichen werden[66]. Dies gilt für den Aspekt des „Arbeitseinsatzes" umso mehr, da in den dortigen Archiven eigene Bestände zur Wirtschafts- und Arbeitsverwaltung existieren[67]. Von besonderem Interesse sind dabei nicht zuletzt Akten der „Landeseigenen Verwaltungen"[68].

Insbesondere diese „landeseigene" Komponente rechtfertigt den Besuch im Historischen Staatsarchiv in Riga, um die umfangreichen Materialien aus dem Bundesarchiv zu vervollständigen[69], was insbesondere für die lettische Arbeitsverwaltung gilt[70]. Doch auch darüber hinaus finden sich zur deutschen Verwaltung reichhaltige Funde in Riga, die eine ertragreiche Ergänzung zu den Beständen des Bundesarchivs darstellen[71].

Nicht zuletzt die erwähnten überlieferten Akten der „landeseigenen" und deutschen Arbeitsverwaltungen enthalten z.T. die umfangreichen bereits genannten Lageberichte, welche über die Betroffenengruppen und chronologische Entwicklungsschübe Auskunft geben können[72]. Ergänzend zu den zivilen Lageberichten sind aber auch die Berichte der Wehrwirtschaftsbehörden in diesem Zusammenhang von besonderem Wert[73].

62 Bestand: BA-R-6.
63 Bestand: BA-R-90.
64 Bestand: BA-R-92.
65 Bestand: BA-R-91.
66 Siehe beispielsweise folgende Bestände: Generalkommissar in Reval: ERA-R-65, sowie: Generalkommissar in Kauen: LCVA-R-615 und Gebietskommissar Wilna Land resp. Stadt: LCVA-R-613 resp. 614.
67 Siehe beispielsweise: Arbeitsamt Wilna: LCVA-R-626, sowie: Arbeitsamt Kauen: LCVA-R-1474.
68 Beispielsweise in Tallinn: Wirtschafts- und Finanzdirektorium: ERA-R-66, sowie: Wirtschafts- und Finanzdirektorium Abteilung Arbeit: ERA-R-76; In Vilnius: Amt für Arbeit und Sozialwesen: LCVA-R-625.
69 Siehe u. a.: Wirtschaftsgeneraldirektion: LVVA-P-34, sowie: Generaldirektion des Innern: LVVA-P-97, sowie: Generaldirektion des Innern – Departement der Selbstverwaltung: LVVA-P-812.
70 Siehe: Lettische Arbeitsverwaltungen in Riga, Libau, Windau und Wenden: LVVA-P-958–61, und besonders: Lettisches Arbeitsdepartement: LVVA-P-989.
71 Bestände: Ostministerium: LVVA-P-1018, sowie: Reichskommissariat Ostland: LVVA-P-70, sowie: Generalkommissar in Riga: LVVA-P-69.
72 Von besonderem Wert diesbezüglich in Berlin u. a. die Bestände: BA-R-91.394 und 395, sowie: BA-R-9. 2. 1153, und in Riga: Arbeitsamt Riga: LVVA-P-98, sowie das schon genannte Lettische Arbeitsdepartement: LVVA-P-989.
73 So vor allem aus dem Militärarchiv in Freiburg die Bestände: Rüstungsdienststellen im RKO/RKU: BA-MA-RW-30, sowie: Wirtschaftsstab Ost: BA-MA-RW-31.

Neben den genannten Quellen aus der Provenienz der zivilen und militärischen Verwaltung bilden die überlieferten Akten der verschiedenen örtlichen Polizeiorgane eine sinnvolle Ergänzung zur Lage der Bevölkerung, sowie zum Umgang mit Häftlingen und Juden. Dies erscheint nicht zuletzt auch deshalb sinnvoll, da der Polizeiapparat Himmlers hier als eigenständiger Akteur untersucht wird[74].

Insgesamt ist die Quellenlage als umfangreich, aber lückenhaft zu bezeichnen. Die bestehenden Lücken vor allem auf den unteren Verwaltungsebenen können aber durch den Rückgriff auf die nächst höheren Verwaltungsebenen, oder das Herausgreifen exemplarischer Beispiele auf unterer Verwaltungsebene dort, wo die Quellenlage dichter ist, erschlossen werden.

Da das Thema der „Arbeitseinsatzpolitik" in den baltischen Generalbezirken mit der Perspektive auf die Akteure und die Betroffenen dieser Politik als Analyse einer Mobilisierungspolitik der Besatzer den Besetzten gegenüber verstanden wird, folgt eine Darstellung der Vorgeschichte und der historisch bedingten Ausgangslage dieses Verhältnisses. Daran schließt sich eine kurze Einführung der nationalsozialistischen „Arbeitseinsatzpolitik" über den geographischen Rahmen des Baltikums hinaus an, um schließlich einführend noch das theoretische Begriffsfeld dieser Beziehungsanalyse von Besatzern und Besetzten zu klären.

1.2 Inhaltlich

1.2.1 Einführung zur Geschichte des Baltikums am Vorabend der Deutschen Besatzung

Aus der Vorgeschichte des Baltikums für die Beziehungsgeschichte zwischen deutschen Besatzern und einheimischer Bevölkerung sind vor allem zwei Ereignisse von besonderer Relevanz. Das ist zum Einen die Besatzungserfahrung des Ersten Weltkrieges durch deutsche Truppen während und nach dem Krieg, und zweitens die unmittelbare Besatzungserfahrung unter der ersten sowjetischen Besatzung von 1940/1941 und der zwangsweisen Inkorporierung in die Sowjetunion. Beide Ereignisse hinterließen im Verhältnis zwischen deutscher Besatzungsmacht und einheimischer Bevölkerung nachhaltige Spuren. So sammelten die Deutschen am Ende des Ersten Weltkrieges erste Erfahrungen hinsichtlich der Verwaltung dieser Territorien,

74 Siehe dazu folgende Bestände: Polizeidienststellen in den besetzten Ostgebieten: BA-R-70, sowie: SSPF Lettland: LVVA-P-82, sowie: KdS Lettland: LVVA-P-252, sowie: BdS Ostland: LVVA-P-1026, sowie: KdS Estland: ERA-R-819, sowie: KdS Litauen: LCVA-R-1399.

was auch für die „Arbeitseinsatzpolitik" in der Verwaltungseinheit „Ober Ost" gilt[75]. Auch Pläne einer zukünftigen deutschen Kolonie im Baltikum existierten und sind durchaus als erste Vorläufer späterer Pläne, wie dem Generalplan Ost, zu verstehen[76]. Allerdings war der Einfluss der Deutschbalten, insbesondere in Hinblick auf Estland und Lettland, wesentlich bedeutender[77].

Aus Sicht der einheimischen Bevölkerung war die Besatzungserfahrung durch deutsche Truppen ein höchst ambivalentes Ereignis – mit zudem großen Unterschieden in den drei Ländern, was vor allem für das Ende und die Befreiungskrieg in den jeweiligen Ländern gilt. Während in Litauen und Kurland in Lettland die Besatzung am längsten währte, waren die deutschen Truppen in Estland nur wenige Monate. Auch das Verhältnis der estnischen Bevölkerung zu den militärischen Verbänden gestaltete sich in Estland reibungsloser als in Lettland. Denn, wie angedeutet, standen sich deutschbaltische, deutsche, baltisch-nationale und baltisch-sowjetische und russisch-sowjetische und schließlich russisch-nationale, sowie alliierte Truppen in wechselnden Bündnissen gegenüber, sodass das wechselseitige Verhältnis von Deutschen zur baltischen Mehrheitsbevölkerung alles andere als eindeutig und klar war. Höhepunkt dieser Auseinandersetzungen in Lettland war die Schlacht von Wenden im Juni 1919, bei der sich die deutschbaltische Landeswehr aus Lettland und lettische und vor allem estnische Truppen gegenüberstanden. Die Landeswehr verlor und musste sich zurückziehen, beteiligte sich aber im November unter der Führung des russischen Oberst Pavel Bermont-Avalov an einem weiteren Versuch, die junge lettische Armee aus Riga zu vertreiben, was die Beziehungen zwischen Deutschen und Letten in Lettland enorm belastete. In Litauen zog sich die deutsche Armee friedlicher zurück und die Hauptauseinandersetzungen im Zuge des Befreiungskampfes des jungen litauischen Staates richteten sich gegen die Sowjetunion und schnell auch gegen Polen, das gewaltsam die litauische Hauptstadt Vilnius besetzte. Aus deutscher Sicht war das Verhältnis zu Litauen aber ebenfalls nicht konfliktfrei, da hier die „Memelfrage" die gegenseitigen Beziehungen belastete[78].

75 Christian Westerhoff, Deutsche Arbeitskräftepolitik in den besetzten Ostgebieten, in: Joachim Tauber (Hg.), Über den Weltkrieg hinaus: Kriegserfahrungen in Ostmitteleuropa 1914–1921, Lüneburg 2009, S. 83–107. Zur deutschen Besatzungspolitik in „Ober Ost" vgl.: Vejas Gabriel Liulevicius, War land on the Eastern Front. Culture, national identity, and German occupation in World War I, Cambridge 2000; Abba Strazhas, Deutsche Ostpolitik im Ersten Weltkrieg. Der Fall Ober Ost, 1915–1917, Wiesbaden 1993.

76 Dazu: Myllyniemi, Die Neuordnung der baltischen Länder 1941–1944: Zum nationalsozialistischen Inhalt der deutschen Besatzungspolitik, 1973, S. 18–28; Kevin O'Connor, The history of the Baltic states, Westport, Conn. 2003, S. 78 f.

77 Michael Garleff, Die baltischen Länder, Regensburg 2001, S. 99; Gert von Pistohlkors, Baltische Länder, Berlin 1994. S. 465–480.

78 Volker Blomeier, Litauen in der Zwischenkriegszeit. Skizze eines Modernisierungskonflikts, Münster 1998, S. 190–212.

Das politische Klima der Deutschen zu den Esten/Letten und Litauern während der sich anschließenden Phase der staatlichen Unabhängigkeit in den baltischen Staaten war vor allem dadurch geprägt, dass sich die jungen baltischen parlamentarischen Demokratien durch weitgehende Rechte für ihre zahlreichen Minderheiten auszeichneten, was auch für die dort lebenden Deutschen galt[79]. Trotzdem waren die Beziehungen von Anfang an insbesondere in Estland und Lettland zwischen Deutschbalten und Esten und Letten gespannt, da die Deutschbalten durch die Agrarreformen ihre dominierende Stellung in der Landwirtschaft verloren. Zudem verstärkte sich in allen drei Ländern der staatlich geförderte Nationalismus, der sich nicht zuletzt gegen die deutschbaltisch dominierte Wirtschaftselite richtete. Diese Tendenz wurde entscheidend durch den systempolitischen Wandel zu autoritären Regimen in allen drei Ländern verstärkt[80].

Die zweite entscheidende Komponente für das gegenseitige Verhältnis zwischen der deutschen Besatzungsmacht und der einheimischen Bevölkerung am Vorabend der deutschen Besatzung war das erste sowjetische Okkupationsjahr, das nach der Unterzeichnung des Molotov-Ribbentrop-Paktes am 23. August 1939 möglich geworden war[81]. In dem einen Jahr der sowjetischen Herrschaft versuchte die sowjetische Führung in allen drei Ländern eine stabile Herrschaft zu installieren. Zu diesem Zeck mussten die alten Eliten der Nationalstaaten beseitigt werden. Höhepunkt dieser Politik waren die massenhaften Deportationen (aus Estland ca. 11 000, aus Lettland ca. 15 000 und aus Litauen ca. 22 000 Personen) vom 14./15. Juni 1941, eine Woche vor dem deutschen Angriff[82]. Da die stalinistische Herrschaft sich gegen eine nationalistisch eingestellte Elite richtete, waren ihre Maßnahmen selbst hochgradig von ethnischen Motiven erfüllt[83]. Inwieweit die stalinistische Herrschaft selbst schon von einem ethnisch motivierten Denken gelenkt wurde, oder ob die Benachteiligung der baltischen Völker nur als Präventivmaßnahme gegen eine zu erwartende höhere Resistenz unter dieser Bevölkerung zu bewerten ist, soll hier nicht entschieden werden. Relevant für die deutsche Besatzungszeit ist jedoch die Tatsache, dass die sowjetische Herrschaft entscheidend zu einer Spaltung der Gesellschaft nach ethnischen Kriterien beitrug, die wiederum von den Deutschen aufgegriffen werden konnte. Dass dabei die Ethnisierung der politischen Konflikte auch auf Stereotypen basierte, die weit von der historischen Wahrheit entfernt waren, zeigt ins-

79 Dazu: Garleff, Die baltischen Länder, 2001, S. 124–144.

80 Zum Hintergrund der Errichtung autoritärer Regime in Ostmitteleuropa vgl.: Erwin Oberländer u. Rolf Ahmann (Hg.), Autoritäre Regime in Ostmittel- und Südosteuropa 1919–1944, Paderborn 2001.

81 Garleff, Die baltischen Länder, 2001, S. 159–162; Bleiere, Latvija Otrajā pasaules karā: (1939–1945), 2008, S. 111–115.

82 Dazu: Elmārs Pelkaus (Hg.), Aizvestie: 1941. gada 14. jūnijs, Rīga 2007; Garleff, Die baltischen Länder, 2001, S. 166 f.; Vgl. mit abweichenden Zahlenangaben auch: Gräfe, Vom Donnerkreuz zum Hakenkreuz: Die baltischen Staaten zwischen Diktatur und Okkupation, 2010, S. 124–128.

83 Dazu: Felder, Stalinismus als „russisch-jüdische Herrschaft", 2009a.

besondere der tragische Fall des vermeintlichen jüdischen Verräters. Denn ausgerechnet der jüdische Anteil war unter den im Juni 1941 deportierten Personen überproportional hoch, was den Vorwurf einer jüdisch- bolschewistischen Zusammenarbeit widerlegt[84]. Doch waren diese Statistiken zu dieser Zeit nicht in das öffentliche Bewusstsein gelangt, sodass der Boden für einen radikalen Antisemitismus bereitet war. Auch der Hass gegen die slawische Minderheit wurde durch die Tatsache, dass die russische Sprache und Kultur während des sowjetischen Okkupationsjahres gefördert wurde und eine Reihe der führenden Politiker ebenfalls Russen waren, ebenfalls geschürt[85]. Dies hatte nicht zuletzt Auswirkungen auf das hier zu untersuchende Gebiet der Arbeitskräfterekrutierung.

1.2.2 Grundzüge der nationalsozialistischen „Arbeitseinsatzpolitik"

Als die deutsche Besatzungsmacht nach ihrem Einmarsch im Baltikum damit begann, ein System der Arbeitsverwaltung zu installieren, waren neben dem historisch gewachsenen spezifischen Verhältnis von Besatzern und Besetzten für die „Arbeitseinsatzpolitik" in dieser Region auch überregionale Faktoren der nationalsozialistischen „Arbeitseinsatzpolitik" von großer Bedeutung. Aus diesem Grunde sei hier neben einer Einführung zum Verhältnis der Besatzer zu den Besetzten auch diesbezüglich auf die wichtigsten Merkmale verwiesen:

- Merkmal „Improvisation": Der millionenfache „Arbeitseinsatz" von ausländischen Arbeitskräften im Reich und die Heranziehung einheimischer Arbeitskräfte in die örtliche Kriegswirtschaft waren nicht das Ergebnis und die Umsetzung einer jahrelangen Planung. All diese Maßnahmen sind als Antwort auf den aus nationalsozialistischer Sicht ungünstigen Kriegsverlauf zu verstehen[86]. Wesentliches Merkmal der nationalsozialistischen „Arbeitseinsatzpolitik" war somit die Improvisation als verzweifelter Abwehrversuch der sich anbahnenden Niederlage.
- Zäsur 1941/1942: Bei diesem Prozess ist vor allem eine deutliche Zäsur im Winter 1941 / 1942 erkennbar. Das Scheitern des Unternehmens „Barbarossa" vor Moskau und der Kriegseintritt der USA zwangen die deutsche strategische Planung[87], sich auf einen lang andauernden Abnutzungskrieg einzustellen, wozu ein gewaltiges Potential an Arbeitskräften benötigt wurde, und zwar sowohl im Reich als auch in den besetzten Gebieten.
- Sauckelprogramm: Zwar waren auch schon vorher massenhaft ausländische Arbeitskräfte – vor allem aus Polen und aus Frankreich – auf deutschem Boden

84 Pelkaus, Aizvestie: 1941. gada 14. ju nijs, 2007, S. 687 f.
85 Dazu: Felder, Lettland im Zweiten Weltkrieg, 2009b, S. 90 f.
86 Herbert, Fremdarbeiter, 1999, S. 37 f.
87 Homze, Foreign labor in Nazi Germany, 1967, S. 303.

für den „Arbeitseinsatz" herangezogen worden. Aber erst durch die Entscheidung zum „Einsatz" zunächst der Kriegsgefangenen, kurz darauf auch zivilen Arbeitskräften aus der Sowjetunion wurde der „Arbeitseinsatz" von Ausländern in Deutschland zum dauerhaften Kalkulationsmoment der deutschen Kriegswirtschaft[88]. Die organisatorische Entsprechung dieser gewandelten Umstände war die Ernennung Fritz Sauckels zum Generalbevollmächtigten für den Arbeitseinsatz im März 1942, der weitgehende Befugnisse zur Beschaffung von Arbeitskräften aus den besetzten Gebieten erhielt[89], und unmittelbar damit begann, „die Millionen der Ostarbeiter nach Deutschland (zu) holen ohne Rücksicht auf ihre Gefühle, ob sie wollen oder nicht!"[90]

- Ideologie – Ökonomie – Gegensatz: Allerdings war die nationalsozialistische „Arbeitseinsatzpolitik" von nun an keineswegs ausschließlich von kriegsökonomischen Faktoren bestimmt. Auch weiterhin spielten rassenideologische Aspekte eine bedeutende Rolle, die vehement von Seiten des RSHA vertreten wurden, und ihren Ausdruck insbesondere in den im Februar erlassenen „Ostarbeiterbestimmungen" fanden[91]. (Ausgehend von rechtlichen Überlegungen ist weiter zwischen zivilen Arbeitskräften, Kriegsgefangenen und KZ-Häftlingen zu unterscheiden.)
- Gegensatz von Planung und Umsetzung: Gerade die menschenunwürdigen „Ostarbeiterbestimmungen" waren mit ein Grund für die schnell nachlassenden Erfolge der Anwerbungen. Die Reaktion der deutschen Werber war eine Verstärkung sowohl der Propaganda, als auch der Zwangsmaßnahmen der Rekrutierung, was wiederum kaum die erwünschten Resultate zeitigte, sondern stattdessen die Bevölkerung zu den Partisanen drängte[92]. Was für die Anwerbungen zum „Reichseinsatz" galt, zeigte sich in ähnlicher Form auch beim „Arbeitseinsatz" in den besetzten Ostgebieten selbst. Auch hier wurden die verzweifelten Versuche der örtlichen Arbeitseinsatzverwaltungen, die Arbeitsleistung durch strengere

88 Herbert, Fremdarbeiter, 1999, S. 152–154.

89 Etwa zeitgleich erfolgte die Ernennung Speers zum Nachfolger Todts, was zusammen mit Sauckels Ernennung die personelle Entsprechung der kriegswirtschaftlichen Wende von Anfang 1942 bedeutete. Siehe ausführlich zum Wandel der deutschen Kriegswirtschaft mitsamt ihrer organisatorischen Spitze: Walter Naasner, Neue Machtzentren in der deutschen Kriegswirtschaft 1942–1945: Die Wirtschaftsorganisation der SS, das Amt des Generalbevollmächtigten für den Arbeitseinsatz und das Reichsministerium für Bewaffnung und Munition, Reichsministerium für Rüstung und Kriegsproduktion im nationalsozialistischen Herrschaftssystem, Boppard 1994.

90 Zitiert nach: Peter Kleist, Zwischen Hitler und Stalin 1939–1945: Aufzeichnungen, Bonn 1950, S. 195.

91 Herbert, Fremdarbeiter, 1999, S. 154–157; Zu dem Antagonismus von Kriegsökonomie und Rassenideologie siehe: Ulrich Herbert, Arbeit und Vernichtung. Ökonomisches Interesse und Primat der „Weltanschauung" im Nationalsozialismus, in: ders. (Hg.), Europa und der „Reichseinsatz". Ausländische Zivilarbeiter, Kriegsgefangene und KZ-Häftlinge in Deutschland 1938–1945, Essen 1991a[1], S. 384–426.

92 Quinkert, Propaganda und Terror in Weißrussland 1941–1944: Die deutsche „geistige" Kriegführung gegen Zivilbevölkerung und Partisanen, 2009, S. 257–267.

Verordnungen anzuziehen mit zunehmender Arbeitsverweigerung und passivem oder aktivem Widerstand beantwortet[93].

- Bilanz: Nicht zuletzt diese Widerstände werfen schließlich die Frage der „Effektivität" der nationalsozialistischen „Arbeitseinsatzpolitik" auf. Zwar stellte der millionenfache „Einsatz" von Arbeitskräften im Reich und in den besetzten Gebieten[94] selbst die Grundvoraussetzung für Speers Rüstungserfolge und die Verlängerung des Krieges dar, doch waren die repressiven Rekrutierungsmethoden und die rassenideologisch begründeten Erniedrigungen vor allem den als „Untermenschen" eingestuften Sowjetbürgern gegenüber derartig rigoros, dass die deutsche Herrschaft jegliche Unterstützungsbereitschaft von Seiten der Zivilbevölkerung verlor[95]. Auch verhinderten starke Reibungsverluste zwischen mehreren Akteuren der „Arbeitseinsatzpolitik", welche auch nach der Ernennung Sauckels nicht aufhörten, eine effektive Planung und waren zugleich für die außerordentliche Diversifizierung der Betroffenengruppen mit verantwortlich, welche die Diskussion über den Zwangscharakter der Arbeitskräfte erschweren.

1.2.3 Einführung zum Begriffsfeld der Interaktion von Besatzern und Besetzten – Kollaboration

Für die Verwirklichung der Ziele der nationalsozialistischen „Arbeitseinsatzpolitik" war das gegenseitige Verhältnis zwischen Besatzern und Besetzten von außerordentlicher Bedeutung. Denn die Lösungsstrategien der beteiligten Akteure orientierten sich nicht zuletzt auch an dem Grad ihrer Durchführbarkeit, welche wiederum vom Kooperationswillen der Betroffenen abhing. Diese Thematik führt zwangsläufig zum weiten Themenfeld von Kooperation, Kollaboration und Widerstand. Ein terminologischer Klärungsversuch zur Verwendung dieser Begriffe sei im Folgenden vorangestellt, um das in dieser Arbeit verwendete Verständnis zu diesem Themenkomplex zu umreißen.

Es lassen sich zwei Gründe ausmachen, welche die besondere Dringlichkeit und die Brisanz des Begriffs und Themenfelds der Kollaboration im Baltikum ausmachen: Dass dieses Thema namentlich im Zusammenhang des Holocaust konfliktgeladen ist, bedarf nicht der besonderen Hervorhebung[96]. Aber auch unabhängig vom Judenmord besitzt dieses Thema eine Sprengkraft von erstaunlichen Ausmaßen. Die

93 Müller, Europa unterm Hakenkreuz, Sowjetunion, 1991a, S. 195–206

94 Zahlen: 8 Million aus SU plus ca. 20 Million in SU allein. Polian, Die Erinnerung an die Deportationen während der deutschen Besatzung in der Sowjetunion, 2007, hier: S. 59.

95 Homze, Foreign labor in Nazi Germany, 1967, S. 310 f.

96 Zu diesem Themenkomplex zur Einführung siehe: Jörg Zägel, Reiner Steinweg, Die Sicht auf Krieg, Diktatur, Völkermord, Besatzung und Vertreibung in Russland, Polen und den baltischen Staaten, Berlin 2007.

Ursache dieser Erscheinung dürfte in dem komplexen Verhältnis der baltischen Geschichtsschreibung zur sowjetischen Historiographie und der angespannten Beziehung zur russisch–postsowjetischen Sichtweise auf die Ereignisse liegen, was insbesondere spürbar ist bei der Beurteilung der Rolle des sowjetischen Widerstandes im Baltikum[97]. Für Historiker aus dem Baltikum ergibt sich ein Solidarisierungsproblem, das aus einer „Sandwichlage" heraus zu erklären ist. Stellt die Verurteilung der russisch–sowjetischen Sichtweisen auf die Ereignisse der deutschen Besatzungszeit ein Solidarisierungsangebot an den Westen dar[98], so wird dieses unmittelbar zunichte gemacht durch den gerade aus westlicher Forschung zu hörenden Vorwurf der Beteiligung an den Verbrechen des Judenmordes[99].

Ohne an dieser Stelle die einzelnen historiographischen Kämpfe im Detail weiter verfolgen zu wollen, kristallisieren sich als signifikante Themenfelder, welche zum Verständnis der deutschen Besatzungszeit unverzichtbar sind, Holocaust, Kollaboration und Widerstand heraus, auch wenn eine begriffliche Exaktheit im Hinblick auf letztere trotz intensiver Bemühungen der Forschung[100] nicht gewährleistet werden kann.

Die Vernichtung der Juden im Baltikum stellt zweifelsohne das schwerwiegendste Verbrechen der deutschen Besatzungszeit dar. Dies umso mehr, als hier die Ermor-

97 U. Neiburgs u. Dz Ērglis, Nacionālā un padomju pretošanās kustība: kopīgais un atšķirīgais (1941–1945), in: Latvijas Vēsturnieku Komisijas Raksti 3. 2001, S. 267–330, hier: S. 272; Siehe hierzu beispielsweise das Vorwort in dem auf Russisch erschienenen Quellenband: Prestuplenija nacistov i ich posobnikov v Pribaltike (Latvija). 1941–1945; dokumenty i svidetel'stva, Riga 2007. Oder die kämpferischen Publikationen Krysins: Michail Jurevič Krysin, Pribaltijskij fašizm: istorija i sovremennost, Riga 2007; Michail Jurevič Krysin, Latyšskij Legion SS: včera i segodnja, Riga 2006.

98 Ein Indiz für diese Neigung stellt die übertriebene Wertschätzung des englischen Historikers Norman Davies dar. Siehe beispielsweise: Bleiere, Latvija Otrajā pasaules karā: (1939–1945), 2008 S. 8.

99 Siehe beispielsweise als Reaktion auf diese Erscheinung der westlichen Historiographie den Kommentar des lettischen Historikers Aivars Stranga zu der westlichen Tendenz, den Antisemitismus in Ostmitteleuropa als außerordentlich stark darzustellen: „Ein wenig übertreibend könnte man sagen, dass Hitler aus dem Baltikum oder der Ukraine kam". In: A. Stranga, Priekšvārds (Vorwort), in: Dz Ērglis (Hg.), Latvijas Centrālās padomes vēstures nezināmās lappuses, Rīga 2003, S. 14.

100 Siehe u. a.: Czesław Madajczyk, Zwischen neutraler Zusammenarbeit der Bevölkerung okkupierter Gebiete und Kollaboration mit den Deutschen, in: Werner Röhr (Hg.), Europa unterm Hakenkreuz:. Okkupation und Kollaboration, Berlin 1994, S. 45–58; Werner Röhr, Okkupation und Kollaboration, in: ders. (Hg.), Europa unterm Hakenkreuz:. Okkupation und Kollaboration, Berlin 1994b, S. 59–86; Karel Cornelis Berkhoff, Harvest of despair: life and death in Ukraine under Nazi rule, Cambridge 2004, S. 10 f.; Röhr, Kollaboration: Sachverhalt und Begriff., 2006, Pingel, Von Kiel nach Riga, 1997, Wolfgang Benz u. Barbara Distel (Hg.), Benz, Distel (Hg.) 2009 Der Ort des Terrors. Arbeitserziehungslager, Ghettos, Jugendschutzlager, Polizeihaftlager, Sonderlager, Zigeunerlager, Zwangsarbeiterlager, München 2009, S. 11–14; Semirjaga, Kollaboracionizm: priroda, tipologija i projavlenija v gody vtoroj mirovoj vojny, 2000, S. 21 f.; Cornelius J. Lammers, Levels of Collaboration. A Comparative Study of German Occupation Regimes during the Second World War, in: Robert Bohn (Hg.), Die deutsche Herrschaft in den „germanischen" Ländern 1940–1945, Stuttgart 1997, S. 47–69; Bohn, Kollaboration und deutsche Mobilisierungsbemühungen im RK Ostland: Grundsätzliche Überlegungen, 2004.

dung der jüdischen Bevölkerung mit einer Geschwindigkeit durchgeführt wurde wie in keiner anderen Region des nationalsozialistischen Machtbereichs. Estland war der erste Machtbereich im nationalsozialistisch beherrschten Europa, der als „judenfrei" deklariert wurde[101]. In Lettland und Litauen waren bereits vor der „Wannseekonferenz" über 90 % der jüdischen Bevölkerung nicht mehr am Leben[102]. Und doch muss berücksichtigt werden, dass der Holocaust innerhalb der drei Länder des Baltikums auch signifikante Unterschiede aufwies. Dies betrifft weniger die Organisationsformen der Durchführung und den Prozess der Ermordung, als vielmehr die Tatsache, dass die bloße Anzahl der jüdischen Bevölkerung sich massiv unterschied, und somit das Ausmaß der Verbrechen und die Bedeutung des Holocaust für die verschiedenen Regionen im Baltikum voneinander abwichen. Dieser Aspekt wird im Übrigen auch seine Auswirkungen auf das Problem der Beteiligung einheimischer Kräfte beim Holocaust gehabt haben, was bisher nur wenig in der Forschung beachtet wurde, wenn es um die Motive der einheimischen Täter und deren antisemitischen Tendenzen ging.

Schließlich spielte die Region innerhalb der nationalsozialistischen Vernichtungspolitik auch nach der Ermordung der indigenen Juden eine Rolle als Zielgebiet für die aus Mitteleuropa deportierten Juden, welche nach Riga und in die verschiedenen Lager Estlands verschleppt wurden.

Die Bedeutung des Baltikums innerhalb der Geschichte des Holocaust beinhaltet also zwei Hauptaspekte: Zum Einen als „Test- und Erfahrungsfeld" für die mordenden Einsatzgruppen – in dieser Funktion besitzen die Judenmorde im Baltikum und den anderen besetzten Gebieten der Sowjetunion eine entscheidende Funktion im Radikalisierungsprozess der frühen Phase des Holocaust[103]. Zum Anderen war das Baltikum in der darauf folgenden Phase Element der logistischen Planung der „Endlösung" als Deportationsziel[104].

Wie bereits erwähnt, stellt das Thema der Kollaboration insbesondere im Kontext des Holocaust im Baltikum ein viel beachtetes Thema dar. Im Vordergrund stehen diesbezüglich die vermeintlich spontanen Pogrome der einheimischen Bevölkerung

101 Birn, Die Sicherheitspolizei in Estland 1941–1944: Eine Studie zur Kollaboration im Osten, 2006, S. 169.

102 Aivars Stranga, Holokausts Latvijā: 1941–1945, in: Latvijas Vēsturnieku Komisijas Raksti 12. 2004, S. 209–224, S. 209; Vincas Bartusevicius u. a., Litauen 1941 im Lichte der internationalen Forschung, in: dies. (Hg.), Holocaust in Litauen. Krieg, Judenmorde und Kollaboration im Jahre 1941, Köln 2003b, S. 5–9, S. 6; Al'tman, Il'ja Aleksandrovi, Zertvy nenavisti, Cholokost v SSSR 1941–1945 gg, Moskva 2002, S. 235, 238.

103 Zum Radikalisierungsprozess des Holocaust im Sommer und Herbst 1941 siehe u. a.: Peter Longerich, Der ungeschriebene Befehl, München [u. a.] 2001, S. 103–121; Hans Mommsen, Auschwitz, 17. Juli 1942, München 2002, S. 119–128; Christian Gerlach, Krieg, Ernährung, Völkermord: Deutsche Vernichtungspolitik im Zweiten Weltkrieg 1998, S. 10–84.

104 Diana Schulle u. Alfred Bernd Gottwaldt, Die „Judendeportationen" aus dem Deutschen Reich 1941–1945, Wiesbaden 2005, S. 110–113, 248 f.

zu Beginn des deutschen Feldzuges, sowie die Tätigkeit indigener Polizeieinheiten wie das lettische Arājs Kommando[105] oder die litauische Einheit Ypatingasis Būrys[106] und andere Polizeibataillone[107]. Doch sind diese Zusammenhänge zur Behandlung des Themas „Arbeitseinsatzpolitik" weniger bedeutsam. Größeren Wert besitzt die allgemeinere Bereitschaft sowohl einzelner Verantwortungsträger als auch der Gesamtbevölkerung, die deutsche Okkupationsmacht in ihrem Handeln zu unterstützen.

In diesem weit gefassten Rahmen wird der Begriff „Kollaboration" hier wertfrei als Kooperation (Zusammenarbeit) der Okkupierten mit den Okkupanten verstanden[108]. Dies geschieht mit der Absicht, den möglicherweise „aussichtslosen" Versuch[109] einer semantischen Wende des Begriffs – weg von seiner bisherigen und immer wieder zum Vorschein kommenden pejorativen Schlagseite – zu unterstützen. Denn die zu enge Bindung des Begriffs an den Nationalstaatsgedanken und das

105 Angrick u. Klein, Die „Endlösung" in Riga, 2006, S. 74–77; R. Vīksne, The Arājs' Commando Member as Seen In the KGB Trial Files: Social Standing, Education, Motives for Joining It, and Sentences Received, in: Latvijas Vēsturnieku Komisijas Raksti 2. 2001, S. 350–384, Reichelt, Kollaboration und Holocaust in Lettland 1941–1945, 2002, S. 116–118; Reichelt, Kollaboration: Zwei Beispiele aus der Judenverfolgung in Lettland 1941–1944, 2006, S. 81–84; Felder, Lettland im Zweiten Weltkrieg, 2009b, S. 216–219.

106 Michael MacQueen, Einheimische Gehilfin der Gestapo: Die litauische Sicherheitspolizei in Vilnius 1941–1944, in: Vincas Bartusevicius u. a. (Hg.), Holocaust in Litauen. Krieg, Judenmorde und Kollaboration im Jahre 1941, Köln 2003, S. 103–116, S. 104–106; Joseph Levinson, The Shoah (Holocaust) in Lithuania, Vilnius 2006, S. 44–47; Aivars Stranga, Ebreji Baltijā: no ienākšanas pirmsākumiem līdz holokaustam; 14. gadsimts – 1945. gads, Rīga 2008, S. 169 f.

107 Allgemein zur Rolle der einheimischen Polizeibataillone grundlegend: Arunas Bubnys, Die litauischen Hilfspolizeibataillone und der Holocaust, in: Holocaust in Litauen. 2003a, S. 117–131; Martin Dean, Collaboration in the Holocaust: crimes of the local police in Belorussia and Ukraine, 1941–44, Basingstoke 2000.

108 Siehe den Überblick zum Kollaborationsbegriff bei Röhr mit Hinweis auf den Kollaborationsbegriff bei Werner Rings in: Röhr, Okkupation und Kollaboration, 1994b; Werner Rings, Leben mit dem Feind: Anpassung und Widerstand in Hitlers Europa 1939–1945, München 1979. Selbstverständlich verlagert sich so das Problem in gewisser Weise auf den Begriff der „Okkupation". Ein Umstand, der sicherlich ebenso zum Gegenstand erbitterter Diskussionen werden kann. Im Fall des Baltikums während der deutschen Besatzungszeit dürfte allerdings weitgehender Konsens bestehen, dass von einer „Okkupation" auszugehen ist. Gewiss problematischer wäre eine diesbezügliche Untersuchung der nachfolgenden langen „Okkupationszeit" des Baltikums unter sowjetischer Herrschaft aufgrund der hier zum Vorschein kommenden Begriffsunschärfe von „Okkupation".

109 „Ein Versuch, „Kollaboration" wieder aus diesem semantischen Feld des Nationalismus – von Loyalität, Treue und Verrat – zu lösen, erschiene zwar wünschenswert, aber vergeblich und aussichtslos". In: Christoph Dieckmann, Kollaboration? Litauische Nationsbildung und deutsche Besatzungsherrschaft im Zweiten Weltkrieg, in: Joachim Tauber (Hg.), „Kollaboration" in Nordosteuropa. Erscheinungsformen und Deutungen im 20. Jahrhundert, Wiesbaden 2006a, S. 128–139, S. 130.

emotional aufgeladene Thema des Landesverrats[110] verstellt mehr den Blick auf die historischen Ereignisse als es objektive Forschung ermöglicht, was auch eine „ausufernde Differenzierung" nicht zu verhindern vermag. Auch führt ein solches Verständnis durchaus nicht zwangsläufig zum „beliebigen Gebrauch" des Begriffs, solange er an die Bedingung einer „Okkupation" gebunden bleibt[111]. Dies gilt insbesondere für die Region des Baltikums, wo die nationalstaatliche Frage ohnehin durch die mehrmaligen Okkupationswechsel ungemein komplex war und somit die Zuordnung der einheimischen politischen Akteure in Landesverräter und Nationalhelden a priori zum Scheitern verurteilt ist[112].

Gleiches gilt auch für das logische Gegenstück – den Widerstandsbegriff[113], der gleichermaßen von der ausschließlich nationalen Sichtweise überlagert wird und so emotional zum politisch aufgeladenen Begriff geworden ist, was eine sachdienliche Auseinandersetzung behindert[114]. In diesem Sinne wird hier unter Widerstand ein solches Verhalten verstanden, das sich gegen die deutsche Okkupationsmacht richtete, ungeachtet dessen, ob ein solches Verhalten sich zugleich zugunsten der sowjetischen Rückeroberung auswirkte und in diesem Sinne also ebenfalls als Verrat an der „nationalen Sache" gesehen werden konnte. Entscheidend für diese Begriffsverwendung ist die Exklusion jeglicher normativer Bewertungen des Handelns nur aufgrund der Zuordnung zum Kollaborations- bzw. Widerstandsbegriff. Mit anderen Worten soll hier Kollaboration nicht per se „schlecht" sein und Widerstand per se „gut"[115]. Diese Begriffe charakterisieren nur die Handlung gemäß ihrer Stoßrichtung, sie eignen sich nicht dafür, eine moralische Kategorisierung vorzunehmen. Es ist demnach auch durchaus möglich, dass ein und dieselbe Person zunächst als Kollaborateur zu bezeichnen ist, und später zum Widerständler wurde, was insbesondere im Baltikum unter deutscher Besatzung sogar recht häufig geschah[116].

110 Zum Zusammenhang von Kollaboration und „Verrat" siehe schon die Überlegungen bei: David Littlejohn, The patriotic traitors. A history of collaboration in German-occupied Europe, 1940–45, London 1972, S. 338.

111 Mit gegenteiliger Meinung und Zitate aus: Röhr, Kollaboration: Sachverhalt und Begriff, 2006, S. 23.

112 Beispielhaft für Lettland: Die Bewertung der Personen Gustavs Celmiņš und Alfrēds Valdmanis. Bleiere, Latvija Otrajā pasaules karā: (1939–1945), 2008, S. 39.

113 Zum Widerstand im Baltikum zur Einführung siehe jetzt die entsprechenden Beiträge im: Gerd R. Ueberschär, Peter Steinkamp (Hg.), Handbuch zum Widerstand gegen Nationalsozialismus und Faschismus in Europa 1933/39 bis 1945, Berlin 2011.

114 Mit gegenteiliger Meinung: I. Feldmanis, Vācu okupācija Latvijā (1941–1945): izpētes aktuālās problēmas un risinājumi in: Latvijas Vēsturnieku Komisijas Raksti 11. 2004, S. 59–70, S. 62.

115 Zum Zusammenhang von Widerstand und Kollaboration und deren Unabhängigkeit von normativen Pauschalurteilen: Klemens von Klemperer, Über Widerstand und Kollaboration oder: Im Angesicht des Absurden, in: Mechtild Gilzmer (Hg.), Widerstand und Kollaboration in Europa, Münster 2004, S. 13–30, S. 13–16, 22.

116 Neiburgs u. Ērglis, Nacionālā un padomju pretošanās kustība: kopīgais un atšķirīgais (1941–1945), 2001.

Letzteres wird insbesondere in der Analyse der Beteiligung der „Landeseigenen Verwaltung“ an der Arbeitsverwaltung eine Rolle spielen. Die Gedanken zum Themenfeld der Kollaboration wurden hier vorangestellt, da die folgende Untersuchung der Involvierung der einzelnen Akteure und Betroffenen an der „Arbeitseinsatzpolitik“ im Baltikum vor dem Hintergrund des Verhältnisses von Besetzten und Besatzern zu verstehen ist, da die „Arbeitseinsatzpolitik“ selbst als Mobilisierungsbemühungen der Besatzungsmacht gegenüber den Besetzten interpretiert wird. Das Thema des gegenseitigen Verhältnisses und der Interaktion zwischen beiden Seiten, somit die Kooperation, rückt damit in den Vordergrund der Analyse. Dies gilt nicht nur für die Beurteilung der Rolle der „Landeseigenen Verwaltung“ im ersten Teil der Untersuchung. Auch die Motivationslage der Masse der Bevölkerung als Betroffenengruppe und ihrer Bereitschaft, die „Arbeitspflicht“ zu erfüllen, sind von diesem Themenkomplex betroffen und eignen sich, die Besonderheiten der Region des Baltikums auf dem Gebiet der „Arbeitseinsatzpolitik“ herauszuarbeiten.

2. Die „Arbeitseinsatzpolitik" in den baltischen Generalbezirken mit Perspektive auf die Akteure

Wer waren die verantwortlichen Akteure der „Arbeitseinsatzpolitik" im Baltikum? Zur Beantwortung dieser Frage muss berücksichtigt werden, dass eines der charakteristischen Merkmale des Nationalsozialismus die polykratische Herrschaftsausübung darstellt, was insbesondere für die Herrschaft in den besetzten Gebieten gilt[1]. Diese Tendenz wurde noch verstärkt durch die Eigenschaft der nationalsozialistischen Herrschaft, alten Herrschaftsinstitutionen neue an die Seite zu stellen, welche mit neuen Machtbefugnissen ausgestattet waren[2]. Das Baltikum stellte diesbezüglich keine Ausnahme dar. Im Gegenteil – die Besatzungspolitik in den besetzten Ostgebieten – und in der Region des Baltikums innerhalb des RKO im Besonderen – war in erheblichem Maße von miteinander im Konflikt stehenden Besatzungsinstitutionen gekennzeichnet[3]. Doch welches waren im Einzelnen die machtpolitischen Institutionen und Behörden, welche die Grundlinien der „Arbeitseinsatzpolitik" im Baltikum vorgaben? Dieser Frage soll im Folgenden nachgegangen werden.

Eine klare Abgrenzung zwischen den einzelnen Akteuren ist nicht immer möglich. Doch soll dennoch versucht werden, grundlegende Interessen und Zielvorstellungen der jeweiligen Akteure vergleichend und voneinander abgrenzend herauszustellen. Erschwert wird dieser Ansatz durch die Tatsache, dass im machtpolitischen Beziehungsgeflecht Bündnisse und Konfliktlinien auch innerhalb der einzelnen Behörden eine große Rolle spielten – so insbesondere innerhalb der vielschichtigen Zivilverwaltung[4]. Trotzdem wird es möglich sein, kleinste gemeinsame Nenner zu finden, welche die Grundzüge der „Arbeitseinsatzpolitik" der einzelnen Akteure voneinander unterscheidbar machen.

1 Mark Mazower, Hitlers Imperium: Europa unter der Herrschaft des Nationalsozialismus, München 2009, S. 208 f.; Siehe auch: Werner Röhr, System oder organisiertes Chaos? Fragen einer Typologie der deutschen Okkupationsregime im Zweiten Weltkrieg, in: Robert Bohn (Hg.), Die deutsche Herrschaft in den „germanischen" Ländern 1940–1945, Stuttgart 1997, S. 11–46; Zum Polykratiebegriff: Peter Hüttenberger, Nationalsozialistische Polykratie, in: Geschichte und Gesellschaft: Zeitschrift für historische Sozialwissenschaft, 2, H. 4, S. 417–442.

2 Eine Vorgehensweise, für die Naasner den Begriff der „Substitution als Krisenverdrängung" geprägt hat: Naasner, Neue Machtzentren in der deutschen Kriegswirtschaft 1942–1945: Die Wirtschaftsorganisation der SS, das Amt des Generalbevollmächtigten für den Arbeitseinsatz und das Reichsministerium für Bewaffnung und Munition, Reichsministerium für Rüstung und Kriegsproduktion im nationalsozialistischen Herrschaftssystem, 1994, S. 466.

3 Pingel, Von Kiel nach Riga, 1997, S. 446 f. Myllyniemi, Die Neuordnung der baltischen Länder 1941–1944: Zum nationalsozialistischen Inhalt der deutschen Besatzungspolitik, 1973, S. 121–133.

4 Zellhuber, „Unsere Verwaltung treibt einer Katastrophe zu ...", 2006, S. 149, 154–159.

2.1. Zivilverwaltung

2.1.1 Struktur – vier Verwaltungsebenen und sich überschneidende Kompetenzen

Allgemeine Verwaltungsstruktur

„Reichsministerium für die besetzten Ostgebiete“ (RMfdbO) – „Chaosministerium“: Die Zivilverwaltung nimmt ohne Zweifel den bedeutendsten Platz unter den Akteuren der „Arbeitseinsatzpolitik“ im Baltikum ein. Schon allein die bloße Größe und Vielschichtigkeit dieses Akteurs begründen seine Erstnennung an dieser Stelle. Das Baltikum geriet unter deutsche Besatzung im Zuge des deutschen Angriffs auf die Sowjetunion und ist aus diesem Grunde in administrativer Hinsicht im Kontext der deutschen Besatzungspolitik in den sowjetischen Gebieten zu verstehen. Anders als in den anderen besetzten Gebieten Europas wurde für die sowjetischen Gebiete ein eigenes Ministerium geschaffen – das Reichsministerium für die besetzten Ostgebiete unter der Leitung des nationalsozialistischen Chefideologen Alfred Rosenberg[5].

Das Ministerium bestand aus drei Hauptabteilungen und einer Vielzahl von untergeordneten Abteilungen und Sonderreferaten, die ihre Organisationsstruktur während des Krieges im Einzelnen häufig wechselten[6]. Die Hauptabteilung Politik unterstand dem aus der Nähe Odessas stammenden Georg Leibbrandt. Dieser Hauptabteilung unterstanden u. a. die Abteilungen Politik und Ostland, welche von Otto Bräutigam und Peter Kleist geleitet wurden, von denen später für die Rezeption der deutschen Besatzungsgeschichte in der Sowjetunion folgenreiche Erinnerungen verfasst wurden[7]. Größerer Bedeutung für die Organisation des „Arbeitseinsatzes“ besaß der sogenannte Führungsstab Wirtschaft beim RMfdbO, welcher zugleich in die Vierjahresplanbehörde Görings integriert war. Dadurch verlor Rosenbergs Ministerium zwar auf diesem Gebiet die wesentlichen Entscheidungskompetenzen, doch

5 Zum RMfdbO: ebd.; Zur Person Rosenberg: Ernst Piper, Alfred Rosenberg. Hitlers Chefideologe, München 2007; Frank Lothar Kroll, Alfred Rosenberg. Der Ideologe als Politiker, in: Michael Garleff (Hg.), Deutschbalten, Weimarer Republik und Drittes Reich. Band 1, Köln [u. a.] 2001, S. 147–166; Andreas Molau, Alfred Rosenberg, Koblenz 1993; Zur Einrichtung einer zivilen Verwaltung in den eroberten Ostgebieten und deren Rechtsetzung: IMT XXIX. Dokument 1997-PS S. 235–237, Erlass des Führers über die Verwaltung der neu besetzten Ostgebiete vom 17. Juli 1941.

6 Eine vierte projektierte Hauptabteilung Technik wurde nicht verwirklicht. Übersicht zu der Verwaltungsstruktur des RMfdbO in: Wilhelm, Die Einsatzgruppe A der Sicherheitspolizei und des SD 1941/42, 1996, S. 332; Auch bei Handrack, hier mit Veränderungen 1941–1945: Handrack, Das Reichskommissariat Ostland. Die Kulturpolitik d. dt. Verwaltung zwischen Autonomie u. Gleichschaltung 1941–1944, 1981, S. 222–228; Vgl. dazu auch ausführlich: Zellhuber, „Unsere Verwaltung treibt einer Katastrophe zu …“, 2006, S. 107–129.

7 Otto Bräutigam, So hat es sich zugetragen …: Ein Leben als Soldat und Diplomat, Würzburg 1968; Kleist, Zwischen Hitler und Stalin 1939–1945 : Aufzeichnungen, Bonn 1950.

durchliefen die wirtschaftspolitischen Maßnahmen in den besetzten Gebieten der Sowjetunion so zumindest offiziell die Ämter des Ostministeriums[8]. Rosenberg wies seine Reichskommissare ausdrücklich darauf hin, dass zu den Bereichen, die mit der Vierjahresplanbehörde und dem RMfdbO abgesprochen, also faktisch von der Vierjahresplanbehörde bestimmt und vom Ostministerium erlassen werden sollten, auch der sogenannte „Arbeitseinsatz" zählte[9], da eine der Abteilungen des Führungsstabes Wirtschaft die Abteilung „Arbeit" war, welche aus diesem Grunde vom Mitarbeiter des Ostministeriums Bräutigam auch als „Durchgangsstation" bezeichnet wurde[10]. Neben der Hauptabteilung Politik und dem Wirtschaftsführungsstab besaß die dritte Hauptabteilung Verwaltung unter der Leitung des Ministerialdirektors Dr. Ludwig Runte geringere Bedeutung für die Besatzungspolitik[11].

Die wichtigste politische Stoßrichtung des Ostministeriums ist mit dem Schlagwort der „Dekompositionspolitik" verbunden. Diese Konzeption, deren bedeutendsten Verfechter neben Rosenberg selbst die bereits genannten ostpolitischen Experten des Ministeriums Leibbrandt und Bräutigam waren[12], sah eine Zerstückelung des Territoriums der Sowjetunion mit dem Ziel der machtpolitischen Zerteilung und der damit erreichten Schwächung der russischen Zentralmacht vor[13]. Eine solche Politik wirkte sich also gleichsam notwendigerweise positiv für die sowjetischen Randregionen aus, zu denen neben dem Kaukasus und insbesondere der Ukraine auch das Baltikum zählte. Das Konzept der Dekomposition des Gesamtgebietes war zugleich also auch eine relative Stärkung der Randregionen und stieß aus diesem Grunde dort nicht nur auf Widerstand. Wohlgemerkt sind diese Bestrebungen der Ostpolitiker Rosenberg und seiner Anhänger nicht auf ihre Sympathien diesen Regionen gegenüber zurückzuführen, sondern müssen ausschließlich im Rahmen des Dekompositionsprinzips als politisch strategische Maßnahme verstanden werden, wodurch sich insgesamt nichts an den verbrecherischen Gesamtzielen des nationalsozialistischen Krieges in der Sowjetunion änderte[14]. Doch ungeachtet der politischen Motivation für diese Strömung der deutschen Besatzungspolitik in den besetzten Ost-

8 Zellhuber, „Unsere Verwaltung treibt einer Katastrophe zu ...", 2006, S. 122; Handrack, Das Reichskommissariat Ostland. Die Kulturpolitik d. dt. Verwaltung zwischen Autonomie u. Gleichschaltung 1941–1944, 1981, S. 27–29; Otto Bräutigam, Überblick über die besetzten Ostgebiete während des 2. Weltkrieges, Tübingen 1954, S. 8 f.

9 BA-RW-1. 9. 2340 S. 133–135. RMfdbO gez. Rosenberg, Schreiben betr.: Verhältnis des Beauftragten für den Vierjahresplan und des Reichsministeriums für die besetzten Ostgebiete zu den Reichskommissaren in den Wirtschaftsfragen. An die RK Ostland / Ukraine, 26. 2. 1942.

10 Bräutigam, Überblick über die besetzten Ostgebiete während des 2. Weltkrieges, 1954, S. 31.

11 Zellhuber, „Unsere Verwaltung treibt einer Katastrophe zu ...", 2006, S. 118–122.

12 Zur politischen Zusammenarbeit dieser drei Männer: Piper, Alfred Rosenberg, 2007, S. 536 f.

13 Zellhuber, „Unsere Verwaltung treibt einer Katastrophe zu ...", 2006, S. 258–262; Dallin, German rule in Russia, 1941–1945, 1957, S. 46–52, 110; Zu den historischen Wurzeln dieser deutschen Eroberungspolitik: Myllyniemi, Die Neuordnung der baltischen Länder 1941–1944: Zum nationalsozialistischen Inhalt der deutschen Besatzungspolitik, 1973, S. 18–28, 40–42.

14 Piper, Alfred Rosenberg, 2007, S. 536.

gebieten ist festzuhalten, dass sie in weiten Bereichen nur theoretisches Modell blieb, da den Befürwortern dieser Linie die machtpolitischen Mittel fehlten, wie die Unterstellung der wirtschaftlichen Fragen unter die Vierjahresplanbehörde oder die polizeilichen Befugnisse des Reichsführers Himmler verdeutlichen, welche andere Zielvorstellungen der deutschen Besatzungspolitik hatten[15].

Als weiteres Zeichen der vergeblichen Bemühungen dieser drei Herren des Ostministeriums, ihre Vorstellungen durchzusetzen, ist die Umstrukturierung der Hauptabteilung Politik von 1943 zu sehen – gerade zu einem Zeitpunkt, als „politische" Gesichtspunkte bei den strategischen Überlegungen im Angesicht der Verhältnisse an der Front durchaus Anhänger fanden[16]. Leibrandt musste seinen Posten räumen und wurde durch den bisherigen Verbindungsmann Himmlers im Ostministerium Gottlob Berger ersetzt, wodurch die politische Bedeutung der SS innerhalb des Ostministeriums vollends zum Ausdruck kam[17].

„Reichskommissariat Ostland" (RKO) – Das Herzogtum Hinrich Lohses oder das „Baltenland":

Von den vier geplanten zivil verwalteten und dem RMfdbO unterstehenden Reichskommissariaten wurden zwei Realität. Das „Reichskommissariat Ukraine" und das hier interessierende „Reichskommissariat Ostland"[18]. Letzteres zeichnete sich vor allem dadurch aus, dass es von Anfang an eine Notlösung war. Ursprünglich war die Gründung eines Kommissariats „Baltenland" projektiert gewesen. Doch da auf diese Weise das weißrussische Territorium „übrig" geblieben wäre, wurde der größere Teil Weißrusslands mit dem Namen „Weißruthenien" versehen und einzig aus Gründen der Symmetrie dem Kommissariat „Baltenland" zugeschlagen, das fortan mit dem neutralen Namen „Reichskommissariat Ostland" tituliert wurde[19]. Zum Reichskommissar wurde am 17. Juli 1941 gegen die ursprünglichen Bedenken Hitlers der Schleswig–Holsteinische Gauleiter und Oberpräsident Hinrich Lohse[20] ernannt, der

15 Chistine Pajouh, Die Ostpolitik Alfred Rosenbergs 1941–1944, in: Michael Garleff (Hg.), Deutschbalten, Weimarer Republik und Drittes Reich. Band 1, Köln [u. a.] 2001, S. 167–196, S. 174 f.

16 Ebd., S. 180–183; Dallin, German rule in Russia, 1941–1945, 1957, S. 511–515.

17 Myllyniemi, Die Neuordnung der baltischen Länder 1941–1944: Zum nationalsozialistischen Inhalt der deutschen Besatzungspolitik, 1973, S. 200–202; Bräutigam, So hat es sich zugetragen ...: Ein Leben als Soldat und Diplomat, 1968, S. 627–630, 638–642.

18 Rosenbergs Vorhaben vier Kommissariate zu gründen in: IMT XXVI. Dokument 1058-PS S. 610–627, Rede Rosenbergs vom 20. Juni 1941 vor den engsten Beteiligten am Ostproblem., S. 616. Siehe auch: Bräutigam, Überblick über die besetzten Ostgebiete während des 2. Weltkrieges, 1954, S. 4 f.

19 Dallin, German rule in Russia, 1941–1945, 1957, S. 182 f.; Myllyniemi, Die Neuordnung der baltischen Länder 1941–1944: zum nationalsozialistischen Inhalt der deutschen Besatzungspolitik, 1973, S. 87; Petras Stankeras, Litovskie policejskie batal'ony. 1941–1945 gg, Moskva 2009, S. 26. Anm. 45.

20 Zur Person: Danker, Der schleswig-hosteinische NSDAP-Gauleiter Hinrich Lohse: Überlegungen zu seiner Biografie, 2003; Uwe Danker, Die drei Leben des Hinrich Lohse, in: Demokratische Geschichte 11. 1998, S. 105–114.

im Gegensatz zu seinem Vorgesetzten nur höchst ungefähre Vorstellungen von den kulturellen, politischen und historischen Gegebenheiten des Territoriums hatte, das er nun zu verwalten hatte, und das auch in verwaltungstechnischer Hinsicht nur bedingt mit den Ausmaßen seines Heimatgaus Schleswig Holstein zu vergleichen war[21]. So ist das in der Forschung vorherrschende Bild des Reichskommissars eher das eines von seinen Aufgaben überforderten Aufsteigers ohne scharfes politisch-intellektuelles Konzept. Dieser Porträtierung vom „Herzog Lohse", der sich vor allem für die Eigenwahrnehmung in der Rolle als Herrscher interessierte, entspricht der überlieferte Ausspruch Lohses: „Ich selbst arbeite nicht für mich, ich arbeite dafür, dass mein kleiner Sohn, der mir jetzt geboren wurde, einmal die erbliche Herzogkrone aufs Haupt setzt"[22].

Auch im RKO fand sich eine den Abteilungen des RMfdbO analoge Verwaltungsstruktur wieder, welche allerdings wie die Abteilungsstruktur ihrer übergeordneten Behörde mehreren Veränderungen unterworfen war[23]: Die entscheidenden Instanzen waren die Hauptabteilung Politik unter der Leitung von zunächst Theodor Fründt, der allerdings schon im Mai 1942 das „Ostland" verließ und dessen Amt durch den Leiter der Hauptabteilung Zentralverwaltung Wilhelm Burmeister weitergeführt wurde[24]. Daneben spielte wie auf der Ebene des Ostministeriums die Hauptabteilung Wirtschaft eine größere Rolle für die Praxis der deutschen Besatzungsherr-

21 Im RKO lebten etwa 8,5 Mio. Einwohner. Siehe: BA-R-90.414 u. p., Das Reichskommissariat Ostland. Einwohner. Stand vom 1. 1. 1944., 1.1.44; Handrack, Das Reichskommissariat Ostland. Die Kulturpolitik d. dt. Verwaltung zwischen Autonomie u. Gleichschaltung 1941–1944, 1981, S. 220; Vgl.: LVVA-P-69.2.10 S. 1–3. GK in Riga, Bevölkerungszahlen der Generalbezirke Estland, Lettland, Litauen., undatiert.

22 Zitat aus: Kleist, Zwischen Hitler und Stalin 1939–1945: Aufzeichnungen, 1950, S. 164; Zitiert in ähnlichem Kontext und analoger Interpretation: Dallin, German rule in Russia, 1941–1945, 1957, S. 103; Wolfgang Scheffler, Zur Rolle der Zivilverwaltung bei der Durchführung der „Endlösung der Judenfrage" im Reichskommissariat Ostland, in: Helge Grabitz (Hg.), Täter und Gehilfen des Endlösungswahns, Hamburg 1999¹, S. 242–272; Bästlein, Völkermord und koloniale Träumerei. Das „Reichskomisssariat Ostland" unter schleswig-holsteinischer Verwaltung, 2005, S. 241; Doch soll Lohse abgestritten haben, eine solche Äußerung von sich gegeben zu haben. Siehe dazu: Sebastian Lehmann, Kreisleiter der NSDAP in Schleswig-Holstein. Lebensläufe und Herrschaftspraxis einer regionalen Machtelite, Bielefeld 2007, S. 386 Anm. 1678. Zur Persönlichkeit Lohses auch: Bräutigam, So hat es sich zugetragen ...: Ein Leben als Soldat und Diplomat, 1968, S. 349–351.

23 Zur Verwaltungsstruktur im RKO siehe Übersicht bei: Pingel, Von Kiel nach Riga, 1997, S. 444 f.; Bästlein, Völkermord und koloniale Träumerei. Das „Reichskomisssariat Ostland" unter schleswig-holsteinischer Verwaltung, 2005, S. 220 f.; Scheffler, Zur Rolle der Zivilverwaltung bei der Durchführung der „Endlösung der Judenfrage" im Reichskommissariat Ostland, 1999, S. 245 f.; Vgl. auch: IMT Dokument 1056-PS S. 592–609, Undatierte Denkschrift über die Organisatioin der Verwaltung in den besetzten Ostgebieten und die von ihr zu befolgenden Richtlinien.

24 Lehmann, Kreisleiter der NSDAP in Schleswig-Holstein, 2007, S. 379; Auch: Pingel, Von Kiel nach Riga, 1997, S. 446 Anm. 20; Nach Myllyniemi wurde Obergruppenführer Pröhl zum Nachfolger Fründts, vgl.: Myllyniemi, Die Neuordnung der baltischen Länder 1941–1944: Zum nationalsozialistischen Inhalt der deutschen Besatzungspolitik, 1973, S. 90 Anm. 9. Auch bei: Bästlein, Völkermord und koloniale Träumerei. Das „Reichskomisssariat Ostland" unter schleswig-holsteinischer Verwaltung, 2005, S. 221.

schaft, da sie die wirtschaftliche Ausbeutung der Region für die deutschen Kriegsanstrengungen organisierte. Auch diese Hauptabteilung erfuhr eine ähnliche personelle Zusammenlegung, da nach dem Ausscheiden Fromms aus dem Amt des Leiters dieser Hauptabteilung der vormalige Leiter der Hauptabteilung Landwirtschaft Martin Matthiesen auch dieses Amt übernahm[25]. Dienstsitz des RKO war nach kurzem provisorischem Aufenthalt in Kauen Riga, das zum deutschen Siedlungsbrückenkopf für die weiteren deutschen Siedlungspläne werden sollte[26]. Als weitere einflussreiche Persönlichkeit des RKO hat der Leiter der Abteilung Politik innerhalb der Hauptabteilung Politik Regierungsrat Trampedach zu gelten, der im Verwaltungsgefüge des RKO eine vergleichbare Position einnahm wie Otto Bräutigam im RMfdbO[27].

Generalkommissare (GK) und Gebietskommissare (GebK) – „Goldfasane"[28] in der Provinz:

Weiter untergliedert war das RKO in vier Generalbezirke – die drei baltischen, welche von kleinen Ausnahmen abgesehen dieselben Landesgrenzen wie die baltischen Staaten der Zwischenkriegszeit besaßen[29], plus das bereits erwähnte „Weißruthenien". Die Generalbezirke waren wiederum in Gebiets- und Stadtkommissariate unterteilt. In Estland existierten davon sieben (Reval-Stadt, Reval-Land, Pernau, Dorpat, Narwa, Pleskau, Ahrensburg)[30], in Lettland sechs (Riga-Stadt, Riga-Land, Wolmar, Dünaburg, Mitau und Libau) und in Litauen fünf bzw. später sechs (Kauen-Stadt, Kauen-Land, Wilna-Stadt, Wilna-Land, Schaulen und später noch Pone-

25 Pingel, Von Kiel nach Riga, 1997, S. 446 f.

26 Dazu siehe: E. Evarts, Riga als Zentrum Ostlands. Die Okkupationsmacht und die Lettische Landesverwaltung 1941–1945, in: Eduard Mühle u. Norbert Angermann (Hg.), Riga im Prozeß der Modernisierung. Studien zum Wandel einer Ostseemetropole im 19. und frühen 20. Jahrhundert, Marburg 2004b, S. 255–264.

27 Myllyniemi, Die Neuordnung der baltischen Länder 1941–1944: Zum nationalsozialistischen Inhalt der deutschen Besatzungspolitik, 1973, S. 90.

28 Zum Begriff der „Goldfasane": Dallin, German rule in Russia, 1941–1945, 1957, S. 101 f.

29 Narva verblieb unter Militärverwaltung und Litauen erhielt neben dem schon während des sowjetischen Okkupationsjahres unter litauische Herrschaft geratenen Vilnius noch Grenzgebiete an der Grenze zum Generalbezirk Weißruthenien mit etwa 200 000 Einwohnern. Amtsblatt des Generalkommissars in Kauen, Anordnung über die Neugliederung des Generalbezirkes Litauen gez. Nabersberg., 20. 3. 1942; Myllyniemi, Die Neuordnung der baltischen Länder 1941–1944: Zum nationalsozialistischen Inhalt der deutschen Besatzungspolitik, 1973, S. 87; Ojārs Stepens., Nacionālsocialistiskās Vācijas vietējās varas politika okupātajā Latvijā (1941–1945) (Die regionale Machtpolitik des nationalsozialistischen Deutschland), in: Heinrihs Strods (Hg.), Komunistu un Nacistu jugā. Latvijas okupācijas muzejs. Gadagrāmata 2000. 2001, S. 57–84, S. 76–80. Zu den Grenzen des RKO siehe auch: Gottfried Müller, Ostland-Atlas, Riga 1942.

30 Ab 1943–1944 waren Reval-Stadt und Reval-Land vereinigt. Weiterhin war die Inkorporierung eines Gebietskommissariats Novgorod geplant. Dazu: Meelis Maripuu u. I. Paavle, Die deutsche Zivilverwaltung in Estland und die estnische Selbstverwaltung, in: Olaf Mertelsmann (Hg.), Vom Hitler-Stalin-Pakt bis zu Stalins Tod. [Estland 1939–1953], Hamburg 2005, S. 96–129, hier: S. 110 f.

wesch)[31]. Schließlich existierten auf unterster Stufe, allerdings nur auf der landwirtschaftlichen und der indigenen Verwaltungsebene, noch Kreise.

Einwohner der baltischen Generalbezirke[32]*:*

GK Estland (1. 12. 1941)	Gesamt	829 217
	Reval-Stadt	140 917
	Reval-Land	132 152
	Dorpat	271 946
	Pernau	156 105
	Narwa (Teilgebiet)	11 963
	Arensburg	112 798
	Petschur (Teilgebiet)	3 336
GK Lettland (1. 8. 1941)	Gesamt	1 764 301
	Riga-Stadt	301 391
	Riga-Land	157 045
	Wolmar	226 518
	Libau	269 084
	Mitau	315 568
	Dünaburg	494 695
GK Litauen	Gesamt	2 482 882
	Wilna-Stadt	146 273
	Wilna-Land	600 161
	Kauen-Stadt	113 870
	Kauen-Land	614 829
	Schaulen	720 819
	Ponewesch	547 073
Gesamt		5 076 400

31 Bästlein, Völkermord und koloniale Träumerei. Das „Reichskomisssariat Ostland" unter schleswig-holsteinischer Verwaltung, 2005, S. 223; Lehmann, Kreisleiter der NSDAP in Schleswig-Holstein, 2007, S. 376; Stankeras, Litovskie policejskie batal'ony, 2009, S. 291.

32 Aus: LVVA-P-69.2.10 S. 1–3.GK in Riga, Bevölkerungszahlen der Generalbezirke Estland, Lettland, Litauen, undatiert.

Eine zentrale Rolle innerhalb der zivilen Verwaltung in den drei baltischen Generalbezirken des RKO spielten die Generalkommissare. In Estland war dies der SA-Obergruppenführer Karl Sigismund Litzmann[33], in Lettland der Bürgermeister von Lübeck und stellvertretender Gauleiter Mecklenburgs Dr. Otto Drechsler[34] und in Litauen der aus dem Baltikum stammende Dr. Adrian von Renteln, die wie ihre Vorgesetzten Lohse und Rosenberg Mitglieder der Nordischen Gesellschaft waren[35]. Auch bei den Generalkommissariaten bestand eine zum RMfdbO und RKO analoge Verwaltungsstruktur mit den drei bis vier genannten Hauptabteilungen[36]. Die Ebene der Generalkommissare hatte nicht zuletzt auch deshalb eine besondere Bedeutung innerhalb der deutschen Zivilverwaltung, da dies die höchste Ebene der deutschen Besatzungsverwaltung war, auf der auch die einheimischen politischen Kräfte vertreten waren. Während die höheren Ebenen wie das RMfdbO und das RKO sich untereinander und mit anderen nationalsozialistischen Behörden auseinander zu setzen hatten, spielte auf der Ebene der Generalbezirke das Verhältnis zur sogenannten „Landeseigenen Verwaltung" eine entscheidende Rolle[37].

Die deutschen Gebietskommissare waren personell am schwächsten ausgestattet. Meist überschritt die Anzahl der deutschen Beamten in einem Gebietskommissariat nicht mehr als zehn Personen. So beschränkte sich ihre Aufgabe vor allem auf die Kontrolle der auf dieser Ebene stärker vertretenden „Landeseigenen Verwaltung" und die Durchsetzung der von oben verordneten Bestimmungen[38]. Daher war es gerade diese Ebene, welche zur Beurteilung der Umsetzbarkeit der normativen Vor-

33 Zur Person: Erich Stockhorst, 5000 Köpfe, Wiesbaden 1987 S. 273; Meelis Maripuu, German Civilian Administration in Estonia in 1941–1944, in: Toomas Hiio (Hg.), Estonia 1940–1945: reports of the Estonian International Commission for the Investigation of Crimes Against Humanity, Tallinn 2006c, S. 521–537, S. 526; In zeitgenössischen Schriftstücken findet sich sein Name übrigens auffällig oft mit einem zusätzlichen „e" als „Lietzmann". Einer Anekdote zufolge ist dies auf den Umstand zurückzuführen, dass der Namensbestandteil „Lits" im Estnischen gleichbedeutend mit „Hure" ist. Siehe: Bernd Nielsen-Stokkeby, Baltische Erinnerungen, Bergisch-Gladbach 1992, S. 221.

34 Zur Person: Stockhorst, 5000 Köpfe, 1987, S. 112.

35 Zellhuber, „Unsere Verwaltung treibt einer Katastrophe zu ...", 2006, S. 133. Zur Nordischen Gesellschaft: Karsten Jessen, Nordische Gesellschaft, in: Wolfgang Benz (Hg.), Enzyklopädie des Nationalsozialismus, München 1997; auch: Myllyniemi, Die Neuordnung der baltischen Länder 1941–1944: Zum nationalsozialistischen Inhalt der deutschen Besatzungspolitik, 1973, S. 41 f., 90.

36 Handrack, Das Reichskommissariat Ostland. Die Kulturpolitik d. dt. Verwaltung zwischen Autonomie u. Gleichschaltung 1941–1944, 1981, S. 230 f.

37 Zur Verwaltungsstruktur auf der Ebene der Generalbezirke: BA-MA-RW-30.206 u. p. RMfdbO gez. Rosenberg, Durchführungsbestimmungen zum Organisationserlaß Ostland Nr. 3: Richtlinien für die Führung der Verwaltung im Generalbezirk Estland. An: RKO, 7. 3. 1942; BA-MA-RW-30.206 u. p. RMfdbO gez. Rosenberg, Durchführungsbestimmungen zum Organisationserlaß Ostland Nr. 2: Richtlinien für die Durchführung der Verwaltung im Generalbezirk Lettland. An: RKO, 7. 3. 1942; BA-MA-RW-30.206 u. p. RMfdbO gez. Rosenberg, Organisationserlaß Ostland Nr. 1: Richtlinien für die Führung der Verwaltung im Generalbezirk Litauen. An: RKO, 7. 3. 1942; Vgl. Abschnitt zur „Landeseigenen Verwaltung".

38 Danker, Der gescheiterte Versuch, die Legende der 'sauberen' Zivilverwaltung zu entzaubern, 1997, S. 169; Maripuu u. Paavle, Die deutsche Zivilverwaltung in Estland und die estnische Selbstverwaltung, 2005, hier: S. 111.

gaben in die Praxis eine besondere Rolle spielte, da auf dieser Ebene die Umsetzbarkeit der „Arbeitseinsatzplanung" die entscheidende Prüfung erfuhr. Aus diesem Grunde waren die Gebietskommissare mit weitgehenden Rechten der Strafgewalt ausgestattet, deren Durchsetzung jedoch von der personellen Stärke der örtlichen Polizei abhängig war[39].

Charakterisierung der Zivilverwaltung – Schwacher Akteur?

Zusammenfassend lassen sich also abgesehen von der Kreisebene vier machtpolitische Stufen der deutschen Zivilverwaltung in den besetzten Ostgebieten ausmachen (RMfdbO – RKO – GK – Geb. K). Neben den verschiedenen Ebenen der Verwaltung existierten innerhalb der Zivilverwaltung auch unterschiedliche Gruppen und Fraktionen, wie beispielsweise der nicht unerhebliche Anhang des Reichskommissars Hinrich Lohse aus seinem Heimatgau Schleswig Holstein[40]. Auch die Deutschbalten galten als homogene Gruppe, die sich als die eigentlichen Experten der Region verstanden und eigene Ziele verfolgten[41].

Zu den inneren Gegensätzen zwischen den verschiedenen Ebenen der Zivilverwaltung und verschiedenen Fraktionen gesellten sich noch Kompetenzstreitigkeiten mit anderen nationalsozialistischen Machtinstitutionen, die in den besetzten Ostgebieten im Allgemeinen und im Baltikum im Besonderen andersgeartete Ansprüche geltend machen wollten. Dies gilt insbesondere für die Auseinandersetzungen mit dem Machtapparat Himmlers und den Wirtschaftsbehörden Görings, die beide starke Kompetenzen in der Region erhielten[42]. Diese äußeren und inneren Streitigkeiten bewirkten, dass die Zivilverwaltung in den besetzten Ostgebieten mit dem RMfdbO an der Spitzte gemeinhin als „schwacher" Akteur der deutschen Besat-

39 Zu den strafrechtlichen Vollmachten der Gebietskommissare: ERA-R-65. 1. 2107 S. 10. RKO gez. Matthiessen, Verordnung über die Ordnungsstrafgewalt der General-und Gebietskommissare auf dem Gebiet des Arbeitsrechts, des Arbeitseinsatzes, der Sozialversicherung und der Gewerbeaufsicht. Vom 10. Juni 1943, 10. 6. 1943.

40 Lehmann, Kreisleiter der NSDAP in Schleswig-Holstein, 2007, S. 386–392; Siehe dazu auch: Bästlein, Völkermord und koloniale Träumerei. Das „Reichskomisssariat Ostland" unter schleswig-holsteinischer Verwaltung, 2005.

41 Zu dem „Einsatz" von Deutschbalten in Lettland 1941–1944 siehe Kangeris, der jedoch die These einer deutschbaltischen Cliquenwirtschaft relativiert: Kārlis Kangeris, Die Rückkehr und der Einsatz von Deutschbalten im Generalbezirk Lettland 1941–1945, in: M. Garleff (Hg.), Deutschbalten, Weimarer Republik und Drittes Reich (= Bd. 1), Köln, Weimar 2008a^2, S. 385–428, hier besonders: 418–420.

42 Zellhuber, „Unsere Verwaltung treibt einer Katastrophe zu ...", 2006, S. 263–291; Myllyniemi, Die Neuordnung der baltischen Länder 1941–1944: Zum nationalsozialistischen Inhalt der deutschen Besatzungspolitik, 1973, S. 125–133; Danker, Der gescheiterte Versuch, die Legende der 'sauberen' Zivilverwaltung zu entzaubern, 1997, S. 170 f.; Siehe auch die gesonderten Bestimmungen für Görings Wirtschaftsverwaltung und Himmlers Polizeiapparat in: IMT XXIX. Dokument 1997-PS S. 235–237, Erlass des Führers über die Verwaltung der neu besetzten Ostgebiete vom 17. Juli 1941.

zungspolitik in Erscheinung trat[43]. Dieses allgemeine Urteil, das eine weit zurückreichende historiographische Tradition besitzt[44], und in Teilbereichen auch auf eine intendierte „Legendenbildung" einer „sauberen", weil machtlosen Zivilverwaltung zurückzuführen ist[45], wird im Fall der „Arbeitseinsatzpolitik" differenziert zu prüfen sein. Das Bild der machtlosen Zivilverwaltung wird in erheblichem Maße durch die konzentrierte Analyse ihrer Spitze – des RMfdbO und der Person Rosenbergs – bestimmt[46]. Für die Beurteilung der Rolle der Zivilverwaltung im Baltikum ist jedoch vor allem eine Beschäftigung mit den regional zuständigen Behörden notwendig.

Struktur der „Arbeitseinsatzverwaltung"[47]

Abteilung „Arbeitspolitik und Sozialverwaltung" (Aso) – Die Zentrale der „Arbeitseinsatzlenkung":
Zentrales Organ für den „Arbeitseinsatz" war sowohl auf der Ebene des RKO als auch bei den drei Generalkommissaren die Abteilung „Arbeitspolitik und Sozialverwaltung"(Aso), welche am 13. Juni 1942 durch Anordnung des RKO aus der Zusammenlegung der beiden Abteilungen „Soziale Verwaltung" und „Arbeits- und Sozialpolitik" hervorging und die Aufgabengebiete sowohl des Reichsarbeitsministeriums

43 Zellhuber, „Unsere Verwaltung treibt einer Katastrophe zu ...", 2006, S. 365–368; Pajouh, Die Ostpolitik Alfred Rosenbergs 1941–1944, 2001, S. 167–183; Dallin, German rule in Russia, 1941–1945, 1957, S. 24–26, 84–89.

44 Siehe beispielsweise diese interpretatorische Stoßrichtung, die allerdings sehr auf die Person Rosenberg zugeschnitten ist, schon bei den selbst in der Zivilverwaltung tätigen Bräutigam und Kleist: Kleist, Zwischen Hitler und Stalin 1939–1945: Aufzeichnungen, 1950, S. 143–151; Bräutigam, So hat es sich zugetragen ...: Ein Leben als Soldat und Diplomat, 1968, S. 380–389, 611–613.

45 Danker, Der gescheiterte Versuch, die Legende der 'sauberen' Zivilverwaltung zu entzaubern, 1997; Bästlein, Völkermord und koloniale Träumerei. Das „Reichskomisssariat Ostland" unter schleswig-holsteinischer Verwaltung, 2005, S. 219; Sven Jüngerkes, Einsatz im Ostland – Egon Bönner in Riga, in: Hannoversche Geschichtsblätter 62. 2008, S. 63–90, S. 64.

46 Beispielsweise bei Piper zur Machtausübung des RMfdbO: „Überspitzt könnte man formulieren, dass der Reichsminister für die besetzten Ostgebiete im Allgemeinen für alles, konkret aber für nichts zuständig war". Piper, Alfred Rosenberg, 2007, S. 534. Vgl. auch: Myllyniemi, Die Neuordnung der baltischen Länder 1941–1944: Zum nationalsozialistischen Inhalt der deutschen Besatzungspolitik, 1973, S. 199–203; Es mag auch einen quellentechnischen Grund für diese Konzentrierung auf die Spitze der Zivilverwaltung geben: Während insbesondere im Bundesarchiv in Berlin die Akten des Ostministeriums vergleichsweise umfangreich sind, nimmt die Quellendichte und zusätzlich auch ihre Rezeption nach unten hin ab, was von Ausnahmen, wie dem Gebietskommissariat Riga-Stadt im BA abgesehen, insbesondere auf die Ebene der Gebietskommissariate gilt.

47 Eine über diese Arbeit hinaus gehende Fragestellung zur „Arbeitseinsatzpolitik" wäre eine vergleichende Gegenüberstellung zur Arbeitsverwaltung der deutschen Besatzung in „Oberost" während des Ersten Weltkriegs, da eine Vielzahl von Parallelitäten zu existieren scheinen. Vgl. dazu: Westerhoff, Deutsche Arbeitskräftepolitik in den besetzten Ostgebieten, 2009.

als auch der Deutschen Arbeitsfront (DAF) umfasste[48]. Sie unterstand ab dieser Zusammenlegung der Hauptabteilung Wirtschaft. Zuvor waren die Abteilungen „Soziale Verwaltung" und „Arbeits- und Sozialpolitik" noch von der Hauptabteilung Politik verwaltet worden[49]. Im Einzelnen unterstanden der Unterabteilung „Sozialverwaltung" die Abteilungen „Arbeitseinsatz", „Arbeitsrecht", „Sozialversicherung", „Wohnungs- und Siedlungswesen" und „Gewerbeaufsicht", während sich die Unterabteilung „Arbeitspolitik" aus den Abteilungen „Verbandswesen", „Unterkunft und Verpflegung" und „Berufsplanung und Leistungssteigerung" zusammensetzte[50]. Diese Organisationsstruktur fand sich auch auf der Ebene der Gebiets- und Stadtkommissariate wieder. Dort wurde jedoch wegen der geringen Größe statt von „Abteilungen" von „Fachgebieten" gesprochen[51].

Zum Leiter der Abteilung Aso wurden für das RKO Schütte[52], im GK Lettland Oberregierungsrat Dorr[53], später Oberregierungsrat Wurthmann[54], im GK Estland Gülker[55] und im GK Litauen zunächst Peschel später Dammer bestimmt[56]. Diese Abteilungen wiederum unterstanden ab März 1943 der in Hauptabteilung „Arbeit" umbenannte und umstrukturierte Abteilung beim RMfdbO unter der Leitung von

48 BA-R-9. 2. 1124 u. p. RKO Abt. I Pers./Org.gez. Burmeister, Schreiben betreffs der Organisation der Abteilung „Arbeitspolitik und Sozialverwaltung" beim GK in Riga. An: GK in Riga, 13. 6. 1942; Siehe dazu auch die Widerstände der DAF, die eine Einschränkung ihrer Befugnisse durch die Zusammenlegung befürchtete: ERA-R-65.1.10 S. 7–9. Geschäftsführer der Deutschen Arbeitsfront gez. Marrenbach, Schreiben bezüglich der Organisation der Arbeitsverwaltung im RMfdbO. Betreff: Zusammenlegung der Abteilungen Sozialverwaltung und Arbeitspolitik. An: Gauleiter der NSDAP Parteigenosse Meyer b. RMfdbO, 28. 1. 1943.

49 Siehe Übersichtsschema der Verwaltungsstruktur im RKO bei: Pingel, Von Kiel nach Riga, 1997, S. 445.

50 Siehe zu diesem Aspekt: LVVA-P-1018.1.40 S. 4 f. RMfdbO gez. ORR. Beil, Schreiben mit Organisationsplan der Hauptabteilung Arbeit. An: Generalreferent für Wirtschaftsfragen Dr. Thüsing, 24. 11. 1942; Zur Abteilung „Soziale Verwaltung" auch: LCVA-R-626.2.1 S. 17. GK in Kauen HA III Soziale Verwaltung, Schreiben betr. der Aufgabengebiete der Abteilung Soziale Verwaltung. An: Geb.K in Wilna, 18. 11. 1941.

51 LVVA-P-69.2.1 S. 30. Gebietskommissar in Riga Arbeitsamt gez. Dorr, Rundverfügung Nr. 9. Bezeichnung der Fachgebiete, 13. 3. 1942.

52 Siehe: LVCA-R-615.1.229 S. 30–39. RKO, Fernsprechverzeichnis..

53 Siehe den Geschäftsverteilungsplan des GK in Riga: BA-R-9. 2. 1124 u.p... GK in Riga Abt. III e Aso, Geschäftsverteilungsplan., 9. 7. 1942; Zur Ernennung Dorrs als Leiter der zusammengelegten Abteilung Aso: BA-R-9. 2. 1124 u. p. RKO Abt. I Pers./Org.gez. Burmeister, Schreiben betreffs der Organisation der Abteilung „Arbeitspolitik und Sozialverwaltung" beim GK in Riga, 13. 6. 1942.

54 Siehe zu den Hintergründen der Übernahme durch Wurthmann: BA-R-9. 2. 1124 u. p. GK in Riga gez. Wurthmann, Schreiben bezgl. der Übernahme der Leitung der Abt. III e beim GK in Riga durch Wurthmann zum 30. 11. 1942. An: Gebietskommissare Arbeitsverwaltung im GK Lettland, 1. 12. 1942.

55 Siehe: IfZ-MA.540 S. 784–792. RMfdbO, Namensliste der Verwaltung im RKO. undatiert.

56 Siehe den Geschäftsverteilungsplan für den GK in Kauen: LCVA-R-615.1.222 S. 7–10. GK in Kauen HA III Aso, Geschäftsverteilungsplan der Abt. III Aso., 20. 10. 1943; LVVA-P-98.1.4 S. 18–20. Der Reichsarbeitsminister gez. Dr. Syrup, Schreiben betreffs der Errichtung von Dienststellen der Arbeitseinsatzverwaltung im Gebiet des Reichskommissariats Ostland. An: Präsidenten des Landesarbeitsamtes Ostpreussen, 27. 8. 1941.

Staatsrat Rudolf Peuckert, der in diesem Amt den Ministerialrat Albert Beil beerbte und zugleich Beauftragter des GBA war[57]. Nachdem die Abteilung Aso der Hauptabteilung Wirtschaft zugeordnet worden war, unterstand sie auf der Ebene des RKO dem bereits genannten Martin Matthiesen als Leiter der Wirtschaftsabteilung, und im Generalbezirk Estland Prinz Hohenlohe, im Generalbezirk Lettland Dr. Dr. von Borcke und im Generalbezirk Litauen Dr. Pense[58] mit entsprechenden Ämtern auf Generalbezirksebene.

Arbeitsämter – Ungeordnete Übernahme der Verantwortung durch die Zivilverwaltung[59]*:*
Da die Organisation des „Arbeitseinsatzes" von Anfang an uneingeschränkte Priorität besaß, wurden auf unterster Ebene die ersten Arbeitsämter unmittelbar nach der Eroberung gegründet, anfangs noch durch den Wirtschaftsstab Ost (WiStab Ost) unter der Leitung von Herrn Dr. Rachner[60]. Doch schon früh arbeitete bei der Organisation der „Arbeitseinsatzlenkung" der Wirtschaftsstab Ost mit dem Reichsarbeitsministerium und dem Landesarbeitsamt Ostpreußen zusammen, das zunächst die organisatorische Leitung über die beiden anfänglich für das RKO zuständigen Arbeitsämter in Riga und Kauen übernahm[61]. Neben Riga und Kauen wurde auch in Wilna bereits im August ein Arbeitsamt in Zusammenarbeit des WiStab Ost und des Landesarbeitsamts Ostpreußen unter der Leitung von Regierungsrat Dr. Walter Dünbier gegründet[62].

Wie in anderen verwaltungstechnischen Bereichen auch, verlief die Übergabe der Verantwortung an die Zivilverwaltung nicht ohne Spannungen[63]. Insbesondere der Informationsfluss ließ in dieser Hinsicht zu wünschen übrig. Die unbeteiligte Rolle des Ostministeriums beim Aufbau der „Arbeitseinsatzverwaltung" zeigte sich auch

57 LVVA-P-1018.1.40 S. 31–35. RMfdbO, Schreiben an alle Hauptabteilungen und Abteilungen des RMfdbO, die Herren Reichskommissare für das Ostland und die Ukraine, den GBA, den Reichsarbeitsminister, die DAF, betr. Hauptabteilung Arbeit beim RMfdbO., 15. 3. 1943.

58 IfZ-MA.540 S. 784–792. RMfdbO, Namensliste der Verwaltung im RKO. undatiert; Auch: Handrack, Das Reichskommissariat Ostland. Die Kulturpolitik d. dt. Verwaltung zwischen Autonomie u. Gleichschaltung 1941–1944, 1981, S. 230 f.

59 Zur Gründung der Arbeitsämter in den besetzten Ostgebieten, insbesondere in Weißruthenien siehe: Gerlach, Kalkulierte Morde, 2000, S. 449–452.

60 LVVA-P-69.5.7 S. 5. Wirtschaftsstab Ost gez. Dr. Rachner, Schreiben betref.: Aufbau von Arbeitseinsatzdienststellen im Gebiet der Zivilverwaltung Ostland. An: Landesarbeitsamt Ostpreussen, 18. 8. 1941.

61 LVVA-P-98.1.4 S. 18–20. Der Reichsarbeitsminister gez. Dr. Syrup, Schreiben betreffs der Errichtung von Dienststellen der Arbeitseinsatzverwaltung im Gebiet des Reichskommissariats Ostland, 27. 8. 1941.

62 Dünbier war zuvor Stellvertretender Leiter des Arbeitsamtes in Siegen. LVVA-P-69.5.7 S. 5. Wirtschaftsstab Ost gez. Dr. Rachner, Schreiben betref.: Aufbau von Arbeitseinsatzdienststellen im Gebiet der Zivilverwaltung Ostland, 18. 8. 1941.

63 Zellhuber, „Unsere Verwaltung treibt einer Katastrophe zu ...", 2006, S. 130–132.

daran, dass noch im November das Ministerium seine nachgeordneten Dienststellen auffordern musste, den aktuellen Stand zur „Arbeitseinsatzverwaltung" mitzuteilen. Denn die bis dato gegründeten Arbeitsämter waren in Zusammenarbeit des Wirtschaftsstabes Ost mit dem Landesarbeitsamt Ostpreußen und den „Landeseigenen Verwaltungen" gegründet worden[64] und wie aus dem Schreiben ersichtlich ist, hatte das Ostministerium höchst ungenaue Vorstellungen von dem ihm unterstellten Verwaltungsapparat der „Arbeitseinsatzverwaltung". Die zuständigen Abteilungen der Generalkommissare waren nämlich hierin gehalten, der RKO Behörde zunächst einmal überhaupt die Anzahl der Arbeitsämter und die Anzahl der dort beschäftigten Personen zu nennen, bevor überhaupt an eine Planung und Lenkung des „Einsatzes" der eigentlichen Arbeitskräfte zu denken war[65]. In diesem Kontext ist auch die Gründung von sogenannten „Planungsstellen" bei den Gebietskommissaren zu sehen, welche die uneingeschränkte Planungshoheit über die Arbeitskräfteverteilung auf lokaler Ebene besitzen sollten[66]. Doch auch der Wirtschaftsstab Ost und die Wehrmacht hatten einen nur eingeschränkten Überblick über die „Arbeitseinsatzlenkung" zu Beginn der deutschen Besatzungszeit, wie aus dem Schreiben des OKH vom 3. November 1941 deutlich wird, worin sogenannte „wilde Anwerbungen" ausdrücklich untersagt und die angestrebte Planungshoheit der errichteten Arbeitsämter ausdrücklich betont wurden[67]. Besondere Komplikationen ergab auch der Fall Estland[68], da aufgrund der stockenden Offensive vor Leningrad die Übergabe dieses Generalbezirks an die Zivilverwaltung auf sich warten ließ und selbst als schließlich Litzmann offiziell am 5. Dezember die Verwaltung übernahm, verblieb die Aufsicht

64 Siehe beispielsweise: BA-R-9. 2. 1124 u. p. GK in Riga Arbeitsverwaltung, Errichtung einer Arbeitsamt – Nebenstelle in Rositten., 13. 9. 1941; BA-R-9. 2. 1124 u. p. Arbeitsamt Riga, Errichtung einer Arbeitsamt – Nebenstelle i/Dünaburg, 7. 8. 1941; LVVA-P-69.5.7 S. 5. Wirtschaftsstab Ost gez. Dr. Rachner, Schreiben betref.: Aufbau von Arbeitseinsatzdienststellen im Gebiet der Zivilverwaltung Ostland, 18. 8. 1941.

65 BA-R-9. 2. 1124 u. p. RKO Abt. II d Soziale Verwaltung gez. Dr. Petersen, Schreiben betreffs der Organisation der Arbeitseinsatzverwaltung in den besetzten Ostgebieten. Weitervermittlung der Aufforderung des RMfdbO zur Berichterstattung. An: GK für Litauen – Lettland – Weißruthenien, 1. 11. 1941.

66 BA-R-91.505 u. p. Gebietskommissar in Riga Arbeitsverwaltung, Bestimmungen bezüglich der Funktionweise von Planungsstelle. An: Vermittlungsstellen.

67 LCVA-R-626.1.3 S. 9 f. OKH / Gen. Qu., Betr.: Arbeitseinsatz im Osten. Errichtung von Arbeitsämtern. An: Verteiler, 3. 11. 1943 Vgl. auch die Ermahnung der Abt. Aso des RKO: LVVA-P-961.1.45 S. 83. RKO Abt. II d 2 gez. Petersen, Schreiben betr. des Arbeitseinsatzes im Osten und der Planungshoheit der Sozialämter. An: GK in Riga Abt. Aso, 13. 12. 1941; Auch: BA-R-9. 2. 1143 u. p. RKO Abt. III Arbeitspolitik und Sozialverwaltung, Anordnung über die Anwerbung von Arbeitskräften für Gebiete ausserhalb des Ostlandes vom 12. 12. 1941. An: GK in Riga, 22. 2. 1943.

68 Siehe beispielsweise die Beschwerden des WiStab Ost: BA-RW-31.601 u. p. Wirtschaftsstab Ost gez. Dr. Musset, Beschwerde betr.: Zusammenarbeit der militärischen Befehlshaber mit den Wirtschaftsdienststellen in den besetzten Ostgebieten. An: OKH / Gen Qu, 14. 12. 1941.

über die „Arbeitseinsatzverwaltung" zunächst noch bei dem WiStab Ost[69]. Erst verspätet zum 1. Januar 1942 musste sich der WiStab Ost auch aus dieser Region zurückziehen und die Zivilverwaltung in Estland hatte nun die Kontrolle über die „Arbeitseinsatzplanung"[70]. Nachdem die Zivilverwaltung die Leitung über die „Arbeitseinsatzverwaltung" aber erst einmal übernommen hatte, gestaltete sich das Verhältnis zu den Wehrwirtschaftsbehörden ohne größere Auseinandersetzungen[71].

Anwerbekommissionen 1942 – Zwischen „Generalbevollmächtigten für den Arbeitseinsatz" (GBA) und „Landeseigener Verwaltung":
Zu Kompetenzstreitigkeiten kam es nicht nur im Zuge der Übernahme der Verantwortung durch die Zivilverwaltung von der Wehrmacht. So wie innerhalb der gesamten Wirtschaftspolitik musste die genaue Abgrenzung zur Vierjahresplanbehörde auch auf dem Gebiet der „Arbeitseinsatzpolitik" geregelt werden. Eine für diese Überschneidung symptomatische Institution waren die zur Anwerbung von Arbeitskräften aus den besetzten Ostgebieten geschaffenen Kommissionen. Organisatorisch gingen sie aus den bis zum November 1941 flächendeckend gegründeten Arbeitsämtern hervor, welche neben der Organisation des „Arbeitseinsatzes" auf lokaler Ebene auch die Rekrutierung von „freien" Arbeitskräften für den „Reichseinsatz" koordinieren sollten, und hiermit die Aufgabe erfüllten, die später durch die Kommissionen übernommen wurde. Mit dieser Funktion bildeten sie eine Koordinationsstelle zwischen den wehrwirtschaftlichen Behörden der Wehrmacht wie den Wehrwirtschaftskommandos und den Wirtschaftsinspektionen[72] und der Vierjahresplanbehörde, sowie nicht zuletzt auch der regionalen Zivilverwaltung. Anfänglich waren sie noch den lokal für den „Arbeitseinsatz" zuständigen Abteilungen der Zivilverwaltung untergeordnet[73]. Die organisatorische Zuordnung der jeweiligen Dienststellen erfolgte gemäß einer Zuständigkeitsverteilung von Landesarbeitsämtern des Reiches zu den jeweiligen Arbeitsämtern im RKO. Danach waren im Baltikum die Landesarbeitsämter von Danzig-Westpreußen für Reval, Fellin und Dorpat zuständig,

69 BA-RW-31.603 u. p. RKO Abt. Soziale Verwaltung gez. Dr. Petersen, Schreiben betr. der Sozialverwaltung und Selbstverwaltung in Estland. An: GK in Reval, 8. 12. 1941; Siehe auch: BA-RW-31.601 u. p. Wirtschaftsinspektion Nord, Schreiben betr. der Zuständigkeit der Wi In Nord. An: Wirtschaftskommandeur in Reval, 7. 10. 1941.

70 BA-RW-19.759 S. 7. Der Reichsmarschall des Großdeutschen Reiches. Beauftragter für den Vierjahresplan. Wirtschaftsführungsstab Ost gez. Körner, Schreiben betr. der Übernahme Estlands durch die Zivilverwaltung. Verteiler, 12. 12. 1941.

71 LVVA-P-98.1.24 S. 24–35. Der Geb.K. Riga – Arbeitsamt Riga, Bericht: Arbeitseinsatz v. 16.10. – 15. 11. 1941., 21. 11. 1941, Hier S. 26: „Die Zusammenarbeit mit den Dienststellen der Wehrmacht und der zivilen Verwaltung ist eine recht gute. Irgendwelche ernsthaften Schwierigkeiten haben sich nicht ergeben".

72 Siehe Abschnitt zum Akteur Wehrmacht.

73 LCVA-R-626.1.3 S. 9 f. OKH / Gen. Qu., Betr.: Arbeitseinsatz im Osten. Errichtung von Arbeitsämtern, 3. 11. 1943.

Pommern für das ostlettische Gebiet der Arbeitsämter von Dünaburg, Rositten und Wolmar, die Nordmark für das Zuständigkeitsgebiet des Arbeitsamtes Riga, das Landesarbeitsamt Sachsen für die litauischen Arbeitsämter von Schaulen und Kauen und das Landesarbeitsamt Hessen für das Arbeitsamt Wilna[74]. Als die Rekrutierung für den „Reichseinsatz" durch die kriegsstrategischen Veränderungen im Winter 1941/1942 verstärkt an Priorität gewann, veränderte sich auch das machtpolitische Gleichgewicht innerhalb der „Arbeitseinsatzorganisation" im RKO. Auf die Unterstellung der Arbeitsämter unter die entsprechenden Abteilungen der Zivilverwaltung folgte eine gewisse Aufwertung dieser Institution durch die Gründung der zum Ende der Jahres 1941 errichteten sogenannten Kommissionen. Ihre Aufgabe bestand entsprechend der veränderten nationalsozialistischen Wehrwirtschaft darin, Arbeitskräfte für die „Reichswirtschaft" zu rekrutieren[75]. Zunächst lag das Hauptaugenmerk dabei auf den sowjetischen Kriegsgefangenen, verlagerte sich aber auch im Baltikum im Laufe des Jahres 1942 zunehmend auf die zivile Bevölkerung. Die Kommissionen unterstanden der Vierjahresplanbehörde und verstärkten somit den Einfluss dieser Behörde auf die „Arbeitseinsatzpolitik" vor Ort im Baltikum.

„Zu dem Verhältnis der Kommissionen zu den Dienststellen des Reichskommissars für das Ostland wird darauf hingewiesen, dass die Kommissionsmitglieder im Rahmen ihrer festgelegten Aufgaben den Generalkommissaren beigegeben sind" [76].

Aus einer Unterordnung der Arbeitsämter war also inzwischen eine „Beiordnung" der Kommissionen geworden. Noch Anfang März betonte der Stellvertreter Rosenbergs Alfred Meyer, dass die Hauptverantwortung der „Arbeitseinsatzlenkung" auch weiterhin bei der Abteilung Aso liege und die Kommissionen dieser nur zugeordnet seien[77]. Doch die Tendenz der Stärkung der Kommissionen setzte sich nach der Schaffung des Amtes des GBA im März 1942 noch fort. Fritz Sauckel erreichte mit einer organisatorischen Umstrukturierung dieser Kommissionen eine weitere Kompetenzerweiterung für seine Gefolgsleute, die allein für die Gestellung von Arbeitskräften für den „Reichseinsatz" zuständig waren[78]. Die Kommissionen bestanden

74 Ebd.; Auch: LCVA-R-626.1.2 S. 243. Reichsarbeitsminister, Arbeitseinsatz von Sowjetrussen; Verteilung der Anwerbebezirke in den neuen Ostgebieten auf die Landesarbeitsämter im Reich., 10. 12. 1941; Zur Tätigkeit des LAA Hessen in Wilna: Karner u. a., Zwangsarbeit in der Land- und Forstwirtschaft auf dem Gebiet Österreichs 1939 bis 1945, 2004, S. 135–141.

75 Zu den Anwerbekommissionen siehe auch: ebd. S. 135–147; Czollek, Faschismus und Okkupation. Wirtschaftspolitische Zielsetzung u. Praxis des faschistischen dt. Besatzungsregimes in d. baltischen Sowjetrepubliken während d. 2. Weltkrieges, 1974, S. 156–159.

76 Zu Aufgaben, Organisationstruktur und Gründung der Kommissionen: IfZ-MA.202 S. 1108 f. RKO Abt. II d Aso, Schreiben betr. der Gründung der Kommissionen des Beauftragten für den Vierjahresplan für die Anwerbung von russischen Kriegsgefangenen und Freiarbeitern. An: GK in Riga Abt. Aso, 16. 1. 1942.

77 IfZ-MA.202 S. 1325–1327. RMfdbO gez. Meyer, Schreiben betr. der Anwerbung ziviler Arbeitskräfte aus den besetzten Ostgebieten. An: RKO – RK Ukraine, 6. 3. 1942.

78 LVVA-P-98.1.3 S. 28–32. GBA Sauckel, Anordnung Nr. 4 über die Anwerbung, Betreuung, Unterbringung, Ernährung und Behandlung ausländischer Arbeiter und Arbeiterinnen, 7. 5. 1942.

nun aus je einem Vertreter von „Arbeitseinsatzverwaltung" der Zivilverwaltung, Vertreter der Wehrwirtschaftsbehörden und aus einem Vertreter Sauckels. Das letzte Wort behielt sich aber der Beauftragte Sauckels im RKO Dr. Hans Boening vor[79]. Dass dieses so war, wird auch indirekt in einem Schreiben der Zivilverwaltung deutlich. Zwar sprach man im RMfdbO nun nur noch von „Zusammenarbeit", doch wurde zugleich anerkannt, dass „der Bedarf des Reiches unter allen Umständen als vordringlich sicherzustellen ist"[80]. Auch durch den RKO Lohse wurde diese Machtkonstellation ausdrücklich bestätigt[81]. Damit stand die Entwicklung der Machtbefugnisse innerhalb der Gründungsgeschichte der Kommissionen in Übereinstimmung mit der Leitung der gesamten „Arbeitseinsatzlenkung" in den besetzten Ostgebieten. Auch hier hatte schon im Dezember die „Geschäftsgruppe Arbeitseinsatz" des Beauftragten für den Vierjahresplan darauf hingewiesen, dass sowohl die Dienststellen des WiStab Ost als auch die der Reichs- und Generalkommissare in den besetzten Ostgebieten ihren Anweisungen zu folgen hätten[82].

Trotz der augenscheinlichen Machtzunahme des GBA und der Vierjahresplanbehörde innerhalb der „Arbeitseinsatzpolitik" im RKO mittels der Kommissionen wurden diese im Sommer und Herbst des Jahres 1942 wieder aufgelöst[83]. Ein Großteil der Verwaltungstätigkeit der „Arbeitseinsatzpolitik" ging im Folgenden in die Verantwortlichkeit der „Landeseigenen Verwaltungen" über[84]. Diese Auflösung war weniger auf zunehmende Auseinandersetzungen zwischen der Abteilung Aso und den Kommissionen zurückzuführen, als auf andere Faktoren der überregionalen „Arbeitseinsatzlenkung", wo andere Prioritäten gesetzt wurden[85]. Denn trotz der beschriebenen Machtkonkurrenz zwischen Zivilverwaltung, der Vierjahresplanbehörde und der Wehrmacht, wurde die Zusammenarbeit insbesondere zwischen der Abteilung Aso mit den Kommissionen in den Tätigkeitsberichten der Kommissionen geradezu als vorbildhaft gelobt: „Allgemein kann gesagt werden, dass alle Dienststellen die Kommission in ihrer nicht sehr leichten Arbeit unterstützt haben. Beson-

79 BA-R-9. 2. 1138 u. p. RKO Arbeitsgruppe Arbeitseinsatz gez. Schütte, Schreiben betr. der Umstrukturierung der Kommissionen und der Gründung eines Prüfdienstes im Ostland. An: GK Riga-Reval – Kauen – Minsk, 29. 5. 1943.

80 LVVA-P-70.2.43 S. 3. RMfdbO gez. Dr. Schefold, Schreiben betr.: Einsatz ziviler Arbeitskräfte aus den neu besetzten Ostgebieten. An: RKO – RK Ukraine, 21. 3. 1942.

81 LCVA-R-626.1.2 S. 47. RKO Lohse, Schreiben betr. der Verfahrensweise bei der Anwerbung von Arbeitskräften im RKO. An: GK in Reval / Riga / Kauen, 22. 6. 1942.

82 BA-R-9. 2. 1138 u. p. Beauftragter für den Vierjahresplan Geschäftsgruppe Arbeitseinsatz, Schreiben betr. der Zuständigkeit und der Organisation des Arbeitseinsatzes von Arbeitskräften aus den neubesetzten Ostgebieten. An: RMfdbO und Wirtschaftsstab Ost, 13. 12. 1941.

83 LCVA-R-626.1.216 S. 22. Anwerbekommission Hessen I des GBA, Schreiben betr. der Einstellung der Kommissionstätigkeit. An: Landesarbeitsamt Hessen, 1. 9. 1942.

84 Vgl. Abschnitt zu den „Landeseigenen Verwaltungen".

85 Nicht zuletzt war auch einfach das Potential an überzähligen Arbeitskräften an Grenzen gelangt, welche die weitere Existenz der Anwerbekommissionen in Frage stellte.

dere Erwähnung verdient die Abteilung – Arbeitspolitik und Sozialverwaltung – des Generalkommissars. . ." [86].

Anscheinend hatte die Einbindung – auch in personeller Hinsicht – der Kommissionen in die „Arbeitseinsatzverwaltung" der Zivilverwaltung eine recht großes Maß an Übereinstimmung auf der Ebene der regionalen „Arbeitseinsatzlenkung bewirkt.

Musterungsstäbe 1943 – Gegen Polizei, Wehrmacht und Ostgesellschaften:
Hatte somit trotz eines gewissen Antagonismus zwischen Vierjahresplanplanbehörde und dem GBA auf der einen und der Zivilverwaltung auf der anderen Seite die Zusammenarbeit der Abteilung Aso mit den Anwerbekommissionen Sauckels ohne größere Schwierigkeiten funktioniert, so spiegelt sich die Veränderung innerer Machtverhältnisse im Reich, sowie im RKO auch in der „Arbeitseinsatzpolitik" im RKO im Jahre 1943 wieder. Denn im Zuge der Umstrukturierungen nach der Niederlage von Stalingrad veränderten sich auch die Organisation der Rekrutierung von Arbeitskräften im Baltikum und das Machtgefüge innerhalb der „Arbeitseinsatzpolitik". Da nach der Niederlage vom Winter 1942/1943 erneut eine große Zahl von Arbeitskräften für die Reichswirtschaft gefordert wurde, die Methode der Rekrutierung durch Anwerbekommissionen des Jahres 1942 aber wenig Erfolg versprach, wurden neue Kommissionen mit neuen Rekrutierungsmethoden gewählt. Dem Regionalprinzip folgte nun das Jahrgangsprinzip bei der Rekrutierung. Die hierfür zuständigen neuen Musterungsstäbe setzten sich aus den Bedarfsträgern zusammen, welche an erster Stelle den HSSPF im Ostland umfassten, weiterhin den Wehrmachtsbefehlshaber für das Ostland und schließlich den Vertreter Sauckels. Während in Estland und Lettland die Rekrutierungen für die gegründeten SS Legionen Vorrang hatten[87], war in Litauen die Wehrmacht erster Bedarfsträger und für den „Arbeitseinsatz" wurde nur diejenige Hälfte der Rekrutierten ausgewählt, welche für den Dienst bei der Wehrmacht nicht tauglich war[88]. Diese Prioritäten innerhalb der

86 Siehe beispielsweise die Tätigkeitsberichte der Kommission Nordmark. Siehe unter: BA-R-9. 2. 1155 u. p. Zitat aus einem solchen: IfZ-MA.202 S. 1287–1289. Anwerbekommission Nordmark des GBA, Tätigkeitsbericht für die Zeit vom 2.6.–14.6.42., 14. 6. 1942; Ähnlicher Tenor auch aus Wilna: LCVA-R-626.1.216 S. 161 f. Kommission Hessen, Schreiben betr. der Regelung des Arbeitseinsatzes von russischen Arbeitskräften durch den Beauftragten für den Vierjahresplan. An: GK in Kauen, 21. 1. 1942.

87 Während die SS die erste Auswahlmöglichkeit hatte, war die Aufteilung der drei Bedarfsträger wie folgt: Legion: 29 %, Wehrmacht 42 %, „Arbeitseinsatz": 29 %. Später änderte sich das Verhältnis zugunsten der Legion. Kangeris, Nodeva reiham. Latvijas ģenerālapgabala iedzīvotāji darbos Lielvācijā, 1990b, S. 41.

88 Karner u. a., Zwangsarbeit in der Land- und Forstwirtschaft auf dem Gebiet Österreichs 1939 bis 1945, 2004, S. 150 f.

Musterungsstäbe zeigt deutlich die Tendenz der Schwächung der Rolle der Zivilverwaltung innerhalb der „Arbeitseinsatzpolitik"[89].

Zusammenfassung zur Verwaltungsstruktur – Zentrale Position mit Durchsetzungsschwierigkeiten:
Fasst man somit die institutionelle Entwicklung der „Arbeitseinsatzverwaltung" im Baltikum und die Rolle der Zivilverwaltung darin zusammen, so bleibt festzuhalten, dass sie eine Struktur von Arbeitsämtern übernahm, die noch unter der Militärverwaltung gegründet worden waren, und die unter improvisierten Umständen vonstatten gegangen war. Als die Zivilverwaltung Anfang 1942 endgültig die alleinige Verantwortung über die „Arbeitseinsatzlenkung" übernommen hatte, erschien mit den Anwerbekommissionen der Vierjahresplanbehörde ein neuer Konkurrent auf dem Feld der „Arbeitseinsatzlenkung". Nach der Auflösung der Kommissionen im Sommer und Herbst 1942 wurde diese Position des Rivalen innerhalb der „Arbeitseinsatzpolitik" von den „Landeseigenen Verwaltungen" übernommen. Auch hatte ab 1943 die militärische Rekrutierung für die SS-Legionen oder für die Wehrmacht gegenüber den „Arbeitskräfteanwerbungen" Vorrang und stellte somit eine weitere Beschneidung der Einflussmöglichkeiten der Zivilverwaltung dar. Trotzdem stellte die Abteilung Aso des RKO und seine nachgeordneten Dienststellen während der gesamten Zeit ihres Bestehens die unangefochtene organisatorische Leitstelle und Zentrale der „Arbeitseinsatzpolitik" im Baltikum dar.

2.1.2 Zielvorstellungen zum Ort des „Arbeitseinsatzes" – Verteidigung gegen Ansprüche von außen

Wie gezeigt besaß die deutsche Zivilverwaltung, und die deutsche zivile „Arbeitseinsatzverwaltung" im Besonderen, eine vielschichtige Struktur mit unzähligen inneren Konflikten sowie äußeren Gegnern. Außerdem galt sie gemeinhin aufgrund der Machtfülle ihrer äußeren Gegner als schwacher Akteur. Und dennoch nahm sie gerade auf dem Gebiet der „Arbeitseinsatzpolitik" eine zentrale Rolle ein, da die Abteilung Aso und die ihr unterstehenden Arbeitsämter unmittelbaren Kontakt zu den Arbeitskräften und der einheimischen Bevölkerung besaßen und hier somit die Schaltstelle der Umsetzung von planerischen Vorgaben in die Praxis zu lokalisieren ist, was insbesondere für die Verwaltungsebene der General- und Gebietskommissariate samt der entsprechenden Abteilungen auf diesen Ebenen gilt. Aus diesem

89 Zu den Musterungsstäben siehe auch: Czollek, Faschismus und Okkupation. Wirtschaftspolitische Zielsetzung u. Praxis des faschistischen dt. Besatzungsregimes in d. baltischen Sowjetrepubliken während d. 2. Weltkrieges, 1974, S. 166 f.

Grunde ist der Versuch einer Rekonstruktion der in diesen Institutionen verfolgten Ziele und Interessen von entscheidender Bedeutung zum Verständnis der „Arbeitseinsatzpolitik" im Baltikum.

Die strukturell bedingte Argumentationsweise und einige grundlegende inhaltliche Fragen werden in einer anonymen Denkschrift vom Januar 1943 angesprochen:

„Von allen militärischen Stellen wird heute übereinstimmend berichtet, dass eine ungeheure Menschenknappheit besteht und dass bei dem immer mehr um sich greifenden Absinken der Stimmung selbst in den Baltischen Staaten die Durchführung der kriegswichtigen Aufgaben auch im Hinterland der Front immer schwieriger wird. Dies alles berechtigt zu der Überlegung, ob nicht für die Bevölkerung der drei Randstaaten eine, ihre Zukunft klarer herausstellende und dadurch ihre Mitarbeit besser sichernde Form gefunden werden kann. ... Die Protektoratslösung bringt es naturnotwendig auch mit sich, dass die Spitze der Einheitsverwaltung, der Reichsprotektor, endlich eine über allem stehende Macht erlangen müsste, wie sie zur Erfüllung seiner Aufgaben im Ostland sich immer notwendiger erweist und ihm ohne unendlichen Schaden für die Gesamtaufgabe nicht mehr länger vorenthalten werden kann. Alle Zweige der Verwaltung, auch die Polizei und die zum Teil eine unheilvolle Eigenexistenz führenden Sonderbeauftragten und anonymen Kriegsgesellschaften müssten wenigstens seiner Aufsicht unterstellt werden"[90].

Der Autor dieser Denkschrift entwirft eine Protektoratslösung nach dem Vorbild Böhmens und Mährens für die Baltischen Staaten mit einem deutschen Reichsprotektor, der selbst nichts weiter als ein umbenannter Reichskommissar sein soll, was im übrigen zur Identität des Verfassers vermuten lässt, dass er ein höherer Verwaltungsbeamter des RKO gewesen sein könnte. Bezeichnend ist zunächst die entscheidende Rolle, welche die „Arbeitseinsatzpolitik" insgesamt in der deutschen Besatzungspolitik spielt, da der immanente Zusammenhang von „Menschenmangel" und deutschen Mobilisierungsstrategien deutlich herausgestellt wird. Weiter sind diese Mobilisierungsstrategien offensichtlich im Kontext der in der Zivilverwaltung verbreiteten „Dekompositionspolitik" zu sehen, was insbesondere für den Zeitpunkt zu Jahresbeginn 1943 charakteristisch ist[91]. Neben dem Verhältnis der deutschen Besatzungsmacht zu der einheimischen Bevölkerung und der zeitlichen Komponente, die einen wesentlichen Einfluss auf die deutschen Zielvorstellungen in Abhängigkeit ihrer Durchführbarkeit hatten, wird im zweiten Teil des Zitats aber auch ein weiterer

90 Aus: IfZ-Ma-539 S. 127–134. Anonymer Verfasser, Der Einbau der ehemaligen Baltischen Staaten in das neue Europa., 6. 1. 1943.

91 Siehe beispielsweise auch die Denkschrift „Bündnis oder Ausbeutung" mit ähnlicher politischer Argumentationsweise, aber allgemeineren regionalem Bezug: IfZ-Ma-539 S. 143–147. Dr. Oberländer, Denkschrift „Bündnis oder Ausbeutung", 17. 7. 1943; Zur Person des Verfassers: Piper, Alfred Rosenberg, 2007, S. 451 f., 723; Dallin, German rule in Russia, 1941–1945, 1957, S. 513 f.

Punkt angesprochen, der bei der Beurteilung der Zielvorstellungen der Zivilverwaltung von erheblicher Relevanz ist, nämlich die Auseinandersetzung mit den rivalisierenden deutschen Besatzungsinstitutionen. Die hier projizierte Protektoratslösung versucht neben der Gewährleistung einer größeren Autonomie für die „landeseigenen“ Institutionen auch als Nebeneffekt die anderen deutschen Besatzungsbehörden zu verdrängen und der deutschen Zivilverwaltung, hier namentlich dem Reichskommissar, respektive Reichsprotektor, endlich die ihm gebührende Macht zukommen zu lassen.

Grundsätzliche Faktoren, welche zur Beurteilung der Ziele und Vorstellungen der deutschen Zivilverwaltung im Baltikum zu berücksichtigen sind, und welche in diesem Zitat zur Sprache kommen, lassen sich also wie folgt festhalten:

- Einmal die institutionelle Aufgliederung der Zivilverwaltung, also die Berücksichtigung der verschiedenen Ebenen der Zivilverwaltung und die Frage nach verschiedenen gesetzten Zielen und Interessen. In diesem Zusammenhang ist das Eintreten des Verfassers für einen Machtzuwachs des Reichskommissars bemerkenswert, da sich die gleiche Argumentation zur Vergrößerung der einheimischen Machtbefugnisse auch auf der Ebene des Generalkommissars finden lässt, hier jedoch geschickt verbunden mit der Forderung nach mehr Befugnissen für den Generalkommissar[92].
- Zweitens darf auch die zeitliche Komponente nicht außen vor gelassen werden, da die Ziele der gesamten deutschen Besatzungspolitik immer auch abhängig waren von strategischen Überlegungen bzw. von der Umsetzbarkeit der Pläne, ein Aspekt, der deutlich die unterschiedliche Realitätsferne einiger Akteure aufzuzeigen vermag.
- Schließlich müssen im Hinblick auf die deutsche Zivilverwaltung auch die äußeren Widersacher innerhalb der „Arbeitseinsatzpolitik“ beachtet werden, was im Zitat durch den verdeckten Versuch der Reduzierung der Befugnisse von Polizei und Sonderbeauftragten zum Ausdruck kommt.

Ungeachtet der oben genannten Differenzierungen setzte sich die Zivilverwaltung auf dem Territorium des Baltikums grundsätzlich dafür ein, die einheimischen

92 LVVA-P-1018.1.43 S. 35–57, GK in Reval Litzmann, Rede vor dem RMfdbO, 18. 5. 1942, hier: S. 54. Zum Konflikt zwischen Reichskommissar Lohse und Generalkommissar Litzmann, siehe auch: Myllyniemi, Die Neuordnung der baltischen Länder 1941–1944: Zum nationalsozialistischen Inhalt der deutschen Besatzungspolitik, 1973, S. 210 f., 255–259.

Arbeitskräfte auch an Ort und Stelle zum „Arbeitseinsatz" heranzuziehen[93]. Trotzdem kam es vor, dass innerhalb der Zivilverwaltung unterschiedliche Abteilungen verschiedene Ziele verfolgten und so in Konflikt miteinander gerieten. Dies ist strukturell auf den Umstand zurückzuführen, dass sich innerhalb der Zivilverwaltung auch andere Akteure ein Mitspracherecht erworben hatten, was insbesondere für die Vierjahresplanbehörde innerhalb der Wirtschaftspolitik galt. Auf diesem Wege gelangte auch die „Arbeitseinsatzpolitik" unter die Einflussmöglichkeit von Reichsinteressen, wie dies spätestens durch die Ernennung Sauckels geschah[94]. Folglich war die Kehrseite der im letzten Kapitel angesprochenen funktionierenden Zusammenarbeit zwischen „Arbeitseinsatzverwaltung" der Zivilverwaltung und den Kommissionen Sauckels innere Konflikte zwischen einzelnen Behörden der Zivilverwaltung. Dies trat besonders deutlich zutage am Konflikt zwischen der Abteilung Holz- und Forstwirtschaft, die im Interesse der Wehrmacht den Holzschlag sicherzustellen hatte, und der Abteilung Aso, die Sauckels Forderungen zu erfüllen hatte[95]. Von Interesse ist daher an dieser Stelle, welche Behörden der Zivilverwaltung sich gegenüber welchen anderen Akteuren in besonderem Maße für den Verbleib von Arbeitskräften im Baltikum stark machten. Einen grundsätzlichen Überblick dazu geben sogenannte Ranglisten der Bedarfsträger, welche das Ergebnis harter Auseinandersetzungen waren und zumindest auf der Ebene der Planung die Durchsetzungsfähigkeit der einzelnen Akteure verdeutlichten. So erkannte beispielsweise Sauckel im August 1942 nach den verhältnismäßig erfolgreichen Rekrutierungen von Arbeitskräften für den „Reichseinsatz" im Baltikum wie auch in anderen Gebieten[96] die Priorität des Wehrmachtsbedarfs an Arbeitskräften an, nachdem er zuvor auf einen min-

93 Als Ausnahme muss an dieser Stelle selbstverständlich die Rückzugsphase 1944 der deutschen Besatzungsmacht angesehen werden, als die Zivilverwaltung ebenfalls maßgeblich an der Organisation und Durchführung der Flucht, bzw. Verschleppung von großen Bevölkerungsteilen beteiligt war. Siehe entsprechendes Kapitel. Auch muss berücksichtigt werden, dass sich die Situation im RK Ukraine völlig anders darstellte, wo Koch mit großem Eifer den Forderungen Sauckels nachkam. Dazu: Bräutigam, Überblick über die besetzten Ostgebiete während des 2. Weltkrieges, 1954, S. 92.

94 Zur strukturell bedingten Gegnerschaft von Zivilverwaltung (insbesondere politische Abteilung) und GBA: ebd., S. 11, 91–93.

95 ERA-R-65. 1. 2126 S. 36. RKO Abt. III FoHo. gez. Trebeljahr, Arbeitseinsatz in der Forst- und Holzwirtschaft. GK Abt. FoHo in Reval, 22. 5. 1942; Zu den Interessen und Aufgaben dieser Abteilung siehe: Rolf-Dieter Müller, Die deutsche Wirtschaftspolitik in den besetzten sowjetischen Gebieten: 1941–1943, Der Abschlußbericht des Wirtschaftsstabes Ost und Aufzeichnungen eines Angehörigen des Wirtschaftskommandos Kiew, Boppard am Rhein 1991b, S. 143–177.

96 Siehe sein Dankesschreiben an die „Arbeitseinsatzbehörden" der besetzten Ostgebiete, in dem er ihnen zu dem Ergebnis von 406 000 rekrutierten Arbeitskräften aus den besetzten Ostgebieten im Monat Mai 1942 gratuliert: LCVA-R-626.1.2 S. 55 f. GBA Sauckel, Ostarbeitereinsatz. Rundschreiben, 5. 6. 1942.

destens dreimonatigen Vorrang der „Reichswerbung" bestanden hatte[97]. Es folgten auf dieser Rangliste die Rüstungsindustrie des Reiches, die landwirtschaftliche Produktion, die reichsdeutsche Gewerbeindustrie und auf dem letzten Platz die einheimische Gewerbeindustrie[98]. Ein Jahr später, 1943, besaßen zumindest in Lettland dann die Aushebungen für die SS-Legionen Vorrang vor den Bedürfnissen der Wehrmacht und den wirtschaftlichen Verwendungen der zivilen Bevölkerung im „Arbeitseinsatz"[99]. Wie ersichtlich gelang es der Zivilverwaltung nie, die einheimische Wirtschaft auf die vorderen Plätze zu bringen. Nur durch die Betonung der kriegswichtigen Beschaffenheit einiger Wirtschaftsbereiche[100] und der Hervorhebung des bestehenden Arbeitskräftemangels und der damit verbundenen sicherheitspolizeilichen Gefahren bei übertriebenen Rekrutierungen gelang es ihr im Bündnis mit anderen Akteuren den Abzug von Arbeitskräften aus dem Baltikum zu verhindern.

Widerstand der Zivilverwaltung gegen die „Reichswerbung":
Ohne Zweifel war der stärkste Widersacher der Zivilverwaltung beim Kampf gegen eine starke „Reichswerbung" von Arbeitskräften der GBA, der mit weitgehenden Vollmachten ausgestattet war und die Rekrutierung für den „Reichseinsatz" skrupellos durchführte. Vor seiner Ernennung lässt sich in den Akten der zivilen „Arbeitseinsatzverwaltung" wenig Widerstand gegen einen Abzug von Arbeitskräften nach Deutschland finden. Dies hat mehrere Gründe:

97 „Mit Rücksicht auf den dringenden Bedarf der deutschen Landwirtschaft für die Frühjahrsbestellung und den ebenso dringenden Bedarf der Rüstungswirtschaft müssen alle Wünsche für den Eigenbedarf weitgehendst zurückgestellt werden. Der Einsatz im Reich sollte zum mindesten für die nächsten 3 Monate allem anderen vorgehen, es sei denn, dass es sich um zwingenden kriegsentscheidenden Eigenbedarf handelt". Aus: LVVA-P-69.1a.10 S. 407–409. Der Beauftragte für den Vierjahresplan Generalbevollmächtigte für den Arbeitseinsatz, Schreiben betr. Russeneinsatz. An: RMfdbO, Wirtschaftsstab Ost Gruppe Arbeit z. H. Rachner, 31. 3. 1942, hier: S. 408. Bemerkenswert für dieses Zeitfenster ist darüber hinaus die Tatsache, dass ein Mitarbeiter Sauckels zu diesem Zeitpunkt wohl aus ähnlicher Motivation heraus sogar bereit war, die besondere Notwendigkeit der Arbeitskräftebedürfnisse der von der Zivilverwaltung verteidigten Holz- und Forstwirtschaft anzuerkennen: LVVA-P-70.5.67(I) S. 87. Der Beauftragte für den Vierjahresplan Generalbevollmächtigte für den Arbeitseinsatz u. gez Tinn, Schreiben betr.: Abzug von Arbeitskräften aus der Forst- und Holzwirtschaft durch die Werbekommissionen. An: RMfdbO, 16. 11. 1942.

98 LVVA-P-98.1.3 S. 41 f. GBA Sauckel, Anordnung Nr. 10 des GBA über den Einsatz von Arbeitskräften der besetzten Gebiete, 22. 8. 1942.

99 LVVA-P-989.3.8 S. 10. Arbeitsdepartement Lettland, Rangliste der Bedarfsträger., Sommer 1943.

100 Vehement von der Zivilverwaltung verteidigt wurden beispielsweise die Bedürfnisse der Holz- und Forstwirtschaft, deren Interessen in einer eigenen Unterabteilung der Hauptabteilung Wirtschaft in den drei Generalbezirken wahrgenommen wurden. Siehe beispielsweise: ERA-R-65. 1. 2126 S. 75. GK in Reval Abt. III FoHo, Schreiben betr.: Benötigte Arbeitskräfte in der Forst- und Holzwirtschaft und in der Sperrholzindustrie. An: RKO Abt. III FoHo., 18. 11. 1942.

- Erstens hatte die Zivilverwaltung, wie bereits erwähnt, erst spät die vollständige Kontrolle über ihr Aufgabengebiet aus den Händen der Militärverwaltung erhalten.
- Zweitens war die schwierigste Aufgabe der „Arbeitsverwaltung" zu Beginn der deutschen Besatzungszeit die Erlangung der Kontrolle und der Übersicht über die „Arbeitseinsatzlenkung". Ein Großteil der Arbeitskräfte musste erst registriert werden, so dass eine Vielzahl der Arbeitskräfte außerhalb der Verfügungsgewalt der „Arbeitseinsatzverwaltung" war.
- Zudem gab es aufgrund dieser erst im Aufbau befindlichen „Arbeitseinsatzplanung" und der herrschenden unklaren Verhältnisse nach dem Wechsel der Okkupationsmacht eine nicht unerhebliche Zahl von Arbeitslosen, die für „Wilde Abwerbungen ins Reich" zur Verfügung standen.

Als Beispiel seien hier die etwa 12 000 Litauer genannt, die 1941 durch Vermittlung des Landesarbeitsamt Ostpreußen das RKO verließen, ohne den ausdrücklichen Protest der zivilen Verwaltungsbehörden hervorzurufen[101]. So unterstützte die Abteilung Soziale Verwaltung des Generalkommissars in Kauen im November 1941 in einem Schreiben an das Arbeitsamt in Wilna die Anwerbungsbemühungen einer Textilfirma aus Deutschland, wobei ausdrücklich auf die zu diesem Zeitpunkt bestehende Arbeitslosigkeit Bezug genommen wurde:

„Ich bitte, die Bemühungen des kaufm. (sic) Vorstandsmitgliedes der PHRIX-Werke Kuestrin, Herrn Pressler, in geeigneter Weise zu unterstützen und die Zuweisung der Kräfte zu veranlassen, soweit dieses im Rahmen des Eigenbedarfs für vordringliche Fertigung tragbar ist. Auf den Einsatz weiterer Kräfte weise ich besonders hin, da nach meinen Feststellungen insoweit zahlreiche Arbeitsgesuche vorliegen"[102].

Statt der Zivilverwaltung war zu diesem frühen Zeitpunkt noch der Polizeiapparat Himmlers der stärkste Gegner einer „Reichswerbung" von Arbeitskräften aus den besetzten Ostgebieten[103], was sich für die Situation in Litauen dahingehend auswirkte, dass im Oktober die Überführung der angeworbenen Arbeitskräfte sogar kurzzeitig untersagt wurde:

101 Zu der Arbeitsmigration der Litauer von 1941, siehe: Müller, Die Rekrutierung sowjetischer Zwangsarbeiter für die deutsche Kriegswirtschaft, 1991c, S. 234; A. Anušauskas, Zwangsmigrationen von Litauern 1939–1953, in: Nordost-Archiv. Zeitschrift für Regionalgeschichte 14. 2005, S. 140–163, S. 145; Czollek, Faschismus und Okkupation. Wirtschaftspolitische Zielsetzung u. Praxis des faschistischen dt. Besatzungsregimes in d. baltischen Sowjetrepubliken während d. 2. Weltkrieges, 1974, S. 162, hier 15 000; Poljan, Žertvy dvuch diktatur, 2002, S. 146 f.; Vgl. auch Abschnitt zur baltischen Bevölkerungsmehrheit 1941.

102 LCVA-R-626.1.5 S. 15. GK in Kauen H. A. III a Soziale Verwaltung, Schreiben betr. der Gestellung von Arbeitskraeften nach Deutschland. An: Arbeitsamt Wilna, 28. 11. 1941.

103 Herbert, Fremdarbeiter, 1985, S. 154. Siehe auch Abschnitt zur Polizei.

„Auf Weisung des Herrn Reichsarbeitsministers können bis auf weiteres Arbeitskräfte ins Altreich nicht vermittelt werden, da der Reichsführer SS hiergegen Einspruch erhoben hat. ... Unter Bezugnahme auf meine telef. (sic) Weisung bitte ich jegliche Vermittlung von lit. Arbeitskräften nach Deutschland einzustellen und weitere Weisungen von mir abzuwarten“[104].

Daraufhin durften nur vom SD sicherheitspolizeilich überprüfte Personen nach Deutschland vermittelt werden[105]. Dass sich die Arbeitsmarktsituation auch in Litauen ab 1942 etwas verschärft hatte, beweist der indirekte Widerstand der Wirtschaftsabteilung des GK in Kauen vom Frühjahr 1942. Zu diesem Zeitpunkt waren bereits einige Arbeitskräfte aus Ostpreußen nach Litauen zurückgekehrt, obwohl ihnen nach Ablauf der vier- bis fünfmonatigen Verträge die Rückkehr nach Litauen durch das Landesarbeitsamt in Ostpreußen verwehrt worden war. Immerhin setzte sich nun die Wirtschaftsabteilung des GK in Kauen dafür ein, diese Personen nicht zwangsweise erneut nach Ostpreußen zu schicken, was das ostpreußische Landesarbeitsamt gefordert hatte[106]. So endete die „Litauerwerbung“ von 1941 im darauffolgenden Jahr mit einem leisen Widerstand der Zivilverwaltung auch in Litauen gegen einen weiteren Abzug.

Eine der wenigen Ausnahmen des Protests der zivilen Verwaltung gegen eine Abwerbung ins Reich im ersten Besatzungshalbjahr und zugleich ein Beispiel für die immer wieder konstatierte „Regelungswut“ der Behörden des RKO[107] stellt das Verbot der Anstellung von Schauspielern aus dem RKO im Reich dar:

„Wie mir verschiedentlich mitgeteilt wurde, versuchen in der letzten Zeit Theaterleiter und Theateragenturen aus dem Reich Schauspieler, Sänger, Sängerinnen, Tänzerinnen und Artisten im Ostland für deutsche Bühnen zu engagieren. Um den kulturellen Aufbau im Ostland nicht zu gefährden, wird hiermit verboten, dass darstellende Künstler sowie Sänger und Musiker ihren bisherigen Arbeitsplatz verlassen, um ein Engagement im Reich anzunehmen“[108].

104 LCVA-R-626.1.4 S. 70. GK in Kauen H.A. III a Soziale Verwaltung, Schreiben betr. der Vermittlung von Arbeitskräften ins Altreich. An: Leiter des Arbeitsamtes Wilna, 31. 10. 1941.

105 LCVA-R-626.1.5 S. 14. Leiter des Arbeitsamtes Wilna, Schreiben betr. der Kennzeichnung und der politischen Ueberprüfung der in das Reich vermittelten Arbeitskräfte. An: Vermittlungsstellen des Arbeitsamtes und Nebenstellen, 4. 12. 1941; Siehe zu dem kurzzeitig bestehenden Werbeverbot durch Himmler auch: Czollek, Faschismus und Okkupation. Wirtschaftspolitische Zielsetzung u. Praxis des faschistischen dt. Besatzungsregimes in d. baltischen Sowjetrepubliken während d. 2. Weltkrieges, 1974, S. 162 f.

106 Zu diesem Sachverhalt: LCVA-R-626.1.29 S. 179. GK in Kauen HA III Aso, Schreiben betr.: Rückführung von vertragsbrüchig gewordenen litauischen Arbeitskräften. An: Gebietskommissare des GK Litauen, 25. 4. 1942.

107 Kleist, Zwischen Hitler und Stalin 1939–1945: Aufzeichnungen, 1950, S. 160; Dallin, German rule in Russia, 1941–1945, 1957, S. 186 f.; Lehmann, Kreisleiter der NSDAP in Schleswig-Holstein, 2007, S. 393 f.

108 LCVA-R-626.1.3 S. 2. RKO Abt. II gez. Schierholz, Verbot der Anstellung von Schauspielern im Reich. An: Generalkommissare des RKO, 13. 11. 1941.

Der Widerstand der Zivilverwaltung gegen die Rekrutierung von Personen des kulturellen Sektors setzte sich im Übrigen auch nach 1941 fort: „Ich habe die Werbekommission Hessen veranlasst, die bei der Ostland Film GmbH Wilna beschäftigten Fachkräfte, insbesondere die Vorführer, von der Arbeitsaufnahme im Reich zurückzustellen"[109].

Widerstand gegen Sauckel:
Nach der Wende der „Arbeitseinsatzpolitik" auf reichsdeutscher Ebene und spätestens nach der Ernennung Sauckels und der dadurch verursachten Verschärfung der „Reichswerbung" begann auch der Widerstand der Zivilverwaltung ernsthaftere Formen anzunehmen[110]. Dies insbesondere auch deshalb, da etwa zeitgleich zu dem Moment der Zunahme der Anforderungen durch den GBA das Potential der vorhandenen Arbeitskräfte im antiproportionalen Verhältnis abgesunken war[111]. Dies galt für alle drei Generalbezirke, wobei Lettland am frühesten und am stärksten einen Arbeitskräftemangel zu verzeichnen hatte. Ungeachtet dessen machten sich alle drei Generalkommissare gegen die massiven Bemühungen Sauckels stark, um ihren jeweiligen Generalbezirk zu schonen. Auch die Argumentationsmuster ähnelten sich und konnten dies auch, aufgrund der teilweise parallelen Vorgeschichte. So war eines der Hauptargumente für den festgestellten Arbeitskräftemangel die erfolgten Deportationen während des sowjetischen Okkupationsjahres und insbesondere vom Juni 1941, kurz vor der deutschen Aggression[112]. Auch die Einberufungen in die Rote Armee waren ein wiederkehrendes Argument, sowie in den Generalbezirken Estland und Lettland auch nicht zuletzt die zwei Wellen der Aussiedlung der Deutschbalten zwischen Herbst 1939 und Frühjahr 1941[113]. Die besondere Dringlichkeit dieser Argumentation wurde in einem Schreiben des RMfdbO anerkannt

109 LCVA-R-626.1.2 S. 89. GK in Kauen gez. Dünbier, Schreiben betr. der Freistellung der Fachkräfte in der Ostl.Film G.m.b.H. Wilna. An: Gebietskommissar Stadt Wilna, 18.6.1942; Siehe auch: LCVA-R-615.1.56 S. 35. Reichs-Rundfunk G.m.b.H. Sendegruppe Ostland. Landessender Kauen Sender Wilna, Schreiben betr. Freistellung der litauischen Angestellten im Orchester des Landessenders Kauen. An: GK in Kauen, 31.8.1943; LCVA-R-615.1.56 S. 39. RKO Abt. I Prop., Vorläufige Freistellung künstlerischen Personals in Theatern und Orchestern von der Arbeitspflicht. GK in Litauen Abt. Propaganda, 11.8.1943.

110 Pfahlmann, Fremdarbeiter und Kriegsgefangene in der deutschen Kriegswirtschaft 1939–1945, 1968, S. 55.

111 Etwa, zu der Zeit, als die Planung der Umsetzung von Sauckels Forderung nach einer Verdreifachung der zu rekrutierenden Arbeitskräfte im RKO im Gange war, wurde bereits ein erheblicher Mangel an Arbeitskräften in der Holz- und Forstwirtschaft festgestellt. LVVA-P-70.3.94 S. 24. RKO Abt. III FoHo., Arbeitseinsatz in der Forst- und Holzwirtschaft. An: Abt. III Aso, 22.5.1942.

112 Zu den Deportationen: Pelkaus, Aizvestie: 1941. gada 14. ju nijs, 2007; Aigi Rahi, On the current State of Research into Soviet and Nazi Repressions in Estonia, in: Heinrihs Strods (Hg.), Varas patvaçla, Riga 2003, S. 13–37, hier: S. 18.

113 Zu der Aussiedlung der Deutschbalten: Dietrich A. Loeber, Diktierte Option: Die Umsiedlung der Deutsch-Balten aus Estland und Lettland 1939–1941; Dokumentation, Neumünster 1972.

und die genannten Zahlen in einer Zusammenstellung als Begründung gegen weitere Anforderungen des GBA verwandt[114]. Auch die Opfer des Holocaust erscheinen auf diesen Listen mit akribischer Genauigkeit unter „Judenumsiedlung“ als Verlust von potentiellen Arbeitskräften[115].

Widerstand der Generalkommissare 1942 gegen Sauckel – Analoge Argumentationsmuster:

Grundsätzlich versuchte jeder Generalkommissar, die Lage in seinem Generalbezirk als außerordentlich drastisch darzustellen. Gleiches galt für das Verhältnis der Gebietskommissare gegenüber den Generalkommissaren, was darauf zurückzuführen ist, dass die von Sauckel festgelegten Kontingente sich auf die Reichskommissariate bezogen, während diese wiederum das Recht hatten, innerhalb ihres Territoriums die Kontingente nach unten hin aufzuteilen[116]. Daher waren die an der „Arbeitseinsatzpolitik“ beteiligten Beamten bestrebt, nach oben hin ein drastisches Bild ihrer Lage zu zeichnen, nach unten jedoch mit allen Mitteln die geforderten Zahlen zu erreichen. In einer Rede Litzmanns vor dem Ostminister Rosenberg hieß es:

„Im Gegensatz zu den anderen baltischen Staaten hat Estland durch den Krieg die schwersten Einbußen, sowohl an Menschen und damit an Arbeitskräften, als auch an wirtschaftlichen Werten aller Art erlitten. ... Von 1 017 807 Menschen sind noch heute 60 597 verschleppt[117], (d. h. über 6 % der Gesamtbevölkerung), davon fast 45 000 Männer zwischen 20 und 40 Jahren. Da sich zurzeit 25 000 estnische Freiwillige an der Front befinden, beträgt der Arbeitermangel allein in der Landwirt-

114 BA-R-6.73 S. 103 f. RMfdbO gez. Meyer, Schreiben zur Möglichkeit einer Abgabe von 10 Prozent der Bevölkerung an den GBA. Situation in Estland und Lettland. An: GBA, 6. 9. 1943.

115 Ebenda: Die Zahl 1000 für Estland und 81 479 für Lettland, was den Zahlen der aktuellen Forschung durchaus entspricht. In einer anderen Zahlenaufstellungen der Bevölkerungsverluste des RKO werden folgende Zahlen unter „sonstige Verluste“ genannt: Estland: 2000; Lettland: 81 479; Litauen: 156 000. LVVA-P-70.5.13 S. 2–6. RKO Abt. III Arbeitspolitik und Sozialverwaltung gez. Schütte, Vermerk betr.: Gesamtübersicht über die Abgabe aus dem Ostland anlässlich des Besuchs des GBA im Ostland. An: RKO Lohse, 9. 12. 1943; Vgl.: Yitzhak Arad, The Holocaust in the Soviet Union, Jerusalem 2009, S. 147–150; Vgl. Abschnitt zu Juden.

116 LCVA-R-626.1.2 S. 123 f. RMfdbO gez. Meyer, Rundschreiben betr.: Anwerbung von Arbeitskräften in den besetzten Ostgebieten für den Einsatz im Reich. An: Reichskommissare und Generalkommissare der besetzten Ostgebiete, 14. 5. 1942; Zum territorialen Verteilungsprinzip siehe auch: Müller, Die Rekrutierung sowjetischer Zwangsarbeiter für die deutsche Kriegswirtschaft, 1991c, S. 239.

117 Die genannte Zahl scheint nach den Ergebnissen der jüngeren Forschung deutlich übertrieben zu sein. So dürfte nach den Schätzungen Rahis der tatsächliche Wert 35 000 kaum überschreiten: 3500 (Soldaten in der Roten Armee) + 8000 (Häftlinge) + 10 000 (Deportierte im Juni 1941) + 12 000 (weitere Häftlinge in Arbeitslagern) = ca. 33 500. Rahi, On the current State of Research into Soviet and Nazi Repressions in Estonia, 2003, S. 19–26.

schaft über 30 000, in der Industrie und auf den anderen Wirtschaftsgebieten insgesamt rund 40 000 Männer"[118].

In nahezu gleich lautender Weise wies auch der Generalkommissar in Riga Drechsler auf die besonders in Lettland angespannte Lage hin, welche sich ab 1943 durch die Musterungen für die Legion noch verschlechterte:

„In wiederholten Berichten habe ich nachgewiesen, dass der Generalbezirk Lettland im Hinblick auf den eigenen ungedeckten Bedarf an Arbeitskräften insbesondere für die Rüstungswirtschaft und die Landwirtschaft sowie für andere kriegsentscheidende Aufgaben Arbeitskräfte für das Reich nicht abzugeben in der Lage ist. Eine weitere verschärfte Lage ist durch den Abzug von bis jetzt 32 650 Männern der Geburtenjahrgänge 1919–1924 durch die Musterungen für Wehrmacht, Legion und den kriegsentscheidenden Arbeitseinsatz eingetreten. Der gegenwärtige ungedeckte Sofortbedarf an Arbeitskräften für kriegsentscheidende Maßnahmen ist auf 67 470 festgestellt worden. Darüber hinaus werden außerdem in den künftigen Monaten weitere 12 200 Arbeitskräfte erforderlich werden"[119].

Auch der Generalkommissar in Litauen von Renteln hegte Bedenken gegen die Anforderungen Sauckels. Dabei begründete er seine Zweifel jedoch vor allem damit, dass die litauische Bevölkerung nicht bereit sei, freiwillig für Deutschland und in Deutschland zu arbeiten. Die Arbeitskräftelage in Litauen wurde 1942 noch nicht so problematisch bewertet, wie dies in Estland und Lettland der Fall war[120].

Widerstand der Gebietskommissare gegen Sauckel im Jahr 1942 – Beginnende Benachteiligung in Litauen

Erst mit einiger Verspätung war auch in Litauen eine ähnlich angespannte Situation erreicht, und hier wiederum zuallererst in der immer wieder von der Zivilverwaltung vertretenen Holz- und Forstwirtschaft[121]. Noch im Februar 1942 hielt man im Arbeitsamt von Wilna die Entsendung von 20 000 Arbeitskräften allein aus dem

118 LVVA-P-1018.1.43 S. 35–57. GK in Reval Litzmann, Rede vor dem RMfdbO, 18. 5. 1942, hier: S. 34; Er stützte sich bei seinen Ausführungen auf Berechnungen seiner Wirtschaftsabteilung in Reval. Dort mit übereinstimmenden Zahlen: ERA-R-65.1.4 S. 59. GK in Reval – HA III, Aktennotiz zur allgemeinen Lage, 13. 5. 1942.

119 BA-R-9. 2. 1145 u. p. GK in Riga, Schreiben betr. der Anwerbung von Arbeitskräften aus dem Ostlande für den Arbeitseinsatz im Reich. An: RKO, 19. 4. 1943.

120 LCVA-R-626.1.2 S. 67 f. GK in Kauen gez. Dr. v. Renteln, Schreiben betr. Propagandamaßnahmen wie Berichte von Litauern aus dem Reich. An: Gauleiter und Reichsstatthalter Sprenger, 5. 6. 1942.

121 „Nachdem schon im Vorjahr, wo Dank Ihrer Unterstützung ein Abzug von Arbeitskräften aus der Forst- und Holzwirtschaft für Zwecke des Altreichs fast völlig vermieden werden konnte, der Einschlag nur zu 80 % erfüllt wurde, so ist in diesem Jahr ein weiteres erhebliches Absinken des Einschlags und damit der gesamten Produktion auch der Holzwirtschaft zu befürchten, wenn die Forst- und Holzwirtschaft von Arbeiter-Entzügen nicht verschont bleibt. ... Nachdem die Schwierigkeiten in der Werkzeug- und Ersatzteilbeschaffung fast völlig, die Transportschwierigkeiten zu einem sehr großen Teil behoben sind, ist der Arbeitseinsatz z. Zt. das (sic) Problem für die Produktion der Forst- und Holzwirtschaft, auf das ich zu meinem Bedauern immer wieder hinweisen muß". Aus: LVVA-P-70.5.67(I) S. 40. RKO Abt. III Fo Ho gez. Trebeljahr, Arbeitseinsatz in der Forst- und Holzwirtschaft des Generalbezirkes Litauen. Abt. III Aso, 30. 10. 1942.

Zuständigkeitsbereich dieses Arbeitsamtes nicht nur für „tragbar", sondern sogar für „politisch erwünscht", da noch immer eine große Arbeitslosigkeit in diesem Gebiet vorherrschte[122]. Dass die vorgesehenen 20 000 Personen andere Pläne hatten[123], vermochten sich die Beamten des Arbeitsamtes wohl zu diesem Zeitpunkt noch nicht vorzustellen, da bis dahin der „Kräftebedarf immer auf freiwilliger Grundlage gedeckt werden" konnte. Allerdings waren auf diese Weise erst 1 000 Personen aus Wilna rekrutiert worden[124]. Jedoch führten die verantwortlichen Beamten der deutschen „Arbeitseinsatzverwaltung" in Litauen die langsam auftretenden Schwierigkeiten bei der Anwerbung von Arbeitskräften weniger auf einen bestehenden Arbeitskräftemangel zurück, wie es in Estland und Lettland der Fall war, als eher auf die verständlicherweise nicht vorhandene Motivation der Litauer, den Versprechungen der „Arbeitseinsatzverwaltung" zu glauben[125]. So unterstützte die Abteilung Aso des Generalkommissars in Kauen noch im Juli 1943 die Bemühungen Sauckels in Litauen, hohe Anwerbungserfolge zu erzielen und forderte die Gebietskommissare ausdrücklich auf, die gesetzten Vorgaben auch zu erfüllen[126]. Natürlich waren auch die „Arbeitseinsatzbeamten" in Estland und Lettland bestrebt, den Anforderungen der Reichsbehörde des GBA in gewisser Weise nachzukommen, aber die hier immer wieder anzutreffende Argumentationsweise mit Bezugnahme auf die hohen Bevölkerungsverluste und der angespannten Arbeitskräftelage unterschied sich doch deutlich von der Situation und der Tonart des Schriftverkehrs in Litauen. Beispielsweise konstatierte auch der Gebietskommissar von Wilna-Land Simon gegenüber dem litauischen Kreischef von Traken, dass „die oben genannte Zahl (2000 Arbeits-

122 LCVA-R-626.1.29 S. 21–23. Gebietskommissar in Wilna Arbeitsamt, Schreiben betr. des Arbeitseinsatzes von Arbeitskräften aus den besetzten Ostgebieten. An: GK in Kauen, 10. 2. 1942.

123 Nahezu zeitgleich bemerkte allerdings bereits der Leiter der Kommission Hessen Grünthaler, dass die Anwerbungen deutlich schwieriger als erwartet verliefen: LCVA-R-626.1.216 S. 139. Kommission Hessen gez. Grünthaler, Schreiben betr. Russeneinsatz. An: Reichsarbeitsminister, 11. 2. 1942.

124 LCVA-R-626.1.29 S. 21–23. Gebietskommissar in Wilna Arbeitsamt, Schreiben betr. des Arbeitseinsatzes von Arbeitskräften aus den besetzten Ostgebieten, 10. 2. 1942.

125 Hinzu kommt, dass die bereits genannten Rekrutierungen von Litauern 1941 mit Hilfe von Versprechungen zustande gekommen waren, die von deutscher Seite nicht eingehalten worden waren, und somit die Glaubwürdigkeit der deutschen Propaganda unterliefen. Beispielsweise waren Fragen der Überweisungsmöglichkeiten an zurückgebliebene Familienangehörige, sowie Kleidungsfragen und nicht zuletzt die Vertragsdauer immer wieder Anlass für Unmut unter den litauischen Arbeitskräften. Siehe: LVVA-P-69.5.7 S. 1. Wirtschaftskommando Kowno, Schreiben betr.: Überweisung von Ersparnissen der nach Ostpreussen und Lettland vermittelten litauischen Arbeitskräften. An: GK in Kauen, 7. 8. 1941; LCVA-R-626.1.16 S. 28. GK in Kauen H.A. III, Schreiben betr.: Einsatz litauischer Arbeitskräfte in Ostpreussen. An: Arbeitsamt Wilna, 26. 11. 1941; Auch: Karner u. a., Zwangsarbeit in der Land- und Forstwirtschaft auf dem Gebiet Österreichs 1939 bis 1945, 2004, S. 141.

126 LCVA-R-615.1.44 S. 44. GK in Kauen HA I Propaganda, Schreiben an die Gebietskommissare in Kauen-Land, Wilna-Land, Schaulen und Ponewesch. Betr. Propagandamaßnahmen für die Werbung zum Reichseinsatz, 27. 7. 1943.

kräfte aus Traken, Anm. d.V.) unbedingt erreicht werden muss, und auch nach Lage der Dinge durchaus erreichbar ist"[127].

Der Unterschied zwischen Estland und Lettland auf der einen Seite und Litauen auf der anderen bestand also weniger darin, dass in Estland und Lettland die gesetzten Ziele nicht erreicht wurden, während dies in Litauen der Fall gewesen wäre. Einzig der Einsatz der örtlichen deutschen „Arbeitseinsatzverwaltungen" in den drei Generalbezirken unterschied sich. Denn auch in Litauen waren die gesetzten Vorgaben deutlich über den tatsächlich erreichten Ergebnissen. Die Ursache für die stärkere Opposition gegenüber Sauckel in Estland und Lettland im Vergleich zu Litauen ist in dem Verhältnis der jeweiligen deutschen Zivilverwaltung zu den „Landeseigenen Verwaltungen" zu suchen, das in Litauen offensichtlich schlechter war und wurde[128], wie das letzte Zitat verdeutlichte, da der Gebietskommissar als Schaltstelle zwischen deutscher Verwaltung und deutschen Reichsinteressen auf der einen und den örtlich-einheimischen Gegebenheiten auf der anderen Seite in Litauen eindeutig die „reichsdeutschen" Interessen durchzusetzen versuchte. Dem gegenüber versuchte beispielsweise sein Amtskollege in Dünaburg in Lettland Friedrich Schwung, die hohen Anforderungen aus Deutschland seinem Gebietskommissariat gegenüber abzumildern. Dies basierte jedoch nicht auf einer ernstzunehmenden Wertschätzung oder Achtung der Bevölkerung seines Zuständigkeitsbereichs, wie durch das folgende Zitat ersichtlich wird. Aber immerhin wird die Berücksichtigung der Stimmung der Bevölkerung aufgrund der befürchteten machtpolitischen Konsequenzen für seine Herrschaft deutlich:

„Die Herausnahme von Arbeitskräften aus dem Gebiet stößt auf große Schwierigkeiten, ... Es ist nun einmal so, dass die Bolschewiken auch evakuiert haben, mit anderen Zielsetzungen, und dass das Vertrauen zu unseren Evakuierungen doch noch nicht so gross ist, dass die Herausnahme eine mühelose Arbeit wäre. ... Es sind die großen Kinder des Ostens, die man auch wie Kinder behandeln muss, d. h. wenn man etwas haben will, muss man ihnen auch etwas geben"[129].

Neben der Tatsache, dass der Gebietskommissar bereit war, aus pragmatischen Gründen auf die Reaktionen der Bevölkerung zu achten, zeigt dieses Zitat vor allem aber auch den stark pejorativen Blick auf die einheimische Bevölkerung als „Große Kinder des Ostens".

Dass untergeordnete Behörden meist einen differenzierteren Blick für die lokalen Gegebenheiten hatten, wird auch in einem auf den Berichten der Gebietskommissare beruhenden Schreiben der Wirtschaftsabteilung des Generalkommissars in Riga

127 LCVA-R-626.1.2 S. 104. Gebietskommissar Wilna Land gez. Simon, Schreiben betr. des Einsatzes von einheimischen Arbeitskräften nach Deutschland. An: Kreischef des Kreises Traken, 1. 6. 1942.

128 Siehe Abschnitt zu „Landeseigene Verwaltung".

129 LVVA-P-69.1a.18 S. 168–273. Gebietskommissar in Dünaburg gez. Schwung, Monatsbericht. An: GK in Riga, 20. 4. 1942.

über den Arbeitskräftemangel in der Holz- und Forstwirtschaft deutlich, welche sich nach den Angaben des Verfassers des Schreibens zu diesem Zeitpunkt in Lettland bereits auf 40 000 Arbeitskräfte belief[130]. Außerdem verweist der Autor auf das Problem der von oben verordneten und gelenkten „Überorganisation" der „Arbeitseinsatzverwaltung":

„In diesem Jahr fehlen diese Arbeitskräfte nicht nur, sondern es sind noch erhebliche Arbeitskräfte durch Entzug von Seiten des Reiches, Gestellung von Hilfskräften an die Wehrmacht, Aufstellung von Schutzmannschaften und anderes mehr dem Lande verloren gegangen. Hinzu kommt, dass die Vordringlichkeit der Ernährungswirtschaft so stark in aller Bewusstsein ist, dass Landarbeiter und Fischer dem Arbeitsamt als unantastbar gelten, auch in Zeiten, in denen ein Teil dieser Gruppen durchaus in der Lage wäre an anderer Stelle zu arbeiten. Während früher hier auf dem Lande eine große Anzahl von freien Arbeitskräften vorhanden waren, die heute in der Forstwirtschaft, morgen in der Landwirtschaft, dann wieder in der Flößerei, beim Holztransport, als Hilfsarbeiter auf Sägewerken oder sonst irgendwo arbeiteten, hat die deutsche Arbeitseinsatzlenkung eine weitgehende Festlegung aller Arbeitskräfte karteimäßig für die verschiedenen Berufsgruppen vorgenommen. Das hat beispielsweise zur Folge, dass die als Fischer registrierten Strandbewohner, die sich früher durchaus eifrig an den Beladungen bei Holzküstentransporten beteiligten, diese Arbeit nunmehr ablehnen, unter der Begründung, sie seien als Fischer für die Ernährungswirtschaft unabkömmlich. Der Grund für diese überall zu beobachtende Zurückhaltung der Arbeit gegenüber ist wiederum in der Tatsache zu suchen, dass der Geldverdienst keinen Anreiz bietet, da einerseits nichts für das Geld zu kaufen ist und andererseits das Vertrauen in der Wertbeständigkeit des Geldes, durch die zweimalige Abwertung, die dieses Land erfahren hat, erschüttert ist"[131].

130 Dass diese Zahl eine große Übertreibung zu sein scheint und damit ein gutes Beispiel dafür ist, dass Zahlenangaben in Schriftstücken in Abhängigkeit ihres Adressaten zu lesen sind, beweist die in der Vorbereitung auf ein Treffen mit Sauckel erstellte interne Zahlenaufstellung der Abteilung Holz- und Forstwirtschaft des RKO ein Jahr später, der zu folge gerade einmal 8570 Arbeitskräfte in der Holz- und Forstwirtschaft tätig waren. Natürlich sind saisonale Schwankungen zu berücksichtigen und der Umstand, dass in der einen Quelle Sollzahlen und in der anderen von tatsächlich beschäftigten Arbeitskräften die Rede ist. Dennoch liegen die Größenordnungen zu deutlich auseinander: LVVA-P-70.5.67(I) S. 229. RKO Abt. III Fo Ho, Erfassung der in der Holz- und Forstwirtschaft benötigten Arbeitskräfte für Besprechung mit dem GBA Juli 1943, 16. 7. 1943.

131 LVVA-P-70.3.94 S. 70–72. GK in Riga III c, Schreiben betr.: Hemmung kriegsentscheidender Holzproduktion durch Nichtgestellung von Arbeitskräften. An: RMfdbO Abt. FoHo durch den RK Abt. III c, 6. 6. 1942.

Widerstand gegen Sauckel ab 1943 – Fortgesetzter Widerstand und Fokussierung auf einzelne Betroffenengruppen:
Es lässt sich also ein schon 1942 einsetzender struktureller Unterschied zwischen Estland und Lettland im Gegensatz zu Litauen feststellen, und zwar ausgehend von der Verwaltungsebene der Gebietskommissare. Ab Februar 1943 veränderte sich, wie bereits angesprochen, aufgrund ausbleibender Erfolge die Rekrutierungsmethode der „Reichswerbung". Nun sollten nicht mehr die Kontingente von oben nach unten nach dem Territorialprinzip verteilt werden, sondern ganze Jahrgänge im Zuge der Musterungen zum „Arbeitseinsatz" oder anderen Bestimmungen, wie in Estland und Lettland der Dienst in den Legionen, herangezogen werden[132]. Diese organisatorische Veränderung der Rekrutierung führte auch zur Veränderung der Struktur des Widerstandes der Zivilverwaltung gegen die Bemühungen Sauckels. Das entscheidende Instrument, um die Rekrutierungszahlen klein zu halten, war von nun an das sogenannte Uk (Unabkömmlichkeit)-Stellungsverfahren. Personen, die nachweisen konnten, dass sie in kriegswichtige Produktionsprozesse eingebunden oder unmittelbar für die deutsche Verwaltung tätig waren, wurden vom Rekrutierungszwang befreit. Somit kam es darauf an, in welch strengem Maße diese Richtlinien ausgelegt wurden, was neue Machtbefugnisse für die örtlichen Betriebsführer bedeutete[133]. Die grundsätzliche Einstellung der regionalen Verwaltungsbeamten, ihren Zuständigkeitsbereich als bereits ausreichend stark vom Arbeitskräfteentzug betroffen darzustellen, blieb allerdings bestehen, insbesondere auch deshalb, da trotz der Umstellung auf die Rekrutierung von Jahrgängen, gekoppelt an das Uk-Stellungsverfahren, das Prinzip von territorialen Kontingenten nicht vollständig aufgegeben wurde. So waren die Einsatzbefehle der Abteilung Aso des GK in Kauen zur Gestellung von Arbeitskräften noch nach territorial strukturierten Kontingenten geordnet[134]. Zugleich wurde auch weiterhin zumindest pro forma gegen eine allzu nachlässige Auslegung der Uk-Stellungsbestimmungen protestiert und die mit der Prüfung der Uk-Stellungsanträge beauftragten Beamten zur Strenge ermahnt:

„Bei der Prüfung ist ein im Interesse des Krieges und der Durchführung der deutschen Maßnahmen erforderlicher (sic) einwandfreier Standpunkt erforderlich. Der

132 Zum Übergang vom Territorialprinzip zum Jahrgangsprinzip bei der Rekrutierung von Arbeitskräften aus den besetzten Ostgebieten: Czollek, Faschismus und Okkupation. Wirtschaftspolitische Zielsetzung u. Praxis des faschistischen dt. Besatzungsregimes in d. baltischen Sowjetrepubliken während d. 2. Weltkrieges, 1974, S. 165 f.; Müller, Die Rekrutierung sowjetischer Zwangsarbeiter für die deutsche Kriegswirtschaft, 1991c, S. 243; Herbert, Fremdarbeiter, 1985, S. 257.

133 Siehe: LVVA-P-69.2.7 S. 98–102. G. Riga Abt AsoK in SS-Ers.Insp. Ostland, III, Grundsätze für die Durchführung des Uk-Verfahrens., 26. 2. 1944; Vgl.: Richtlinien für die Zurückstellung von Arbeitskräften in Litauen als Anlage in: LCVA-R-626.1.91 S. 4–6. GK in Kauen HA III Aso, Schreiben betr. der Gestellung von 30 000 Arbeitskräften fuer das Reich. Sitzung am 7. 9. 1943 und Besprechung zwischen Herrn Generalrat Dr. Paukstys und dem Abteilungsleiter Arbeitspolitik und Sozialverwaltung vom GK in Kauen am 10. 9. 1943. An: Erster Generalrat Herr General Kubiliunas, 20. 9. 1943.

134 LCVA-R-615.1.221 S. 13–17. GK in Kauen H.A. III Aso gez. Dünbier, Einsatzbefehl A 8, 13. 7. 1943.

begreifliche Wunsch, Personal zu erhalten, darf nicht allein entscheidend sein. Es ist zu prüfen, ob auf keinen Fall der Betrieb ohne die betreffende Arbeitskraft weiterzuführen ist"[135].

Die Ergebnisse dieser strategischen Umstellung waren ebenfalls gering. Zumindest hatte die deutsche Zivilverwaltung in Litauen von den Fehlern des Jahres 1942 / Anfang 1943 gelernt und versuchte die von Sauckel geforderten Gesamtzahlen von 30 000 Arbeitskräften Ende 1943 mit Hilfe der „Landeseigenen Verwaltung" zu bewerkstelligen[136], was aber gründlich scheiterte[137]. Immerhin bewirkte dieser Misserfolg, dass nun auch in Litauen die Zivilverwaltung deutlich gegen die Anforderungen Sauckels Stellung bezog, welche ihrerseits aber auch im letzten Okkupationsjahr mit der Zahl von 100 000 zu stellenden Arbeitskräften endgültig realitätsferne Ausmaße angenommen hatten[138], worauf der Abteilungsleiter Aso des RKO Schütte in seinem Konferenzbeitrag verwies[139]. Und dennoch war das Hauptargument gegen diese Forderungen nicht so sehr wie zuvor in Estland und Lettland der Mangel an Arbeitskräften, als eher die Undurchführbarkeit der Rekrutierung wegen der zu schwachen Polizeikräfte in Litauen[140]. Doch ist hier wie schon 1942 eine in stärkerem Maße differenzierte Betrachtungsweise der tatsächlichen Ursachen für den litauischen Widerstand gegen die Rekrutierung vor allem auf den unteren Verwaltungsebenen erkennbar. Das Fazit des ausführlichen Berichts des Gebietskommissars ist allerdings identisch mit den Befunden der übergeordneten Behörden:

135 LCVA-R-615.1.56 S. 44. GK in Kauen gez. von Fritsch, Schreiben betr. der Durchführung der Uk-Stellungen. An: GK in Kauen Abt. I Pro, 2. 7. 1943; Dieses Schreiben ist darüber hinaus auch ein klassisches Beispiel für die Abhängigkeit des Inhalts des „Arbeitseinsatzschriftverkehrs" von seinem Adressaten – Empfänger – Verhältnis: Nach oben innerhalb der Zivilverwaltung gerichtete Schreiben wiesen in der Regel auf die prekäre Lage im jeweiligen Zuständigkeitsgebiet hin, während Schreiben von übergeordneten Dienststellen grundsätzlich versuchten, die Ergebnisse der Rekrutierungen in die Höhe zu treiben. Siehe auch die anderen hier zitierten Schriftwechsel, oder: „Jede Hortung von Arbeitskräften ist unverantwortlich und sieggefährdend". Aus: BA-R-9. 2. 1145 u. p. RMfdbO gez. Rosenberg, Schreiben betr.: Ostarbeitereinsatz. An: RKO – RK Ukraine, 17. 2. 1943.

136 LCVA-R-626.1.91 S. 4–6.GK in Kauen HA III Aso, Schreiben betr. der Gestellung von 30 000 Arbeitskräften fuer das Reich. Sitzung am 7. 9. 1943 und Besprechung zwischen Herrn Generalrat Dr. Paukstys und dem Abteilungsleiter Arbeitspolitik und Sozialverwaltung vom GK in Kauen am 10. 9. 1943, 20. 9. 1943; LCVA-R-626.1.91 S. 8 f. Generalrat für Arbeit und Sozialwesen gez. Dr. Paukstys, Schreiben an alle Kreischefs Litauens bezgl. Anwerbung von Arbeitskräften für den Reichseinsatz. An: Kreischefs, 18. 9. 1943.

137 Karner u. a., Zwangsarbeit in der Land- und Forstwirtschaft auf dem Gebiet Österreichs 1939 bis 1945, 2004, S. 151–153.

138 Siehe: LVVA-P-70.5.67(II) S. 401. RKO Abt. III Aso gez. Lohse, Schreiben betr. der Auflage von litauischen 100 000 Arbeitskräften für das Reich. An: GK Dr. von Renteln, 9. 2. 1944; Zur Situation in Litauen 1944 und der vorgesehenen Rekrutierung von 100 000 Arbeitskräften auch ausführlich in: IfZ-MA.540 S. 581–592. RMfdbO H.A. Arbeit, Kurzbericht der Hauptabteilung Arbeit, 20. 3. 1944, hier: S. 384.

139 LVVA-P-1018.1.43 S. 64 f. Konferenzprotokoll beim RKO Lohse vom 15. 2. 1944, Beitrag des Abteilungsleiters für Arbeit Schütte, 15. 2. 1944.

140 LVVA-P-70.5.67(II) S. 401. RKO Abt. III Aso gez. Lohse, Schreiben betr. der Auflage von litauischen 100 000 Arbeitskräften für das Reich, 9. 2. 1944.

„Wenn der Gebietskommissar von einem Kreischef verlangt, die Gestellung von Arbeitskräften für das Reich zu forcieren und bei dieser Frage der Kreischef auf die Passivität und den Widerstand der einheimischen Bevölkerung stößt, so muss er, um die gestellten Forderungen zu erfüllen, unbedingt auf Machtmittel – in diesem Falle wiederum Polizei – zurückgreifen"[141].

Auch in Lettland waren sich nach zwischenzeitlichen Auseinandersetzungen die deutsche Zivilverwaltung auf der Ebene des Generalkommissariats und die lettische „Landeseigene Verwaltung" einig bei der Abwendung von Sauckels Forderung nach 10 000 lettischen Frauen im Sommer 1943[142]. Wie schon vor 1943 versuchte der Generalkommissar in Reval Karl Sigismund Litzmann auch im Rahmen der ab 1943 anlaufenden Musterungen, seinen Generalbezirk vor allzu großen Abgaben zu bewahren und bediente sich der gleichen Argumentation, wie bereits in den ersten deutschen Okkupationsjahren:

„Die Landwirtschaft ist unter keinen Umständen von Arbeitskräften zu entblößen. Es sind lediglich diejenigen, die sich freiwillig zur Legion melden, herauszuziehen. In allen anderen Fällen sind nur solche Arbeitskräfte herauszumustern, die in der Landwirtschaft überflüssig sind. Der Obergruppenführer weist den Leiter der Aso an, allen Wünschen der Kreislandwirte auf Freistellung von Arbeitskräften für die Landwirtschaft Folge zu leisten"[143].

Wie bereits erwähnt gelang es den beiden Generalkommissaren in Lettland und Estland dann auch, die Situation in ihren Generalbezirken als hinreichend angespannt zu schildern, dass diese Linie auch von höheren Dienststellen gegenüber dem GBA vertreten wurde, wobei die Tatsache, dass in diesem beiden Ländern SS-Legionen gegründet worden waren, zusätzlich argumentative Beihilfe lieferte[144].

Während also die beiden nördlichen Generalbezirke von Sauckels Forderungen nach zivilen Arbeitskräften ab 1943 aufgrund der Einigkeit der zivilen Verwaltungs-

141 IfZ-MA.248 S. 555–566. Gebietskommissar Arnold Lentzen, Denkschrift: Welche Mögichkeit und Mittel stehen dem Gebietskommissar in Litauen bei der Durchführung von Erlassen und Anordnungen zur Verfügung, 12. 2. 1944; Zum Thema der schwachen Polizeikräfte in Litauen: Christoph Dieckmann, Die Zivilverwaltung in Litauen, in: Täter im Vernichtungskrieg. 2002, S. 96–109, S. 102–107.

142 Kangeris, Nodeva reiham. Latvijas ģenerālapgabala iedzīvotāji darbos Lielvācijā, 1990b, S. 42; Vgl. Abschnitt zur „Landeseigenen Verwaltung".

143 ERA-R-65.1.10 S. 48. GK SA.-Oberguppenführer Litzmann, Schreiben betr. der Freistellung von der Musterung zur Legion für Arbeitskräfte der Landwirtschaft. An: Musterungsstäbe, 1. 4. 1943; Vgl. auch: ERA-R-65. 1. 2126 S. 46. GK in Reval HA III GeWi/11gez. Jensch, Schreiben betr. der Sicherstellung von Arbeitskräften für das Ostackerprogramm. An: Arbeitsamt Reval, Dorpat Wesenberg von, 30. 7. 1943.

144 BA-R-6.73 S. 103 f. RMfdbO gez. Meyer, Schreiben zur Möglichkeit einer Abgabe von 10 Prozent der Bevölkerung an den GBA. Situation in Estland und Lettland, 6. 9. 1943; Zum Zusammenhang von Legionsgründung und „Arbeitseinsatz" siehe: BA-R-9. 2. 1153 u. p. GK in Riga gez. Dr. Drechsler, Schreiben betr. der Ersatzgestellung von Arbeitskräften für die zur Legion Einzuberufenen. An: Beauftragte des Generalbevollmächtigten für den Arbeitseinsatz Dr. Boening, 25. 11. 1943.

instanzen weitgehend verschont blieben, verlagerte sich Sauckels Interesse in dieser Region auf die der Region fremden Arbeitskräfte, namentlich schon seit 1942 die Kriegsgefangenen und ab Sommer 1943 die ins „Ostland" gelangten „Evarussen", was seinerseits den vorhersehbaren und zugleich machtlosen Protest der Zivilverwaltung herauf beschwor[145]. Doch auch der Abzug der „Evarussen" aus dem Ostland setzte in Estland und Lettland erst später als in Litauen ein. Auf einer Sitzung beim Beauftragten des GBA im RKO Herrn Dr. Boening hieß es:

„Dagegen wird mit allen Kräften, die dem GBA im Ostland zur Verfügung stehen, die Auskämmung der in Litauen befindlichen Evakuierten begonnen, und zwar soll im Wilnaer Gebiet zuerst eingesetzt werden"[146].

Gegen den Abzug ebendieser beiden Gruppen von Arbeitskräften hatte die Zivilverwaltung auf allen Ebenen wiederholt, aber ohne Erfolg, protestiert. Insbesondere in dem von der Zivilverwaltung vehement verteidigten Wirtschaftszweig der Holz- und Forstwirtschaft waren beide Gruppen immer wieder zum „Arbeitseinsatz" herangezogen worden[147]. Beispielsweise verringerte sich die Zahl der in der Holzwirtschaft Lettlands tätigen zivilen Arbeitskräfte in einem Jahr von Mai 1943 bis Mai 1944 von 6800 auf 4500 Personen. Die Zahl der in diesem Sektor beschäftigten Kriegsgefangenen halbierte sich beinahe von 820 auf 460. Die entsprechenden Zahlen für die Forstwirtschaft Lettlands für den gleichen Zeitraum beliefen sich auf einen Rückgang von 5600 auf 3450 der zivilen Arbeitskräfte und der Wert der dort beschäftigten Kriegsgefangenen sank von 1250 auf 700[148]. Jedoch trat gegen die Verwendung dieser beiden Gruppen und insbesondere gegen die Kriegsgefangenen nicht nur Sauckel auf den Plan. Es fanden sich auch immer wieder sicherheitspolitische Bedenken gegen die Ausnutzung von Kriegsgefangenen in der Holz- und Forstwirtschaft, was insbesondere in Litauen ab 1943 ein schwerwiegendes Argument

145 BA-R-9. 2. 1153 u. p. Gebietskommissar Mitau gez. v. Medem, Schreiben betr.: Abzug von Evakuierten. An: GK in Riga Abt. III Aso, 9. 5. 1944; BA-R-9. 2. 1153 u. p. GK in Riga Abt. III Aso, Schreiben betr.: Abzug von Kriegsgefangenen aus dem Generalbezirk Lettland. An: RKO HA III Aso, 23. 7. 1943; LVVA-P-70.5.67(II) S. 273. RKO Abt. III FoHo, Vermerk betr.: Entzug der Kriegsgefangenen, 13. 8. 1943; LVVA-P-70.5.67(II) S. 429. RKO Abt.III FoHo, Schreiben betr.: Abgabe von Kriegsgefangenen durch die Forst- und Holzwirtschaft. An: Kriegsgefangenen-Bezirks-Kommandanten, 19. 4. 1944.

146 LVVA-P-70.5.67(II) S. 398. RKO Abt. III Aso, Sitzungsprotokoll zur Auskämmung der Evakuierten in den baltischen Generalbezirken., 29. 1. 1944.

147 LVVA-P-70.3.94 S. 74. GK in Reval Abt. III FoHo, Schreiben betr.: Einsatz von Kriegsgefangenen in der Forstwirtschaft. An: RKO Abt. III FoHo, 17. 7. 1942; LVVA.P-70.5.67(I) S. 101. GK in Riga – III FoHo, Schreiben betr.: Einsatz von Kriegsgefangenen zum Holzeinschlag. An: RKO Abt. III FoHo, 19. 1. 1943; LVVA-P-70.5.67(II) S. 283. GK in Riga – III FoHo, Schreiben betr.: Einsatz von Flüchtlingen in der Forstwirtschaft. An: RKO Abt. III FoHo, 11. 9. 1943; LVVA-P-70.3.94 S. 4 f. GK in Riga III c, Forderung nach dem Einsatz von Kriegsgefangenen in der Holz- und Forstwirtschaft von Libau. An: GK Arbeitseinsatz Regierungsrat Dreussen, undatiert.

148 LVVA-P-70.5.67(II) S. 455. RKO Abt. III FoHo. gez. Lohse, Schreiben betr.: Arbeitseinsatzlage der Forst- und Holzwirtschaft. An: RMfdbO, 17. 5. 1944.

gegen einen solchen „Einsatz" wurde, da gerade hier mehr Polizeikräfte von allen Seiten gefordert wurde[149].

Bewertung des Widerstandes der Zivilverwaltungsbehörden gegen Sauckel:
Kehren wir zu den zu Beginn dieses Kapitels genannten Aspekten zurück, so lässt sich festhalten, dass die Ablehnung der Zivilverwaltung gegen die „Reichswerbung" folgende Binnendifferenzierungen zulässt:

- Was die Beurteilungen der verschiedenen Ebenen der Zivilverwaltung betrifft, so ist der Widerstand grundsätzlich auf den unteren Verwaltungsebenen, dort, wo der Kontakt zu den einheimischen Behörden enger und die Notwendigkeit einer Zusammenarbeit größer war, stärker als bei den höheren Instanzen. Zudem herrschten hier differenziertere Ansichten zur Lage der örtlichen Begebenheiten vor, als dies in den Behörden des RKO oder des Ostministeriums der Fall war. So beschreibt Bräutigam die Einstellung des RK Lohse zu den Rekrutierungsforderungen Sauckels als „schwankend", was immerhin in Relation zu seinem Amtskollegen in Rovno eine stärkere Form des Gegendrucks war, jedoch nicht das Ausmaß der ihm untergeordneten Behörden erreichte[150].
- Es muss aber auch festgehalten werden, dass auf einer Verwaltungsebene ebenfalls Konflikte zwischen einzelnen Behörden der Zivilverwaltung ausgetragen wurden. Dies betrifft namentlich den Interessenkonflikt zwischen der Abteilung Holz- und Forstwirtschaft und der Abteilung Aso.
- Weiter ist eine Binnendifferenzierung nach regionalen Kriterien erkennbar. Und zwar war in Estland und Lettland der Widerstand früher und stärker, aber auch hier ausgehend von den unteren Verwaltungsebenen. Dies ist in erster Linie auf die angespannte Arbeitsmarktsituation in dieses Generalbezirken zurückzuführen, aber auch auf das gegenseitige Verhältnis zwischen deutscher Zivilverwaltung und einheimischer „Landeseigener Verwaltung".
- Schließlich war die Zivilverwaltung gegenüber anderen Machthabern im Ostland vor allem gegen den für die „Reichswerbung" zuständigen GBA aktiv. Dieser Widerstand war in Estland und Lettland ab 1943 auch wirkungsvoll, jedoch nur aufgrund der Zusammenarbeit mit anderen Behörden, wie vor allem dem SS-Apparat, der ein Interesse an den Legionsgründungen hatte, der Wehrmacht und der „Landeseigenen Verwaltung". Nur bei den Arbeitskräftegruppen, wie Kriegsgefangenen und „Evarussen", die keinen machtpolitischen Rückhalt innerhalb der „Arbeitseinsatzpolitik" im RKO hinter sich vereinigen konnten, vermochte der

149 LVVA-P-70.5.67(II) S. 326. RKO Abt. III Fo Ho, Schreiben betr.: Bedingungen für den Einsatz von Kriegsgefangenen in der Forstwirtschaft. An: GK Kauen, 10. 11. 1943.
150 Bräutigam, Überblick über die besetzten Ostgebiete während des 2. Weltkrieges, 1954, S. 92.

Widerstand der Zivilverwaltung allein nicht die Anforderungen Sauckels zurückzuhalten.

Widerstand der Zivilverwaltung gegen andere Bedarfsträger – Zunehmende Machtlosigkeit der Zivilverwaltung:
Zwar fand die Zivilverwaltung Verbündete im Kampf gegen die „Reichswerbung" Sauckels, doch konnten eben diese Verbündeten auch zu Gegnern im Kampf um Arbeitskräfte vor Ort werden. Entscheidend war zum Beispiel, dass ab 1943 die massenhafte Mobilisierung von Männern für die Legionen in Estland und Lettland einsetzte und ab diesem Zeitpunkt alle anderen Bedarfsträger in den Hintergrund gedrängt wurden, einschließlich Sauckels, aber auch die Zivilverwaltung, die somit zwar Sauckel opponieren, allerdings nicht die Menschen in Estland und Lettland halten konnte[151]. Auch dagegen protestierte die Zivilverwaltung im Namen der von ihr verwalteten Holz- und Forstwirtschaft[152]. Dabei hatten Proteste gegen Mobilisierungen der männlichen Zivilbevölkerung zu Polizei oder Wehrmacht sogar schon vor der Übernahme der Zivilverwaltung eingesetzt. Bereits im November 1941 bemerkte ein Angehöriger des Stabes des Befehlshabers des rückwärtigen Heeresgebiets Nord:

„Die Freiwilligenwerbung für die estnischen Schutzmannschaften hat nicht zuletzt wegen der den Angehörigen der Schutzmannschaften ... gebotenen Besoldung und wirtschaftlichen Betreuung vielfach dazu geführt, dass qualifizierte Facharbeiter lebens- und wehrwichtiger Betriebe ihre Arbeitsstätten verlassen und sich anwerben lassen"[153].

Nahezu gleich lautende Beschwerden der Abteilung Aso des RKO lassen sich auch in der späteren Besatzungszeit finden:

„Seit Beginn dieses Jahres mussten zur Erfüllung der Forderungen des totalen Krieges eine ganze Reihe Maßnahmen auf dem Gebiete des Arbeitseinsatzes durchgeführt bzw. eingeleitet werden, die so tief in die Arbeitskräftesubstanz eingreifen, dass irgendwelche Sondermaßnahmen vom Standpunkt des Arbeitseinsatzes nicht mehr verantwortet werden können. Trotzdem ist es mehrfach vorgekommen, dass die Aufstellung von Sonderverbänden versucht oder durchgeführt wurde, ohne dass ich darüber rechtzeitig unterrichtet wurde. Ich sehe mich daher veranlasst, darauf

151 Siehe zur Priorität der Mobilisierung zum Ende der deutschen Besatzungszeit: „Die Belange der Wehrmacht gehen im Kriege allen anderen voran. Es steht daher grundsätzlich jeder wehrfähige Wehrpflichtige vordringlich für die Legion zum Einsatz mit der Waffe zur Verfügung". Aus: LVVA-P-69.2.7 S. 98–102. SS-Ers.Insp. Ostland, III, Grundsätze für die Durchführung des Uk-Verfahrens, 26. 2. 1944.

152 LVVA-P-70.5.67(I) S. 116. GK in Riga – III FoHo, Schreiben betr. der Einziehung von Arbeitskräften bei der Sägeindustrie. An: GK Abt. III Aso, 5. 3. 1943.

153 BA-RW-31.603 u. p. Befehlshaber d. rückw. Heeres-Geb.Nord, Schreiben betr. der Freiwilligenwerbung für die estnischen Schutzmannschaften. An: HSSPF Walk, 7. 11. 1941.

hinzuweisen, dass durch Unterstützung oder Duldung derartiger Sondermaßnahmen jede geordnete Lenkung des Arbeitseinsatzes unmöglich wird".

Interessant an dieser Beschwerde der Abteilung Aso des RKO ist weiterhin die versuchte Einbeziehung auch anderer Akteure der „Arbeitseinsatzpolitik" im RKO gegen den Polizeiapparat: „Die vorstehend gekennzeichnete Beurteilung der Lage wird vom Beauftragten des GBA, Herrn Dr. Boening, und dem WBO, geteilt"[154].

Die Machtlosigkeit gegenüber der anwachsenden Macht der Polizei im RKO zeigte sich jedoch auf dem Feld der „Arbeitseinsatzpolitik" nicht nur bei dem Abzug von potentiellen Arbeitskräften zum Polizeidienst oder in die Legionen in Estland und Lettland, auch der Verlust der Kontrolle über die jüdischen Arbeitskräfte im Sommer und Herbst 1943 während der Auflösung der Ghettos in Litauen und Lettland und der Gründung des KZ in Kaiserwald ist in diesem Zusammenhang zu sehen[155]. Auch dagegen protestierte die „Arbeitseinsatzverwaltung" vergeblich[156]. Insbesondere protestierte sie gegen den durch den Abzug von jüdischen Arbeitskräften verursachten Verlust von Facharbeitern. Dass dieser Protest nicht als philosemitisches Einschreiten einer „sauberen Zivilverwaltung" zu bewerten ist, zeigt der Schlusssatz des Schriftstücks: „Ich füge eine Aufstellung der hauptsächlichsten jüdischen Fachkräfte bei und bitte zu versuchen, aus den Betrieben in Riga, die diese jüdischen Kräfte erhalten, dieselbe Zahl lettischer Kräfte freizumachen und nach hier zu überweisen"[157].

Noch zum Ende der Besatzungszeit hin versuchte die Zivilverwaltung ihre Arbeitskräfte gegen die Mobilisierungsbemühungen von Polizei und Wehrmacht zu verteidigen. Trotz des unmittelbar bevorstehenden Einfalls der Roten Armee machte man sich in der Hauptabteilung Wirtschaft des Generalkommissariats Reval noch im September 1944 darüber Gedanken und Sorgen, dass aufgrund der zu leistenden Schanzarbeiten zur Verteidigung gegen die Rote Armee der Arbeitskräfteausfall derartig hoch sei, dass die planmäßig auferlegte Winterversorgung für den Wehrmachtbedarf nicht gewährleistet werden könne[158] – eine Winterversorgung für einen Win-

154 BA-R-9. 2. 1154 u. p. RKO Abt. III Aso, Schreiben betr. der Aufstellung von Einheiten der Schutzpolizei, Wachmannschaften, Hilfswilligen usw. An: GK in Riga, 16. 6. 1943.

155 Franziska Jahn, Riga – Kaiserwald. Stammlager, in: Wolfgang Benz u. Barbara Distel (Hg.), Riga-Kaiserwald, Warschau, Vaivara, Kauen (Kaunas), Płaszów, Kulmhof/Chełmno, Bełżec, Sobibór, Treblinka, München 2008, S. 17–64, hier: S. 19; Zur Gründung des KZ Kaiserwald: ERA-R-819.2.3 S. 74. RSHA gez. Müller, Rundschreiben betr. der Gründung eines Konzentrationslagers (Arbeitslager) Riga. Verteiler, 2. 4. 1943; LVVA-P-69.1a.6 S. 130. KdS Lettland gez. Dr. Lange, Schreiben betr.: Zusammenfassung von Juden in KZ-Lagern. An: GK in Riga, 15. 9. 1943; Vgl. Abschnitt zur Polizei.

156 IfZ-MA.201 S. 503–505. Gebietskommissar in Riga Arbeitsverwaltung, Schreiben betr.: Abzug jüdischer Arbeitskräfte und Umsetzung in KZ. An: GK in Riga Abt. III Aso, 18. 8. 1943; Siehe auch Abschnitt zur jüdischen Zwangsarbeit.

157 IfZ-MA.201 S. 534 f. Gebietskommissar Arbeitsverwaltung Libau, Schreiben betr.: Abzug jüdischer Arbeitskräfte. An: GK in Riga, 17. 9. 1943.

158 ERA-R-65. 1. 2106 S. 43. GK in Reval HA III GeWi, Schreiben betr.: Wirtschaftsschädigende Auswirkungen der Arbeiten für die Landesverteidigung. An: Gebietskommissar Reval Langer, 12. 9. 1944.

ter, der sich für die deutschen Besatzungsorgane mit Ausnahme des „Kurlandkessels" nicht mehr im Baltikum abspielen sollte.

2.1.3 Zielvorstellungen zur Art des „Arbeitseinsatzes" und zur Methode der Rekrutierung – Kontrast zwischen Wirtschafts- und Politikabteilungen

Wie war die Einstellung der Zivilverwaltung zur Frage der Mittel zur Erlangung ihrer Ziele in der „Arbeitseinsatzpolitik" im Baltikum? Das Ziel der größtmöglichen Ausnutzung der unter deutscher Herrschaft stehenden Personen im Interesse der deutschen Kriegsanstrengungen führte zwangsläufig zur Frage der Mittel, welche von harschen Zwangsmaßnahmen bis zu dem Versuch der Verwirklichung einer freiwilligen Unterstützung reichten. Bezüglich dieses Themenkomplexes heißt es in einer Denkschrift des Gebietskommissars von Kauen-Land Arnord Lentzen:

„Bei der Führung fremden Volkstum mit seiner anders gearteten Gesamteinstellung und seinen oft entgegenlaufenden Interessen muss man sich bei Beginn seiner Tätigkeit darüber klar werden, welche Kräfte aus dem Lande für uns und welche gegen uns stehen. Daraus wird sich das Bestreben zeigen, einen möglichst hohen Prozentsatz von mitziehenden Angehörigen des fremden Volkstums zu finden".

Weiter berichtet er von den von deutscher Seite aus gemachten Fehlern im Umgang mit den Erwartungen der litauischen Bevölkerung zu einer Zeit, als die Deutschen noch siegesgewiss waren. Dies hatte seiner Ansicht nach zur Folge, dass zu einem späteren Zeitpunkt, die deutschen Interessen nur noch mit Zwangsmaßnahmen durchgesetzt werden konnten:

„Je mehr aber die Zeitverhältnisse uns dazu zwingen, Anordnungen geben zu müssen, die der einheimischen Mentalität widerstreben, umso größer wird die Zahl der mit unseren Maßnahmen Unzufriedenen werden. Dadurch vergrößert sich auch die Zahl derjenigen, die einmal in Passivität und einmal im direkten Gegensatz zu uns stehen. Anordnungen werden also nicht mehr gern, freudig und freiwillig befolgt, sondern müssen in der Durchführung dann durch die vorhandenen Machtmittel erzwungen werden. Während also in den ersten Monaten unserer Diensttätigkeit das freiwillige Mitgehen des überwiegenden Teiles der Bevölkerung vorhanden war, ist im Laufe der weiteren Zeit diese Bereitwilligkeit immer mehr zurückgegangen"[159].

Grundsätzlich befand sich die deutsche Zivilverwaltung also bezüglich dieser Thematik in dem Dauerkonflikt zwischen unmittelbaren wirtschaftlichen Interessen und politischem Nutzen in Folge von innenpolitischer Ruhe und der Bereitschaft der

159 IfZ-MA.248 S. 555–566. Gebietskommissar Arnold Lentzen, Denkschrift: Welche Möglichkeiten und Mittel stehen dem Gebietskommissar in Litauen bei der Durchführung von Erlassen und Anordnungen zur Verfügung, 12. 2. 1944.

Bevölkerung zur Kooperation. Wie schon zur Beantwortung der Frage der Einstellung der Zivilverwaltung zur Rekrutierung von Arbeitskräften, ist auch hier die Berücksichtigung der gleichen Parameter wie die Vielschichtigkeit der Zivilverwaltung in vertikaler und horizontaler Hinsicht und ihrer regionalen Unterschiede, sowie deren äußeren Gegenspieler und schließlich der Zeitfaktor bei der Analyse zu berücksichtigen.

Spannungsverhältnis und Begriffsverständnis von „Freiwilligkeit" und Zwang – normative Vorgaben:

Um den genannten Gegensatz von wirtschaftlicher Ausbeutung und politischem Nutzen nach Möglichkeit zu vereinen, wurde versucht, eine möglichst große echte „Freiwilligkeit" bei der Rekrutierung der einheimischen Bevölkerung zu erreichen. Dieser Grundsatz galt zunächst für alle Anwerbungen aus den besetzten Ostgebieten. Doch war zugleich auch klar, dass das Ergebnis der Rekrutierungen gegenüber den Methoden immer Priorität besaß, so dass von Anfang an Zwangsverpflichtungen als letztes Mittel vorgesehen waren[160]. Sauckel formulierte diesen Grundsatz mit folgenden Worten:

„Die Anwerbung der ausländischen Arbeitskräfte erfolgt grundsätzlich auf der Grundlage der Freiwilligkeit. Dort jedoch, wo in besetzten Gebieten der Appell der Freiwilligkeit nicht ausreicht, müssen unter allen Umständen Dienstverpflichtungen und Aushebungen vorgenommen werden"[161].

Dass dieser Logik ein innerer Widerspruch innewohnte, der dazu führte, dass diese Methoden zu einer Rekrutierungspraxis führten, die selbst in nationalsozialistischen Quellen als „Menschenjagd" bezeichnet wurde[162], hielt ihn nicht davon ab, im gleichem Atemzug einen absurden Vergleich anzuführen: „Jüdische Methoden der Menschenfängerei, wie sie aus dem kapitalistischen Zeitalter gerade in den demokratischen Staaten üblich gewesen sind, sind des nationalsozialistischen Großdeutschen Reiches unwürdig"[163].

Die von Sauckel angesprochenen Dienstverpflichtungen hatten im RKO ihre rechtliche Grundlage in der „Verordnung zur Regelung des Arbeitseinsatzes" vom

160 Dazu: Herbert, Fremdarbeiter, 1985, S. 157 f.; Müller, Die Rekrutierung sowjetischer Zwangsarbeiter für die deutsche Kriegswirtschaft, 1991c, S. 238; Pfahlmann, Fremdarbeiter und Kriegsgefangene in der deutschen Kriegswirtschaft 1939–1945, 1968, S. 49 f.

161 LVVA-P-98.1.3 S. 28–32. GBA Sauckel, Anordnung Nr. 4 über die Anwerbung, Betreung, Unterbringung, Ernährung und Behandlung ausländischer Arbeiter und Arbeiterinnen, 7. 5. 1942.

162 Mit Bezug zur „Lettgallenaktion" von Mai 1942 heißt es in einem Funkspruch der Ordnungspolizei: „Denn die Aktion selbst wurde in der Form einer Menschenjagd durchgeführt". LVVA-P-82.1.1 S. 20. Ordnungspolizei Dünaburg, Funkspruch. An: Kommandeur der Ordnungspolizei Riga, 4. 6. 1942.

163 LVVA-P-98.1.3 S. 28–32. GBA Sauckel, Anordnung Nr. 4 über die Anwerbung, Betreung, Unterbringung, Ernährung und Behandlung ausländischer Arbeiter und Arbeiterinnen, 7. 5. 1942.

15. August 1941, welche eine allgemeine Meldepflicht aller Einwohner und die Planungshoheit der Arbeitsmarktregulierung durch die deutschen Arbeitsämter vorsah[164]. Diese Verordnung wurde durch die „Verordnung über die Einführung der Arbeitspflicht in den besetzten Ostgebieten" des RMfdbO vom 19. Dezember bestätigt und ergänzt und galt für alle erwachsenen Personen zwischen dem 18. und dem 45. Lebensjahr, wobei den Reichskommissaren das Recht zugestanden wurde, die Altersgrenzen variabel zu halten[165].

Diese Verordnungen bildeten die Grundlage für das besondere Verständnis von „Freiwilligkeit" auch der Zivilverwaltung im Baltikum. Im Sinne Sauckels führte Alfred Meyer, als Vertreter Rosenbergs, die Richtlinien in dieser Frage für seine untergeordneten Dienststellen in den Reichskommissariaten und Generalbezirken aus:

„Auch der Herr Generalbevollmächtigte für den Arbeitseinsatz hat in seiner Anordnung Nr. 4 über die Anwerbung ausländischer Arbeiter und Arbeiterinnen vom 7.5.42, . . ., allgemein erklärt, dass jede Anwerbung ausländischer Arbeitskräfte grundsätzlich auf der Grundlage der Freiwilligkeit erfolgen solle. Ich lege Wert darauf, dass von diesem Grundsatz nicht in der Regel und nicht ohne ausreichenden Grund abgewichen wird. Im Einvernehmen mit dem Generalbevollmächtigten für den Arbeitseinsatz bin ich aber nicht der Ansicht, dass es unsere Arbeitseinsatzlage gestattet, dort, wo der Appell der Freiwilligkeit nicht ausreicht, auf die Heranziehung der Arbeitskräfte aus den besetzten Ostgebieten zu verzichten, vielmehr müssen die den Reichskommissaren mitgeteilten und bekannten Monatskontingente unbedingt gestellt werden. Bei dieser Sachlage ist es geboten, von der Verordnung über die Einführung der Arbeitspflicht in den besetzten Ostgebieten vom 19.12.41 auch für den Einsatz im Reichsgebiet Gebrauch zu machen. . . . Ich bitte daher, polizeiliche Maßnahmen bei der Durchführung der Anwerbung erst dann durchzuführen, wenn alle anderen Mittel nicht zum gewünschten Erfolge führen, nämlich die jeweiligen Monatskontingente unbedingt sicherzustellen"[166].

Praxis auf der Ebene der Generalkommissare und Gebietskommissare – „Sehr unliebsame Eingriffe" in Lettgallen und Litauen:

Zu diesem Zeitpunkt war im Ostministerium bereits bekannt, wie auf regionaler Ebene das Prinzip der „Freiwilligkeit" in der Praxis angewandt wurde:

„In Wilna, so wurde mir von Pg. Ross berichtet, treibe man es sogar so weit, Arbeitskräfte, wenn sie nicht beim Sozialamt ihre Bereitwilligkeit erklären, nach

164 LCVA-R-626.1.4 S. 7. RKO Abt. II b gez. Fründt, Verordnung zur Regelung des Arbeitseinsatzes, 15. 8. 1941.

165 IMT XXIX Dokument 1975-PS S. 186. RMfdbO, Verordnung über die Einführung der Arbeitspflicht in den besetzten Ostgebieten, 19. 12. 1941.

166 LCVA-R-626.1.2 S. 123 f. RMfdbO gez. Meyer, Rundschreiben betr.: Anwerbung von Arbeitskräften in den besetzten Ostgebieten für den Einsatz im Reich, 14. 5. 1942.

Deutschland zu gehen, 3 Tage auf der Polizeiwache festgehalten werden, und ihnen dann nach dieser Frist die Frage vorgelegt wird: „Wollen Sie nach Deutschland oder wollen Sie lieber hierbleiben?"[167]

Wie schon zur Frage der Rekrutierungen für den „Reichseinsatz" lassen sich auch im Hinblick auf diese Thematik Unterschiede zwischen den drei Generalbezirken und der Rolle der deutschen Zivilverwaltungen erkennen. Während das soeben genannte Beispiel die Haltung der deutschen Zivilverwaltung in Litauen widerspiegelt, und damit analog steht zu dem Befund bezüglich der „Reichswerbung", verfuhr die regionale deutsche Verwaltung in Estland und Lettland mit größerer Rücksicht auf die Belange der einheimischen Bevölkerung.

Auch in Lettland, namentlich in der ostlettischen Region Lettgallen, welche dem Gebietskommissariat Dünaburg entsprach, fanden im Zuge der „Sauckelaktionen" von 1942 zwangsweise Aushebungen von Arbeitskräften im großen Stil statt. Im Mai 1942 wurden aus diesem Gebiet über 8000 Personen den Anwerbekommissionen Pommern und Nordmark zur Verfügung gestellt. Dabei kam es durch Mitglieder der deutschen und lettischen Polizeieinheiten zu massiver Gewaltanwendung[168]. Die Berichte und Beschwerden des Gebietskommissars Friedrich Schwung zeigen, dass hier die deutsche Zivilverwaltung die Methoden der Rekrutierung scharf kritisierte im Gegensatz zu Litauen, wo der Mangel an Polizeikräften das bestimmende Motiv der überlieferten Schriftstücke der regionalen deutschen Verwaltung war[169]. Dabei sei betont, dass der Gebietskommissar nicht grundsätzlich dem Ziel der Deportation von Arbeitskräften opponierte, wohl aber aus Gründen der politischen Ruhe stärkere Propagandamaßnahmen forderte[170]. Auch sein Nachfolger in diesem Amt Hermann Riecken lag argumentativ auf derselben Linie:

„Zu verwerfen sind die bisher bei der Erfassung von Arbeitskräften nach dem Reich angewandten Methoden. Man hat in der ersten Zeit diese Arbeitskräfte wahllos mit Hilfe lettischer Polizei-Organe erfasst. Es ist dabei zu sehr unliebsamen Eingriffen in Existenzen und Betriebe gekommen und es haben sich dabei insbesondere die unteren lettischen Polizeiinstanzen den Angehörigen der russischen Volksgruppe gegenüber in gehässigster Form ausgetobt"[171].

167 LCVA-R-626.1.29 S. 112. RMfdbO gez. Just, Auszug aus dem Bericht des Herrn Dr. Just vom RMfdbO betr. Anwerbung von Arbeitskräften, 10. 4. 1942.

168 Siehe Abschnitt zur Region Lettgallen und Einleitung.

169 Dieckmann, Die Zivilverwaltung in Litauen, 2002, S. 104–106.

170 LVVA-P-69.1a.18 S. 274–277. Gebietskommissar in Dünaburg gez. Schwung, Politischer Bericht. An: GK in Riga, 20. 5. 1942.

171 LVVA-P-1018.1.43 S. 74–86. Geb.K. in Dünaburg gez. Riecken, Lagebericht., Frühjahr 1944; Vgl. Abschnitt zur „Landeseigenen Verwaltung" und der slawischen Bevölkerung.

Wie aus dem Zitat deutlich wird, spielte in der Region Lettgallen insbesondere auch das interethnische Beziehungsgeflecht eine entscheidende Rolle, welche die Lage zusätzlich verkomplizierte und somit die Region Lettgallen nicht zum für Gesamtlettland repräsentativen Gebiet machten[172].

Doch war das Primat der politischen Ruhe auch in den anderen Gebieten Lettlands, so wie in Estland, bestimmendes Motiv der regionalen Zivilverwaltung bei der Frage der Auswahl der Mittel. Diese Gebiete waren außerdem, wie gezeigt, von Massendeportationen wie dies in Litauen oder Lettgallen der Fall war, ausgenommen gewesen, unter anderem eben aufgrund der hier besser funktionierenden Zusammenarbeit von Zivilverwaltung und „Landeseigener Verwaltung“ und des größeren Einsatzes der regionalen deutschen Zivilverwaltung für die Belange der einheimischen Bevölkerung[173]. Ein Beispiel dieser Art stellt der Bericht des Gebietskommissars von Narwa dar: Dieser setzte sich in einem Schreiben an seinen Vorgesetzten Generalkommissar Litzmann ausdrücklich dafür ein, dass die Arbeitskräfte aus seinem Gebiet gemäß ihren Wünschen nicht außerhalb ihres Heimatortes für die deutschen Kriegsanstrengungen arbeiten sollten, in diesem Fall für die OT-Baugruppe Giesler in Reval, deren „Kriegswichtigkeit“ von außerordentlicher Bedeutung war. Auch veranlasste er in Zusammenarbeit mit den „Landeseigenen Behörden“ eine Herabsetzung der Forderungen der OT von 83 auf 51 Personen und berief sich dabei auf gesundheitliche Faktoren der in Frage kommenden Arbeitskräfte. Da allerdings nur 10 Personen bereit waren, nach Reval zu fahren, setzte er sich dann wiederum auch für polizeiliche Maßnahmen gegen die 41 Arbeitskräfte ein, welche nicht für die OT in Reval zu arbeiten bereit waren, und verordnete für diese eine vierwöchige Haftstrafe in den Werkstätten der OT in Reval[174]. Der Fall zeigt, dass der Gebietskommissar keineswegs uneingeschränkt auf Seiten der einheimischen Bevölkerung stand. Trotzdem war er bereit, mit dem Ziel der größtmöglichen Zusammenarbeit mit der lokalen Bevölkerung, gegen seine Vorgesetzten in Reval einen leichten Gegendruck zu riskieren, was so in Litauen nicht feststellbar ist.

Hier wurden einheimische Wünsche ohne Absprache mit übergeordneten Behörden direkt abgeblockt. Beispielsweise versuchte der litauische Generalrat für Arbeit

172 Siehe Abschnitt zu slawischen Minderheiten und zur Region Lettgallen.

173 Dieser politische Kurs der Rücksichtnahme auf einheimische Interessen führte nicht zuletzt auch zum Protest deutschbaltischer Interessengruppen. So beschwerte sich der Traditionsverband der ehemaligen baltischen Landeswehr beim Generalkommissar Litzmann wegen des Verbots der Feierlichkeiten anlässlich der Schlacht von Wenden 1919, bei der die Landeswehr gegen ein Bündnis von Esten und Letten geschlagen worden war.ERA-R-819.2.8 S. 22–24. Traditionsverband der ehem. Baltischen Landeswehr u.d. eh. Baltenregiments, Schreiben betr.: Verbot des feierlichen Kameradschaftsappells vom 27. November. An: GK in Reval SA-Obergruppenführer Litzmann, 7. 12. 1943.

174 ERA-R-65.1.10 S. 16–19. Gebietskommissar Narwa, Bericht über Arbeitsverweigerung bei der OT. An: GK SA.-Oberguppenführer Litzmann, 2. 3. 1943.

und Sozialwesen Dr. Paukstys im Rahmen der Anwerbungen der Kommissionen von 1942, den einheimischen Arbeitskräften echte Anreize zu schaffen, indem er zusätzliche Monatsgehälter für sich freiwillig Meldende forderte[175]. Doch wurde dieser Versuch durch die Abteilung Soziale Verwaltung des GK in Kauen schroff abgewiesen[176]. Diese in Litauen nicht funktionierende Zusammenarbeit der deutschen und litauischen Verwaltung basierte nicht zuletzt auch auf dem extrem negativen Bild des litauischen Volkscharakters, das in der deutschen Zivilverwaltung vom Generalkommissar bis zu den Gebietskommissaren allseits gepflegt und kultiviert wurde:

„Die ungeheure große Passivität des litauischen Volkstums, die fast als eine vererbte Eigenschaft anzusprechen ist"[177].

Eine deutlichere Sprache besaß das Urteil des Generalkommissars von Renteln. Er soll über die Litauer gesagt haben, dass „er sie für ein dummes, faules und feiges Volk halte, dessen Intelligenz gefährlich, dessen Bauern aber verkommen wären"[178].

Gegensatz von Wirtschafts- und Politikabteilungen – „Kein Zweifel, dass zu Zwangsmaßnahmen geschritten werden muss" – „Gebot der Klugheit":
Neben den territorialen Unterschieden und den durch die unterschiedlichen Ebenen der Zivilverwaltung bedingten Differenzen zeigten sich verschiedene Einstellungen zur Frage der Zwangsausübung auch in den einzelnen Abteilungen der Zivilverwaltung. Das Grunddilemma des Zielkonflikts von politischem und wirtschaftlichem Nutzen, das auch den Widerstand der Zivilverwaltung gegen die „Reichswerbung" durchzogen hatte, bestimmte ebenso die Einstellung der Zivilverwaltung zur Frage der Mittel. Die Wirtschaftsabteilungen einschließlich der hier angesiedelten Arbeits-

175 LCVA-R-625.1.4 S. 51. Generalrat für Arbeit und Sozialwesen, Entwurf einer Anordnung zur Zahlung von Abgangsunterstuetzungen an Personen, die sich zur Arbeit ins Deutsche Reich begeben. An: GK in Kauen, 2. 3. 1942.

176 LCVA-R-625.1.4 S. 52. GK in Kauen H.A. III a Soziale Verwaltung, Antwortschreiben betref.: Abgangszahlungen für Freiwillige. An: Generalrat für Arbeit und Sozialwesen, 25. 3. 1942.

177 IfZ-MA.248 S. 555–566. Gebietskommissar Arnold Lentzen, Denkschrift: Welche Möglichkeiten und Mittel stehen dem Gebietskommissar in Litauen bei der Durchführung von Erlassen und Anordnungen zur Verfügung, 12. 2. 1944.

178 Zitat aus: Myllyniemi, Die Neuordnung der baltischen Länder 1941–1944: Zum nationalsozialistischen Inhalt der deutschen Besatzungspolitik, 1973, S. 139. Auch: Joachim Tauber u. Ralph Tuchtenhagen, Vilnius. Kleine Geschichte der Stadt, Köln 2008, S. 198; Zum negativem Bild der Litauer bei von Renteln, siehe auch: Rudolf Hilbrecht, Litauen im Reichskommissariat Ostland 1941–1943/44. Parallelen und Kontraste zum übrigen Baltikum, vornehmlich Estland, in: Robert Bohn (Hg.), Die deutsche Herrschaft in den „germanischen" Ländern 1940–1945, Stuttgart 1997, S. 204 f.; Zur der in der deutschen Zivilverwaltung verbreiteten negativen Einstellung den Litauern gegenüber siehe auch: Helmut Wilhelm Hans-Heinrich Krausnick, Die Truppe des Weltanschauungskrieges: d. Einsatzgruppen d. Sicherheitspolizei u. d. SD 1938–1942, Stuttgart 1981, S. 367; Siehe auch Abschnitt zu rassenideologischen Zielen der Zivilverwaltung.

einsatzverwaltung der Abteilung Aso, welche die von Wehrmacht und GBA gesetzten Vorgaben zu erfüllen hatten, setzten sich allgemein für eine härtere Vorgehensweise bei der Rekrutierung und der Kontrolle des „Arbeitseinsatzes“ ein[179], während die politischen Abteilungen stärker an der politischen Zusammenarbeit mit der indigenen Bevölkerung interessiert waren[180]. Das oben genannte Beispiel aus dem Gebietskommissariat Narwa ist ferner ein Beispiel für die einvernehmliche Zusammenarbeit von Zivilverwaltung und Polizei. Denn, wie in einem Vermerk des Leiters der Abteilung Aso beim GK in Riga zum Ausdruck kommt, hatten sich die Wirtschaftsabteilung der Zivilverwaltung und die Ordnungspolizei über gegenseitige Kompetenzgrenzen geeinigt. Wie in Narwa geschehen, hatte danach die Zivilverwaltung das Recht, Personen, die nicht den deutschen Vorstellungen entsprechend ihren „Arbeitseinsatz“ ableisteten, festzunehmen, wobei der Vollzug der Strafe im Zuständigkeitsbereich der Ordnungspolizei verblieb. Diese Einigung war, wie folgendes Zitat zeigt, auf Drängen der Abteilung Aso der Wirtschaftabteilung zustande gekommen:

„In einer persönlichen Unterredung, an der auch der Hauptabteilungsleiter II, Bürgermeister Bönner, und der Hauptabteilungsleiter III, Oberregierungsrat Dr. Dr. von Borcke, teilnahmen, habe ich dem Herrn Generalkommissar vorgetragen, dass die Verweigerung von Arbeit und der Bruch von Arbeitsverträgen u. a. m. zur Zeit immer noch nicht mit dem nötigen Nachdruck verfolgt werden. ... Nach eingehender Besprechung wurde schließlich vereinbart, die Strafe selbst durch den Gebietskommissar in der Weise verhängen zu lassen, dass der Gebietskommissar „Einweisung in das Arbeitslager“ verfügt, damit also das Urteil ausspricht. Mit Rücksicht auf

179 Auch bei der wenig erfolgreichen 2. „Sauckelaktion“ vom Herbst 1942 erinnerte die Abteilung Aso des RKO im unmissverständlichem Ton die untergeordnete Behörde: „Der Herr Reichsminister für die besetzten Ostgebiete lässt keinen Zweifel darüber, dass zu Zwangsmaßnahmen geschritten werden muss, falls die freiwillige Werbung nicht zum Erfolg führen sollte“. Aus: BA-R-9. 2. 1145 u. p. RKO Abt. III Arbeitspolitik und Sozialverwaltung, Schreiben betr.: 2. Reichswerbeaktion. An: GK in Riga, 20. 10. 1942; Zur 2. „Sauckelaktion“ im Allgemeinen: Poljan, Žertvy dvuch diktatur, 2002, S. 177–187.

180 Die grundsätzliche Konzeption, die in den politischen Abteilungen der Zivilverwaltung vertreten wurde, kommt deutlich in einer Denkschrift der Dienststelle Rosenberg zum Ausdruck: „Die politische Führung ist daher für die kommenden Jahrzehnte in den ehemaligen Staaten Estland, Lettland und Litauen und im Gebiet der Weißruthenen auf den guten Willen dieser Völker zur Zusammenarbeit angewiesen. Dies gilt vor allem für die kriegswichtige Aufgabe“. Weiter ist in der Denkschrift von einem „Gebot der Klugheit“ die Rede, das zu einer „Rücksichtnahme auf die natürlichen Gefühle der Bevölkerung“ verleiten solle. Aus: BA-R-6.159 S. 4–7. Dienststelle Rosenberg, Ostland. Denkschrift zur Behandlung der indigenen Völker, undatiert; Mit derselben Stoßrichtung auch der beim GK in Riga tätige Arzt Dr. Marnitz: „Was wollen wir hier im Lande? Wir wollen alle Kräfte des Landes dem Gedanken des Endsieges dienstbar machen, soviel und so stark wir nur irgend können. Das vermögen wir nur, wenn wir beim lettischen Volk die Erkenntnis des zwingenden gemeinsamen Schicksals, die Bereitschaft zu rückhaltlosem gemeinsamen Einsatz und Zusammenarbeit und das restlose Vertrauen zu uns, dass wir auch ihr Bestes wollen, erzeugen“. Aus: LVVA-P-69.1a.19 S. 97–113. Dr. Marnitz, Vermerk zum Protokoll der Sitzung vom 14. Oktober 1942 betr.: Ergebnisse der Musterung von RAD-Freiwilligen, 2. 1. 1943.

die Eigenart des Arbeitslagers aber soll die Dauer der Einweisung nicht festgelegt, sondern diese der Bestimmung durch die Ordnungspolizei überlassen bleiben, weil die Dauer nicht von vornherein bestimmt werden kann. Diese Dauer ist vielmehr von dem Ergebnis der Behandlung im Arbeitslager abhängig"[181].

Dass in den politischen Abteilungen der Zivilverwaltung anders gedacht wurde, zeigen die Versuche dieser Abteilungen, vom Zwangsprinzip zur „Freiwilligkeit" zurückzukehren. So versuchte der Führungsstab Politik des Ostministeriums im Oktober 1943 den GBA davon zu überzeugen, dass wegen des durch die politischen Umstände in Italien verursachten Zustroms von italienischen Arbeitskräften, der sogenannten Militärinternierten[182], ins Reich die Gelegenheit gekommen sei, „jede Zwangswerbung von Arbeitskräften zu unterlassen und auch die Erfassung bestimmter Jahrgänge vorläufig einzustellen. ... Sollten Sie trotz des Zustroms der Italiener glauben, auf weitere Ostarbeiter nicht verzichten zu können, so bestehen keine Bedenken dagegen, durch eine entsprechende Behandlung der Ostarbeiter im Reich und starkes Rühren der Propagandatrommel einen Anreiz für die freiwillige Meldung zum Arbeitseinsatz im Reich zu schaffen"[183].

Die politischen und wirtschaftlichen Abteilungen der Zivilverwaltung lagen nur dort auf einer Linie, wo sich das Interesse der Abteilung Aso nach Erfüllung der vorgegebenen Kontingente und das Interesse der politischen Abteilung nach politischer Stabilität trafen. Dieses begann dort relevant zu werden, wo die ersten Anzeichen von widerständischem Handeln auftraten. Solche Gebiete zeichneten sich weiter dadurch aus, dass der dort entstandene Widerstand zumeist auch auf ethnische Konflikte der einheimischen Bevölkerung zurückzuführen war und durch nationalsozialistische rassenideologische Fernziele angeheizt war[184]. Beispiele dieser Art finden sich insbesondere in der lettischen Region Lettgallen und im Wilna-Gebiet in Litauen. Auch die bereits angesprochene „Lettgallenaktion" vom Mai 1942 hatte neben

181 Wie man sich „das Ergebnis der Behandlung im Arbeitslager" vorzustellen hat, wird in diesem Schreiben leider nicht weiter erläutert. BA-R-91.401 u. p. GK in Riga Abt. Aso gez. Dorr, Vermerk betr.: Ahndung von Arbeitsverweigerung, Arbeitsvertragsbruch usw., 27. 4. 1942.

182 Zu den sogenannten italienischen Militär-Internierten: Jan Abele, Im Schatten der deutsch-italienischen Beziehungen: Italienische Vertragsarbeiter, Fremdarbeiter, Militärinternierte, Der Einsatz italienischer Arbeitskräfte in der deutschen Wirtschaft während des „Dritten Reiches", Hamburg 2003; Luigi Cajani, Die italienischen Militär-Internierten im nationalsozialistischen Deutschland, in: Ulrich Herbert (Hg.), Europa und der „Reichseinsatz". Ausländische Zivilarbeiter, Kriegsgefangene und KZ-Häftlinge in Deutschland 1938–1945, Essen 1991[1], S. 295–316.

183 IfZ-MA.248 S. 891. RMfdbO Führungsstab Politik, Schreiben betr.: Werbung von Ostarbeitern. An: GBA, Oktober 1943.

184 Siehe Abschnitt zu rassenideologischen Zielen der Zivilverwaltung.

dem Ziel der Arbeitskräftebeschaffung als politisches Ziel die Entfernung von „unerwünschten“ und „rassisch minderwertigen Elementen“ gehabt, womit in diesem Fall die dort lebenden Polen und altgläubigen Russen gemeint waren[185]. Auch in den folgenden Jahren wurde in diesen Gebieten mit dem doppelten Ziel der Partisanenbekämpfung und der Arbeitskräftebeschaffung mehrere solcher „Aktionen“ durchgeführt[186], die eine Übereinstimmung der Ziele der verschiedenen Abteilungen und der Polizei auf der Ebene der Generalkommissare in Riga und Kauen auszeichnete. Der Widerstand gegen die brutalen Methoden artikulierte sich in diesem Fall vor allem wieder auf der Ebene der Gebietskommissare, wie aus der Feder der bereits erwähnten Gebietskommissare von Dünaburg:

„Nach den gemachten Erfahrungen bin ich grundsätzlich gegen die Durchführung solcher Massenaktionen (Bezug: „Aktion Sommerreise“ vom August 1943[187], Anmerkung T.P.) und zwar wegen der starken Resonanz, die solche Maßnahmen auch auf den ordentlichen Teil der Bevölkerung ausübt. Es entsteht zweifellos durch eine solche Aktion ein allgemeines Unsicherheits- und Rechtlosigkeitsempfinden, das sich in vieler Hinsicht nachteilig auswirkt“.

Trotzdem opponierte selbst er nicht prinzipiell gegen die Ziele solcher „Aktionen“:

„Die Erfassung politisch unzuverlässiger Elemente halte ich jedoch nach wie vor für dringend erforderlich“[188].

Trotz der gemeinsamen Ziele hinsichtlich der Deportation der „unerwünschten Elemente“ regte sich jedoch auch in der politischen Abteilung des GK in Riga Widerstand gegen die Art der Durchführung und die allzu brutalen Methoden, welche insgesamt die Situation vor dem Hintergrund der interethnischen Konflikte nach Ansicht der politischen Abteilung gefährdete[189].

Zwischenfazit:

Fasst man die Rolle der Zivilverwaltung auf dem Feld der Auswahl der Rekrutierungsmethoden zusammen, so lässt sich feststellen, dass diese Politik wesentlich von dem Gegensatz von politischem und wirtschaftlichem Nutzen geprägt war, welcher wie-

185 Siehe: „Als Ergebnis der Verhandlung ist somit festzuhalten: ... Mobilisierung der 8000 Kräfte für das Reich aus Lettgallen unter Einschaltung des SD (Heranziehung politisch unerwünschter Elemente: Altrussen und Polen)“. Aus: IfZ-MA.202 S. 1202–1219. GK in Riga Abt. III Aso, Vermerk betr.: Sitzung vom 2. 5. 1942. Gegenstand der Verhandlung: Abgabe von Kräften ins Reich., 4. 5. 1942, hier S. 1202.

186 Siehe Abschnitt zur slawischen Bevölkerung.

187 Siehe Abschnitt zur slawischen Bevölkerung.

188 BA-R-92.8 S. 43 f. Gebietskommissar in Dünaburg gez. Riecken, Schreiben betr.: Abschiebung politisch-unzuverlässiger Elemente aus Lettgallen. An: GK in Riga, 3. 12. 1943.

189 BA-R-92.8 S. 48. GK in Riga Abt. I Politik, Schreiben betr.: Abschiebung politisch unzuverlässiger Elemente aus Lettgallen. An: RKO, 29. 12. 1943.

derum durch die sich aus deutscher Sicht verschlechternden Kriegsaussichten noch wuchs, und die deutsche Okkupationsmacht zwang, von ihren eigenen normativen Vorgaben bezüglich der „Freiwilligkeit" abzuweichen. Diese Entwicklungstendenz galt für die gesamte deutsche Zivilverwaltung. Binnendifferenzierungen lassen sich vor allem in regionaler Hinsicht zwischen Estland und Lettland auf der einen und Litauen auf der anderen Seite machen, also eine parallele Unterscheidung, wie schon zur Frage der Rekrutierungen für den „Reichseinsatz". Die zweite Binnendifferenzierung betrifft die einzelnen Abteilungen der Zivilverwaltung. Gemäß dem wirtschaftlich-politischen Gegensatz standen sich hier die Wirtschaftsabteilungen mitsamt der Abteilung Aso, welche eher und in stärkerem Maße zu Zwangsmaßnahmen bereit waren, den politischen Abteilungen gegenüber, welche länger an politischen Konzeptionen in der Tradition der „Dekompositionspolitik" festhalten wollten[190]. Die Differenzierung nach den einzelnen Abteilungen der Zivilverwaltung unterscheidet sich hier von der Frage der Rekrutierungen für den „Reichseinsatz" derartig, dass dort die politische Abteilung im Bündnis mit der wirtschaftlichen Abteilung Holz- und Forstwirtschaft die Rekrutierungen zu verhindern oder zu schmälern versuchten, während hier die Abteilung Holz- und Forstwirtschaft auf Seiten der anderen Wirtschaftabteilungen generell für härtere Arbeitsbedingungen und Rekrutierungsmethoden zum Zwecke der größeren unmittelbaren Effektivität eintrat. In zeitlicher Dimension bewirkten die Erfolge der Roten Armee und der zunehmende Verlust der polizeilichen Kontrolle in einigen Gebieten auch in den politischen Abteilungen wegen der gestiegenen Partisanentätigkeit eine Zunahme der Bereitschaft zu Zwangsanwendung. Jedoch nahmen zugleich die Möglichkeiten, eine solche Politik auch umzusetzen, ab. Begleitet wurde dieser Politikwechsel durch den Rückgang der Einflussmöglichkeit der Zivilverwaltung insgesamt zugunsten der Polizei, die trotz der eigenen von der Zivilverwaltung immer wieder kritisierten „Schwäche" gegenüber der indigenen Bevölkerung und der Unfähigkeit die geforderten Arbeitskräftekontingente mit Gewalt zu erfüllen innerhalb des Machtgefüges des RKO und gegenüber der Zivilverwaltung an Einfluss gewinnen konnte[191].

190 Zu diesem politisch-wirtschaftlichen Gegensatz innerhalb der Zivilverwaltung vgl. auch: Myllyniemi, Die Neuordnung der baltischen Länder 1941–1944: Zum nationalsozialistischen Inhalt der deutschen Besatzungspolitik, 1973, S. 141–144.

191 Siehe beispielsweise die angedachten Methoden und die Rolle Jeckelns bei der „Generalmobilmachung" im letzten Okkupationsjahr, welche deutlich diesen Widerspruch des Anwachsens der polizeilicher Macht bei gleichzeitigem Rückgang der polizeilichen Möglichkeiten verdeutlicht: IfZ-Ma-539 S. 322–324. RMfdbO Leiter des Chefbüros, Vermerk zur Generalmobilmachung in Estland, Lettland und Litauen, 2. 3. 1944; Außerdem siehe Abschnitt zur Polizei.

2.1.4 Rassenideologische Zielvorstellungen – Spannungen von Nah- und Fernzielen

Normative Vorgaben:
Wie aus den Abschnitten der Haltung der Zivilverwaltung zu den Rekrutierungen von Arbeitskräften und zur Anwendung von Zwangsmitteln ersichtlich wurde, lassen sich Unterschiede zwischen den drei baltischen Generalbezirken in der Praxis der „Arbeitseinsatzpolitik“ feststellen. Es stellt sich also die Frage nach den Ursachen dieser Differenzen. Sicher nicht der einzige Faktor, aber doch von wesentlicher Bedeutung war in diesem Zusammenhang die nationalsozialistische Rassenideologie, welche zumindest bei der „Arbeitseinsatzplanung“ und der Erstellung der normativen Vorgaben eine entscheidende Rolle spielte. Im Folgenden stellt sich somit die Frage nach den Grundtendenzen innerhalb der Zivilverwaltung zu diesem Thema, oder anders ausgedrückt, welche rassenideologischen Konzepte wurden innerhalb der Zivilverwaltung propagiert und welchen Einfluss hatten diese auf die „Arbeitseinsatzpolitik“? Auch in diesem Kontext sind Parameter wie die innere Vielschichtigkeit der Zivilverwaltung, Konkurrenzen nach außen und nicht zuletzt der Zeitfaktor zu berücksichtigen.

Zur Beantwortung dieser Frage sei grundsätzlich nochmals an das „Dekompositionsprinzip“ erinnert, das neben dem strategischen Aspekt der Teilung des gewaltigen Gebietes der Sowjetunion diese Teilung eben auch auf rassenideologische Unterschiede der dort lebenden Völker zurückführte, und die relative Besserstellung der Randvölker ebenfalls mit Bezug zur Rassenideologie begründete[192]. Von Anfang an standen diese Gedankenkonstruktionen im krassen Widerspruch zu den strategischen Konzeptionen des „Barbarossafeldzuges“, so wie sie von Hitler oder Göring vertreten wurden[193]. Hier hatten Differenzierungen und relative Besserstellungen bestimmter Völker, oder Versuche einer bedingten Zusammenarbeit beispielsweise mit den Ukrainern keinerlei Bedeutung und stießen auf harsche Gegenwehr[194].

Die baltischen Völker waren nach den Vorstellungen Rosenbergs von den anderen in der Sowjetunion lebenden slawischen Ethnien zu unterscheiden und besser zu behandeln. In einer Denkschrift der Dienststelle Rosenberg hieß es:

„Es ist zu berücksichtigen, dass die drei erstgenannten Völker (die drei baltischen Völker, Anmerkung T.P) keineswegs eine östlich-indifferente Bevölkerungsmasse

192 Kroll, Alfred Rosenberg, 2001, S. 150–153. Vgl. auch zur Idee der „Rassenseele“ bei Rosenberg: Piper, Alfred Rosenberg, 2007, S. 207–212.

193 Dazu im Allgemeinen: Jürgen Förster, Das Unternehmen „Barbarossa“ als Eroberungs- und Vernichtungskrieg, in: Horst Boog (Hg.), Der Angriff auf die Sowjetunion, Stuttgart 1983, S. 413–447; Zellhuber, „Unsere Verwaltung treibt einer Katastrophe zu ...“, 2006, S. 258 f.

194 Dallin, German rule in Russia, 1941–1945, 1957, S. 46 f.

darstellen, sondern ein durchaus mitteleuropäisch geprägtes, am deutschen Vorbild entwickeltes Volksgefühl besitzen"[195].

Planerische Vorgaben – Binnendifferenzierung und „Verschrottung unerwünschter Teile der Bevölkerung":

Darüber hinaus enthält diese Denkschrift Überlegungen zu einer Binnendifferenzierung der drei Völker. Über die in Rosenbergs Heimat lebenden Esten heißt es da:

„Die Esten sind das kulturell und politisch reifste Volk des Reichskommissariats, das auch in der Vergangenheit dem deutschen Volke gegenüber eine in der Grundlinie positive Einstellung bewährt hat. Das estnische Volk ist trotz seiner Zugehörigkeit zur finnisch-ugrischen Sprachfamilie gerade in seiner Oberschicht durch das lange Zusammenleben mit den Deutschen und Schweden vorwiegend nordisch bestimmt"[196].

Problematischer war schon die Einschätzung der Letten, insbesondere wegen der seit den Zeiten der nationalen Erwachungsbewegung[197] im 19. Jahrhundert traditionell deutschfeindlich gesinnten lettischen Intelligenz: „Im Lettentum lag seit jeher der Kern des Widerstandes gegen den deutschen Führungsanspruch im baltischen Raum. Der Charakter seiner Oberschicht ist durch Minderwertigkeitskomplexe gegenüber der früheren deutschen Herrenschicht des Landes verbogen. Es scheint daher nicht ausgeschlossen, dass sich auf längere Sicht in der lettischen Intelligenz Herde der Reichsfeindlichkeit entwickeln. Dagegen dürfte es möglich sein, das arbeitsame Landvolk endgültig zu gewinnen"[198].

Schließlich werden die Chancen einer deutschen Herrschaft in Litauen vergleichsweise mit Lettland überraschend positiv bewertet, zumindest vor dem Hintergrund der in den vorigen Kapiteln angesprochenen Benachteiligung Litauens: „Das fleißige, einfache Bauernvolk der Litauer begegnet dem Deutschen mit der in Osteuropa häufigen Achtung und unbedingten Bereitschaft seine Überlegenheit anzuerkennen. Sein Verhältnis zum deutschen Volk ist nicht wie im stammverwandten Lettland, durch die schließlich in auswegloser Lage befindliche Herrschaft einer deutschen Feudalschicht beeinträchtigt worden"[199].

Trotz der optimistischen Einschätzung der Herrschaftsmöglichkeiten der Deutschen in Litauen wird doch die kulturelle Geringschätzung der Litauer gegenüber

195 BA-R-6.159 S. 4–7. Dienststelle Rosenberg, Ostland. Denkschrift zur Behandlung der indigenen Völker, undatiert.

196 Ebd.; Bemerkenswert neben dem Verweis auf den positiven „nordischen" Einfluss, den Rosenbergs Vorfahren bei den Esten hinterlassen haben, ist auch diese Argumentationsweise, da an ihr deutlich wird, dass Rosenbergs Rassismus kein rein biologischer war, sondern auf dem soziokulturellen Konzept der „Rassenseele" basierte, die eben auch kulturelle Einflüsse mit einbezog. Siehe dazu auch: Kroll, Alfred Rosenberg, 2001, S. 151.

197 Lettisch: „Atmoda". Dazu: Daina u. a. Bleiere, Latvijas vēsture: 20. gadsimts, Rīga 2005, S. 25–28.

198 BA-R-6.159 S. 4–7. Dienststelle Rosenberg, Ostland. Denkschrift zur Behandlung der indigenen Völker, undatiert.

199 Ebd.

den anderen beiden Völkern deutlich, welche auch in unzähligen anderen „Expertengutachten" der deutschen Zivilverwaltung zum Ausdruck kommt. Die allgemeine Tendenz dieser Schriften lief auf ein „Ranking" der drei baltischen Völker hinaus, das die Esten immer an erster Stelle sah, und je nach dem Einflussgrad der Deutschbalten[200] die Letten auf dem zweiten Platz, wenn dieser Einfluss stark war, und in der Regel die Litauer, gemeinsam allerdings mit den im östlichen Lettland lebenden Lettgallern, auf dem letzten Platz[201]. Dass die Esten dabei so unbestritten immer an der Spitze rangierten, ist durchaus nicht selbstverständlich, denn nach strengen rassenideologischen Gesichtspunkten hätte eigentlich die Tatsache, dass es ein finno-ugrisches Volk ist, wie in dem Zitat auch angesprochen, den Rassenideologen Probleme bereiten müssen. Es kostete deshalb Leibbrandt auch tatsächlich einige Mühe, diese Unstimmigkeit in einem Rundschreiben zu erklären. Schließlich fand sich in diesen Ausführungen der „Sündenbock" im estnischen Volk in Gestalt der „Setukesen", bei denen sich noch die gefürchteten „mongoliden Rassenelemente" finden ließen und die damit eine vergleichbare Position innerhalb der estnischen Bevölkerung von den Rassenforschern zugewiesen bekamen, wie die Lettgaller in Lettland[202]. Diese hier genannte Rangfolge mitsamt ihrer Einzelabstufungen war das Ergebnis eines

200 Unter diesen sind besonders hervorzuheben: Werner Hasselblatt als Berater des Ostministeriums, Wilhelm Lenz und Hermann Schlau als Berater des RKO und der aus der traditionsreichen ritterschaftlichen Deutschbaltenfamilie stammende Roderich von Ungern-Sternberg. Siehe einschlägige Denkschriften dieser Personen: BA-R-6.160 S. 22. Werner Hasselblatt, Antwortschreiben zur Denkschrift: Frage der Eindeutschung der Völker Ostlands. Ergänzungen. An: RMfdbO z.H. Wetzel, 14.12.42; Werner Hasselblatt, Die Völker des Ostens. Letten und Lettgaller, in: Nation und Staat 16. 1943, S. 190–198; LVVA-P-70.5.89 S. 6–11. Dr. Lenz, Denkschrift: Die rassische Zusammensetzung der Letten und ihre Beeinflussung durch die Deutschen; LVVA-P-1018.1.65 S. 7–9. Dr. Lenz, Denkschrift: Die biologische Lage des lettischen Volkes, 21. 10. 1941; LVVA-P-70.5.89 S. 1–5. Dr. Hermann Schlau, Denkschrift: Rassenpolitische Erwägungen zur Umvolkung der Letten. An: RKO, 15. 2. 1942; Roderich von Ungern-Sternberg, Bevölkerungsprobleme Lettlands, in: Osteuropa 12. 1936–37, S. 155–159; Bei Letzterem heißt es beispielsweise über den „glanzvollen" Einfluss der Deutschbalten: „Durch die Deutschen sind die in diesem Gebiet (Lettland ohne Lettgallen, Anmerkung T.P.) ansässig gewesenen Stämme der abendländischen Kultur zugeführt und dem Einfluss der von Osten her vordringenden slawisch-russischen Welt fünf Jahrhunderte lang ... entzogen worden. Die überragende Stellung der Deutschen im Lande und die Stärke der deutschen Kultur hat bewirkt, dass auch unter russischer Herrschaft ... die Ostseeprovinzen ein Land waren, welches eine völlig deutsche Prägung trug, und dem auch hundert Jahre polnischer bzw. schwedischer Herrschaft hinsichtlich seines deutschen Charakters keinen Abbruch getan hat", Ebenda, S. 155 f.; Vgl. die für eine „zwanglose Eindeutschungspolitik", die auf die deutschbaltische kulturelle Überlegenheit vertraut, werbende Denkschrift: LVVA-P-69.1a.6 S. 186–194. Dr. Speer, Denkschrift zur Frage der Umvolkung in den baltischen Landen. An: GK in Reval / Riga / Kauen, 22. 11. 1943.

201 Vgl. dazu auch: Myllyniemi, Die Neuordnung der baltischen Länder 1941–1944: Zum nationalsozialistischen Inhalt der deutschen Besatzungspolitik, 1973, S. 57 f.

202 BA-R-6.159 S. 16 f. RMfdbO gez. Leibbrandt, Schreiben betr.: Rassenzugehörigkeit der Esten. An: Abteilungen RMfdbO, RKO, 23. 6. 1943; Siehe zu den Setukesen und Lettgallern auch den „Befund" des „Experten" Hasselblatt: „Entsprechend den Feststellungen der Denkschrift ist die Abspaltung der Setukesen vom Volkskörper der Esten und der Lettgaller von dem der Letten als wichtigstes Nahziel unserer Rassenpolitik anzusehen". Aus: BA-R-6.160 S. 22. Werner Hasselblatt, Antwortschreiben zur Denkschrift: Frage der Eindeutschung der Völker Ostlands. Ergänzungen, 14.12.42.

äußerst umfangreichen Schriftwechsels zwischen den „Experten" des Ostministeriums unter der Leitung des rassenpolitischen Dezernenten des Ostministeriums Dr. Erhard Wetzel[203] und brachte schließlich die „Richtlinien zur Frage der Eindeutschbarkeit der Esten, Letten und Litauer" hervor, in denen es zusammenfassend hieß: „Damit ergibt sich, dass Esten und Letten in ihren rassischen Gesamtbild sich der deutschen Bevölkerung nähern, Litauer und Lettgaller dagegen im wesentlichen eine Bevölkerung aufweisen, die sich von der deutschen Bevölkerung deutlich abhebt. Daraus folgt, dass nur bei Esten und Letten eine Eindeutschung[204] im größeren Umfange geplant werden kann. Bei Litauern und Lettgallern kann nur im Einzelfall eine Eindeutschung der Sippen erwogen werden, die wirklich eindeutschungsfähig im Sinne der Richtlinien zu Ziffer 2.) sind. Damit hat sich die praktische Politik Litauen und Lettgallen gegenüber grundsätzlich von der gegenüber Esten und Letten zu befolgenden Politik zu unterscheiden"[205].

Verwiesen sei an dieser Stelle auch auf den Tonfall dieser Denkschriftenkorrespondenz, welcher die extreme Brutalität der nationalsozialistischen Fernziele verdeutlicht, die hier, das sei nochmals betont, von Behörden der Zivilverwaltung angestrebt wurden. In den achtzehnseitigen Ausführungen Wetzels zur „Eindeutschbarkeit der Völker des Ostlandes", die nach der beratenden Mitarbeit Hasselblatts zur Grundlage der oben erwähnten Richtlinien wurden, heißt es etwa gleichsam beiläufig zur Thema der „Eindeutschbarkeit" der Polen: „Was die Polen betrifft, so dürfte hier später mit einer allgemeinen Lösung der Polenfrage zu rechnen sein. Es dürfte sich unter diesen Umständen damit erübrigen, die Frage der Eindeutschung von Polen anzuschneiden"[206]. Vom selben Autor sind auch folgende Gedanken im Zusammenhang der Bevölkerungspolitik im Baltikum überliefert: „Es sei zu erwägen,

203 Zur Person: Helmut Heiber, Generalplan Ost, in: Vierteljahrshefte für Zeitgeschichte 6. 1958, S. 281–325, S. 286 f.

204 Zum Unterschied der Begriffe „Eindeutschung" und „Germanisierung" siehe: Christoph Dieckmann, Plan und Praxis: Deutsche Siedlungspolitik im besetzten Litauen 1941–1944, in: Isabel Heinemann u. Patrick Wagner (Hg.), Wissenschaft – Planung – Vertreibung. Neuordnungskonzepte und Umsiedlungspolitik im 20. Jahrhundert, Stuttgart 2006c, S. 93–118, S. 94; Zur Frgae der „Eindeutschungs"- und „Germanisierungspolitik" im RKO siehe auch: Myllyniemi, Die Neuordnung der baltischen Länder 1941–1944: Zum nationalsozialistischen Inhalt der deutschen Besatzungspolitik, 1973, S. 145–158.

205 BA-R-6.160 S. 77–79. RMfdbO gez. Wetzel, Richtinien zur Frage der Eindeutschbarkeit der Esten, Letten u. Litauer, 17. 3. 1943; Zur Diskussion um die Eindeutschbarkeit vgl. auch: BA-R-6.160 S. 131 f. Beauftragter des Führers für die Überwachung der gesamten geistigen und weltanschaulichen Schulung und Erziehung der NSDAP gez. Strobel, Schreiben betr.: Gesittungsmäßige Voraussetzung für die Eindeutschung der Völker im Ostland. An: RMfdbO z. H. Dr. Kinkelin, 20. 12. 1943; auch: BA-R-6.160 S. 119. RMfdbO gez. Dr. Kinkelin, Schreiben betr.: Eindeutschung von fremden Volksangehörigen aus dem RKO. An: Reichsleitung Rosenberg z. H. Dr. Strobel, 23. 10. 1943.

206 BA-R-6.160 S. 5–18. RMfdbO HA I gez. Wetzel, Denkschrift „Gedanken zur Frage der Eindeutschbarkeit der Völker des Ostlandes". An: Werner Hasselblatt, 7. 11. 1942, hier: S. 17. Was „Lösungen" mit finaler Konnotation in der nationalsozialistischen Terminologie zu bedeuten hatten, bedarf hier keiner weiteren Erläuterung.

ob nicht durch die Industrialisierung des baltischen Raumes zweckmäßigerweise die rassisch unerwünschten Teile der Bevölkerung verschrottet werden könnten"[207].

Rassenideologie in der Praxis der „Arbeitseinsatzpolitik" – Divergenzen zwischen Oberen und Unteren Behörden der Zivilverwaltung:
Solche Sätze führen deutlich vor Augen, dass im Zielkonflikt der politischen und der wirtschaftlichen Abteilungen der Zivilverwaltung es durchaus nicht immer nur von Nachteil war, dass sich im Laufe des Krieges die kriegsökonomischen Notwendigkeiten vermehrt durchsetzten. Doch bleibt die Frage nach dem Ausmaß des Einflusses der Zielvorstellungen der Zivilverwaltung auf dem Feld der Rassenideologie auf die „Arbeitseinsatzpolitik". Vor allem der Schlusssatz der zitierten Richtlinien zeigt, dass ein solcher Zusammenhang bestanden haben könnte, da Unterschiede in der Praxis der „Arbeitseinsatzpolitik" zwischen den beiden Regionen Estland/Lettland auf der einen Seite und Lettgallen/Litauen auf der anderen Seite konstatiert werden konnten, und damit eine Übereinstimmung besteht mit den normativen Vorgaben der Rassenideologen des Ostministeriums. Doch darf auch nicht vorschnell diese Parallele gezogen werden, da es sich bei der Frage der „Eindeutschung" in erster Linie um ein Fernziel handelte, dessen Bedeutung im Laufe der Besatzungszeit kontinuierlich abnahm. Außerdem blieben die hier vorgestellten Richtlinien auf der planerischen Ebene und wurden nicht an die mit der praktischen Besatzungspolitik betrauten Behörden des RKO oder der Generalkommissare als bindend weitervermittelt:

„Was nun die praktische Weiterverfolgung der Angelegenheit betrifft, so bin ich der Meinung, dass eine Bekanntgabe der beiliegenden Richtlinien als Richtlinien an den RKO bezw. die Generalkommissare zurzeit verfrüht ist"[208].

Dennoch bleibt die Übereinstimmung von Planung nach rassenideologischen Kriterien und der Praxis der „Arbeitseinsatzpolitik" bezüglich der Behandlung von Esten, Letten, Lettgaller und Litauer. Eine endgültige Antwort zum kausalen Verhältnis muss allerdings auch andere Faktoren mit einbeziehen[209]. Zur Beurteilung der Frage nach den rassenideologisch motivierten Gründen nach Unterschieden zwischen den drei Generalbezirken hinsichtlich der Praxis der „Arbeitseinsatzpolitik" muss auf jeden Fall auch der Umstand beachtet werden, dass die Geringschätzung

207 Aus einem Protokoll einer Sitzung vom 4. 2. 1942 bei Dr. Kleist vom RMfdbO über die „Fragen der Eindeutschung, insbesondere in den baltischen Ländern", abgedruckt in: Heiber, Generalplan Ost, 1958, S. 293–296, Zitat S. 295.

208 BA-R-6.160 S. 108–110. RMfdbO gez. Wetzel, Schreiben betr.: Richtlinien zur Frage der Eindeutschbarkeit der Esten, Letten und Litauer. An: Dr. Leibbrandt, 3. 5. 1943; Es ist dabei davon auszugehen, dass es auch später nicht mehr zu einer solchen Bekanntgabe gekommen ist, denn wenn es im Mai 1943 für eine solche noch „verfrüht" war, dann war eine Bekanntgabe eines solchen politischen Fernziels nach dem Sommer 1943 sehr unwahrscheinlich.

209 Siehe abschließende Betrachtungen zur „Arbeitseinsatzpolitik" im Baltikum.

des litauischen Volkes nicht nur auf der normativen Ebene der „Rasseexperten" des RMfdbO und des RKO betont wurde, sondern dieses Urteil auch, wie bereits erwähnt, vehement sogar vom lokal zuständigen Generalkommissar von Renteln propagiert wurde:

„Das litauische Volk stellt unter den Ostvölkern zweifellos mit das stärkste Rassengemisch dar, was sich schon in seinem Typus offenbart. ... Die niedrige Kulturstufe des litauischen Volkes, der verhältnismäßig hohe Anteil des Analphabetentums, die primitive Vorstellungswelt, das sich daraus ergebende geringe Verständnis für größere Zusammenhänge, das geringe Gemeinschaftsgefühl, das mangelnde Interesse an öffentlichen Dingen, kurzum die ganze kulturelle Rückständigkeit hat die Litauer durch Jahrhunderte hindurch (weißruthenische Überlagerung, polnische Überlagerung, russische und deutsche Infiltration) und insbesondere der letzten Jahrzehnte der Eigenstaatlichkeit (amerikanischer Einfluss – 700 000 Amerika-Litauer! – englischer und sonstiger westlerischer Einfluss) stets zum übernehmenden und nehmenden aber nicht zum gebenden Teil erzogen"[210].

Dennoch sei nochmals betont, dass längst nicht alle rassenideologischen Fernziele, insbesondere die Details der Debatte um die „Eindeutschungsfrage", die unteren Besatzungsbehörden erreichten. Dessen ungeachtet gelangten durchaus rassenideologisch motivierte Initiativen in die praktische Besatzungspolitik und namentlich auch die „Arbeitseinsatzpolitik", und zwar dort, wo sich rassenideologische und politische Interessen deckten und schnell umsetzen ließen. Da eines der rassenideologischen Ziele die Schaffung oder Wahrung einer möglichst „reinrassischen" Bevölkerungsstruktur war, waren die geforderten Arbeitskräftekontingente Sauckels auch dazu geeignet, um eine solche „Bereinigung" überall dort herzustellen, wo Minderheiten eine solche „Reinheit" störten. Aus diesem Grunde waren von den zum Teil schon genannten Sauckelschen Maßnahmen in erster Linie die „rassisch unerwünschten" Elemente der Regionen Lettgallen und des Wilna-Gebietes betroffen. Bei diesen Entscheidungen wiederum waren die treibenden Kräfte die mittlere Instanz der Generalkommissare in Abstimmung mit den nationalen Kollaborationsorganen[211].

Dort jedoch, wo sich rassenideologische Ziele mit den Anforderungen des „Arbeitseinsatzes" kreuzten, kam es zum Konflikt zwischen politischen Behörden der Zivilverwaltung und den „Arbeitseinsatzbehörden" und zwischen der Ebene des RKO mit den Generalkommissaren und den nationalen Kollaborationsorganen. Bei-

210 LCVA-R-615.1.12 S. 2–14. GK in Kauen, Übersicht über den Verlauf der Musterungen in Litauen, 9. 5. 1943; Siehe auch bereits genannte Zitate im Abschnitt zur Einstellung der Zivilverwaltung zur Anwendung von Zwangsmethoden.

211 Siehe beispielsweise das Sitzungsprotoll: IfZ-MA.202 S. 1202–1219. GK in Riga Abt. III Aso, Vermerk betr.: Sitzung vom 2. 5. 1942. Gegenstand der Verhandlung: Abgabe von Kräften ins Reich, 4. 5. 1942; Genaues zu diesem Thema siehe entsprechenden Abschnitt zu den slawischen Minderheiten.

spielsweise versuchte der Leiter der Politischen Abteilung des RKO Trampedach, einen Arbeitskräfteausgleich innerhalb Lettlands zwischen der Region Lettgallen und den übrigen Gebieten nur aus rassenideologischen Gründen zu verhindern und befand sich so in einem für das Verhältnis von „Arbeitseinsatzpolitik" und Rassenideologie symptomatischen Zielkonflikt zwischen rassenideologischen Fernzielen und kriegswirtschaftlichen Sofortbedarf einerseits sowie zwischen seinen rassenideologisch motivierten Fernzielen und den stärker an den regionalen Nationalismus angelehnten rassistischen Zielen des Generalkommissars andererseits:

„Ich bitte dafür Sorge zu tragen, dass die Gebietskommissare mit größtem Verantwortungsbewusstsein darauf achten, dass lettgallische Arbeitskräfte in den übrigen Gebieten des Generalbezirks Lettland nicht zur dauernden Ansiedlung kommen. Dieses ist besonderes bei der Zuteilung von Grundbesitz zu berücksichtigen"[212].

Hintergrund dieser Sorge war die in der deutschen Zivilverwaltung allseits vorhandene Angst vor einer „Lettgallisierung" Lettlands[213].

Der Zielkonflikt zwischen politischen Behörden und den Wirtschaftsabteilungen, sowie die noch anzusprechende Teilung der oberen politischen Behörden, welche die rassenideologischen Fernziele ernster nahmen, und den unteren politischen Behörden, bei denen pragmatische Lösungen Vorrang hatten, zeigte sich auch an dem Fall der diskutierten Entsendung von russischen Arbeitskräften zur Erntearbeit nach Estland, welche schlussendlich durch die oberen politischen Behörden abgelehnt wurde:

„Der Reichsminister für die besetzten Ostgebiete hat im Einvernehmen mit dem Beauftragten für den Vierjahresplan – Geschäftsgruppe Arbeitseinsatz – entschieden, dass die Landwirtschaft im Ostland ihren Bedarf an Arbeitskräften durch Kräfte des Ostlandes zu decken hat. Eine Hereinnahme von Arbeitskräften aus altrussischen Gebieten ist aus politischen und lohnpolitischen Gründen unerwünscht. Die vorgesehene Verlagerung von Kräften aus dem Pleskauergebiet zur Deckung des landwirtschaftlichen Bedarfs Estlands kann daher nicht durchgeführt werden. Die bereits eingeleiteten Maßnahmen wurden aus den genannten Gründen abgebrochen"[214].

212 BA-R-91.288 u. p. RKO Abt. II Politik gez. Trambedach, Schreiben betr.: Umsiedlung von Arbeitskräften aus Lettgallen. An: GK in Riga, 12. 9. 1942.

213 Siehe u. a. in: LVVA-P-70.5.89 S. 12–17. Kreisamtsleiter für Rassenpolitik gez. Dr. Hans Thomas Meyer, Beiträge zur Rassenpolitik im Siedlungsraum des lettischen Volkes, 20. 8. 1941; Auch in den bereits genannten „Richtlinien der Eindeutschbarkeit" wurde vor den Lettgallern gewarnt: „Sie sind auf dem Wege, Lettland zu lettgallisieren". BA-R-6.160 S. 77–79.RMfdbO gez. Wetzel, Richtinien zur Frage der Eindeutschbarkeit der Esten, Letten u. Litauer, 17. 3. 1943; Oder in dem bereits zitierten Protokoll vom 14. 10. 1942 zum Thema der RAD-Musterungen im Baltikum heißt es: „Die Wertung des Lettentums ist davon abhängig zu machen, ob es sich für oder gegen das Lettgallertum entscheidet". Aus: LVVA-P-69.1a.19 S. 94–96. RKO II Politik gez. Dr. Steiniger, Protokoll des Vortrages der rassenpolitischen Prüfungskommission. Herrn Dr. Holtz, über die Ergebnisse der Musterung von RAD-Freiwilligen am 14. 10. 1942, 15 Uhr, Zimmer 227 im Justizpalast, 26. 10. 1942.

214 LVVA-P-70.2.51 S. 11. RKO Abt. III Arbeitspolitik und Sozialverwaltung, Schreiben betr.: Landwirtschaftlicher Kräftebedarf für Estland. An: RKO Abt. III Ernährung und Landwirtschaft, 3. 2. 1942.

Wie erwähnt hatten die rassenideologisch motivierten Direktiven der oberen Verwaltungsorgane der Zivilverwaltung den Protest der unteren Dienststellen zur Folge. In diesem Fall versuchte die Abteilung Landwirtschaft des GK in Reval vergeblich, den oben zitierten Beschluss rückgängig zu machen[215].

„Reichsarbeitsdienst" (RAD) als Projekt rassenideologischer Fernziele[216]*:*
Ein weiteres Beispiel für die Verknüpfung von nationalsozialistischer Rassenideologie und der „Arbeitseinsatzpolitik" im Baltikum stellte der Reichsarbeitsdienst dar. In den Worten Trampedachs lautete die Zielsetzung des RAD in Bezug auf die rassenideologisch motivierten Maßnahmen im Baltikum folgendermaßen:

„Aufgrund einer Führerentscheidung ist Esten, Letten und Litauern, die die rassischen, körperlichen, charakterlichen und geistigen (Man beachte die Reihenfolge dieser Aufzählung! Anmerkung, T.P.) Voraussetzungen erfüllen, die Möglichkeit zur Ableistung eines freiwilligen einjährigen Arbeitsdienstes innerhalb des Altreiches gegeben worden. Damit ist dem Reichsarbeitsdienst eine tiefgreifende Erziehungsarbeit übertragen worden, mit dem Ziele, eine Auswahl der einheimischen Jugend einer nationalsozialistischen Organisation zum Zwecke der Eindeutschung zuzuführen"[217].

Die hier angesprochene Verknüpfung der geplanten „Eindeutschung" mit dem RAD wurde auch deutlich bei den Musterungen zum RAD, die zugleich dazu genutzt wurden, geheime Rassenprüfungen durchzuführen, um genauere Erkenntnisse für den oben genannten Diskurs beizusteuern:

„Die Absicht der Rassenprüfung war: 1. Möglichst zahlreiche Bewerber in den RAD aufzunehmen, 2. Ein rassisch tragbares Menschenmaterial auszuwählen"[218].

Oder, wie es ein Jahr später nach den Erfahrungen des ersten einberufenen Jahrgangs in dem Bericht zur Frage der Heranziehung estnischer, lettischer und litauischer Mädchen zum RAD im Reich hieß:

„Vor die Einziehung zum RAD war eine Auslese durch Bewertung der persönlichen und politischen Eignung, sowie durch eine ärztliche und rassische Musterung vorgeschaltet, letztere vor allem deshalb, weil an eine engere Heranziehung der Mai-

215 LVVA-P-70.2.51 S. 18. GK in Reval Abt. III Landwirtschaft und Ernährung, Schreiben betr.: Beschaffung von Landarbeitern für den Generalbezirk Estland. An: GK für Estland Abt. Ernährung und Landwirtschaft, 9. 3. 1942.

216 Vgl. auch Abschnitt zur baltischen Bevölkerungsmehrheit.

217 LVVA-P-70.3.12 S. 4. RKO Abt. II Politik gez. Trampedach, Schreiben betr.: Meldung von einheimischen Schülern für den Reichsarbeitsdienst. An: RKO Abt. II Wissenschaft, 19. 5. 1942.

218 LVVA-P-69.1a.19 S. 94–96.RKO II Politik gez. Dr. Steiniger, Protokoll des Vortrages der rassenpolitischen Prüfungskommission. Herrn Dr. Holtz, über die Ergebnisse der Musterung von RAD-Freiwilligen am 14. 10. 1942, 15 Uhr, Zimmer 227 im Justizpalast, 26. 10. 1942; Zu dieser Sitzung vgl. auch das Protokoll von Marnitz: LVVA-P-69.1a.19 S. 97–113.Dr. Marnitz, Vermerk zum Protokoll der Sitzung vom 14. Oktober 1942 betr.: Ergebnisse der Musterung von RAD-Freiwilligen, 2. 1. 1943.

den wie auch der Männer an das Deutschtum mit dem Ziel einer späteren Eindeutschung gedacht ist. Die RAD-Ableistung stellt den ersten Schritt auf diesem Wege dar“[219].

Der zuletzt zitierte Bericht ist auch vor dem Hintergrund bemerkenswert, dass die hier beschriebenen Erfahrungen, welche sich auf die rekrutierten Personen des ersten RAD Jahrganges beziehen, ziemlich genau den Ansichten entsprechen, welche die oben genannten „Rankinglisten“ zum Ergebnis hatten. Es deckten sich also die rassentheoretischen Vorannahmen mit den Erfahrungen, welche mit den RAD-Dienstleistenden gemacht wurden. Zur Einschätzung der drei baltischen Völker hieß es in diesem Papier weiter:

„Kennzeichnend an diesen Zahlen (Eine Art Zeugnisvergabe an die RAD-Dienstleistenden gestaffelt nach Nationalitäten, Anmerkung T.P.) ist zunächst die relativ große Zahl von gut bewährten Estinnen und die relativ geringe Zahl von gut bewährten Litauerinnen. Dies entspricht durchaus dem an Hand der Musterungsreise gewonnenen Bild“.

Weiter führte der Bericht aus, „dass die Estinnen sich im allgemeinen als zuverlässig, beharrend, etwas langsam aber gründlich erwiesen hätten, die Lettinnen als beweglicher und anpassungsfähiger. Die Litauerinnen ergaben kein einheitliches Bild. ... Insgesamt sind die Litauerinnen geistig offensichtlich primitiv konstruiert. Auch die Abiturienten, selbst die, die intellektuell begabt sind, verfügen über ein nur mittelmäßiges geistiges und persönliches Niveau und Format“[220].

Da die Rekrutierung zum RAD offiziell auf dem „Freiwilligkeitsprinzip“ basierte, und zugleich die Rassenideologen die Musterung aber von ihren Kriterien abhängig machten, stießen sie auf das Problem, dass sich mitunter die in ihren Augen „falschen“ Personen freiwillig zum RAD meldeten[221]. Diese Problematik der ungeeigneten Meldungen zum RAD trat auch überall dort auf, wo die Minderheiten stark vertreten waren. Aus diesem Grunde wurden diese „problematischen“ Gebiete auch schnellstens aus den RAD-Anwerbegebieten ausgenommen. Der Generalkommissar in Reval forderte den Leiter des Meldeamtes des RAD in Reval ausdrücklich auf, die Werbungen auf „reinrassige“ Gebiete zu beschränken:

219 LVVA-P-69.1a.6 S. 273–282. Führungsstab Politik gez. Dr. Firgau, Bericht zur Frage der Heranziehung estnischer, lettischer und litauischer Mädchen zum RAD im Reich, 22. 10. 1943.

220 Ebd.

221 Um eine Auslese der als „Elite“ Erachteten zu erhalten, wurde die Ableistung eines RAD-Jahres zur Bedingung für ein Studium erhoben, um auf diese Weise die zukünftige akademische Schicht zu beeinflussen. Vgl. Abschnitt zu Baltischen Arbeitskräften, siehe auch: LVVA-P-70.5.98 S. 2. RKO Abt. II Politik gez. Trampedach, Meldung von Schülern höherer Schulen für den RAD. Gebietskommissar in Dünaburg, 14. 7. 1942.

„Da Russen für den RAD nicht in Frage kommen dürften, die Zahl der Esten dort jedoch sehr gering ist, bitte ich aus politischen Gründen von einer Musterung oder Werbung für den RAD im Kreise Petschur abzusehen"[222].

Gleiches galt auch für die lettische „Problemzone" Lettgallen. Dieses geschah jedoch gegen den ausdrücklichen Protest des dortigen Gebietskommissars, der eine nachteilige propagandistische Wirkung befürchtete:

„Eine absolute Ausschaltung der hier anwesenden weissruthenischen und russischen Jugend würde

1) ihr Vertrauen zum Reich beeinträchtigen und
2) ihnen das gesunde Selbstbewusstsein nehmen.

Gerade die Weissruthenen, die jahrhundertelang sowohl von den Polen, als auch von den Grossrussen in allen Bestrebungen niedergehalten wurden, müssen heute in ihrem Selbstvertrauen gestärkt werden. Nach den hier gemachten Beobachtungen ließe sich bestimmt eine Auslese von wertvollen jungen Leuten für den Reichsarbeitsdienst finden"[223].

Diese Beschwerde wurde trotz der Unterstützung auch von höheren Instanzen bis zum Leiter der politischen Abteilung beim RKO Trampedach[224] schließlich auf der Ebene des RMfdbO durch Leibbrandt persönlich abgelehnt[225].

Aber auch innerhalb der Regionen, in denen RAD-Musterungen durchgeführt wurden, konnte das Auswahlkriterium zum Konfliktfeld der verschiedenen deutschen Besatzungsbehörden werden, da sich die Auswahlkriterien zwischen Rassenideologie, soziokulturellen Gesichtspunkten, politischer Nutzlichkeit und gesundheitlicher Tauglichkeit bewegten und somit hinreichend schwammig waren, um den verschiedenen Akteuren Gelegenheiten zum „Mitreden" zu bieten. So beschwerte sich zum Beispiel der Bevollmächtigte des Reichsarbeitsführers im RKO beim Generalkommissariat in Reval, „dass Freiwillige nach einer eingehenden Musterung durch die Anthropologen später von SS-Ärzten aus rassischen Gründen abgelehnt werden. Durch dieses Verfahren werden die davon betroffenen Männer zu Gegnern der RAD-Arbeit in ihrer Heimat. Die vor der Entlassung stattfindende Nachuntersuchung

222 ERA-R-65.1.10 S. 115. GK in Reval, Schreiben betr.: Musterung für den RAD. An: Leiter des RAD Meldeamtes Aufbaustab Reval, 13. 10. 1943.

223 LVVA-P-70.5.98 S. 1. Gebietskommissar in Dünaburg, Schreiben betr.: Meldung von Schülern höherer Schulen für den RAD. An: GK in Riga Abt. II, 18. 6. 1942.

224 Siehe: LVVA-P-70.5.98 S. 3 f. RKO Abt. II Politik gez. Trampedach, Schreiben betr.: Einstellung von in den Generalbezirken Litauen, Lettland und Estland ansässigen Weißruthenen und Russen in den RAD. An: RMfdbO, 14. 7. 1942.

225 LVVA-P-70.5.98 S. 11. RMfdbO gez. Leibbrandt, Schreiben betr.: Einstellung von in den Generalbezirken Estland, Lettland und Litauen ansässigen Weissruthenen und Russen in den RAD. An: RKO, 8. 4. 1943.

durch den Musterungsarzt der SS darf sich daher nur noch auf die körperliche Tauglichkeit erstrecken"[226].

Rassenideologisch motivierte Nahziele – Antislawische „Arbeitseinsatzpolitik" als Mittel zur ethnischen Homogenisierung des Baltikums:
Zwar spielten rassenideologische Gesichtspunkte in erster Linie eine größere Rolle in der ersten Periode der deutschen Besatzungszeit, als die Deutschen noch Träume des „Neuen Europas" hatten, doch verblassten die rassenideologischen Komponenten nie vollständig und blieben auch auf dem Feld der „Arbeitseinsatzpolitik" ein Kriterium der Planung. Das wichtigste Ziel der rassenideologisch beeinflussten Nationalitätenpolitik war die Schaffung einer ethnisch einheitlichen Bevölkerungsstruktur. Dieses Ziel war im Gegensatz zu den Plänen der „Eindeutschung" und „Germanisierung" weniger auf theoretischen Konzeptionen gestützt, sondern hatte eher einen improvisierten Charakter. So waren die als rassisch minderwertig erachteten Russen und Setukesen in Estland aus dem immer wieder unter rassenideologischen Prinzipien hier in den Fokus geratenden Gebiet Petschur auch als erste für die Deportationen aus dem frontnahen Bereich vorgesehen, um sie zum „Arbeitseinsatz" an sicherer Stelle für die deutschen Interessen einzusetzen[227].

Auch im Zuge der Evakuierungsmaßnahmen traten rassenideologische Themen erneut zu Tage, da der Zustrom von Tausenden von Russen endgültig die Zielvorstellungen einer „rassenreinen" Region zunichtemachte[228]. Daher war es im Interesse der Rassenideologen, diese möglichst abgesondert im Baltikum unterzubringen oder am besten gleich wieder aus der Region hinaus zu befördern. Besondere Relevanz bekamen in diesem Zusammenhang die sogenannten russischen „Vertrauensstellen"[229]. Diese Organe sollten nach Möglichkeit von einheimischen Russen gebildet werden, zugleich aber die Interessen der sogenannten „Evarussen" vertreten[230]. Diese Funktion der Vertrauensstellen setzte eine politische Strategie der deutschen Politik fort, welche auf das Ziel der Nichtvermischung der Nationalitäten abzielte[231]. Also war selbst zu einem Zeitpunkt, als gewaltige Rückzugsbewegungen die deutsche Besatzungsherrschaft auch im Baltikum schon prägten, die alten rassenideologische Ziele der „Rassenreinheit" keineswegs vergessen oder irrelevant geworden.

226 ERA-R.65.1.41 S. 37. Bevollmächtigte des Reichsarbeitsführers im RKO, Schreiben betr.: Rassische Untersuchung von RAD-Freiwilligen aus dem Ostland. An: GK z.H. Dr. Firgau in Reval, 26. 7. 1944.

227 LVVA-P-70.5.72 S. 494. GK in Reval, Schreiben betr. der Evakuierung von Estlandrussen und Setukesen aus Petschur. An: RKO, 28. 4. 1944.

228 Vgl. Abschnitt zu „Evarussen".

229 Siehe dazu auch Abschnitt zu slawischen Minderheiten.

230 BA-R-6.159 S. 33–38. RKO Abt. I Politik gez. Lohse, Schreiben betr.: Einheimische Volksgruppen. Rundschreiben, 24. 8. 1943.

231 Vgl. Abschnitt zur Rassenideologischen Komponente der „Landeseigenen Verwaltungen".

Allerdings trafen sich bei der Verfolgung einer nach rassenideologischen Gesichtspunkten durchgeführten Trennung der Nationalitäten rassenideologische Ziele mit politischen Erwägungen. Die Politische Abteilung des Generalkommissars in Reval wies ausdrücklich auf die rassistisch motivierte Ausgrenzung der fremdstämmigen, gemeint slawischen, Arbeitskräfte aus der Sowjetunion hin:

„Ebenso bedarf aber auch der Einsatz der Arbeiter aus dem Sowjetraum, durch welchen größere Massen fremdstämmiger Menschen nach Estland gelangen, deren enge Bindung mit den Landeseinwohnern aus rassischen und politischen Gesichtspunkten nicht wünschenswert ist, einer dauernden politischen Überwachung"[232].

Dieser politische Einfluss auf die deutsche Nationalitätenpolitik zeigte sich auch an der Behandlung der Polen, welche nach strengen rassenideologischen Vorstellungen ebenbürtig zu den anderen slawischen Bewohnern des RKO hätten sein müssen. Dennoch waren sie in besonderem Maße von deutschen Repressionsmaßnahmen betroffen[233]. Dies zeigte sich unter anderem auch daran, dass im Zuge der Gründung der angesprochenen Vertrauensräte ausdrücklich von der Behörde des RKO darauf hingewiesen wurde, dass Polen eine solche Vertretung ihrer Interessen nicht erhalten sollten[234]. Diese grundsätzliche Benachteiligung ging auf Anordnungen Rosenbergs persönlich zurück[235]. Die Nationalitätenpolitik der Zivilverwaltung basierte also vom „Dekompositionsprinzip" angefangen bis in die praktische Besatzungspolitik hinein immer auch auf politisch-pragmatischen Vorstellungen, welche zum Beispiel eine Förderung der weißrussischen auf Kosten der polnischen Kultur, oder die Wertschätzung der Esten, trotz rassenideologischer Widersprüche, zuließen und förderten.

Zwischenfazit:

Zusammenfassend ist zu betonen, dass oben genannte Denkschriften und Anordnungen aus der politischen Abteilung des RKO oder des Ostministeriums entstammten. Hier wurden die rassenideologischen Fernziele noch am längsten ernst genommen. Gegner erwuchsen der politischen Abteilung, wie schon in den vorangegangen Abschnitten festgestellt, in den Wirtschaftsabteilungen der Zivilverwaltung, die festgesetzte Vorgaben zu erfüllen hatten. Ein solcher Fall war beispielsweise die ver-

232 ERA-R.65.1.43 S. 2. GK in Reval Abt. Politik IIa gez. Petersen, Schreiben betr.: Laufende Unterrichtung der Abteilung Politik über den Arbeitseinsatz von Ausländern im Generalbezirk Estland. An: Gebietskommissare Reval-Stadt, Reval-Land Arensburg Dorpat Wesenberg Pernau Pleskau, 23. 1. 1943.

233 Siehe Abschnitt zu slawischen Bevölkerungsteilen.

234 LVVA-P-70.3.86 S. 46. RKO Abt. I Politik gez. Burmeister, Schreiben betr.: Einheimische Volksgruppen. Rundschreiben, 4. 10. 1943.

235 BA-R-91.288 u. p. RMfdbO gez. Rosenberg, Schreiben betr.: Behandlung der Polen in den besetzten Ostgebieten. An: RK Ostland / Ukraine, 26. 11. 1943.

suchte Intervention Trampedachs gegen die Entsendung von lettgallischen Arbeitskräften in die übrigen lettischen Gebiete.

Innerhalb der Hierarchie der deutschen Zivilverwaltung ist eine deutliche Tendenz dahingehend zu erkennen, dass rassenideologische Fernziele in den höheren Instanzen länger und vehementer verfolgt wurden und nach unten abnahmen. Zudem erreichten die geheimen Pläne der oberen Ebenen häufig nicht einmal die untergeordneten Behörden. Dort, wo der Kontakt zu der einheimischen Bevölkerung enger war, verloren rassenideologische Fernziele zunehmend an Bedeutung. Als Beispiel sei hier nochmals die Region Lettgallen erwähnt und der Einsatz des dortigen Gebietskommissars für eine Werbung zum RAD. Auch in einem Vermerk zu der schon erwähnten Sitzung vom 14. Oktober 1942 von Dr. Harry Marnitz, den Leiter der Abteilung Gesundheitswesen und Volkspflege beim GK in Riga[236], heißt es in diesem Zusammenhang zu den Ideen und der Umsetzungsmöglichkeit der „Eindeutschung" im Baltikum:

„Es geht hier nicht um eine Entwicklung, die etwa von einsichtigen, übergeordneten Dienststellen gewünscht, von uneinsichtigen, untergeordneten deutschen Dienststellen jedoch zum Schaden des deutschen Volkes gestört werden könnte. Im Gegenteil, es handelt sich um klare Erkenntnisse, welche diese untergeordneten Dienststellen, nämlich der Generalkommissare und der Gebietskommissare, auf Grund ihrer weit über ein Jahr alten Erfahrung in täglicher Zusammenarbeit mit den Letten erworben haben".

Hintergrund dieser Äußerung ist die begründete Skepsis Marnitz' gegen die Möglichkeit, Letten und Lettgaller durch deutsche Propaganda voneinander zu trennen[237]. Klare Worte fand Marnitz auch zu der Strategie der oberen Instanzen, ihre Fernziele vor der einheimischen Bevölkerung geheim halten zu wollen, was der auf der Ebene des Generalkommissariats in Riga mit der Praxis der Besatzungsherrschaft konfrontierte Dr. Marnitz wohl realistischer einschätzen konnte:

„Wir müssen also rückhaltlos ehrlich sein gegen unsere Mitkämpfer. Auch das erfordert das Interesse unseres Volkes von uns. Wir dürfen nicht von „Eindeut-

236 Zur Person siehe seine 1959 auf Lettisch (1991 in deutscher Übersetzung) erschienenen Erinnerungen: Harry Marnitz, Nordlicht über der Düna: Kritische Betrachtungen und Erinnerungen an die deutsche Besatzungszeit in Lettland 1941–1943, Michelstadt 1991; Vgl. zur Person auch: Sven Jüngerkes, Harry Marnitz – Als Deutschbalte beim Generalkommissar in Riga, in: Jahrbuch des baltischen Deutschtums 52. 2009, S. 89–129.

237 Seine realistische Einschätzung zu dieser Thematik lautet: „Es ist aber völlig falsch, hieraus (Rassenideologische Unterschiede zwischen Letten und Lettgallern, Anmerkung T.P.) Schlüsse auf eine Bruchlinie zu ziehen, die man dadurch erzielen könnte, dass man die Letten Kurlands und Livlands fühlen lässt, dass wir sie für artverwandt halten. Erstens wissen sie das längst, und nicht erst auf Grund unserer Erklärungen und zweitens werden sie keinesfalls vor Glück darüber erschauern und dafür bereit sein, einen Teil ihrer Volksgenossen ihrem Schicksal zu überlassen". Aus: LVVA-P-69.1a.19 S. 97–113. Dr. Marnitz, Vermerk zum Protokoll der Sitzung vom 14. Oktober 1942 betr.: Ergebnisse der Musterung von RAD-Freiwilligen, 2. 1. 1943.

schung" reden, aber beileibe nicht aus der Schuljungenangst heraus, dass die Letten nur ja nichts merken möchten und unseren diesbezüglichen Maßnahmen Widerstand entgegensetzen könnten.

Das wissen sie alles längst sehr genau, was für Probleme bei uns bezüglich ihrer Zukunft behandelt werden. Wir wollen uns doch nicht einbilden, es mit einem Volk zu tun zu haben, das uns an Intelligenz nachsteht. Wir wollen auch hier lieber die klare Erkenntnis vorziehen, dass die Letten zum Mindestens in ihren führenden Schichten genau so Anteil haben an den unsere Zeit bewegenden Gedanken und dem Werden der neuen geistigen Epoche unseres Jahrhunderts, wie andere Völker Europas auch".

Er ging sogar noch einen Schritt weiter und forderte:

„Nein, sondern deswegen dürfen wir von „Eindeutschung" nicht reden, weil wir sie gar nicht germanisieren wollen. Sie sollen ihr Bestes leisten in Kampf und Arbeit für den Sieg. Das können sie nur dann, wenn sie das Bewusstsein und den Glauben haben, dass ihre Kräfte der Zukunft und dem Bestand ihres eigenen Volkes dienen. Nur so ist die Höchstleistung von ihnen zu erwarten, die wir im Interesse unseres eigenen Volkes brauchen und von allen mit uns kämpfenden Völkern verlangen müssen"[238].

Ein sehr deutliches Beispiel dafür, wie sehr man dort, wo der Kontakt zu den einheimischen Behörden der „Landeseigenen Verwaltung" eng war, von dem deutschen „Herrenmenschengestus" abzurücken bereit war, zumindest ab den sich mehrenden deutschen Niederlagen.

Weiter ist zu konstatieren, dass entgegen den rassenideologischen Vorstellungen der SS die Zivilverwaltung ausgehend von den strategischen Leitvorstellungen des Dekompositionsprinzips, die baltischen Völker in stärkerem Maße für eine „Eindeutschung", also eine kulturelle Assimilation an das „Deutschtum", vorgesehen hatten. Dies stand im Widerspruch zu den radikaleren Vorstellungen der SS, wo der Leitsatz galt: „Fremdes Volkstum wird nicht assimiliert"[239]. Es muss jedoch ergänzt werden,

238 Ebd.

239 Siehe zum Standpunkt der Zivilverwaltung: „Bei der Eröffnung der Sitzung führte Regierungsrat Trampedach aus, dass bei der Behandlung von Fremdvölkischen in den ehemaligen baltischen Statten drei Wege eingeschlagen werden können:
1. Fremdes Volkstum wird nicht assimiliert (im Sinne des Artikels „Germanisieren" im Schwarzen Korps).
2. Individuelle Eindeutschung
3. Kollektive Eindeutschung der Gesamtbevölkerung oder von bestimmten Gruppen der Bevölkerung.Der letztgenannte Weg werde besonders von mehreren Generalkommissaren und Gebietskommissaren vorgeschlagen". Aus: LVVA-P-69.1a.19 S. 94–96.RKO II Politik gez. Dr. Steiniger, Protokoll des Vortrages der rassenpolitischen Prüfungskommission. Herrn Dr. Holtz, über die Ergebnisse der Musterung von RAD-Freiwilligen am 14. 10. 1942, 15 Uhr, Zimmer 227 im Justizpalast, 26. 10. 1942; Zum Standpunkt der Polizei, siehe Abschnitt zur Polizei.

dass der soeben im Kontext der „milderen" rassenideologischen Zielvorstellungen zitierte Kommentar des Dr. Marnitz die Einstellung der SS dafür lobt, dass diese wenigstens konsequent sei, da sie, so wie auch Herr Marnitz, die halbherzige Strategie des Ostministeriums und des RKO der versuchten „heimlichen" Assimilierung möglichst großer Bevölkerungsteile verurteile[240].

Der hier klar zum Ausdruck kommende Kontrast zwischen oberen und unteren Verwaltungsinstanzen der Zivilverwaltung gibt außerdem eine Erklärungsmöglichkeit zu den angesprochenen Differenzen zwischen normativen Vorgaben und Praxis der „Arbeitseinsatzpolitik" her. Denn, wie festgestellt, waren es die oberen Instanzen, welche sich relativ gesehen vor allem für die Mehrheitsbevölkerungen im Baltikum einsetzten. Dies wurde beispielsweise an der Eindeutschungsdebatte deutlich, welche ausschließlich für „rassisch Wertvolle" vorbehalten werden sollte, und somit die slawische Bevölkerung ausschloss. Doch bezüglich der rassenideologischen Nahziele bezogen auf den „Arbeitseinsatz" setzte sich die oberste Behörde der Zivilverwaltung für die baltischen Mehrheitsbevölkerungen ein:

„Auf Einspruch des Ostministeriums wurde festgelegt, dass die im General-Gouvernement wohnenden Westukrainer keine Kennzeichnung erfahren sollen, ebenso auch die Esten, Letten und Litauer"[241].

Da aber die oberen Behörden der Zivilverwaltung nur für die Diskussion auf normativer Ebene zuständig waren, mit der Praxis der „Arbeitseinsatzpolitik" allerdings die unteren Behörden mit den beschriebenen anderen Schwerpunkten betraut waren, mussten sich zwangsläufig Gegensätze zwischen normativen Vorgaben und der Praxis der „Arbeitseinsatzpolitik" ergeben.

Schließlich ist nochmals auf das für die „Arbeitseinsatzpolitik" wesentliche Verhältnis der Rassenideologie zu ihren Umsetzungsmodalitäten während der deutschen Okkupationszeit zu verweisen. Während der oben ausführlich angesprochene Diskurs der Behörden des Ostministeriums und des RKO über „Germanisierung" und „Eindeutschung" sich auf die rassenideologischen Fernziele bezog, war die praktische Besatzungspolitik der General- und Gebietskommissare in zunehmenden Maße mit umsetzbaren rassenideologischen Nahzielen befasst, welche vor allem auf eine rassenideologische „Reinheit" der Bevölkerung abzielte, mit anderen Worten die Entfernung der nationalen Minderheiten zum Ziel hatte. Symptomatisch für die „Arbeitseinsatzpolitik" äußerte sich diese Unterscheidung durch eine Zweiteilung in die auf die rassenideologischen Fernziele gerichteten Maßnahmen des RAD im Kontext der geplanten „Eindeutschung" einerseits und in die Sauckelaktionen andererseits,

240 LVVA-P-69.1a.19 S. 97–113. Dr. Marnitz, Vermerk zum Protokoll der Sitzung vom 14. Oktober 1942 betr.: Ergebnisse der Musterung von RAD-Freiwilligen, 2. 1. 1943.

241 BA-R-16.162 u. p. Der Chef der Sicherheitspolizei und des SD gez. Heydrich, Sitzungsbericht betr.: Einsatz ausländischer Arbeiter im Reich., 3. 12. 1941.

die von den unteren Behörden genutzt wurden, die rassenideologischen Nahziele einer „Entfernung rassisch unerwünschter Elemente" zu verwirklichen[242].

2.1.5 Zusammenfassung – Zivilverwaltung als kraftlose Zentrale der „Arbeitseinsatzpolitik"

Nach der Untersuchung der Ziele der Zivilverwaltung bezüglich des Ortes des „Arbeitseinsatzes", der Wahl der Mittel zur Mobilisierung von Arbeitskräften und schließlich die Einstellung der Zivilverwaltung zu Fragen einer auf Rassenideologien basierenden Differenzierung der Arbeitskräfte, konnten folgende für das Verhältnis von Zivilverwaltung und „Arbeitseinsatzpolitik" spezifischen Erkenntnisse gewonnen werden:

1. Da die Vierjahresplanbehörde administrativ in die Verwaltungsstruktur im RKO integriert war und zudem in ihrem Zuständigkeitsgebiet weisungsbefugt war, gestaltete sich die politische Linie der Zivilverwaltung innerhalb der „Arbeitseinsatzpolitik" nicht gänzlich einheitlich, sondern stellte sich als ein immanenter Konflikt zwischen den politischen und den wirtschaftlichen Abteilungen dar. Dennoch waren so die Bemühungen namentlich Sauckels durch die Einbindung seiner Dienststellen in die Zivilverwaltung abgedämpft. Dadurch konnten seine Forderungen abgemildert werden, insbesondere in Estland und Lettland, wo zudem die Zusammenarbeit mit den Esten und den Letten aus deutscher Sicht besser funktionierte.
2. In vertikaler Perspektive lässt sich innerhalb der Zivilverwaltung ein Gefälle feststellen, dessen wesentliche Trennlinie zwischen dem RKO und den Generalkommissaren verlief und das derart bestimmt war, dass die der einheimischen Bevölkerung nahestehenden Behörden deren Interessen auch in stärkerem Maße verfolgten und die Ansichten stärker von der Praxis beeinflusst waren, als in den höheren Instanzen. Dies galt sowohl für die Verteidigung der Arbeitskräfte und ihrem Verbleib vor Ort, als auch für die rassenideologischen Konzepte einer später vorgesehenen „Eindeutschung". Durch diesen Gegensatz zwischen den oberen und unteren Behörden erklärt sich auch der teilweise drastische Kontrast zwischen normativen Vorgaben und Praxis der „Arbeitseinsatzpolitik".
   Der Logik der viergliedrigen Struktur folgend bildeten sich ferner noch Stufenbündnisse innerhalb dieses Systems, also beispielsweise eine Zusammenarbeit der Generalkommissars Litzmann mit Rosenberg gegen den hierarchisch gesehen

242 Vgl. Abschnitt zu den rassenideologischen Komponenten der „Landeseigenen Verwaltungen".

sich in der Mitte befindlichen Reichskommissar Lohse[243], oder Versuche der Kontaktaufnahme der Gebietskommissare mit dem Reichskommissar, um die Autorität des vorgesetzten Generalkommissars zu untergraben[244].

3. Nach außen hatte die Zivilverwaltung verhältnismäßig wenig Gegner, weil der Hauptgegner auf dem Gebiet der „Arbeitseinsatzpolitik" in Gestalt des Sauckelapparats innerhalb der Zivilverwaltung organisiert war, da die Abteilung Aso die Forderungen Sauckels zu erfüllen hatte. Die anderen Akteure waren zumindest bezüglich der Abweisung von Sauckels Forderungen natürliche Verbündete der politischen Abteilungen der Zivilverwaltung. Innerhalb der Verteilung der Arbeitskräfte im Baltikum selbst erwuchsen jedoch durchaus Konkurrenzverhältnisse im Kampf um die knappe Arbeitskraftressource zwischen der Zivilverwaltung und den anderen Akteuren der „Arbeitseinsatzpolitik" im Baltikum[245].
4. Was den Zeitfaktor betrifft, so spielte dieser vor allem für die rassenideologischen Fernziele ein Rolle, welche durch die Kriegsaussichten an Bedeutung verloren, aber im Rahmen des RAD-Programms nie vollständig aus der Besatzungspolitik verschwanden. Abgesehen davon änderten sich die Grundlinien der Zivilverwaltung zur „Arbeitseinsatzpolitik" auf der normativen Ebene wenig. Doch verlor sie zunehmend die machtpolitischen Mittel sowohl gegenüber der einheimischen Bevölkerung als auch gegenüber anderen Akteuren im RKO, diese auch umzusetzen. Daher verschob sich das Schwergewicht selbst in den politischen Abteilungen mehr zu pragmatischen Lösungen, die auch den Gebrauch von Zwangsmaßnahmen mit einschlossen, aber zugleich auch eine stärkere Einbindung vermeintlich minderwertiger Rassen in die Selbstverwaltung beinhalteten, und somit zunehmend widersprüchlich und realitätsfern wurden.
5. Verhältnismäßig große Unterschiede innerhalb der Einstellung der Zivilverwaltung bei der „Arbeitseinsatzpolitik" lassen sich in geographischer Hinsicht zwischen den drei Generalbezirken und insbesondere zwischen Estland und Lettland auf der einen und Litauen zuzüglich der lettischen Region Lettgallen auf der anderen Seite feststellen[246]. Dieser qualitative Unterschied zwischen den drei Generalbezirken in Bezug auf die deutsche Zivilverwaltung zeigt sich unabhängig von den erwähnten rassenideologisch motivierten Vorbehalten auch auf rein administrativer Ebene. Während im Generalbezirk Estland knapp 900 000 Ein-

243 Siehe zu dieser machtpolitischen Konstellation vor allem: Myllyniemi, Die Neuordnung der baltischen Länder 1941–1944: Zum nationalsozialistischen Inhalt der deutschen Besatzungspolitik, 1973, S. 255–259.

244 Beispiele dieser Art bei: Lehmann, Kreisleiter der NSDAP in Schleswig-Holstein, 2007, S. 289–392; Myllyniemi, Die Neuordnung der baltischen Länder 1941–1944: Zum nationalsozialistischen Inhalt der deutschen Besatzungspolitik, 1973, S. 121–124.

245 Genauer: Siehe folgende Abschnitte.

246 Zur generellen Benachteiligung des Generalbezirks Litauen im Vergleich zu Estland und Lettland siehe auch: Reitlinger, The house built on sand: the conflicts of German policy in Russia; 1939–1945, 1960, S. 145 f.

wohner in sieben Gebietskommissariaten verwaltet wurden, besaß beispielsweise das litauische Gebietskommissariat Schaulen allein schon eine Einwohnerzahl von 720 000 Personen. Die Benachteiligung Litauens gegenüber seinen nördlichen Nachbarn zeigte sich also auch schon an der Verwaltungsstruktur[247]. Dem methodischen Zugriff auf das Quellenmaterial entsprechend fanden hierbei kaum biographische Motive zur Erklärung der Unterschiede Erwähnung[248]. Sicherlich waren auch diese nicht unerheblich, doch wiegen die strukturell in dem Aufbau der deutschen Zivilverwaltung bedingten Ursachen tiefer.

2.2 Polizei

2.2.1 Struktur – Gegensatz von Wirtschaftsverwaltungshauptamt (WVHA) und Reichssicherheitshauptamt (RSHA)

Eine der immer wieder genannten Besonderheiten der Besatzungspolitik im RKO ist der angebliche Antagonismus zwischen der Zivilverwaltung und der Polizei[249]. Ursa-

247 Vgl. Einwohnerzahlen der Generalbezirke. Diese Feststellung gilt im Übrigen auch für das hier mehrfach erwähnte Gebietskommissariat Dünaburg, das mit seiner halben Million Einwohner ebenfalls deutlich von den anderen lettischen Gebietskommissariaten abwich und beinahe litauische Verhältnisse annahm.

248 Hier wäre vor allem an Unterschiede zwischen den Generalkommissaren Litzmann und von Renteln zu denken. Vgl: Myllyniemi, Die Neuordnung der baltischen Länder 1941–1944: Zum nationalsozialistischen Inhalt der deutschen Besatzungspolitik, 1973, S. 214; Maripuu u. Paavle, Die deutsche Zivilverwaltung in Estland und die estnische Selbstverwaltung, 2005, hier: S. 119; Hilbrecht, Litauen im Reichskommissariat Ostland 1941–1943/44. Parallelen und Kontraste zum übrigen Baltikum, vornehmlich Estland, 1997, S. 203 f. Aber auch eine gewisse Bevorzugung Estlands von höchster Instanz der Zivilverwaltung aus ist denkbar, da Rosenberg zu Estland eine besondere Beziehung hatte. Dieses verdeutlicht beispielsweise schon sein Dienstreisekalender von einer Reise Ende 1941 ins Ostland. Während er sich für die Hauptstadt Riga einen Tag Zeit nahm, blieb er in Reval ganze zwei Tage und in Kauen und der Hauptstadt des immerhin größten Generalbezirks Minsk jeweils nur einen halben Tag. Programm der Reise aus: ERA-R.65.1.17 S. 3, 6, 17–19, 45–58. RKO Lohse, Schreiben betr.: Besuch Rosenbergs und Meyers in Tallinn und Programm von Dienstreisen Rosenbergs ins RKO. An: GK Reval, 24. 12. 1941; Interessant an diesem Schreiben an Litzmann ist weiter der misstrauische Ton Lohses, der die Ausnutzung dieser Vorlieben Rosenbergs für Estland durch Litzmann im Machtspiel der Ostlandpolitik und den Verlust der Kontrolle über Litzmann befürchtete: „Da Sie Ihre Sorge und Nöte bereits am Tage vorher in Riga anbringen können, kann der dienstliche Teil des Besuches (in Reval, Anmerkung T.P.) sehr beschränkt werden. Dem Reichsleiter liegt hier auch vielmehr an dem Besuch der Stadt, die er seit 1918 nicht mehr besuchen konnte". Aus: Ebenda.

249 Beispielsweise: Myllyniemi, Die Neuordnung der baltischen Länder 1941–1944: Zum nationalsozialistischen Inhalt der deutschen Besatzungspolitik, 1973, S. 125 f.; Jüngerkes, Einsatz im Ostland – Egon Bönner in Riga, 2008, S. 69; Zellhuber, „Unsere Verwaltung treibt einer Katastrophe zu . . .", 2006, S. 279; Gerlach, Kalkulierte Morde, 2000, S. 194–196; Hier Relativierung und Widerlegung des Antagonismus zwischen Polizei und Zivilverwaltung für den Fall Weißruthenien. Zum begrifflichen Verhältnis von „Polizei" und „SS" siehe: Scheffler, Zur Rolle der Zivilverwaltung bei der Durchführung der „Endlösung der Judenfrage" im Reichskommissariat Ostland, 1999, S. 248.

che dieser Ansicht ist zum einen das schon angesprochene ungeklärte Unterstellungsverhältnis des Höheren SS- und Polizeiführers des Ostlandes und zweitens die sogenannte Legende der „sauberen Zivilverwaltung", welche die Funktion hatte, ähnlich wie die Abgrenzungsversuche der Wehrmacht von den Verbrechen in den besetzten Ostgebieten, die Schuld an den Verbrechen der Deutschen allein der Polizei zuzuschieben[250].

Hier wird also zu prüfen sein, welche Ziele und welche Durchsetzungsmöglichkeiten der Polizeiapparat Himmlers in den drei baltischen Generalbezirken bezüglich der „Arbeitseinsatzpolitik" hatte, und inwieweit sich hier ein Antagonismus zur Zivilverwaltung feststellen lässt. Dazu ist zunächst eine Einführung in die Organisationsstruktur der Polizeiorgane im Ostland notwendig.

Verwaltungsstruktur der Polizeiorgane im „Reichskommissariat Ostland":
An der Spitze der Polizei im RKO stand der schon erwähnte HSSPF Russland Nord[251]. Territorial war er für das gesamte Gebiet des RKO nur bis Oktober 1942 zuständig. Ab diesem Zeitpunkt wurde das GK Weißruthenien aus der polizeilichen Organisationsstruktur des RKO ausgegliedert und zusammengefasst mit dem Verwaltungsabschnitt „Russland-Mitte"[252]. Er war zwar offiziell dem RKO verantwortlich, doch zugleich auch direkt Himmler unterstellt, so dass er de facto unabhängig vom RKO handeln konnte. Dieses Amt hatte im RKO bis zum November 1941 Hans Adolf Prützmann[253] inne, bis er durch Friedrich Jeckeln abgelöst wurde, der durch die Leitung oder maßgebliche Beteiligung an den Massenerschießungen in Kamenez Podolsk, in Babi Jar und dann unmittelbar nach Amtsantritt in Riga im Wald von Rumbula wie kaum ein anderer zu den brutalsten Tätern des Holocaust zu zählen ist[254]. Dem HSSPF war, wie der Name schon sagt, sowohl die Ordnungspolizei als

250 Siehe beispielsweise zur Rechtfertigung der Beamten der Zivilverwaltung: Danker, Der gescheiterte Versuch, die Legende der 'sauberen' Zivilverwaltung zu entzaubern, 1997, S. 161 f.

251 Zu diesem Amt im Allgemeinen siehe: Ruth Bettina Birn, Die Höheren SS- und Polizeiführer: Himmlers Vertreter im Reich u. in d. besetzten Gebieten, Düsseldorf 1986; Zu den Vollmachten des HSSPF im RKO siehe: Scheffler, Zur Rolle der Zivilverwaltung bei der Durchführung der „Endlösung der Judenfrage" im Reichskommissariat Ostland, 1999, S. 252 f.; Zu Jeckeln im RKO insbesondere: Tôviyyā Friedman, SS-Obergruppenführer Friedrich Jeckeln verantwortlich für die Ermordung der Juden in Litauen, Lettland und Estland 1941–1944: Dokumentensammlung, Haifa 1997.

252 Gerlach, Kalkulierte Morde, 2000, S. 181, 184.

253 Zur Person siehe: Krausnick, Die Truppe des Weltanschauungskrieges: d. Einsatzgruppen d. Sicherheitspolizei u. d. SD 1938–1942, 1981, S. 641 f.

254 Nach dem Krieg wurde er 1946 von einem sowjetischen Gericht verurteilt und öffentlich im Siegespark von Riga hingerichtet. Dazu: Max Kaufmann, Churbn Lettland: Die Vernichtung der Juden Lettlands, Wien 1947, S. 67; Alternative Hinrichtungsstätte: ehemaliges Ghetto von Riga bei: Krausnick, Die Truppe des Weltanschauungskrieges: d. Einsatzgruppen d. Sicherheitspolizei u. d. SD 1938–1942, 1981, S. 641. Zur Person siehe auch: Richard Breitman, Friedrich Jeckeln. Spezialist für die

auch die Sicherheitspolizei (Sipo)[255]/Sicherheitsdienst (SD) unterstellt. Eine parallele Organisationsstruktur findet sich auch auf der Ebene der Generalbezirke wieder. Hier wurden dementsprechend drei SS- und Polizeiführer eingesetzt[256]. In Estland war dies Polizeidirektor Hinrich Möller aus Flensburg[257], in Lettland Walter Schröder[258] und in Litauen Lucian Damianus Wysocki[259]. Von den diesen untergeordneten Kommandeuren der Ordnungspolizei (KdO) und der Sipo/SD (KdS) hatten insbesondere die Kommandeure der Sipo/SD eine größere Bedeutung als ihnen nach der offiziellen Rangordnung zukam. Während der Befehlshaber der Sipo/SD für das Ostland (BdS) Dr. Heinz Jost[260], dessen Amt aus dem Amt des Kommandeurs der Einsatzgruppe A hervorging[261], gegenüber dem HSSPF wenig Durchsetzungskraft besaß, waren auf der Ebene der Generalbezirke die Machtverhältnisse zwischen dem SSPF und dem Kommandeur der Sicherheitspolizei/SD (KdS) stärker zugunsten des KdS verschoben, was insbesondere für Lettland galt, wo der KdS Dr. Rudolf Lange weitgehend unabhängig von seinen offiziellen Vorgesetzten, dem SSPF Walter Schröder, handelte[262]. Eine ähnliche Situation bestimmte jedoch auch in Estland das Verhältnis zwischen dem KdS Estland Dr. Martin Sandberger[263] und dem SSPF Möl-

„Endlösung" im Osten, in: Ronald Smelser (Hg.), Die SS: Elite unter dem Totenkopf; 30 Lebensläufe, Paderborn 2000, S. 267–275; oder populärwissenschaftlich auch: A. Grutups, Ešafots, Rīga 2008. Zum Wechsel von Prützmann und Jeckeln siehe: Gerlach, Kalkulierte Morde, 2000, S. 183 f.

255 Bestehend aus Gestapo und Kriminalpolizei.

256 Zu der funktionalen und persönlichen Rolle und Verantwortung dieser Personen in diesen Ämtern siehe: Tôviyyā Friedman, Die drei SS- und Polizeiführer im Ostland, in Lettland-Riga: SS-Brigadeführer Schröder, in Litau-Kowno: SS-Brigadeführer Wysocki, in Estonien-Reval: SS-Brigadeführer Möller, die verantwortlich waren für die Ermordung der Juden im Ostland 1941–1944, Haifa 1998.

257 Curilla, Die deutsche Ordnungspolizei und der Holocaust im Baltikum und in Weißrussland: 1941–1944. Die deutsche Ordnungspolizei und der Holocaust im Baltikum und in Weißrussland, 2006, S. 879; Hiio, Estonia 1940–1945: reports of the Estonian International Commission for the Investigation of Crimes Against Humanity, 2006, S. 1159.

258 Zur Person: Krausnick, Die Truppe des Weltanschauungskrieges: d. Einsatzgruppen d. Sicherheitspolizei u. d. SD 1938–1942, 1981, S. 642.

259 Zur Person: Stockhorst, 5000 Köpfe, 1987, S. 456.

260 Zur Person: Krausnick, Die Truppe des Weltanschauungskrieges: d. Einsatzgruppen d. Sicherheitspolizei u. d. SD 1938–1942, 1981, S. 641.

261 Siehe: Curilla, Die deutsche Ordnungspolizei und der Holocaust im Baltikum und in Weißrussland: 1941–1944. Die deutsche Ordnungspolizei und der Holocaust im Baltikum und in Weißrussland, 2006, S. 274.

262 Kangeris, Kārlis, Policijas strukturas Latvijā vācu okupācijas laikā (1941–1945), in: Latvijas Vēsturnieku Komisijas Raksti 16. 2005, S. 278–318, S. 303. Zur Person Rudolf Langes und seiner Beteiligung an der Wannseekonferenz: Angrick u. Klein, Die „Endlösung" in Riga, 2006, S. 271–275; Peter Klein, Dr. Rudolf Lange als Kommandeur der Sicherheitspolizei und des SD in Lettland: Aspekte seines Dienstalltags, in: Wolf Kaiser (Hg.), Täter im Vernichtungskrieg. Der Überfall auf die Sowjetunion und der Völkermord an den Juden, Berlin 2002, S. 125–136.

263 Zur Person: Krausnick, Die Truppe des Weltanschauungskrieges: d. Einsatzgruppen d. Sicherheitspolizei u. d. SD 1938–1942, 1981, S. 642; Hiio, Estonia 1940–1945: reports of the Estonian International Commission for the Investigation of Crimes Against Humanity, 2006, S. 1172 f.

ler[264], und in Litauen zwischen dem KdS Karl Jäger[265], der durch den „Jägerbericht" in der Forschung bekannt geworden ist, und dem SSPF Litauen Wysocki.

Polizeiorgane und „Arbeitseinsatzpolitik":
Hauptaufgabe sowohl der Sipo/SD[266] als auch der Ordnungspolizei war die Gewährleistung der deutschen Besatzungsherrschaft durch Ausschaltung aller gegen die Deutschen gerichteten Aktivitäten[267]. In den Worten Heydrichs kennzeichneten sich die Aufgabe der Einsatzgruppen unmittelbar nach der Eroberung des Territoriums und die strategische Vorgehensweise folgendermaßen:

„Das Hauptziel ist die wirtschaftliche Befriedung. ... Die politische Befriedung ist die erste Vorbedingung für die wirtschaftliche Befriedung"[268].

Diese wenig drastisch klingende Aufgabe und Zielsetzung war der Hintergrund für das größte Verbrechen, das während der deutschen Besatzungszeit im Baltikum begangen wurde. Die Einsatzgruppen, aber auch Einheiten der Ordnungspolizei[269] und andere deutsche Besatzungsbehörden begannen unmittelbar nach der deutschen Eroberung mit der Ermordung der jüdischen Bevölkerung und vermeintlicher politischer Gegner. Diese ungeheuerliche Entwicklung wurde möglich durch das Zusammenkommen eines eliminatorischen Antisemitismus, verbreitet vor allem in

264 Argo Kuusik, German Police Institutions in Estonia in 1941–1944, in: Toomas Hiio (Hg.), Estonia 1940–1945: reports of the Estonian International Commission for the Investigation of Crimes Against Humanity, Tallinn 2006, S. 573–576, S. 573. Bemerkenswert zu diesen beiden in Estland in führender Position bei der Polizei tätig gewesenen Personen ist weiter, dass beide zunächst zum Tode verurteilt waren, später zu Haftstrafen begnadigt wurden und schließlich gegen Ende der 50er Jahre Amnestie erhielten und ihren Lebensabend in Freiheit verbrachten. Siehe: Hiio, Estonia 1940–1945: reports of the Estonian International Commission for the Investigation of Crimes Against Humanity, 2006, S. 1159, 1172 f.

265 Zur Person: Wolfram Wette, SS-Standartenführer Karl Jäger, Kommandeur der Sicherheitspolizei (KdS) in Kaunas: eine biographische Skizze, in: Vincas Bartusevicius u. a. (Hg.), Holocaust in Litauen. Krieg, Judenmorde und Kollaboration im Jahre 1941, Köln 2003, S. 77–90; Ab 1. 8. 1943 folgte ihm Fuchs und ab dem 11. 5. 1944 Böhme in diesem Amt. Dazu: Stankeras, Litovskie policejskie batal'ony, 2009, S. 56.

266 Zu den Aufgaben der Sipo/SD im Besonderen siehe die Anlage B aus dem Schreiben Lohses an den GK in Riga mit den Aufgaben der Sipo/SD „Allgemeine Gegnerüberwachung und Bekämpfung", unter Punkt 7: „Judenangelegenheiten", BA-R-92.519 u. p. RKO gez. Lohse, Schreiben betr. Aufgaben der Sicherheitspolizei/SD. An: GK in Riga, 28. 2. 1943.

267 Zu den Vollmachten Himmlers und Jeckelns im RKO siehe: IfZ-MA.540 S. 639–641. RKO, Schreiben betr.: Weisungen auf Grund des Erlasses des Führers über die polizeiliche Sicherung der besetzten Ostgebiete vom 17. 7. 1941. An: RMfdbO, 19. 3. 1944; auch: Zellhuber, „Unsere Verwaltung treibt einer Katastrophe zu ...", 2006, S. 279.

268 Schreiben Heydrichs an die vier HSSPF im Osten vom 2. 7. 1941. Abgedruckt in: Peter Klein, Die Einsatzgruppen in der besetzten Sowjetunion, 1941/42: Die Tätigkeits- und Lageberichte des Chefs der Sicherheitspolizei und des SD, Berlin 1997, S. 324.

269 Dazu grundlegend: Curilla, Die deutsche Ordnungspolizei und der Holocaust im Baltikum und in Weißrussland: 1941–1944. Die deutsche Ordnungspolizei und der Holocaust im Baltikum und in Weißrussland, 2006.

der SS, mit einer hysterischen Präventionsstrategie im Umgang mit vermeintlichen Partisanentätigkeiten als „sicherheitspolizeiliche Liquidierungsmaßnahmen"[270]. An dieser Stelle können und sollen die spezifischen Motive und Hintergründe des Holocaust im Baltikum nicht weiter verfolgt werden. Für den hier interessierenden Zusammenhang muss nur festgehalten werden, dass zwei Aspekte des Verhältnisses von Polizei und Holocaust im Baltikum betont werden müssen, da sie in Hinblick auf die „Arbeitseinsatzpolitik" von Relevanz sind: Erstens das Streben der Polizei nach der alleinigen Zuständigkeit für die „Judenfrage", und zweitens die Zuständigkeit der Polizei für die „Sicherung" des Territoriums. Letzteres verursachte durch das Zusammentreffen einer chronischen Unterbesetzung der Polizei mit dem eliminatorischen Antisemitismus eine Strategie der Partisanenbekämpfung, die von Anfang an, und zu dieser Zeit noch im Kontext des Holocaust, als hysterisch, panisch und radikal zu bezeichnen ist. Daraus ergibt sich für die Beziehung der Polizei zum Thema des „Arbeitseinsatzes", dass zwei Bereiche hier von Bedeutung sind:

1. Der jüdische „Arbeitseinsatz", bzw. der erfolgreiche Versuch der Polizei, die Kontrolle über diesen zu gewinnen. In diesem Kontext steht vor allem die Frage des Verhältnisses von rassenideologischen Vorstellungen zu anderen Strömungen innerhalb der SS, welche auch wirtschaftliche Aspekte beachteten und sich im Verlauf des Krieges verstärkten. Institutionell sei hier an Kämpfe innerhalb dieses Politikfeldes erinnert, die sich zwischen dem Amt des Reichskommissars für die Festigung des deutschen Volkstums (RKFDV), das Himmler seit 1939 inne hatte, und dem Reichssicherheitshauptamt (RSHA) der SS, das nach Heydrichs Tod an Bedeutung verlor, auf der einen Seite und dem von Oswald Pohl[271] geleiteten und Anfang 1942 gegründeten Wirtschafts- und Verwaltungshauptamt der SS (WVHA) auf der anderen Seite zutrugen[272]. Vertreter des WVHA im RKO war der

270 Zitat aus: ERA-R-819.2.3 S. 19 f. RSHA gez. Dr. Bilfinger, Schreiben betr.: Strafrechtspflege in den besetzten Ostgebieten. An: Einsatzgruppen A, B. C. und D. der besetzten Ostgebiete, 2. 12. 1941; Zum Zusammenhang von Judenmord und „Partisanenprävention" im Baltikum siehe auch: Peter Klein, Die Erlaubnis zum grenzenlosen Massenmord, das Schicksal der Berliner Juden und die Rolle der Einsatzgruppen bei dem Versuch, Juden als Partisanen „auszurotten", in: Rolf-Dieter Müller u. Hans-Erich Volkmann (Hg.), Die Wehrmacht: Mythos und Realität, München 1999, S. 923–947.

271 Zur Person: Michael T. Allen, Oswald Pohl – Chef der SS-Wirtschaftsunternehmen, in: Ronald Smelser (Hg.), Die SS: Elite unter dem Totenkopf; 30 Lebensläufe, Paderborn 2000, S. 394–407; Jan Erik Schulte, Zwangsarbeit und Vernichtung: das Wirtschaftsimperium der SS, Paderborn [u. a.] 2001, S. 32–44; Hermann Kaienburg, Die Wirtschaft der SS, Berlin 2003, S. 106–108.

272 Zur Gründung und Bedeutung des WVHA: Walter Naasner, SS-Wirtschaft und SS-Verwaltung: „Das SS-Wirtschafts-Verwaltungshauptamt und die unter seiner Dienstaufsicht stehenden wirtschaftlichen Unternehmungen" und weitere Dokumente, Düsseldorf 1998, S. 7–9; Schulte, Zwangsarbeit und Vernichtung: das Wirtschaftsimperium der SS, 2001, S. 197–220; Jan Erik Schulte, Das SS-Wirtschafts-Verwaltungshauptamt – Zentrale der Zwangsarbeit von KZ-Häftlingen, in: Ulrike Winkler (Hg.), Stiften gehen: NS-Zwangsarbeit und Entschädigungsdebatte, Köln 2000, S. 85–107; Hermann Kaienburg, KZ-Haft und Wirtschaftsinteresse: Das Wirtschaftsverwaltungshauptamt der SS als Leitungszentrale der Konzentrationslager und der SS-Wirtschaft, in: ders. (Hg.), Konzentrationslager und deutsche Wirtschaft 1939–1945, Opladen 1996, S. 29–60.

SS-Wirtschafter Eduard Bachl[273]. Auch innerhalb der SS spielte sich also der klassische Zielkonflikt von ökonomischen Interessen und Rassenideologie bezüglich des Themas „Arbeitseinsatzpolitik" im Baltikum ab.

2. Der Zusammenhang von Antipartisanenaktionen und den Rekrutierungsmaßnahmen von Arbeitskräften. Ein Themengebiet, das auch daher von Bedeutung ist, da der HSSPF Jeckeln selbst sich im Verlaufe des Krieges immer mehr aus der „Judenfrage" zurückzog und sich zunehmend mit der Partisanenbekämpfung befasste[274]. Auch nach der Ermordung der einheimischen Juden versuchte das RSHA die weitgehenden Kompetenzen auf dem Gebiet der „Partisanenbekämpfung" zu behalten[275]. Dabei erwuchs insbesondere auch in der „Arbeitseinsatzverwaltung" für die auf den sicherheitspolizeilichen Aspekt pochende Polizei ein Ärgernis, da diese Informationen verwaltete und weitergab, auf welche die Sicherheitspolizei allein Ansprüche geltend machte[276]. Die Partisanenbekämpfung ist für den Zusammenhang von Polizei und „Arbeitseinsatzpolitik" auch deshalb von Bedeutung, da durch sie nicht nur Arbeitskräfte rekrutiert wurden, sondern die Polizei auf diese Weise auch versuchen konnte, die Kontrolle über diese Arbeitskräfte in den verschiedenen Lagern zu erhalten. Auch diesbezüglich ist auf die innere strukturelle Entwicklungsgeschichte der SS zu verweisen, da sich die schon zu Beginn der deutschen Besatzungszeit im Baltikum gegründeten Arbeits- und Erziehungslager (AEL) unter der Kontrolle des RSHA befanden, während die ab 1943 entstandenen Konzentrationslager vom WVHA verwaltet wurden[277].

Beide Aspekte finden sich in der „Arbeitseinsatzpolitik" im Baltikum wieder, letzterer vor allem in Verbindung mit der Frage der Rekrutierung von Arbeitskräften, also

273 Beispielsweise war das KZ Kauen nicht direkt dem WVHA, sondern dem SS-Wirtschafter beim HSSPF Ostland unterstellt. Dazu: Jürgen Matthäus, Konzentrationslager Kauen Stammlager, in: Wolfgang Benz u. Barbara Distel (Hg.), Riga-Kaiserwald, Warschau, Vaivara, Kauen (Kaunas), Płaszów, Kulmhof/Chełmno, Bełżec, Sobibór, Treblinka, München 2008, S. 185–208, S. 200.

274 Jüngerkes, Einsatz im Ostland – Egon Bönner in Riga, 2008, S. 69 f.

275 „Es ist vorgesehen, in den besetzten Ostgebieten nach Abschluss der sicherheitspolizeilichen Liquidierungsmaßnahmen eine ordentliche Strafrechtspflege einzurichten". ERA-R-819.2.3 S. 19 f. RSHA gez. Dr. Bilfinger, Schreiben betr.: Strafrechtspflege in den besetzten Ostgebieten, 2. 12. 1941.

276 ERA-R-65.1.4 S. 44. KdS Estland, Schreiben betr.: Auskünfte des Arbeitsamtes über die politische Zuverlässigkeit. An: GK in Reval, 22. 10. 1942.

277 Zu dieser Problematik der Konkurrenz von RSHA und WVHA bezüglich der Lager am Beispiel des Lagers Salaspils in Riga siehe: Klein, Dr. Rudolf Lange als Kommandeur der Sicherheitspolizei und des SD in Lettland: Aspekte seines Dienstalltags, 2002, S. 129 f.; Zu den Bestimmungen für AEL: ERA-R-819.2.3 S. 14 f. Chef der Sicherheitspolizei und des SD gez. Müller, Lagerordnung für die Arbeitserziehungslager. An: Befehlshaber und Inspekteure der Sicherheitspolizei und SD (einschl. besetzte Gebiete), An: Beauftragter Chefs der Sicherheitspolizei und SD für Frankreich und Belgien in Paris , 12. 12. 1941; ERA-R-819.2.3 S. 16 f. Reichsführer-SS und Chef der Deutschen Polizei im Reichsministerium des Innern gez. Dr. Siegert, Errichtung von Arbeitserziehungslagern. An: Befehlshaber und Inspekteure der Sicherheitspolizei und SD (einschl. besetzte Gebiete), Beauftragter Chef der Sicherheitspolizei und SD für Frankreich und Belgien in Paris, 12. 12. 1941.

gemäß der Struktur der Analyse zur Zivilverwaltung hier im Kontext des Ortes und der Art des „Arbeitseinsatzes". Ersterer ist in Beziehung zu setzen mit dem Thema des Einflusses der Rassenideologie auf die „Arbeitseinsatzpolitik" im RKO. Folglich sollen diese für die Organisationsstruktur der Polizei im Ostland spezifischen Aspekte im Rahmen derselben Untersuchungsstruktur wie zuvor bei der Zivilverwaltung analysiert werden, um ein Höchstmaß an Vergleichbarkeit sicherzustellen.

Verfügungsgewalten über Lager

Neben den beiden genannten Aspekten, welche für den Zusammenhang der Polizei mit der „Arbeitseinsatzpolitik" im RKO von Bedeutung sind, ergibt sich noch ein dritter Aspekt aus der Tatsache der bereits angesprochenen Zuständigkeitskompetenz der Polizei für die sich im Baltikum befindlichen Lager[278]. Wie bereits im Kontext der Zivilverwaltung angesprochen, hatten sich beide Seiten geeinigt, dass nach der Verhaftung durch die Behörden der zivilen „Arbeitseinsatzverwaltung" der Strafvollzug, und somit die Kontrolle der dort zu leistenden Arbeit Angelegenheit der Polizei war, ungeachtet der inneren Unterscheidung zwischen RSHA und WVHA, welche erst im Hinblick auf den zeitlichen Parameter eine Rolle spielte. In der ersten Phase der AEL wies die Zivilverwaltung die vertragsbrüchig gewordenen Arbeitskräfte in die Lager ein, die dem RSHA unterstehenden Behörden des örtlichen KdS in den drei Generalbezirken überwachten den Strafvollzug. In einem Schreiben des Gebietskommissars Riga-Stadt an das lokale Arbeitsamt heißt es dazu:

„Ich erkläre mich unter folgenden Bedingungen damit einverstanden, dass der Strafvollzug an den Dienstverweigerern und Arbeitsvertragsbrüchigen durch den Kommandeur der Sicherheitspolizei und SD in Lettland durchgeführt wird"[279].

278 Zu den verschiedenen Lagern und KZs im Baltikum zur Einführung: Alfred Streim, Konzentrationslager auf dem Gebiet der Sowjetunion, in: Dachauer Hefte 5. 1989, S. 174–187; Margers Vestermanis, Die nationalsozialistischen Haftstätten und Todeslager im okkupierten Lettland (1941–1945), in: Ulrich Herbert u. a. (Hg.), Die nationalsozialistischen Konzentrationslager – Entwicklung und Struktur: Band 1–2, Göttingen 1998, S. 184–199; Jahn, Riga – Kaiserwald. Stammlager, 2008; Heinrihs Strods, Konzentrationslager Salaspils (Oktober 1941 – September 1944) (Lettisch), in: Bambals (Hg.) 2001 – Komunistu un nacistu juga, S. 87–154; Meelis Maripuu u. Riho Västrik, Prison Camps in Estonia in 1941–1944, in: Toomas Hiio (Hg.), Estonia 1940–1945: reports of the Estonian International Commission for the Investigation of Crimes Against Humanity, Tallinn 2006, S. 679–680; Meelis Maripuu, Places of imprisonment subordinate to the Chief of the Security Police and SD in 1941–1944 Estonia, in: Toomas Hiio (Hg.), Estonia 1940–1945: reports of the Estonian International Commission for the Investigation of Crimes Against Humanity, Tallinn 2006d, S. 681–688; Riho Västrik, Tartu Concentration Camp in 1941–1944, in: Toomas Hiio (Hg.), Estonia 1940–1945: reports of the Estonian International Commission for the Investigation of Crimes Against Humanity, Tallinn 2006, S. 689–704; Mario Wenzel, Zwangsarbeitslager für Juden in den besetzten polnischen und sowjetischen Gebieten, in: Wolfgang Benz u. Barbara Distel (Hg.), Benz, Distel (Hg.), Der Ort des Terrors, Arbeitserziehungslager, Ghettos, Jugendschutzlager, Polizeihaftlager, Sonderlager, Zigeunerlager, Zwangsarbeiterlager, München 2009, S. 125–154, hier: S. 143–147.

279 BA-R-91.395 u. p. Gebietskommissar Riga Stadt, Schreiben betr.: Errichtung eines Arbeitslagers. An: Arbeitsamt Riga, 29. 4. 1942; Siehe hierzu auch den bereits zitierten Vermerk: BA-R-91.401 u. p. GK in Riga Abt. Aso gez. Dorr, Vermerk betr.: Ahndung von Arbeitsverweigerung, Arbeitsvertragsbruch usw., 27. 4. 1942.

Zu betonen ist dazu, dass die AEL auf den ausdrücklichen Wunsch und Befehl Himmlers eigentlich gar nicht als Lager mit Straffunktion vorgesehen waren:

„Die Arbeitserziehungslager sind ausschließlich zur Aufnahme von Arbeitsverweigerern und arbeitsunlustigen Elementen, deren Verhalten einer Arbeitssabotage gleichkommt, bestimmt. Die Einweisung verfolgt einen Erziehungszweck, sie gilt nicht als Strafmaßnahme und darf als solche auch nicht amtlich vermerkt werden"[280].

Das Machtstreben der dem RSHA unterstellten Behörden jedoch bewirkte, dass in der Praxis viele Lager im Baltikum dem Wesen nach selbst nach eigenem Bezeugen wie deutsche KZs waren[281].

Später, nach der Einrichtung der Konzentrationslager, erhielt das RSHA zwar die Kontrolle über die Einweisung, die Überwachung des „Arbeitseinsatzes" im KZ jedoch ging in den Zuständigkeitsbereich des WVHA über:

„Durch Befehl des Reichsführers-SS und Chefs der deutschen Polizei vom 3. 3. 1942 wurde die Dienststelle des Inspekteurs der Konzentrationslager aus dem SS-Führungsamt aus- und als Amtsgruppe D, Konzentrationslager, in das SS-Wirtschafts-Verwaltungshauptamt eingegliedert.

Diese Maßnahme dient der kriegswichtigen Lenkung des Arbeitseinsatzes und hat, wie ich ausdrücklich betone, auf die Zuständigkeit des Reichssicherheitshauptamts hinsichtlich der Einweisung und Entlassung von Häftlingen, auf Beurlaubungen usw. keinen Einfluss"[282].

280 ERA-R-819.2.3 S. 1–3. Reichsführer-SS und Chef der Deutschen Polizei im Reichsministerium des Innern Himmler, Verordnung: Errichtung von Arbeitserziehungslagern. An: Befehlshaber und Inspekteure der Sicherheitspolizei und SD (einschl. besetzte Gebiete), Beauftragter Chefs der Sicherheitspolizei und SD für Frankreich und Belgien Paris in, 28. 5. 1941; Vergleiche zu den in den AEL geltenden Bestimmungen auch: ERA-R-819.2.3 S. 14 f. Chef der Sicherheitspolizei und des SD gez. Müller, Lagerordnung für die Arbeitserziehungslager, 12. 12. 1941; Zu den AEL im Allgemeinen und in Estland im Besonderen siehe auch: Cord Pagenstecher, Arbeitserziehungslager, in: Wolfgang Benz u. Barbara Distel (Hg.), Benz, Distel (Hg.), Der Ort des Terrors, Arbeitserziehungslager, Ghettos, Jugendschutzlager, Polizeihaftlager, Sonderlager, Zigeunerlager, Zwangsarbeiterlager, München 2009, S. 75–99, S. 92.

281 Dazu: Klein, Dr. Rudolf Lange als Kommandeur der Sicherheitspolizei und des SD in Lettland: Aspekte seines Dienstalltags, 2002, S. 129.

282 ERA-R-819.2.3 S. 36. Chef der Sicherheitspolizei und des SD gez. Müller, Schreiben betr.: Eingliederung der Dienststelle des Inspekteurs der Konzentrationslager in das SS-Wirtschafts – Verwaltungshauptamt. An: Dienststellen der Sicherheitspolizei und das SD, 30. 5. 1942; Dazu vgl. auch: Karin Orth, Das System der nationalsozialistischen Konzentrationslager. Eine politische Organisationsgeschichte, Hamburg 1999, S. 214 f.; Maripuu, Places of imprisonment subordinate to the Chief of the Security Police and SD in 1941–1944 Estonia, 2006d, S. 682.

Im Gegensatz zu den KZs, die im Baltikum 1943 gegründet wurden[283], verblieb die Zuständigkeit über die weiter bestehenden AEL aber bei der Sipo/SD[284].

Die regionale Bedeutung der AEL und der Versuch der Sipo/SD sich mittels dieser Lager in die „Arbeitseinsatzpolitik" einzuschalten zeigt auch ein Schreiben des KdS Estland-Außenstelle Pernau, in dem er die Errichtung eines solchen Lagers fordert, um die regionale „Arbeitseinsatzlenkung" in seinem Sinne und unter seiner Zuständigkeit beeinflussen zu können[285]. Während die Sipo/SD versuchte auf diese Weise an Einfluss in der „Arbeitseinsatzpolitik" zu gewinnen, war sie zugleich bestrebt, die Kosten, in diesem Fall die Bewachung der Lager, für die sie ebenfalls zuständig war, gering zu halten, oder ganz auf andere deutsche Besatzungsbehörden, wie z. B. die Wehrmacht, abzuschieben. Über einen solchen Fall beklagte sich die Abteilung Forst- und Holzwirtschaft des RKO, da das für die Abdeckung der Forstarbeiten gegründete Lager seine geforderten Sätze aufgrund zu hoher Fluchtquoten nicht erfüllen konnte, während Polizei und Wehrmacht sich gegenseitig die Verantwortung für die Bewachung der Insassen des Lagers zuschoben[286].

Zwischenfazit:

Zusammenfassend für die Berührungspunkte der Polizei mit der „Arbeitseinsatzpolitik" bleibt festzuhalten, dass sich folgende Hauptaspekte ausmachen lassen: Die Kontrolle über die jüdische Bevölkerung und die Zuständigkeit für die Partisanenbekämpfung als Rekrutierungsmittel, und darüber hinaus als dritter damit verknüpfter Aspekt die Zuständigkeit für die Häftlinge in den verschiedenen Lagern. Letzterer Punkt verweist zugleich auf den Umstand, dass sich hier die beiden ersten Aspekte kreuzten, da ein großer Teil der Insassen der Lager Juden waren und die Ermordung der Juden auch im Kontext der „Gegnerbekämpfung" zu sehen ist. Weiter muss jedoch berücksichtigt werden, dass ähnlich wie schon bei der Analyse zur Zivilverwaltung auch die Polizei nicht als monolithischer Akteur zu betrachten ist. Die strukturell wichtigste Unterscheidung zeigt sich nämlich gerade bei letzterem Punkt, und zwar bezüglich der Zuständigkeit der Lager. Grundsätzlich sind die AEL von den KZs zu unterscheiden, was erstens eine zeitliche Aufteilung in die frühe Phase

283 Siehe Abschnitt zu jüdischer Zwangsarbeit.

284 „Der Reichsführer SS hat genehmigt, dass außer den Konzentrationslagern, die den SS-Wirtschafts-Verwaltungshauptamt unterstehen, auch weiterhin Arbeitserziehungslager errichtet werden dürfen, für die ausschließlich die Sicherheitspolizei zuständig ist". gez. Kaltenbrunner, 26. 7. 1943, abgedruckt in: Gabriele Lotfi, KZ der Gestapo. Arbeitserziehungslager im Dritten Reich, Stuttgart [u. a.] 2000, S. 386, Anm. 45.

285 ERA-R-819.2.3 S. 110. KdS Aussenstelle Pernau Grenzpolizeiposten Hapsal, Schreiben betr.: Einrichtungen bzw. unterhaltende AEL der Gebietskommissare von Kreis Wiek und auf der Insel Ösel. An: KdS Estland, 13. 12. 1943.

286 LVVA-P-70.5.67(II) S. 318 f. RKO Abt. III Fo Ho, Vermerk zur Bewachung von Kriegsgefangenen, 11. 11. 1943.

1941/1942 und die späte 1943/1944 ermöglicht, auch wenn die AEL bis zuletzt Bestand hatten, und zweitens eben auf den strukturellen Gegensatz von RSHA und WVHA verweist. Die genannten drei Aspekte sollen vor dem Hintergrund der strukturellen und zeitlichen Differenzierungsmöglichkeit im Folgenden analog zu den Grundfragen, wie sie schon bei der Zivilverwaltung analysiert wurden, betrachtet werden.

2.2.2 Zielvorstellungen zum Ort des „Arbeitseinsatzes" – Widerstand gegen die Sauckelaktionen

Die hier zu stützende Hauptthese lautet, dass auf dem Feld der „Arbeitseinsatzpolitik" der viel zitierte Antagonismus zwischen Zivilverwaltung und Polizei nicht vorhanden war. Im Gegenteil, insbesondere zur Frage der „Reichswerbung" hatte die Zivilverwaltung in den Behörden der Polizei einen machtvollen Verbündeten. Dieses „Bündnis" bestand zumindest dort, wo es darum ging, den Abzug von einer großen Zahl von Arbeitskräften ins Reich oder in andere Gebiete zu verhindern. Auf der anderen Seite opponierte die Sicherheitspolizei gegen einen allzu großen Zustrom der „Evarussen" stärker als die Zivilverwaltung, welche tendenziell eher bereit war, durch diesen Zustrom den Arbeitskräftemangel auszugleichen. Als Argument diente der Polizei in diesem Zusammenhang die sicherheitspolizeilichen Überwachungsschwierigkeiten, welche durch die überstürzte Aufnahme der „Evarussen" entstünden[287]. Ein Argument, das von zentraler Bedeutung für das Verständnis der Rolle der Polizei innerhalb der „Arbeitseinsatzpolitik" ist.

Doch im Widerstand gegen die Forderungen Sauckels für die „Reichswerbung" ähnelte sich sogar der Tonfall der politischen Abteilungen der Zivilverwaltung und dem KdS Lettland, wo sich KdS und GK diesbezüglich vollkommen auf einer argumentativen Linie bewegten:

„Unter all diesen Umständen kann mit einer Kräfteaufbringung auf freiwilliger Grundlage nicht gerechnet werden. Die Verlagerung von Arbeitskräften in das Reich könnte nur auf dem Wege der Zwangsverpflichtung, bezw. Evakuierung erfolgen.

287 „Nach Mitteilung der Abt. III Aso des Generalkommissars in Riga will der SD unter keinen Umständen auf ordnungsmäßige Ausweispapiere bei allen Flüchtlingen verzichten. ... Es ist kein Zweifel, dass diese (männliche „Evarussen", Anmerkung T.P.) bei der voraussichtlich schlechten Aufnahme, die sie in den Gemeinden finden, sehr bald zu den Partisanen übergehen werden. ... Dass die Gesamtzahl der Flüchtlinge etwa auf Lettland verteilt werden könnte, erscheint aussichtslos und auch unbillig. Nach Meinung des Kommandeurs der Sicherheitspolizei Riga würde dadurch die noch bisher in Lettland bestehende Ruhe ebenfalls beseitigt werden". Aus: LVVA-P-70.5.72 S. 117–119. RKO Abt. II Verw. 6 E 3 e, Vermerk zur Besprechung über Flüchtlingsfragen, 28. 8. 1943.

Derartige Maßnahmen würden schwerste politische Auswirkungen haben und eine grundlegende Änderung der bisherigen politischen Linie bedingen"[288].

Dennoch lassen sich in diesem Schreiben gegenüber der Argumentation der politischen Abteilungen der Zivilverwaltung des Generalkommissars leichte Akzentverschiebungen ausmachen. Hier steht vor allem der „sicherheitspolizeiliche" Aspekt im Vordergrund der Argumentation. Denn die Folgen einer gewaltsamen Rekrutierung von Arbeitskräften führe zu verstärkter Partisanentätigkeit, deren Konsequenzen in den Zuständigkeitsbereich der Sicherheitspolizei gehörten. Aber auch darüber hinaus berührte der Abzug von Arbeitskräften unmittelbare Interessen der Polizei, und zwar die bereits eingangs angeführten Schnittpunkte polizeilicher Einflussmöglichkeiten auf die „Arbeitseinsatzpolitik" – erstens die Verfügungsgewalt über die jüdische Bevölkerung und zweitens die unterschiedlichen Lagerinsassen allgemein: Lange betonte gegenüber dem Leiter der Wirtschaftsabteilung beim GK in Riga Dr. Dr. von Borcke, dass die Polizei sich auf diesen beiden Feldern schon ausreichend kompromissbereit gezeigt habe:

„Wie außerordentlich ernst die Arbeitseinsatzlage zurzeit in Lettland ist, kennzeichnet auch der Umstand, dass hier immer wieder Anträge eingehen, für dringende Vorhaben jüdische Arbeitskräfte und Häftlinge zur Verfügung zu stellen. Im Rahmen des Möglichen wurde geholfen und sogar die Erreichung des Straf- und Erziehungszieles hintangestellt, und erhöhte Fluchtmöglichkeiten in Kauf genommen"[289].

Damit sprach Lange wesentliche Punkte an, mittels derer sich die Polizei immer wieder in der „Arbeitseinsatzpolitik" einschaltete. Sowohl die Bewachungsfrage von Häftlingen, auf deren strenge Einhaltung die Polizei mehrfach bestand[290], als auch der Aspekt der Straf- und Erziehungsfunktion standen immer wieder im Mittelpunkt des wechselseitigen Schriftverkehrs der Behörden von Polizei und Zivilverwaltung.

Auch gegen Ende der deutschen Besatzungszeit waren Lange und von Borcke auf der Ebene des Generalkommissariats in Riga weiterhin vereint im Widerstand gegen Sauckels Forderungen nach Arbeitskräften für das Reich. Hatte die Sipo/SD noch Bedenken gegen einen allzu großen und unkontrollierten Zustrom der „Evarussen" gezeigt, so war man sich nun einig, den Abzug dieser Personen ins Reich mög-

288 BA-R-9.2.1145 u.p. KdS Lettland gez. Lange, Schreiben betr.: 2. Reichswerbeaktion. An: GK in Riga HA III z.H. Dr. Dr. von Borcke, 27.10.1942.

289 Ebd.

290 Zu internen Auseinandersetzungen zu diesem Thema siehe die Aufforderung des Leiters der estnischen Abteilung der Sipo/SD, zuständig für das Revaler AEL, der eine stärkere Bewachungsmannschaft für sein Lager von seinem Vorgesetzten fordert: ERA-R-819.2.3 S. 96–100. Leiter der estnischen Abteilungen der Sicherheitspolizei und d. SD Estland, Schreiben betr.: Bestand der Erziehungsmannschaft des Revaler Arbeits- und Erziehungslagers. An: KdS Estland, 24.9.1943; In Lettland ähnliche Problematik: BA-R-9.2.1153 u.p. GK in Riga Abt. III e Aso gez. Droysen, Aktenvermerk betr.: Einsatz von politischen Häftlingen, 7.9.1942.

lichst gering zu halten. In einem Schreiben Langes an seinen Vorgesetzten in Berlin heißt es:

„In der Anlage übersende ich Abschrift eines Berichts des Hauptabteilungsleiters III beim Generalkommissar in Riga, SS-Obersturmbannführer Dr. Dr. von Borcke, an den Reichskommissar für das Ostland, in dem Dr. Dr. von Borcke zu der Frage Stellung nimmt. Den Ausführungen Dr. Dr. von Borckes über die negativen wirtschaftlichen und politischen Auswirkungen, die bei der Durchführung dieser Maßnahmen zu erwarten sind, schließe ich mich voll an"[291].

Auch die Stoßrichtung gegen den Beauftragten des GBA im Ostland kommt klar zum Ausdruck, gekoppelt an das immer wiederkehrende sicherheitspolizeiliche Argument der Polizei, dass die politische Situation Vorrang vor den Rekrutierungszahlen habe:

„Nicht so sehr der Einsatz im Reich, als die Trennung der arbeitsfähigen von den nichtarbeitsfähigen Familiengliedern, dürfte besonders negative Folgen haben und den weiteren Einsatz von Evakuierten erschweren, ja vielleicht sogar unmöglich machen. Die beabsichtigte Maßnahme wird seitens des hiesigen Beauftragten des Generalbevollmächtigten für den Arbeitseinsatz, Präsident Dr. Boening, angestrebt"[292].

Doch versuchte Lange nicht nur im Bunde mit der Zivilverwaltung, den Abzug von Arbeitskräften aus Lettland zu verhindern. Auch einzelne Betriebe wurden zum Spielball seiner Bemühungen auf dem Feld der „Arbeitseinsatzpolitik" die Kontrolle über möglichst viele Arbeitskräfte in den Händen der Sipo/SD zu behalten, z. B. indem er versuchte, indirekt den Zustrom von Arbeitskräften aus anderen Gebieten nach Lettland zu bewirken. Nachdem Lange den Abzug von politischen Häftlingen für eigene Zwecke angeordnet hatte, gab er der entsprechenden Firma strategisch kalkulierte Hinweise zu Ersatzmöglichkeiten im Interesse des Generalbezirks Lettland:

„Wir bitten mit unserem heutigen Schreiben um möglichst schnellste Prüfung, ob es nicht möglich wäre, anstelle der politischen Häftlinge russische Evakuierte in unserer Zementfabrik einzusetzen. Herr Obersturmbannführer Lange sprach davon, dass in Litauen noch evakuierte Russen zur Verfügung ständen"[293].

291 BA-R-9. 2. 1153 u. p. Der Kommandeur der Sicherheitspolizei und des SD Lettland gez. Lange, Schreiben betr.: Abzug der arbeitsfähigen russischen Evakuierten aus Lettland. An: RSHA Abt. III D 5. 9. 2. 1944.

292 BA-R-9. 2. 1153 u. p. Der Kommandeur der Sicherheitspolizei und des SD Lettland gez. Lange, Schreiben betr.: Abzug der arbeitsfähigen russischen Evakuierten aus Lettland. An: RSHA Abt. III D 5, 9. 2. 1944.

293 IfZ-MA.201 S. 480 f. Rigaer Vereinigte Portlandzement- und Baustoffwerke G.m.b.H. gez. Frankenberger, Schreiben betr.: Ersatz den Abzug von politischen Häftlingen. An: Arbeitsamt Riga, 17. 7. 1943.

Aber auch jenseits des hier beschriebenen Zusammenspiels von Polizei und Zivilverwaltung auf der Ebene des Generalkommissars in Riga lassen sich Beispiele für Widerstand der verschiedenen Behörden der Polizei gegen die „Reichswerbung" finden. Wie schon erwähnt war Himmler von Anfang an gegen Anwerbungen aus den besetzten Ostgebieten, einschließlich des Baltikums, und verhängte daher auch den erwähnten Anwerbestopp für Rekrutierungen aus Litauen 1941[294].

Auch mit den zivilen Werbestellen des RAD arbeitete der Polizeiapparat reibungslos zusammen, wie der zuständige Beamte des RAD in Estland, Siegfried Utermark, dem GK in Reval Litzmann ausdrücklich mitteilte, was besondere Beachtung verdient, da die rassenideologischen Fernziele des RAD, wie gesehen, im Kontexts der Fernziele der Zivilverwaltung zu verorten sind und daher nicht zwangsläufig auf die Unterstützung der SS und ihren eigenen rassenideologischen Kompetenzen stießen[295].

Das Interesse der Polizeiorgane an Arbeitskräften vor Ort, also ihre Gegnerschaft zu den „Reichswerbungen", und zugleich das verstärkte Interesse, selbst die Verfügungsgewalt über Arbeitskräfte und die „Arbeitseinsatzpolitik" zu erlangen, lässt sich sowohl für die frühe Phase im Zusammenhang mit der Kontrolle über die AEL feststellen, als auch später nach der Übernahme und Gründung von KZs auf dem Territorium des Baltikums. So beklagte der Leiter des AELs in Reval ebenso den „Mangel an Arbeitskräften" in seinem Lagersystem[296], wie auch in den KZs darauf Wert gelegt werden sollte, „dass nur arbeitsfähige Häftlinge und auch Jugendliche nur nach den gegebenen Richtlinien überstellt werden" sollten[297].

Festzuhalten bleibt also, dass sowohl auf der Reichsebene als auch in den verschiedenen regionalen Behörden der Polizei und über den gesamten Zeitraum hinweg die Zusammenarbeit von Polizei und Zivilverwaltung gut auf dem Gebiet der „Arbeitseinsatzpolitik" funktionierte, da beide sich grundsätzlich darin einig waren, die Forderungen der Sauckelbehörde zurückzuweisen. Besonderes Gewicht hierbei hatte bei der Polizei der sicherheitspolizeiliche Aspekt, sowohl auf Reichsebene, wo es um die Gefahr der rassischen Durchmischung oder der propagandistischen „Bol-

294 Siehe Abschnitt zum Widerstand der Zivilverwaltung gegen Anwerbungen fürs „Reich". Siehe auch: „Generalkommissar für Litauen in Kowno verbietet Abtransport litauischer Arbeitskräfte nach Deutschland. Beruft sich auf einen Erlass des RAM wonach Reichsführer Himmler gegen die Hereinnahme Litauer in Altreich Einspruch eingelegt habe". Aus: LCVA-R-626.1.216 S. 194. Arbeitsamt Wilna gez Grünthaler Kommission Hessen, Fernschreiben betr.: Verhinderung des Abtransports litauischer Arbeitskräfte. An: Reichsarbeitsminister, 24. 12. 1941.

295 ERA-R-65.1.4 S. 45. S. Utermark. Arbeitsführer beim RAD, Schreiben betr.: Zusammenarbeit von RAD und SS in Estland. An: GK in Reval, 16. 12. 1942.

296 ERA-R-819.2.3 S. 96–100. Leiter der estnischen Abteilungen der Sicherheitspolizei und d. SD Estland, Schreiben betr.: Bestand der Erziehungsmannschaft des Revaler Arbeits- und Erziehungslagers, 24. 9. 1943.

297 ERA-R-819.2.3 S. 70 f. Chef der Sicherheitspolizei und des SD gez. Müller, Rundschreiben betr.: Verstärkte Einweisung in die Konzentrationslager., 23. 3. 1943.

schewisierung“ ging[298], als auch im Baltikum selbst, da hier durch starke Zwangsrekrutierungen politische Unruhe befürchtet wurde, welche die Polizei hätte niederschlagen müssen.

Aber auch eigene wirtschaftliche Interessen spornten die Polizeiorgane im Ostland an, umfangreiche Rekrutierungen zu verhindern, um die Arbeitskräfte in den eigenen AEL des RSHA und später auch in den KZs des WVHA auszubeuten, und so eine möglichst große Kontrolle über die „Arbeitseinsatzpolitik“ durch einen zahlenmäßigen hohen „Einsatz“ von politischen Häftlingen und Juden zu erzielen[299].

2.2.3 Zielvorstellungen zur Art des „Arbeitseinsatzes“ und zur Methode der Rekrutierung – Zwangsmaßnahmen in Lagern

Während die Zivilverwaltung und die Polizei bei der Abwehr von Sauckels Forderungen zusammen standen, stellte sich die Lage hinsichtlich der Frage der Rekrutierungsmethoden und der Anwendung von Zwangsmitteln beim „Arbeitseinsatz“ vor Ort anders dar. Zu diesem Thema sei nochmals darauf verwiesen, dass die Polizei vor allem über die Kontrolle der Häftlinge Einfluss auf die „Arbeitseinsatzpolitik“ nehmen konnte. Hier zeigte sich, dass die zuständigen Behörden der Polizei bestrebt waren, jeden Einmischungsversuch der Zivilverwaltung in die inneren Angelegenheiten des „Arbeitseinsatzes“ der Häftlinge abzuwehren. So musste Regierungsrat Droysen von der Abteilung Aso des GK in Riga nach einer Besprechung mit dem Hauptsturmführer Kaufmann vom SD in Lettland feststellen:

„Eine allgemeine grundsätzliche Einschaltung der Arbeitseinsatzverwaltung bei der Beschäftigung der Häftlinge erscheint daher nicht tragbar“.

Als Begründung für dieses Abwehrverhalten des KdS wurde dem Beamten der Zivilverwaltung erläutert:

„Die Gefahr, dass kommunistisch verseuchte Elemente, die mit einem Arbeitseinsatz verbundene Hafterleichterung zu verbotenen Zwecken ausnutzen, wurde mir demgegenüber als zu schwerwiegend bezeichnet“[300].

Auch alle weiteren Versuche Droysens, andere Häftlinge z. B. aus dem Lager in Salaspils zu einem „Arbeitseinsatz“ unter ziviler Verwaltung zu erhalten, wurden vom SD unter Verweis auf die sicherheitspolizeilichen Folgen abgewiesen:

298 Vgl.: Herbert, Fremdarbeiter, 1999, S. 177–179.
299 In diesem Zusammenhang ist auch die Deportation von Zehntausenden von Juden aus Mitteleuropa einzuordnen. Dazu: Wolfgang Scheffler u. Diana Schulle, Buch der Erinnerung: Die ins Baltikum deportierten deutschen, österreichischen und tschechoslowakischen Juden, München 2003.
300 BA-R-9. 2. 1153 u. p. GK in Riga Abt. III e Aso gez. Droysen, Aktenvermerk betr.: Einsatz von politischen Häftlingen, 7. 9. 1942.

„Ein Einsatz von Untersuchungsgefangenen ist nicht durchführbar. Die bei diesen Häftlingen ständig durchgeführten Vernehmungen sowie das Erfordernis jederzeitiger ständiger Überwachung verbieten jede Auflockerung der Haft.

Die in Sallaspils (sic) befindlichen politischen Häftlinge betragen z.Zt. etwa 1 400. Auch diese bedürfen ständiger schärfster Überwachung. ... Mein Vorschlag, für besondere Maßnahmen, insbesondere die Baugruppe Giesler, Gruppen von Häftlingen zusammenzustellen, wurde aus sicherheitspolizeilichen Bedenken abgelehnt"[301].

Auch von anderer Stelle innerhalb der Polizeistruktur waren ähnliche Verlautbarungen zu hören. Die Forderung nach der alleinigen Ausnutzung der Arbeitskräfte durch die Polizei wurde hier verknüpft mit der Kritik an der Zivilverwaltung, welche beschuldigt wurde, nicht die nötigen Fazilitäten eines Lagers zur Verfügung zu stellen, und darüber hinaus durch einen „Einsatz" von Häftlingen mit anderen Arbeitskräften sicherheitspolizeiliche Aspekte zu missachten und die erzieherischen Ziele der AEL zu untergraben:

„Zu dem Schreiben des Arbeitsamtes kann nur gesagt werden, dass von Seiten des Kommandos der Schutzpolizei immer wieder darauf hingewiesen worden ist, dass der augenblickliche Zustand in der Behandlung der Arbeitsverweigerer sogar auf kurze Zeit nicht tragbar ist, sondern eine unverzügliche Änderung erfahren muss, wenn der Zweck, diese Elemente zur Arbeit zu erziehen, überhaupt erreicht werden soll, und wenn sich die für diesen Zweck eingesetzten Dienststellen gegenüber diesen Elementen und auch der Allgemeinheit nicht bloßstellen wollen. ... Die Beschäftigung der Arbeitsverweigerer zusammen mit einer großen Zahl Arbeitswilligen und sogar mit Angehörigen der deutschen Wehrmacht bei der Baufirma Blank beim Kabelbau, ist schon insofern ein Fehler, als man es einem tüchtigen Arbeiter und noch viel weniger einem deutschen Wehrmachtangehörigen zumuten kann, mit Elementen auf der gleichen Baustelle zusammen zu arbeiten, die man als Saboteure ansprechen kann"[302].

Die logische Folge dieser Argumentation war die alleinige Kontrolle über den „Arbeitseinsatz" der Häftlinge durch die Polizei selbst. Im Zusammenhang mit der Frage der Bereitschaft zur Anwendung von Zwangsmitteln in den Lagern wird in demselben Schreiben noch ein weiteres an dieser Stelle relevantes Argument genannt, und zwar sei der lagermäßige „Arbeitseinsatz" auch deshalb notwendig, da man so freiere Hand bei der Anwendung von Zwangs- und Strafmaßnahmen habe. Andernfalls seien „Zwangsmaßnahmen gegen die Arbeitsverweigerer an Ort und Stelle fast unmöglich, ohne hierdurch das menschliche Gefühl sowohl der guten Arbeitskräfte,

301 Ebd.
302 BA-R-91.401 u. p. Kommando der Schutzpolizei, Schreiben betr.: Arbeitsverweigerer. An: Arbeitsamt Riga, 14. 4. 1942.

als auch der Bevölkerung wachzurufen und dadurch eventuell Zwischenfälle herbeizuführen"[303].

Die gleichen Argumentationsmuster wie zur Erlangung der Verfügungsgewalt über die politischen Häftlinge verwandte die Polizei auch, um den jüdischen „Arbeitseinsatz" unter ihre Kontrolle zu bringen. Auch hier wurden sicherheitspolizeiliche Kriterien vom SD in den Mittelpunkt gestellt, um andere Akteure auszuschließen:

„Der SD hat es im Zusammenhang mit der Gestellung abgelehnt, im Augenblick weitere Kasernierungen jüdischer Arbeitskräfte vorzunehmen, sodass die Gestellung der 260 Jüdinnen für die Torfindustrie in Frage gestellt war. ... Der SD wird wie bei allen solchen Gelegenheiten diese Kräftegestellung als „sicherheitspolizeilichen Einsatz" bezeichnen, bringt aber damit den gesamten Einsatz der Juden völlig durcheinander"[304].

Dass die Polizei negative Folgen durch die Zeugenschaft der Zivilbevölkerung befürchtete ist ein eindeutiges Indiz dafür, dass bei der Anwendung von Zwangsmaßnahmen in den AEL ein deutlicher Kontrast von normativen Vorgaben und Praxis herrschte. Eine Tatsache, die schon allein von der Arbeitsdauer ablesbar ist: Während in den Bestimmungen zum „Arbeitseinsatz" in den AEL von zehn bis zwölf täglichen Arbeitsstunden die Rede ist[305], bekundete der oben genannte Hauptsturmführer Kaufmann, dass in Salaspils das tägliche Arbeitspensum bei 14 Stunden liege[306]. Auch die Einlieferung von politischen Häftlingen, wie beispielsweise die bei der „Aktion Sommerreise" deportierten Personen, welche aufgrund ihrer vermuteten Partisanennähe und somit als „politisch unzuverlässige Elemente" klar aus politischen Motiven festgenommen wurden, war ein eindeutiger Bruch mit diesen ursprünglichen Anweisungen für AEL. Denn diese Lager waren ausdrücklich „ausschließlich zur Aufnahme von Arbeitsverweigerern und arbeitsunlustigen Elementen,

303 Ebd.; Siehe zu diesem Schreiben auch: Franziska Jahn, Salaspils, in: Wolfgang Benz u. Barbara Distel (Hg.), Der Ort des Terrors: Arbeitserziehungslager, Ghettos, Jugendschutzlager, Polizeihaftlager, Sonderlager, Zigeunerlager, Zwangsarbeiterlager, München 2009, S. 548–558, S. 551. Ein ähnlicher Fall der Nutzung von Häftlingen für einen unter Zivilverwaltung stehendem „Arbeitseinsatz" und auf sicherheitspolizeiliche Argumente pochende Polizei siehe: LCVA-R-1399.1.65 S. 28. KdS Litauen gez. Schmitz, Schreiben betr.: Bereitstellung von Häftlingen für einen besonderen Zweck. An: Aussendienststellen, 17. 12. 1942.

304 IfZ-MA.201 S. 474. Gebietskommissar in Riga Arbeitsverwaltung, Schreiben betr.: Einsatz jüdischer Arbeitskräfte. An: GK in Riga, 6. 7. 1943.

305 ERA-R-819.2.3 S. 1–3. Reichsführer-SS und Chef der Deutschen Polizei im Reichsministerium des Innern Himmler, Verordnung: Errichtung von Arbeitserziehungslagern, 28. 5. 1941.

306 BA-R-9. 2. 1153 u. p. GK in Riga Abt. III e Aso gez. Droysen, Aktenvermerk betr.: Einsatz von politischen Häftlingen, 7. 9. 1942; Siehe auch: Strods, Konzentrationslager Salaspils (Oktober 1941 – September 1944) (Lettisch), S. 135 f.

deren Verhalten einer Arbeitssabotage gleichkommt, bestimmt"[307]. Auch in der Verordnung vom Dezember 1941 zu den Errichtungen von AEL des Reichsführer-SS hatte es diesbezüglich unmissverständlich geheißen:

„In die Arbeitserziehungslager dürfen nur Arbeitsverweigerer sowie arbeitsvertragsbrüchige und arbeitsunlustige Elemente, deren Verhalten einer Arbeitssabotage gleichkommt oder die die allgemeine Arbeitsmoral gefährden und aus diesem Grunde polizeilich festzunehmen waren, eingewiesen werden. Andere Gefangene, insbesondere politische Schutzhäftlinge, sind von der Aufnahme ausgeschlossen"[308].

Desweiteren war auf normativer Ebene festgelegt worden, dass „die Einweisung in ein Arbeitserziehungslager ... keine Strafmaßnahme" sei. Und weiter hieß es zur Behandlung der Häftlinge: „Jede körperliche Einwirkung auf die Häftlinge der Arbeitserziehungslager ist untersagt"[309]. Trotz der untersagten „körperlichen Einwirkungen" musste jedoch eine Vielzahl von Verordnungen herausgegeben werden, welche die Benachrichtigung von Todesfällen an die Angehörigen regeln sollten, wovon in etwas unklarer Formulierung jedoch der osteuropäische Raum ausgenommen war. Hier hielt man eine Benachrichtigung wohl für überflüssig:

„Zusatz für die Dienststellen in den ehemals polnischen Gebieten, im Protektorat und in den besetzten Ostgebieten:

Falls die Durchführung des Erlasses infolge besonders gelagerter örtlicher und sonstiger Verhältnisse auf Schwierigkeiten stoßen sollte, kann es ausnahmsweise im Einzelfalle bei dem bisher dort geübten Verfahren verbleiben"[310].

Es zeigte sich in vergleichbarer Weise wie schon bei der Zivilverwaltung, dass der Kontrast von normativen Vorgaben und Praxis zuweilen durchaus auf die Stellung der entsprechenden Behörde innerhalb der jeweiligen Hierarchie zurückzuführen war. Denn die hier zitierten in Berlin ausgearbeiteten Vorschriften standen in krassem Gegensatz zur Praxis in den Generalbezirken im Baltikum. So erklärte sich, dass der KdS Estland eine Verordnung zur Durchführung von „Sonderbehandlungen" in AEL verabschieden konnte, was mit dem Verbot von jedweden „körperlichen Einwir-

307 ERA-R-819.2.3 S. 1–3. Reichsführer-SS und Chef der Deutschen Polizei im Reichsministerium des Innern Himmler, Verordnung: Errichtung von Arbeitserziehungslagern, 28. 5. 1941; Zum Charakter des Lagers Salaspils, insbesondere als Lager auch für politische Häftlinge siehe: Angrick u. Klein, Die „Endlösung" in Riga, 2006, S. 251 f.

308 ERA-R-819.2.3 S. 16 f. Reichsführer-SS und Chef der Deutschen Polizei im Reichsministerium des Innern gez. Dr. Siegert, Errichtung von Arbeitserziehungslagern, 12. 12. 1941; Zur Strategie des RSHA, aus AEL „erweiterte Polizeigefängnisse" zu machen: Lotfi, KZ der Gestapo, 2000, S. 279.

309 ERA-R-819.2.3 S. 14 f. Chef der Sicherheitspolizei und des SD gez. Müller, Lagerordnung für die Arbeitserziehungslager, 12. 12. 1941.

310 ERA-R-819.2.3 S. 39 f. Reichsführer-SS und Chef der Deutschen Polizei im Reichsministerium des Innern Himmler, Verordnung zur Benachrichtigung der Angehörigen von im Konzentrationslager verstorbenen Häftlingen der Sicherheitspolizei. An: Dienststellen der Sicherheitspolizei und das SD, 21. 5. 1942.

kungen" wohl nur schwer in Einklang zu bringen war. Der KdS bemächtigte zudem seine regionalen Führer der Sonderkommandos ohne seine vorherige Genehmigung, solche „Sonderbehandlungen" in den AEL durchzuführen[311]. Durch derartige „Sonderbehandlungen" oder Krankheiten und Entkräftungen kamen allein in dem Lager Salaspils bei Riga, trotz der verbotenen „körperlichen Einwirkungen", etwa 2000 Menschen ums Leben[312]. Auch in Estland wurden in den dortigen AEL, welche diese Bezeichnung erst im Oktober 1942 erhielten, Todesstrafen durchgeführt[313]. Die AEL der Sipo/SD in Estland und Lettland waren also eindeutig nur dem Namen nach zu dieser Kategorie Lager zuzurechnen. Die Hintergründe der Bezeichnung sind weniger auf den Charakter der Lager als auf den Versuch der Sipo/SD zurückzuführen, der Kontrolle durch das WVHA und deren Amtsgruppe D des Inspekteurs der KZs auszuweichen.

Zu den in den AEL des Baltikums durchgeführten Verbrechen der deutschen Besatzung gehörten auch die „eugenetischen Aktionen", welche nicht zuletzt auf ein wirtschaftspolitisches Kalkül der Ausnutzung von Arbeitskräften zurückzuführen war[314].

Jüdischer „Arbeitseinsatz" und die Rolle der Polizeiorgane[315]*:*
Da diese Konkurrenz von RSHA und WVHA bezüglich der Lagerkompetenz erst 1943 einsetzte, vollzogen sich die Verbrechen der Polizei in den Lagern der Polizei

311 ERA-R-819.2.3 S. 115. KdS Estland, Verordnung zur Durchführung von Sonderbehandlungen und Einweisungen in die AuE-Lager. An: Sonderkommandos „Hasselbach", „Prellberg" „Buchner", 10. 9. 1944.

312 Diese von Henrihs Strods geschätzte Zahl hat eine äußerst umstrittene historiographische Vorgeschichte, die bis zu einer Opferzahl von 600 000 in der sowjetischer Literatur reicht: Strods, Konzentrationslager Salaspils (Oktober 1941 – September 1944) (Lettisch), S. 152; Zur Zahl 600 000: Latvijas PSR vēsture. III. sējums, Rīga 1959, S. 431 f.; Häufiger findet sich in sowjetischer Literatur jedoch die Zahl 53 700, welche auf Ergebnisse der Nachforschungen der „Außerordentlichen Kommission" zurückgeht und sich auf die in Salaspils getöteten Personen ausschließlich der Kriegsgefangenen bezieht. Beispielsweise: A. Kadiķis (Hg.), Wir klagen an (Lettisch). Dokumente und Materialien zu den Verbrechen der nazionalsozialistischen Okkupanten und der bürgerlichen lettischen Nationalisten in der Lettischen SSR 1941–1945, Riga 1965b, S. 113; Siehe auch: Jahn, Salaspils, 2009.

313 Maripuu, Places of imprisonment subordinate to the Chief of the Security Police and SD in 1941–1944 Estonia, 2006d, S. 683–685.

314 Dazu ausführlich: Felder, Lettland im Zweiten Weltkrieg, 2009b, S. 286–297; Siehe auch den Vermerk der Behörde des KdS Lettlands: „Ich bescheinige hiermit, dass die in beigefügter Anlage aufgeführten 98 unheilbaren Geisteskranken am 22. 10. 1942 verstorben sind". Aus: LVVA-P-252.1.28 S. 3. KdS Lettland gez. Kirste, Benachrichtigung von Todesfällen. An: Rigaer Standesamt, 15. 3. 1943; Zuvor Anfang 1942 bereits 368 Tote und 243 Tote gemeldet in analogen Schreiben, siehe: LVVA-P-252.1.28 S. 1. KdS Lettland gez. Kirste, Benachrichtigung von Todesfällen. An: Rigaer Standesamt, 19. 5. 1942; LVVA-P-252.1.28 S. 2. KdS Lettland gez. Kirste, Benachrichtigung von Todesfällen. An: Rigaer Standesamt, 28. 5. 1942.

315 Vgl. auch Abschnitt zur jüdischen Zwangsarbeit.

vor diesem Zeitpunkt ausschließlich unter der Verantwortung der Sipo/SD. Dies ist insbesondere auch am Beispiel der Zuständigkeit über das Schicksal der Juden zu ersehen. Während sie ab 1943 in den KZs zur Zwangsarbeit unter menschenverachtenden Umständen genötigt wurden, waren sie zuvor in den verschiedenen Lagern unter der Leitung der Kommandeure der Sipo/SD insbesondere im Jahre 1941 den großen Vernichtungsaktionen zum Opfer gefallen. In der Regel waren die Juden in dieser Phase jedoch in den Ghettos gefangen gehalten gewesen. Beispielsweise ist die Entwicklung des Lagers Salaspils bei Riga charakteristisch für diese Entwicklung. Während dort 1942 anfänglich Juden untergebracht waren, verlagerte sich das Schwergewicht der Insassen schnell auf die politischen Häftlinge[316]. Auch hier zeigen sich analoge Entwicklungen in Estland, wo beispielsweise im AEL in Tartu anfänglich ebenfalls hauptsächlich Juden waren und es in dieser Phase auch als KZ von den örtlichen Behörden angesprochen wurde. Erst nachdem die Zuständigkeitsfrage zwischen RSHA und WVHA relevant wurde, änderte sich hier sowohl Bezeichnung als auch die Zugehörigkeit der Insassen[317].

Nach der Gründung der KZs im Baltikum im Jahre 1943 gelang es der Polizei, genauer den nachgeordneten Dienststellen des WVHA, die alleinige Kontrolle über die jüdischen Arbeitskräfte zu erlangen. Dies bedeutete einen Rückgang der stärker von der Sipo/SD verfolgten, auf sofortige Ermordung abzielenden Vernichtungspolitik, welche allerdings wegen der nicht vollständigen Kontrolle über die jüdische Bevölkerung so auch nicht durchgeführt wurde. Während dieser Phase war der „Arbeitseinsatz" der Juden noch in den Händen der zivilen „Arbeitseinsatzverwaltung". Nach der Übernahme durch das WVHA verschärften sich die Arbeitsbedingungen in den KZs mitsamt ihren zahlreichen Außenlagern zwar, zugleich war das eliminatorische Ziel der Vernichtung des RSHA aber auch in seiner machtpolitischen Reichweite beschnitten. Festzuhalten bleibt also, dass der Einfluss der Polizeibehörden auf den Zwangscharakter des jüdischen „Arbeitseinsatzes" wie folgt zu umschreiben ist: Während der „Ghettophase" waren die Arbeits- und Lebensbedingungen vergleichsweise besser, jedoch war die jüdische Bevölkerung vor allem im ersten Okkupationsjahr einem stärkeren auf umfassende Vernichtung abzielenden Einfluss des RSHA und seiner untergeordneten Dienststellen im Baltikum ausgesetzt gewesen. Dieser ging ab 1943 zurück. Der Leiter des WVHA drückte diesen Politikwandel unter seiner Führung innerhalb des WVHA so aus:

„Der Krieg hat eine sichtbare Strukturänderung der Konzentrationslager gebracht und ihre Aufgaben hinsichtlich des Häftlingseinsatzes grundlegend verändert. Die Verwahrung von Häftlingen nur aus Sicherheits-, erzieherischen oder vorbeugenden

316 Jahn, Salaspils, 2009, hier: S. 550 f.
317 Västrik, Tartu Concentration Camp in 1941–1944, 2006, S. 701.

Gründen allein steht nicht mehr im Vordergrund. Das Schwergewicht hat sich nach der wirtschaftlichen Seite hin verlagert"[318].

Doch änderten sich aufgrund der alleinigen Kontrolle über den jüdischen „Arbeitseinsatz" durch die Polizei die Arbeitsbedingungen zum Schlechteren.

Die Rekrutierungsmethoden und die Rolle der Polizei – Treibende Kräfte in den unteren Polizeiorganen:

So wie die Anwendung von schärfsten Zwangsmethoden der Polizei sowohl in den von der Sipo/SD kontrollierten AEL als auch in den vom WVHA geführten KZs ohne Zweifel konstatiert werden kann, so war die Rolle der Polizeibehörden auch bei der Auswahl der Mittel zur Rekrutierung von Arbeitskräften treibende Kraft zur Anwendung von härtesten Maßnahmen. Jedoch müssen hierbei zwei Aspekte der Einschränkung berücksichtigt werden. Erstens waren insgesamt die Polizeikräfte im Baltikum, wie schon angesprochen, nicht von solcher Stärke, dass auch alle beabsichtigten Ziele mit voller Gewalt durchgeführt werden konnten. Zweitens ist in diesem Zusammenhang eine Unterscheidung weniger auf horizontaler Ebene, sondern nach vertikaler Struktur möglich und angebracht. Denn die These lautet, dass bei der Rekrutierung von Arbeitskräften, ähnlich wie schon bei der Anwendung von Zwangsmaßnahmen in den Lagern, die normativen Vorgaben von höherer Instanz weniger hart waren als die Praxis der unteren ausführenden Organe. Dies betrifft nicht zuletzt die unterste Stufe, namentlich einheimische Polizeiverbände der Ordnungspolizei, also der Gendarmerie und Schutzpolizei, deren Gewaltpotential sich an den örtlichen Minderheiten entlud[319].

Beispielhaft kann hierfür erneut die „Aktion Sommerreise" vom Sommer 1943 herangezogen werden, da hier auch der Zusammenhang von „Antipartisanenaktionen" und Rekrutierung zum „Arbeitseinsatz" besonders deutlich wurde. In dem Einsatzbefehl des KdS Lettland Lange, der die organisatorische Leitung und die Verantwortung der Sipo festlegte, war sowohl das Ziel der Entfernung „politisch unzuverlässiger Elemente" klar formuliert, als auch der Zweck des „Abtransports zum Arbeitseinsatz" unmissverständlich angegeben[320]. Weiter waren in den Ergänzungen

318 IMT XXXVIII. Dokument 129-R S. 362–367, Bericht des Chefs des SS-WVHA Pohl an Himmler, 30. 4. 1942, hier: S. 364; Zu wirtschaftaftspolitischen Faktoren innerhalb des SS-Polizeiapparats und namentlich in dem WVHA vgl.: Michael Thad Allen, The business of genocide: the SS, slavery, and the concentration camps, in: Francis R. Nicosia (Hg.), Business and industry in Nazi Germany, New York, NY 2004, S. 81–103, hier: S. 98 f.

319 Vgl. Abschnitt zu slawischen Minderheiten.

320 BA-R-92.8 S. 14–20. Der Kommandeur der Sicherheitspolizei und des SD Lettland gez. Lange, Einsatzbefehl zum Unternehmen „Sommerreise", 20. 8. 1943.

zu diesem Einsatzbefehl vorausschauend[321] zu den normativen Vorgaben folgende Verhaltensregeln bestimmt worden:

„Bei der Durchführung der Festnahmen ist mit äußerster soldatischer Korrektheit vorzugehen. Insbesondere haben Misshandlungen und Beschimpfungen der Festzunehmenden zu unterbleiben"[322].

Ausdrücklich waren auch Alkoholgenuss und Plünderungen bei der Durchführung der Festnahmen untersagt[323].

Trotz dieser Befehle sah die Realität anders aus. In einem Aktenvermerk des Gebietskommissariats Dünaburg heißt es dazu:

„Bei dieser Aktion sind durch die Ungenauigkeiten der lettischen Polizeibeamten erhebliche Werte an Inventar verloren gegangen, so sind Kühe, Schweine, Hühner u. a. zum Teil verkauft, zum Teil geschlachtet worden und Getreide verschoben. Auch Kleidungsstücke und Hausgeräte, Geschirr u. a. sind von Polizeibeamten ohne Ausreichung einer Quittung mitgenommen worden. Andernorts ist auch Schuhwerk, Galloschen etc. entfernt. Die Höfe samt Inventar sind vielfach nicht den anwesenden Familienangehörigen oder benachbarten Verwandten übergeben worden, sondern außenstehenden Personen"[324].

Neben dem offensichtlichen Bruch des Plünderungsverbots spricht der Autor dieses Aktenvermerks einen weiteren Aspekt des unkorrekten Verhaltens der örtlichen Polizeikräfte an, und zwar die Missachtung der Familienangehörigen der Deportierten. Insgesamt handelte die mit der praktischen Durchführung beauftragte lettische Polizei nach eigenmächtigen Kriterien, was zu einer starken Benachteiligung der gesamten russischen Bevölkerung führte, auch dies entgegen der im Voraus erstellten Listen der zu deportierenden Personen. Der Bevollmächtigte für alle Fragen der russischen Bevölkerung im Generalbezirk Lettland Presnjakov beschwerte sich vor allem wegen dieser Ungenauigkeit, bezüglich derer von „soldatischer Korrektheit" nicht mehr die Rede sein konnte:

„Besonders erregt die russische Bevölkerung die Tatsache, dass ein großer Teil der Herausgeschickten in die Verzeichnisse der Herauszuschickenden ohne einen triftigen Grund eingetragen wurde, bloß aus Rachesucht und der persönlichen Motive wegen seitens der Personen, die diese Verzeichnisse zusammenstellten. Leider wurden die Vertreter der russischen Bevölkerung zur Aufstellung der genannten

321 Hintergrund dieser Bestimmungen waren nicht zuletzt die Erfahrungen, welche man bei der im Jahr zuvor durchgeführten „Lettgallenaktion" gemacht hatte.

322 Ebd.

323 BA-R-92.8 S. 21 f. Der Kommandeur der Sicherheitspolizei und des SD Lettland gez. Lange, Zusatzbefehl Nr. 1. Unternehmen „Sommerreise", 22. 8. 1943.

324 BA-R-92.8 S. 24. Gebietskommissar in Dünaburg gez. Fehre, Aktenvermerk zum Unternehmen „Sommerreise", 31. 8. 1943.

Verzeichnisse und zur rechtzeitigen Überprüfung derselben nicht herangezogen"[325].

Ein solcher Fall von persönlichen Motiven der lettischen Polizeibeamten sei beispielsweise im Fall einer jungen russischen Frau „das Abweisen der Aufdringlichkeiten des lettischen Beamten" gewesen[326].

Unterstützung in dieser Sache erhielt die russische Minderheit durch den Gebietskommissar in Dünaburg Riecken[327], der insbesondere die Zusammenarbeit mit den ausführenden Organen der unteren Polizeibehörden kritisierte, welche von ihrer Seite aus keinerlei Bereitschaft zur Zusammenarbeit mit ihm gezeigt hätten und statt dessen eigene Ziele bei der Auswahl der zu deportierenden Personen verfolgt hätten. Auch nach der „Aktion" sei die Bereitschaft der Polizeidienststellen zur Zusammenarbeit abweisend gewesen:

„Meine bei der Sicherheitspolizei vorgetragenen Wünsche sind jedoch nur in ein paar Fällen berücksichtigt worden. Der SD betont dabei, dass die sicherheitspolizeiliche Untersuchung leider zu keinem günstigen Ergebnis geführt habe. Ich habe, offen gestanden, nicht den Eindruck, dass selbst bei Berücksichtigung aller sicherheitspolizeilichen Momente die Ablehnung vieler Gesuche gerechtfertigt ist. ... Nach den gemachten Erfahrungen bin ich grundsätzlich gegen die Durchführung solcher Massenaktionen und zwar wegen der starken Resonanz, die solche Maßnahmen auch auf den ordentlichen Teil der Bevölkerung ausübt. Es entsteht zweifellos durch eine solche Aktion ein allgemeines Unsicherheits- und Rechtlosigkeitsempfinden, das sich in vieler Hinsicht nachteilig auswirkt"[328].

Dieses „Unsicherheitsempfinden" war Ergebnis des Bruchs der örtlichen Polizeieinheiten mit den planerischen Vorgaben zur Durchführung dieser Aktion. Dass diese ein solches Verhalten von sich wies und die Einhaltung der „soldatischen Korrektheit" bei der Ausführung der Aktion behauptete[329], erstaunt kaum, ist aber in Anbetracht der Quellendichte, die vom Gegenteil zeugen, wenig glaubhaft.

325 BA-R-92.8 S. 27 f. Der Bevollmächtigte für alle Fragen der russischen Bevölkerung im Generalbezirk Lettland gez. Presnjakoff, Schreiben betr.: Unternehmen „Sommerreise". An: GK in Riga, 6. 9. 1943.

326 Ebd.

327 Zum grundsätzlichen Verhältnis von Gebietskommissaren und örtlicher Schutzpolizei und Gendarmerie siehe: Scheffler, Zur Rolle der Zivilverwaltung bei der Durchführung der „Endlösung der Judenfrage" im Reichskommissariat Ostland, 1999.

328 BA-R-92.8 S. 43 f. Gebietskommissar in Dünaburg gez. Riecken, Schreiben betr.: Abschiebung politisch-unzuverlässiger Elemente aus Lettgallen, 3. 12. 1943.

329 „Die Festnahmeaktion verlief im wesentlichem reibungslos und ohne wesentliche Zwischenfälle. ...Das Verhalten der eingesetzten Kräfte hat nach den bisher vorliegenden Meldungen zu keinen Beanstandungen Anlass gegeben. Ich habe mich persönlich von dem Verhalten der eingesetzten Kräfte der lettischen Polizei ... überzeugt und dabei festgestellt, dass sich die eingesetzten Männer durchaus korrekt verhalten haben. Ich führe dies zu einem Teil darauf zurück, dass die Männer von ihren Vorgesetzten entsprechend belehrt worden sind. Ferner dürfte das verhängte Verbot des Alkoholgenusses sich dabei vorteilhaft ausgewirkt haben". Aus: BA-R-92.8 S. 45 f. Der SS- und Polizei-Gebietsführer in Dünaburg, Schreiben betr.: Aktion „Sommerreise" zur Erfassung politisch – unzuverlässiger Elemente. An: Kommandeur der Gendarmerie Lettland, 2. 9. 1943.

Zwischenfazit:
Zum Zusammenhang von Zwangsmethoden bei „Arbeitseinsatz" und Rekrutierungsmethoden und der Rolle des Akteurs Polizei ist zurückzukommen auf die Hauptaspekte der Zuständigkeit über den jüdischen „Arbeitseinsatz" und die Partisanenbekämpfung und für beide Aspekte bedeutsam die Kontrolle der Polizei über die verschiedenen Lagertypen. Letzteres führt noch zur strukturellen Unterscheidung von RSHA und WVHA wegen der Differenzierung zwischen AEL und KZs. Insgesamt ist in diesem Zusammenhang feststellbar, dass die normativen Vorgaben von höheren Instanzen weniger brutal waren als die Praxis der unteren Ebenen der Polizeibehörden. Dies gilt sowohl für die Zustände in den Lagern, und zwar hier unabhängig davon, ob in den dem RSHA unterstehenden AEL oder in den KZs des WVHA[330], als auch für die Rekrutierungsmethoden, welche auch auf lokaler Ebene von den örtlichen Polizeieinheiten nicht beachtet wurden und zu der Anwendung einer menschenverachtenden Praxis führten.

2.2.4 Rassenideologische Zielvorstellungen – Geringere „Bevorzugung" für die baltische Mehrheitsbevölkerung

Normative Vorgaben:
Rassenideologisches Gedankengut spielte innerhalb der Polizeiorgane zwar eine außerordentlich große Rolle, die Auswirkungen auf die „Arbeitseinsatzpolitik" diesbezüglich waren allerdings von Seiten der Zivilverwaltung für die Region des Baltikums bedeutsamer, da die rassenideologischen Ansichten der Polizeiorgane bezogen auf den Raum des Baltikums weniger differenziert als bei der Zivilverwaltung waren[331]. Mit anderen Worten war die Bevölkerung des Baltikums für die Organe der Polizei weniger stark von den übrigen besetzten Ostgebieten auf normativer Ebene zu unterscheiden. Auf einer Sitzung des RSHA Anfang 1943 anlässlich der Frage des „Vertragsbruchs" von ausländischen Arbeitskräften im Reich wurde in diesem Sinne auch auf eine unterschiedliche Behandlung von Balten, Ukrainern und Russen hinsichtlich der Bestrafung von Fluchtversuchen keinen Wert gelegt:

„Die Behandlung der Litauer, Letten und Esten ist noch nicht geklärt, das RSHA schlägt gleiches Verfahren vor"[332].

Auch innerhalb des Baltikums war der Polizei eine Unterscheidung nach rassenideologischer Hinsicht nicht so wichtig. Daher findet sich in den von Himmler ver-

330 Zu den Zuständen im KZ Kaiserwald mit Verweis auf die willkürliche Härte der unteren Polizeiorgane vor Ort: Jahn, Riga – Kaiserwald. Stammlager, 2008, S. 44.

331 Dazu im Allgemeinen: Dallin, German rule in Russia, 1941–1945, 1957, S. 442 f.

332 BA-R-16.162 u. p. Der Chef der Sicherheitspolizei und des SD gez. Müller, Sitzungsbericht betr.: Der Einsatz ausländischer Arbeiter im Reich, 8. 1. 1943.

fassten „Allgemeinen Bestimmungen über Anwerbung und Einsatz von Arbeitskräften aus dem Osten“, welche für die Behandlung der baltischen Arbeitskräfte im Reich von entscheidender Bedeutung waren, keine Unterscheidung zwischen baltischer Mehrheitsbevölkerung und slawischen Minderheiten:

„Als „Arbeitskräfte aus den ehemaligen Staaten Litauen, Lettland und Estland“ gelten alle ehemaligen litauischen, lettischen und estnischen Staatsangehörigen und Staatenlosen, die am 1. 9. 1939 in dem Gebiet der ehemaligen Staaten Litauen, Lettland und Estland ansässig waren und nach dem 22. 6. 1941 aus diesem Gebiet zum zivilen Arbeitseinsatz ins Reich hereingebracht sind oder werden“[333].

Hintergrund dieses generellen Unterschieds zwischen Zivilverwaltung und Polizei war die schwache Unterstützung jeglicher Ideen, welche im Umfeld des „Dekompositionsgedanken“ anzusiedeln waren. Eine Eindeutschung größerer Teile der einheimischen Bevölkerung war von den höheren Instanzen der Polizei im Gegensatz zur Zivilverwaltung nicht vorgesehen[334]. Somit wurde die relative „bevorzugte Behandlung“, so wie sie die Zivilverwaltung propagierte und wie sie schließlich auch in den Richtlinien für die Behandlung von ausländischen Arbeitskräften aus dem Baltikum im Reich vom RSHA Eingang fand[335], bei der Polizei eher als lästig empfunden. Als Beispiel sei an dieser Stelle die schleppende Debatte zwischen Zivilverwaltung und Polizei über die Einführung eines nach Nationalitäten differenzierenden „Ostarbeiterabzeichens“ genannt[336]. Hintergrund dieser Linie der Polizei gegenüber der Bevölkerung war nicht zuletzt auch eine insgesamt geringere Wertschätzung der einheimischen Bevölkerung hinsichtlich ihrer rassenideologischen Voraussetzungen. Eine solche Einstellung wird auch in dem bereits genannten Beschwerdeschreiben des Musterungsstabes des RAD deutlich, aus dem eine nach rassenideologischen Gesichtspunkten strengere Einstellung der Polizei deutlich wird, da SS-Ärzte eben im Gegensatz zu den zivilen Ärzten nicht nur auf die „körperliche Tauglichkeit“ achte-

333 IfZ-MA.202 S. 1238–1253. Reichsführer SS und Chef der Deutschen Polizei gez. Heydrich, Allgemeine Bestimmungen über Anwerbung und Einsatz von Arbeitskräften aus dem Osten, 20. 2. 1942.

334 Siehe dazu den Artikel „Germanisieren“ im „Schwarzen Korps“, abgedruckt (Lettisch) in: Kadiķis, Wir klagen an (Lettisch), 1965b, S. 15–17.

335 IfZ-MA.202 S. 1238–1253. Reichsführer SS und Chef der Deutschen Polizei gez. Heydrich, Allgemeine Bestimmungen über Anwerbung und Einsatz von Arbeitskräften aus dem Osten, 20. 2. 1942.

336 Siehe hierzu beispielsweise die umfangreichen Auseinandersetzungen bezüglich einer von der Zivilverwaltung geforderten Differenzierung des Ostarbeiterabzeichens nach Nationalitäten: IfZ-MA.248 S. 923. Reichsführer SS und Chef der Deutschen Polizei gez. Himmler, Schreiben betr.: Ostarbeiterabzeichen. An: RMfdbO, 30. 6. 1943; IfZ-MA.248 S. 925 f. RMfdbO gez. Rosenberg, Schreiben betr.: Ostarbeiterabzeichen. An: Reichsführer SS und Chef der Deutschen Polizei Himmler, 15. 4. 1943; Siehe auch: Herbert, Fremdarbeiter, 1999, S. 264–266.

ten, sondern als ausschlaggebendes Kriterium nach „rassischen Gründen" urteilten[337].

Auch Himmler fand immer wieder Vorwände, die Personen aus den baltischen Ländern mit den anderen Bewohnern der besetzten Ostgebiete zusammenzufassen, so beispielsweise bei der Regelung der „Gefahrenabwehr" im Reich durch ausländische Arbeitskräfte. Die beiden Bevölkerungsgruppen fielen in dieser Angelegenheit in den Zuständigkeitsbereich ein und derselben Abteilung des RSHA, namentlich des Referats IV D 5 „Ostarbeiter und Arbeitskräfte aus den Baltenländern"[338].

Eine Ausnahme bildeten jedoch wieder einzig die Esten, deren rassenideologische Überlegenheit auch bei der Polizei Anerkennung fand und zu einer Besserstellung ohne Einwände auch von Seiten der Polizei führte:

„Der Höhere SS- und Polizeiführer in Riga hat in einem FS hierher mitgeteilt, dass der Generalkommissar für Estland gegen eine Kennzeichnung der im Reich tätigen estnischen Arbeitskräfte Bedenken erhoben habe. Der Höhere SS- und Polizeiführer hat sich der Stellungnahme des Generalkommissars für Estland angeschlossen und auch seinerseits eine Kennzeichnung nicht für notwendig gehalten"[339].

Zuständigkeit der Polizei in „Volkstumsfragen" – Priorität von Rassenideologie:
Die radikalere Einstellung der Polizei der einheimischen Bevölkerung gegenüber sah hinsichtlich einer nicht erwünschten Eindeutschung statt dessen als Fernziel, die Entfernung der einheimischen Bevölkerung und die Besiedlung mit Deutschen vor, so wie es in dem im RSHA und dem Rasse- und Siedlungshauptamt (RuSHA) ausgearbeiteten „Generalplan Ost" formuliert war[340]. Ein erster Schritt auf diesem Wege war die Rücksiedelung der bis zu 25 000 Litauendeutschen, welche einen ersten deutschen Korridor in Richtung des als deutschen Brückenkopf betrachteten Rigas schlagen sollten[341]. Diesem Fernziel zum Trotz verbat sich die Polizei jedoch jede Einmischung in „Volkstumspolitik", auch wenn sie vordergründig das eben bezeichnete Ziel zu unterstützen schien. Ein Beispiel dieser Art war das Verbot, eine Rückkehr der

337 ERA-R.65.1.41 S. 37. Bevollmächtigte des Reichsarbeitsführers im RKO, Schreiben betr.: Rassische Untersuchung von RAD-Freiwilligen aus dem Ostland, 26. 7. 1944.

338 LCVA-R-1399.1.31 S. 5–15. RFSS und Chef der Deutschen Polizei gez. Himmler, Anordnung betr.: Gefahrenabwehr beim Ausländereinsatz. An: Verteiler, 7. 12. 1942.

339 ERA-R-65. 1. 2103 S. 17. KdS Estland, Schreiben betr.: Kennzeichnung der zum Arbeitseinsatz ins Reich kommenden Esten. An: GK Reval, SS-und Polizeifuehrer Reval, 18. 2. 1942.

340 Zum Generalplan Ost: Czeslaw Madajczyk, Vom Generalplan Ost zum Generalsiedlungsplan, München 1994.

341 Dazu: Dieckmann, Plan und Praxis: Deutsche Siedlungspolitik im besetzten Litauen 1941–1944, 2006c, S. 95–118 (Hier 19 000); Harry Stossun, Die Umsiedlungen der Deutschen aus Litauen während des Zweiten Weltkrieges: Untersuchungen zum Schicksal einer deutschen Volksgruppe im Osten, Marburg/Lahn 1993, S. 155–222, Zahlenangaben: S. 171. Zu Riga als „Brückenkopf": Evarts, Riga als Zentrum Ostlands. Die Okkupationsmacht und die Lettische Landesverwaltung 1941–1945, 2004b.

Deutschbalten aus Estland und Lettland zuzulassen, welche inzwischen im Wartheland angesiedelt waren und dort schon die Funktion einer Germanisierung dieses Gebietes erfüllen sollten. Auch Ausnahmefälle konnten zu abweisender Reaktion seitens der Polizei führen, wie im Falle einer deutschbaltischen Frau, die mit ihrem in der Zivilverwaltung beschäftigten Mann mit ins „Ostland" gereist war[342].

Dass die Zivilverwaltung trotz der auch hier viel diskutierten Pläne einer Rassenpolitik auf diesem Feld die Kompetenzen de facto an die Polizei und namentlich den RKFDV abgeben hatte, zeigt ein Schreiben des GK in Reval, in dem zugestanden wird, dass für einen Überblick zu den in Estland lebenden verschiedenen Nationalitäten die Konsultation mit Polizeiorganen notwendig sei:

„Da es sich bei den in Estland beschäftigten Ausländern im wesentlichen um Kräfte handelt, die von den in Estland eingesetzten reichsdeutschen Firmen aus dem Reich als Stammpersonal mitgebracht werden, und da dabei eine Mitwirkung der Arbeitsämter im allgemeinen nicht erfolgt, bin ich nicht in der Lage, Sie über Zahl, Herkunftsland, Einsatzort und voraussichtliche Dauer des Einsatzes der Ausländer zuverlässig zu unterrichten. Lückenlose Angaben darüber wird nur die Polizei machen können"[343].

Die Kompetenzen und klaren Machtverhältnisse zugunsten des RKFDV als Tatsache anzunehmen fiel den zuständigen Beamten der Zivilverwaltung allerdings nicht leicht. Daher meinte der Beauftragte der Abteilung Volkstum und Siedlung des Ostministeriums Wetzel während einer Besprechung beim Vertreter des Rasse- und Siedlungshauptamtes gegenüber dem Leiter des Rasseamtes SS-Standartenführer Schulz feststellen zu müssen:

„Ich habe bei den Besprechungen mit B.R. Schulz keinen Zweifel daran gelassen, dass wir uns im Ostministerium durchaus als Gleichberechtigte fühlen"[344].

Schließlich zeigte sich die Macht der rassenideologisch begründeten Politik der Polizei im Zusammenhang mit der „Arbeitseinsatzpolitik" nicht zuletzt auch in der Verfügungsgewalt über die jüdischen Arbeitskräfte. In diesem Sinne liest sich der resignierende Kommentar eines Beamten aus der Abteilung Aso des GK in Riga über den durch den Abzug jüdischer Arbeitskräfte in die SS eigenen KZs 1943 auch als Bestätigung für die Durchsetzung rassenideologischer Ziele der SS auf dem Gebiet der „Arbeitseinsatzpolitik" im RKO:

342 ERA-R.65.1.29 S. 4. Reichsführer für die Festigung deutschen Volkstums, Schreiben betr. des Gesuchs nach der Genehmigung der Rückkehr einer Baltennachumsiedlerin, Frau Hilja Orle. An: GK in Reval, 3. 12. 1942.

343 ERA-R.65.1.41 S. 4. GK in Reval Abt. III Aso – Gruppe Arbeitseinsatz, Schreiben betr.: Laufende Unterrichtung der Abteilung Politik über den Arbeitseinsatz von Ausländern im Generalbezirk Estland. An: Hauptabt. I Politik, 11. 2. 1943.

344 BA-R-6.159 S. 1–3. RMfdbO Wetzel, Aktenvermerk zur Besprechung am 15.11.41 im Rasse- und Siedlungshauptamt SS, 19. 11. 1941.

„Der bevorstehende bezw. zum Teil bereits durchgeführte Abzug jüdischer Arbeitskräfte ist auf außerhalb des Arbeitseinsatzes liegende Gründe zurückzuführen und kann infolgedessen von mir nicht verhindert werden“[345].

Im Zuge dieser endgültigen Übernahme der Kontrolle über die jüdische Bevölkerung und ihrer „Arbeitseinsatzorganisation“ protestierten die Organe der zivilen „Arbeitseinsatzverwaltung“ anfangs empört[346], später höflich fragend[347], aber immer ohne Erfolg. Die Arbeitskräfte standen von nun an allein den Interessen der Polizei zur Verfügung.

Dabei war in diesem Kontext natürlich auch schon zuvor das rassenideologische Ziel der Vernichtung der Juden mit ökonomischen Interessen in Konflikt geraten. Bekanntester Fall dieser Art war der Streit um die Berücksichtigung „wirtschaftlicher Belange“ Ende 1941, als die zweite große Vernichtungswelle die einheimischen Juden in Lettland und Litauen fast vollständig auslöschte. Ergebnis dieser kurzzeitigen Irritation, welche zu Anfragen und Protesten gegen die Massenerschießungen von Juden durch Lohse und andere Beamte der Zivilverwaltung geführt hatte, war die durch das Ostministerium vermittelte Anweisung:

„In der Judenfrage dürfte inzwischen durch mündliche Besprechung Klarheit geschaffen sein. Wirtschaftliche Belange sollen bei der Regelung des Problems grundsätzlich unberücksichtigt bleiben. Im Übrigen wird gebeten, auftauchende Fragen unmittelbar mit dem Höheren SS- und Polizeiführer zu regeln.

345 IfZ-MA.201 S. 483 f. GK in Riga Abt. III Aso, Schreiben betr.: Bereitstellung von Arbeitskräften. An: Leiter des Heeresverpflegungsmagazins Riga, 27. 7. 1943.

346 „In Riga wurde in den letzten Wochen durch den plötzlichen und kurzfristigen Abzug der jüdischen Arbeitskräfte eine Situation geschaffen, die bei einer Anzahl (von, Ergänzung T.P.) Betrieben und Dienststellen zu einer empfindlichen Leistungsminderung führen musste. ... Von meiner Seite ist wiederholt darauf hingewiesen (worden, Ergänzung T.P.), dass von den Arbeitseinsatzdienststellen eine auch nur annähernd ausreichende Ersatzgestellung in solch kurzer Zeit nicht möglich ist. Da trotzdem der Abzug von jüdischen Arbeitskräften weiter erfolgt, sehe ich mich veranlasst, nochmals auf die drohenden und zu befürchtenden Schwierigkeiten aufmerksam zu machen“. Aus: IfZ-MA.201 S. 488 f. Gebietskommissar in Riga Arbeitsverwaltung, Schreiben betr.: Arbeitseinsatz von jüdischen Arbeitskräften. An: KdS Riga, 17. 8. 1943.

347 Beispielsweise folgende später durch den KdS abgelehnte Bitte der Abteilung Aso des GK in Riga: „Ich bitte daher, mit Rücksicht auf die von höchsten Stellen anerkannte Vordringlichkeit der vom Stab Major Schuh durchzuführenden Großschrottaktion, in diesem Falle die abgezogenen jüdischen Arbeitskräfte soweit wie möglich wieder zur Verfügung zu stellen und der Dienststelle die Möglichkeit zu geben, die Einsatzbedingungen den neu festgelegten Erfordernissen entsprechend anzupassen“. Aus: IfZ-MA.201 S. 541 f. GK in Riga Abt. III Aso, Schreiben betr.: Judeneinsatz beim Stab Major Schu Einsatzstab Nord. An: KdS Lettland z.H. Hauptsturmführer Barth, 8. 9. 1943; Ablehnung der Bitte durch den SS-Wirtschafter des WVHA im RKO: IfZ-MA.201 S. 544. HSSPF für das Ostland. Der SS-Wirtschafter, Schreiben betr.: Judeneinsatz beim Stab Major Schu Einsatzstab Nord. An: GK in Riga Abt. III Aso, 4. 10. 1943; Im selben Tonfall verfasste Bitte um Weiterleitung an die Polizeiorgane: LVVA-P-70.5.72 S. 199. GK in Reval, Schreiben betr.: Umsetzung der Juden. An: ORR. Gentz, 4. 9. 1943.

Im Auftrag gez. Bräutigam"[348].

Doch nicht immer setzten sich die radikalen Ansichten der SS diesbezüglich durch. Nicht zuletzt auch deshalb, da spätestens ab dem Auftreten des WVHA als Akteur der „Arbeitseinsatzpolitik" im RKO die „Endlösung" mit wirtschaftlichen Interessen der SS-Unternehmen in Einklang zu bringen waren[349].

2.2.5 Zusammenfassung – Dominanz des sicherheitspolizeilichen Aspekts und Zunahme der Befugnisse für den Polizeiapparat

Wie die Beispiele zur Durchsetzung von rassenideologischen Zielen zeigen, schafften es die Polizeiorgane in zunehmende Maße innerhalb der „Arbeitseinsatzpolitik" an Bedeutung zu gewinnen und versuchten die Kompetenzen der zivilen „Arbeitseinsatzverwaltung" mit Hilfe des Arguments der sicherheitspolizeilichen Kompetenz auch auf anderen Gebieten zurückzudrängen, wie das genannte Schreiben über die Datenerhebungen von Arbeitskräften verdeutlicht, worin der KdS Estland die alleinige Zuständigkeit der Sipo über Personendaten von Arbeitskräften bekräftigte[350].

Neben der Kontrolle über die jüdische Bevölkerung nutzten die Polizeiorgane von Anfang an auch mit demselben Argument der sicherheitspolizeilichen Zuständigkeit ihre Verfügungsgewalt über die Lagerinsassen, um ihren Einfluss innerhalb der „Arbeitseinsatzpolitik" zu vergrößern. Doch erwuchs innerhalb der Polizei hier eine Konkurrenz zwischen WVHA und RSHA, da ab 1943 KZs und AEL nebeneinander im Baltikum existierten.

Der Gipfel des Machtzuwachses der Polizeiorgane innerhalb der „Arbeitseinsatzpolitik" wurde schließlich durch die Ernennung Jeckelns im Juli 1944 zum alleinig Zuständigen für die Mobilisierung aller Kräfte in den baltischen Generalbezirken erreicht:

„Der Führer hat mich am 10. 7. 1944 mit der Erfassung von Menschen in Estland, Lettland und Litauen sowie allen vorhandenen Deutschen und deren Bereitstellung

348 Zitiert in: Scheffler, Zur Rolle der Zivilverwaltung bei der Durchführung der „Endlösung der Judenfrage" im Reichskommissariat Ostland, 1999, S. 262; Vgl. auch zu anderen Reaktionsvarianten der Beamten der Zivilverwaltung: ebd., S. 266 f.

349 Zu diesem inneren Konflikt in Himmlers Polizeiapparat zwischen Himmler, RSHA und WVHA siehe auch: Herbert, Arbeit und Vernichtung, 1991a, S. 402–405.

350 ERA-R-65.1.4 S. 44. KdS Estland, Schreiben betr.: Auskünfte des Arbeitsamtes über die politische Zuverlässigkeit, 22. 10. 1942. Dabei war das erfolgreiche Bestreben der Polizei mittels des Arguments der sicherheitspolizeilichen Zuständigkeit im Ostland einen vergrößerten Zugang zu Arbeitskräften zu erlangen keine regionale Besonderheit, sondern im Gegenteil exemplarischer Fall für eine allgemeine Strategie der Polizei: Hierzu: Naasner, Neue Machtzentren in der deutschen Kriegswirtschaft 1942–1945: Die Wirtschaftsorganisation der SS, das Amt des Generalbevollmächtigten für den Arbeitseinsatz und das Reichsministerium für Bewaffnung und Munition, Reichsministerium für Rüstung und Kriegsproduktion im nationalsozialistischen Herrschaftssystem, 1994, S. 43 f.

für die Landesverteidigung beauftragt und mir zur Durchführung dieser Aufgabe diktatorische Vollmachten eingeräumt"[351].

Diese Ernennung war die logische Folge einer Entwicklung, die den gesamten Zeitraum der deutschen Besatzungszeit kennzeichnete und beispielsweise schon in der Mobilisierungsplanung von 1944 deutlich zum Ausdruck kam durch die Tatsache, dass die Aushebungen zur Legion und anderen der SS unterstehenden Einheiten den übrigen „Bedarfsträgern" gegenüber Priorität besaß[352].

Zu der Fragestellung bezüglich eines möglichen Antagonismus von Zivilverwaltung und Polizei hinsichtlich der „Arbeitseinsatzpolitik" in den drei baltischen Generalbezirken ist also zu konstatieren, dass eine solche Konkurrenz durchaus bestand, aber nur in Bezug auf den „Arbeitseinsatz" innerhalb dieser Region. Hier versuchten die Organe der Polizei erfolgreich, der zivilen „Arbeitseinsatzverwaltung" im Laufe der Besatzungszeit Kompetenzen abzunehmen, beispielsweise über die jüdischen Arbeitskräfte. Bezogen auf die „Reichswerbung" allerdings war die Polizei, ähnlich wie die politischen Abteilungen der Zivilverwaltung, ein Gegner des GBA. Es lässt sich sogar darüber hinaus die Behauptung aufstellen, dass hier zumindest die Aso-Abteilung der Zivilverwaltung in stärkerem Maße bereit war, die Forderungen zu erfüllen, und sogar die Polizeikräfte für ihre Schwäche kritisierte und so für die geringen Erfolge auf diesem Gebiet verantwortlich machte[353].

Zu Differenzen mit den Behörden der Zivilverwaltung und insbesondere mit der „Arbeitseinsatzverwaltung" kam es weiterhin aufgrund des Abzugs von Arbeitskräften zu den militärisch-polizeilichen Einheiten wie den Schutzmannschaftsbataillonen und ab 1943 in Estland und Lettland den SS-Legionen, welche dem örtlichen Arbeitsmarkt Arbeitskräfte wegnahmen. Übereinstimmung hingegen herrschte aus diesem Grunde im Generalbezirk Litauen, wo die Legionsgründung am Widerstand der „Landeseigenen Verwaltung" gescheitert war, und daher sowohl Zivilverwaltung als auch die Polizei zu repressiven Maßnahmen gegenüber der einheimischen Bevölkerung bereit waren. Auch hier war eher die Zivilverwaltung die treibende Kraft und bemängelte kontinuierlich die unzureichende Durchsetzungskraft der Polizeikräfte[354].

351 LVVA-P-69.1a.29 S. 430. HSSPF für das Ostland und Russland-Nord, Schreiben betr. Vollmachten Jeckelns. An: GK in Riga, 12. 7. 1944.

352 IfZ-MA.539 S. 322–324. Leiter des Chefbüros, Vermerk zur Mobilisierung 1944, 2. 3. 1944; IfZ-Ma-539 S. 322–324.RMfdbO Leiter des Chefbüros, Vermerk zur Generalmobilmachung in Estland, Lettland und Litauen, 2. 3. 1944.

353 Vgl. entsprechenden Abschnitt zum Verhältnis der Polizei zum „Reichseinsatz". Ein exemplarisches Beispiel dieser Konstellation und der Beschwerde über fehlende Polizeikräfte: LVVA-P-70.5.67(II) S. 401.RKO Abt. III Aso gez. Lohse, Schreiben betr. der Auflage von litauischen 100 000 Arbeitskräften für das Reich, 9. 2. 1944.

354 IfZ-MA.539 S. 356. RKO Lohse, Schreiben betr.: Vergeltungsmaßnahmen an Litauern wegen Scheitern der Legionsbildung. An: SS-Obergruppenführer Jeckeln, 9. 3. 1943.

Abgesehen von den mangelhaften Möglichkeiten der Polizeikräfte, die Rekrutierung in der von der Zivilverwaltung geforderten Härte durchzuführen, war sowohl in den AEL als auch in den KZs die Anwendung von Zwangsmaßnahmen innerhalb der Lager auf dem höchsten Niveau überhaupt in den baltischen Generalbezirken, so dass in dieser Hinsicht die Polizei als brutalster Akteur zu bezeichnen ist, auch wenn sie auf dem Gebiet der Rekrutierung nicht immer die geforderte Härte umsetzten konnte. Weiter bleibt zu betonen, dass auch bei der Polizei diesbezüglich ein starker Kontrast von normativen Vorgaben und Praxis auszumachen ist, und zwar verursacht durch einen durch die Hierarchie der Polizeiorgane verursachten Gegensatz. Während die oberen Organe sowohl bezüglich der Zustände in den AEL als auch der Rekrutierungsmethoden Zwangsmaßnahmen ausschlossen oder nur als äußerstes Mittel vorsahen, waren die Methoden in der Praxis durch die örtlichen Polizeiorgane deutlich brutaler innerhalb der „Arbeitseinsatzpolitik“.

2.3. Wehrmacht

2.3.1 Struktur – Wehrwirtschaftliche Behörden und Institutionen im „Reichskommissariat Ostland“

Wirtschaftsstab Ost (WiStabOst):

Nach der Behandlung der Akteure Zivilverwaltung und Polizei, welche gemeinhin als klar voneinander unterscheidbare Handlungsträger der deutschen Besatzungspolitik beschrieben werden, soll nun der Blick auf zwei weitere deutsche Akteure gerichtet werden, welche sehr viel schwieriger voneinander zu unterscheiden sind, jedenfalls wenn das Interesse auf die nationalsozialistische Wirtschaftspolitik gerichtet ist. Die Rede ist von der komplizierten Wehr- und Wirtschaftsstruktur in den besetzen Ostgebieten und ihrem Einfluss auf die „Arbeitseinsatzpolitik“ im Baltikum. Aufgrund der dem Nationalsozialismus eigenen Durchdringung von privatwirtschaftlichen Interessen[355] und staatswirtschaftlicher Lenkung[356] ist es nicht problemlos möglich, diese beiden Bereiche getrennt voneinander zu untersuchen. Daher wird im Folgenden eine strukturelle Analyse der wehrwirtschaftlichen Organisation in den baltischen Generalbezirken unternommen und zunächst der Beteiligung und der Verstrickung des Akteurs Wehrmacht darin nachgegangen. Im anschließenden Kapitel werden dann andere Akteure der nationalsozialistischen Wirtschaftorgane und ihre

355 Rolf-Dieter Müller, Von der Wirtschaftsallianz zum kolonialen Ausbeutungskrieg, in: Horst Boog (Hg.), Der Angriff auf die Sowjetunion, Stuttgart 1983, S. 98–189, S. 136–143.

356 Zum Verhältnis von privatwirtschaftlicher Initiative und staatlicher Lenkung in der nationalsozialistischen Wirtschaftskonzeption: Ludolf Herbst, Der Totale Krieg und die Ordnung der Wirtschaft: Die Kriegswirtschaft im Spannungsfeld von Politik, Ideologie und Propaganda 1939–1945, Stuttgart 1982, S. 453 f.

Interessen und Einflussmöglichkeiten auf die „Arbeitseinsatzpolitik" untersucht, auch wenn beide Akteure in den wehrwirtschaftlichen Strukturen der Besatzungsverwaltung in Organen wie dem Wirtschaftsstab Ost miteinander in Berührung kamen und somit aus struktureller Sicht nicht ohne Weiteres voneinander zu trennen sind. Insgesamt trafen sich auf dem Gebiet der wehrwirtschaftlichen Kompetenzen im Ostland sogar drei Akteure: Die Zivilverwaltung, deren Beteiligung schon nachgegangen wurde, der Vierjahresplan und die Reichswirtschaftsbehörden unter der Leitung von Göring und schließlich die kämpfende Wehrmacht, deren unmittelbare Versorgung oberste Priorität besaß. Organisatorisch wurde zwischen diesen drei Kontrahenten eine komplizierte Wehrwirtschaftsverwaltungstruktur geschaffen, an der alle beteiligt waren und die den Namen Wehrwirtschaftsorganisation Ost erhielt[357]. An der Spitze stand der Wirtschaftsführungsstab Ost, welcher Göring direkt unterstellt war. Als ausführendes Organ diente unter der Leitung von Generalleutnant Dr. Wilhelm Schubert, später General Otto Stapf der Wirtschaftsstab Ost (WiStabOst) mit dem Decknamen „Oldenburg"[358], der für die besetzten Ostgebiete zuständig war. Darunter wurden Wirtschaftsinspektionen eingerichtet. Für die Region des Baltikums war dies die Wirtschaftsinspektion Nord mit dem Decknamen „Holstein"[359], später die Rüstungsinspektion Ostland unter der Leitung von zunächst Oberst Jansen, später Kapitän zur See Fürbringer und schließlich General Dr. Ziegler[360]. Diese war wiederum im Raum des Baltikums untergliedert in Wirtschaftskommandos mit den Standorten „Stolp" in Wilna, „Swinemünde" in Riga und „Kolberg" in Reval[361].

357 Vereinfachtes aber gelungenes Schaubild, da es die drei Säulen (Wehrmacht, Wirtschaftsbehörden, Ostministerium) der Wirtschaftsorganisation in den besetzten Ostgebieten deutlich werden lässt bei: Dallin, German rule in Russia, 1941–1945, 1957, S. 318; Vgl. auch: Müller, Europa unterm Hakenkreuz, Sowjetunion, 1991a, S. 618, 621.

358 Zur nationalsozialistischen Wirtschaftspolitik in den besetzten Ostgebieten in sowjetischer Perspektive daher der Titel: Maksim Matveevič Zagorulko, Krach plana „Oldenburg, Moskva 1980³.

359 Siehe Übersicht der Wirtschaftsinspektionen des Wirtschaftsstabes Ost und ihrer Decknamen in: BA-RW-19.749 S. 6 f. Stab Ia, Übersicht zur Wirtschaftsorganisation Rußland, 3. 10. 1941.

360 BA-RW-30.203 u. p. Abwicklungsstelle für Osteinheiten (HeWiFü Nord-Rü), Bericht: Die Rüstungswirtschaft im Ostland vom 1. 9. 1941–8. 8. 1944, 29. 1. 1945, S. 7; Zum Wechsel von Wirtschaftsinspektion zur Rüstungsinspektion siehe: BA-RW-30.204 u. a. Oberkommando der Wehrmacht Wi Rü Amt gez. Thomas, Aufstellung und Einsatz der Rüstungsinspektion Ostland. An: Verteiler, 27. 8. 1941. Ab dem 1. 3. 1943 nach der Unterstellung des WiStabOst unter den Reichsminister für Bewaffnung und Munition (RMfBuM, ab 1. 9. 1943 Reichsminister für Rüstung und Kriegsproduktion, RMfRuK) Speer wurden die Rüstungsinspektionen respektive Kommandos in Wehrwirtschaftsinspektionen und Wehrwirtschaftskommados umbenannt, welche im Ostland bis zum 8. 8. 1944 Bestand hatten.

361 Vgl.: Müller, Die deutsche Wirtschaftspolitik in den besetzten sowjetischen Gebieten: 1941–1943; Der Abschlußbericht des Wirtschaftsstabes Ost und Aufzeichnungen eines Angehörigen des Wirtschaftskommandos Kiew, 1991b, S. 42. Zu den Standorten Riga, Kauen und Wilna im Einzelnen: BA-RW-1. 9. 2340 S. 127. OKW Wi Rü Amt gez. Hünermann, Stärkenachweisung der Rüstungsinspektion Ostland und der ihr nachgeordneten Dienststellen. Verteiler, 24. 12. 1941.

Zu den Aufgaben und der Organisationsstruktur dieser Institutionen heißt es in den Anweisungen zur „Wirtschaftsorganisation Ost:

Allgemeines:

Die einheitliche Führung der Wirtschaft (einschließlich Ernährung und Landwirtschaft) im Operationsgebiet und in den Reichskommissariaten erfolgt durch den Wirtschaftsführungsstab Ost, der dem Reichsmarschall unmittelbar untersteht und der in seiner Vertretung von Staatssekretär Körner geleitet wird. Zur Vertretung der militärischen Belange während der Vorbereitung und während der Dauer der militärischen Operationen hat der Chef des Wehrwirtschaftsamtes im Oberkommando der Wehrmacht, General der Infanterie Thomas[362], für das Operationsgebiet die Federführung im Wirtschaftsstab Ost.

Die Wirtschaftsverwaltung im Operationsgebiet ist Aufgabe der Dienststellen der Wirtschaftsorganisation Ost unter Leitung des Wirtschaftsstabes Ost.

Die Dienststellen der Wirtschaftsorganisation Ost leiten in den Bereichen, für die sie eingesetzt sind, die wirtschaftliche Ausnutzung des Landes für die deutsche Kriegswirtschaft. Gleichzeitig stehen sie den militärischen Kommandobehörden, für deren Bereich sie eingesetzt sind, für Zwecke der Deckung des Sofortbedarfs der Truppe zur Verfügung. Diese Aufgabe hat den Vorrang vor allen übrigen".

Es ist in diesen Bestimmungen gut die nicht vollständig klare Abgrenzung der Verfügungsgewalt zwischen Vierjahresplanbehörde und Wehrmachtsbehörden zu erkennen, da zwar die Wehrwirtschaftsorganisation mit dem Wirtschaftsführungsstab, dem Wirtschaftsstab Ost und den untergeordneten Institutionen Göring unterstellt waren, gleichzeitig aber auch die bedeutende Rolle des Generals Thomas zum Ausdruck kommt, sowie das Zugeständnis, dass der „Sofortbedarf der Truppe" Vorrang „vor allen übrigen" hatte[363]. Ein Umstand, der, wie in anderen Bereichen nationalsozialistischer Herrschaft auch, verschiedene Bündnisse und sich verändernde Machtverhältnisse zur Folge hatte. In diesem Zusammenhang sei auch auf eine spätere Entwicklung dieser Institution verwiesen: Als im Zuge der deutschen Rückzüge die territoriale Teilung der Wehrwirtschaftsverwaltung in einen zivilen und einen militärischen Bereich unpraktisch zu werden schien, kam es zu erneuten Kämpfen zwischen Rosenberg und Koch, die sich ausnahmsweise einig waren, auf der einen Seite und den Organen der Wehrmacht sowie Göring auf der anderen Seite. Letzterer hatte inzwischen trotz seiner unveränderten Vollmachten innerhalb der nationalsozialistischen Wirtschaftspolitik gegenüber dem ihm eigentlich unterstellten Rüs-

362 Thomas war Chef des Wehrwirtschaftsamtes und verfasste eine umfangreiche Studie zur deutschen Wehrwirtschaft: Georg Thomas, Geschichte der deutschen Wehr- und Rüstungswirtschaft, Boppard am Rhein 1966; Zur Person: Dieter Pohl, Die Herrschaft der Wehrmacht: Deutsche Militärbesatzung und einheimische Bevölkerung in der Sowjetunion 1941–1944, München 2008, S. 108.

363 Zur doppelten Unterstellung dieser Institution siehe auch: Klaus Jochen Arnold, Die Wehrmacht und die Besatzungspolitik in den besetzten Gebieten der Sowjetunion: Kriegführung und Radikalisierung im „Unternehmen Barbarossa", Berlin 2005, S. 243–245.

tungsminister Speer an Einfluss verloren und strebte eine einheitlich militärisch gelenkte gesamteuropäische Wirtschaftsführung unter seiner Leitung an. Schließlich setzte sich nach längerem Tauziehen die zivile Seite aufgrund der Unterstützung Hitlers durch und der Wirtschaftsstab Ost wurde Anfang November 1944 aufgelöst, also zu einem Zeitpunkt, als die Zivilverwaltung nicht mehr allzu weitläufige Territorien unter ihrer Zuständigkeit beaufsichtigte[364].

Neben der hierarchischen Untergliederung bestand der WiStabOst aus den inhaltlichen Abteilungen Chef des Stabes und der Chefgruppe Landwirtschaft unter Leitung von Ministerialrat Hans-Joachim Riecke[365], welche im Rahmen der „Hungerpolitik" für massive Verbrechen der deutschen Besatzung verantwortlich war, da sie zunächst die Versorgung der Truppe, dann die Requirierung von Lebensmitteln für das Reich sicherstellte und erst zuletzt die einheimische Bevölkerung mit Lebensmitteln versorgte[366]. Mit der Rohstofferfassung und der gewerblichen Wirtschaft einschließlich der Energiewirtschaft war die Chefgruppe Gewerbliche Wirtschaft beim WiStabOst unter der Leitung von Ministerialdirektor Dr. Gustav Schlotterer[367] betraut[368]. Schließlich zeichnete die Chefgruppe Arbeitseinsatz unter der Leitung des hier bereits erwähnten Dr. Günther Rachners für die „Arbeitseinsatzplanung" verantwortlich. In ihre Zuständigkeit fiel im Einzelnen: „Erfassung und Einsatz der einheimischen Arbeitskräfte einschließlich der Kriegsgefangenen, Anwerbung von Arbeitskräften für das Reich, Gestaltung der Löhne und der sonstigen Arbeitsbedingungen"[369]. Darüber hinaus existierte die Chefgruppe Forst- und Holzwirtschaft, welche in ihrer zivilen Ausformung bereits erwähnt wurde[370], sowie die Chefgruppe

364 Müller, Die deutsche Wirtschaftspolitik in den besetzten sowjetischen Gebieten: 1941–1943, der Abschlußbericht des Wirtschaftsstabes Ost und Aufzeichnungen eines Angehörigen des Wirtschaftskommandos Kiew, 1991b, S. 60.

365 Zur Person: Zellhuber, „Unsere Verwaltung treibt einer Katastrophe zu ...", 2006, S. 88; Müller, Die deutsche Wirtschaftspolitik in den besetzten sowjetischen Gebieten: 1941–1943, der Abschlußbericht des Wirtschaftsstabes Ost und Aufzeichnungen eines Angehörigen des Wirtschaftskommandos Kiew, 1991b, S. 48.

366 Zur Arbeit der Chefgruppe Landwirtschaft ausführlich: ebd., S. 61–142.

367 Zur Person: Zellhuber, „Unsere Verwaltung treibt einer Katastrophe zu ...", 2006, S. 88. Sowohl Schlotterer als auch Riecke hatten dieselben Zuständigkeitsgebiete auch im Ostministerium inne, was die Verschränkung der Institution WiStabOst zwischen Wehrmacht, Wirtschaft und Ostministerium verdeutlicht.

368 Zur Arbeit dieser Chefgruppe ausführlich: Müller, Die deutsche Wirtschaftspolitik in den besetzten sowjetischen Gebieten: 1941–1943, Der Abschlußbericht des Wirtschaftsstabes Ost und Aufzeichnungen eines Angehörigen des Wirtschaftskommandos Kiew, 1991b, S. 178–296.

369 BA-RW-1. 9. 2340 S. 16–22. Oberkommando der Wehrmacht, Wirtschaftsorganisation Ost, 7. 7. 1942. Zur Arbeit dieser Chefgruppe ausführlich: Müller, Die deutsche Wirtschaftspolitik in den besetzten sowjetischen Gebieten: 1941–1943, Der Abschlußbericht des Wirtschaftsstabes Ost und Aufzeichnungen eines Angehörigen des Wirtschaftskommandos Kiew, 1991b, S. 297–334.

370 Zur Arbeit dieser Chefgruppe ausführlich: ebd., S. 143–177.

Betriebsförderung und Berufserziehung, die sich vor allen mit der Arbeitsdisziplin der einheimischen Arbeitskräfte beschäftigte[371]. Auf der Ebene der Wirtschaftsinspektionen bestanden analoge Abteilungen für die genannten Zuständigkeitsgebiete[372].

Die Bedeutung dieser Institution für die Analyse der „Arbeitseinsatzpolitik" wird durch die Existenz und die Zuständigkeit der Chefgruppen Arbeitseinsatz, Betriebsförderung und Berufserziehung evident. Der beträchtliche Anteil der Wehrmacht, der auf die erhebliche Rolle von General Thomas in dieser Organisationsstruktur zurückging, ist angesprochen worden und rechtfertigt die Auseinandersetzung mit dieser Institution an dieser Stelle[373]. Doch muss weiter berücksichtigt werden, dass der WiStabOst als Einflussmöglichkeit der Wehrmacht im Baltikum nicht dauerhaft war. Die Betrachtung der Wehrmacht als Akteur der „Arbeitseinsatzpolitik" im Baltikum lässt sich in grundsätzlich zwei voneinander zu unterscheidende Phasen teilen. Die Zeit der Militärverwaltung, welche sich mit der Übergabe der Verwaltung in Estland am 5. Dezember 1941 am längsten hinzog und damit beendet war, und die daran anschließende Zeit der Zivilverwaltung. Schon vor dem deutschen Überfall hatten Wehrmachtsdienststellen versucht, Einfluss auf die deutsche Wirtschaftspolitik in den zu erobernden Gebieten zu nehmen. Führende Persönlichkeit bei der Verfolgung der Interessen der Wehrmacht war in diesem Zusammenhang der bereits erwähnte General Thomas. Ihm gelang es jedoch nicht, im Interesse der Wehrmacht die vollständige Lenkung über die Wehrwirtschaftsorgane zu erlangen. Im Kampf mit zivilen und privatwirtschaftlichen Interessen gingen entscheidende Kompetenzen der Wehrwirtschaftsführung an die unter der Aufsicht Görings stehenden Wirtschaftsbehörden der Zivilverwaltung über[374], wodurch sich die zeitliche Teilung der Untersuchung des Akteurs Wehrmacht begründet.

371 Zur Arbeit dieser Chefgruppe ausführlich: ebd., S. 335–354.

372 Zur organisatorischen Aufteilung des WiStabOst in Chefgruppen: BA-RW-1. 9. 2340 S. 16–22. Oberkommando der Wehrmacht, Wirtschaftsorganisation Ost, 7. 7. 1942.

373 Allerdings gab es auch Differenzen zwischen Wehrwirtschaftsverwaltung und reinen militärischen Dienststellen. Beispielsweise: „Nach den Berichten aus dem Bezirk der Wirtschaftsinspektion Nord hat dort die Zusammenarbeit mit dem Befehlshaber der rückwärtigen Heeresgebiets Nord und den ihm unterstellten Kommandanturen zu unerfreulichen, für das Ansehen der Wehrmacht nachteiligen und einer planmäßigen Ausnutzung des Landes schädlichen Unstimmigkeiten geführt". Aus: BA-RW-31.601 u. p. Wirtschaftsstab Ost gez. Dr. Musset, Beschwerde betr.: Zusammenarbeit der militärischen Befehlshaber mit den Wirtschaftsdienststellen in den besetzten Ostgebieten, 14. 12. 1941.

374 Müller, Von der Wirtschaftsallianz zum kolonialen Ausbeutungskrieg, 1983, S. 134.

Rüstungsinspektion Ostland:
Mit dem Übergang der Verantwortung von der Wehrmacht auf die Zivilverwaltung im Baltikum verlor die Wirtschaftsinspektion Nord die Zuständigkeit und die Rüstungsinspektion Ostland wurde gegründet[375], deren Unterstellungsverhältnis unter den WiStabOst deutlich schwächer ausgeprägt war. Denn von nun an war der WiStabOst für die Rüstungsinspektion Ostland nur noch „in Angelegenheiten der Erfassung und des Abtransportes von Rohstoffen" und „in rüstungswirtschaftlichen Angelegenheiten" verantwortlich. Durch eine Verfügung des OKW Wirtschaftsrüstungsamt (WiRüAmt) wurde auch dieses Unterstellungsverhältnis noch beschnitten und die Rüstungsinspektion Ostland war von nun an direkt dem WiRüAmt unterstellt:

„Nach dem bezeichneten Erlass ist klargestellt, dass WiStabOst auf dem Gebiet der Rohstoffe und kriegswichtigen Materialien für die Reichskommissariate nicht mehr verantwortlich ist und keine Weisungen an die Rüstungsinspektionen geben kann"[376].

Die Weisungen des WiStabOst gingen von nun über die Wirtschaftsabteilung der Zivilverwaltung und gleichzeitig über das WiRüAmt an die Rüstungsinspektion. Nur bei „unmittelbarem Bedarf" im Operationsgebiet und bei Transport- und Verkehrsfragen behielt der WiStabOst Weisungsrecht gegenüber der Rüstungsinspektion[377]. In inhaltlicher Hinsicht erhielt die Rüstungsinspektion „auf rüstungswirtschaftlichem Gebiet" Richtlinien und Aufgaben vom WiRüAmt des OKW und „auf allgemein wirtschaftlichem Gebiet" von der Zivilverwaltung. Darüber hinaus war der Leiter der Rüstungsinspektion im Ostland dem Wehrmachtsbefehlshaber Ostland (WBO) Friedrich Brämer unterstellt und musste in dieser Funktion sowohl die wirtschaftlichen Ansprüche der Wehrmacht bezüglich der dem Wehrmachtsbefehlshaber direkt unterstellten Truppen im Ostland als auch die wirtschaftlichen Gesamtforderungen der Wehrmacht vertreten[378].

Nach der Umstrukturierung der deutschen Kriegswirtschaftsorganisation, in Zuge dessen das WiRüAmt aufgelöst und das Rüstungsamt Albert Speer unterstellt wurde,

375 BA-RW-30.204 u. p. Oberkommando der Wehrmacht Wi Rü Amt gez. Thomas, Aufstellung und Einsatz der Rüstungsinspektion Ostland, 27.8.1941; BA-RW-31.187 S. 1–3. Oberkommando der Wehrmacht Wi Rü Amt gez. Thomas, Erlass: Ausführungsbestimmungen zur Wirtschaftsführung in den Reichskommissariaten. An: Verteiler, 28.8.1941; Zum strukturellen Aufbau der Rüstungsinspektion siehe: BA-MA-RW-30.206 u.p. Rü In Ostland, Arbeitsplan der Rü In Ostland. An: Verteiler, 13.2.1942.

376 BA-RW-1.9.2340 S. 85–87. Oberkommando der Wehrmacht Az. 11 Wi Rü Amt, Erlass: Zuständigkeit des Wi Stab Ost in den Bereichen der Rü In Ostland. An: Verteiler, 25.3.1942.

377 Ebd.

378 BA-RW-30.203 u.p. Abwicklungsstelle für Osteinheiten (HeWiFü Nord-Rü), Bericht: Die Rüstungswirtschaft im Ostland vom 1.9.1941–8.8.1944, 29.1.1945 S.9; LVVA-P-80.3.4 S.30–45. Wehrmachtsbefehlshaber Ostland Oberquartiermeister, Besondere Anordnungen Nr. 5/41. u.a. zur Rüstungsinspektion Ostland, 3.9.1941.

dessen Kompetenzen sich durch die Umbenennung von Reichsminister für Bewaffnung und Munition in Reichsminister für Rüstung und Kriegsproduktion am 2.9.1943 zusätzlich erweiterten[379], wurde auch die Rüstungsinspektion Ostland wieder dem WiStabOst unterstellt und in Wehrwirtschaftsinspektion Ostland umbenannt. Für die „Aufgaben und Zuständigkeiten der Wehrwirtschaftsinspektion blieb diese grundlegende Organisationsänderung ohne praktischen Einfluss"[380].

Demnach waren die Einwirkungsmöglichkeiten des WiStabOst nach der Übernahme der Zivilverwaltung begrenzt, was nicht heißt, dass die Wehrmacht insgesamt als Akteur aus der „Arbeitseinsatzpolitik" ausschied, denn, wie gezeigt, behielt das WiRüAmt direkten Einfluss auf die Rüstungsinspektion, und in Fragen der Rüstungswirtschaft und des Sofortbedarfs der Wehrmacht sogar der WiStabOst selbst. Diese Rechte ermöglichten der Wehrmacht ihre Interessen auch auf dem Gebiet der „Arbeitseinsatzpolitik" geltend zu machen. Dass das WiRüAmt in das Rüstungsamt umgewandelt wurde und Speer direkt unterstellt wurde, bewirkte jedoch eine gewisse Einschränkung der direkten Eingriffsmöglichkeit im Baltikum.

Wehrmachts (W)-Betriebe:

Ein praktisches Feld der Eingriffsmöglichkeit der Wehrmacht in die „Arbeitseinsatzpolitik" im Baltikum waren die sogenannten Wehrmachts-Betriebe(W-Betriebe), welche direkt für die rüstungswirtschaftlichen Bedürfnisse der Wehrmacht produzierten und unter der organisatorischen Leitung der Rüstungsinspektion standen. Allerdings waren für eine Unterstellung eines Betriebes unter die Rüstungsinspektion als W-Betrieb nach Erlass Görings nur solche Betriebe vorgesehen, welche „überwiegend Aufträge auf fertiges Kriegsgerät oder auf solche Vor- und Unterlieferungen für Kriegsfertiggerät, die nach besonderen Zeichnungen oder nach besonderen Herstellungsvorschriften der Wehrmacht zu fertigen sind,

oder

Aufträge auf Sonderproduktionsmittel für Kriegsgerät ausführen.

Alle übrigen Betriebe waren von den Wirtschaftsdienststellen der Reichskommissare zu betreuen"[381].

379 Dazu: Herbst, Der Totale Krieg und die Ordnung der Wirtschaft: Die Kriegswirtschaft im Spannungsfeld von Politik, Ideologie und Propaganda 1939–1945, 1982, S. 256 f.

380 BA-RW-30.203 u. p. Abwicklungsstelle für Osteinheiten (HeWiFü Nord-Rü), Bericht: Die Rüstungswirtschaft im Ostland vom 1.9.1941–8.8.1944, 29.1.1945, S. 9 f.; Vgl. auch: Müller, Die deutsche Wirtschaftspolitik in den besetzten sowjetischen Gebieten: 1941–1943, Der Abschlußbericht des Wirtschaftsstabes Ost und Aufzeichnungen eines Angehörigen des Wirtschaftskommandos Kiew, 1991b, S. 46.

381 BA-RW-30.203 u. p. Abwicklungsstelle für Osteinheiten (HeWiFü Nord-Rü), Bericht: Die Rüstungswirtschaft im Ostland vom 1.9.1941–8.8.1944, 29.1.1945, S. 32.

Wie der Autor dieses Berichts über die Tätigkeit der Rüstungsinspektion Ostland verärgert feststellte, waren diese Bestimmungen härter als in Deutschland, was zur Folge hatte, dass für die Wehrmacht nicht nur die W-Betriebe produzierten, sondern auch eine Vielzahl von anderen Betrieben. Dieser „Arbeitseinsatz" wurde jedoch zum Missfallen der Rüstungsinspektion von der zivilen „Arbeitseinsatzverwaltung" geleitet.

„Nach dem Stand von Oktober 1943 arbeiteten außer den W-Betrieben allein in Lettland 183 Betriebe mit rd. 40 000 Arbeitern für die Wehrmacht, von denen 116 Betriebe ... zu 51 und mehr % ... mit Wehrmachtaufträgen handelsüblicher Fertigung belegt waren und infolgedessen nicht zu W-Betrieben erklärt werden konnten. Die technische Entwicklung und damit die Leistungsfähigkeit dieser Betriebe hat darunter gelitten"[382].

Nur über die 42 W-Betriebe mit ihren 21 073 Angestellten übte die Rüstungsinspektion die direkte Kontrolle aus[383].

Trotz der hier festgestellten Beschneidungen der Befugnisse der Rüstungsinspektion im Vergleich zu den unter Militärverwaltung stehenden Gebieten hatten die Anforderungen der kämpfenden Truppe auch im Ostland durchweg höchste Priorität. Mittels der W-Betriebe war die Rüstungsinspektion, vergleichbar mit der Kontrolle der Polizeiorgane über die Häftlinge in den verschiedenen Lagern, ein bedeutender Akteur der „Arbeitseinsatzlenkung" und hatte so direkten Zugang zu der Kontrolle von Arbeitskräften in den drei baltischen Generalbezirken. Unter der Verfügungsgewalt der Wehrmacht befanden sich denn auch alle hier im Rahmen dieser Untersuchung behandelten Betroffenengruppen. Die Belegschaft der in den W-Betrieben Beschäftigten (Gesamtzahl: 21 073) teilte sich am 30. 6. 1944 wie folgt auf[384]:

Einheimische	77,7 %
Ausländer und Ostarbeiter	6,1 %
Kriegsgefangene	10,1 %
Juden	3,9 %
Reichsdeutsche	2,2 %

382 Ebd., S. 19.

383 Ebd., S. 20. Vgl. zu der Entwickung der unter Aufsicht der Wehrmachtsbehörden beschäftigten Arbeitskräfte auch die Lageberichte der Wehrwirtschaftsinspektion, beispielsweise waren es im April erst 19 892 Arbeitskräfte in W-Betrieben und 24 731 in vom RKO betreuten Betrieben, die für die Wehrmacht arbeiteten, aus: BA-RW-30.14 u. p. Heeresgruppenwirtschaftsführer beim Oberkommando der Heeresgruppe Nord, Monatsbericht April 1944. u. a. Arbeitseinsatzlage und Tätigkeit der W-Betriebe im Ostland, 2. 5. 1944, dort auch andere Monatsberichte der Wehrwirtschaftsinspektion.

384 BA-RW-30.203 u. p. Abwicklungsstelle für Osteinheiten (HeWiFü Nord-Rü), Bericht: Die Rüstungswirtschaft im Ostland vom 1. 9. 1941–8. 8. 1944, 29. 1. 1945, S. 53.

Wehrmacht und Kriegsgefangene:
Gesondert ist bezüglich dieser Übersicht auf die Gruppe der Kriegsgefangenen zu verweisen, da diese Gruppe bezogen auf den Akteur Wehrmacht innerhalb der „Arbeitseinsatzpolitik" eine herausgehobene Stellung besaß. Denn durch die Institution des Kommandeurs für Kriegsgefangene beim Wehrmachtsbefehlshaber für das Ostland, der wiederum für vier Bezirke (H,L,Q,T) zuständig war[385], verfügte die Wehrmacht über unmittelbaren Zugang zu einer nicht unerheblichen Zahl von Arbeitskräften:

„Anforderungen von Kriegsgefangenen zum Arbeitseinsatz sind an den Kommandeur der Kriegsgefangenen oder unmittelbar an die nächstgelegenen Stalags oder Dulags zu richten. ... den Anforderungen wird von den Lagerkommandanturen nach Maßgabe der verfügbaren Kgf. und vorhandenen Facharbeiter, sowie nach Sicherstellung der Bewachung entsprochen werden"[386].

Darüber hinaus konnte der Kommandeur der Kriegsgefangenen deren „Arbeitseinsatzbedingungen", also den zu entrichtenden Abgabebetrag für äußere Arbeitgeber bestimmen, was den Protest der Zivilverwaltung auslöste[387].

Jedoch wurden die Rechte des Kommandeurs der Kriegsgefangenen im Zuge des Versuchs einer zentralen Lenkung der „Arbeitseinsatzpolitik" zumindest offiziell beschnitten. In der Verfügung des Kommandeurs der Kriegsgefangenen an seine Bezirksdienststelle wurde die alleinige Planungshoheit der Arbeitsämter, auch über die Kriegsgefangenen zumindest nominell festgelegt. Allerdings beinhaltete auch diese Verfügung eine Ausnahme, welche Interpretationsspielraum zuließ:

„Die Wehrmachtdienststellen sind jedoch befugt, Kgf. abzustellen

a) wenn die Arbeitsämter die erforderlichen Arbeitskräfte nicht aufbringen können, doch nur in Fällen, wo es sich um die „Sicherung der Erfordernisse der fechtenden Truppe" handelt. ...
b) bei vordringlichen Arbeitsvorhaben militärischer Art, deren Durchführung vom OKW unmittelbar angeordnet wird, bezw. bereits angeordnet worden ist"[388].

385 Kommandeur der Kriegsgefangenen beim Wehrmachtsbefehlshaber Ostland war von Juli 1941 bis 31. 10. 1942 Generalleutnant Viktor Gaissert, vom 1. 11. 1942 bis Ende 1942 Generalmajor Bronislaw Pawel, und von 1943–1. 12. 1944 Generalmajor Ernst Wening. Dazu: Christoph Dieckmann, The murder of Soviet prisoners of war in Lithuania, in: Christoph Dieckmann u. a. (Hg.), Karo belaisvių ir civilių gyventojų žudynės Lietuvoje. 1941–1944 = Murders of prisoners of war and of civilian population in Lithuania, Vilnius 2005, S. 221–258, hier: S. 225.

386 LVVA-P-80.3.4 S. 30–45.Wehrmachtsbefehlshaber Ostland Oberquartiermeister, Besondere Anordnungen Nr. 5/41. u. a. zur Rüstungsinspektion Ostland, 3. 9. 1941.

387 LVVA-P-70.5.67(I) S. 156. RKO Abt. III FoHo, Vergütung für Kriegsgefangene. Kommandeur der Kriegsgefangenen beim Wehrmachtsbefehlshaber Ostland, 4. 3. 1943.

388 LVVA-P-989.3.1 S. 2 f. Kommandeur der Kriegsgefangenen beim Wehrmachtsbefehlshaber Ostland, Arbeitseinsatz von Kr.Gef. in den besetzten Gebieten. Verteiler, 19. 1. 1942.

Schließlich ist im Zusammenhang mit der Zuständigkeit der Wehrmacht für die Kriegsgefangenen auf eine administrative Besonderheit hinzuweisen: Während die Rüstungsinspektion nach der Übergabe Estlands an die Zivilverwaltung hier parallel zu dieser Übergabe auch die Zuständigkeit vom WiStabOst übernahm, gilt dieses nicht für den obersten Beamten der Wehrmacht im Ostland – dem WBO. Seine Zuständigkeit erstreckte sich nicht auf den Generalbezirk Estland, welcher militärisches Operationsgebiet blieb und daher innerhalb der inneren militärischen Verwaltungsstruktur unter der Aufsicht der Heeresgruppe Nord stand[389]. Als Folge dessen war hier auch der Kommandeur der Kriegsgefangenen beim Wehrmachtsbefehlshaber Ostland nicht zuständig, sondern der Kommandeur der Kriegsgefangenen im Operationsgebiet IV General Major Walter Drobnig[390].

Zwischenfazit:

In administrativer Hinsicht ist für die Analyse der Rolle der Wehrmacht in der „Arbeitseinsatzpolitik" zunächst einmal eine Unterscheidung in zwei Phasen von entscheidender Bedeutung, da unmittelbar nach der Eroberung das Gebiet durch die Militärverwaltung geführt wurde. In diese Zeit fiel auch die Gründung des Netzes von lokalen Arbeitsämtern, was die besondere Bedeutung der Wehrmacht unterstreicht, auch wenn diese Phase insbesondere in Litauen nur einige Wochen andauerte.

Weiter ist für die Beteiligung der Wehrmacht an der „Arbeitseinsatzpolitik" im Baltikum die Fokussierung auf die äußerst komplizierte Wehrwirtschaftsorganisation in den besetzten Ostgebieten zu richten, in der die Wehrmacht zwar bei weitem nicht der einzige Akteur, doch aber aufgrund der maßgeblichen Rolle von General Thomas und der Priorität wehrwirtschaftlicher Aspekte starken Einfluss auf die Kontrolle der Arbeitskräfte ausüben konnte. Eine Schlüsselrolle für die Praxis des Zusammenhangs von Wehrmacht und „Arbeitseinsatzpolitik" kam dabei den von der Rüstungsinspektion Ostland geführten W-Betrieben zu.

Nicht zuletzt besaß die Wehrmacht durch die Kontrolle über die Kriegsgefangenen ein begehrtes Arbeitskräftepotential, das sie in ihrem Interesse einsetzen konnte.

389 Maripuu u. Paavle, Die deutsche Zivilverwaltung in Estland und die estnische Selbstverwaltung, 2005, hier: S. 108.

390 Vor August 1942 war in entsprechender Position Kommandeur der Kriegsgefangenen Oberst Schenek. Dazu: Müller, Europa unterm Hakenkreuz, Sowjetunion, 1991a, S. 747, 766.

2.3.2 Zielvorstellungen zum Ort des „Arbeitseinsatzes" – Widerstand gegen die Sauckelaktionen

Neben der Polizei war auch die Wehrmacht durchaus ein Verbündeter der Zivilverwaltung, wenn es um die Abweisung der Forderungen des GBA ging. Auch hier lassen sich nahezu gleichlautende Argumentationsmuster zur Begründung finden:

„Wie die Rüstungsinspektion berichtet, ist die Herausziehung weiterer 100 000 Arbeitskräfte aus dem Ostland zwecks Einsatz im Reich geplant. Bei einer Besprechung über diese Frage hat der Reichskommissar seine erheblichen Bedenken gegen diese Maßnahme zum Ausdruck gebracht, die von allen am Arbeitseinsatz beteiligten Dienststellen geteilt wird"[391].

Besonderes Augenmerk bei der Begründung wurde aus Sicht der Wehrmacht jedoch auf die Versorgung der Heeresgruppe Nord gelegt:

„Ein Abzug von Arbeitskräften aus der Landwirtschaft würde also die Gefahr mit sich bringen, dass die Bestellung der Felder und die Einbringung der Ernte des nächsten Jahres nicht mehr im bisherigen Umfange erfolgen kann, dass also das Aufbringungssoll für die Wehrmacht und damit für die kämpfende Truppe nicht erreicht wird. Auch in der gewerblichen Wirtschaft besteht zunehmender Mangel an Arbeitskräften. Der vordringliche Truppenbedarf für die Heeresgruppe Nord wird hauptsächlich im Ostland gefertigt. Schon jetzt ist es nicht möglich, den Anforderungen an Arbeitskräften für die gewerbliche Wirtschaft gerecht zu werden, sowohl in den W-Betrieben als auch in den Betrieben, in denen die Fertigung des Truppenbedarfs liegt. Seit Monaten angeforderte Arbeitskräfte können von den Arbeitsämtern nicht gestellt werden. Dabei erhöhen sich von Monat zu Monat die Aufträge durch Verlagerung und größeren Bedarf der Truppe. Den W-Betrieben (Wehrmacht) fehlen für eine volle Schicht schon heute an Arbeitskräften ca. 1600. ... Es besteht also im Ostland zur Zeit ein ungedeckter, auch von Herrn Boening anerkannter Bedarf in Höhe von 100 000 Arbeitskräften, ... Es wird daher in Rücksicht auf die Versorgung der fechtenden Truppe und auf die dringende Fertigung im Ostlande selbst gebeten, von dem geplanten Abzug von Arbeitskräften aus dem Ostland in dem beabsichtigten Umfange Abstand zu nehmen bzw. ihn nur in Anpassung an die Landwirtschafts- und Fertigungslage des Ostlandes selbst vorzunehmen"[392].

Doch war die Position der Wehrmacht selbst auch von Widersprüchen durchzogen. Nur einen Tag nach den hier zitierten Feststellungen des OKW gegenüber dem GBA und der darin als so prekär geschilderten Arbeitskräftesituation im Ostland

391 BA-RW-1. 9. 2102 S. 59 f. OKW Wi M 1, Schreiben betr.: Abzug von weiteren 100 000 Arbeitern aus dem Ostland. An: GBA, 23. 12. 1942.

392 Ebd.; Vgl mit übereinstimmender Argumentation auch den Wehrmachtsbefehlshaber Ostland: BA-RW-41.53 u. p. Wehrmachtsbefehlshaber Ostland, Bericht: Lage im Ostland, 26. 12. 1942.

forderte der WiStabOst weitere Arbeitskräfte aus dem Ostland für die Heeresgruppe Nord:

„Es wird gebeten, den Wehrmachtsbefehlshaber Ostland in Riga anzuweisen, für die Heeresgruppe Nord 2000 Männer aufzubringen, die für den Einsatz als Hilfswillige in Arbeitsabteilungen geeignet sind. ... Die Arbeitseinsatzlage im Gebiet der Heeresgruppe Nord hat sich in der letzten Zeit außerordentlich verschärft. ... Um eine gewisse Entlastung zu erreichen, ist es unbedingt erforderlich, dass beschleunigt aus dem Ostland zunächst 2000 Arbeitskräfte für die Heeresgruppe Nord beschafft werden"[393].

Es zeigten sich also auch innerhalb der Wehrmacht bezüglich der „Arbeitseinsatzpolitik" in den baltischen Generalbezirken des RKO die gleichen kurzsichtigen Lösungsversuche des Arbeitskräftemangels wie auch in der gesamten deutschen „Arbeitseinsatzpolitik". Ein weiteres Beispiel für diese inkonsequente Linie war eine Arbeitskräfteverschiebung, die der zuletzt genannten Forderung des WiStabOst genau diametral entgegen wirkte und nur ein paar Monate zuvor durchgeführt worden war. Die gleiche Argumentation bezüglich der Bedeutung der Versorgung der Heeresgruppe Nord wurde hier für die entgegengesetzte Vorgehensweise benutzt. Nun sollten aufgrund der Wichtigkeit der Heeresgruppe Nord die Arbeitskräfte von dort ins Ostland geschickt werden:

„Der Holzeinschlag in Estland konnte im letzten Jahre, wie mir von Ihnen gemeldet wurde, wegen des mangelhaften Arbeitseinsatzes nicht gesteigert werden. Die Versorgung der Armeen macht jedoch eine sofortige Steigerung des Einschlages wie auch des Einschnitts im estnischen Raum unbedingt erforderlich. Der Oberquartiermeister der Heeresgruppe Nord hat daher den zusätzlichen Einsatz von Arbeitskräften für den Einschlag und den Einschnitt des Holzes in Estland befohlen. Seitens der Heeresgruppe Nord sollen für den Einschlag während der Wintermonate zusätzlich 5000 Arbeitskräfte und für den Einschnitt zusätzlich 1800 Arbeitskräfte zur Verfügung gestellt werden"[394].

Dabei steht im deutlichen Unterschied zur Polizei hierbei der reine Nutzen der Arbeitskräfte im Vordergrund des Interesses. Die Unterbringung und eventuelle Gefährdung des „Einsatzes" von Kriegsgefangenen bei unzureichender Bewachung wurden auch angesprochen, waren jedoch von zweitrangiger Bedeutung[395]. Eine Parallele zur Polizei zeigte sich bei dieser Angelegenheit derartig, dass die Entsendung von Arbeitskräften ins Ostland nicht nur den offensichtlichen Zweck der Abdeckung eines bestehenden Bedarfs an Arbeitskräften diente, sondern auch der

393 BA-RW-1. 9. 2102 S. 115. Wirtschaftsstab Ost, Schreiben betr.: Abgabe von Arbeitskräften aus dem RKO an die Heeresgruppe Nord. An: OKW Wi Amt, 24. 12. 1942.

394 ERA-R-65. 1. 2126 S. 57. RKO Abt. III FoHo., Schreiben betr.: Arbeitseinsatz. An: GK Abt. III FoHo, 26. 9. 1942.

395 ERA-R-65. 1. 2126 S. 58. Staatsforstverwaltung in Estland, Schreiben betr.: Arbeitseinsatz für den Holzeinschlag in der Saison 1942/43. An: GK in Reval Abt. III FoHo, 13. 10. 1942.

Zunahme des Einflusses der Wehrmacht auf die „Arbeitseinsatzpolitik" im Ostland bewirken sollte, da sich auf diese Weise die Anzahl der unter der Aufsicht der Wehrmacht stehenden Arbeitskräfte im Ostland erhöhte. Zu dem „Einsatz" von Arbeitskräften aus dem Gebiet der Heeresgruppe Nord im Nachbargeneralbezirk Lettland zur selben Zeit und zum selben Zweck galten in diesem Zusammenhang denn auch folgende Bestimmungen:

„Das OKH hat den Wirtschaftsstab Ost beauftragt, russische Arbeitskräfte gegebenenfalls Kriegsgefangene zum Einsatz im Ostland bereitzustellen, die lediglich zum Einsatz bei Wehrmachtsstellen vorgesehen sind .... Der Kräfteeinsatz ist durch den OKH Generalquartiermeister 2 I. 3808/42 angeordnet. Eine Abzweigung von Arbeitskräften für andere Bedarfsträger ist nicht zugelassen"[396].

Bei den Bemühungen der Wehrmacht, vergleichbar mit denen der Polizei, die Kontrolle über eine Vielzahl von Arbeitskräften zu erlangen, ist jedoch festzustellen, dass sie auf diesem Gebiet vergleichsweise weniger erfolgreich vorging. Denn die absolute Zahl der unter direkter Militäraufsicht stehenden Arbeitskräfte in den W-Betrieben erhöhte sich in nur eingeschränktem Maße. Im August 1943 waren in den drei Wehrwirtschaftskommandos Reval, Riga und Kauen genau 15 634 Arbeitskräfte in den W-Betrieben beschäftigt[397]. Bis Juni 1944 erhöhte sich die Zahl auf die bereits genannten 21 073[398], was natürlich angesichts der sich zuspitzenden Lage ein immerhin beachtlicher Anstieg ist, der jedoch zumindest im Vergleich zu den Erweiterungen der Kompetenzen der Polizei relativ gesehen schwächer war.

Trotz dieser widersprüchlichen Linie innerhalb der Wehrmacht bezüglich der Frage des „Einsatzes" von Arbeitskräften im Ostland oder im Gebiet der Heeresgruppe Nord war ihr Widerstand gegen die Forderungen Sauckels zum „Reichseinsatz" eine Konstante der verfolgten Politik der hier genannten Behörden der Wehrmacht, namentlich der Wehrmachtsbefehlshaber Ostland, die Rüstungsinspektion und der WiStabOst:

„Das Rüstungskommando teilt mit, dass durch einen weiteren Entzug von Arbeitern aus den hiesigen Betrieben die Durchführung seiner Aufgaben, die in der Deckung des Sofortbedarfs der Truppe wie auch von Wehrmachtsaufträgen verschiedenster Art bestehen, erschwert oder z.T. unmöglich gemacht wird"[399].

396 IfZ-MA.202 S. 1304 f. GK in Riga Arbeitsverwaltung, Aktenvermerk betr.:Arbeitskräftebedarf der Wehrmacht, 2. 10. 1942.

397 BA-RW-30.14 u. p. Wehrwirtschaftsinspektion Ostland, Bericht über Monat August 1943, 5. 9. 1943.

398 BA-RW-30.203 u. p. Abwicklungsstelle für Osteinheiten (HeWiFü Nord-Rü), Bericht: Die Rüstungswirtschaft im Ostland vom 1. 9. 1941–8. 8. 1944, 29. 1. 1945, hier: S. 53.

399 BA-R-9. 2. 1145 u. p. Rüstungskommando Riga, Schreiben betr.: Entzug von Arbeitern aus den hiesigen Betrieben. An: GK in Riga HA III (Wirtschaft), 8. 10. 1942.

Im selbigen Schreiben des Rüstungskommandos Riga wird noch ein weiterer Punkt angesprochen, in den sich die örtlichen Behörden der Wehrwirtschaft einschalteten:

„Müssten aber infolge weiteren Abzugs von Arbeitskräften die Aufträge nach dem Reich verlagert werden, würde infolge des größeren Transportweges und der Transportschwierigkeiten die Abdeckung des Sofortbedarfs der Truppe sehr leiden"[400].

Die Auseinandersetzung Speers mit Sauckel über die Verlagerung von Teilen der Rüstungsproduktion aus Deutschland in besetzte, unter Umständen luftschutzsichere Gebiete[401], stellte somit aus Sicht der Wehrmachtsbehörden ein weiteres nützliches Argument gegen die Entsendung von Arbeitskräften aus dem Ostland ins Reich dar. Dabei hatte diese Argumentationslinie bei den Wehrmachtsbehörden bereits Tradition und schon direkt nach der Besetzung begonnen[402].

Teilweise gelang es dem Wehrmachtsbefehlshaber sogar noch 1944, Arbeitskräfte entgegen den Bemühungen Sauckels in umgekehrter Richtung aus dem Reich ins Ostland zu bringen, um Lücken in der dortigen, unter Militäraufsicht stehenden „kriegswichtigen" Produktion zu beheben[403]. Bei anderer Gelegenheit, als die Wehrmacht gegen die Werbungen Sauckels machtlos war, wusste sie sich durch die Rekrutierung von Arbeitskräften beispielsweise aus Dänemark zu helfen:

„Vordringlichste Programme im Ostland blieben unerfüllt und die Bedarfsträger auf Nachschub aus dem Reich angewiesen, weil vorhandene geeignete Arbeitskräfte ins Reich umgesetzt wurden, während die Fertigungsstätten ungenügend ausgenutzt und unwirtschaftlich arbeiteten. In Einzelfällen ergaben sich hieraus merkwürdige Folgeerscheinungen. So wurden z. B. einem Revaler Bauvorhaben der höchsten Dringlichkeitsstufe die Bauarbeiter entzogen und ins Reich abtransportiert, angesichts der Dringlichkeit des Baues aber durch aus Dänemark eingeführte Arbeiter ersetzt"[404].

Bei der Suche nach Ersatzmöglichkeiten für die zum „Reichseinsatz" rekrutierten Personen fiel die Wahl der Wehrmachtsbehörden auch auf andere für die Region des Baltikums außergewöhnliche Personengruppen:

400 Ebd.

401 Dazu: Bernd Zielinski, Die deutsche Arbeitseinsatzpolitik in Frankreich 1940–1944, in: Richard J. Overy (Hg.), Die „Neuordnung" Europas. NS-Wirtschaftspolitik in den besetzten Gebieten, Berlin 1997, S. 109–131 S. 127–130. Speziell zum Ostland siehe: LVVA-P-70.5.67(II) S. 244. RMfdbO, Schreiben betr.: Industrieverlagerung nach den besetzten Ostgebieten. An: Reichsminister für Bewaffnung und Munition, 29. 7. 1943.

402 BA-MA-RW-30.206 u. p. OKH. Chef der Heeresrüstung und Befehlshaber des Ersatzheeres, Schreiben betr.: Erfassung von Gummiarbeitern im Bereich Rü In Ostland, bzw. Verlagerung von Aufträgen nach dort. An: OKW Wi Rü Amt / Rü IV, 5. 11. 1941.

403 BA-RW-30.203 u. p. Abwicklungsstelle für Osteinheiten (HeWiFü Nord-Rü), Bericht: Die Rüstungswirtschaft im Ostland vom 1. 9. 1941–8. 8. 1944, 29. 1. 1945, hier: S. 54.

404 Ebd., hier: S. 55.

„Wehrwirtschaftsinspektion hat bei den zuständigen Dienststellen die Überweisung von militärinternierten Italienern, die zurzeit in Ostpreußen in Lagern untergebracht worden sind, erbeten"[405].

War die Wehrmacht also bei der Verteidigung des Arbeitskräftepotentials gegen die Ansprüche des GBA mit der zivilen „Arbeitseinsatzverwaltung" grundsätzlich einig, so ergaben sich Differenzen mit ihr, ähnlich wie schon bei der Polizei, hinsichtlich der Zuständigkeiten und der Kontrolle über die Arbeitskräfte vor Ort. Die Ansprüche der Wehrmacht besaßen zwar anerkanntermaßen Priorität, doch hegte die Rüstungsinspektion Ostland bis zuletzt ein tiefes Misstrauen gegen die zivile „Arbeitseinsatzverwaltung" und zeigte Unverständnis gegenüber deren Handlungsweise:

„Die Aufgliederungsziffern der Abteilung 3 Aso ergaben später, dass andere Bedarfsträger wiederum zu Lasten der Rü-Wirtschaft bevorzugt versorgt worden waren. . . .

In offenbar bewusster Außerachtlassung der zwischen dem Oberbefehlshaber der Kriegsmarine und dem GBA getroffenen Vereinbarung über den Abzug von Arbeitskräften aus der Kriegsmarine und der Verfügung des RMfBuM über die Abziehung von Arbeitskräften aus der Rüstung vom 25.5.43 versuchten die Arbeitsämter sogar immer wieder, in Fällen dringenden Bedarfes bei anderen Stellen den W-Betrieben Arbeitskräfte zu entziehen. Wie gering das Verständnis der zuständigen Stellen der Zivilverwaltung für die Aufgaben der Rü-Wirtschaft war, wird durch die Tatsache bewiesen, dass das Arbeitsamt Riga im Juli 1943 von der Rigaer Werft die Freigabe von 18 Kräften forderte, von den fünf Mann zum Volkstheater, dem Restaurant „Drei Hanseaten" und dem Hotel „Rom" umgesetzt werden sollten"[406].

Während der Entzug von fünf Schauspielern noch nicht den sofortigen Zusammenbruch der Rüstungswirtschaft im Ostland bedeutete, waren die massenhaften Aushebungen zu den SS-Legionen in Estland und Lettland ein weitaus größeres Problem für die Aufrechterhaltung der unter Militärverwaltung stehenden Rüstungsproduktion, welche nur durch die verstärkte Heranziehung von Kriegsgefangenen, Juden und auch „Evarussen" in Grenzen zu halten war. Zugleich bedeuteten diese Mobilisierungen aber auch den Verlust der Vorrangstellung des Wehrmachtsbedarfs[407].

Aber nicht nur der Entzug von Arbeitskräften zu den Legionen und anderen Polizeieinheiten bereitete den Wehrwirtschaftsstellen Unbehagen. Auch der Bedarf der

405 BA-RW-30.14 u. p. Wehrwirtschaftsinspektion Ostland, Bericht für den Monat November 1943., 4. 12. 1943. Von einem tatsächlichen „Einsatz" dieser Italiener ist dem Verfasser allerdings nichts bekannt geworden, so dass es aller Wahrscheinlichkeit nach nur bei diesem Vorschlag blieb.

406 BA-RW-30.203 u. p. Abwicklungsstelle für Osteinheiten (HeWiFü Nord-Rü), Bericht: Die Rüstungswirtschaft im Ostland vom 1. 9. 1941–8. 8. 1944, 29. 1. 1945, hier: S. 51, 57. Die besondere Vorliebe der Zivilverwaltung für die Theater im Ostland wurde bereits an anderer Stelle angesprochen.

407 Ebd., hier: S. 52 f.

Wehrmacht an sogenannten Panjefahrern und anderen Hilfswilligen für die Wehrmacht[408] konfrontierte die örtlichen Behörden der Wehrmacht mit außerordentlichen Zielkonflikten, so dass der Akteur Wehrmacht hinsichtlich des Einsatzes der Arbeitskräfte in sich keine einheitliche Linie verfolgen konnte.

Trotz dieser inneren Widersprüche der Verwendung des „Menschenpotentials" im Ostland, welche sich für den Akteur Wehrmacht vor allem über der Frage nach dem „Einsatz" in der Rüstungswirtschaft im Ostland oder im Zuständigkeitsgebiet der Heeresgruppe Nord, sei es im „Arbeitseinsatz" oder als „Hilfswilliger" oder Panjefahrer, entbrannte, lässt sich als einheitliche Position der Wehrmacht festhalten, dass sie die Zivilverwaltung bei der Abwendung der Forderungen Sauckels unterstützte. Auseinandersetzungen mit der Zivilverwaltung betrafen die Kontrolle über den „Einsatz" innerhalb des Ostlandes. Hier gelang es der Wehrmacht, die Anzahl der unter ihrer Obhut stehenden Arbeitskräfte geringfügig zu erhöhen. Doch waren die Erfolge der Wehrmacht auf dem Feld der „Arbeitseinsatzpolitik" gemessen an der Machtzunahme der Polizei geringer. In den Werbungen zu den Legionen und anderen Polizeieinheiten erwuchs für die Wehrwirtschaft ab 1943 somit auch der größte Konkurrent in der „Arbeitseinsatzpolitik", da dadurch die bis dahin anerkannten Prioritäten der Wehrmacht beschnitten wurden.

2.3.3 Zielvorstellungen zur Art des „Arbeitseinsatzes" und zur Methode der Rekrutierung – „Härteres Durchgreifen" und selektive Milde

Das Verhältnis zwischen der zivilen „Arbeitseinsatzverwaltung" und den wehrwirtschaftlichen Behörden der Wehrmacht im Ostland war trotz der Einigkeit im Bündnis gegen den GBA, wie bereits angesprochen, nicht konfliktfrei[409], da ein großer Teil der Rüstungsproduktion zum Missfallen der Rüstungsinspektion bzw. Wehrwirtschaftsinspektion unter der Aufsicht der Abteilung Aso geführt wurde. Diese Konstellation bewirkte, dass die Stellen der Wehrmacht keine Gelegenheit ausließen, die Arbeit der zivilen Verwaltung zu kritisieren. Einer der Hauptkritikpunkte bezog sich dabei auf die vermeintliche Unfähigkeit der Zivilverwaltung, den „Arbeitseinsatz"

408 BA-R-9. 2. 1153 u. p. GK in Riga Abt. III Aso gez. Dr. Erdmann, Aktenvermerk betr.: Gestellung von Hilfswilligen – Panjefahrern, 21. 12. 1943.

409 Erste Anzeichen von Unstimmigkeiten gehen dabei schon zurück in die Zeit der Militärverwaltung: „Die Zusammenarbeit mit der Dienststelle „Reichskommissar Ostland" ist außerordentlich schlecht. Wenn auch bei den unteren Organen des Reichskommissars im allgemeinen der gute Wille zur Zusammenarbeit zur Zeit noch vorhanden ist – wie lange, ist eine andere Frage –, so ist nicht zu verkennen, dass die leitenden Persönlichkeiten der Dienststelle Reichskommissar sich bewusst der Wehrmacht gegenüber ablehnend verhalten". Aus: BA-RW-19.745 S. 63 f. OKH / Gen. Qu u Wi Stab Ost gez. Dutzmann, Auszug aus Tätigkeitsbericht für die Zeit vom 11.–20. 9. 1941. An: OKW Wi Rü Amt / Rü IV, 30. 9. 1941.

mit der nötigen Härte zu organisieren und so die erwünschten Resultate zu erlangen[410]. Der Akteur Wehrmacht erscheint also in Bezug zur Frage der Wahl der Mittel gegenüber den einheimischen Arbeitskräften als „Scharfmacher", der aus der Position heraus, selbst keine oder nur beschränkte Verantwortung zu tragen, ein härteres Durchgreifen als Lösungsweg empfiehlt. In dem Abschlussbericht der Rüstungsinspektion Ostland heißt es dazu:

„Wenn auch die von den verschiedenen Bedarfsträgern an das Ostland gestellten Menschen-Forderungen die Möglichkeit des Landes bei weitem überstiegen, so sind doch die gegebenen arbeitseinsatzmäßigen Möglichkeiten niemals voll ausgenutzt worden. Es wurden zwar in einer Reihe durchaus zweckmäßiger und den Verhältnissen angepasster ... Erlasse die Voraussetzungen für die wirksame Erfassung aller einsatzfähigen Kräfte geschaffen, aber – offenbar aus politischen Erwägungen – niemals nachdrücklich durchgeführt. Alle Planungen rechneten ständig mit viel zu hohen Ziffern, weil die Machtmittel des Staates nicht für die Erfüllung der jeweiligen Gestellungs- oder Meldepflicht eingesetzt wurden. ... Immer wieder scheiterten alle Planungen der Arbeitseinsatz-Dienststellen"[411].

Als wesentliche Gründe nannte dieser Bericht u. a. die „Unfähigkeit der Zivilverwaltung, die vorhandenen Menschenreserven auszuschöpfen", und die „Schwäche der Exekutive gegenüber Bummenlanten und Arbeitsverweigerern". Es war also nicht nur die Zivilverwaltung, welche sich ihrerseits über die zu schwache Polizei beschwerte. Auch sie selbst wurde von demselben Argument seitens der Wehrmacht getroffen. Der Hintergrund für dieses Versagen und die dahinter stehenden Motive der Zivilverwaltung erklärten sich nach Ansicht der Rüstungsinspektion folgendermaßen:

„Dass dieses Ziel ... nicht voll erreicht wurde und erhebliche Reserven unausgeschöpft blieben, ist dagegen darauf zurückzuführen, dass die Zivilverwaltung sich nicht entschließen konnte, politische Rücksichten zu Gunsten der Kriegsnotwendig-

410 Diese Kritik der Wehrmacht lässt sich auf allen Ebenen nachweisen, beispielsweise auch die Kritik des Kommandeurs der Kriegsgefangenen über die zivile „Arbeitseinsatzlenkung" der Kriegsgefangenen: BA-RW-41.56 u. p. Kommandeur der Kriegsgefangenen beim Wehrmachtsbefehlshaber Ostland, Schreiben betr.: Hebung der Arbeitsleistung der Kgf. und Verhalten der Wachmannschaften bei Nachlassen der Arbeitsleistung der Kgf. An: Kgf. Bez. Kdt in Riga Kauen Minsk, 8. 9. 1942.

411 BA-RW-30.203 u. p. Abwicklungsstelle für Osteinheiten (HeWiFü Nord-Rü), Bericht: Die Rüstungswirtschaft im Ostland vom 1. 9. 1941–8. 8. 1944, 29. 1. 1945, hier: S. 55 f.; Ein weiteres Beispiel für den „härteren" Kurs der Wehrmacht stellte der „Fraueneinsatz" dar, der sowohl in diesem Bericht angeführt wurde als auch von Generalobert Model vom Oberkommando der Heeresgruppe Nord: „Bei Tisch regte Generaloberst Model schließlich noch an, auch im Ostland weitestgehend die Frauen zur Arbeit heranzuziehen, um die Männer für den Wehrdienst freizumachen". Aus: IfZ-Ma-539 S. 254. Protokoll der Besprechung beim Oberkommando der Heeresgruppe Nord am 11. 2. 1944 zwischen Reichskommissar Lohse und Generaloberst Model, 11. 2. 1944.

keit zurückzustellen und die Machtmittel des Staates vorbehaltlos zur Durchführung der gegebenen gesetzlichen Möglichkeiten einzusetzen"[412].

Darin zeigte sich eine deutliche Ablehnung des Konzepts, die Region des Baltikums im Verhältnis zu den anderen besetzten Ostgebieten aus politischen Gründen zu bevorzugen und dadurch auf der Ebene der Kollaboration die Umsetzung der deutschen Besatzungsziele zu erwirken. Dabei wurde der Zivilverwaltung vorgeworfen, mit dieser auf Zusammenarbeit der einheimischen Bevölkerung ausgerichteten Strategie wichtige Ressourcen für den Wehrmachtsbedarf zu verspielen:

„Während die Wehrmacht den Auftrag hat, das Ostland bis zum äußersten für ihre Zwecke auszunutzen, stellt sich der Reichskommissar in dem Bestreben, Aufbauarbeit zu leisten, schützend vor die Bevölkerung der besetzten Gebiete. Diese Grundeinstellung der leitenden Zivilverwaltungsbehörde überträgt sich naturgemäß auf die Generalkommissariate usw. So wurde vom Generalkommissar Kauen das ursprünglich festgesetzte Wehrmachtskontingent wieder aufgehoben, ohne dass eine bestimmte Ersatzzuteilung erfolgte. ... Abschließend muss gesagt werden, dass die Wehrmacht bei dieser Einstellung des Reichskommissars ihre Aufgaben, wenn überhaupt, so nur unter äußersten Schwierigkeiten erfüllen kann"[413].

Das sogenannte „Dekompositionsprinzip" der Zivilverwaltung wurde also auf dem Gebiet der „Arbeitseinsatzpolitik" von zwei Seiten angegriffen. Während die Polizei vor allem aus rassenideologischer Sicht eine allzu starke Bevorzugung der baltischen Völker, mit eingeschränkter Ausnahme der Esten, ablehnte, opponierte hier die Wehrmacht gegen die politische Argumentationsweise einer Bevorzugungspolitik der baltischen Völker, da sie deren wirtschaftlichen Nutzen für die unmittelbare Versorgung der Front anzweifelte.

Aber auch zur Frage der Zwangsmaßnahmen beim „Arbeitseinsatz" bezog die Wehrmacht keine völlig einheitliche Stellung. Während die Wehrmacht also für verstärkte Zwangsmaßnahmen gegenüber der Bevölkerung im Allgemeinen war, setzte sie sich auf der anderen Seite nämlich für eine Bevorzugung und Besserbehandlung derjenigen Arbeitskräfte ein, die unter ihrer Aufsicht standen. In einer Beschwerde gegenüber dem Generalkommissar Reval, welche auch die schon mehrfach genannten Vorwürfe gegenüber der zivilen „Arbeitseinsatzverwaltung" wegen vermeintlicher Benachteiligung der Rüstungsinteressen enthält, hieß es dazu:

„Da eine gleichmäßige, befriedigende Versorgung aller in Estland tätigen Arbeitskräfte nicht möglich zu sein scheint, muss gleichermaßen wie im Reich zu Gunsten der kriegswichtigen Aufträge eine Bevorzugung der in Rüstungsbetrieben und Werken mit kriegswichtigen Fertigungen beschäftigten Arbeitskräfte nach Ansicht der

412 BA-RW-30.203 u. p. Abwicklungsstelle für Osteinheiten (HeWiFü Nord-Rü), Bericht: Die Rüstungswirtschaft im Ostland vom 1. 9. 1941–8. 8. 1944, 29. 1. 1945, hier: S. 61 f.

413 BA-RW-19.745 S. 63 f. OKH / Gen. Qu u Wi Stab Ost gez. Dutzmann, Auszug aus Tätigkeitsbericht für die Zeit vom 11.-20. 9. 1941, 30. 9. 1941.

Heeresgruppe auch hier durchgeführt werden. ... Im Einzelnen erscheint es erforderlich, die Werke in ihren Versorgungseinrichtungen mit vermehrten Sonderzuteilungen zu bedenken"[414].

Diese grundsätzlichen Forderungen der Wehrmachtsdienststellen fanden auch durchaus den Weg in die Praxis des „Arbeitseinsatzes", wie die Besserbezahlung von LKW-Fahrern, die im Dienst der Wehrmacht unterwegs waren[415].

Trotzdem verbat sich die Zivilverwaltung jegliche Art der Einmischungsversuche von Seiten der Wehrmacht und veranlasste den Wehrmachtsbefehlshaber Ostland eine Anordnung mit folgendem Wortlaut zu erlassen:

„Wehrmachtsangehörige aller Dienstgrade sprechen immer wieder bei den Arbeitsämtern vor, um aus persönlichen Gründen für einzelne einheimische Arbeitskräfte in deren Interesse eine Abänderung der von den AA (Arbeitsämtern, Anmerkung T.P.) getroffenen Maßnahmen zu erreichen. Diese Vorsprachen führen nicht zu dem erstrebten Erfolg, sondern nur zu unsachlichen, oft sogar unliebsamen Auseinandersetzungen und erschweren unnötig einen geordneten Geschäftsablauf bei den AA. Jegliche Einmischung von Wehrmachtsangehörigen in die Maßnahmen der AA aus persönlichen Gründen wird hiermit untersagt"[416].

Unabhängig davon, ob von offizieller Seite oder von einzelnen Personen, sind dies Beispiele für Versuche der Wehrmacht entgegen der oben geäußerten Einstellung, Gewaltmaßnahmen in härterer Form durchzuführen, im Einzelfall für die im Dienste der Wehrmacht stehenden Arbeitskräfte bessere Bedingungen zu schaffen. Auch standen diese Versuche im deutlichen Kontrast zu den Empfehlungen der Wehrmacht, durch eine „einheitliche Steuerung" die Produktivität des „Arbeitseinsatzes" zu erhöhen[417]. Desweiteren sei darauf verwiesen, dass eine weitere Gemeinsamkeit von Wehrmacht und Polizei darin bestand, verstärkten Einfluss in der „Arbeitseinsatzpolitik" im Baltikum durch die Gewinnung der alleinigen Zuständigkeit über eine möglichst große Gruppe von Arbeitskräften zu erlangen. Die Polizei verfolgte dieses Ziel jedoch mit der Absicht, dann in ungestörterer Weise Repressions-

414 ERA-R.65.1.3 S. 160. Oberkommando der Heeresgruppe Nord. Qu. Nord Aussenstelle Reval, Schreiben betr.: Versorgung kriegswichtiger Industrien. An: GK Reval, 11. 11. 1942.

415 LVVA-P-80.2.16 S. 1. Wehrmachtskommandantur Schaulen Abt. Ib, Schreiben betr.: Entlohnung von russischen Kriegsgefangenen-Lkw.-Fahrern. An: Wehrmachtsbefehlshaber Ostland, 2. 11. 1941.

416 Abgedruckt in: LVVA-P-989.1.4 S. 173. Generaldirektion der Wirtschaft – Arbeitsdepartement gez. Reinhards, Aktennotiz betr.: Vorsprechen von Wehrmachtsangehörigen bei den Arbeitsämtern, 6. 12. 1943.

417 Derartige Empfehlungen: BA-RW-30.203 u. p. Abwicklungsstelle für Osteinheiten (HeWiFü Nord-Rü), Bericht: Die Rüstungswirtschaft im Ostland vom 1. 9. 1941–8. 8. 1944, 29. 1. 1945, hier: S. 61.

maßnahmen an diesen Personen durchführen zu können[418], während die Wehrmacht, wie hier beschrieben, eine Bevorzugung der eigenen Arbeitskräfte anstrebte.

Zwischenfazit – „Sparstoff Mensch" (Keitel)[419] und „Dilemma des Menschenmangels" (Jodl)[420]:
Im Interesse eines größtmöglichen Nutzens für die Versorgung der Front setzten sich die Wehrwirtschaftsbehörden im Ostland im Allgemeinen für eine größere Härte gegenüber der einheimischen Bevölkerung und gegenüber den Arbeitskräften ein. Da die Wehrmacht nur über die Rüstungsinspektion und die Rüstungskommandos auf die „Arbeitseinsatzpolitik" Einfluss nehmen konnte, versuchte sie gleichzeitig entgegen ihrer allgemeinen Forderung die Bedingungen der Arbeitskräfte in den unter ihrer Verwaltung stehenden W-Betrieben zu verbessern. So sollten, erstens die Produktion für die Rüstungswirtschaft erhöht werden, zweitens Probleme mit einer ringsherum nachlassenden Arbeitsdisziplin durch die Attraktivität dieser Arbeitsplätze verhindert werden, und so schließlich vielleicht auch sogar die Anzahl der unter ihrer Kontrolle arbeitenden Personen erhöht werden. Insgesamt dominierte eine rein wirtschaftspolitisch geprägte Sichtweise, die nur den unmittelbaren Produktionsfaktor der Arbeitskräfte in ihrer Funktion als „Sparstoff Mensch" im kriegswirtschaftlichen Sinne sah.

2.3.4 Zusammenfassung – Zielkonflikte zwischen Heeresgruppe Nord und Rüstungsinspektion Ostland

Die Rolle der Wehrmacht in der „Arbeitseinsatzpolitik" im Baltikum ist vor allem durch den Gegensatz der unmittelbaren Versorgungsinteressen der Heeresgruppe Nord und der rüstungswirtschaftlichen Zielvorgabe der Rüstungs- bzw. Wehrwirtschaftsinspektion Ostland gekennzeichnet. Dies zeigte sich sowohl bei der widersprüchlichen Vorgehensweise bezüglich des Einsatzortes der Arbeitskräfte, welche zum Teil zeitgleich zwischen der Heeresgruppe Nord und den baltischen Generalbezirken hin und her zu den verschiedenen militärischen Bedarfsträgern geschickt wurden, als auch zur Frage der Auswahl der Mittel. Denn auch hier schwankte die Position der Wehrmacht zwischen dem unmittelbaren Nutzen einer erbarmungslosen

418 Siehe Abschnitt zum Verhältnis von Polizei und Zwangsmaßnahmen.
419 Zitiert aus: Bernhard R. Kroener, „Soldaten der Arbeit": Menschenpotential und Menschenmangel in Wehrmacht und Kriegswirtschaft, in: Dietrich Eichholtz (Hg.), Krieg und Wirtschaft, Berlin 1999, S. 109–127, hier: S. 109.
420 Zitiert aus: Kurt Pätzold, Der Führer und die Kriegswirtschaft, in: Dietrich Eichholtz (Hg.), Krieg und Wirtschaft, Berlin 1999, S. 43–68, hier: S. 58.

Ausbeutung mit härtesten Zwangsmaßnahmen und einer relativen Besserbehandlung in den W-Betrieben zur Produktionssteigerung der örtlichen Rüstungswirtschaft.

Diese Einstellung machte auch die Wehrmacht zum Verbündeten der Zivilverwaltung im Abwehrverhalten gegen die Forderungen Sauckels zum Reichseinsatz. Trotzdem war das Verhältnis zwischen Wehrmacht und Zivilverwaltung von Anfang an auf dem Gebiet der „Arbeitseinsatzpolitik" gespannt, was sich durch die Abgabe der wesentlichen Kompetenzen auf dem Gebiet der Lenkung des „Arbeitseinsatzes" an die Zivilverwaltung noch verstärkte. Von nun an kritisierte die Rüstungsinspektion die Vorgehensweise der Zivilverwaltung wegen vermeintlicher Schlaffheit im Umgang mit den einheimischen Arbeitskräften und verdächtigte die Zivilverwaltung, nicht in ausreichendem Maße die Interessen der Rüstungswirtschaft zu berücksichtigen[421]. Zeitgleich gelang es der Rüstungsinspektion jedoch auch, die Anzahl von Arbeitskräften unter ihrer Verwaltung sukzessive zu erhöhen – eine Entwicklung, die nur aufgrund des Machtzuwachses der Polizei und der damit verbundenen Aushebungen zu den SS-Legionen und anderen Polizeieinheiten gebremst wurde. Allerdings hatte auch die Zivilverwaltung auf der anderen Seite Grund genug, sich über Angehörige der Wehrmacht zu beschweren, die ihrerseits die Kompetenzen der Zivilverwaltung ignorierten:

„Seit den letzten 10 Tagen müssen fast täglich Juden für den Einsatz in der Torfwirtschaft von Wehrmachtseinheiten abgezogen werden. Dabei treten die erheblichsten Schwierigkeiten auf, weil sich die Angehörigen der Wehrmacht, die die Juden täglich vom Ghetto abzuholen haben, nicht den Anordnungen fügen wollen, die der verantwortliche Arbeitseinsatzmann trifft"[422].

Bezüglich der rassenideologischen Einstellungen der Wehrmacht bleibt festzuhalten, dass auf diesem Gebiet keine ausgereiften Pläne existierten. Pragmatische Überlegungen dominierten auch hier die politischen Maßnahmen. So sprach sich das OKW beispielsweise erst für eine Differenzierung des Ostarbeiterabzeichens aus, als

421 Gleichlautende Kritik an der unproduktiven Verwaltungsarbeit und unkämpferischen Einstellung der Zivilverwaltung auch beim Wehrmachtsbefehlshaber Ostland: „Trotz der veränderten Lage herrscht der Geist eines friedensmäßigen Verwaltungs- und Bürobetriebes mit einem damit verbundenen friedensmäßigen Lebensstil bei den im Ostland eingesetzten deutschen Verwaltungsstellen und Zivilpersonen vor". Aus: BA-RW-41.53 u. p. Wehrmachtsbefehlshaber Ostland, Bericht: Lage im Ostland, 26. 12. 1942.

422 IfZ-MA.201 S. 557 f. GK in Riga Arbeitsamt, Aktenvermerk und Beschwerde betr.: Judeneinsatz. Zusammenarbeit mit den Wehrmachtsdienststellen, 6. 7. 1942; Als Folge dieser Beschwerde erließ die Wehrmachtsortskommandantur Riga entsprechende Anweisungen an alle Wehrmachtsstellen: LVVA-P-80.3.2 S. 54. Wehrmachtsortskommandantur Riga, Kommandantur – Sonderbefehl betr.: Judeneinsatz, 15. 9. 1942; Vgl. den nahezu gleichlautenden Befehl aus dem Frühjahr 1942: LVVA-P-80.3.2 S. 40. Wehrmachtsortskommandantur Riga, Kommandanturbefehl Nr. 16/42. Behandlung jüdischer Arbeitskräfte, 22. 4. 1942.

diese Angelegenheit im Zusammenhang mit der Aushebung von landeseigenen Verbänden für die Wehrmacht opportun wurde:

„Die Soldaten der landeseigenen Verbände verständen es nicht, dass ihre Landsleute durch das „Ost"-Anzeichen deklassiert würden. ... Das OKW schlägt daher für die Ostarbeiter die Einführung der gleichen Kennzeichen vor, wie sie die Soldaten der landeseigenen Verbände tragen"[423].

Auch die rassenideologisch motivierte Ermordung der jüdischen Bevölkerung wurde aus wirtschaftlichen Motiven kritisiert:

„Anfang März (1942, Anmerkung T.P.) wurden 5000 Juden, darunter wertvolle Facharbeiter, ohne Rücksicht auf ihren Arbeitseinsatz und ohne vorherige Fühlungnahme mit dem Arbeitsamt erschossen. Der Ausfall wertvoller Facharbeiter durch derartige Maßnahmen ist nach Ansicht des Rü Kdos (Rüstungskommandos, Anmerkung T.P.) und des Gen.-Kommissars in Minsk untragbar"[424].

Solche wirtschaftspolitisch motivierten Bedenken gegen den Judenmord im Einzelfall verhinderten allerdings nicht die allgemeine tiefe Verstrickung der Wehrmacht in den Holocaust auch auf dem Territorium des Baltikums[425].

Doch beeinflussten rassenideologische Überlegungen per se nicht die Vorgehensweise der Wehrmachtsbehörden bei der „Arbeitseinsatzpolitik". Das Handeln der Wehrmacht war nur durch den praktischen Nutzen für die Interessen der Wehrmacht bestimmt. Zwar waren alle unterschiedlichen Betroffenengruppen auch unter der Aufsicht der Wehrmacht im „Arbeitseinsatz", doch gingen hierbei die rassenideologisch motivierten Differenzierungsbestrebungen nur von der Zivilverwaltung und der Polizei aus.

2.4. Wirtschaftsbehörden

2.4.1 Struktur – Der „Generalbevollmächtigte für den Arbeitseinsatz" als Vertreter der Reichswirtschaft und die Ostgesellschaften

Wie im vorigen Kapitel angesprochen, waren vor allem auf dem Gebiet der Wirtschaftsführung die Kompetenzen gespalten und klare Abgrenzungen einzelner

423 IfZ-MA.248 S. 913. RMfdbO Sachbearbeiter Maddalena, Aktennotiz betr.: Stellungnahme des OKW zum Ostarbeiterabzeichen, 6. 7. 1943.

424 BA-RW-30.13 u. p. Rüstungsinspektion Ostland, Märzbericht 1942 der Rü In Ostland, 8. 4. 1942.

425 Siehe dazu u. a.: Dieter Pohl, Die Wehrmacht und der Mord an den Juden in den besetzten sowjetischen Gebieten, in: Wolf Kaiser (Hg.), Täter im Vernichtungskrieg. Der Überfall auf die Sowjetunion und der Völkermord an den Juden, Berlin 2002, S. 39–53; Margers Vestermanis, Tā rīkojās vērmahts: (vācu militāristu loma nacistisko okupantu noziegumos Latvijā 1941–1945), Rīga 1973.

Akteure nur schwer möglich[426]. Nach der Beurteilung der Partizipation der Wehrmacht mittels der Rüstungswirtschaftsinstitutionen wie dem WiStabOst oder der Rüstungsinspektionen im Ostland wird im Folgenden die Beteiligung deutscher Wirtschaftsinstitutionen im Mittelpunkt der Analyse stehen. Welchen Einfluss übte die deutsche Wirtschaft auf die „Arbeitseinsatzpolitik“ im Baltikum aus? Dabei muss grundsätzlich unterschieden werden zwischen der deutschen Reichswirtschaft und der vor Ort tätigen Unternehmen. Die Interessen der deutschen Reichswirtschaft auf dem Gebiet der „Arbeitseinsatzpolitik“ wurden im Ostland vertreten durch den GBA. Bei der Verfolgung der örtlichen wirtschaftlichen Interessen spielten vor allem die sogenannten Ostgesellschaften die führende Rolle. Beide Institutionen werden im Folgenden vergleichend nebeneinander gestellt.

Der „Generalbevollmächtigte für den Arbeitseinsatz“:

Die besondere Bedeutung des GBA Fritz Sauckel[427] im Hinblick auf das Verhältnis der Interessen der deutschen Reichswirtschaft an Arbeitskräften aus dem Baltikum zu der „Arbeitseinsatzpolitik“ in dieser Region ist durch den Umstand begründet, dass das Amt des GBA zu einem Zeitpunkt eingerichtet wurde, als im Baltikum selbst der Arbeitskräftemangel zum Problem wurde. Zuvor waren weniger bzw. keine Arbeitskräfte aus dem Reich gefordert worden, es wären aber welche vorhanden gewesen, außerdem wäre auch eine gewisse echte Freiwilligkeit der zu rekrutierenden Personen erreichbar gewesen. Nach der Ernennung Sauckels kehrte sich das Verhältnis von Arbeitskräftepotential und Arbeitskräftenachfrage aus dem Reich um. Diese spezifische Konstellation begründete von Anfang an Sauckels besondere und problematische Position innerhalb der „Arbeitseinsatzpolitik“ im Baltikum.

Um einen größtmöglichen Erfolg der „Reichswerbungen“ zu gewährleisten, war Sauckel durch den Erlass Hitlers vom 21. März 1942 und den ergänzenden Erlass Görings, dessen Vierjahresplanbehörde das Amt des GBA organisatorisch unterstellt war, vom 27. März 1942 mit weitreichenden Vollmachten ausgestattet worden:

426 Zur Einführung der organisatorischen Wirtschaftsstruktur in den besetzten Territorien: Dietrich Eichholtz, Institutionen und Praxis der deutschen Wirtschaftspolitik im NS-besetzten Europa, in: Richard J. Overy (Hg.), Die „Neuordnung“ Europas. NS-Wirtschaftspolitik in den besetzten Gebieten, Berlin 1997, S. 29–62.

427 Zur Person: Stephan Lehnstaedt, Fritz Sauckels Nürnberger Aufzeichnungen: Erinnerungen aus seiner Haft während des Kriegsverbrecherprozesses, in: Vierteljahrshefte für Zeitgeschichte 57. 2009, S. 116–150, hier: S. 118–120; Steffen Raßloff, Fritz Sauckel: Hitlers „Muster-Gauleiter“ und „Sklavenhalter“, Erfurt 2008; Peter W. Becker, Fritz Sauckel – Generalbevollmächtigter für den Arbeitseinsatz, in: Ronald Smelser u. Rainer Zitelmann (Hg.), Die braune Elite. 22 biographische Skizzen, Darmstadt 1989, S. 236–245; Manfred Weißbecker, „So ein Arbeitseinsatz wie in Deutschland gibt es nicht noch einmal auf der Welt!“. Fritz Sauckel – Generalbevollmächtigter für den Arbeitseinsatz, in: Ulrike Winkler (Hg.), Stiften gehen: NS-Zwangsarbeit und Entschädigungsdebatte, Köln 2000, S. 41–66.

„Dem Generalbevollmächtigten für den Arbeitseinsatz stehen zur Durchführung seiner Aufgaben die zuständigen Abtlg. III (Lohn) und V (Arbeitseinsatz) des Reichsarbeitsministerium und dessen nachgeordneten Dienststellen zur Verfügung"[428].

Diese Einbindung in bereits bestehende Strukturen der reichsdeutschen „Arbeitseinsatzpolitik" durch die Übernahme von Abteilungen und Behörden bereits existierender Institutionen, wie hier beispielsweise die genannten Abteilungen des Reichsarbeitsministeriums, begründete einerseits die Macht Sauckels als Schnittstelle zuvor auf diesem Feld rivalisierender Akteure[429], andererseits war hierin aber auch eine exekutive Schwäche angelegt, welche insbesondere für spätere Misserfolge der Politik Sauckels verantwortlich war[430]. Letzteres galt insbesondere für die Reichskommissariate in den besetzten Ostgebieten und hier vor allem für das RKO, da hier aufgrund der besonders angespannten Lage der „Arbeitseinsatzpolitik", aber auch wegen der vermeintlich relativen Besserstellung der einheimischen Bevölkerung, Sauckel von Anfang an auf größere Schwierigkeiten bei der Umsetzung seiner politischen Ziele stieß. Denn hier existierte mit der zivilen „Arbeitseinsatzverwaltung" und den betrachteten anderen Akteuren der „Arbeitseinsatzpolitik" eine starke Opposition zu den Lenkungsversuchen des GBA, obwohl dieser nicht nur den „Reichseinsatz" zu seinen Aufgaben zählen konnte. In der Anordnung Nr. 10 des GBA vom 28. 8. 1942 heißt es ausdrücklich bezüglich der Kontrolle über den einheimischen „Arbeitseinsatz":

428 LVVA-P-98.1.3 S. 1. Führer Hauptquartier, Erlass des Führers über einen Generalbevollmächtigten f.d. Arbeitseinsatzvom 21. März 1942., 21. 3. 1942; Görings ergänzender Erlass: LVVA-P-98.1.3 S. 2. Göring, Durchführungsbestimmung für den Erlass des Führers über einen Generalbevollmächtigten für den Arbeitseinsatz vom 21. März., 27. 3. 1942; Beide auch abgedruckt in: IMT XXXII. Dokument 3352-PS S. 198–230, Erlass Hitlers vom 21. März 1942 über Ernennung Sauckels zum GBA; Durchführungsbestimmungen Görings als Beauftragten für den Vierjahresplan vom 27. März 1942; Mehrere Anordnungen Sauckels über die Organisation seiner Behörden und über die Behandlung von Fremdarbeitern.

429 Hier wären zu nennen: Reichsarbeitsministerium, Deutsche Arbeitsfront, OKW Rüstungsamt, SS, Zivilverwaltung in den besetzten Gebieten und nicht zuletzt der Reichsminister für Bewaffnung und Munition; Zu den Hintergründen der Installierung des Amtes GBA: Dietrich Eichholtz, Die Vorgeschichte des „Generalbevollmächtigten für den Arbeitseinsatz" (mit Dokumenten), in: Jahrbuch für Geschichte – Akademie der Wissenschaften der DDR 9. 1973, S. 339–383; Dietrich Eichholtz, Geschichte der deutschen Kriegswirtschaft 1939–1945. Band II: 1941–1943, Berlin 1985, S. 74–79; Naasner, Neue Machtzentren in der deutschen Kriegswirtschaft 1942–1945: Die Wirtschaftsorganisation der SS, das Amt des Generalbevollmächtigten für den Arbeitseinsatz und das Reichsministerium für Bewaffnung und Munition, Reichsministerium für Rüstung und Kriegsproduktion im nationalsozialistischen Herrschaftssystem, 1994, S. 32–37; Herbert, Fremdarbeiter, 1985, S. 152–154; Pfahlmann, Fremdarbeiter und Kriegsgefangene in der deutschen Kriegswirtschaft 1939–1945, 1968, S. 48–50; Adam Tooze, Ökonomie der Zerstörung. Die Geschichte der Wirtschaft im Nationalsozialismus, Bonn, München 2007, S. 594–596.

430 Dazu: Naasner, Neue Machtzentren in der deutschen Kriegswirtschaft 1942–1945: Die Wirtschaftsorganisation der SS, das Amt des Generalbevollmächtigten für den Arbeitseinsatz und das Reichsministerium für Bewaffnung und Munition, Reichsministerium für Rüstung und Kriegsproduktion im nationalsozialistischen Herrschaftssystem, 1994, S. 44.

„Nach dem Erlass des Führers über den Generalbevollmächtigten für den Arbeitseinsatz vom 21. März 1942 und der Anordnung des Beauftragten für den Vierjahresplan zur Durchführung dieses Erlasses vom 27. März 1942 obliegen mir auch der zweckmäßige Einsatz der Arbeitskräfte der besetzten Gebiete sowie alle Maßnahmen zur Leistungssteigerung des Einsatzes dieser Kräfte. Die für die Aufgaben des Arbeitseinsatzes und der Lohnpolitik zuständigen deutschen Dienststellen oder meine Beauftragten führen diesen Einsatz und alle Maßnahmen zur Leistungssteigerung nach meinen Weisungen durch"[431].

Eine Schlüsselrolle bei der Durchsetzung der Politik Sauckels im Ostland hatte der Beauftragte des GBA beim RKO, welcher die Interessen des GBA vor Ort zu vertreten hatte:

„Ich ermächtige den Generalbevollmächtigten für den Arbeitseinsatz, Reichsstatthalter und Gauleiter Fritz Sauckel, zur Durchführung meines Erlasses über einen Generalbevollmächtigten für den Arbeitseinsatz vom 21. März 1942 nach seinem Ermessen im Großdeutschen Reich einschließlich des Protektorats sowie im Generalgouvernement und in den besetzten Gebieten alle Maßnahmen zu treffen, die den geordneten Arbeitseinsatz für die deutsche Kriegswirtschaft unter allen Umständen gewährleisten.

Er kann zu diesem Zweck bei den Dienststellen der Militär- und Zivilverwaltung Beauftragte ernennen. Zur Durchführung ihrer Aufgaben können sie den für den Arbeitseinsatz und die Lohnpolitik zuständigen militärischen und zivilen Dienststellen Weisungen erteilen.

Die näheren Bestimmungen erlässt der Generalbevollmächtigte für den Arbeitseinsatz"[432].

Dieses Amt erhielt auf der Ebene des RKO der Präsident des Landesarbeitsamts Pommern Dr. Boening[433] und beim Ostministerium Staatsrat Peuckert, der ab 1. März 1943 in Personalunion auch die Abteilung Aso des Ostministeriums leitete[434]. Da Dr. Boening innerhalb des RKO aber nicht diese doppelte Funktion innehatte, waren Auseinandersetzungen zwischen der zivil gesteuerten „Arbeitseinsatzverwaltung" des RKO und der Generalkommissare mit dem Sonderbeauftragten des GBA Dr. Boening an der Tagesordnung. So beschwerte sich der Leiter der Abteilung

431 LVVA-P-98.1.3 S. 41 f. GBA Sauckel, Anordnung Nr. 10 des GBA über den Einsatz von Arbeitskräften der besetzten Gebiete, 22. 8. 1942.

432 Zitiert aus: BA-R-9. 2. 1153 u. p. RKO HA III Aso gez. Schütte, Vermerk betr.: Stellung des Beauftragten des Generalbevollmächtigten für den Arbeitseinsatz für das Ostland, 19. 3. 1943.

433 Darüber hinaus war Boening zuvor Präsident des Landesarbeitsamts Sudentenland und Sonderbeauftragter für den Arbeitseinsatz in Holland gewesen. Siehe dazu: BA-R-9. 2. 1145 u. p. GK in Riga gez. Dorr, Aktenvermerk betr.: Anwerbung von Arbeitskräften für das Reich; hier: Ernennung Dr. Boenings zum Sonderbeauftragten des GBA im RKO. An: Dr. Dr. von Borcke, 16. 10. 1942.

434 Zuvor war Ministerialrat Albert Beil Beauftragter des GBA beim RMfdbO gewesen. Dazu Zellhuber, „Unsere Verwaltung treibt einer Katastrophe zu …", 2006, S. 294, 297; Vgl. auch Abschnitt zur Struktur der Zivilverwaltung.

Aso Schütte beim RKO darüber, dass aufgrund der weitreichenden Vollmachten des GBA und der Bedeutung der Reichswerbung Dr. Boening sich als Leiter der Abteilung Aso aufspiele und auch von außen als solcher wahrgenommen werde:

„Hierdurch (Einsetzung Dr. Boenings als Beauftragter des GBA, Anmerkung T.P.) wird nicht nur innerhalb der Behörde (Abteilung Aso beim RKO, Anmerkung T.P.) der Eindruck erweckt, als wäre der Beauftragte des Generalbevollmächtigten für den Arbeitseinsatz Vorgesetzter der Abteilung III Aso. Die Konstruktion ist leider auch verschiedentlich bei anderen Gelegenheiten nicht klar erkannt oder verwischt worden. So erhielt z. B. bei der Gebietskommissartagung im Januar Präsident Dr. Boening zuerst das Wort zu einem längeren Vortrag, und es war dem Abteilungsleiter Aso zum Schluss nur schwer möglich, selber das Wort zu erhalten, um bereits Gesagtes ergänzen zu können. Die Erfahrungen der letzten 4,5 Monate haben gezeigt, dass zahlreiche außenstehende Behörden und Dienststellen sich in allen Fragen an den Beauftragten unter Umgehung der Abteilung III Aso wenden"[435].

Durch diese Doppelstellung zwischen ziviler „Arbeitseinsatzverwaltung" und der Unterstellung unter den GBA bildete das Amt des Beauftragten des GBA beim RKO zwangsläufig die Schnittstelle der Konflikte zwischen GBA und Zivilverwaltung. Dies führte zu einer Rivalität zwischen dem Beauftragten und dem Leiter der Abteilung Aso, wie es in dem Zitat deutlich zum Ausdruck kommt, da der Auftrag Sauckels und die „Reichswerbung" zwar Priorität besaßen, gleichzeitig aber der Beauftragte eben nicht der offiziell Vorgesetzte der zivilen „Arbeitseinsatzverwaltung" war und die unmittelbare Versorgung der Wehrmacht ebenso Vorrang besaß.

Trotz der hier erläuterten „exekutiven Schwäche" im RKO des GBA genoss Sauckel selbst höchstes Ansehen und Respekt aufgrund seiner weitgehenden Vollmachten und seinem direkten Zugang zu Hitler und Göring, was seinen Forderungen starkes Gewicht verlieh[436].

435 BA-R-9. 2. 1153 u. p. RKO HA III Aso gez. Schütte, Vermerk betr.: Stellung des Beauftragten des Generalbevollmächtigten für den Arbeitseinsatz für das Ostland, 19. 3. 1943. Diese strukturelle Auseinandersetzung war auch schon zwischen ziviler Arbeitseinsatzverwaltung und den Anwerbekommissionen zutage getreten: BA-R-9. 2. 1142 u. p. GK in Riga Abt. III e Aso gez. Dorr, Schreiben betr.: Zuständigkeit für Anwerbungen grösseren Stiles im Gebiet Lettgallen. An: RKO Abt. Aso, 20. 3. 1942; Siehe auch Abschnitt zur Zivilverwaltung.

436 Seine Bedeutung für die „Arbeitseinsatzpolitik" im Baltikum kommt auch darin zum Ausdruck, dass er wie ein Reichsminister auf seinem Besuch in Riga zu empfangen war. „Gauleiter Sauckel erwartet Empfang, wie beim Besuch eines Reichsministers". Aus: ERA-R.65.1.17 S. 97. RKO Abt. Adjudant, Schreiben betr.: Reise Sauckels ins RKO. An: Adjudanten des GK Reval, 21. 7. 1942; Außerdem nutzte er für diese Reise ein Flugzeug, während der eigentliche Machthaber der Region – Rosenberg – während seiner Besuche nur mit dem Zug unterwegs war. Dazu: ERA-R.65.1.17 S. 3, 6, 17–19, 45–58.RKO Lohse, Schreiben betr.: Besuch Rosenbergs und Meyers in Tallinn und Programm von Dienstreisen Rosenbergs ins RKO, 24. 12. 1941.

Die Ostgesellschaften:
Der zur Beurteilung der „Arbeitseinsatzpolitik" im Baltikum charakteristische Zielkonflikt des Einsatzes von Arbeitskräften im Reich oder vor Ort spielte nicht zuletzt auch bei den Repräsentanten der Wirtschaft eine entscheidende Rolle. Hier manifestierte er sich an der Konkurrenzstellung zwischen GBA und den vor Ort bestehenden Wirtschaftsorganen, welche direkt für die Interessen der Wehrmacht sowie zur Versorgung der einheimischen Bedürfnisse tätig waren. Unter den letztgenannten besaßen insbesondere die sogenannten Ostgesellschaften eine Schlüsselfunktion bei der Ausbeutung der einheimischen Ressourcen. Es handelte sich dabei um große halbstaatliche Treuhandkonzerne, die zwecks einer größtmöglichen und schnellstmöglichen Ausnutzung ehemalige sowjetische Staatsbetriebe in den besetzten Ostgebieten übernahmen und verwalteten. Über privatwirtschaftliche Nutzungen der übernommenen Betriebe sollte erst nach dem „Endsieg" entschieden werden[437]. Aus diesem Grunde erfolgte die von einheimischer Seite geforderte und erhoffte Reprivatisierung nicht, bzw. erst ab 1943 und selbst dann nur in sehr eingeschränktem Maße[438]. Die wichtigsten Ostgesellschaften im Baltikum waren die Baltische Ölgesellschaft (Baltöl), die der Europaweit operierenden Kontinentale-Öl-A.G. angeschlossen und in Estland für die Ölschiefergewinnung zuständig war. Ihre hervorgehobene Rolle in der „Arbeitseinsatzpolitik" im Baltikum kommt auch dadurch zum Ausdruck, dass sie über ein eigenes zivil verwaltetes Arbeitsamt – die „Arbeitseinsatzstelle Baltöl" in Wesenberg – verfügte[439]. Weitere im Baltikum einflussreiche Ostgesellschaften

437 Zur Installierung und Funktion der Ostgesellschaften im Baltikum: Czollek, Faschismus und Okkupation. Wirtschaftspolitische Zielsetzung u. Praxis des faschistischen dt. Besatzungsregimes in d. baltischen Sowjetrepubliken während d. 2. Weltkrieges, 1974, S. 77–84; Eichholtz, Institutionen und Praxis der deutschen Wirtschaftspolitik im NS-besetzten Europa, 1997, S. 39–43; Myllyniemi, Die Neuordnung der baltischen Länder 1941–1944: Zum nationalsozialistischen Inhalt der deutschen Besatzungspolitik, 1973, S. 99 f.

438 Dazu: E. Evarts, Reprivatizācija nacistiskās Vācijas okupācijas laikā, in: Latvijas Vēsturnieku Komisijas Raksti 13. 2004a, S. 287–305; Myllyniemi, Die Neuordnung der baltischen Länder 1941–1944: Zum nationalsozialistischen Inhalt der deutschen Besatzungspolitik, 1973, S. 219–225.

439 „Die in Kiviöli bestehende Dienststelle des Arbeitsamts Wesenberg wird zu einer Arbeitseinsatzstelle für den Gesamtbereich der Baltölwerke, einschl. der neu zu errichtenden Werke ausgebaut. Sie erhält die Bezeichnung „Arbeitseinsatzstelle Baltöl" und wird in verwaltungsmäßiger Hinsicht der Abteilung III Aso des Generalkommissars in Reval unmittelbar unterstellt". Aus: ERA-R-65.1.10 S. 74. Der Beauftragte für den Vierjahresplan Generalbevollmächtigte für den Arbeitseinsatz u. Der Beauftragte für das RKO und die Wirtschaftsinspektion Nord und Mitte Dr. Boening, Verordnung: Ordnung des Arbeitseinsatzes bei den Werken der Baltischen Oelgesellschaft m.b.H., 28. 5. 1943; Zum „Arbeitseinsatz" in der Baltischen Öl GmbH unter besonderer Berücksichtigung der jüdischen Zwangsarbeit siehe: Anton Weiss-Wendt, The Business of Survival: Baltic Oil Ltd. and Jewish forced-labor camps in Estonia, in: Yad Vashem studies 36. 2008, S. 45–71; Weiss-Wendt, Murder without hatred, 2009, S. 246–275.

waren die Ostland-Faser AG für die Textilindustrie[440], die Zentralhandelsgesellschaft Ost für den Vertrieb landwirtschaftlicher Produkte[441], sowie die Berg-Hüttenwerksgesellschaft Ost.

Keine Ostgesellschaft im eigentlichen Sinne, aber ebenfalls an der Schnittstelle zwischen staatlichem und kommerziellem Unternehmen zu verorten ist die Organisation Todt, die auch im Baltikum mit Großaufträgen für die Wehrmacht beauftragt war und somit hinsichtlich ihrer Rolle in der „Arbeitseinsatzpolitik" im Baltikum in diesen Kontext einzuordnen ist[442]. In Bezug auf die „Arbeitseinsatzlenkung" unterstanden alle diese Firmen den zivilen „Arbeitseinsatzbehörden"[443], doch galten, wie im Fall der Baltöl oder der Organisation Todt, teils besondere Dringlichkeitsbestimmungen, welche erhebliche Zielkonflikte bezüglich der Ausnutzung von Arbeitskräften zur Folge hatten. Dementsprechend hatte neben der bereits konstatierten Priorität des „Reichseinsatzes" ebenso der schon genannte Wehrmachtsbedarf Vorrang, als auch der an dieser Stelle zu behandelnde Bedarf bestimmter Ostgesellschaften, namentlich beispielsweise für die Ölschieferproduktion der Baltöl[444].

Zwischenfazit:

Somit reihten sich die Interessen der im Baltikum produzierenden Ostgesellschaften und Firmen bezüglich der „Arbeitseinsatzpolitik" in den Widerstand anderer Akteure der „Arbeitseinsatzpolitik" im Baltikum gegen die Bemühungen Sauckels ein. Sicher-

440 Zur Organisationsstruktur und Tätigkeitsfeld der Ostlandfaser GmbH im RKO siehe: LVVA-P-1175.1.1 S. 1–16, Instruktion zur Übergabeordnung der Unternehmen und Zweige an die Ostland-Faser G.m.b.H., laut Verordnung des RKO vom 7. Oktober d. J. und Erlass über das Ausscheiden von Betrieben aus der Staatswirtschaft gemäss dem Schreiben vom 21. Oktober 1941, 21. 10. 1941; ERA-R-66.1.155 S. 1–3. RKO Lohse, Einweisung – Anordnung betr.: Tätigkeitsgebiet der Ostland-Faser G.m.b.H., 7. 10. 1941.

441 Zu Beschäftigtenzahlen in der ZHO im RKO siehe: LVVA-P-70.2.15 S. 61–65. Zentral-Handelsgesellschaft Ost, Schreiben betr.: Beschäftigte in der ZHO und Arbeitseinsatz im Ostland. An: RKO Abt. III Aso, 29. 7. 1942.

442 Zur Organisation Todt mit erstaunlich unkritischer Note und wenig Information zur Region des Baltikums: Franz W. Seidler, Die Organisation Todt: Bauen für Staat und Wehrmacht 1938–1945, Bonn 1998; Siehe auch in ebenfalls sehr unkritischer Perspektive zum „Einsatz" in den besetzten Ostgebieten: Hedwig Singer, Entwicklung und Einsatz der Organisation Todt (OT), in: Ders. (Hg.), Quellen zur Geschichte der Organisation Todt Band 1 und 2, Osnabrück 1998, S. 1–364, Hier: S. 33–44; Zur Organisationsstruktur der OT im RKO siehe: Verordnungen zum Einsatz der Technik, betr.: Technisches Zentralamt Ostland, abgedruckt in: Ebenda, S. 274–279; Vgl. auch: Klaus Böhm u. Hedwig Singer (Hg.), Quellen zur Geschichte der Organisation Todt. Band 3. Die Organisation Todt im Einsatz 1939–1945. Dargestellt nach Kriegsschauplätzen auf Grund der Feldpostnummern, Osnabrück 1987, S. 411–424.

443 Siehe beispielsweise für die Ostlandfaser GmbH: ERA-R-66.1.155 S. 1–3. RKO Lohse, Einweisung – Anordnung betr.: Tätigkeitsgebiet der Ostland-Faser G.m.b.H., 7. 10. 1941.

444 ERA-R-65. 1. 2105 S. 7. RKO Abt. Aso gez. Ellrodt, Schreiben betr.: Vorrang der Baltischen Öl-AG. An: GK in Reval Abt. Arbeit, 15. 2. 1942.

lich nicht zuletzt aufgrund der im Verlauf des Krieges sich manifestierenden Schwäche der Vierjahresplanbehörde unter Göring war die hier zu untersuchende Konfliktsituation innerhalb der deutschen Kriegswirtschaft erst möglich geworden. Denn eigentlich unterstanden sowohl die Ostgesellschaften als auch der GBA Göring und seiner Behörde. Doch konnte Göring selbst sich in der Frage der Priorität zwischen „Reichseinsatz" und Produktion kriegswichtiger Produkte durch die Ostgesellschaften vor Ort für den Wehrmachtsbedarf nicht entscheiden:

„Die Tatsache, die Lohse hier angeführt hat, ist auch richtig. Er sagt, es sei sinnlos, wenn man vorn an der Front reparieren und damit der Front die Gefechtsstärke geben kann, dass man das dann vorn wegnimmt, und dass man es hinten macht, wo man einen längeren Transportweg hat. Aber die 45 000 Kriegsgefangenen für den Bergbau waren notwendig. Darüber ist nicht zu diskutieren[445]".

Daher wird im Folgenden eine Analyse des Gegensatzes dieser beiden Positionen der deutschen Kriegswirtschaft und ihrer Manifestation in der „Arbeitseinsatzpolitik" im Baltikum anhand der auch in den anderen Kapiteln zu den Akteuren der „Arbeitseinsatzpolitik" zur Anwendung gelangten Kriterien unternommen.

2.4.2 Zielvorstellungen zum Ort des „Arbeitseinsatzes" – Gegensatz von Sauckel und Ostgesellschaften

Der „Generalbevollmächtigte für den Arbeitseinsatz":

Zur Frage des präferierten „Arbeitseinsatzortes" stellt sich das Bild hinsichtlich der Position des GBA recht einfach dar. Aufgabe des GBA war es in erster Linie, den Bedarf an Arbeitskräften im Reich zu decken. Folglich waren seine Bemühungen während der gesamten Besatzungszeit auch im Baltikum darauf gerichtet, eine möglichst große Zahl an Arbeitskräften aus dieser Region abzuziehen[446]. Da diese Position keinem inneren Wandel unterworfen war und zudem die Bemühungen Sauckels schon im Zusammenhang mit dem Widerstand der Zivilverwaltung behandelt

445 Aus: IMT XXXIX. Dokument 170-USSR, Bericht über Besprechung Görings mit Reichskommissaren für dei besetzten Ostgebiete und den Miltärbefehshabern über die Ernährungslage, 6. 8. 1942.

446 Obwohl Sauckel Generalbevollmächtigter für den „Arbeitseinsatz" war, also auch den „Arbeitseinsatz" in den besetzten Gebieten kontrollieren konnte, war seine Hauptenergie auf die „Reichswerbung" gerichtet. Möglicherweise ist die historiographische Schwerpunktsetzung auf die Erforschung des „Arbeitseinsatzes" in Deutschland selbst unter anderem auch auf diese spezifische Ausrichtung der Tätigkeit Sauckels zurückzuführen. Wenn er ein Anhänger der Verlegung deutscher Industriebetriebe in luftschutzsichere besetzte Gebiete gewesen wäre und die Produktion für den Wehrmachtsbedarf aus den besetzten Gebieten stärker gefordert hätte, wüssten wir heute sicher mehr über die deutsche „Arbeitseinsatzpolitik" in den besetzten Gebieten. Aber die Fokussierung auf die Person Sauckels im Kontext der „Arbeitseinsatz"-Forschung verhinderte so eine eingehende Forschung zu diesem Thema.

wurden und die faktischen Ergebnisse der „Reichswerbung" auch im Kontext der Betroffenengruppen angesprochen werden, soll im Folgenden nur die Bereitschaft Sauckels untersucht werden, auf regionale Bedürfnisse der im Baltikum tätigen Ostgesellschaften und anderen Betriebe und Firmen Rücksicht zu nehmen und von seinen Forderungen abzurücken.

Nach den noch verhältnismäßig erfolgreichen Anstrengungen Sauckels im Frühjahr und Sommer 1942 stieß sein sogenanntes 2. Sauckelprogramm auf vergleichsweise stärkere Hindernisse im Baltikum[447]. Energischer Widerstand regte sich vor allem in der Abteilung Holz- und Forstwirtschaft des RKO[448], dem Sauckel schließlich nachzugeben bereit war[449]. Doch war damit das Tauziehen Sauckels mit der Abteilung Holz- und Forstwirtschaft nicht beendet. Auch im folgenden Jahr wiederholte sich nahezu ein gleichlautender Schriftwechsel mit analogen Argumenten[450], obwohl sich im Jahre 1943 die Rückzugsbewegung auf die Arbeitsmarktsituation im Ostland auszuwirken begann, und der Faktor der „Evarussen" die Diskussion über die Arbeitskräfteverteilung beeinflusste. Trotz der vom GBA erlassenen offiziellen Vorgaben, dass alle „reichseinsatzfähigen Evarussen"[451] ins Reich zu deportieren seien[452], konnte sich Sauckel auch in diesem Jahr nicht vollständig durchsetzten und erkannte die Ansprüche der Polizei bezüglich der Aushebungen für die lettische und estnische Legion an:

447 Sauckel forderte in diesem 2. Sauckelprogramm aus Lettland 5000 und aus Litauen 15 000 Arbeitskräfte. Aus: BA-R-9. 2. 1145 u. p. RKO HA III Aso gez. Ellrodt, Fernschreiben betr.: Werbung von Arbeitskräften für das Reichsgebiet. An: GK in Reval – Kauen – Minsk – Riga, 5. 10. 1942.

448 „Es wird darin (Ein Schreiben der Eisenbahndirektion Nord, Anmerkung T.P.) festgestellt, dass von verschiedenen Sägewerken im Generalbezirk Lettland Arbeitskräfte abgezogen worden sind. Es wird um Mitteilung dazu gebeten, wie dieser neuerliche Abzug hat abermals vorkommen können, obwohl verschiedentlich vereinbart worden ist, dass von Sägewerken und Schwelleneinsatzstellen keine Arbeitskräfte abgezogen werden sollten". Aus: LVVA-P-70.5.67 S. 10. RKO Abt. III Fo Ho, Schreiben betr.: Abzug von Arbeitskräften. An: Abt. III – Arbeit, 16. 9. 1942; Auch: LVVA-P-70.5.67(I) S. 41. RKO Abteilung Forst und Holz gez. Stölzner, Schreiben betr.: Abgabe von Arbeitskräften ins Reich. An: Hauptabt. III, 13. 10. 1942; LVVA-P-70.3.94 S. 47. RMfdbO III Wi 2, Schreiben betr.: Anwerbung sowjetrussischer Arbeitskräfte. An: RKO – RK Ukraine, 21. 3. 1942.

449 LVVA-P-70.5.67(I) S. 87. Der Beauftragte für den Vierjahresplan Generalbevollmächtigte für den Arbeitseinsatz u. gez Tinn, Schreiben betr.: Abzug von Arbeitskräften aus der Forst- und Holzwirtschaft durch die Werbekommissionen, 16. 11. 1942.

450 LVVA-P-70.5.67(II) S. 300. RKO Abt. III Fo Ho, Schreiben betr.: Abzug von Kriegsgefangenen aus der Forstwirtschaft des RKO durch den Beauftragten des GBA. An: RMfdbO, 6. 8. 1943.

451 Siehe Abschnitt zu „Evarussen".

452 Dazu: LVVA-P-70.5.72. S. 90. RKO HA. III Aso Arbeitsgruppe Arbeitseinsatz, Schreiben betr.: Arbeitseinsatz der Flüchtlinge. An: Abt. II Verwaltung, 19. 8. 1943; LVVA-P-70.5.72 S. 203 f. GBA, Erlass über die Berücksichtigung arbeitseinsatzmäßiger Erfordernisse bei der Räumung besetzter Gebiete im Osten, 8. 9. 1943.

„Zunächst hat das Ostland 50 000 Flüchtlinge dem Reich zuzuführen. Mit Rücksicht auf die in Lettland und Estland laufenden Musterungen ist diese Auflage von Litauen aufzubringen"[453].

Über diese 50 000 „Evarussen" hinaus waren auch weitere 50 000 zivile indigene Arbeitskräfte aus Litauen zu stellen[454]. Die Rücksichtnahme gegenüber Estland und Lettland gingen in erster Linie auf die dort erfolgreich gegründeten Legionen und die besonders angespannte Lage auf dem Arbeitsmarkt zurück[455].

Sauckel blieb also trotz des anerkannten Vorrangs der „Reichswerbung" und seiner Weisungsbefugnisse auf dem Gebiet der Lenkung des „Arbeitseinsatzes" sowohl gegenüber den Ansprüchen der direkt für die Wehrmacht produzierenden Holz- und Forstwirtschaft, als auch ab 1943 gegenüber den Bedürfnissen der Polizei und ihren Forderungen nach Rekruten für die Legionen in Estland und Lettland ungeachtet seiner weitreichenden Befugnisse in erstaunlichem Maße machtlos. Beachtenswerte „Erfolge" erzielte er zumeist immer nur dann, wenn die Betroffenengruppen eine innerhalb der „Arbeitseinsatzpolitik" schwach vertretene Gruppe darstellte, wie z. B. die Kriegsgefangenen oder die „Evarussen", die vermehrt für die „Reichswerbung" herangezogen wurden.

Ostgesellschaften:
Die Rolle der Ostgesellschaften in der „Arbeitseinsatzpolitik" im Baltikum stand dem Einfluss Sauckels diametral gegenüber. Sie produzierten vor Ort und benötigten Arbeitskräfte aus der unmittelbaren Umgebung. Außerdem hatten ihre Aufträge zumeist den Status der „Kriegswichtigkeit", da sie in der Regel direkt für die Wehrmacht produzierten:

„Es handelt sich um die von der Zentral-Handelsgesellschaft Ost treuhänderisch verwalteten be- und verarbeitenden Betriebe der Ernährungswirtschaft. Die Firmen haben in erster Linie die Aufgabe, den Bedarf der Wehrmacht sicherzustellen"[456].

453 LVVA-P-70.5.67(II) S. 387. RKO Abt. III Aso 2 E 8 a, Schreiben betr.: Arbeitseinsatz der Flüchtlinge. An: GK in Riga, 12. 2. 1944; Siehe auch: LVVA-P-70.5.67(II) S. 398. RKO Abt. III Aso, Sitzungsprotokoll zur Auskämmung der Evakuierten in den baltischen Generalbezirken, 29. 1. 1944; LVVA-P-70.5.67(II) S. 427. RKO Abt. III Aso gez. Schütte, Schreiben betr.: Auskämmung der Evakuierten für den Reichseinsatz. An: GK Riga / Reval, 28. 3. 1944.

454 LVVA-P-70.5.67(II) S. 398. RKO Abt. III Aso, Sitzungsprotokoll zur Auskämmung der Evakuierten in den baltischen Generalbezirken, 29. 1. 1944.

455 Siehe dazu: BA-R-6.73 S. 103 f. RMfdbO gez. Meyer, Schreiben zur Möglichkeit einer Abgabe von 10 Prozent der Bevölkerung an den GBA. Situation in Estland und Lettland, 6. 9. 1943.

456 LVVA-P-70.2.15 S. 61–65. Zentral – Handelsgesellschaft Ost, Schreiben betr.: Beschäftigte in der ZHO und Arbeitseinsatz im Ostland, 29. 7. 1942.

Der „Wehrmachtsanteil" dieser unter der Verwaltung der Zentralen Handelsgesellschaft Ost stehenden Betriebe belief sich nach den Angaben selbigen Schreibens auf 92–95 % der Aufträge[457].

Aber auch ohne direkte Wehrmachtsaufträge besaßen die Ostgesellschaften besondere Ausnahmeregelungen, die sie vor der „Reichswerbung" ihrer Arbeitskräfte schützten:

„Ich komme auf unsere heutige Besprechung zurück, bei der Sie mir zusagten, Ihre Dienststellen in den Generalbezirken durch entsprechende Verfügungen anzuweisen, dass die im Ostland befindlichen für das „Ostacker"-Programm beschäftigten Fabriken hinsichtlich des weiteren Entzuges von Arbeitskräften geschützt werden. ... Beim „Ostacker"-Programm handelt es sich um die Fertigung von Landmaschinen und Geräten, Handarbeitsgeräten, wie Schaufeln, Spaten, Gabeln und dgl. und Hufbeschlag"[458].

Selbst kleinere Ostgesellschaften wie die Ostland Film GmbH besaßen Privilegien bei der „Arbeitseinsatzplanung" und gegenüber der „Reichswerbung":

„Ich habe die Werbekommission Hessen veranlasst, die bei der Ostland Film GmbH Wilna beschäftigten Fachkräfte, insbesondere die Vorführer, von der Arbeitsaufnahme im Reich zurückzustellen"[459].

Von größerer Bedeutsamkeit war die Organisation Todt. Auch die für die sie tätige Baugruppe Giessler genoss besondere Privilegien bei der zivilen „Arbeitseinsatzverwaltung":

„Der Reichskommissar hat mir seine volle Unterstützung zugesagt und inzwischen die Generalkommissare unterrichtet. ... Den Vorkommandos der Baugruppe Giessler, die über alle Einzelheiten unterrichtet sind, ist jede nur mögliche Hilfe zu gewähren"[460].

Die Organisation Todt war dabei einer der wesentlichen Arbeitgeber außerhalb des Baltikums, der die Arbeitskräfte nicht im Reich einsetzte, sondern statt dessen in den östlich des Baltikums gelegenen besetzten Gebieten, was eine zusätzliche Konkurrenz zu dem GBA und seinen Ambitionen darstellte. Die hervorgehobene Position der Organisation Todt wird in diesem Zusammenhang auch daran evident, dass den sich für den Dienst bei der Organisation Todt meldenden Arbeitskräften zusätzliche

457 Ebd.

458 ERA-R-65. 1. 2126 S. 107 f., 114. Beauftragte für die Leistungssteigerung des Landmaschinenbaues im Ostland Prof.Dr. Segler, Schreiben betr.: Sicherstellung von Arbeitskräften für Landmaschinenfabriken – „Ostacker"-Programm-Fabrikation im Ostland. An: Beauftragte des Generalbevollmächtigten für den Arbeitseinsatz Dr. Boening, 10. 5. 1943.

459 LCVA-R-626.1.2 S. 89. GK in Kauen gez. Dünbier, Schreiben betr. der Freistellung der Fachkräfte in der Ostl.Film G.m.b.H. Wilna, 18. 6. 1942; Vergleiche auch Abschnitt zur Zivilverwaltung und der Schonung des Kultursektors im Ostland hinsichtlich der „Reichswerbung".

460 LCVA-R-626.1.29 S. 20. Baugruppe Giesler Osteinsatz, Zuweisung von Arbeitskräften. GK in Kauen z.H. Peschel, 27. 1. 1942.

Auslandszuschläge gezahlt wurden, um so die Attraktivität dieses „Arbeitseinsatzes" gegenüber dem „Reichseinsatz" zu erhöhen[461].

Auch bei dem jahrgangsweisen Musterungen im Rahmen der Rekrutierungen für die Legionen in Estland und Lettland Anfang 1943 durfte die Organisation Todt ihren Bedarf anmelden, damit neben den zur Legion Einzuberufenden die entsprechende Zahl (1900 Arbeitskräfte für Lettland, davon 350 Zimmerer, 150 Maurer und 140 Hilfsarbeiter) an Facharbeitern für die Organisation Todt herausgefiltert werden konnte[462]. Die privilegierte Position der Organisation Todt wurde auch deutlich auf einer Besprechung zur regionalen „Arbeitseinsatzlenkung" in Lettgallen im Frühjahr 1944. Selbst zu diesem späten Zeitpunkt der deutschen Besatzungszeit, als insbesondere die Region Lettgallen inzwischen schon mehrfach Tausende von Arbeitskräften hatte abgeben müssen, wurde die Forderung der Organisation nach weiteren 24 000 Personen für Stellungsbau und andere der Verteidigung dienende Baumaßnahmen von der zivilen deutschen Arbeitsverwaltung akzeptiert und gegenüber der einheimischen „Landeseigenen Verwaltung" vertreten[463]. Dass der Arbeitskräftemangel bei der Organisation Todt selbst 1944 noch nicht so spürbar wie in anderen Bereichen war, kam in dem Umstand zum Ausdruck, dass sie noch imstande war, kurzfristig 2000 Arbeitskräfte für den Holzeinschlag unter der Aufsicht der Abteilung Holz- und Forstwirtschaft zu „verleihen"[464]. Auch bei anderen Befestigungsarbeiten im Jahre 1944 zeigte sich die Organisation Todt bereit, ihre Arbeitskräfte bei Bedarf für landwirtschaftliche Arbeiten kurzzeitig abzugeben. Die oberste Verfügungsgewalt verblieb jedoch bei ihr und ihren „kriegswichtigen" Baumaßnahmen[465].

Die Ostgesellschaften standen also in klarer Gegnerschaft zu dem GBA und seinen Anstrengungen auf dem Gebiet der „Arbeitseinsatzpolitik" im Baltikum. Viele der zuvor genannten Konflikte zwischen den verschiedenen Abteilungen der Zivilverwaltung mit dem GBA waren ihrer Sache nach eigentlich vermittelte Auseinander-

461 LVVA-P-69.5.5 S. 12. GK in Riga Abt. III e Aso, Entlohnung der lettischen Arbeitskräfte. Generalinspektor für das deutsche Strassenwesen OT Verbindungsführer Nord, 17. 8. 1942.

462 LVVA-P-69.2.9 S. 15 f. OT Einsatzgruppe Russland Nord Baugruppe Giesler Einsatzstab, Schreiben betr.: Erfassung einzelner Jahrgänge zur Befriedigung kriegswichtigen Kräftebedarfs. An: GK Abt. III Aso Fachgebiet II Regierungsrat Droysen, 20. 2. 1943.

463 BA-R-9. 2. 1153 u. p. GK in Riga Abt. III Aso gez. Schmutzler, Vermerk betr.: Stellung von Arbeitskräften zur Durchführung besonderer Maßnahmen im Gebiet Dünaburg, 5. 4. 1944.

464 LVVA-P-70.5.67(II) S. 389. RKO Abt. III Fo Ho, Schreiben betr.: Einsatz von Arbeitskräften der O.T. zum Holzeinschlag. An: Forstdepartement, 12. 1. 1944.

465 „Veranlasst werden die erforderlichen Maßnahmen durch die seitens der Heeresgruppe Nord gestellten Forderungen an die OT, die besonders kriegswichtigen Dg. (Durchgangsstraßen, Anmerkung T.P.) Straßen verstärkt zu unterhalten, die Tragfähigkeit der im Zuge dieser Straße liegenden Brücken bedeutend zu verstärken und eine neue Ringverbindung um Riga auszubauen. ... In gewissem Umfang wird es möglich sein, sich bei der Verteilung der einzelnen Arbeiten zwingenden Gesichtspunkten der Landwirtschaft anzupassen". Aus: BA-R-9. 2. 1153 u. p. Leiter des Technischen Hauptamtes Lettland gez. Dr. Weise, Schreiben betr.: Inanspruchnahme einer erweiterten Notdienstverpflichtung für Strassenbauzwecke. An: GK in Riga z. h. Dr. Dr. Borcke, 25. 4. 1944.

setzungen zwischen dem GBA und den örtlichen Ostgesellschaften, welche die entsprechenden Abteilungen der Zivilverwaltung unter Druck setzten und diese dadurch zugleich in einen massiven Zielkonflikt zwischen Erfüllung der regionalen Aufgaben und Gehorsamkeit den Reichsstellen – in diesem Fall dem GBA gegenüber – brachten. Ein solcher Fall war beispielsweise der Versuch der Aktiengesellschaft für mechanische Holzverarbeitung Luther, die durch ihre Forderungen nach Arbeitskräften bei der zivilen Holz- und Forstabteilung Druck ausübte, welchen diese, wie gesehen, dem GBA und den anderen zivilen Abteilungen gegenüber weiter vermittelte[466].

Baltöl – „Vorrang vor allen anderen Vorhaben bei der Beschaffung von Arbeitskräften"[467]:

Eine besondere Stellung innerhalb der Ostgesellschaften besaß die Baltölgesellschaft. Von Beginn des Unternehmens „Barbarossa" an war neben der Ernährungsfrage und der Gewinnung von Getreide die Inbesitznahme von Energieträgern das entscheidende wirtschaftspolitische Ziel des Feldzuges gegen die Sowjetunion, wodurch auch die Ölschiefervorkommen in Nordostestland zum attraktiven Ziel deutscher Wirtschaftsinteressen wurden. Durch das Scheitern der dauerhaften Inbesitznahme der Ölfelder des Kaukasus im Jahre 1942 gewannen die Ölschiefervorräte Estlands zusätzlich an Bedeutung und erhielten somit höchste Priorität innerhalb des Generalbezirks Estland was die Versorgung mit Arbeitskräften betraf:

„Das Mineralölprogramm hat in Anbetracht seiner kriegsentscheidenden Bedeutung den Vorrang vor allen anderen Vorhaben bei der Beschaffung von Arbeitskräften. Ausgehend von dieser Tatsache treten alle Aufgaben in Estland hinter den Bedarf der Baltischen Öl zurück"[468].

Diese Vorrangstellung galt ausdrücklich auch gegenüber der „Reichswerbung" Sauckels:

„Bedarf der Oel AG geht Anwerbung für das Reich, sowie sämtlichem anderen Arbeitseinsatz außer unmittelbarem Kriegsbedarf vor"[469].

466 ERA-R-65. 1. 2126 S. 40. Aktiengesellschaft für mechanische Holzbearbeitung A.M. Luther, Schreiben betr.: Arbeiterbedarf. An: GK in Reval Abt. FoHo, 8. 6. 1942.

467 Aus: ERA-R-65.1.113 S. 3. Gebietskommissar Reval-Land Arbeitsamt, Schreiben betr.: Gestellung von Arbeitskräften für das Ölschieferwerk Kiwiöli. An: Kreisältesten von Harrien, 14. 10. 1942.

468 Ebd.; Zur Erzeugungsplanung der Baltöl ab Herbst 1942 siehe: BA-RW-30.208 u. p. Generalbevollmächtigter für Sonderfragen der chemischen Erzeugung, Erzeugungsplanung im estnischen Ölschiefergebiet, 15. 10. 1942.

469 ERA-R-65. 1. 2105 S. 7. RKO Abt. Aso gez. Ellrodt, Schreiben betr.: Vorrang der Baltischen Öl-AG, 15. 2. 1942.

Doch war die Baltölgesellschaft auch schon zuvor in Arbeitskräftenot geraten, da der estnische Arbeitsmarkt ab Frühjahr 1942 keine Arbeitslosen zu verzeichnen gehabt hatte. Daher beschwerte sich die Baltöl gegenüber der Zivilverwaltung:

„Unsere Anforderungen an einheimischen Arbeitskräften ist bisher seitens des Arbeitsamtes Reval nicht befriedigt worden. Auf unsere heutige mündliche Anfrage ist uns noch einmal ausdrücklich erklärt worden, dass wir mit einheimischen Arbeitskräften nicht mehr werden rechnen können. ... Wir bitten daher, Anweisung zu geben, dass uns die vorstehend aufgezählten Arbeitskräfte, nötigenfalls unter Stilllegung anderer Bauvorhaben, unverzüglich zur Verfügung gestellt werden"[470].

Die Versuche der zivilen Arbeitseinsatzverwaltung in Reval, auf diese Forderungen einzugehen, hatten nur geringen Erfolg und verursachten den Protest der „Landeseigenen Verwaltung". In seinem Schreiben an den GK in Reval unterstrich der Erste Estnische Landesdirektor Mäe zwar die Tatsache, dass die „Landeseigene Verwaltung" 60 Landarbeiter aus dem Kreis Harrien für die Baltöl zur Verfügung gestellt habe, diese oder ähnliche Maßnahmen in Zukunft doch aber besser unterbleiben sollten, da auch die einheimische Landwirtschaft die Arbeitskräfte dringend brauche[471].

Gegen diese Argumentation verwahrte sich jedoch die Abteilung Aso des GK in Reval mit dem Verweis darauf, dass Estland ohnehin schon aufgrund der Bedeutung der Baltölgesellschaft von jeglicher „Reichswerbung" ausgenommen sei, um wenigstens diesen Arbeitskräftebedarf zu decken:

„Ich weise ferner darauf hin, dass der Generalbezirk Estland von jeglicher Abgabe von Arbeitskräften ins Reich mit Ausnahme der Hausgehilfinnen verschont worden ist in der Erwartung, dass der Bedarf der Ölschieferbetriebe zu einem angemessenen Teil aus dem eigenen Lande aufgebracht wird"[472].

Dass ein ganzer Generalbezirk, nämlich Estland, von der „Reichswerbung" ausgeschlossen war, ist ein markantes Indiz für den Rang der Ostgesellschaften innerhalb der „Arbeitseinsatzpolitik" im Baltikum und als zusätzliche Gegenspieler des GBA im Kampf um Arbeitskräfte[473]. Da einheimische Arbeitskräfte trotz der Anstrengungen der deutschen Zivilverwaltung und der Rücksichtnahme bei der „Reichswerbung" nicht mehr in ausreichender Zahl zur Verfügung standen, wurden bei der

470 ERA-R-65.1.4 S. 68. Baltische Öl Gesellschaft m.b.H., Schreiben betr.: Arbeitseinsatz. An: GK in Reval, 20. 4. 1942.

471 ERA-R-65.1.113 S. 1 f. Estnische Selbstverwaltung Erster Landesdirektor Dr. Mäe, Schreiben betr.: Gestellung von Arbeitskräften für das Ölschiefergebiet Kiwiöli. An: GK in Reval, 23. 12. 1942. Tatsächlich waren statt der 60 nur 17 Arbeitskräfte aus Harrien zur Baltöl geschickt worden. Siehe: ERA-R-65.1.113 S. 5 f. GK in Reval Abt. IIc Verw., Schreiben betr.: Gestellung von Arbeitskräften für das Ölschieferwerk Kiviöli. An: Erster Landesdirektor, 9. 2. 1943.

472 ERA-R-65.1.113 S. 4. GK in Reval Abt. III Aso – Gruppe Arbeitseinsatz, Schreiben betr.: Gestellung von Arbeitskräften für die Werke der Baltischen Öl G.m.b.H. An: SA-Gruppenführer Aster, 20. 1. 1943.

473 Dazu auch: Weiss-Wendt, Murder without hatred, 2009, S. 249.

Baltöl zu einem großen Teil auch Arbeitskräfte aus anderen Gebieten beschäftigt. Außerdem entwickelte sich ein weit verzweigtes Lagersystem, um anfänglich vor allem sowjetische Kriegsgefangene[474] und ab 1943 – gesteuert vom KZ Vaivara – auch Juden zu beschäftigen[475].

Die hervorgehobene Stellung der Baltöl in der „Arbeitseinsatzpolitik" im Baltikum wird nicht zuletzt daran deutlich, dass trotz der starken Bemühungen Sauckels aus dieser Region einen möglichst großen Teil an Arbeitskräften für die Reichswirtschaft zu beschaffen, nicht nur in Estland seine Anstrengungen durch die Ansprüche der Baltöl untergraben wurden, sondern darüber hinaus sogar aus den Generalbezirken Lettland und Litauen Arbeitskräfte für die Ölschieferproduktion in Estland angeworben wurden, statt ebendiese Menschen für den „Reichseinsatz" zur Verfügung zu stellen. Zu diesem Zweck hatte die Arbeitsverwaltung des RKO im Herbst 1942 die Gestellung von insgesamt 2250 zivilen Arbeitskräften aus den drei baltischen Generalbezirken gefordert, von denen nur etwa 250 Estland zu stellen hatte. Die restlichen sollten in Lettland und Litauen von den Arbeitsämtern angeworben werden[476]. Doch gestalteten sich auch die Anwerbungen aus Lettland und insbesondere Litauen alles andere als reibungslos. Von den 300 vom Arbeitsamt Kauen in Litauen aufzubringenden Arbeitskräften gelang es der deutschen Arbeitsverwaltung trotz Anwendung von Verhaftungen gerade einmal 46 Personen nach Estland zu entsenden[477]. Aus Wilna waren 200 Arbeitskräfte angefordert. Hier gelang es den deutschen „Arbeitseinsatzbehörden", 140 Personen nach Verhaftungen von Arbeitskräften am vorherigen Arbeitsplatz nach Estland zu schicken[478]. Den Generalbezirk Lettland hatten bis zum Februar 1944 immerhin 654 Arbeitskräfte in Richtung estnischer Ölschiefergebiete verlassen, womit die Zahl der aus Lettland und Litauen

474 Dazu: Meelis Maripuu, Soviet Prisoners of War in Estonia in 1941–1944, in: Toomas Hiio (Hg.), Estonia 1940–1945: reports of the Estonian International Commission for the Investigation of Crimes Against Humanity, Tallinn 2006e, S. 739–766, hier: S. 764 f.

475 Dazu: Weiss-Wendt, Murder without hatred, 2009, S. 250–261; Riho Västrik u. Meelis Maripuu, Vaivara Concentratioin Camp in 1943–1944, in: Toomas Hiio (Hg.), Estonia 1940–1945: reports of the Estonian International Commission for the Investigation of Crimes Against Humanity, Tallinn 2006, S. 719–738, hier: S. 719–732; Ruth Bettina Birn, Konzentrationslager Vaivara, in: Wolfgang Benz u. Barbara Distel (Hg.), Riga-Kaiserwald, Warschau, Vaivara, Kauen (Kaunas), Płaszów, Kulmhof/Chełmno, Bełżec, Sobibór, Treblinka (= Der Ort des Terrors, Bd. 8), München 2008, S. 127–183; Argo Kuusik, Die Deutsche Vernichtungspolitik in Estland 1941–1944, in: Olaf Mertelsmann (Hg.), Vom Hitler-Stalin-Pakt bis zu Stalins Tod. [Estland 1939–1953], Hamburg 2005, S. 130–151, hier: S. 147–150.

476 ERA-R-65.1.113 S. 4. GK in Reval Abt. III Aso – Gruppe Arbeitseinsatz, Schreiben betr.: Gestellung von Arbeitskräften für die Werke der Baltischen Öl G.m.b.H., 20. 1. 1943.

477 BA-R-91.12 u. p. GK in Kauen, Schreiben betr.: Bereitstellung von Arbeitskräften für Baltisch-Oel. An: RKO Abt. Aso, 29. 10. 1942; Zu den Methoden der Werbung siehe auch Abschnitt zu Methoden der Werbung bei den Ostgesellschaften.

478 LCVA-R-614.1.361 S. 16. Geb.K. in Wilna Arbeitsamt, Schreiben betr.: Dienstverpflichtung für den Estnischen Oelschieferbau. An: Aertzlicher Dienst, 1. 10. 1942; Zu den Zahlen: BA-R-91.12 u. p. GK in Kauen, Schreiben betr.: Bereitstellung von Arbeitskräften für Baltisch-Oel, 29. 10. 1942.

Rekrutierten zusammengenommen deutlich unter den anvisierten 2250 Arbeitern blieb[479]. Doch waren Lettland und Litauen nicht die einzigen Länder, aus denen zivile Arbeitskräfte ins Ölschiefergebiet nach Estland geschickt wurden. Selbst aus dem fernen Kroatien befanden sich Arbeitskräfte im „Arbeitseinsatz" in Estland[480], was einmal mehr die Bedeutung und die Macht der Ostgesellschaften gegenüber dem GBA verdeutlicht. Sie verhinderten im Fall der Baltöl nicht nur den Abzug von Esten ins Reich, sondern konnten, trotz der Forderungen Sauckels, auch aus den Nachbargeneralbezirken Arbeitskräfte beanspruchen und sogar entgegen der eigentlichen zwangsweisen Arbeitsmigrationsrichtung von Ost nach West ins Reich auch aus anderen Teilen Europas Arbeitskräfte nach Estland beordern, was als exemplarisches Beispiel für die Widersprüchlichkeit der „Arbeitseinsatzpolitik" im Baltikum zu verstehen ist.

Besonders dort, wo der Widerstand aus der Zivilverwaltung auffallend wirkungsvoll war, waren es nicht selten Ostgesellschaften, die für „kriegswichtige" Aufträge produzierten, deren Bedeutung der eigentliche Kern des erfolgreichen Widerstand gegen die Abwerbungen von Arbeitskräften aus dem Baltikum ins Reich war. Führend in dieser Hinsicht sind vor allem die Organisation Todt und ihre im Zuge des deutschen Rückzugs gebauten Verteidigungsanlagen und die Baltöl mit ihren speziellen Privilegien zu nennen.

2.4.3 Zielvorstellungen zur Art des „Arbeitseinsatzes" und zur Rekrutierung – „Kriegsentscheidende Dringlichkeit rechtfertigt jedes Mittel"

Während der GBA und die Ostgesellschaften bezüglich des Arbeitseinsatzortes der potentiellen Arbeitskräfte grundlegend konträre Positionen vertraten, lagen ihre Standpunkte hinsichtlich des Umgangs und der Methode der Rekrutierung der Arbeitskräfte weniger weit auseinander. Ein mehrfach zitiertes und sehr aussagekräftiges Dokument zur Behandlung der einheimischen Bevölkerung, bzw. zum empfohlenen Verhalten ihr gegenüber seitens der in wirtschaftlichen Belangen tätigen Deut-

479 LVVA-P-82.1.20 S. 15 f. GK in Riga Abt. III Aso, Schreiben mit tabellarischer Übersicht betr.: Zusammenstellung aller Kräfte, die aus dem normalen Arbeitseinsatz Lettlands herausgezogen worden sind. An: KdS Lettland z.H. Hauptsturmführer Barth, 28. 2. 1944; Zu den Versprechungen, welche den künftigen Arbeitskräften gemacht wurden siehe: LVVA-P-989.1.4 S. 179. Generaldirektion der Wirtschaft – Arbeitsdepartement, Merkblatt für die Anwerbung von Arbeitern für die Baltische Öl GmbH in den Generalbezirken Lettland und Litauen (Lettisch), undatiert.

480 „Da die estnischen Arbeitskräfte für die sich ständig vergrößernden Betriebe nicht ausreichten, wurden, nicht gerade zur Freude der Esten, Tausende von fremdländischen Arbeitern, darunter z. B. viele Kroaten, ins Land geschickt". Aus: Bräutigam, Überblick über die besetzten Ostgebiete während des 2. Weltkrieges, 1954, S. 47.

schen ist das sogenannte „Grüne Kamel" von Herbert Backe[481]. Den hier angesprochenen Landwirtschaftsführern wird empfohlen:

„Redet nicht, sondern handelt. Den Russen werdet Ihr nie „überreden" oder durch reden überzeugen. Reden kann er besser als Ihr, da er ein geborener Dialektiker ist und eine „philosophische Veranlagung" ererbt hat. Beim Reden und Debattieren zieht Ihr den Kürzeren. Ihr sollt handeln. Dem Russen imponiert nur das Handeln, weil er selbst weibisch und sentimental ist"[482].

Neben der darin zum Ausdruck kommenden erstaunlichen Geringschätzung der Fähigkeiten des deutschen Personals zeigt diese Empfehlung deutlich die umfassende außerordentliche Abscheu gegenüber der einheimischen Bevölkerung, welche zur Grundlage für die wirtschaftliche Ausbeutung der Ressourcen durch die deutschen wirtschaftlichen Besatzungsinstitutionen werden sollte. Diese grundsätzliche Einstellung der mit der wirtschaftlichen Ausbeutung betrauten deutschen Wirtschaftsinstitutionen war auch in der „Arbeitseinsatzpolitik" in den baltischen Generalbezirken anzutreffen.

GBA – „letzten Schlacken der Humanitätsduselei ablegen":

Dass Sauckels grundlegendes Verständnis nicht weit von der beschriebenen Einstellung abwich, spätestens ab 1943, als die Erfolge der „freiwilligen" Anwerbungen völlig verblasst waren, verdeutlicht sein bekanntes Zitat:

„Wo die Freiwilligkeit versagt (nach den Erfahrungen versagt sie überall), tritt die Dienstverpflichtung an ihre Stelle. Das ist nun das eiserne Gesetz des Jahres 1943 beim Arbeitseinsatz: Es darf in wenigen Wochen kein besetztes Gebiet mehr geben, in dem nicht die Dienstverpflichtung für Deutschland das Selbstverständlichste von der Welt ist. Wir werden die letzten Schlacken unserer Humanitätsduselei ablegen"[483].

Dabei beschränkte sich diese Einstellung nicht nur auf die Rekrutierung von Arbeitskräften. Auch auf den „Arbeitseinsatz" der vor Ort im Baltikum bleibenden

481 Zu der menschenfeindlichen Attitüde der deutschen Wirtschaftskriegsplanung gegen die Sowjetunion siehe u. a.: Susanne Heim u. Götz Aly, Sozialplanung und Völkermord, in: Wolfgang Schneider (Hg.), „Vernichtungspolitik": eine Debatte über den Zusammenhang von Sozialpolitik und Genozid im nationalsozialistischen Deutschland, Hamburg 1991, S. 11–20, hier: S. 17–19.

482 BA-RW-31.135. Wirtschaftsstab Ost, Kreislandwirtschaftsführermappe ("Grünes Kamel").

483 IMT XXVII. Dokument PS-1296 S. 115 f. GBA Sauckel, Arbeitsbericht. An: Hitler, Göring, 27. 7. 1943; Siehe auch: Manfred Weißbecker, Fritz Sauckel : „Wir werden die letzten Schlacken unserer Humanitätsduselei ablegen . . .", in: Kurt Pätzold (Hg.), Stufen zum Galgen: Lebenswege vor den Nürnberger Urteilen, Leipzig 1999, S. 297–331; Naasner, Neue Machtzentren in der deutschen Kriegswirtschaft 1942–1945: Die Wirtschaftsorganisation der SS, das Amt des Generalbevollmächtigten für den Arbeitseinsatz und das Reichsministerium für Bewaffnung und Munition, Reichsministerium für Rüstung und Kriegsproduktion im nationalsozialistischen Herrschaftssystem, 1994, S. 117; Raßloff, Fritz Sauckel: Hitlers „Muster-Gauleiter" und „Sklavenhalter", 2008, S. 102.

Arbeitskräfte hatten diese Anstrengungen Sauckels Auswirkungen. Im Zuge der Musterungsaktionen für die Legionen von 1943 galt es nicht nur die nötigen Soldaten zu rekrutieren. Auch Arbeitskräfte sollten zusätzlich gewonnen werden, und zwar durch die sogenannten „Auskämmaktionen" in Betrieben. Es handelte sich um einschneidende Rationalisierungsmaßnahmen in allen Arbeitsbereichen, zu denen insbesondere Sauckel aufrief und die deutsche Zivilverwaltung aufforderte, diese durchzusetzen[484]. Natürlich waren diese Maßnahmen mit erheblichen Leistungssteigerungen und Zusatzbelastungen für die Arbeitskräfte verbunden. Dass die Ergebnisse auch hier weit hinter den Erwartungen zurückblieben, war den fehlenden exekutiven Mitteln zuzuschreiben, änderte aber nichts an der hier interessierenden Position Sauckels bezüglich der qualitativen Einstellung zu „Arbeitseinsatz" und Rekrutierungsmethoden[485].

Ostgesellschaften – Rücksichtslosigkeit:
Wie angesprochen unterschieden sich die Positionen diesbezüglich zwischen GBA und Ostgesellschaften wenig. Über die Anwerbemethoden der Organisation Todt beispielsweise beschwerten sich sowohl die „Landeseigene Verwaltung" als auch die deutsche zuständige „Arbeitseinsatzverwaltung":

„Auch der Organisation Todt wurden im erheblichen Maße Vorwürfe gemacht; diese Vorwürfe gingen dahin,
a) dass einzelne Männer der OT anscheinend nicht wissen, dass sie sich nicht mehr im Feindesland befinden und deshalb mit den Einwohnern entsprechend rücksichtslos verfahren,
b) es wiederholt vorgekommen, dass mehrere hundert Arbeitskräfte für einen bestimmten Tag angefordert wurden, die Arbeitskräfte an diesem Tag auch durch die Maßnahmen der Arbeitsämter und der Gemeindeältesten zur Stelle waren, dann aber nach vier- bis achtstündigem Warten wieder nach Hause geschickt wurden, weil es entweder an Geräten fehlte oder die entsprechende Baustelle noch gar nicht planmäßig festgelegt war"[486].

Neben der rücksichtlosen Vorgehensweise der Organisation Todt zeigt dieser Vermerk darüber hinaus einmal mehr die privilegierte Stellung der Organisation Todt, welche es sich demnach bei der äußerst angespannten Lage in Lettland 1944 erlauben konnte, Arbeitskräfte anzufordern und dann nicht einzusetzen. Wie der GBA

484 BA-R-9. 2. 1145 u. p. RMfdbO gez. Rosenberg, Schreiben betr.: Ostarbeitereinsatz, 17. 2. 1943.
485 Zu Sauckels brutalen Rekrutierungsmethoden siehe auch: Raßloff, Fritz Sauckel: Hitlers „Muster-Gauleiter" und „Sklavenhalter", 2008, S. 98–103.
486 BA-R-9. 2. 1153 u. p. GK in Riga Abt. III Aso gez. Schmutzler, Vermerk betr.: Stellung von Arbeitskräften zur Durchführung besonderer Maßnahmen im Gebiet Dünaburg, 5. 4. 1944.

hatte auch die Organisation Todt Anteil an den Rekrutierungen im Zuge der Musterungen ab 1943[487]. Während dieser Rekrutierungen besaß die Organisation Todt eine privilegierte Stellung und trug mittels Protestschreiben gegenüber der zivilen „Arbeitseinsatzverwaltung"[488] zur verschärften Praxis der Rekrutierungsmethoden bei:

„Auf Grund der Verordnung des Herrn Reichsminister für die besetzten Ostgebiete über die Einführung der Arbeitspflicht in den besetzten Ostgebieten vom 19. Dezember 1941 und den dazu erlassenen Änderungen und Durchführungsbestimmungen habe ich die in der anliegenden Liste genannten Angehörigen der Geburtsjahrgänge 1919, 1920, 1921, 1922, 1923 und 1924 zur Arbeitsleistung bei der Organisation Todt verpflichtet. Nach meiner Feststellung haben diese Personen die ihnen neuzugewiesene Arbeit bisher nicht aufgenommen. Ich bitte daher, die in der anliegenden Liste Genannten sofort verhaften zu lassen und für 3 Monate in das Zwangsarbeitslager Wilna einzuweisen. Nach Verbüßung dieser Strafe, bitte ich, diese Personen der Organisation Todt polizeilich zuführen zu lassen[489]"

Außerdem war die Organisation Todt neben der Wehrmacht der einzige Arbeitgeber, der unabhängig von der zivilen und polizeilichen Überwachung Lager einrichten konnte und dort nach eigenen Richtlinien den „Arbeitseinsatz" organisieren konnte, da sie und die Wehrmacht von der Meldepflicht von Gemeinschaftsunterkünften, bzw. Lagern, gegenüber der Zivilverwaltung befreit waren[490]. Dass diese Freiheiten der Organisation Todt sich nicht zum Wohle der Lagerinsassen auswirkten, verdeutlicht der Bericht über ein OT-Lager bei Wilna:

„Das OT-Lager Warena 1, belegt mit etwa 450 einheimischen Arbeitern spottet jeder Beschreibung. Waschanlage und Badegelegenheit nicht vorhanden. Chlorkalk für die Latrinen ist nicht zu bekommen. ... Die Menschen liegen auf Holzwolle, keine Decken, keine Schränke vorgefunden, in den Häusern teilweise keine Fenster.

487 Siehe Abschnitt zu Ort des „Arbeitseinsatzes" und die Rolle der Ostgesellschaften.

488 Beispielsweise: LVVA-P-961.1.42 S. 141. Straßenbau Aktiengesellschaft Baustelle Segewold-Ligat, Schreiben betr.: Nichterscheinen von uns aus dem dortigen Bezirk zugewiesenen Arbeitskräften auf der Baustelle Segewold-Ligat. An: Gebietskommissar in Wenden Abt. Arbeitsamt, 13. 7. 1942; LVVA-P-961.1.42 S. 35. Straßenbau Aktiengesellschaft Baustelle Segewold-Ligat, Schreiben betr.: Fernbleiben lettischer Arbeitskräfte. An: Arbeitsamt Wenden – Darba parvalde, 22. 7. 1942; LVVA-P-961.1.42 S. 38. Straßenbau Aktiengesellschaft Baustelle Segewold-Ligat, Schreiben betr.: Bestrafung von Arbeitern. An: Arbeitsamt in Segewold – Darba parvalde, 30. 9. 1942.

489 LCVA-R-626.1.153 S. 2. Arbeitsamt Wilna gez. Dr. Dünbier, Einweisung in das Zwangsarbeitslager. Geb.K. Wilna Land, 5. 4. 1943; Siehe auch den bereits im Abschnitt zur Zivilverwaltung in Estland zitierten Bericht zur Rekrutierung von Arbeitskräften für die Baugruppe Giessler: ERA-R-65.1.10 S. 16–19. Gebietskommissar Narwa, Bericht über Arbeitsverweigerung bei der OT, 2. 3. 1943.

490 LCVA-R-626.1.92 S. 35. RKO gez. Matthiessen, Verordnung über die Einführung einer Meldepflicht von Gemeinschaftsunterkünften, 11. 4. 1943; Vgl.: LCVA-R-626.1.92 S. 34. Geb.K. in Wilna Arbeitsamt, Bekanntmachung an alle Unternehmer im Gebiet Wilna-Stadt und Land über Meldepflicht von Gemeinschaftsunterkünften, 30. 8. 1943; Siehe exemplarische Anmeldung eines Lagers einer Ostgesellschaft – der Ostland Faser: LCVA-R-626.1.92 S. 8. Ostland-Faser-Gesellschaft m.b.H., Anmeldung eines Lagers, April 1943.

Da dieses Lager eine Infektionsquelle bedeutet, bitte ich um sofortiges Eingreifen bei der Baugruppe Giessler, der dieses Lager untersteht“[491].

Dass diese Beschreibung kein Einzelfall war, bezeugen auch übereinstimmende Berichte über improvisierte Organisation Todt-Lager aus anderweitiger Provenienz:

„Die Äußerungen seitens des H.Hptm. Patzl kann ich nur voll bestätigen, wonach der Zustand der Lager, sowie auch der körperliche und moralische Zustand der Leute ein denkbar schlechter ist“[492].

Die Zustände in den Lagern der anderen Ostgesellschaften waren noch von dem Primat der Nützlichkeit der Arbeitskräfte bestimmt, so dass zumindest hohe Sterblichkeitsraten vermieden wurden. Vor diesem Hintergrund argumentierte beispielsweise die Ostlandfaser gegenüber der zivilen „Arbeitseinsatzverwaltung“, dass ein „Arbeitseinsatz“ in den Lagern der Ostlandfaser auch eine Erleichterung in organisatorischer Hinsicht für die Zivilverwaltung wäre, da unter Leitung der Zivilverwaltung die potentiellen Arbeitskräfte wegen unzureichender hygienischer Zustände zu sterben begännen:

„Sie werden diesem Schreiben (Bericht aus der Textilfabrik Zintenhofer der Ostlandfaser, Anmerkung T.P.) entnehmen, dass der Ernährungszustand der aus den Lagern (gemeint: unter Zivilverwaltung stehende Flüchtlingslager für „Evarussen“, Anmerkung T.P.) auf unserem Werk eingetroffenen Flüchtlinge ein derartiger ist, dass ein Todesfall wegen Unterernährung vorgekommen ist und weitere Todesfälle befürchtet werden müssen. ... Wir haben jetzt gewisse Erfahrung mit der Unterbringung von Flüchtlingen in unseren Betrieben gesammelt und stellen jederzeit anheim, die Flüchtlingsunterkünfte auf unseren Werken zu besuchen“[493].

Die Ostgesellschaften verfolgten also wie Sauckel eine Politik der größtmöglichen Ausbeutung der Arbeitskräfte mit allen Mitteln. Sie forderten „härteres Durchgreifen“ der Polizei und betrieben eine menschenunwürdige Regie in den eigenen Lagern, welche jedoch das Überleben der Arbeitskräfte als Minimalbedingung für die Lagerführung miteinschloss.

Baltöl – „nur durch polizeiliche Zwangsmaßnahmen“:

Ein nachdrückliches Beispiel für die rigorose Einstellung der Ostgesellschaften zu den Methoden der Rekrutierung und des „Arbeitseinsatzes“ im Baltikum stellt die Handhabung bei der Baltölgesellschaft dar. Um die Priorität des „Arbeitseinsatzes“

491 LCVA-R-614.1.361 S. 34. GK in Kauen, Der beratende Arzt Dr. Dietze, Schreiben an GK in Kauen betr. Verhältnisse im OT-Lager Warena. An: GK in Kauen, 21. 7. 1942; Vgl. Beschreibung der Zustände in Lagern der Baltöl – nächster Abschnitt.

492 LVVA-P-960.1.5 S. 62. GBA Aussenstelle Windau, OT Lager in der Synagoge u. Wasserstr. Windau, 20. 11. 1944.

493 ERA-R.65.1.43 S. 11. Ostland-Faser-Gesellschaft m.b.H. Hauptstelle Reval, Russische Flüchtlinge. GK HA II Referat Politik z. H. Herbert Petersen, 21. 1. 1944.

bei der Baltöl zu gewährleisten waren Zwangsmaßnahmen bei der Rekrutierung keine Hürde. Dies zeigte sich beispielsweise bei den Methoden der Anwerbung von Letten und Litauern für die Ölschieferproduktion in Estland:

„Es stand von vornherein fest, dass nur durch polizeiliche Zwangsmaßnahmen diese Arbeitskräfte zu stellen sein würden. ... Kriegsentscheidende Dringlichkeit rechtfertigt jedes Mittel"[494].

Nach diesen Vorgaben handelte die deutsche „Arbeitseinsatzverwaltung" in Litauen im Interesse der Baltöl entsprechend:

„Das Arbeitsamt Wilna hat darauf aus den Erfahrungen aus der ersten Vorladung heraus nunmehr aus den Betrieben ledige junge und kräftige Arbeitskräfte verhaften und ins Gefängnis bringen lassen und dazu auch noch durch die Polizei Razzien auf nicht beschäftigte arbeitsvertragsbrüchige Kräfte und Schleichhändler vornehmen lassen, die ebenfalls dem Gefängnis zugeführt wurden"[495].

Dass diese Art und Weise zu Protesten der Bevölkerung führen musste, schildert auch die zuständige Behörde der deutschen „Arbeitseinsatzverwaltung" in Kauen. Allerdings wird die Notwendigkeit der Anforderungen der Baltölgesellschaft an Arbeitskräften nicht in Frage gestellt. Den Fortgang der Rekrutierung in Kauen schildert der deutsche Beamte der Abteilung Aso beim GK in Kauen wie folgt:

„Von den 79 zu Verhaftenden konnte die Polizei nur 20 fassen. Von den vorherigen 37 für den Abtransport bestimmten Kräften erschienen am Bahnhof nur 12, sodass zum Abtransport insgesamt 46 Personen bereitstanden. Bei dem Abtransport gab es Tumult-Szenen. Die Frauen der verhafteten Litauer gebärdeten sich wahnsinnig. Einzelne bekamen Schreikrämpfe und warfen sich auf die Erde, andere führten sonst irgendwelche Szenen auf, um einen Menschenauflauf herbei zu führen. Unter anderem wurde von den Frauen laut schreiend geäußert, dass die Festgenommenen erschossen würden. Diese sich in der Einstellung der Litauer ergebende Auffassung konnte durch die Art des Abtransports wenig entkräftet werden"[496].

Doch zeigten nicht nur die Rekrutierungsmethoden die Geringschätzung der einheimischen Arbeitskräfte und die auf polizeilicher Härte vertrauende Vorgehensweise, welche von der deutschen „Arbeitseinsatzverwaltung" im Interesse der Baltöl angewandt wurden. Auch der „Arbeitseinsatz" vor Ort in den Ölschiefergebieten Estlands widersprach auf markante Weise den normativen Vorgaben und Versprechungen, die bei der Anwerbung publik gemacht worden waren[497].

494 BA-R-91.12 u. p. GK in Kauen, Schreiben betr.: Bereitstellung von Arbeitskräften für Baltisch-Oel, 29. 10. 1942.

495 Ebd.

496 Ebd.

497 LVVA-P-989.1.4 S. 179. Generaldirektion der Wirtschaft – Arbeitsdepartement, Merkblatt für die Anwerbung von Arbeitern für die Baltische Öl GmbH in den Generalbezirken Lettland und Litauen (Lettisch), undatiert.

Über die Zustände in einem Arbeitseinsatzlager für zivile Arbeitskräfte schrieb die Abteilung Aso des GK Reval:

„Allgemein betrachtet starren die Unterkünfte vor Dreck und stellen einen Herd für alle möglichen Krankheiten dar. ... Die Menschen verkommen im Schmutz, da sich niemand um die Sauberkeit der Räume und körperliche Pflege der Insassen bemüht. ... Hinzu kommt, dass nirgendwo bei der Besichtigung von Dutzenden von Unterkünften sanitäre Anlagen angetroffen wurden. ... Der gesundheitliche Zustand der Lagerinsassen ist teilweise katastrophal, da diese an Unterernährung leiden und dadurch nicht in der Lage sind, die von ihnen geforderte Arbeitsleistung zu vollbringen"[498].

Damit fügte sich die von der Baltöl verfolgte „Arbeitseinsatzpolitik" nahtlos in die schon bei den übrigen Ostgesellschaften festgestellte Strategie der kurzfristigen Ausbeutung mit allen Mitteln.

2.4.4 Rassenideologische Zielvorstellungen – Indifferenz

Auffallend zum Faktor der Rassenideologie hinsichtlich der „Arbeitseinsatzpolitik" im Baltikum ist, dass der Akteur der wirtschaftlichen Interessenvertreter im Baltikum diesbezüglich keine Präferenzen hatte. Weder die Sauckelbehörde noch die Ostgesellschaften machten große Unterschiede zwischen den verschiedenen Ethnien der Arbeitskräfte. Oberstes Leitmotiv blieb die reine Effizienz der Rekrutierungen. Sauckel ließ je nach Interessenlage der übrigen Akteure auch Kriegsgefangene oder später „Evarussen" und ganz zuletzt wieder einheimische Flüchtlinge nach Deutschland schicken, wenn andere Arbeitskräfte aus verschiedensten Gründen nicht zur Verfügung standen.

Auch die Ostgesellschaften ließen alle Gruppierungen von Arbeitskräften für sich arbeiten, wenn es ihnen gelang, die Kontrolle über sie zu erlangen. Aus diesem Grunde traten die Ostgesellschaften mitunter im Kontext des Holocaust auch als „Retter" auf, da es gerade die jüdischen Facharbeiter waren, die sie gebrauchen konnten[499].

498 ERA-R.65.1.3 S. 168–171. GK in Reval Abt. Aso, Bericht über die Reise nach den Erdölschiefergebiet Kiviöli. An: GK SA-Obergruppenführer Lietzmann (sic), 25. 11. 1942; Zu diesem sich über drei Seiten erstreckenden einfarbigen Bericht bleibt jedoch quellenkritisch anzumerken, dass die zivile „Arbeitseinsatzverwaltung" auch ein Anliegen mit dieser zweckgefärbten und nachdrücklichen Kritik verfolgte, nämlich die Kontrolle über die Lageraufsicht der zivilen Arbeitskräfte zu erlangen, welche ihr auch tatsächlich nach diesem Schreiben zugesprochen wurde. Dazu: ERA-R.65.1.3 S. 173. GK in Reval, Schreiben betr.: Lagerbetreuung in Estland. An: Beauftragter für die Berufsgruppen beim Generalkommissar Reval, Reichshauptstellenleiter Ebeling, 26. 11. 1942.

499 IfZ-MA.201 S. 394. Ostland-Faser-Gesellschaft m.b.H., Bitte um jüdische Arbeitskräfte. An: GK in Riga Fachgebiet 2, 26. 8. 1942.

Die außergewöhnliche und für die nationalsozialistische Herrschaft eher untypische Unterschiedslosigkeit bei der Behandlung der verschiedenen Arbeitskräfte zeigte sich auch in den vergleichsweise humanen Lohnbestimmungen der Organisation Todt, insbesondere im Hinblick auf die slawischen Bevölkerungsteile:

„Ausländer erhalten, sofern sie vollwertigen deutschen Arbeitskräften vergleichbar sind, denselben Lohn wie diese. ... Polen aus den eingegliederten Ostgebieten erhalten dieselben Löhne wie Deutsche, abzüglich der Sozialausgleichsabgabe. Voraussetzung ist, dass die Polen durch die Wirtschaftsgruppe oder den Reichsinnungsverband als fachlich vollwertige Arbeitskräfte anerkannt sind. Polen aus dem Generalgouvernement erhalten Löhne wie Deutsche, abzüglich 15 Prozent"[500].

Allerdings bestand bei der Organisation ein stark abgestuftes Lohngefälle zwischen Einsatzarbeitern und Hilfsarbeitern, wobei die schlechter bezahlten Hilfsarbeiter zumeist osteuropäische Arbeitskräfte waren. Juden waren auch hier auf der untersten Stufe der Arbeitskräfte, allerdings bedeutete der Dienst für die Organisation Todt zugleich auch die vorläufige Rettung vor den Vernichtungsaktionen[501].

Natürlich waren auch die Rekrutierungen für den „Reichseinsatz" unter Sauckels Führung von rassenideologischen Motiven gezeichnet, doch gingen diese Impulse nicht von ihm aus[502]. Gleiches gilt für die Ostgesellschaften. Beispielsweise war das bereits genannte Arbeitslager der Ostlandfaser in Litauen nur mit Polen belegt, doch hatte die deutsche zivile „Arbeitseinsatzverwaltung" diese Arbeitskräfte der Ostlandfaser zur Verfügung gestellt[503].

2.4.5 Zusammenfassung – Primat des Nutzens – „Die Masse Mensch als Rohstoff"[504]

Während die Interessen der Reichswirtschaft, im Baltikum hinsichtlich des „Arbeitseinsatzes" vertreten durch Sauckel, den örtlichen großen Ostgesellschaften diametral gegenüberstanden, wenn es um die Frage des „Einsatzortes" der Arbeitskräfte ging, sind beide Akteure der deutschen Kriegswirtschaft auf dem Gebiet der Methoden der Rekrutierung und des „Einsatzes" der Arbeitskräfte auf einer Linie. Beide setzten sich für härtere Rekrutierungsmethoden ein und ermunterten die Poli-

500 LVVA-P-752.1.1 S. 5. Regierungsbaurat Althammer (OT) Reichstreuhänder Schmelter, Ausländer- und Polen- Anordnung, 5. 11. 1943.

501 Bella Guttermann, Jews in the service of Organisation Todt in the occupied Soviet territories October 1941-March 1942, in: Yad Vashem studies. 2001, S. 65–107, hier: S. 104 f.

502 Siehe entsprechende Abschnitte zu „Sauckelaktionen" in Kapitel 3.

503 LCVA-R-626.1.92 S. 8. Ostland-Faser-Gesellschaft m.b.H., Anmeldung eines Lagers, April 1943.

504 Zitat Sauckels aus: Czollek, Faschismus und Okkupation. Wirtschaftspolitische Zielsetzung u. Praxis des faschistischen dt. Besatzungsregimes in d. baltischen Sowjetrepubliken während d. 2. Weltkrieges, 1974, S. 169.

zei und die Zivilverwaltung, Zwangsmaßnahmen einzusetzen. Dies galt nicht zuletzt für die Rekrutierung, die schon schnell nur durch Verhaftungen zu gewährleisten war. Hierbei ist weiter bemerkenswert, dass sich Sauckel, der eigentlich die „Arbeitseinsatzpolitik" reichsweit und in den besetzten Gebieten leitete, im Baltikum vergleichsweise wenig durchsetzen konnte. Seine Forderungen verliefen hier im Sande. Demgegenüber waren die Rekrutierungen für die Ostgesellschaften recht erfolgreich, insbesondere für die Organisation Todt und die Baltöl, welche beide die höchsten Privilegien innerhalb der „Arbeitseinsatzpolitik" im Baltikum genossen.

Die Privilegien verbunden mit der radikalen Einstellung, den brutalen Methoden des „Arbeitseinsatzes" und der Rekrutierung bewirkten auch die Zustände in den lagermäßigen Unterkünften dieser Ostgesellschaften. Diese waren außerordentlich unzureichend und gehörten so neben den unter Polizeiaufsicht stehenden Lagern und den Kriegsgefangenenlagern der Wehrmacht zu den menschenverachtendsten Arbeitsstätten im Baltikum.

Eine hervorzuhebende Besonderheit des Akteurs Wirtschaftsorgane ist schließlich, dass trotz der für die nationalsozialistische Herrschaft typischen Brutalität in den Lagern der Ostgesellschaften und bei den Rekrutierungen für den „Reichseinsatz" oder für die Ostgesellschaften die rassenideologische Komponente bei diesem Akteur eine untergeordnete Rolle spielte. Wichtigstes Kriterium, sowohl für Sauckel als auch für die Ostgesellschaften, waren allein Aspekte der Nützlichkeit, unabhängig davon, welche Betroffenengruppe zu arbeiten hatte[505].

Sauckel und die Ostgesellschaften waren also im Hinblick auf die angestrebten Rekrutierungsmethoden und auch bezüglich ihrer Einstellung zu rassenideologischen Themen durchaus einig. Nur zur Frage des Einsatzortes hatten beide Akteure konträre Zielvorstellungen.

2.5. „Landeseigene Verwaltungen"

2.5.1 Struktur – Landesdirektoren, Generaldirektoren, Generalräte und „landeseigene" Arbeitsverwaltung

Eine besondere Rolle in der deutschen Besatzungspolitik, mithin auch in der „Arbeitseinsatzpolitik" spielten die einheimischen politischen Kräfte, welche hier bewusst nicht nur als passive „Opfer" der deutschen Politik dargestellt werden[506].

505 Vgl. zu den in der deutschen Industrie vorherrschenden Aspekt der Nützlichkeit: Herbert, Arbeit und Vernichtung, 1991a, hier: S. 417 f.

506 Zur Möglichkeit der aktiven Mitgestaltung der einheimischen Organe wegen der Uneinigkeit der deutschen Akteur siehe: G. Bassler, The Collaborationist Agenda in Latvia 1941–1943, in: Kõll, Anu Mai (Hg.) 2003 – The Baltic Countries under Occupation, S. 77–84, hier: S. 78 f., 82.

Am exemplarischen Beispiel der „Arbeitseinsatzpolitik" soll im Folgenden versucht werden, die Zielvorstellungen, Interessen und Spielräume der einheimischen politischen Kräfte auszuloten. Das Verhältnis zur einheimischen Bevölkerung war von Beginn der deutschen Besatzung an essentiell für die Durchsetzbarkeit deutscher Besatzungspläne[507]. Die einheimische Unterstützung war daher schon während der Kämpfe im Sommer 1941 erwünscht. Auch wenn unmittelbar nach dem Ende der Kampfhandlungen die einheimischen bewaffneten Verbände größtenteils entwaffnet wurden, verzichtete die deutsche Militärverwaltung nicht darauf, auch weiterhin die Einwohner mittels der nicht entwaffneten neu formierten Polizeikräfte zur Mithilfe bei der „Sicherung" des Territoriums aufzufordern[508], da sie auch weiterhin auf deren Kooperationsbereitschaft angewiesen war.

Um Verwaltungskräfte zu sparen und den einheimischen Bestrebungen nach Unabhängigkeit ein Stück entgegen zu kommen, wurden schon unter der Militärverwaltung in allen drei Generalbezirken Kollaborationsorgane geschaffen. Zwei Probleme erschwerten den Deutschen die Installierung solcher Organe. Auf der einen Seite galt es aus Sicht der deutschen Besatzungsmacht Kräfte zu finden, die nach Möglichkeit auf der einen Seite wenig Eigeninitiative zeigten und die deutschen Interessen widerspruchslos umsetzten, auf der anderen Seite sollten diese Personen jedoch auch über eine hinreichend große Akzeptanz bei der einheimischen Bevölkerung verfügen, was sich aufgrund der starken Unabhängigkeitsbestrebungen in den baltischen Ländern im Grunde ausschloss. Das politische Milieu, das in die engere Wahl gezogen wurde, bewegte sich zwischen rechtskonservativen Kräften, die den autoritären Regimen in den baltischen Staaten nahegestanden hatten und daher starke Unabhängigkeitsbestrebungen verfolgten[509], bis zu faschistischen Bewegungen wie der Perkonkrusts (Donnerkreuzler) in Lettland, die Voldemaras-Anhänger in Litauen oder die sogenannten Vapsen (eine Veteranenorganisation des Unabhängig-

507 Zu diesem strategischen Verhältnis am Beispiel Litauens: Christoph Dieckmann, Deutsche und litauische Interessen: Grundlinien der Besatzungspolitik in Litauen 1941 bis 1944, in: Vincas Bartusevicius u. a. (Hg.), Holocaust in Litauen. Krieg, Judenmorde und Kollaboration im Jahre 1941, Köln 2003, S. 63–76; Dieckmann, Kollaboration ? Litauische Nationsbildung und deutsche Besatzungsherrschaft im Zweiten Weltkrieg, 2006a.

508 LVVA-P-812.1.1 S. 1. Zankevics (Pašpārvaldības departamenta direktors) Skaistlauks (Palīgpolicijas priekšnieks), Uzaicinājums visiem pilsētu apriņķu un pagastu vecākiem (Aufruf an alle Kreis- und Stadtältesten), 2. 7. 1941; Dieser Aufruf an die ehemaligen Kreisältesten von vor 1940 verdient auch deshalb Aufmerksamkeit, da er ausdrücklich dazu auffordert, „herrenloses Vermögen" sicherzustellen, was sich zu diesem Zeitpunkt durchaus auf jüdisches Vermögen beziehen könnte.

509 Zur Ulmaniselite in Lettland und ihre Erwartungen an die deutsche Okkupation siehe:Felder, Lettland im Zweiten Weltkrieg, 2009b, S. 246–253.

keitskrieges von 1918/1919) in Estland, die wiederum teilweise starke antideutsche Sentiments hegten, was insbesondere für den Perkonkrusts galt[510].

Zu diesem kaum zu bewältigendem Balanceakt gesellte sich die innerdeutsche Konkurrenzsituation zwischen militärischen, zivilen und sicherheitspolizeilichen Stellen, die ihrerseits jeweils versuchten, ihren Einfluss in der deutschen Besatzungspolitik dadurch zu sichern, dass sie „ihre Leute" in entsprechende Positionen brachten[511]. Dadurch präferierten die deutschen Akteure unterschiedliche einheimische Kräfte und verkomplizierten somit das an sich schon zum Scheitern verurteilte Unternehmen, eine beim Volk akzeptierte und zugleich im Sinne der Deutschen agierende Kollaborationsinstitution zu schaffen[512].

Litauen – Selbstbewusstsein durch „Provisorische Regierung":
Ein dritter Faktor, der die Schaffung der Kollaborationsorgane in den baltischen Ländern bestimmte, war die zeitliche Verzögerung der Eroberung. Die Gründung der „Landeseigenen Verwaltungen" in Lettland war durch die Erfahrungen in Litauen bestimmt und in Estland wiederum durch die Geschehnisse in Lettland und Litauen. Insbesondere in Litauen gestaltete sich die Einrichtung eines einheimischen Kollaborationsorgans nicht nach Plan der Deutschen, da es hier litauischen Kräften gelang, schon vor der Einnahme durch die Wehrmacht eine eigenständige provisorische Regierung unter der Leitung von Ambrazevicius in Kaunas zu gründen[513]. Symptomatisch für die aus deutscher Sicht außer Kontrolle geratene Entwicklung war auch, dass die führenden politischen Kräfte dieser Bewegung weder aus dem nationalkon-

510 Zu Lettland in fragwürdiger sehr apologetischer Perspektive: Armands Paeglis, „Pērkonkrusts" par Latviju : 1932–1944, Rīga 1994; ausgewogener: Felder, Lettland im Zweiten Weltkrieg, 2009b, S. 236–246, 309–311; Zur Person Voldemaras: Gräfe, Vom Donnerkreuz zum Hakenkreuz: Die baltischen Staaten zwischen Diktatur und Okkupation, 2010, S. 443; Zu Estland: Valentinas Brandisauskas, Neue Dokumente aus der Zeit der Provisorischen Regierung Litauens, in: Vincas Bartusevicius u. a. (Hg.), Holocaust in Litauen. Krieg, Judenmorde und Kollaboration im Jahre 1941, Köln 2003, S. 51–62, besonders: S. 132–140; Auch: A. Kasekamp, The Ideological Roots of Estonian Collaboration during the Nazi Occupation, in: Köll (Hg.) 2003 – The Baltic Countries under Occupation, S. 85–96.

511 Eine größere Rolle in diesem Zusammenhang spielte der bereits mehrfach erwähnte Peter Kleist vom Ostministerium, dessen Bedeutung für die deutsche Besatzungspolitik später deutlich abnahm. Doch findet sich in seinen Erinnerungen dazu leider nur wenig: Kleist, Zwischen Hitler und Stalin 1939–1945: Aufzeichnungen, 1950, S. 153 f.

512 Zu den Vorbereitungen und der Schaffung von Kollaborationsorganen der verschiedenen deutschen Stellen und den unterschiedlichen baltischen politischen Kräften in den drei Ländern am Vorabend der deutschen Besatzung: Kangeris, Kollaboration vor der Kollaboration?, 1994.

513 Dazu: Saulius Suziedelis, Lithuanian collaboration during the Second World War: past realities, present perceptions, in: Joachim Tauber (Hg.), „Kollaboration" in Nordosteuropa. Erscheinungsformen und Deutungen im 20. Jahrhundert, Wiesbaden 2006, S. 140–163, S. 147–153; Krausnick, Die Truppe des Weltanschauungskrieges: d. Einsatzgruppen d. Sicherheitspolizei u. d. SD 1938–1942, 1981, S. 349 f.; Zur Provisorischen Regierung auch: Brandisauskas, Neue Dokumente aus der Zeit der Provisorischen Regierung Litauens, 2003.

servativen noch aus dem faschistischen Milieu entstammten, sondern überwiegend Vertreter der demokratischen Kräfte Litauens waren[514]. Durch die Geschwindigkeit der Ereignisse überrascht und wegen eigener Unschlüssigkeit durfte die Regierung der LAF (Lietuviu aktyvistu frontas) zunächst bis zu ihrer Auflösung durch GK von Renteln am 5. August 1941 ihre Tätigkeit fortführen[515]. Es gelang den Deutschen währenddessen nicht, diese Institution vollständig in ein williges Kollaborationsorgan umzuwandeln. Nur drei der neun ernannten Generalräte entstammten der provisorischen Regierung[516]. An der Spitze dieses neu formierten Gremiums, allerdings nur als „primus inter pares", stand Generalleutnant Petras Kubiliunas, der dem Voldemarasmilieu entstammte und dessen Renommee beim litauischen Volk bestenfalls mittelmäßig war[517]. Zum Generalrat für Arbeit und Soziales wurde der vom SD angeworbene Dr. Jonas Paukstys ernannt[518].

Lettland – General „Dankerschön" ohne starken Rückhalt[519]*:*
Auch in Lettland gelang es den Deutschen nicht, angesehene Politiker als Generaldirektoren[520] einzusetzen. Hier hatte es ebenfalls Versuche gegeben, unabhängig von den Deutschen eine eigene Regierung aufzustellen. Doch hatten sich zwei miteinander rivalisierende Gruppierungen gegenseitig blockiert. Letzte Aussichten auf ein derartiges Unternehmen wurden durch den ungeklärten Mord des lettischen Politikers Deglavs begraben, dessen Initiatoren mit großer Wahrscheinlichkeit aus Deutschland kamen[521]. Stattdessen setzten die Deutschen den General der lettischen Armee Oskars Dankers als Generaldirektor des Innern ein, der ebenfalls über keinen starken Rückhalt bei den lettischen Eliten verfügte und aufgrund seiner

514 Hilbrecht, Litauen im Reichskommissariat Ostland 1941–1943/44. Parallelen und Kontraste zum übrigen Baltikum, vornehmlich Estland, 1997, S. 196.
515 Stankeras, Litovskie policejskie batal'ony, 2009, S. 32.
516 Misiunas u. Taagepera, The Baltic States: years of dependence 1940–1980, 1983, S. 49.
517 Der eigentlich für dieses Amt vorgesehene General Raschtikis lehnte mit dem Hinweis auf seine in der Sowjetunion lebende Verwandtschaft ab. Stankeras, Litovskie policejskie batal'ony, 2009, S. 246, Anm. 65. Zum Gegensatz von den nationalkonservativen Kräften des alten Smetonaregimes und den radikaleren faschistischen Voldemarasanhängern bezüglich der Kollaboration mit den Deutschen: Knut Stang, Das Fußvolk und seine Eliten. Der Beginn der Kollaboration in Litauen 1941, in: Wolfgang Benz u. Marion Neiss (Hg.), Judenmord in Litauen. Studien und Dokumente, Berlin 1999, S. 69–89.
518 Krysin, Pribaltijskij fašizm: istorija i sovremennost, 2007, S. 307 f.
519 Zur Namensgebung von General Dankers als General „Dankerschön" siehe: Lumans, Latvia in World War II, 2006, S. 180 f.
520 Der Funktion nach entsprachen sich Generalräte (Litauen), Generaldirektoren (Lettland) und Landesdirektoren (Estland).
521 Bleiere, Latvija Otrajā pasaules karā : (1939–1945), 2008, S. 256; Myllyniemi, Die Neuordnung der baltischen Länder 1941–1944: Zum nationalsozialistischen Inhalt der deutschen Besatzungspolitik, 1973, S. 84; Andrew Ezergailis, Collaboration in German Occupied Latvia: Offerred and Rejected, in: Latvijas Vēsturnieku Komisijas Raksti 11. 2004, S. 119–140, hier: S. 125–129.

deutschfreundlichen Einstellung auch den Spitznamen General „Dankerschön" führte[522]. Schillernde Persönlichkeit und heimliche Führungsperson des lettischen Vertrauensrats der sechs Generaldirektoren war bis zu seinem Rücktritt Anfang 1943 der Generaldirektor für Rechtswesen Alfreds Valdmanis[523]. Sein Nachfolger in diesem Amt wurde der ehemalige Staatspräsident Kviesis, was für die Deutschen einen Prestigeerfolg bedeutete. Zuständig für den Bereich Wirtschaft wurde Generaldirektor Zagars[524].

Estland – Vorauseilender Gehorsam des Ersten Landesdirektors Mäe:
Während in Litauen und Lettland die Versuche, eigenständige Regierungen zu bilden, zumindest zeitweise von Erfolg gekrönt waren, blieben ähnliche Versuche in Estland trotz der kurzzeitigen Inbesitznahme Tartus und anderer estnischer Städte vor der deutschen Eroberung im Planungsstadium stecken[525], da die estnischen Kollaborationsorgane schon vor der eigentlichen Eroberung von den Deutschen eingesetzt wurden. Der estnische Vertrauensrat konstituierte sich unter deutscher Führung bereits am 26. Juni, als estnisches Territorium noch nicht einmal von deutschen Truppen erreicht worden war. Wie in Lettland wurde ein treuer Anhänger der Deutschen Hjalmar Mäe zum Ersten Landesdirektor des estnischen Vertrauensrats ernannt, und konnte sich trotz geringer Reputation[526] an der Spitzte der estnischen Politik während der deutschen Besatzungszeit behaupten. Dieses konnte ihm gelingen, da der angesehene estnische Politiker Jüri Uluots, der nach der estnischen Verfassung wegen der Verschleppung des estnischen Präsidenten Konstantin Päts in die Sowjetunion der eigentliche Machthaber Estlands war, einer Zusammenarbeit mit den Deutschen aus dem Wege gegangen war. Dennoch versuchte auch der Kreis um Mäe die staatliche Unabhängigkeit Estlands kurz nach der deutschen Besetzung Estlands gegenüber den Deutschen durchzusetzen, was am Widerstand der Deut-

522 Zur Einführung des lettischen Generaldirektoriums: E. Evarts, Latviešu Zemes pašpārvaldes izveidošanās un darbības sākums vācu nacistu okupētajā Latvijā (1941.g. julijs – 1942.g. septembris), in: Latvijas Vēstures Instituta žurnāls. 2001, S. 135–155; Evarts, Zemes pašpārvalde Latvijas ģenerālapgabalā 1941.-1944.g., 2008, S. 50–52; Zur Person siehe die Autobiographie: Oskars Dankers, Lai vēsture spriež tiesu: atmiņas, Toronto [c1965].

523 Zur Person: Gerhard P. Bassler, Alfred Valdmanis and the politics of survival, Toronto 2000; Ezergailis, Collaboration in German Occupied Latvia: Offerred and Rejected, 2004, hier: S. 131–136.

524 Myllyniemi, Die Neuordnung der baltischen Länder 1941–1944: Zum nationalsozialistischen Inhalt der deutschen Besatzungspolitik, 1973, S. 119.

525 Dazu: Alvin Isberg, Zu den Bedingungen des Befreiers. Kollaboration und Freiheitsstreben in dem von Deutschland besetzten Estland 1941 bis 1944, Stockholm 1992, S. 29–33.

526 Vgl.: Kasekamp, The Ideological Roots of Estonian Collaboration during the Nazi Occupation, S. 89; Zur Person: Maripuu u. Paavle, Die deutsche Zivilverwaltung in Estland und die estnische Selbstverwaltung, 2005, hier: S. 98.

schen scheiterte[527]. Für den Bereich Wirtschaft wurde das ehemalige Päts-Regierungsmitglied Alfred Wendt und für das Resort Arbeit und Soziales der Vabsfunktionär Otto Leesment zum entsprechenden Landesdirektor ernannt[528].

Legitimierung der „Landeseigenen Verwaltungen" – Organisationserlasse 7. 3. 1942[529]:

Die so unter eher improvisierten Umständen errichteten „Landeseigenen Verwaltungen" in den baltischen Generalbezirken wurden nach der endgültigen Übernahme der Zivilverwaltung und nach der ersten Winterkrise der deutschen militärischen Operationen, als sich die Erkenntnis eines länger andauernden Krieges durchsetzte, nochmals in ihren Wirkungsmechanismen überdacht und schließlich durch die Organisationserlasse des RMfdbO vom 7. März 1942 offiziell legitimiert – jedoch ohne dass der Wortlaut dieser Bestimmungen der Öffentlichkeit im Baltikum verkündet wurde[530]. Diese Organisationerlasse und Durchführungsbestimmungen zu den drei Generalbezirken ähneln sich sogar im Wortlaut, bis auf die terminologische Unterscheidung zwischen den sich entsprechenden Generalräten in Litauen, den Generaldirektoren in Lettland und den Landesdirektoren in Estland. Darin hieß es ganz im Sinne der „Dekompositionspolitik":

„Davon ausgehend, dass die Mitarbeit einheimischer Kräfte auf freiwilliger Grundlage und in möglichst selbständiger Form am fruchtbarsten sein wird, gebe ich als Richtlinie für die Arbeit der deutschen Führung im Generalbezirk Estland (resp. Lettland, Litauen, Ergänzung T.P.), dass die deutsche Führung grundsätzlich „Aufsichtsverwaltung" im technischen Sinne ist, während die unmittelbare Verwaltungsarbeit von den landeseigenen Behörden zu leisten ist. ... Das berechtigte Vertrauen zum estnischen (resp. lettischen, litauischen, Ergänzung T.P.) Volke muss der

527 Zur Gründung des estnischen Vertrauensrats 1941: BA-RW-31.601 u. p. Wi In Nord, Aktenvermerk betr.: Einsetzung der estnischen Selbstverwaltung. Entstehungsgeschichte., 15. 11. 1941; Vgl.: Maripuu u. Paavle, Die deutsche Zivilverwaltung in Estland und die estnische Selbstverwaltung, 2005, hier: 98–104; I. Paavle, Estonian Self-Administration in 1941–1944, in: Toomas Hiio (Hg.), Estonia 1940–1945: reports of the Estonian International Commission for the Investigation of Crimes Against Humanity, Tallinn 2006, S. 539–568, hier: S. 539–542; Isberg, Zu den Bedingungen des Befreiers, 1992, S. 48–54; Krausnick, Die Truppe des Weltanschauungskrieges: d. Einsatzgruppen d. Sicherheitspolizei u. d. SD 1938–1942, 1981, S. 353 f.; Evarts, Zemes pašpārvalde Latvijas ģenerālapgabalā 1941.-1944.g., 2008, S. 53 f.

528 BA-RW-31.603 u. p. Befehlshaber d. rückw. Heeres-Geb.Nord gez. von Roques, Vollmacht für die Leiter der estnischen Selbstverwaltung (Mäe, Angelus, Wendt, Leesment, Saar), 15. 9. 1941; Vgl.: Gräfe, Vom Donnerkreuz zum Hakenkreuz: Die baltischen Staaten zwischen Diktatur und Okkupation, 2010, S. 309 f.; Myllyniemi, Die Neuordnung der baltischen Länder 1941–1944: Zum nationalsozialistischen Inhalt der deutschen Besatzungspolitik, 1973, S. 108 f.

529 Vgl. dazu auch: ebd., S. 112–115.

530 Ebd., S. 114; Zur Bedeutung dieser Erlasse am Beispiel Estlands: Maripuu u. Paavle, Die deutsche Zivilverwaltung in Estland und die estnische Selbstverwaltung, 2005, hier: S. 117 f.

deutschen Führung bei Eingriffen in die estnische Verwaltung Zurückhaltung auferlegen“[531].

Allerdings bestimmte selbiger Erlass zugleich auch, dass ebengenanntes Prinzip nur unter der ausdrücklichen Prämisse einer konsequenten „als ob“-Strategie gelte:

„Die Aufsicht über die landeseigenen Verwaltungen muss so geführt werden, dass einerseits diese das Gefühl einer gewissen Selbständigkeit und Eigenverantwortung haben, dass aber andererseits von ihnen nichts unternommen werden kann, was deutschen Belangen zuwiderlaufen würde. Die Führung muss daher absolut in deutschen Händen liegen“[532].

Für den Fall, dass diese Gratwanderung nicht gelingen würde, war vorgesehen, dass der Generalkommissar Teilbereiche aus der Verantwortung der „Landeseigenen Verwaltung“ wieder in kommissarischer Weise durch deutsche Kräfte verwalten lassen konnte:

„Wenn die Belange des Deutschen Reiches es erfordern, kann der Generalkommissar anordnen, dass ein Amt der Landeseigenen Verwaltung (einschließlich der Gemeindeverwaltung) kommissarisch durch einen besonderen Beauftragten verwaltet wird. Diese kommissarische Verwaltungsführung ist der Aufsicht durch die Behörden der landeseigenen Verwaltung insoweit entzogen, als dies durch den Generalkommissar jeweils bestimmt wird“[533].

Somit waren den Organisationserlassen von Beginn an ein hohes Maß an Verwässerung beigegeben, was durchaus im Interesse der deutschen Führung war. Lohse brachte die Bedeutung der Organisationserlasse für die Praxis der Besatzungspolitik auf den Punkt:

„Wir werden jetzt nicht weiter über den Organisationserlass brüten, sondern es kommt darauf an zu handeln“[534].

Unterstellungsverhältnis zur Zivilverwaltung:

Die Gewährleistung für dieses System der „Aufsichtsverwaltung“ sollte dadurch gesichert sein, dass die Rolle der Generaldirektoren (resp. Generalräte oder Landesdirektoren) von entscheidender Bedeutung war. Der Generalkommissar vermittelte die

531 BA-MA-RW-30.206 u. p. RMfdbO gez. Rosenberg, Durchführungsbestimmungen zum Organisationerlaß Ostland Nr. 3: Richtlinien für die Führung der Verwaltung im Generalbezirk Estland, 7. 3. 1942.

532 BA-MA-RW-30.206 u. p. RMfdbO gez. Rosenberg, Durchführungsbestimmungen zum Organisationserlaß Ostland Nr. 2: Richtlinien für die Durchführung der Verwaltung im Generalbezirk Lettland, 7. 3. 1942.

533 BA-MA-RW-30.206 u. p. RMfdbO gez. Rosenberg, Organisationserlaß Ostland Nr. 3: Richtlinien für die Führung der Verwaltung im Generalbezirk Estland. An: RKO, 7. 3. 1942. Davon wurde insbesondere in der Wirtschaftspolitik Gebrauch gemacht. Siehe folgende Seiten.

534 Zitat in: Maripuu u. Paavle, Die deutsche Zivilverwaltung in Estland und die estnische Selbstverwaltung, 2005, hier: S. 118.

grundsätzlichen Richtlinien, während der Erste Generaldirektor zusammen mit dem entsprechenden Resortgeneraldirektor Verfügungen erließ. Die Einbindung des Generaldirektors in die deutsche Zivilverwaltung kommt darin zum Ausdruck, dass seine Verfügungen nicht direkt an die ihm untergeordneten Kreisältesten der „Landeseigenen Verwaltung" weitergeleitet wurden, sondern vermittelt über die Gebietskommissare an die Kreisältesten überbracht wurde. Dadurch erhoffte sich die deutsche Führung, die Kontrolle über die Umsetzung ihrer Vorgaben zu erhalten:

„Die sorgfältige Beaufsichtigung der Kreisältesten und der Gemeindeleiter durch den Gebietskommissar bietet erst die Gewähr dafür, dass der Generalbezirk entsprechend den Zielen der deutschen Führung verwaltet wird, da allein die Aufsicht über die unteren Instanzen der landeseigenen Verwaltung sicherstellt, dass die Gesetzte und Anweisungen der höheren deutschen Dienststellen und der Behörden der landeseigenen Verwaltung in der Praxis auch wirklich befolgt werden"[535].

Ein Nebeneffekt dieser Konstruktion war allerdings, dass dadurch der deutsche Gebietskommissar zu einer Art Untergebenen der einheimischen Generaldirektoren wurde – ein Umstand, der wiederholt zu Reibereien zwischen Generaldirektoren und deutschen Gebiets- und Stadtkommissaren führte[536]:

Beispielsweise beschwerte sich der Gebietskommissar von Dünaburg Schwung in diesem Zusammenhang über die machtlose Position der deutschen Gebietskommissare:

„Immer wieder muss ich feststellen, dass die Generaldirektoren und Departements in ihren Anordnungen die Gebietskommissare umgehen und das ist das Bedauerliche dabei, wenn man dahinterkommt, zeigen sie uns natürlich immer ein Schreiben oder eine Bestätigung des Herrn Generalkommissars. Unsere Dienststellen geraten dadurch in eine Zwitterstellung, die auf die Dauer unhaltbar ist"[537].

Sonderfall – Wirtschaftsverwaltung:

Neben dem hier im Zusammenhang mit der Einrichtung der „Landeseigenen Verwaltungen" aufgetretenen Problem der politischen Loyalität zu der deutschen Besatzungsmacht und dem Zielkonflikt zwischen ideologischer Nähe, also nationalistisch-faschistischer Organisationen und einer Unterordnungsbereitschaft unter deutsche Führung, sah sich die deutsche Besatzungsmacht auch mit einem wirtschaftlichen

535 BA-MA-RW-30.206 u. p. RMfdbO gez. Rosenberg, Durchführungsbestimmungen zum Organisationserlaß Ostland Nr. 2: Richtlinien für die Durchführung der Verwaltung im Generalbezirk Lettland, 7. 3. 1942.

536 Eine Ausnahme stellte lediglich die Stadt Riga dar, da sie aus dem Zuständigkeitsbereich der lettischen Selbstverwaltung ausgenommen war. Myllyniemi, Die Neuordnung der baltischen Länder 1941–1944: Zum nationalsozialistischen Inhalt der deutschen Besatzungspolitik, 1973, S. 120.

537 LVVA-P-69.1a.18 S. 3–6. Gebietskommissar in Dünaburg gez. Schwung, Politischer Lagebericht. An: GK in Riga, 19. 3. 1942.

Zielkonflikt hinsichtlich der Einrichtung von „Landeseigenen Verwaltungen" konfrontiert. Denn einerseits war gerade aufgrund des Personalmangels auch die personelle Einbindung der einheimischen Verwaltung von entscheidender Bedeutung für die deutschen Kriegsinteressen. Andererseits war es im Grunde unmöglich, einheimische Verwaltungsbeamte, unabhängig ihrer poltischen Couleur, zu finden, die sich bereit zeigten, die ausbeuterische deutsche Wirtschaftspolitik in die Tat umzusetzen[538]. Aus diesem Grunde verblieb die geplante „Aufsichtsverwaltung" im Bereich der Wirtschaftspolitik im großen Maße theoretisches Konzept und weite Teile der Wirtschaftsverwaltung, die, wie erwähnt, unter der Verantwortung der Vierjahresplanbehörde stand, wurden von deutschen Stellen geleitet[539]. Nicht zuletzt aus diesem Grunde regten sich schon früh die ersten Widerstände gegen die „Landeseigenen Verwaltungen" aus dem Bereich der deutschen Wirtschaftsverwaltung, beispielsweise vom Wirtschaftsstab Ost[540], woraufhin die noch zuständige Militärverwaltung in Estland versicherte, dass es sich bei den estnischen Landesdirektoren ausschließlich um „ausführende Organe und Berater" handele und weiterhin folgendes gelte:

„Alle Verordnungen und Bekanntmachungen dieser Direktoren auf wirtschaftlichem Gebiet ... bedürfen der Gegenzeichnung des Wi Kdo Reval"[541].

Auch nach der Übernahme der Zivilverwaltung blieb die deutsche Führung in der Wirtschaftspolitik dominant, und der estnische Landesdirektor für Wirtschaft erinnerte vor diesem Hintergrund seine Beamten:

„In allen zutage tretenden Fragen, die einer Lösung oder Klärung im Generalkommissariat bedürfen, sind die Leiter der diesbezüglichen Gebiete verpflichtet persönlich oder durch Verbindungsbeamten mit den zuständigen Referenten des Generalkommissariats unverzüglich in Verbindung zu treten. Vor grundsätzlichen Entscheidungen oder der Vorlegung einer schriftlichen Erklärung ist in allen Fragen eine mündliche Vereinbarung oder eine mündliche Aufklärung anzustreben"[542].

538 Zum Verhältnis der estnischen Landesdirektoren zur deutschen Wirtschaftspolitik: Isberg, Zu den Bedingungen des Befreiers, 1992, S. 59–63.

539 Myllyniemi, Die Neuordnung der baltischen Länder 1941–1944: Zum nationalsozialistischen Inhalt der deutschen Besatzungspolitik, 1973, S. 120.

540 BA-RW-19.745 S. 141. Wirtschaftsstab Ost, Schreiben betr.: Estnische Selbstverwaltung. An: OKW Wi Rü Amt / Rü IV, 31. 10. 1941; Auch: BA-RW-19.745 S. 149. Wirtschaftsinspektion Nord gez. Anker, Schreiben betr.: Zuständigkeit der Wi In Nord in Estland. An: Wirtschaftskommandeur in Reval, 7. 10. 1941.

541 ERA-R-66.1.145 S. 1. Befehlshaber d. rückw. Heeres-Geb.Nord gez. von Roques, Schreiben betr.: Arbeit der estnischen Direktoren. An: Verteiler, 3. 10. 1941.

542 ERA-R-66.1.9 S. 114. Landesdirektor für Wirtschaft und Finanzen Dr. A. Wendt, Erlass des Landesdirektors für Wirtschaft und Finanzen, 16. 7. 1942.

„Landeseigene Verwaltung" und „Arbeitseinsatzverwaltung":
Als Teilgebiet der Wirtschaftspolitik und als Schnittstelle zwischen Wirtschafts- und Sozialpolitik stießen die Deutschen in der „Arbeitseinsatzpolitik" auf ein ähnliches Problem wie bei der Wirtschaftspolitik bezüglich der Kollaborationsverwaltung. Auch hier versuchte die deutsche Verwaltung, möglichst viele Verwaltungskräfte durch einheimische Kräfte zu ersetzen, ohne die Kontrolle über eine auf Ausbeutung zielende Politik zu verlieren. In einem Entwurf zu den Grundsätzen der „Arbeitseinsatzpolitik" und der Einbeziehung der „Landeseigenen Verwaltung" aus der Abteilung Aso des RKO hieß es dazu:

„Nach den Anweisungen des Ostministeriums sollen die deutschen Dienststellen Führung und Aufsicht gewährleisten, die Selbstverwaltung dagegen die Ausführung übernehmen. Von diesen Grundsätzen ausgehend, muss die Abgrenzung darauf bedacht sein, möglichst viele deutsche Kräfte zu sparen und die Selbstverwaltung überall arbeiten lassen, wo es ohne Beeinträchtigung der Reichsinteressen möglich ist"[543].

Diesem Prinzip folgend sah der Entwurf vor, die Gesetzgebung, die Steuerung und Planung, und insbesondere die „Frage der Dringlichkeit" bei der deutschen „Arbeitseinsatzverwaltung" zu belassen. Besonders wichtig erschien den Planern der Abteilung Aso des RKO darüber hinaus, dass einheimische Verwaltungskräfte keinerlei Informationen zu den Gesamtzusammenhängen der deutschen Kriegswirtschaft erhalten durften, und daher sämtlicher die „Arbeitseinsatzpolitik" betreffender Schriftverkehr zwischen deutschen Besatzungsorganen, und insbesondere mit dem GBA für die „Landeseigene Verwaltung", nicht zugänglich sein durfte[544]. Einer der Bereiche, für den die „Landeseigene Verwaltung" jedoch ausdrücklich in die Verantwortung genommen werden sollte, war die „Durchführung des Judeneinsatzes"[545].

Doch stellte sich die „Arbeitseinsatzpolitik" während der deutschen Besatzungszeit auch nicht ausschließlich als von den deutschen Besatzungsorganen gesteuertes Unternehmen dar. Bemerkenswerterweise war die während der deutschen Herrschaft gültige „Arbeitspflicht" auch schon von der litauischen Provisorischen Regierung selbständig ausgerufen worden[546].

543 BA-R-91.102 u. p. RKO Abt. III Arbeitspolitik und Sozialverwaltung, Vermerk betr.: Abgrenzung zwischen Reichskommissar und Selbstverwaltung auf dem Gebiet des Arbeitseinsatzes. undatiert.
544 Ebd.
545 Ebd. Doch verblieb diese Zuständigkeit bei der deutschen Arbeitsverwaltung. Siehe Abschnitt zum Lettischen Arbeitsdepartement.
546 LCVA-R-1548.1.39 S. 76. Provisorische Litauische Regierung gez. Ambrazevičius, Vorläufige Vorschriften zur Regelung der Arbeitskraft, 4. 8. 1941.

Arbeitsinspektionen:
Auch als die deutschen Organe endgültig die Kontrolle über die Besatzungspolitik übernommen hatten, waren die einheimischen Institutionen im Bereich der „Arbeitseinsatzorganisation" nicht nur passive Ausführungsorgane. Beispielsweise sah sich die deutsche „Arbeitseinsatzverwaltung" gezwungen, die einheimischen Arbeitsinspektionen, welche sich mit den Bedingungen des „Arbeitseinsatzes" beschäftigten und welche teilweise bereits vor dem Krieg bestanden hatten, weiterhin zu dulden. Diese Arbeitsinspektionen machten es sich zur Aufgabe, die Arbeitsbedingungen in den einzelnen Betrieben zu überprüfen und direkt Beschwerden entgegen zu nehmen. Dabei spielte natürlich auch die Lohnfrage eine wesentliche Rolle. Da die Löhne aber von der deutschen „Arbeitseinsatzverwaltung" festgelegt wurden, waren Spannungen zwischen der „landeseigenen" Arbeitsinspektion und den deutschen Vorgaben an der Tagesordnung. Ein solcher Konflikt trat beispielsweise in Litauen zu Tage. Hier existierten im September 1942 fünf sogenannte Oberinspektionen – Panewesch, Schaulen, Kauen und zwei in Vilnius – mit insgesamt 20 untergeordneten Arbeitsinspektionen in den Kreisen der Gebietskommissariate[547].

Wie angedeutet, ergaben sich durch die Tätigkeit dieser Arbeitsinspektionen zwangsläufig Kompetenzstreitigkeiten mit den Arbeitsämtern. In diesem Streit setzte sich der litauische Generalrat für Arbeit und Sozialwesen Dr. Paukstys für die Existenz der einheimischen Arbeitsinspektionen und deren Rechte ein:

„Die gegenwärtige Unklarheit über die Grenzen des Verhältnisses und der Zuständigkeit zwischen der Arbeitsinspektion und dem Arbeitsamt stört die reibungslose Arbeit dieser beiden Institutionen. Besonders stark geht das daraus hervor, dass manche Leiter der Arbeitsämter in Unkenntnis der Grenzen ihrer Kompetenzen von den in ihrem Tätigkeitsbereich befindlichen Arbeitsinspektionen die Überlassung sämtlicher Funktionen fordern, so dass sie zu niedrigeren, dem Arbeitsamt subordinierten Organen herabsinken. Jedoch können die Arbeitsämter selbst, die mit der Regelung der Arbeitskräfte und Bestätigung der Arbeitslöhne vollauf beschäftigt

547 LCVA-R-625.1.10 S. 558. Generalrat für Arbeit und Sozialwesen, Gewerbeaufsicht nach dem Stand 1942.VII-IX, 31. 9. 1942; vgl. auch: LCVA-R-625.1.10 S. 384. Generalrat für Arbeit und Sozialwesen, Gewerbeaufsicht nach dem Stand 1942.IV-VI, 30. 6. 1942; LCVA-R-625.1.10 S. 732. Generalrat für Arbeit und Sozialwesen, Gewerbeaufsicht nach dem Stand 1942.X.-XII, 31. 12. 1942; Auffällig bei der Betrachtung dieser drei miteinander gut vergleichbaren Berichte ist weiter, dass die Zahl der gemeldeten Beschwerden deutlich von 1455 im Juni 1942 bis auf 784 im Dezember des Jahres 1942 abnahm und sich somit etwa halbierte. Zur Verwaltungsstruktur der Arbeitsinspektion im GK Lettland: LVVA-P-98.1.29 S. 54. Arbeitsamt Riga – Darba parvalde, Geographische Gliederung der Arbeits-Inspektion in Lettland; Zur Verwaltungsstruktur der Arbeitsinspektion im GK Estland: ERA-R-76.1.13 S. 1 f. Direktorium für Wirtschaft und Finanzen Abt. Arbeit, Gewerbeaufsicht nach dem Stand am 31. Dezember 1941, 31. 12. 1941; In der Regel entsprach die Anzahl der Arbeitsinspektionen der Anzahl der Gebietskommissariate.

sind, die Arbeit der Arbeitsinspektion nicht schaffen und erledigen sie auch nicht"[548].

Dabei begründete er seine Parteinahme zugunsten der Arbeitsinspektion mit deren erfolgreichen Arbeit während der Unabhängigkeitszeit Litauens vor Ausbruch des Krieges:

„Im unabhängigen Litauen und zu Beginn der bolschewistischen Okkupation führte die Arbeitsinspektion erfolgreich ihre Funktionen durch und stand von allen amtlichen Institutionen in den engsten Beziehungen zu den Schaffenden, deren vollstes Vertrauen sie genoss. Die Kompetenz der Arbeitsinspektion war sehr breit. ... Unter Berücksichtigung des Gesagten bin ich der Ansicht, dass auch in Zukunft die gegenwärtige Kompetenz der Arbeitsinspektion auf keinen Fall zu schmälern, sondern so zu lassen ist, wie sie durch die zur Zeit geltenden Bestimmungen festgesetzt ist"[549].

Auch in Estland[550] entwickelte sich eine analoge Auseinandersetzung zwischen deutscher „Arbeitseinsatzverwaltung" und den einheimischen Behörden über die sozialrechtlichen Aspekte und deren Verwaltungsform innerhalb der „Arbeitseinsatzpolitik" im Baltikum. Hier hatte der zuständige Landesdirektor für Arbeit und Sozialwesen Otto Leesment schon früh Anweisungen bezüglich der Kompetenzen und Aufgaben der „landeseigenen" Arbeitsinspektionen herausgegeben. Die Hauptaufgabe der Arbeitsinspektionen bestand somit ebenso in der „Kontrolle über die Durchführung der zum Schutz des Arbeitenden erlassenen Gesetze, Verordnungen und Anordnungen, sowie dem Erteilen von Ratschlägen, zwecks Verbesserung der Arbeitsbedingungen der Arbeitenden", einschließlich der Schlichtung von innerbetrieblichen Streitfällen zwischen Arbeitnehmern und Arbeitgebern oder innerhalb der Arbeitnehmerschaft[551].

Wie in Litauen stellte auch hier die Kompetenzfrage bezüglich der Lohnpolitik den Hauptstreitpunkt zwischen deutscher „Arbeitseinsatzverwaltung" und einheimischer Arbeitsinspektion dar. Diesbezüglich hieß es in den eben zitierten Anweisungen des Landesdirektors Leesment:

„Bei massenhafter Unzufriedenheit in Fällen der Nichtzahlung des Gehaltes oder der Überstunden, der unregelmäßigen Zahlung oder anderer Missverständnisse, müssen die Arbeitsinspektoren den Oberarbeitsinspektor darüber in Kenntnis setzen. Die Arbeitsinspektoren klären die Ursachen der obengenannten Fälle der Unzufrie-

548 LCVA-R-625.1.4 S. 167–169. Generalrat für Arbeit und Sozialwesen gez. Dr. Paukstys, Schreiben betr.: Taetigkeitsbegrenzung der Arbeitsinspektoren. An: GK in Kauen, 15. 6. 1942.

549 Ebd.

550 In Estland existierten acht Arbeitsinspektoren. Siehe: ERA-R-76.1.13 S. 1 f. Direktorium für Wirtschaft und Finanzen Abt. Arbeit, Gewerbeaufsicht nach dem Stand am 31. Dezember 1941, 31. 12. 1941.

551 ERA-R-76.1.5 S. 1 f. Sozialdirektor O. Leesment, Anweisungen des Sozialdirektors an die Arbeitsinspektoren, 18. 11. 1941.

denheit und beginnen ihre Lösung nur auf Grund der entsprechenden Vorschriften des Sozialdirektoriums oder auf Bitte des Betriebsleiters"[552].

Da massenhafte Unzufriedenheit wegen Lohnzahlungen ein häufig anzutreffendes Phänomen war, schaltete sich die Arbeitsinspektion aus Sicht der deutschen Zivilverwaltung mehr als nötig in die „Arbeitseinsatzpolitik" in Estland ein:

„Es wird mir mitgeteilt, dass Ihre Arbeitsinspektoren in Fortsetzung der früheren Übung bei den Betriebsbesuchen auch Aufgaben wahrnehmen, die allein zu meiner Zuständigkeit gehören. Ich denke hierbei vor allem an Aufgaben aus dem Gebiet der Lohnüberwachung. Zur Vermeidung von Kompetenzschwierigkeiten bitte ich Sie, daraufhin zu wirken und Ihre Mitarbeiter entsprechend anzuweisen, bei Betriebsbesuchen sich lediglich auf Feststellungen über die betriebliche Gestaltung innerhalb der entsprechenden gesetzlichen Bestimmungen zu beschränken und in keiner Weise Feststellungen über Entlohnung oder Arbeitseinsatz von sich aus zu treffen"[553].

Trotz dieses Gegensatzes von deutscher „Arbeitseinsatzverwaltung" und „landeseigener" Arbeitsinspektion hinsichtlich der Lohnfrage gehörte die Überwachung der Auszahlung von Löhnen, nicht aber die Festlegung der Lohnhöhe, in den auch von der deutschen Zivilverwaltung anerkannten Aufgabenbereich. Um dies ebenfalls in den im Ostland tätigen Firmen durchzusetzen, unterstützte die deutsche „Arbeitseinsatzverwaltung" die Bemühungen der Arbeitsinspektionen sogar, wie das Schreiben der Abteilung Aso an eine Likörfabrik in Estland beweist[554].

Wichtiger noch als die Lohnfrage war aus Sicht der deutschen „Arbeitseinsatzverwaltung" vor allem die Arbeitsvermittlung, also die organisatorische Lenkung und Verteilung der Arbeitskräfte. Dieses Gebiet war ausdrücklich aus dem Kompetenzbereich der Arbeitsinspektionen ausgenommen. Dies war schon während der Militärverwaltung unter der Leitung des WiStab Ost geschehen, was den Protest der „Landeseigenen Verwaltung" hervor gerufen hatte:

„Die Arbeitsabteilung des Sozialdirektoriums, in deren Bereich die Arbeitsinspektion, die Arbeitsvermittlung und Organisierung gehören sollten, hat bis jetzt ihre Aufgabe nur teilweise erfüllen können. Dieses ist bedingt durch den Umstand, dass das Wi-Kdo die genannten Funktionen zum Teil übernommen hat .... Die Lösung

552 Ebd.

553 ERA-R-76.1.5 S. 18. GK in Reval Abt. III Aso Ref. Arbeitsbedingungen, Schreiben betr.: Gewerbeaufsicht. An: Estnische Verwaltung – Arbeitsabteilung des Direktoriums für Wirtschaft und Finanzen, 23.7.1942.

554 ERA-R-76.1.29 S. 50. GK in Reval Abt. III Aso Ref. Arbeitsbedingungen gez. Voss, Schreiben betr.: Überwachung der Lohn- und Arbeitsbedingungen im Generalbezirk Estland. An: Likör- und Weinfabrik „Alko", 10.5.1943.

der Frage der Arbeitsvermittlung hat in ihrem ganzen Umfang das Arbeitsamt des Wi-Kdo übernommen"[555].

Dieser Eindruck der „Landeseigenen Verwaltung" entsprach der Realität. Die deutsche „Arbeitseinsatzverwaltung" hatte gemäß ihren Plänen[556] schon von Anfang an versucht, jedwede Eigeninitiativen von Seiten der „Landeseigenen Verwaltung" zu unterbinden:

„Nach den Erfahrungen der letzten Zeit besteht die Gefahr, dass die estnische Selbstverwaltung auf dem Gebiet der Sozialverwaltung (insbesondere Einrichtung von Arbeitsämtern und ihre Besetzung, Sozialversicherung, Gewerbeaufsicht) eigenmächtige Maßnahmen trifft, die sich nicht in die einheitliche Linie einfügen. Gerade auf dem Gebiet der Sozialverwaltung ist jedoch im Hinblick auf die neuesten Ausführungen des Herrn Reichsmarschalls Göring, die er über die Notwendigkeit der schärfsten Lenkung der Lohn- und Arbeitsbedingungen in den besetzten Ostgebieten einschließlich des Ostlandes gemacht hat, eine straffe und einheitliche Lenkung dieser Aufgaben notwendig"[557].

Damit war die „landeseigene Arbeitseinsatzverwaltung" zunächst von ganz wesentlichen Teilen der „Arbeitseinsatzpolitik" ausgeschlossen und beschwerte sich dementsprechend vor allem über den Kontrollverlust und den Verlust der Übersicht[558]. Die Arbeitsinspektionen konnten nur noch nachträglich die Bedingungen vor Ort inspizieren und über die dortigen Zustände Meldungen machen. Zusammen mit den „landeseigenen" sogenannten Berufsverbänden blieben sie auf die sozialpolitischen Komponenten der „Arbeitseinsatzpolitik" beschränkt[559].

Arbeitsämter und „Landeseigene Verwaltung":

Neben der Institution der Arbeitsinspektion besaßen die „landeseigenen" Kräfte im zunehmenden Maße jedoch auch die Möglichkeit, innerhalb der Arbeitsämter selbst an Einfluss zu gewinnen, da die deutschen Verwaltungskräfte wegen der fortschreitenden Mobilisierungen in Personalnot gerieten und so verstärkt auf die einhei-

555 ERA-R-76.1.13 S. 7 f. Direktorium für Wirtschaft und Finanzen Abt. Arbeit, Übersicht der Tätigkeit der Arbeitsabteilung des Sozialdirektoriums, undatiert. Dabei hatte der Bereich der Arbeitsvermittlung in den Planungen der Abteilung Aso des RKO noch in der Zuständigkeit der „Landeseigenen Verwaltung" gelegen. Siehe: BA-R-91.102 u. p. RKO Abt. III Arbeitspolitik und Sozialverwaltung, Abgrenzung zwischen Reichskommissar und Selbstverwaltung auf dem Gebiet des Arbeitseinsatzes.

556 Vgl.: ebd.

557 BA-RW-31.603 u. p. RKO Abt. Soziale Verwaltung gez. Dr. Petersen, Schreiben betr. der Sozialverwaltung und Selbstverwaltung in Estland, 8. 12. 1941.

558 Beschwerden solcherart in: ERA-R-76.1.13 S. 7 f. Direktorium für Wirtschaft und Finanzen Abt. Arbeit, Übersicht der Tätigkeit der Arbeitsabteilung des Sozialdirektoriums, undatiert.

559 Zu den Berufsverbänden und deren Funktionen und Rechte: ERA-R-66.1.145 S. 2. Befehlshaber d. rückw. Heeres-Geb.Nord gez. von Roques, Schreiben betr.: Estnische Berufsverbände. An: Verteiler, 3. 10. 1941; vgl.: BA-R-9. 2. 1124 u. p. GK in Riga Abt. III e gez. Hahn, Aktenvermerk betr.: Organisation der Berufsverbände im GK Lettland, 28. 12. 1942.

mischen Beamten angewiesen waren. Die Einstellungen der baltischen Kräfte sollten dabei von oben nach unten von der deutschen Verwaltungsspitze unter Kontrolle gehalten werden[560].

Bereits nach den militärischen Rückschlägen im Winter 1941/1942 sah sich die deutsche Führung der „Arbeitseinsatzpolitik" im Baltikum nicht nur gezwungen, die „Reichswerbung" zu forcieren, auch innerhalb der „Arbeitseinsatzlenkung" in den Generalbezirken waren Personaleinsparungen geplant und einhergehend damit eine Machterweiterung für die „landeseigenen Organe". Dennoch sollte offiziell die organisatorische Leitung unverändert bei den deutschen Stellen verbleiben. In einem Entwurf für die „Anordnung über die Regelung des Arbeitseinsatzes" des Generalkommissars in Reval wurde jedoch immerhin folgende Erweiterung der Befugnisse einheimischer Verwaltungsbeteiligung festgelegt:

„Ab ... 1942 ist die Regelung des Arbeitseinsatzes in Estland den Arbeitsämtern und deren Außenstellen zur Aufgabe gemacht, bei allgemeiner Leitung und Regelung der Arbeitsabteilung des Landesdirektoriums für Wirtschaft und Finanzen und unter Oberaufsicht des Generalkommissars"[561].

Das Lettische Arbeitsdepartement als Fallbeispiel für institutionalisierten passiven Widerstand:

Am stärksten entwickelte sich diese Tendenz der formalen Machtzunahme der „Landeseigenen Verwaltung" innerhalb der „Arbeitseinsatzpolitik" allerdings in Lettland:

„In Lettland wurde die Zusammenarbeit mit den Arbeitsämtern besonders ungünstig dadurch beeinflusst, dass die Arbeitsämter nicht unmittelbar unter deutscher Leitung standen, vielmehr rein lettisch besetzte Behörden darstellten, denen lediglich als Überwachungsorgan die deutsche Arbeitsverwaltung übergeordnet war"[562].

Unter Beibehaltung der deutschen Kontrolle sollte die vollständige Verwaltungstätigkeit von der „Landeseigenen Verwaltung" übernommen werden. Zu diesem Zweck wurde ab 1. Juni 1942 die gesamte „Arbeitseinsatzverwaltung" im GK Lettland der Generaldirektion Wirtschaft unterstellt[563]. Leiter dieser Direktion war der bereits genannte Zagars. Ihm unterstellt wurde das sogenannte Departement für Arbeit, das wiederum in die Fachgebiete Verwaltung und Arbeitseinsatz unterteilt

560 Dazu: BA-R-92.399 u. p. GK in Riga Abt. III e Aso, Zuständigkeit bei der Bearbeitung von Personalangelegenheiten der landeseigenen Verwaltung, 16. 4. 1943.

561 ERA-R-76.1.3 S. 80. GK in Reval, Anordnung über die Regelung des Arbeitseinsatzes (Entwurf), 1942.

562 BA-RW-30.203 u. p. Abwicklungsstelle für Osteinheiten (HeWiFü Nord-Rü), Bericht: Die Rüstungswirtschaft im Ostland vom 1. 9. 1941–8. 8. 1944, 29. 1. 1945, hier: S. 58.

563 Siehe: LVVA-P-69.2.1 S. 45. Gebietskommissar in Riga Arbeitsamt gez. Schmutzler, Rundverfügung Nr. 18. Einführung der lettischen Selbstverwaltung bei den Arbeitsämtern, 30. 5. 1942.

war. Auf unterster Verwaltungsebene wurden den Fachgebieten jeweils sechs Abschnitte zugeordnet. Für das Fachgebiet Arbeitseinsatz waren diese Abschnitte Gewerbliche Berufe, Land- und Forstwirtschaft, übrige Berufe, Fraueneinsatz, Arbeitsvertragsbruch und Arbeitsausweise[564]. Zum Leiter des lettischen Arbeitsdepartements wurde der Diplomingenieur und ehemalige Mitarbeiter des lettischen Außenministeriums Pauls Reinhards berufen[565].

Im Gegensatz zu den Arbeitsinspektionen, die gerade hinsichtlich der Lohnfrage in ihren Kompetenzen beschnitten waren, gingen die Vollmachten des lettischen Arbeitsdepartements formal gesehen sogar noch darüber hinaus. In einem Schreiben des Generalkommissars in Riga an den Leiter der lettischen Wirtschaftsdirektion Zagars heißt es zu den Aufgaben und Kompetenzen der lettischen „Arbeitseinsatzverwaltung":

„In Bestätigung unserer persönlichen Unterredung über die Regelung des Arbeitseinsatzes im Generalbezirk Lettland, teile ich Ihnen mit, dass mit der Organisierung der Selbstverwaltung sämtliche Funktionen und Rechte, die bisher dem Arbeitsamt beim Generalkommissar zufielen, in Zukunft auf das in die Generaldirektion für Wirtschaft eingegliederte Arbeitsdepartement übertragen werden.

In diesem Zusammenhang wird das Arbeitsdepartement mit den folgenden Aufgaben betraut:

1) Für den Arbeitsschutz der Schaffenden zu sorgen;
2) Die Löhne und Gehälter zu regeln;
3) Die Arbeit und den Arbeitseinsatz zu regeln"[566].

Diese weitreichenden Versprechungen gegenüber der „Landeseigenen Verwaltung" wurden allerdings im Sommer 1942 dann nicht im vollen Umfang Realität. So verblieb die umstrittene Lohnpolitik doch bis zum Ende der deutschen Besatzungszeit unter deutscher Aufsicht. Auch der sogenannte „Judeneinsatz", die Kontrolle über den „Arbeitseinsatz" der Kriegsgefangenen und schließlich auch der „Arbeitsein-

564 Zur Struktur des lettischen Arbeitsdepartements: BA-R-9. 2. 1128 u. p. GK in Riga, Generaldirektion der Wirtschaft. Abteilung Arbeitsdepartement. Organisationsschema, undatiert; LVVA-P-989.1.4 S. 199. Generaldirektion der Wirtschaft – Arbeitsdepartement, Schema der Arbeitseinsatzorganisation, undatiert.

565 Zusage zur Ernennung Reinhards durch den GK in Riga Drechsler: LVVA-P-69.2.1 S. 47. GK in Riga Abt. III e Aso gez. Drechssler (sic), Schreiben betr.: Einführung der Selbstverwaltung. Departement für Arbeit. An: Generaldirektor der Wirtschaft Riga, 5. 6. 1942; Siehe auch seine erste Rundverfügung an seine Untergebenen im lettischen Arbeitsdepartement: LVVA-P-989.1.4 S. 2 f. Generaldirektion der Wirtschaft – Arbeitsdepartement gez. Reinhards, Rundschreiben Nr. 1., 2. 7. 1942; Die Bezeichnung Reinhards als „lettischer Sauckel" erscheint sicherlich übertrieben. Dazu: Kangeris, Nodeva reiham. Latvijas ģenerālapgabala iedzīvotāji darbos Lielvācijā, 1990b, S. 44; Kontextualisierung von Sauckel zu Reinhards mit propagandistischer Färbung bei: M. Birznieks, No SS un SD līdz ..., Rīga 1979, S. 143.

566 BA-R-9. 2. 1129 u. p. GK in Riga, Schreiben betr.: Einführung der Selbstverwaltung beim Arbeitseinsatz. An: Generaldirektor für Wirtschaft Zagars, 20. 5. 1942.

satz“ aller Deutschen sollten von der deutschen Arbeitseinsatzverwaltung“ überwacht werden[567].

Die lettische „Arbeitseinsatzverwaltung“ sollte trotz der Kompetenzerweiterung durch die Gründung des Arbeitsdepartements nur ausführendes Organ im Sinne der Organisationserlasse für die „landeseigenenden Selbstverwaltungen“ vom 7. März 1942 bleiben. Um dieses Modell der Aufsichtsverwaltung auch innerhalb der „Arbeitseinsatzverwaltung“ zu gewährleisten, sollten auch hier die Vorgaben dieser Organisationserlasse befolgt werden. Das hieß für die „Arbeitseinsatzverwaltung“, dass das lettische Arbeitsdepartement durch die Abteilung Aso des Generalkommissars kontrolliert werden sollte, und die lokalen lettischen Arbeitsämter durch den entsprechenden Gebietskommissar. Da die Gebietskommissariate nur eine dünne Personaldecke besaßen, waren hier die Kontrollmöglichkeiten beschränkt. Eine entscheidende Rolle spielte hierbei die Personalpolitik. Während die Beamten der Generaldirektion entsprechend des Organisationerlasses auch den Gebietskommissaren Anordnungen geben konnten, blieb die wesentlichste Machtentfaltungsmöglichkeit der Gebietskommissare auf das Recht der Einstellung und Entlassung der lettischen örtlichen Angestellten der lettischen „Arbeitseinsatzverwaltung“ beschränkt[568]. Ein Beispiel dieser Art ereignete sich in Lettgallen, wo die deutsche Arbeitsverwaltung sich gegenüber der Abteilung Aso beim Generalkommissar über Umbesetzungspläne der lettischen „Arbeitseinsatzverwaltung“ in den Städten Ludsen und Rositten beschwerte und so deren Pläne verhindern konnte[569].

In der Praxis verlief die Übernahme der Verantwortung für die Durchführung der „Arbeitseinsatzverwaltung“ durch die lettische „Landeseigene Verwaltung“ mit einigen Komplikationen, da die Praxis des Prinzips „Aufsichtsverwaltung“ unklar blieb

567 „Zunächst wird der lettischen Selbstverwaltung nur die Durchführung des Arbeitseinsatzes überlassen, nicht übertragen sind also Aufgaben auf dem Gebiet der Regelung der Lohn- und Arbeitsbedingungen. ... Der Einsatz von Kriegs- und Zivilgefangenen und Juden verbleibt der Arbeitsverwaltung beim Gebietskommissar. Für die Betreuung der reichsdeutschen und volksdeutschen Arbeitssuchenden ist ausschließlich der Gebietskommissar – Arbeitsverwaltung – zuständig“. Aus: BA-R-9. 2. 1126 u. p. GK in Riga HA I gez. Simm, Schreiben betr.: Einrichtung der lettischen Arbeitsverwaltung. an: Gebietskommissare von Lettland, 25.8.42; Abweichend bei: Angrick u. Klein, Die „Endlösung“ in Riga, 2006, S. 292, Hier „Judeneinsatz“ in der Verantwortung der lettischen Verwaltung; Zur hoch eingeschätzten Verantwortung und indirekten Beteiligung der „Landeseigenen Verwaltung“ am Judenmord in Vinius in Litauen siehe: Joachim Tauber, Die litauische Verwaltung und die Juden in Vilnius, 1941–1943, in: Besatzung, Kollaboration, Holocaust. 2008, S. 103–114.

568 Zum strukturellen Verhältnis von lettischer und deutscher „Arbeitseinsatzverwaltung“, zum Dienstweg und zu den Rechten der Gebietskommissare siehe: BA-R-9. 2. 1129 u. p. GK in Riga Abt. III Aso, Schreiben betr.: Einführung der Selbstverwaltung bei den Arbeitsämtern. an: Gebietskommissare von Lettland, undatiert; Vgl.: LVVA-P-989.1.4 S. 199.Generaldirektion der Wirtschaft – Arbeitsdepartement, Schema der Arbeitseinsatzorganisation, undatiert.

569 Siehe Schriftwechsel: BA-R-92.399 .u. p. Gebietskommissar in Dünaburg Arbeitsverwaltung, Schreiben betr.: Leiter der Arbeitsämter Ludsen und Rositten. An: GK in Riga Abt. III e Aso, 17. 12. 1942; BA-R-92.399 .u. p. GK in Riga, Schreiben betr.: Personelle Umbesetzung der Leiter der Arbeitsämter. An: Generaldirektion der Wirtschaft – Arbeitsdepartement, 13. 1. 1943.

und Versuche der Ausnutzung von Freiräumen durch die lettische Verwaltung den Protest der deutschen Verwaltung hervorrufen mussten. Um derartigen Tendenzen entgegen zu treten, betonte im September 1942 Oberregierungsrat Dorr aus der Abteilung Aso des GK in Riga gegenüber den deutschen Arbeitsverwaltungen in den Gebietskommissariaten, dass durch diese Reform die lettischen Behörden keinesfalls befugt seien, die Strafpraxis von Arbeitsvertragsbrüchigen bestimmen zu dürfen[570]. Außerdem verursachte die Übertragung der „Arbeitseinsatzverwaltung“ auf lettische Stellen die Unzufriedenheit der Gebietskommissare, da sie nun auch Anweisungen vom lettischen Wirtschaftsdirektorium erhielten. Zugleich war in ihren Augen ein Großteil der einheimischen Kräfte nicht geeignet für die Übernahme dieser Tätigkeit, und die Überwachung aufgrund der dünnen Personaldecke der Gebietskommissariate kaum möglich. In diesem Sinne berichtete die Abteilung Arbeitsverwaltung des Gebietskommissars in Dünaburg nach einem halben Jahr „Landeseigene Verwaltung“ im Bereich der „Arbeitseinsatzverwaltung“:

„Es mangelt den Arbeitsamtsleitern sowie dem übrigen Personal an der nötigen Erfahrung und Sicherheit. Trotz eingehender Belehrungen waren Fortschritte in der Durchführung der kriegswichtigen Aufgaben nur in geringem Maße bei den Arbeitsämtern Dünaburg und Rositten zu verzeichnen. Die Arbeitsämter Abrehnen und Ludsen versagen nach wie vor“[571].

In der Nebenstelle des Arbeitsamtes Riga waren ähnliche Erfahrungen mit der Kompetenz und der Motivation der einheimischen Angestellten der „Arbeitseinsatzverwaltung“ gemacht worden:

„Dem entgegen (Anweisungen der deutschen Arbeitsverwaltung, Anmerkung T.P.) stellt sich aber der Kreisälteste von Illuxt, der nach den neuesten Anordnungen, die auch von unserem Standpunkt absolut nicht klar sind (gemeint ist die Übertragung der „Arbeitsverwaltung“ an das lettische Arbeitsdepartement, Anmerkung T.P.), glaubt berechtigt zu sein, dem Arbeitseinsatz gegenüber eingreifen zu dürfen und zwar meist in äußerst störender Form“[572].

Der Berichterstatter aus der deutschen Dienststelle beklagte sich weiter, dass die Übertragung der „Arbeitseinsatzverwaltung“ an das lettische Arbeitsdepartement auch Auswirkungen auf die Zivilbevölkerung und deren Arbeitsmoral habe:

570 BA-R-9. 2. 1124 u. p. GK in Riga Abt. III e Aso gez. Dorr, Schreiben betr.: Arbeitsverwaltung. Organisation. An: Gebietskommissare Arbeitsverwaltung im GK Lettland, 29. 9. 1942.

571 BA-R-9. 2. 1127 u. p. Gebietskommissar in Dünaburg – Arbeitsverwaltung, Schreiben betr.: Einführung der lettischen Arbeitseinsatzverwaltung. An: GK in Riga Abt. III e Aso, 1. 7. 1219.42.

572 BA-R-9. 2. 1129 u. p. Gebietskommissar in Riga Arbeitsverwaltung, Schreiben betr.: Schwierigkeiten der z.Zt. wegen des bestehenden Schwebezustandes hinsichtlich der lettischen Selbstverwaltung in Erscheinung treten. An: GK in Riga Abt. III Aso, 13. 7. 1942. Der deutsche Gebietskommissar war indes nicht der Einzige, der sich über die Eigenmächtigkeiten der Kreisältesten beschwerte. Auch Reinhards selbst machte ähnliche Erfahrungen. Dazu: BA-R-91.395 u. p. Generaldirektion der Wirtschaft Arbeitsdepartement gez. Reinhards, Schreiben betr.: Beschwerde über Einflußnahmeversuche der Kreisältesten. An: Selbstverwaltungsdepartement der Generaldirektion, 20. 7. 1942.

„Auf diese Weise tritt eine immer größere Disziplinlosigkeit in Erscheinung. Es kommen jetzt Leute zu den Nebenstellen und drohen beschwerdeführend zum Kreisältesten zu gehen, wenn ihnen der Nebenstellenleiter hinsichtlich der Arbeitszuweisung nicht willfährig ist"[573].

Derartige Berichte aus den Gebietskommissariaten veranlassten auch die Abteilung Aso des GK in Riga ein gleichlautendes Resümee zu ziehen:

„Die Beobachtungen und Feststellungen der Gebietskommissare-Arbeitsverwaltungen sind zutreffend. Sie gelten insbesondere auch für das Arbeitsdepartement. Die mit seiner Errichtung geplante Entlastung der deutschen Arbeitseinsatzdienststellen ist keineswegs eingetreten; im Gegenteil bedeutet diese Regelung infolge ihrer Zweigleisigkeit eine wesentliche zusätzliche Belastung"[574].

Neben der Feststellung der Ineffizienz der Verwaltungsreform konstatierte der Mitarbeiter der Abteilung Aso des GK in Riga darüber hinaus, dass die Ursachen dafür entweder auf „mangelndes Können oder auf mangelndes Wollen" zurückzuführen sei, und unterstellte der lettischen Verwaltung somit neben der Unfähigkeit auch eine bewusst verfolgte „zeitgewinnende Verzögerungspolitik" den deutschen Behörden gegenüber:

„Immer wieder muss beobachtet werden, dass das Arbeitsdepartement die ihm aufgegebenen Maßnahmen des Arbeitseinsatzes nur sehr zögernd und mit gewissen inneren Vorbehalten durchführt"[575].

Mit der Feststellung einer den Deutschen gegenüber nicht uneingeschränkt loyalen lettischen Verwaltung lagen die Beobachtungen der deutschen Arbeitsverwaltungsbeamten sicher nicht weit von der Wahrheit entfernt. Doch existierte für die deutsche Seite keine Alternative, solange eine Erhöhung der deutschen Verwaltungskräfte wegen generellen Personalmangels keine Alternative war. Denn nicht zuletzt der Aspekt der Personaleinsparung stand bei der Einführung der lettischen „Arbeitseinsatzverwaltung" im Vordergrund und bewirkte zwangsläufig eine Zunahme der Einwirkungsmöglichkeiten der lettischen Beamten in ihrem Interesse. Standen Ende 1941 den 38 deutschen Beamten der Arbeitsverwaltung schon 359 lettische gegenüber, so hatte sich das Verhältnis von Deutschen zu Letten nach der Einführung des lettischen Arbeitsdepartements auf 38 zu 729 zugunsten der lettischen Seite verschoben. Da sich die Aufgaben der „Arbeitseinsatzverwaltung" in

573 BA-R-9. 2. 1129 u. p. Gebietskommissar in Riga Arbeitsverwaltung, Schreiben betr.: Schwierigkeiten der z.Zt. wegen des bestehenden Schwebezustandes hinsichtlich der lettischen Selbstverwaltung in Erscheinung treten, 13. 7. 1942.

574 BA-R-9. 2. 1127 u. p. GK in Riga Abt. III Aso, Schreiben betr.: Lettische Selbstverwaltung. An: Fachgebiet 1 beim GK in Riga, 1. 2. 1943.

575 Alle Zitate aus: ebd.

diesem Zeitraum nicht wesentlich veränderten, ist der Vorwurf des Mitarbeiters des Arbeitsamtes Riga berechtigt, dass sich die Effektivität der Verwaltung nach der Übernahme der lettischen Behörde eher verschlechtert habe[576].

Rekrutierungen zum „Reichseinsatz" und Einflussmöglichkeiten der „Landeseigenen Verwaltung":

Ein Mittel der Personalrationalisierung der deutschen „Arbeitseinsatzverwaltung" war es auch innerhalb der sogenannten „Reichswerbung" nur die Vorgaben zu bestimmen und mit der Ausführung die einheimische Verwaltung zu betrauen. Denn auch für die Rekrutierung von einheimischen Kräften für den „Arbeitseinsatz" in Deutschland war die einheimische Unterstützung für den Erfolg der „Aktionen" unumgänglich. Schon kurz nach der Ernennung Sauckels waren die deutschen Stellen der Zivilverwaltung zu folgendem Schluss gekommen:

„Als Ergebnis wurde festgelegt, dass eine so einschneidende Maßnahme nicht ohne Einschaltung und Mitarbeit der Selbstverwaltung durchgeführt werden soll, die hierfür weitgehend ihre Kräfte und ihren Einfluss zur Verfügung stellen muss"[577].

Dadurch eröffneten sich hinsichtlich der Methoden der Rekrutierungen zum „Reichseinsatz" für die einheimischen Behörden weitgehende Freiheiten, was nicht zuletzt auch die Auswahl der Opfer betraf. Der litauische Generalrat Kubiliunas konnte daher zur Rekrutierung von 30 000 Litauern im Herbst 1943 auf die alleinige Verantwortung der „landeseigenen Stellen" hinweisen, die er gegenüber der Abteilung Aso des GK in Kauen durchgesetzt hatte[578]:

„Als verantwortliche Leiter und ausführendes Organ der Aktion in den Kreisen gelten die Kreischefs. Die Polizeibeamten sind nur das ausführende Organ. Durch die Beauftragung der Polizeiführer mit dieser Aktion werden die Kreischefs weder von der Verantwortung noch von der weiteren Sorge um Stellung des festgesetzten Kontingents entbunden. ... Die Nebenstellen des Arbeitsamtes werden für diesen Zweck dem Kreischef unterstellt. Sie sind verpflichtet, in dieser Angelegenheit mannigfaltige Hilfe zu erteilen"[579].

576 Zahlen aus Bericht eines Mitarbeiters des Arbeitsamtes Riga: BA-R-9. 2. 1128 u. p. Gebietskommissar in Riga Arbeitsamt, Schreiben betr.: Stellenplan des Arbeitsamtes und des Arbeitsdepartements. GK in Riga, 13. 1. 1943.

577 LVVA-P-70.3.94 S. 54. GK in Riga Abt. III e Arbeitspolitik und Sozialverwaltung, Schreiben betr.: Einsatz von Arbeitskräften aus dem Ostland im Reich. An: Verteiler, 25. 4. 1942.

578 Dazu siehe: LCVA-R-626.1.91 S. 4–6. GK in Kauen HA III Aso, Schreiben betr. der Gestellung von 30 000 Arbeitskräften fuer das Reich. Sitzung am 7. 9. 1943 und Besprechung zwischen Herrn Generalrat Dr. Paukstys und dem Abteilungsleiter Arbeitspolitik und Sozialverwaltung vom GK in Kauen am 10. 9. 1943, 20. 9. 1943.

579 LCVA-R-1399.1.59 S. 50–52. Erster Generalrat Herr General Kubiliunas, Ergänzungsanweisungen zur Anwerbung von 30 000 Arbeitern für das Reich. Übersetzung, 11. 11. 1943.

In seinen direkten Anweisungen an die Kreischefs wurde sogar ausdrücklich betont, dass während der Durchführung dieser Aktion nicht nur die alleinige Befehlsgewalt bei den litauischen Stellen läge, sondern darüber hinaus legte der Generalrat für Arbeit und Sozialwesen Dr. Paukstys auch besonderen Wert auf die gleichzeitige Zurückhaltung der deutschen Stellen:

„Die Erfassungsstäbe des Gauleiters Saukel zur Anwerbung von Arbeitern (Männer und Frauen) führen ihre Aktion nicht durch. Die von der deutschen Polizei durchgeführte Personalkontrolle der ihrer Meldepflicht nicht nachgekommenen Personen wird eingestellt"[580].

Weiter sollten und konnten sich die einheimischen Kreischefs ausdrücklich der Hilfe der „deutschen Zivildienststellen und Dienststellen der Wehrmacht" bedienen[581], und nur sie waren dazu berechtigt zu entscheiden, „welche Personen für die Arbeit im Reich erfasst werden" sollten[582]. Zwar wurde den deutschen Mitarbeitern der Arbeitsämter erlaubt, „Freistellungen von bereits verpflichteten Arbeitskräften vorzunehmen"[583]. Doch wurde diesbezüglich gemahnt:

„Es ist jedoch auch hierbei ein strenger Maßstab anzulegen, da der Einsatz von Arbeitskräften für das Reich besonders vordringlich ist"[584].

Die litauische „Landeseigen Verwaltung" besaß also insbesondere in Bezug auf die Auswahl der zu Rekrutierenden ein hohes Maß an Selbständigkeit. Die Deutschen interessierte im Wesentlichen die Erfüllung der Normen, weniger die Umstände der Rekrutierung.

Zwischenfazit – bedingte Handlungsspielräume der „landeseigenen" Arbeitsverwaltung:

Das Beispiel der litauischen „Landeseigenen Verwaltung" und ihrer weitreichenden Möglichkeiten bei der Auswahl der zu Rekrutierenden zeigt, wie auch der Fall des lettischen Arbeitsdepartements, dass die deutsche Verwaltung, trotz des Prinzips der „Aufsichtsverwaltung", in starkem Maße auf die einheimische Unterstützung im administrativen Bereich angewiesen war. Das lettische Arbeitsdepartement, aber auch die Arbeitsinspektionen machen deutlich, wie die einheimischen Organe ihre Interessen gegenüber der deutschen Besatzung zwar nicht vollständig durchsetzen

580 LCVA-R-626.1.91 S. 8 f. Generalrat für Arbeit und Sozialwesen gez. Dr. Paukstys, Schreiben an alle Kreischefs Litauens bezgl. Anwerbung von Arbeitskräften für den Reichseinsatz, 18. 9. 1943.

581 LCVA-R-1399.1.59 S. 50–52. Erster Generalrat Herr General Kubiliunas, Ergänzungsanweisungen zur Anwerbung von 30 000 Arbeitern für das Reich. Übersetzung, 11. 11. 1943.

582 Ebd.

583 LCVA-R-626.1.91 S. 3. Geb.K. in Wilna Arbeitsamt gez. Wagner, Schreiben betr.: Verpflichtung von Arbeitskräften für das Reich durch die Litauische Selbstverwaltung. An: Verteiler, 2. 10. 1943.

584 Ebd.

konnten, wie am Beispiel der Lohnpolitik ersichtlich, immerhin aber eine Institution zur Verfügung hatten, um sich für ihre Belange einsetzen zu können. Insbesondere dort, wo Vorstellungen der einheimischen Verwaltung den Interessen der deutschen Besatzungsverwaltung nicht widersprachen, bzw. auf Gleichgültigkeit der Deutschen stießen, war es den „landeseigenen" Organen sogar möglich, im eigenen Interesse die „Arbeitseinsatzpolitik" aktiv zu gestalten. Dies betrifft vor allem die Auswahl der für den „Reichseinsatz" zu Rekrutierenden, die zum Großteil aus den slawischen Minderheiten gestellt wurden[585].

2.5.2 Zielvorstellungen zum Ort des „Arbeitseinsatzes" – Verteidigung der Arbeitskräfte gegen Ansprüche von außen

Estland – Im Bündnis mit deutschen Akteuren gegen die „Reichswerbung":
Da Estland schon früh keine Arbeitslosigkeit zu verzeichnen hatte, und da spätestens ab den militärischen Rückschlägen vom Winter 1941/1942 der Förderung des Ölschiefers im Nordosten Estlands die höchste Priorität zukam, waren die Forderungen nach Arbeitskräften aus Estland für den „Reichseinsatz" geringer als in den beiden anderen baltischen Generalbezirken. Trotzdem wurden Forderungen nach Arbeitskräften für die Reichswirtschaft auch in Estland erhoben und die „Landeseigene Verwaltung" widersetzte sich diesen Bestrebungen. Auch die „Landeseigene Verwaltung" verwies dabei auf die altbekannten Argumente. Zu den Forderungen nach 5–6000 Menschen zu Beginn des Jahres 1942 äußerte sich der Erste Landesdirektor Mäe wie folgt:

„Schließlich möchte ich vermerken, dass in Estland für die Landwirtschaft ein sehr großer Mangel an Arbeitskräften bereits schon herrscht und Herr Saar (Landesdirektor für Landwirtschaft, Anmerkung T.P.) meint, dass ohne zusätzliche Arbeitskraft von mindestens 30 000 Kriegsgefangenen die landwirtschaftlichen Aufgaben nicht erfüllt werden können. Es bedeutet daher eine Ausfuhr von 5–6000 Arbeitern auf viele Jahre eine so ganze Schwächung estnischer Landwirtschaft und Wirtschaft überhaupt, dass nicht einmal das geplante Minimum erreicht werden kann. Ich möchte daher auch sehr bitten, die geplante Ausfuhr von Arbeitern verhindern zu wollen"[586].

Mit dieser Schilderung der Lage lag der estnische Landesdirektor nicht allein. Da auch die deutsche Zivilverwaltung, die Heeresgruppe Nord, die Baltöl und spätestens ab 1943 auch die SS aufgrund der erfolgten Legionsgründung nicht an einer

585 Vgl. Abschnitt zu slawischen Minderheiten.
586 ERA-R-65.1.4 S. 3. Dr. Mäe Unterrichtsdirektor, Scheiben betr.: Gestellung von 5–6000 Esten für den „Reichseinsatz". An: GK Estland, 8. 1. 1942.

„Reichswerbung“ von Esten im großen Stil interessiert waren, war die Frage des Ortes des „Arbeitseinsatzes“ für die estnische Bevölkerung und die estnische „Landeseigene Verwaltung“ hauptsächlich von anderen Themen bestimmt.

Neben der schon erwähnten Baltölgesellschaft[587] und der unbedingten Priorität dieses „Einsatzes“ schaltete sich die „Landeseigene Verwaltung“ auch hinsichtlich der Frage des Ortes des „Arbeitseinsatzes“ im Generalbezirk Estland in Bezug auf die sogenannte Landarbeit von Städtern ein. Hintergrund war der Gedanke, Arbeitslose aus den Städten zur Hilfsarbeit in der Landwirtschaft zu verpflichten und so zwei Ziele gleichzeitig erreichen zu können. Zwar existierte diesbezüglich kaum eine wahrnehmbare Interessendivergenz zwischen den deutschen und den estnischen Behörden, doch wurde dieses Unternehmen zum Austragungsort von Machtspielen. So beschwerte sich die deutsche Abteilung Aso des GK in Reval, dass „landeseigene Organe“ die Durchführung dieser Aktion ohne Rücksprache mit den deutschen Gebietskommissaren vollziehen würden, obwohl diese in den ursprünglichen Anweisungen vorgeschrieben gewesen und erst in den von der „Landeseigenen Verwaltung“ herausgegebenen Bestimmungen dann nicht vorgesehen sei[588]. Diese Praxis habe nach Meinung der deutschen Gebiets- und Stadtkommissare nur nachteilige Auswirkungen auf die „Arbeitseinsatzpolitik“:

„Durch die Landarbeiteraktion der Estnischen Selbstverwaltung ist beträchtliche Unordnung in die Belegschaft der einzelnen Betriebe und die Arbeitseinsatz-Planung gekommen. ... Bei der kriegsentscheidenden Wichtigkeit der Revaler Betriebe ist es meines Erachtens eine Unmöglichkeit, durch derartige Maßnahmen das Rüstungsprogramm zu gefährden“[589].

Ähnlich wie beim Arbeitsdirektorium wurde der estnischen „landeseigenen“ Arbeitsverwaltung auch in Estland der Vorwurf gemacht, nicht in ausreichendem Maße Verständnis für die deutschen Kriegsanstrengungen zu besitzen, bzw. möglicherweise sogar insgeheim die deutschen Anstrengungen bewusst durch verzögernde oder unproduktive Kooperation zu unterlaufen. Sicherlich stellt diese Haltung der einheimischen Arbeitsverwaltung ein geeignetes Beispiel für die verschwimmenden Grenzen von Kollaboration und Widerstand dar, und die

587 Siehe Abschnitt zur Baltölgesellschaft.

588 ERA-R-65.1.1 S. 44. GK in Reval – HA III, Schreiben betr.: Anordnung über den Einsatz der Städter zu Landarbeiten. An: GK in Reval, 19. 6. 1942; vgl. dazu: ERA-R-66.1.9 S. 52–56. Direktorium für Wirtschaft und Finanzen, Anordnung über den Einsatz der Städter zu Landarbeiten, undatiert; ERA-R-66.1.212 S. 62. GK in Reval gez. Hohenlohe, 2. Durchführungsbestimmungen des Direktors für Wirtschaft und Finanzen zur Anordnung über den Einsatz der Städter zu Landarbeiten. An: Estnische Verwaltung – Direktorium für Wirtschaft und Finanzen – Hauptverwaltung für die Landwirtschaft, 25. 7. 1942; ERA-R-66.1.212 S. 5–8. Direktor für Wirtschaft und Transportwesen A. Wendt, Verordnung über den zwangsläufigen Landpflichtdienst, 5. 3. 1942.

589 ERA-R-65.1.1 S. 60. Stadtkommissar Reval, Schreiben betr.: Einsatz von Städtern zu Landarbeiten. GK in Reval, 1. 7. 1942.

Schwierigkeit, die Handlungsweise der kollaborierenden Organe eindeutig als Akt der Auflehnung oder der Affirmation zu bewerten. Einerseits war die deutsche Arbeitsverwaltung auf einheimische Unterstützung aus Personalmangel angewiesen, und die Ziele der Landarbeiteraktion lagen auch im Interesse der deutschen Arbeitsverwaltung, andererseits entstand so für die „landeseigenen" Behörden die Möglichkeit, die Ergebnisse der „Arbeitseinsatzpolitik" in ihrem Sinne zu beeinflussen. Das insgesamt in Estland funktionierende Zusammenspiel von deutschen und estnischen Verwaltungsbehörden auf dem Gebiet der „Arbeitseinsatzplanung" fand aber nicht nur Zustimmung in Estland selbst. Mit Blick auf die anderen beiden Generalbezirke argumentierten Teile der estnischen Gesellschaft in etwas verdrehter Logik gegen ein allzu großes Entgegenkommen der Esten:

„Es ist die Meinung verbreitet, dass die Regierung vor der deutschen Verwaltung zu bescheiden in ihren Ansprüchen ist, da in anderen baltischen Staaten, wo die Bevölkerung den Deutschen gegenüber nicht so wohlwollend gesinnt ist wie in Estland, die Versorgungslage der Zivilbevölkerung bedeutend besser ist"[590].

Eine Argumentation, die aufgrund der beschriebenen Differenzen zwischen deutscher und estnischer Arbeitsverwaltung einerseits und der Tatsache, dass Estland im wesentlichen von der „Reichswerbung" ausgenommen war, also vergleichsweise bevorzugt wurde andererseits, völlig ungerechtfertigt erscheint.

Litauen – Widerstand gegen die „Reichswerbung":

Über die Möglichkeit der Einflussnahme der litauischen „Landeseigenen Verwaltung" hinsichtlich der Rekrutierungen zum „Reichseinsatz" war bereits die Rede. Insbesondere auf unterer Ebene hatten die Kreischefs weitgehende Kompetenzen bei der Auswahl der zu Rekrutierenden, nicht jedoch bei der Anzahl, welche von höherer Stelle bestimmt wurde[591].

Diese weitreichenden Vollmachten waren das Resultat der aus deutscher Sicht mangelhaften Ergebnisse vorhergehender Rekrutierungsversuche der Deutschen. Wegen der dürftigen Erfolge sahen sich die deutschen Angestellten der Abteilung Aso gezwungen, mit der einheimischen Verwaltung zusammenzuarbeiten und auf ihre Forderungen einzugehen. Die „Landeseigene Verwaltung" hatte dabei schon früh gegen die deutschen Werbemethoden protestiert. Bereits als die ersten Litauer noch im Sommer und Herbst 1941 das Land verlassen hatten, regten sich erste Beschwerden der „Landeseigenen Verwaltung" gegen die Art und Weise der Rekrutierungen. Hauptkritikpunkt dieser Proteste war der Umstand, dass entgegen der

590 ERA-R-66.1.148 S. 111. Estnische Polizeiverwaltung Vizepräfekt Randrüüt, Auszug aus dem Lagebericht d. Präfekten v. Pernau-Fellin vom September 1943, September 1943.

591 Siehe voriger Abschnitt.

Abmachungen auch Familienväter zum „Arbeitseinsatz“ in Ostpreußen herangezogen waren, welche keine Möglichkeiten besaßen, angesammelte Ersparnisse zur Versorgung ihrer Familien nach Hause zu entsenden[592].

Doch waren diese weitreichenden Vollmachten der litauischen „Landeseigenen Verwaltung“ zu spät zuerkannt worden, denn auch die unter litauischer Leitung durchgeführte Rekrutierung von Arbeitskräften Ende 1943 entwickelte sich zum Misserfolg, wobei die genaue Haltung der litauischen Beamten, ähnlich wie in Estland und Lettland, nicht uneingeschränkt im Interesse der Deutschen gewesen sein dürfte. So beurteilte ein anonym bleibender Litauer in einem Bericht die Gründe des Scheiterns der Rekrutierungen auch mit der Feststellung, dass vor allen anderen Ursachen die Nichtverwirklichung der litauischen Unabhängigkeitsbestrebungen durch die deutsche Besatzungsverwaltung den Kooperationswillen des gesamten litauischen Volkes untergraben habe. Auch machte der Beobachter die treffende und für jeden Litauer wohl schnell ersichtliche Feststellung, dass die „Früchte der eventuellen deutschen Erfolge“ wohl für das litauische Volk spärlicher ausfallen dürften als für das deutsche Volk:

„Man fordert aber von den Litauern so viel Opfer, als ob sie gleich dem deutschen Volke die Früchte der eventuellen deutschen Erfolge ernten werden“[593].

Ein als besonders schmerzhaft und unnötig empfundener Aspekt der deutschen Besatzungspolitik im Zusammenhang mit der „Reichswerbung“ war in Litauen die Ansiedlung von Reichsdeutschen in Litauen, da er offensichtlich im Widerspruch mit dem behaupteten Arbeitermangel im Reich stand:

„In den Städten und Dörfern trifft man immer öfter deutsch sprechende Leute an, worunter sich auch nicht wenig jüngeren Alters befinden. In einer Zeit, wo solche Leute herkommen oder zugesiedelt werden, verlangt man von den Litauern, dass sie zu Arbeiten ins Reich oder an die Front gehen sollen“[594].

Eben dieses Argument bestimmte übrigens auch in dem Generalbezirk Estland die Einstellung der „Landeseigenen Verwaltung“, wo zwar keine Kolonisierung stattfand, aber Arbeitskräfte für die Baltölgesellschaft ins Land geholt wurden:

592 LVCA-R-625.1.2 S. 23. Generalrat für Arbeit und Sozialwesen, Beschwerde über die Verschickung von Familienvätern zum Arbeitseinsatz in Ostpreußen. An: GK in Kaunas, 22. 9. 1941.

593 BA-R-90.125 u. p. Anonymer litauischer Verfasser, Denkschrift, Die Misserfolge der Einberufung von Frauen und Männern in Litauen zum Kriegseinsatz und ihre wahren Gründe, 6. 9. 1943.

594 Ebd.

„Unter der Bevölkerung wird die Einsetzung der einberufenen Arbeitspflichtigen hinter der Kampflinie stark kritisiert, zumal da die Arbeitskräfte für die inländischen Ölwerke aus dem Auslande eingeführt werden"[595].

Die litauische „Landeseigene Verwaltung" versuchte also wie in Estland, den Rekrutierungen zum „Reichseinsatz" entgegenzutreten. Doch aufgrund der höheren Arbeitslosigkeit und der gescheiterten Legionsgründung von 1943 waren sich die deutschen Akteure hinsichtlich Litauen einiger und bauten hier einen deutlich stärkeren Druck auf, der von litauischer Seite immerhin, wie die „Reichswerbung" vom Herbst 1943 zeigte, deutlich abgeschwächt werden konnte. Dies betraf vor allem die unteren Organe der litauischen Verwaltung, die von der deutschen Kontrolle hinreichend weit entfernt handeln konnten[596].

Lettland – Erste und Zweite Sauckelaktion:
Auch in Lettland gelang es der „Landeseigenen Verwaltung" trotz der formalen Machtlosigkeit hinsichtlich der Entscheidungsprozesse, ihre Interessen in die „Arbeitseinsatzeinsatzpolitik" einzubringen. Ein Beispiel dieser Art ist allein die Tatsache der Installierung des Arbeitsdepartements. Wie in Litauen, wo die „Landeseigene Verwaltung" bei der Rekrutierung der geforderten 30 000 Menschen im Herbst 1943 weitgehende Vollmachten erhielt, so war auch diese Institution in Lettland das Ergebnis der deutschen Kalkulation, dass mit Unterstützung der einheimischen Verwaltungskräfte größere Erfolge zu erzielen seien. Doch bewertete die deutsche Arbeitsverwaltung, wie gesehen, den Effekt dieser Maßnahme selbst äußerst kritisch, da die „landeseigenen" Kräfte so die Möglichkeit hatten, die deutschen Anstrengungen zu unterlaufen. Diese Problemlage offenbarte sich exemplarisch in der Gegenüberstellung der ersten und zweiten sogenannten „Sauckelaktion" in Lettland. Während die erste noch weitgehend unter deutscher Leitung gestanden[597]

595 ERA-R-66.1.148 S. 38. Oberstleutnant A. Reio Präfekt, Auszug aus dem Lagebericht d. Präfekten v. Wierland vom 17. Mai 1943, 17. 5. 1943; Auch in Lettland findet sich ebendieses Argument: „Die hier beschäftigten Reichsdeutschen könnten sehr gut durch einheimische Letten bei viel niedrigerem Lohnsatz ersetzt werden. ... Obwohl in Deutschland ein großer Mangel an Arbeitskräften herrscht, kommen unzählige Deutsche nach Lettland, auch solche, die erst hier eine Beschäftigung suchen, während Letten außerhalb der Grenze zum Teil sogar zwangsweise zur Arbeit eingesetzt werden". Aus: LVVA-P-69.1a.10 S. 271–316. Unbekannter lettischer Verfasser, Bericht über die wirtschaftliche und innenpolitische Lage im Generalbezirk Lettland im Frühjahr 1942, Frühling 1942.

596 Justinas Braslauskas, Okupacine darbo prievoliu politika Lietuvoje 1941–1944 metais, 2005, hier: S. 59.

597 Siehe Bericht der Abteilung Aso des GK in Riga, der auf die unzureichende Werbung und Propaganda der Rekrutierungen in Lettgallen hinweist, die sich nach Meinung des Autors durch verstärkte Einschaltung der „landeseigenen" Organe verbessern ließen. BA-R-9. 2. 1142 u. p. GK in Riga Abt. III e Aso gez. Dorr, Schreiben betr.: Zuständigkeit für Anwerbungen grösseren Stiles im Gebiet Lettgallen, 20. 3. 1942.

und zumindest mehrere Tausend Arbeitskräfte für den „Reichseinsatz" zum Ergebnis hatte[598], gestaltete sich die Werbeaktion im Herbst 1942 als sehr viel schwieriger. Die „landeseigenen" Organe meldeten unmittelbar nach Installierung des Arbeitsdepartements von Anfang an Bedenken an weiteren Rekrutierungen aus Lettland an[599], und bremsten insbesondere auch die Durchführung dieser zweiten Sauckelaktion erfolgreich in Zusammenarbeit mit anderen deutschen Akteuren der „Arbeitseinsatzpolitik" aus[600]. Der Vorgesetzte des inzwischen eingesetzten lettischen Arbeitsdirektors Reinhards, Generaldirektor der Wirtschaft Zagars, wies anlässlich der Zweiten „Sauckelaktion" auf die bestehenden Probleme der Durchführbarkeit hin, indem er die Abteilung Aso des GK in Riga wissen ließ:

„Anlässlich Ihrer Aufforderung, durch einen Aufruf die Werbeaktion für eine Arbeitsverrichtung im Reich zu unterstützen, sehe ich mich genötigt festzustellen, dass:

1) Im Generalbezirk Lettland ein so ausgesprochener Mangel an Arbeitskräften besteht, dass selbst Betrieben kriegsentscheidender Produktionszweige nicht die angeforderten Arbeitskräfte zugewiesen werden können. ...;
2) Aus den vorliegenden Berichten zu ersehen ist, dass den früher für den Arbeitseinsatz im Reich angeworbenen Arbeitskräften, die ihre Arbeitsverträge in den hiesigen Arbeitsämtern abschlossen, diese von den Betriebsführern im Reich nicht immer eingehalten werden, und die Arbeits- und Entlohnungsbedingungen den gegebenen Versprechungen nicht entsprechen;
3) Versuche Arbeitskräfte zur Verwendung außerhalb des Generalbezirks zu gewinnen aus den genannten Gründen eine sehr starke Beunruhigung in weiten Kreisen der Bevölkerung hervorrufen und der Propaganda des Feindes Vorschub leisten.

Da ich lettischerseits die Verantwortung für die unverminderte Leistungsfähigkeit der Wirtschaft des Generalbezirks trage, halte ich es unter den gegebenen Umständen für meine Amtspflicht Ihnen mitzuteilen, dass ich die von Ihnen angekündigte Werbeaktion nicht nur nicht unterstützen kann, sondern nochmals nachdrücklich darauf hinweisen muss, dass jeder weitere Abzug von Arbeitskräften eine nicht zu

598 Siehe Abschnitt zur „Lettgallenaktion".

599 Siehe beispielsweise das Schreiben Zagars an Reinhards vom 22. Juni 1942BA-R-9. 2. 1142 u. p. Generaldirektor der Wirtschaft gez. Zagars, Schreiben betr.: Anwerbung von Arbeitskräften in Lettgallen. An: Direktor der Arbeitsdirektion Reinhards, 22. 6. 1942.

600 Hier sei nochmals an den wirkungsmächtigen Protest des KdS Lange in Lettland erinnert. Vgl.: Abschnitt zu Polizei. Siehe: BA-R-9. 2. 1145 u. p. KdS Lettland gez. Lange, Schreiben betr.: 2. Reichswerbeaktion, 27. 10. 1942.

verantwortende Bedrohung der kriegswichtigen Produktion des Landes bedeutet"[601].

Diese Aufzählung der Bedenken ist nicht nur nach ihrem inhaltlichen Sachwert zu beurteilen. Bemerkenswert ist vor allem, dass die aufgezählten Punkte sich indirekt an bestimmte Adressaten innerhalb der deutschen Besatzungsstruktur richteten. Denn, wie angemerkt, besaß die einheimische Verwaltung nicht zuletzt deshalb gute Aussichten auf die Durchsetzung ihrer Interessen, weil die deutsche Besatzungsmacht sich selbst in verschiedene Akteure spaltete. So richtet sich der Hinweis auf die „kriegswichtige Produktion" indirekt an die Wirtschaftsstellen der Wehrmacht sowie die Ostgesellschaften und deren Aufträge für die Wehrmacht, denen uneingeschränkte Priorität beigemessen wurde[602]. Der Hinweis auf die negativen Auswirkungen auf die Zivilbevölkerung durch die Rekrutierung und die Nichteinhaltung der Versprechungen in Deutschland zielte auf die Unterstützung der Polizeiorgane im Ostland, deren oberstes Interesse in der Wahrung der innenpolitischen Ruhe bestand[603].

Trotz dieser angemeldeten Bedenken war der Leiter des lettischen Arbeitsdepartements Reinhards bei dieser „Aktion" jedoch dennoch bereit, ähnlich wie seine Kollegen in Litauen ein Jahr später, die von ihm geforderte Mitarbeit zu leisten, und gab die an ihn gestellten Vorgaben bezüglich der einzuleitenden Maßnahmen schließlich doch an seine Mitarbeiter weiter[604].

Ein analoges Argumentationsmuster, aber mit schärferer Intensität vorgetragen, wiederholte sich ein Jahr später im Zusammenhang mit dem Versuch der Sauckelbehörde, 10 000 lettische Frauen für den „Reichseinsatz" zu gewinnen, da der männliche Teil der Bevölkerung inzwischen mehrheitlich für militärische Zwecke in der Legion oder für die Wehrmacht rekrutiert wurde[605]. Dieses Mal drohte Reinhards sogar mit seinem Rücktritt, um den lettischen Forderungen, von diesen Plänen Abstand zu nehmen, Nachdruck zu verleihen[606]. Ein neuer Aspekt dieses Protests

601 BA-R-9. 2. 1145 u. p. Generaldirektor der Wirtschaft gez. Zagars, Schreiben betr.: Werbeaktion für Arbeitsverrichtung im Reich. An: GK in Riga Abt. III e Aso z.H. Dorr, 12. 11. 1942.

602 Siehe Abschnitt zu Wehrwirtschaftsstruktur und Ostgesellschaften.

603 Siehe Abschnitt zur Polizei.

604 Siehe: BA-R-9. 2. 1145 u. p. Generaldirektion der Wirtschaft – Arbeitsdepartement gez. Reinhards, Rundschreiben Nr. 31 an alle Arbeitsämter (betr. 2. Reichswerbeaktion). An: Arbeitsämter Lettlands, 7. 11. 1942.

605 Zur Planung dieser „Aktion": BA-R-9. 2. 1153 u. p. GK in Riga HA Gesamtwirtschaft gez. Dr. Dr. von Borcke, Vermerk betr.: 10 000 lettische Frauen für den Reichseinsatz., 20. 5. 1943; BA-R-9. 2. 1153 u. p. GK in Riga Abt. III Aso, Schreiben betr.: Abgabe von 10 000 weiblichen Arbeitskräften nach dem Reich. An: GK in Riga HA III Gesamtwirtschaft, 28. 5. 1943.

606 „Gleichzeitig bitte ich diese Gelegenheit benutzen zu dürfen, um Ihnen mitzuteilen, dass ich bereits bei dem Herrn Generaldirektor der Wirtschaft um meine Befreiung vom Amt des Direktors des Arbeitsdepartements nachgesucht habe". Aus: BA-R-9. 2. 1153 u. p. Generaldirektion der Wirtschaft – Arbeitsdepartement gez. Reinhards, Schreiben betr.: 10 000 lettische Frauen für den Reichseinsatz. An: GK in Riga Abt. III Aso, 5. 6. 1943.

des lettischen Arbeitsdepartements war der Hinweis auf die nicht hinreichenden Kompetenzen des Arbeitsdepartements. Wie angesprochen waren dem lettischen Arbeitsdepartement bei seiner Gründung mehr Rechte versprochen worden, als später realisiert wurden, beispielsweise die immer wieder umstrittene Lohnfrage. Nun argumentierte Reinhards mit dem Ziel der eigenen Machterweiterung, dass seine Behörde für die Durchführung einer so großen Unternehmung nicht genügend Mittel und Rechte besäße[607] – eine Strategie, die der litauischen Machtausdehnung im Zuge der Rekrutierung der 30 000 Kräfte zur selben Zeit sehr ähnelte. Ebenso wie in Estland und Litauen tauchte hier das Argument der „Landeseigenen Verwaltung“ auf, dass es doch unsinnig sei, Letten ins Reich zu schicken und gleichzeitig aus anderen Gebieten fremde Arbeitskräfte nach Lettland zu bringen. Dieses bezog sich in diesem Fall auf die inzwischen in Lettland eingetroffenen „Evarussen“, unter denen man nach Ansicht der lettischen Generaldirektoren die Frauen anstelle der lettischen Frauen problemlos zum „Reichseinsatz“ beordern könnte[608].

Wie bereits mehrfach in anderem Zusammenhang auch in Estland und Litauen festgestellt, reagierte die deutsche Arbeitsverwaltung mit dem begründeten Verdacht, „dass die landeseigene Verwaltung nicht guten Willens ist“[609]. Doch im Ergebnis änderte auch dieses nichts an dem Abhängigkeitsverhältnis der deutschen Arbeitsverwaltung zur einheimischen Kooperationsbereitschaft. Reinhards trat nicht zurück und der Plan der Rekrutierung von 10 000 Frauen wurde auf Eis gelegt. Ein entscheidender Faktor dieses Erfolgs der „Landeseigenen Verwaltung“ war in diesem Zusammenhang ihr geschlossenes Auftreten hinter den Bemühungen Reinhards und nicht zuletzt auch die Tatsache, dass zumindest die politischen Abteilungen der deutschen Verwaltung einer Rekrutierung opponierten[610].

Wie in Estland im Rahmen der Landarbeiteraktion schaltete sich die „Landeseigene Verwaltung“ auch in die Koordinierung des „Arbeitseinsatzes“ der einheimischen Arbeitskräfte innerhalb des Generalbezirks ein. Eine große Rolle spielte hierbei die Region Lettgallen. Dieses Gebiet hatten schon während der Zwischenkriegs-

607 Ebd.

608 BA-R-9. 2. 1153 u. p. Generaldirektoren des GK Lettland, Schreiben betr.: Einsatz weiblicher Arbeitskräfte. An: GK in Riga Drechsler, 15. 6. 1943.

609 BA-R-9. 2. 1153 u. p. GK in Riga Abt. III Aso gez. Wurthmann, Schreiben betr.: 10 000 lettische Frauen für den Reichseinsatz. An: GK in Riga HA III (Wirtschaft), 9. 6. 1943.

610 Siehe die von allen Generaldirektoren unterzeichneten Petitionen: BA-R-9. 2. 1153 u. p. Generaldirektoren des GK Lettland, Schreiben betr.: Einsatz weiblicher Arbeitskräfte. An: GK in Riga, 5. 6. 1943; BA-R-9. 2. 1153 u. p. Generaldirektoren des GK Lettland, Schreiben betr.: Einsatz weiblicher Arbeitskräfte. An: GK in Riga, 20. 5. 1943; BA-R-9. 2. 1153 u. p. Generaldirektoren des GK Lettland, Schreiben betr.: Einsatz weiblicher Arbeitskräfte, 15. 6. 1943; LVVA-P-958.1.4 S. 5. Generaldirektoren des GK Lettland, Schreiben betr.: Frauenarbeitskräfte der Jahrgänge 1914–1922 (Lettisch). An: GK in Riga Abt. III e Aso, undatiert; Zu dem Versuch der Anwerbung von 10 000 lettischen Frauen, vgl. auch: Kangeris, Nodeva reiham. Latvijas ģenerālapgabala iedzīvotāji darbos Lielvācijā, 1990b, S. 42; Zum Versuch Sauckels, 500 000 Frauen aus den besetzten Ostgebieten im Sommer 1943 zu rekrutieren siehe: Homze, Foreign labor in Nazi Germany, 1967, S. 140 f.

zeit Saisonarbeiter verlassen, um in den anderen Gebieten Lettlands zu arbeiten[611]. Nach der ersten großen „Lettgallenaktion" vom Frühjahr 1942[612] ging die deutsche Arbeitsverwaltung noch immer davon aus, dass in dieser Region etwa 60 000 Arbeitskräfte „zur Verfügung stehen" würden, von denen man sich erhoffte, etwa 40 000 tatsächlich noch rekrutieren zu können – allerdings in diesem Fall nicht für Sauckel, sondern für die anderen Gebiete Lettlands. Um dieser „Aktion" zum Erfolg zu verhelfen, sollte die Hauptlast der Verantwortung bei dem erst kürzlich gegründeten lettischen Arbeitsdepartement liegen, da sich die deutsche Arbeitsverwaltung auf diese Weise propagandistische Vorteile versprach [613].

Doch zeigte sich schon bei dieser ersten Bewährungsprobe des lettischen Arbeitsdepartements das strukturelle Problem zwischen deutscher und lettischer Arbeitsverwaltung und das tiefsitzende und sich verfestigende Misstrauen der Deutschen ihren lettischen Kollaborateuren gegenüber. Denn schon zwei Wochen nach der Amtsübernahme berichtete Reinhards von organisatorischen Hindernissen[614], welche den Erfolg dieser Aktion gefährden würden. Bereits zu diesem Zeitpunkt war die Reaktion darauf von Seiten der deutschen Arbeitsverwaltung ein Ausdruck tiefen Misstrauens der Glaubwürdigkeit diesen Nachrichten gegenüber[615], was sich zudem weiter verschärfte, da schon bei dieser Auseinandersetzung die Vorgehensweise Reinhards' durch seinen Vorgesetzten Zagars gedeckt wurde[616].

Trotz des andauernden Misstrauens der deutschen Arbeitsverwaltung den lettischen Organen der Arbeitsverwaltung gegenüber blieben die Verwaltungsmechanis-

611 Nach Angaben der Abteilung Aso beim GK in Riga belief sich die Zahl der jährlich aus Lettgallen stammenden Saisonarbeiter für die anderen Regionen Lettlands auf ca. 13–22 000. Siehe: BA-R-9. 2. 1142 u. p. GK in Riga Abt. III e Aso gez. Dorr, Schreiben betr.: Zuständigkeit für Anwerbungen grösseren Stiles im Gebiet Lettgallen, 20. 3. 1942; Ein Kapitel für sich stellt dabei das Verhältnis der Region Lettgallens zu den anderen Regionen Lettlands dar. Bemerkenswerterweise stammte keiner der lettischen Generaldirektoren aus der Region Lettgallen. Dazu: Šteimanis, Josifs, Latgale 1939–1959, Rēzekne 2003, S. 71; Vgl.: Abschnitt zu Lettgallen.

612 Siehe Abschnitt zur „Lettgallenaktion".

613 „Die 60 000 Ledigen und Lediggehenden sollen sofort aus Lettgallen herausgezogen werden, weil sie unbedingt entbehrlich sind. Auf Grund der bisher bereits aus Lettgallen vorgenommenen Entziehungen glaubt er (Herr Lütje vom Arbeitsamt Dünaburg, Anmerkung T.P.) immerhin noch sicher mit 2/3 der veranschlagten Zahl, also 40 000 Menschen, rechnen zu können. ... Bei Entscheidungen, die durch die Aktion getroffen werden müssen, hat das letzte und entscheidende Wort der Mann von der lettischen Arbeitseinsatzstelle ...". Aus: BA-R-9. 2. 1129 u. p. Gebietskommissar in Riga Arbeitsamt gez. Schmutzler, Schreiben betr.: Einführung der lettischen Selbstverwaltung bei den Arbeitsämtern. An: RKO Abt. Aso, undatiert.

614 BA-R-9. 2. 1129 u. p. Generaldirektorium der Wirtschaft – Arbeitsdirektion gez. Reinhards, Schreiben betr.: Verzögerung der Anwerbungen von Arbeitskräften aus Lettgallen. An: GK in Riga Abt. Aso, 19. 6. 1942.

615 Siehe dazu: BA-R-9. 2. 1129 u. p. GK in Riga Abt. III e Aso gez. Dorr, Schreiben betr.: Einführung der Selbstverwaltung auf dem Gebiete des Arbeitseinsatzes. An: Generaldirektion der Wirtschaft – Arbeitsdirektion, 4. 7. 1942.

616 Siehe: BA-R-9. 2. 1142 u. p. Generaldirektor der Wirtschaft gez. Zagars, Schreiben betr.: Anwerbung von Arbeitskräften in Lettgallen, 22. 6. 1942.

men unverändert, so dass sich auch im letzten Okkupationsjahr analoge Konfliktlinien wiederholten. So empörte sich die Abteilung Aso 1944 über die Handlungsweise der „Landeseigenen Verwaltung". Sie warf den Letten vor, bei den Musterungen für die Legion und zum „Arbeitseinsatz" allzu großzügig Freistellungen zu erteilen, so vor allem in der Landwirtschaft und im kulturellen Bereich. Generaldirektor Dankers hatte es beispielsweise für unumgänglich gehalten, allen Mitgliedern des Opernensembles und des Schauspielhauses Freistellungsbescheinigungen auszustellen, was von deutscher Seite (genauer: Abteilung Aso) als Provokation empfunden wurde[617].

Die Gründe für diese andauernden Konflikte bei gleichzeitigem Ausbleiben von Konsequenzen liegen sicherlich nicht zuletzt in der Tatsache begründet, dass trotz der Auseinandersetzung zwischen der Abteilung Aso und dem lettischen Arbeitsdepartement auch Gemeinsamkeiten zwischen den lettischen Organen und den politischen Abteilungen der deutschen Zivilverwaltung hinsichtlich der Ablehnung der Sauckelschen Forderungen bestanden, sowie auch andere mächtige Akteure, wie Wehrmacht, Ostgesellschaften und Polizei, den Rekrutierungsmaßnahmen dem „Reichseinsatz" ablehnend gegenüber standen. Hierin wiederum ähnelte die Situation vor allem den Verhältnissen in Estland.

Zwischenfazit:

In allen drei Generalbezirken versuchten die „landeseigenen" Arbeitsverwaltungen den deutschen „Reichswerbungen" Widerstand zu leisten. Erfolgreich waren diese Versuche vor allem da, wo sich andere deutsche Akteure mit gleichlautenden Argumenten fanden, wie insbesondere in Estland, und eingeschränkt auch in Lettland. Aber auch in Litauen gelang es der litauischen Verwaltung durch eine Art passiver Verweigerung, die von den deutschen vorgegebenen Rekrutierungszahlen deutlich zu verfehlen. Dennoch blieben die deutschen Verwaltungsorgane, so wie in Lettland dem lettischen Arbeitsdepartement gegenüber, von der einheimischen Verwaltung abhängig, und setzten ihre verzweifelten Mobilisierungsbemühungen trotz des unterstellten „fehlenden guten Willens" der „Landeseigenen Verwaltung" fort.

617 BA-R-9. 2. 1153 u. p. GK in Riga Abt. III Aso, Aktenvermerk betr.: Zurückstellung durch die lettische Verwaltung., 16. 2. 1944.

2.5.3 Zielvorstellungen zur Art des „Arbeitseinsatzes" und zur Methode der Rekrutierung – Entschärfung deutscher Vorgaben und Widerstand von unten

Estland – Strategie der „scheinbar gezwungenen" Rekrutierungen:
Wichtigstes Organ der „Landeseigenen Verwaltung" zur Einschaltung in die Verhältnisse des „Arbeitseinsatzes" vor Ort in Estland waren die bereits erwähnten Arbeitsinspektionen, die trotz ihrer eingeschränkten Befugnisse, beispielsweise auf dem Gebiet der Lohnpolitik, Beschwerden der Arbeitnehmer entgegen nahmen und gegenüber den deutschen Stellen vertreten konnten. Da auf deutscher Seite insbesondere die politischen Abteilungen und die Polizei an einer ruhigen Sicherheitslage grundsätzlich interessiert waren, konnten solche Beschwerden mit dem Hinweis auf die Folgen bezüglich der Stimmungslage der Bevölkerung auch mit Erfolg rechnen. So wurde die Beschwerde über unangekündigte Festnahmen bis zum Ersten Landesdirektor Mäe weitergeleitet, der diese wiederum an den GK in Reval weitersandte. Hierbei war es zur Festnahme von etwa 40 Esten gekommen, die zum vierwöchigen Zwangsarbeitsdienst für die Organisation Todt – Baugruppe Giessler – herangezogen wurden, ohne, dass sie vorab darüber informiert worden wären. Unter den Zwangsrekrutierten befanden sich auch Personen, deren unmittelbare Verwandtschaft zur Zeit der sowjetischen Besatzung deportiert worden waren und deren Angehörige zum Teil in deutschen Polizeiverbänden Dienst leisteten[618]. Dieses Beispiel zeigt neben der Einflussnahmemöglichkeit der „Landeseigenen Verwaltung", dass auch in Estland Fälle von Zwangsrekrutierungen an der Tagesordnung waren – in diesem Fall nicht für den „Reichseinsatz", von dem Estland größtenteils befreit war, aber eben von den Bedarfsträgern wie der Organisation Todt, die besondere Vorrechte besaßen.

Die Rolle der „landeseigenen" Arbeitsverwaltung war also immer wieder auch in Estland darauf konzentriert, die deutschen Anweisungen abzumildern und abzuschwächen. Wie schon bei der „Landarbeiteraktion" in Estland gab es stets Beschwerden über die Effektivität der estnischen Verwaltungsstellen:

„Wie die bisherigen Erfahrungen bewiesen haben, stellen die Selbstverwaltungen die, gemäß der Anordnung des Reichskommissars über die Leistung von Hand- und Spanndienst, zu den Schneeräumarbeiten bestimmten und in den Alarmtafeln eingetragenen Zivilpersonen nicht vollzählig oder überhaupt nicht"[619].

618 Siehe zu diesem Fall: ERA-R-65.1.10 S. 21. Estnische Verwaltung Erster Landesdirektor Dr. Mäe, Schreiben betr.: Bestrafung wegen angeblicher Arbeitsverweigerung. An: GK in Reval, 25. 2. 1943; ERA-R-65.1.10 S. 24. Präfekt Wierland, Schreiben betr.: Verhaftung von Arbeitsverweigerern. An: Landesdirektor für innere Verwaltung, 16. 2. 1943.

619 ERA-R-65. 1. 2126 S. 97. Estnische Eisenbahnverwaltung – Bauabteilung gez. Kaal, Schreiben betr.: Einsatz der Zivilbevölkerung zu Schneeräumarbeiten. An: EBD 1 Reval Betriebsamt, 22. 2. 1943.

Einen außergewöhnlichen Gedanken zum „Zwangscharakter" der Mobilisierungen und der „landeseigenen" Strategie diesbezüglich äußerte die Propagandaabteilung des GK in Reval. Und zwar beabsichtige die estnische Seite trotz intrinsischer Bereitschaft, für die Deutschen zu Diensten zu sein, zwangsweise rekrutiert zu werden, um nach der erwarteten sowjetischen Rückeroberung ein Alibi zu besitzen:

„Die Notwendigkeit des Einsatzes der frontfähigen männlichen Bevölkerung dürfte dem Esten inzwischen klar geworden sein. Wenn trotzdem die Meldungen als Freiwilliger sich in sehr bescheidenem Rahmen halten, so dürfte dies an einer sehr nüchternen Berechnung liegen. Der Este ist sich nicht sicher, wer den Krieg gewinnt. Er will infolgedessen für den Fall, dass die Sowjets den Krieg gewinnen, lieber von Deutschen zum Frontdienst mobilisiert sein. Auf diese Weise glaubt er, der Rache der Sowjets als scheinbar gezwungen kämpfend zu entgehen"[620].

Dieser Gedanke ist jedoch wohl eher als Rechtfertigung für die Misserfolge der Propagandaabteilung, die einheimische Bevölkerung zu stärkeren Kriegsanstrengungen im deutschen Sinne zu animieren, zu verstehen, auch wenn die Einschätzung, dass die Mehrheit der estnischen Bevölkerung sich über den zu erwartenden Kriegsausgang keine Illusionen machte, sicherlich zutreffend war. Tatsache ist, dass die Bereitschaft landeseigener Politiker, zum Ende der Besatzungszeit die deutsche Kriegswirtschaft zu unterstützen, wieder zunahm, wie auch der Aufruf des geachteten estnischen Politikers Uluots zum Jahresbeginn 1944 verdeutlicht. Das ambivalente Verhältnis zur deutschen Besatzungsmacht kommt dadurch zum Ausdruck, dass er bei dieser Gelegenheit davon sprach, dass die Kriegsanstrengungen der Esten „eine größere Bedeutung" besäßen, als er „hier erklären" könne[621]. Das Motiv der Unterstützung deutscher Anstrengungen war also hier wie in den anderen baltischen Ländern vor allem auf die eigenen nationalstaatlichen Ziele ausgerichtet. Auch anhand dieser Beispiele des unentschiedenen Kurses der estnischen Politiker wird die Problematik einer eindeutigen Zuordnung zwischen Kollaboration und Widerstand deutlich. Die estnische „Landeseigene Verwaltung" behinderte die deutschen Mobilisierungsbemühungen und unterstützte sie zugleich, was insbesondere durch die opportunistische Führungsspitze um Mäe verkompliziert wurde, da die Mehrheit der Esten zwar gegen die Sowjetunion, aber nicht für Mäe und die Deutschen kämpfen und arbeiten wollte[622].

620 ERA-R-65.1.8 S. 54. Major Bade GK in Reval Abt. I Propaganda, Schreiben betr.: Kriegseinsatz der estnischen Jugend. An: GK SA.-Oberguppenführer Litzmann, 3. 2. 1943.

621 Zitiert in: Rein Taagepera, Estonia: Return to Independence, Boulder 1993, S. 71; Vgl. auch Abschnitt zu Balten 1944.

622 Dazu: Kasekamp, The Ideological Roots of Estonian Collaboration during the Nazi Occupation, hier: S. 92.

Lettland– Widerstand von unten:
Wie im Abschnitt zum Ort des „Arbeitseinsatzes" bereits festgestellt, waren es vor allem die unteren Organe der „Landeseigenen Verwaltung", welche die Durchsetzung der deutschen Vorgaben behinderten, oder zumindest recht frei in der Ausgestaltung der von oben delegierten Vorgaben waren. Ein solches Beispiel aus dem alltäglichen „Arbeitseinsatz" im GK Lettland war die Krankschreibungspraxis der Arbeitnehmer. Wie der Leiter des lettischen Arbeitsdepartements feststellen musste, waren die lettischen Beamten in den Arbeitsämtern, in diesem Beispiel in Riga-Stadt, allzu kulant auf diesem Gebiet[623]. Übereinstimmend heißt es auch in dem Abschlussbericht der Rüstungsinspektion Ostland:

„Die landeseigene Ärzteschaft schrieb mit wenigen Ausnahmen jeden Simulanten krank, besonders wenn der Vortrag der Krankheitssymptome durch kleine Gaben (wie Speck und Butter) unterstützt wurde"[624].

Auch bei der Suche der deutschen Arbeitsverwaltung beim Gebietskommissar in Riga nach Arbeitskräften für den Rigaer Hafen stellte sich die Zusammenarbeit mit den Mitarbeitern der lettischen Arbeitsverwaltung als aus deutscher Sicht unproduktiv heraus. Anfänglich waren von deutscher Seite aus 300 Hafenarbeiter gefordert[625]. Tatsächlich brachte die lettische Verwaltung eine Zahl von 30 Personen zustande, von denen nur acht wirklich im Hafen erschienen. Um keinen allzu großen Ausfall zu verzeichnen, beorderten die deutschen Behörden als Ersatz Juden und Kriegsgefangene in den Hafen. Darüber beschwerte sich wiederum die lettische Verwaltung, da eine Zusammenarbeit von Letten mit Juden und russischen Kriegsgefangenen als Zumutung empfunden wurde[626]. Die hier geschilderten Beispiele einer nicht funktionierenden Arbeitsvermittlung durch die lettische „Arbeitsverwaltung" waren dabei kein Einzelfall. Auch die Ostgesellschaften beklagten sich über eine von der lettischen Arbeitsverwaltung gedeckte Disziplinlosigkeit lettischer Arbeitskräfte,

623 LVVA-P-958.1.4 S. 50. Generaldirektion der Wirtschaft – Arbeitsdepartement gez. Reinhards, Schreiben betr.: Abrechung ärtzlicher Untersuchungen. An: Leiter des Arbeitsamtes Riga, 11. 9. 1942.

624 BA-RW-30.203 u. p. Abwicklungsstelle für Osteinheiten (HeWiFü Nord-Rü), Bericht: Die Rüstungswirtschaft im Ostland vom 1. 9. 1941–8. 8. 1944, 29. 1. 1945.

625 BA-R-91.395 u. p. Gebietskommissar in Riga Arbeitsamt gez. Schmutzler, Schreiben betr.: Stellung von Arbeitskräften für besonders wichtige Massnahmen. An: Oberbürgermeister der Stadt Riga, 29. 5. 1942.

626 „Es wurde festgestellt, dass ... sich jedoch Unzulänglichkeiten ergeben hätten, weil die lettischen Arbeitskräfte veranlasst gewesen seien, die Arbeiten gemeinsam mit Juden und russischen Kriegsgefangenen auszuführen. Nach Ansicht der genannten Herren (Dreijmanis und Buldaris aus der lettischen „Landeseigenen Verwaltung", Anmerkung T.P.) würden diese Schwierigkeiten in Fortfall kommen, falls die lettischen Arbeitskräfte ihre Aufgaben gesondert von den Juden und Kriegsgefangenen nachkommen könnten". Aus: BA-R-91.395 u. p. Arbeitsamt Riga – Darba parvalde, Aktenvermerk betr.: Stellung von Arbeitskräften für besonders wichtige Massnahmen, 26. 6. 1942.

welche gar nicht erst am Arbeitsplatz erschienen[627]. Als sich die Situation nach mehrmaligen Anfragen nicht besserte, forderte die betroffene Straßenbaugesellschaft ausdrücklich ein härteres Durchgreifen von der lettischen Arbeitsverwaltung[628].

Somit war die Rolle der lettischen Arbeitsverwaltung wie schon bei der Frage der Rekrutierung und wie in den Nachbargeneralbezirken darauf gerichtet, einheimische Arbeitskräfte auch bezüglich der Wahl der Mittel zu schonen, zugleich aber den deutschen Vorgaben nicht allzu offensiv entgegen zu treten.

2.5.4 Rassenideologische Zielvorstellungen – Antislawische Politik

Bislang wurde mehrmals festgestellt, dass die „Landeseigenen Verwaltungen" in allen drei Generalbezirken durchaus Einflussmöglichkeiten innerhalb der „Arbeitseinsatzpolitik" hatten. Dies gilt unabhängig von den formellen Kompetenzen insbesondere für die praktische Umsetzung und Realisierung der deutschen Vorgaben, da den deutschen Verwaltungsbehörden schlicht das Personal auf den unteren Verwaltungsebenen fehlte. Teilweise konnten die „landeseigenen" Institutionen diese Spielräume sogar nutzen, um den deutschen Zielen konträr entgegen zu arbeiten. Dies war vor allem auf den unteren Ebenen möglich. Eine besondere Rolle spielte die von den „landeseigenen" Behörden beeinflusste „Arbeitseinsatzpolitik" aber dort, wo die Interessen der deutschen und einheimischen Kräfte konform gingen, oder wo die deutschen Organe den einheimischen keine Vorgaben machten und die Ausgestaltung der konkreten Politik in die Hände der einheimischen Politiker legten. Ein besonders brisantes Politikfeld in diesem Zusammenhang stellte die Rassepolitik dar. Wie angesprochen, war in den nationalsozialistischen Plänen auch für die baltischen Völker keine eigenständige Existenz vorgesehen. Dennoch rangierten sie relativ gesehen über den slawischen Völkern. Auch wenn die deutsche Besatzungspolitik offiziell den slawischen Bevölkerungsteil in den baltischen Ländern nicht benachteiligte, boten die „Landeseigenen Verwaltungen" den Mehrheitsbevölkerungen die Möglichkeit, eigene Ziele zu verfolgen, solange sie sich mit den nationalsozialistischen Zielen vereinbaren ließen.

627 LVVA-P-961.1.42 S. 141. Straßenbau Aktiengesellschaft Baustelle Segewold-Ligat, Schreiben betr.: Nichterscheinen von uns aus dem dortigen Bezirk zugewiesenen Arbeitskräften auf der Baustelle Segewold-Ligat, 13. 7. 1942; LVVA-P-961.1.42 S. 32. Straßenbau Aktiengesellschaft Baustelle Segewold-Ligat, Schreiben betr.: Fernbleiben von lettischen Arbeitskräften. An: Arbeitsamt Wenden – Darba parvalde, 27. 8. 1942; LVVA-P-961.1.42 S. 35. Straßenbau Aktiengesellschaft Baustelle Segewold-Ligat, Schreiben betr.: Fernbleiben lettischer Arbeitskräfte, 22. 7. 1942.

628 LVVA-P-961.1.42 S. 38. Straßenbau Aktiengesellschaft Baustelle Segewold-Ligat, Schreiben betr.: Bestrafung von Arbeitern, 30. 9. 1942.

Die Konstellation des Abhängigkeitsverhältnisses der Deutschen von einheimischer Unterstützung und den miteinander in Einklang zu bringenden Vorstellungen bezüglich der Einordnung der slawischen Bevölkerung führte zu einer Politik der aktiven Benachteiligung der slawischen Bevölkerung hinsichtlich der „Arbeitseinsatzpolitik" auf praktischer Ebene. Auf normativer Ebene waren die slawischen Minderheiten im Baltikum in keiner Weise diskriminiert. Es galten für sie die gleichen Bestimmungen wie für alle zivilen Einwohner, abgesehen von den Juden. Doch waren es gerade die Kompetenzen der „landeseigenen" Organe auf dem Gebiet der Durchführung der „Arbeitseinsatzpolitik", welche zu einer slawenfeindlichen Praxis der „Arbeitseinsatzpolitik" im Baltikum führten[629]. Diese Grundeinstellung der „landeseigenen Verwaltungen" blieb auch der deutschen Besatzungsmacht nicht verborgen:

„Die Esten, Letten und Litauer haben während des Bestehens ihrer Staaten stets danach gestrebt, die Angehörigen der einzelnen Volksgruppen zu assimilieren. Zahlreiche Beobachtungen zeigen, dass die landeseigenen Verwaltungen dies Bestreben auch heute noch haben und die Angehörigen der Volksgruppen auf politischem und kulturpolitischem Gebiet, ebenso beim Arbeitseinsatz und bei der Fürsorge terrorisieren"[630].

Bemerkenswert an diesem Zitat ist nicht zuletzt auch der Verweis auf die Kontinuität einer nach ethnischer Einheitlichkeit zielenden Politik der Zwischenkriegszeit in den baltischen Staaten[631]. Dieser Hinweis war nicht von ungefähr. Tatsächlich hatte es vergleichbare politische Strömungen schon während der Unabhängigkeitszeit gegeben. Beispielsweise hatte in Lettland die Beschäftigung mit der „lebendigen Volkskraft" Tradition:

„Bereits in der Unabhängigkeitszeit Lettlands war ein Institut zur Erforschung der lebendigen Volkskraft tätig, das sich mit der Erforschung der Fragen über den Zuwachs und die qualitative Aufbesserung der lebendigen Volkskraft befasste. ... Nach Vertreibung der Bolschewisten wurde durch den Beschluss des Generaldirektoriums für innere Verwaltung und Personalangelegenheiten vom 21. November 1941 beim Gesundheitsdepartement die Arbeitsgemeinschaft zur Förderung der lebendigen Volkskraft errichtet. ... Von der Hauptabteilung zur Förderung der lebendigen Volkskraft wird die Arbeit des vormaligen Instituts zur Erforschung der lebendigen Volkskraft fortgesetzt. An dieser Arbeit sind viele Personen aus Mitte (sic) der Lehrerschaft der Universität in Riga sowie eine größere Anzahl der lettischen Intelligenz

629 Vgl. Abschnitt zu slawischen Bevölkerungsteilen.

630 LVVA-P-69.1a.9 S. 12 f. RKO Abt. II Politik gez. Burmeister, Rundschreiben betr.: Einheimische Volksgruppen, 27. 7. 1942.

631 Zu Aspekten des Umgangs der baltischen Staaten mit ihren ethnischen Minderheiten in der Zwischenkriegszeit siehe: Detlef Henning (Hg.), Nationale und ethnische Konflikte in Estland und Lettland während der Zwischenkriegszeit, Lüneburg 2009; Tilman Plath, Juden unter Ulmanis, in: Jahrbuch des baltischen Deutschtums 56. 2009, S. 99–119.

(sowohl in Riga als auch auf dem flachen Lande) beteiligt. ... Mit Rücksicht auf die jetzigen Verhältnisse und Gegebenheiten wurden in der Presse und auf öffentlichen Vorträgen die Rassenprobleme und eugenische Fragen beleuchtet"[632].

Mit diesen „bevölkerungspolitischen Maßnahmen" und Zielen stand die lettische „Landeseigene Verwaltung" keineswegs allein dar. Auch in Estland wurden ähnliche Anstrengungen unternommen, die „Verluste an Volkssubstanz" durch entsprechende Maßnahmen, wie die Gestattung und Förderung der Bigamie von rassisch wertvollen estnischen Männern, wett zu machen und die eigenen Ziele einer Verdoppelung des estnischen Volkes zu verfolgen. Diese Pläne scheiterten jedoch am Widerstand der Deutschen, sowie an der „konservativ-kirchlichen und individualistischen Einstellung" der Mehrheitsbevölkerung, wie die estnischen Planer enttäuscht feststellen mussten[633].

Doch waren diese sehr ambitionierten Vorhaben der „landeseigenen" Politiker sowie deren extreme antislawische Strömungen von den Deutschen trotz rassenideologischer Teilübereinstimmung hinsichtlich der Einschätzung der slawischen Bevölkerung nicht unbedingt erwünscht:

„Es ist unerwünscht, dass sich die Esten, Letten und Litauer durch Aufsaugen der Volksgruppen zahlenmäßig verstärken, denn es liegt nicht im deutschen Interesse, dass an die Stellen der einzelnen Volksgruppen in jedem der baltischen Generalbezirke eine national einheitliche Bevölkerung tritt"[634].

Hier wurde also den rassenideologischen Vorstellungen von der „Minderwertigkeit" der slawischen Bevölkerungsgruppen eine pragmatische Strategie des „Divide et impera" vorgezogen, um das Fernziel einer vollständigen Germanisierung leichter in die Tat umsetzen zu können. Allerdings waren die Einsichten der deutschen Zivil-

632 LVVA-P-70.3.23 S. 5 f. James Raudsinsch, Tätigkeitsbericht der Hauptabteilung zur Förderung der lebendigen Volkskraft beim Sozialdepartement der Generaldirektion des Innern, betrifft den Zeitraum vom 21. November bis zum 1. Oktober 1942, 9. 10. 1942; Zum Institut zur Erforschung der Lebenskraft in Lettland siehe: Felder, Lettland im Zweiten Weltkrieg, 2009b, S. 291 f.

633 LVVA-P-70.3.23 S. 20–22. GK in Reval Abt. I Politik, Schreiben betr.: Bevölkerungspolitische Massnahmen der estnischen Landesverwaltung. An: RMfdbO, 23. 3. 1943; Vgl. dazu auch: LVVA-P-70.3.23 S. 9. RMfdbO gez. Leibbrandt, Schreiben betr.: Bevölkerungspolitische Massnahmen der estnischen Landesregierung. An: RKO, 14. 7. 1942; LVVA-P-70.3.23 S. 2.b. RKO Abt. II Raum, Schreiben betr.: Estnische bevölkerungspolitische Maßnahmen. An: RKO Abt. II Politik, 18. 7. 1942; Ein besonderes Kapitel der estnischen „bevölkerungspolitischen" Ziele stellte das Interesse für die etwa 1000 Liven in Lettland dar, die nach Meinung der Esten nach Estland umgesiedelt werden sollten. Diese Angelegenheit verdient nicht zuletzt deshalb Beachtung, da die Liven in der Region Dundaga lebten, in der ein KZ-Außenlager von Kaiserwald errichtet wurde und die dort lebenden Liven tatsächlich dadurch zum Verlassen ihrer Wohnsitze gezwungen waren. Zu dem estnischen Vorschlag: ERA-R.65.1.39 S. 18. GK in Reval Abt. I Politik, Schreiben betr.: Umsiedlung der Liven. An: RKO, 27. 9. 1943; Zur Umsiedlungsaktion bei Dundaga: LVVA-P-812.1.17 S. 15. Iekšlietu ģenerāldirektors Rīgā, Ziņas – Ventspils un Talsu apriņķu piejuras pagastu evakuacijas lietā, 16. 9. 1943; Siehe auch Abschnitt zum Arbeitseinsatz von Sondergruppen.

634 LVVA-P-69.1a.9 S. 12 f. RKO Abt. II Politik gez. Burmeister, Rundschreiben betr.: Einheimische Volksgruppen, 27. 7. 1942.

verwaltung erst das Ergebnis der Erfahrungen mit der auf ethnische Homogenität zielenden Politik der „Landeseigenen Verwaltung" aus der ersten Zeit der deutschen Besatzung.

Antislawische Politik auf der unteren Ebene der einheimischen Politik:
Auch bezüglich der ethnischen Aspekte der „Arbeitseinsatzpolitik" spielten insbesondere die unteren Instanzen eine große Rolle, da auf dieser Ebene die Verfolgung von antislawischen Zielen leichter unbemerkt von der deutschen Kontrolle durchgeführt werden konnte. Ein Beispiel dieser Art waren massenhafte Entlassungen von slawischen Mitarbeitern aus Firmen unmittelbar nach der deutschen Machtübernahme 1941. Von einem solchen Fall berichteten russische Angestellte einer Trikotagenfabrik in Riga:

„Wir haben ununterbrochen in Nähabteilung der Trikotagenfabrik Gebrüder Swedlanoff zu Riga, Katholikerstraße 21 gearbeitet. Jetzt sind wir zusammen mit anderen russischen Arbeiterinnen von der Arbeit entlassen worden, wobei der scheinbare Grund der Entlassung die Verminderung der Arbeiterzahl ist. Alle Lettinnen sind aber in ihren Stellen gelassen und die Leiterin der Nähabteilung Alvine Neimanis ist die, welche eine Auswahl über die zu Entlassenen getroffen hat. Eine von lettischen Arbeiterinnen -Elwira Lumberg- hat direkt in Räumen der Fabrik sich ausgedrückt, dass jetzt die Zeit gekommen sei die Russinnen von der Fabrik auskehren (sic). Die Arbeit in der Nähabteilung setzt sich fort und wenn die Zahl der Arbeiter vermindert wird, dann fragt es sich, warum ausschließlich die Russinnen zu entlassen sind, ..."[635].

Ähnliche Proteste russischer Mitarbeiter hatte es auch in der Fabrik „Wisma" gegeben, woraufhin die lettische Betriebsleitung zu ihrer Rechtfertigung auf die behauptete politische Unzuverlässigkeit der russischen Mitarbeiter verwies:

„Bezugnehmend, dass die Zahl der russischen Arbeiter, die nach Sowjet-Russland entflohen sind, sieben Mal größer ist, als die Zahl der lettischen Arbeiter, muss man feststellen, dass die Russen den Bolschewiken mehr sympathisiert haben als die Letten (sic). Daraufhin musste auch die Zahl der entlassenen Russen prozentual mehr sein, als der der Letten (sic)"[636].

635 BA-R-91.395 u. p. Helene Dimitrieffs, Gesuch betr.: Entlassung von russischen Mitarbeiterinnen. An: Sicherheitskommandantur zu Riga, 16. 8. 1941.

636 BA-R-91.395 u. p. Trikotagefabrik „Wisma" gez. Ewerte, Uebersicht der Angestellten und Arbeiterbewegung nach ihrer Nationalität in der Fabrik „Wisma" vom Ende Juni d. J. bis zum 16.Sept.d. J. und Schreiben betr.: Entlassungen russischer Mitarbeiter. An: Leiter der Personalabteilung der Industriedirektion, 17. 9. 1941.

Auch in Litauen spielten sich entsprechende Szenen zwischen Litauern und Polen vor allem im Wilnagebiet ab:

„Außerdem muss festgestellt werden, dass die ausschließlich polnische Arbeiterschaft dieser Betriebe den Anordnungen der litauischen Betriebsleiter nur widerwillig oder gar nicht nachkommt, während die Betriebe unter der Leitung der Polen zufriedenstellend arbeiten. In einigen Fällen sind durch die Abwanderung der polnischen Arbeiterschaft Betriebe ganz zum Erliegen gekommen"[637].

Auch hier war der slawische Bevölkerungsteil am stärksten von den Entlassungen betroffen:

„Den größten Prozentsatz der Arbeitslosen stellen die Polen, da diese ihren Arbeitsplatz Litauern einräumen mussten"[638].

Die Möglichkeit der Beschwerde der betroffenen slawischen Personengruppen war durch die Arbeitseinsatzverordnung vom 15. 8. 1941 gegeben, in der es hieß:

„Die Auswahl der zur Entlassung kommenden Arbeitskräfte hat im Einvernehmen mit dem Arbeitsamt zu erfolgen"[639].

In Anbetracht der Tatsache, dass die Arbeitsämter zu Beginn der Besatzungszeit vor allem mit der Erfassung der Arbeitskräfte zu tun hatten und antislawische Ressentiments auch unter den deutschen Verwaltungsbeamten keine Seltenheit waren, ist jedoch nicht von einem wirksamen Protest auszugehen. Der Gebietskommissar von Wilna Hingst ließ in diesem Sinne das Arbeitsamt in Wilna wissen:

„Es liegt in unserer politischen Linie, dass bei Neuanstellungen Litauer gegenüber Polen der Vorzug gegeben wird"[640].

Ein weiteres Beispiel für die Spannungen zwischen der einheimischen Mehrheitsbevölkerungen und den slawischen Minderheiten war die Beschäftigung der entlassenen Kriegsgefangenen ukrainischer Nationalität[641]. Einheimische Arbeitgeber widersetzten sich zunächst der Entlassung aus dem Gefangenenstatus. Dabei wurde den ukrainischen Kriegsgefangenen ethisch unkorrektes Verhalten vorgeworfen, wobei sicherlich das Hauptmotiv gegen diesen Statuswandel im finanziellen Bereich

637 LVVA-P-70.3.94 S. 56. RKO Abt. III FoHo, Schreiben betr.: Belassung von polnischen Betriebsführen auf Sägewerken im Wilna-Gebiet. An: RKO HA II – Politik, 9. 5. 1942.

638 BA-MA-RW-30.13 u. p. Rüstungsinspektion Ostland, Bericht für Monat Oktober 1941, Oktober 1941, hier: S. 92.

639 Aus: LCVA-R-626.1.4 S. 7. RKO Abt. II b gez. Fründt, Verordnung zur Regelung des Arbeitseinsatzes, 15. 8. 1941.

640 LCVA-R-626.1.4 S. 44. Gebietskommissar Wilna-Stadt gez. Hingst, Schreiben betr.: Zuwanderung litauischer Arbeitskräfte nach Wilna. An: Arbeitsamt Wilna, 9. 12. 1941.

641 Zum arbeitsrechtlichen Status der Ukrainer: ERA-R-65.1.10 S. 6. Gebietskommissar Arbeitsamt Pernau gez. Bender, Schreiben betr.: Arbeitsrechtliche Behandlung entlassener Ukrainer. An: Kreisältester Pernau, 9. 11. 1942; Vgl. auch Abschnitt zu slawischen Bevölkerungsgruppen.

gelegen haben dürfte, da Kriegsgefangene als Arbeitskräfte wegen ihrer geringen Kosten sehr gefragt waren[642]:

„Wenn die allgemeinen Verhältnisse und das Benehmen der ukrainischen Kriegsgefangenen in Betracht gezogen werden, kann man nicht zulassen, dass sie gleich den Zivilarbeitern behandelt würden, ... Die im Kreise Pernau zu Landarbeiten eingesetzten ukrainischen Kriegsgefangenen haben bis jetzt in den Gemeinden Vändram, Rajangu, Lelle und Kaisma Mord an ihren Arbeitgebern bzw. deren Familienangehörigen verübt. Ich besitze Daten, dass die ukrainischen Kriegsgefangenen ihre Lebensanschauung nicht geändert haben. ... Wenn nun eine Vergütung der Kriegsgefangenen auf gleicher Grundlage mit den Zivilarbeitern und auch nachträglich für richtig befunden wird, so kann man dieses laut dem bei uns geltenden Recht nicht für normal halten“[643].

Diese Bemühungen verhinderten aber nicht den Beschluss der deutschen Besatzungsmacht bezüglich der Freilassung der Ukrainer[644]. Da sich gegen die deutschen Bestimmungen also nichts ausrichten ließ, gingen einige Landwirte, bei denen Ukrainer beschäftigt waren, dazu über, eigene Regeln aufzustellen:

„Einige Betriebsführer haben den Ukrainern diese Entlassungsbescheinigungen abgenommen, um sie als Kriegsgefangene weiter zu beschäftigen“[645].

Dass ein solches Verhalten zu Spannungen zwischen den Ukrainern und den in diesem Fall genannten Esten führte ist nicht verwunderlich. Verstärkt wurden diese Auseinandersetzungen noch durch kulturelle und sprachliche Gegensätze, die zu mehrfachem widerständischem Handeln auf Seiten der Ukrainer und forcierten Erniedrigungen von Seiten der Esten führten[646].

642 Siehe beispielsweise die Forderung nach Kriegsgefangenen der lettischen „Landeseigenen Verwaltung“ im Kreis Wenden – Cesis: LVVA-P-961.1.45 S. 41. Älteste des Pagasts Sermuksu, Bitte um Entsendung von Kriegsgefangenen aus Stalag 351 Walk (Lettisch). An: Gebietskommissar Wolmar, Stalag 351 Walk, 21. 9. 1942.

643 ERA-R-65.1.10 S. 4. Kreisältester Pernau, Schreiben betr.: Arbeitseinsatz der freigelassenen Ukrainer. An: Landesdirektor für innere Verwaltung, 26. 11. 1942.

644 Siehe dazu die Kritik der deutschen Arbeitsverwaltung am estnischen Protest: ERA-R-65.1.10 S. 1. GK in Reval Abt. III Aso – Gruppe Arbeitseinsatz, Schreiben betr.: Arbeitseinsatz von entlassenen Kriegsgefangenen ukrainischer Volkszugehörigkeit. An: GK SA-Obergruppenführer Lietzmann (sic), 4. 1. 1943.

645 ERA-R-65.1.10 S. 3. GK in Reval Abt. Aso Gruppe Arbeitseinsatz, Schreiben betr.: Arbeitseinsatz aus der Kriegsgefangenschaft entlassener Ukrainer. An: Gebietskommissar Sozialamt Reval-Stadt, Reval-Land Wesenberg Arensburg Pernau Dorpat, 12. 5. 1942.

646 Siehe den beschwichtigenden Bericht des estnischen Beamten: ERA-R-65. 1. 2126 S. 149–154. Berufsverband im Generalbezirk Estland Fachabt. Land- und Forstwirtschaft gez. Tomiste, Schreiben betr.: Arbeitseinsatz der freigelassenen ehemaligen ukrainischen Kriegsgefangenen. An: Leiter der Hauptabteilung II des B.V., 25. 9. 1943.

Antislawische Politik der oberen Instanzen:
Aber nicht nur die unteren Organe und einheimischen Kräfte verfolgten eine gegen die slawischen Bevölkerungsteile gerichtete Politik. Analoge Tendenzen im Bereich der „Arbeitseinsatzpolitik“ waren auch in den höchsten einheimischen politischen Einrichtungen vorhanden, was entsprechend verheerende Folgen für die betroffene Bevölkerung mit sich brachte. Herausragendes Beispiel sind die Deportationen von Arbeitskräften für den „Reichseinsatz“ aus den Regionen Lettgallen in Lettland und Wilna in Litauen. Auch die Nationalitätenpolitik in Petschur in Estland ist diesem Kontext zuzurechnen[647]. Entscheidend an diesen „Aktionen“ in diesem Zusammenhang ist die aktive Beteiligung der „Landeseigenen Verwaltung“, die wie bei der „Lettgallenaktion“ vom Frühjahr 1942 unabhängig von den deutschen Planern selbständig auf die Idee kam, die von Sauckel geforderten Arbeitskräfte doch aus dem „unerwünschten Elementen“ der Bevölkerung, also den slawischen Bevölkerungsgruppen, zu rekrutieren. Auf einer Sitzung zu den Fragen der Rekrutierungen für Sauckel Anfang Mai im ehemaligen Justizpalast in Riga brachte sich Dankers in diesem Sinne ein:

„Er (Dankers, Anmerkung T.P.) machte von sich aus, ohne von deutscher Seite irgendwie darauf hingewiesen worden zu sein, den Vorschlag, die geforderten Arbeitskräfte aus Lettgallen herauszunehmen. Hier sei die Umschichtung vertretbar, weil dort einmal fremdvölkische Elemente in größerer Zahl vorhanden seien ...“[648].

Diese von den oberen Organen der „Landeseigenen Verwaltung“ getragene antislawische Politik wurde zusätzlich in der Praxis noch durch die radikale antislawische Haltung der ausführenden einheimischen Polizeiorgane verstärkt[649], was verständlicherweise zu einer extremen Beunruhigung der slawischen Bevölkerung führte[650]. Auch während dieser „Aktionen“ machten die betroffenen slawischen Bevölkerungsteile den lettischen Organen dieselben Vorwürfe hinsichtlich einer unterstellten Politik der gezielten ethnischen Homogenisierungspolitik wie die Deutschen:

„In ihren (der slawischen Bevölkerung, Anmerkung T.P.) Augen sind einzig und allein die Letten an allem Schuld (mit Bezug auf die Deportationen zum „Arbeitseinsatz“, Anmerkung T.P.), denn die Deutschen hätten all dieses nur getan, um schluss-

647 Siehe Abschnitt zu indigenen Slawen.

648 IfZ-MA.202 S. 1202–1219. GK in Riga Abt. III Aso, Vermerk betr.: Sitzung vom 2. 5. 1942. Gegenstand der Verhandlung: Abgabe von Kräften ins Reich, 4. 5. 1942; Siehe dazu auch: Kangeris, Nodeva reiham. Latvijas ģenerālapgabala iedzīvotāji darbos Lielvācijā, 1990b, S. 39.

649 „Unterstützt wurde das (Beunruhigen der slawischen Bevölkerung, Anmerkung T.P.) auch von einigen lettischen Polizisten, die ja fast alle einen kleinen Schuss Sadismus um Blut haben ...“. Aus: LVVA-P-69.1a.18 S. 485–497. Gebietskommissar in Dünaburg gez. Schwung, Monatsbericht Mai/Juni 1942 – Kurzer Überblick über geschichtliche Ereignisse zum Verständnis der augenblicklichen politischen Struktur Lettgallens, 18. 6. 1942.

650 „Da die Aussonderung von Letten selbst ausgeführt wurde, hat sich das Verhalten des nichtlettischen Teiles der Bevölkerung verschärft“. Aus: LVVA-1398.1.40 S. 37. Führer der städtischen Schutzmannschaft Dünaburg, Bericht betr.: Allgemeine Lage, 15. 6. 1942.

endlich dem andauernden lettischen Drängen nachzukommen, das Gebiet des ehemaligen Lettlands von „fremdvölkischen" Elementen zu säubern"[651].

Auch in dieser Hinsicht ähnelte sich die Problemlage zwischen dem Verhältnis von Russen und Letten einerseits und Polen und Litauern andererseits sehr, so dass der deutsche Gebietskommissar Simon in Wilna Land gegenüber den litauischen Kreischefs feststellen musste:

„Ich betone weiterhin, dass nicht nur polnische Arbeitskräfte nach Deutschland gehen sollen, sondern auch ebenso Litauer mit gutem Beispiel voranzugehen haben"[652].

Hier waren es, ähnlich wie in der Region Lettgallen, nicht zuletzt die litauisch dominierten Polizeiorgane, welche in der Praxis die Benachteiligung der slawischen Bevölkerung durch ihre brutale Vorgehensweise verursachten:

„In Litauen haben sich die Spannungen zwischen Litauern und Polen verschärft und begünstigt durch die frühe Dunkelheit zu mehreren Fällen von Belästigungen, Bedrohungen und tätlichen Angriffen auf Polen geführt, wobei wiederholt Übergriffe der litauischen Polizei vorgekommen sind"[653].

Als Anfang 1942 die ersten Rekrutierungen für den „Reichseinsatz" anliefen, boten diese ebenfalls Anlass genug, um die Spannungen zwischen Litauern und Polen weiter anzuheizen:

„Bei einem kürzlichen Abtransport von polnischen Arbeitern, die sich freiwillig zur Arbeitsaufnahme in das Reich gemeldet hatten, kam es auf dem Bahnhof zu Schlägereien zwischen Litauern und Polen. Es wurden Rufe laut: „Nieder mit den Litauern, den bolschewistischen Verrätern"![654]"

Später, als nach der misslungen SS-Legionsgründung aus Litauen vermehrt Arbeitskräfte für den „Reichseinsatz" rekrutiert werden sollten und die Resonanz auf freiwillige Meldungen schwach ausfiel, gingen die litauischen Arbeitsverwaltungen dazu über, die Methode der kollektiven Bestrafung für ganze Dörfer anzuwenden. Dabei wurden Geiseln genommen, wenn die zum „Arbeitseinsatz" Berufenen sich nicht freiwillig bei den örtlichen Arbeitsämtern meldeten. Aufgrund der sofortigen Proteste aus den litauischen Dörfern und dem Vertrauensverlust der litauischen „Landeseigenen Verwaltung" bei den Litauern beschränkte sich diese Vorgehens-

651 Übersetzung des Autors aus dem Lettischen. Aus: LVVA-1398.1.40 S. 145 f. Polizei Dünaburg gez. Zaube, Lagebericht (Lettisch). An: Vorgesetzten der lettischen Polizei Dünaburg Stadt, 15. 7. 1942.

652 LCVA-R-626.1.2 S. 104. Gebietskommissar Wilna Land gez. Simon, Schreiben betr. des Einsatzes von einheimischen Arbeitskräften nach Deutschland, 1. 6. 1942.

653 BA-MA-RW-30.13 u. p. Rüstungsinspektion Ostland, Bericht für Monat Oktober 1941, Oktober 1941.

654 BA-RW-30.13 u. p. Rüstungsinspektion Ostland, Märzbericht 1942 der Rü In Ostland, 8. 4. 1942.

weise schnell nur auf die polnische Bevölkerung[655]. Aber auch andere Minderheiten, wie Russen und Roma, sowie Kriminelle, waren im Fokus der mit besonderen Vollmachten ausgestatteten litauischen „Landeseigenen Verwaltung“ bei dem Versuch, im Herbst 1943 30 000 Arbeitskräfte für das Reich zu rekrutieren[656].

Wie in Lettland und Litauen verfolgte auch die „Landeseigene Verwaltung“ in Estland eine antislawische und zudem antisemitische Politik, um in erster Linie das Vermögen dieser Bevölkerungsteile in estnischen Besitz übergehen zu lassen[657].

Das Ziel einer ethnischen Homogenisierung der „Landeseigenen Verwaltungen“ versuchten diese aber nicht nur durch eine negative Politik gegen die slawischen und anderen Minderheiten im Baltikum zu erreichen. Auch eine positive Einwanderungspolitik der Mehrheitsbevölkerung aus den besetzten Ostgebieten oder durch die Freilassung von baltischen Rotarmisten sollte zu ebendieser Stärkung der ethnischen Mehrheitsbevölkerung führen. Mit diesem Ziel gelang es der lettischen „Landeseigenen Verwaltung“ bis zum Jahresende 1942 immerhin, 4356 Letten aus dem Inneren der Sowjetunion nach Lettland zu holen[658]. Ähnliche Bestrebungen hatte es auch in Litauen gegeben. Allerdings beschwerte sich der zuständige Beamte der litauischen „Landeseigenen Verwaltung“ gegenüber dem deutschen GK in Riga bitterlich über das fehlende Verständnis der deutschen Zivilverwaltung, welche die Rückkehr von Litauern aus Lettland nach Litauen mit Verweis auf die angespannte „Arbeitseinsatzlage“ in Lettland abwehrte[659]. Die Zivilverwaltung in Riga war der Ansicht, dass „von einer Rückführung dann abgesehen werden müsse, wenn die Volkslitauer hier in Lettland kriegswichtig eingesetzt seien“[660].

Die von den baltischen Bevölkerungsmehrheiten beherrschten „Landeseigenen Verwaltungen“ und die ihr untergeordneten Organe, sowie regionale Betriebsführer

655 „Collective responsibility and punishments were employed only against Poles in eastern Lithuania where the members of the family suffered repressions instead of those in hiding from deportation to Germany as labour“. Aus: Rimantas Zizas, Persecution of Non-Jewish Citizens of Lithuania, Murder of Civilian Population, in: Christoph Dieckmann u. a. (Hg.), Karo belaisvių ir civilių gyventojų žudynės Lietuvoje. 1941–1944 = Murders of prisoners of war and of civilian population in Lithuania, Vilnius 2005, S. 289–383, hier: S. 351.

656 Ebd., S. 358 f.

657 Dazu: Paavle, Estonian Self-Administration in 1941–1944, 2006, hier: S. 540.

658 LVVA-P-989.1.18 S. 1–61. Generaldirektion der Wirtschaft – Arbeitsdepartement, Arbeitsbericht für den Zeitraum vom 01. 07. 1942–31. 12. 1942 (Lettisch), 1942, hier: S. 30; Vgl. auch mit niedrigeren Zahlen: LVVA-P-97.2.2 S. 1–59. Generaldirektor des Innern, Namenslisten der lettischen Sowjetbürger, die 1942 in den GB Lettland gelangten; LVVA-P-97.2.2 S. 20–30. Generaldirektor des Innern, Namensliste der am 22. Mai aus dem Gebiet Leningrad nach Jelgava/Lettland gelangten lettischen Sowjetbürger, 22. 5. 1942.

659 LVVA-P-69.2.13 S. 20. Generalrat für die Innere Verwaltung, Schreiben betr.: Rückführung der Litauer aus Sowjetgebieten, An: GK in Riga, 31. 6. 1944; Vgl. dazu auch: LVVA-P-69.2.13 S. 14. GK in Kauen, Schreiben betr.: Rückführung von Litauern aus dem ehem. Sowjetgebiet in den Generalbezirk. An: Erster Generalrat Herr General Kubiliunas, 6. 1. 1944.

660 LVVA-P-69.2.13 S. 28. GK in Riga, Vermerk betr.: Rückführung von Litauern aus Lettland, 22. 6. 1944.

in der Landwirtschaft und Industrie trugen also erheblich dazu bei, dass die slawischen Bevölkerungsgruppen des Baltikums innerhalb der „Arbeitseinsatzpolitik" benachteiligt wurden. Diese Erscheinung deckte sich nur teilweise mit den Interessen der deutschen Zivilverwaltung. Ausgelöst durch diese Ungerechtigkeiten, aber in erster Linie aufgrund des Zustroms der „Evarussen" im Baltikum, der in organisatorischer Hinsicht auch von der „Landeseigenen Verwaltung" mitgetragen wurde[661], sah sich die deutsche Verwaltung dazu gezwungen, auch den slawischen Bevölkerungsgruppen eine Chance zu geben, ihre Interessen artikulieren zu können, was auch für die „Arbeitseinsatzpolitik" zu gelten hatte. Ein solches Sprachrohr sollten die sogenannten Vertrauensräte[662] werden, deren Hauptaufgabe doppelter Natur war:

„Diese Vertrauensstellen müssen so eingerichtet, personell besetzt und in ihre Arbeit eingewiesen werden, dass sie auf der einen Seite in der Lage sind, den Schutz der in die baltischen Generalbezirke zurückgeführten Russen vor Ungerechtigkeiten wahrzunehmen, auf der anderen Seite befähigt und gewillt sind, auf sie einen politisch günstigen Einfluss im Sinne einer Beruhigung auszuüben"[663].

Dass diese Vertrauensräte die Aufgabe des Schutzes vor der einheimischen Bevölkerung wahrnehmen sollten, ist offensichtlich auf die bisher gemachten Erfahrungen zurückzuführen. Dieser Zusammenhang ist durch den Schriftwechsel zwischen den politischen Abteilungen des RKO und des RMfdbO zur Gründung der russischen Vertrauensräte in Lettland auch ausdrücklich bestätigt:

„Der Generalkommissar in Riga berichtet, dass die Errichtung der russischen Vertrauensräte, die bereits ihre Tätigkeit aufgenommen hat, eine wesentliche Verbesserung des Verhältnisses zwischen Letten und Russen verspricht"[664].

Auch in Litauen waren russische Vertrauensräte vor demselben Hintergrund des Zuzugs von „Evarussen" gebildet worden, da auch hier die litauische Einstellung den

661 Siehe dazu den Aufruf des GK in Riga an die lettische „Landeseigene Verwaltung" und dessen Weiterleitung mit konkretisierten Anweisungen zur Durchführung: LVVA-P-812.1.1 S. 234. GK Abt. II Verwaltung gez. Dr. Seelemeyer, Schreiben betr.: Russische Flüchtlinge (Lettisch). An: Iekšlietu ģenerāldirektors Rīgā, 22.4.1943; LVVA-P-812.1.1 S. 240 f. Iekšlietu Generāldirekcija Rīgā administrātīvā pārvalde, Schreiben betr.: Karabēgļu no PSRS uzturēšanās Latvijas generālapgabalā un viņiem izdodamās personas apliecības (Unterbringung der Kriegsflüchtlinge aus der UdSSR und die Herausgabe von Pässen). An: prefekti un apriņku priekšnieki (Präfekten und Kreisvorsitzende), 29.5.1943; Vgl. auch Abschnitt zu „Evarussen".

662 Zum organisatorischen Aufbau eines solches Rates: BA-R-6.159 S. 25 f. RKO, Muster für die Satzung einer Vertrauenstellen einer Volksgruppe im Generalbezirk, undatiert; Vgl. auch Abschnitt zu „Evarussen".

663 BA-R-6.159 u. p. RKO Abt. I gez. Burmeister, Schreiben betr.: Einheimische Volksgruppen. An: HSSPF und GK des RKO u. a., 4.10.1943.

664 BA-R-6.159 S. 42. RKO Abt. I Pol. gez. Trampedach, Schreiben betr.: Unterdrückung der russischen Volksgruppen im Generalbezirk Lettland duch die Letten. An: RMfdbO, 19.1.1944; Vgl.: BA-R-6.159 S. 29. RKO, Schreiben betr: Unterdrückung der russischen Volksgruppe im Generalbezirk Lettland durch die Letten. An: RMfdbO, 25.11.1943.

Russen und „Evarussen“ gegenüber alles andere als freundlich war. So beschwerten sich auch im GK Litauen die Russen bitterlich über die Behandlung durch die Litauer:

„Wir Russen, die wir schon lange in Litauen leben, sind jetzt in eine traurige Lage geraten. Nach der Vertreibung der Kommunisten aus Litauen mussten wir Russen Schlimmes durchmachen. ... Die Litauer wollen, dass wir zu Litauern werden, ihre hohe litauische Kultur annehmen. Sie verstehen nicht, warum wir das litauische Äußere nicht annehmen und unsere Ursprünglichkeit nicht ablegen“[665].

Zur politischen Einschätzung der „Evarussen“ in Litauen und der Rolle der litauischen „Landeseigenen Verwaltung“ schrieb Trampedach nach Konsultierung mit dem bereits genannten Rasse- und Kulturexperten des RKO Dr. Lenz:

„Sie betrachten die Deutschen als ihre Beschützer, sehen aber in vielen Fällen das litauische Übergewicht in der landeseigenen Verwaltung. In dieser trostlosen Lage sind die Evakuierten natürlich für jede Propaganda, die ihnen eine Besserung der Lage verspricht, empfänglich“[666].

Der Zusammenhang von der Benachteiligung der slawischen Bevölkerung innerhalb der „Arbeitseinsatzpolitik“ und der Rolle der litauischen Mehrheitsbevölkerung kam auch in Angriffen auf die örtlichen Arbeitsämter zum Ausdruck. Denn Ziel dieser Aktionen war es, die in den Arbeitsämtern gefangen gehaltenen Personen, die für den „Reichseinsatz“ dort gesammelt wurden, zu befreien. Dabei waren sowohl die Mehrheit der Partisanen, als auch die befreiten Häftlinge slawischer Herkunft[667].

Ähnlich wie in Lettland und Litauen gestaltete sich die Situation in Estland. Da, wie bereits erwähnt, die estnische „Landeseigene Verwaltung“ nicht einsehen wollte, dass von außen Arbeitskräfte nach Estland gebracht wurden, während die Esten zum Militärdienst rekrutiert wurden, waren der Zustrom der „Evarussen“ ebenso unerwünscht und deren Weiterabgabe ans Reich durchaus angestrebt. Vor diesem Hintergrund beschwerte sich der russische Vertrauensrat bei der deutschen Zivilverwaltung über eine entsprechende Behandlung durch die estnischen Organe:

„Herr A. Terras (Erster estnischer Bürgermeister von Reval, Anmerkung T.P.) verweigerte die Ausgabe der Karten (Lebensmittelkarten, Anmerkung T.P.) mit der Erklärung, dass alle Russen aus Reval verwiesen werden sollen und ordnete eine

665 BA-R-6.159 u. p. Auslandsbriefprüfstelle im Wehrkreis I, Schreiben betr.: Russen beklagen sich über die Unterdrückung durch die Litauer – Auszug eines Briefes. An: OKW Amt Ausl./Abwehr, 18. 9. 1943.

666 BA-R-6.159 S. 68 f. RKO Abt. I Pol. gez. Trampedach, Schreiben betr.: Russische Volksgruppe im Generalbezirk Litauen. An: RMfdbO, 23. 5. 1944.

667 Siehe den Bericht über einen solchen Überfall: LCVA-R-626.2.1 S. 63. Geb.K. Wilna Land Arbeitsamt Nebenstelle Traken gez. Witt, Bericht über Partisanenangriff auf das Arbeitsamt. An: Geb.K. in Wilna Arbeitsamt, 31. 3. 1944.

sofortige Ausweisung obiger Ludmilla Jatskovskaja bei der Polizei an, wonach sie unter polizeilicher Aufsicht zum Sammelpunkt der Evakuierten, Kooli Str. 4., gebracht wurde"[668].

Gleichlautende Kritik an der estnischen Verwaltung findet sich auch in den Berichten der deutschen Sicherheitspolizei:

„Den Empfang der in Estland eingetroffenen Kriegsflüchtlinge regelt die Verwaltung zur Betreuung von Kriegsflüchtlingen beim Direktorium der Inneren Verwaltung, ... Die Lage der Russen im Lager ist nach dem verhältnismäßig langen Aufenthalt dort jämmerlich, insbesondere was die Ernährung betrifft"[669].

Die estnische „Landeseigene Verwaltung" gestand bestehende Probleme in der Organisation der Unterbringung der „Evarussen" ein:

„Die Verwaltung zur Betreuung von Kriegsflüchtigen hat von Anfang an in Kriegsflüchtlingslagern mit großen Schwierigkeiten zu kämpfen gehabt"[670].

Jedoch verwies sie darauf, dass hierfür weniger der nicht vorhandene gute Wille der estnischen Organe zu verantworten sei, als vielmehr die fehlenden, von den Deutschen nicht gestellten, Mittel[671].

Im Gegensatz zu der Linie der politischen Abteilungen der Zivilverwaltung, die zwar in der ersten Hälfte der deutschen Besatzungszeit eine antislawische Politik mit Blick auf die eigenen Fernziele zumindest passiv unterstützte, dann aber ab 1943 auf eine pragmatische Politik des „divide et impera" umschwenkte, verfolgten die „landeseigenen" Institutionen während der gesamten deutschen Besatzungszeit eine kontinuierliche antislawische Politik. Dies betraf sowohl die unteren Ebenen der einheimischen Gesellschaftsschichten, welche slawische Arbeitskräfte an den Arbeitsstellen in der Praxis benachteiligten, als auch die von den oberen Instanzen der „Landeseigenen Verwaltung" verfolgte Politik zur Rekrutierung von Russen und Polen aus Lettland und Litauen und später deren Widerstand gegen die politischen Vertretungsorgane der slawischen Bevölkerung in Form der Vertrauensräte.

668 ERA-R.65.1.43 S. 18. Vetrauensstelle für die russische Volksgruppe im Generalbezirk Estland, Schreiben betr.: Ausweisung von Russen durch estnische Selbstverwaltung. An: Stadtkommissar Reval, 15. 11. 1944; Bemerkenswert an diesem Schreiben ist nicht zuletzt der Zeitpunkt kurz vor dem Ende der deutschen Besatzungszeit.

669 ERA-R-819.1.4 S. 71–73. KdS Estland Abt. B III, Aktenvermerk betr.: Kriegsflüchtlinge in Estland., 9. 12. 1943.

670 ERA-R.65.1.14 S. 26. Landesdirektor für innere Verwaltung, Schreiben betr.: Betreuung der Kriegsflüchtlinge. An: GK in Reval Abt. I. Fürsorge, 5. 1. 1944.

671 Ebd.

2.5.5 Zusammenfassung – Gestaltungsspielräume durch personellen Überhang

Die Handlungsspielräume der „Landeseigenden Verwaltungen“ in allen drei Ländern des Baltikums auf dem Gebiet der Frage des „Arbeitseinsatzortes“ waren also durchaus vorhanden und wurden auch genutzt. Offiziell nur für die Überwachung der sozialpolitischen Komponenten mittels der Arbeitsinspektionen und der Durchführung der deutschen Vorgaben auf dem Gebiet der „Arbeitseinsatzorganisation“ mittels der Arbeitsämter betraut, eröffneten sich durch das personelle Übergewicht und die Brückenfunktion zur einheimischen Bevölkerung sowie durch innere deutsche Gegensätze zwischen miteinander rivalisierenden Akteuren durchaus Gelegenheiten, auf die „Arbeitseinsatzpolitik“ im Baltikum Einfluss zu nehmen[672].

Diese konnten insbesondere für die Abwendung und Abmilderung der „Reichswerbung“ genutzt werden, was vor allem für Estland, eingeschränkt für Lettland und am schwächsten für Litauen galt. Zur Frage des Zwangscharakters des „Arbeitseinsatzes“ innerhalb der drei Generalbezirke versuchten die „Landeseigenen Verwaltungen“ ebenfalls die deutschen Mobilisierungsbemühungen in dem Maße zu mildern, wie er für die einheimische Bevölkerung verträglich erschien. Allerdings galt diese Politik der angestrebten Schonung der einheimischen Bevölkerung nur für die ethnischen Mehrheitsbevölkerungen. Den slawischen Minderheiten gegenüber versuchten die „Landeseigenen Verwaltungen“ in allen drei Generalbezirken, eine Politik der ethnischen Säuberungen mittels Umlenkungen der deutschen Vorgaben zu Ungunsten der slawischen Bevölkerung zu erreichen.

Somit waren die Interessenlagen und die strukturelle Verknüpfung der „Landeseigenen Verwaltung“ mit der „Arbeitseinsatzpolitik“ in den drei baltischen Ländern grundsätzlich übereinstimmend. Aufgrund äußerer Faktoren, wie beispielsweise der nationalsozialistischen Rassenlehre, den unterschiedlichen Bedingungen der Gründungen der „Landeseigenen Verwaltung“ und nicht zuletzt den unterschiedlichen wirtschaftlichen Verhältnissen in den drei Generalkommissariaten gestaltete sich die Praxis der „Arbeitseinsatzpolitik“ in den drei Ländern jedoch höchst verschieden. So hatte es die litauische „Landeseigene Verwaltung“ erheblich schwerer, ihre Interessen durchzusetzen, und so war hier die nationalsozialistische „Arbeitseinsatzpolitik“ sehr viel erbarmungsloser als in Lettland und vor allem in Estland. An der gleichartigen Disposition der „Landeseigenen Verwaltung“ zur „Arbeitseinsatzpolitik“ änderte dies jedoch nichts.

672 Mit übereinstimmnender Meinung vgl.: Bassler, The Collaborationist Agenda in Latvia 1941–1943, hier: S. 82; Siehe auch: „So ging die eigentliche Rekrutierung wie auch in den übrigen besetzten Gebieten immer mehr auf die heimischen Kollaborateure über“. Aus: Karner u. a., Zwangsarbeit in der Land- und Forstwirtschaft auf dem Gebiet Österreichs 1939 bis 1945, 2004, S. 143.

Da die Ergebnisse der einheimischen Beteiligung an der „Arbeitseinsatzlenkung" trotz der bewussten Benachteiligung der slawischen Bevölkerung aus deutscher Sicht ungenügend waren, ist die Einstellung der jeweiligen einheimischen Verwaltung zu den deutschen Mobilisierungsbemühungen auf diesem Feld wohl eher als ablehnend zu charakterisieren, was auch durch die zahlreichen Beispiele der versuchten Erschwerung der deutschen Mobilisierungsbemühungen durch die „Landeseigenen Verwaltungen" belegt ist. Da aber die deutschen Vorgaben zumindest auf oberster Ebene von den „Landeseigenen Verwaltungen" zumeist mitgetragen wurden, ist eine widerständische Gesinnung zu den deutschen Anstrengungen in erster Linie bei den mittleren und niederen einheimischen Beamten, die meistens diese Ämter schon während der Zwischenkriegszeit inne gehabt hatten, als Kernstück des nonkonformen Verhaltens zu vermuten. Allerdings war auf dieser Ebene widerständisches Handeln auch leichter, da die deutsche zentral gelenkte Macht hier weniger Einflussmöglichkeiten besaß. Deutschfeindliche Tendenzen auf den unteren Verwaltungsstufen stellte auch die Abteilung Aso des GK in Riga fest[673]. Dabei begannen diese Schwierigkeiten zwischen der deutschen und lettischen Verwaltung schon zu Beginn der Okkupationszeit:

„Lediglich die lettischen öffentlichen Verwaltungen können sich noch nicht an die Benutzung der Arbeitseinsatz-Verwaltung bei der Einstellung von Arbeitskräften – insbesondere von Angestellten – gewöhnen"[674].

Ähnliches war aus Estland zu hören:

„Der Kampf in Estland drehte sich von Anfang an um die Frage der Einschaltung der estnischen Selbstverwaltung in die Arbeitseinsatz- und Treuhandverwaltung. Die estnische Selbstverwaltung ... versuchte sich immer und immer wieder ... gerade auf dem Gebiete der Arbeitsverwaltung, zum Teil leider nicht ohne Erfolg, einzuschalten"[675].

673 „Es ist festgestellt worden, dass die Direktion der Bierbrauerei „Aldaris" die Auswahl der dem Arbeitsamt für einen anderweitigen Arbeitseinsatz zur Verfügung zu stellenden Arbeitskräfte nicht nach sachlichen Gesichtspunkten vornimmt, sondern nach Gesichtspunkten, die einer lettisch-chauvinistischen „Hauspolitik" dienen. Als Beispiel wird einer der ältesten Angestellten dieser Brauerei, Janis Plodnieks, genannt. Er ist politisch in jeder Weise als positiv zu bewerten. Er ist der deutschen Führung gegenüber loyal eingestellt und hält sich aus allen Machenschaften heraus, denen Deutschfeindlichkeit zugrunde liegt. Dieses ist wohl auch der Grund, warum er abgeschoben werden soll". Aus: LVVA-P-69.2.10 S. 53. GK in Riga Abt. II Politik, Schreiben bertr.: Wiedereinstellung des Arbeiters Janis Plotnieks. An: GK in Riga Abt. III e Aso, 19.11.42.

674 LVVA-P-98.1.24 S. 24–35. Der Geb.K. Riga – Arbeitsamt Riga, Bericht: Arbeitseinsatz v. 16.10. – 15.11.1941, 21.11.1941, hier S. 26.

675 BA-RW-31.601. u. p. Wi In Nord Gruppe Arbeit gez. Dr. Stähler, Aktenvermerk betr.: Arbeitseinsatzverwaltung in Estland, An: Wikdo Reval Gruppe Arbeit z.H. Gülker, 7.12.1941.

Auch in Litauen lagen die Dinge zwischen deutscher und litauischer Verwaltung ähnlich [676].

Wie schwierig eine ausgewogene Beurteilung der „Landeseigenen Verwaltungen" und ihrem Verhältnis zu den deutschen Mobilisierungsbemühungen in der „Arbeitseinsatzpolitik" im Baltikum ist, wird auch an einem anonymen Bericht eines Letten über die wirtschaftliche und innerpolitische Lage in Lettland deutlich. Der Autor weist darauf hin, dass eine Eigenschaft des lettischen Volkes seine Uneinigkeit sei[677], was zwangsläufig eine angemessene Beurteilung der Einstellung der lettischen Mehrheit zu der „Landeseigenen Verwaltung" erschwert. Zugleich behauptet der Autor jedoch auch, dass die „Landeseigene Verwaltung" beim Volk pauschal abgelehnt würde:

„Die sogenannte lettische Selbstverwaltung wird von dem Volke in diesem Bestande absolut abgelehnt"[678].

Hinsichtlich der Beteiligung einheimischer Organe an der „Arbeitseinsatzorganisation" beinhaltet sein Bericht einen weiteren deutlichen Widerspruch. Einerseits betont er das negative Image der „Landeseigenen Verwaltung", auf der anderen Seite spricht er jedoch davon, dass nach der Übernahme der Arbeitsverwaltung sich durch das zu gründende lettische Arbeitsdepartement die Lage verbessern wird. Zuvor seien es vor allem die unteren lettischen ausführenden Organe der deutsch geführten Arbeitsverwaltung, die Unheil angerichtet hätten, was auch im Widerspruch zu dem bisher Festgestellten steht:

„Auch im Übrigen wirkt die Handlungsweise des Arbeitsamts verwundernd, was wohl damit zu erklären ist, dass in demselben schädliche lettische Elemente, wie Leute mit unsauberer Vergangenheit, in krimineller und politischer Hinsicht, tätig sind"[679].

Da diese Einschätzung vor der Einführung des lettischen Arbeitsdepartements geschrieben wurde, kann sich diese Kritik an lettischem Personal in der Arbeitsver-

676 Ein derartiges Fazit für den litauischen Fall zieht auch Justinas Braslauskas. Siehe: Justinas Braslauskas, Okupacine darbo prievoliu politika Lietuvoje 1941–1944 metais, 2005, S. 59.

677 „Es ist eine alte Tatsache, dass das lettische Volk zur Spaltung geneigt ist". Aus: LVVA-P-69.1a.10 S. 271–316. Unbekannter lettischer Verfasser, Bericht über die wirtschaftliche und innenpolitische Lage im Generalbezirk Lettland im Frühjahr 1942, Frühling 1942.

678 Ebd.

679 Ebd.

waltung nur auf die unteren Verwaltungsebenen beziehen[680]. Von „bolschewistischen Methoden auf der unteren Ebene der lettischen „Landeseigenen Verwaltung" berichtet auch die deutsche Arbeitsverwaltung:

„Teilweise bedienen sie (lettische Gemeindeälteste, Anmerkung T.P.) sich, falls ihnen die Gestellung von Arbeitskräften zur Auflage gemacht wird, der Bevölkerung gegenüber Methoden, die unter der bolschewistischen Herrschaft üblich waren, unter deutscher Führung jedoch vollkommen unerwünscht sind"[681].

Fasst man also das bisher zur Bewertung der „Landeseigenen Verwaltung" in ihrem Verhältnis zu den deutschen Mobilisierungsbemühungen auf dem Gebiet der „Arbeitseinsatzpolitik" am lettischen Beispiel zusammen, so ergeben sich folgende Widersprüche:

1) Das lettische Volk war sich uneins.
2) Das lettische Volk verurteilte geschlossen vor allem die oberen Instanzen der „Landeseigenen Verwaltung".
3) Das lettische Volk befürwortete die Einführung einer rein lettischen Arbeitsverwaltung bis zur obersten „landeseigenen Instanz".
4) Der (passive) Widerstand gegen deutsche Mobilisierungsbemühungen war besonders wirksam auf den unteren Instanzen der lettischen Arbeitsverwaltung.
5) Gerade in den unteren Instanzen der lettischen Arbeitsverwaltung arbeiteten besonders viele „schädliche Elemente" und schadeten so dem lettischen Volk.

Ungeachtet dieser Widersprüche, deren Aufzählung an dieser Stelle vor allem noch einmal die komplexe Situation dieses Kollaborationszusammenhangs und seiner fast unmöglichen einseitigen Bewertung aufzeigen soll[682], muss abschließend nochmals

680 Zu inneren Reibereinen der lettischen „Landeseigenen Verwaltung" bezüglich der „Arbeitseinsatzverwaltung" siehe auch die Beschwerde Reinhards' zum Verhalten der Kreischefs: „In der letzten Zeit haben einige Kreis- und sogar auch Gemeindeälteste in Verkennung ihrer Stellung sachliche Fragen des Arbeitseinsatzes selbständig, zum Teil ohne Wissen des Arbeitsamtes, geregelt. Es sind Fälle bekannt geworden, in welchen die Kreisältesten Anordnungen der Leiter der Arbeitsämter ... wieder aufgehoben haben. Solche Eingriffe in die Führung des Arbeitseinsatzes müssen zu erheblichen Störungen führen". Aus: BA-R-91.395 u. p. Generaldirektion der Wirtschaft Arbeitsdepartement gez. Reinhards, Schreiben betr.: Beschwerde über Einflußnahmeversuche der Kreisältesten, 20. 7. 1942.

681 LVVA-P-98.1.24 S. 44–51. Der Geb.K. Riga – Arbeitsamt, Bericht zur Lage im April 1942. An: GK in Riga – Abt. Aso, 6. 5. 1942.

682 Zumindest der Widerspruch bezüglich der Bewertung der unteren einheimischen Arbeitsverwaltungsorgane mag durch den Zeitpunkt der hier zitierten Denkschrift erklärbar sein. Demnach waren insbesondere die unteren einheimischen Verwaltungsorgane in der Anfangszeit der deutschen Besatzung noch im starken Maße bereit, die deutschen Mobilisierungsbemühungen mit gewaltsamen Methoden zu unterstützen, während nach Einführung der lettischen Selbstverwaltung und vor allem nach der um sich greifenden Enttäuschung über die deutsche Besatzungspolitik besonders die unteren Organe die Möglichkeiten hatten, die deutschen Bemühungen zu boykottieren und dies auch taten. Siehe dazu auch Beispiele im Abschnitt zur Art des „Arbeitseinsatzes" und der Rolle der „Landeseigenen Verwaltung".

betont werden, dass die grundsätzliche Einstellung der „landeseigenen" Organe den deutschen Mobilisierungsbemühungen auf dem Feld der „Arbeitseinsatzpolitik" in allen drei Generalbezirken vor allem dort ablehnend war, wo die eigenen Kräfte geschwächt wurden, also beispielsweise beim „Reichseinsatz"[683]. Eine Ausnahme stellten in diesem Zusammenhang die einheimischen Bestrebungen dar, die slawischen Bevölkerungsteile aus den Generalbezirken mittels der Rekrutierungen zum „Arbeitseinsatz" zu entfernen. Dass die deutsche Besatzungsmacht zumindest von den kollaborierenden Organen als das kleinere Übel anerkannt wurde, zeigte sich daran, dass die Mobilisierungsbemühungen zum „Arbeitseinsatz" im eigenen Land größere Unterstützung genossen. Dies galt insbesondere für die zweite Hälfte der Besatzungszeit, als die Rückkehr der Roten Armee zur Gewissheit geworden war.

Zusammenfassend ist die Nachkriegsbehauptung, dass die eingegangene Kollaborationsbereitschaft einer Art des passiven Widerstandes gedient habe, in Bezug auf die Rekrutierungen zum „Arbeitseinsatz" im Reich oder anderen Gebieten der Generalbezirke zum Teil haltbar, auch wenn sie eher für die unteren Verwaltungsbeamten zutrifft[684]. Doch sei zugleich an die deutlich antislawischen Impulse erinnert, die von den „landeseigenen" Organen in der „Arbeitseinsatzpolitik" in allen drei Generalbezirken ausgingen, wodurch die einheimischen Organe eben nicht die Interessen der einheimischen Bevölkerung in ihrer Gesamtheit vertraten, sondern nur die der ethnischen Mehrheitsbevölkerungen.

683 Übereinstimmendes Urteil bei: Kari Alenius, Estonian Youth Movements under German Occupation 1941–1944, in: Anu Mai Kõll (Hg.), The Baltic Countries under Occupation. Soviet and Nazi Rule 1939–1991, Stockholm 2003, S. 97–108, hier: S. 105 f.

684 Eine solches Verständnis von Kollaboration als passiver Widerstand bei: Aru nas Bubnys, Nazi resistance movement in Lithuania: 1941–1944, Vilnius 2003b, S. 14; Egidijus Aleksandravicius, Lithuanian collaboration with the Nazis and the Soviets, in: Joachim Tauber (Hg.), „Kollaboration" in Nordosteuropa. Erscheinungsformen und Deutungen im 20. Jahrhundert, Wiesbaden 2006, S. 174–191, S. 187; Eine solche Rechtfertigung auch bei dem lettischen Generaldirektor des Innern. Siehe seine autobiographischen Aufzeichnungen: Dankers, Lai vēsture spriež tiesu: atmiņas, [c1965], S. 96 f., 138.

3. Die „Arbeitseinsatzpolitik“ in den baltischen Generalbezirken mit Perspektive auf die Betroffenen

Nach der Untersuchung der an der „Arbeitseinsatzpolitik“ aktiv beteiligten Akteure und deren Zielvorstellungen und Verantwortlichkeiten, wird nun der Untersuchungsschwerpunkt auf diejenigen gelenkt, welche von den in Teil A analysierten Auseinandersetzungen der Akteure der „Arbeitseinsatzpolitik“ betroffen waren. Ergebnis dieser zwischen den Akteuren ausgetragenen Zielkonflikte waren unterschiedliche Schicksale der Betroffenen, die im Folgenden getrennt voneinander in weitestgehend chronologischer Form dargestellt werden, wobei dabei der Kontrast von normativen Vorgaben und der Praxis der „Arbeitseinsatzpolitik“ hervorgehoben wird. Weiter soll zwischen der Rekrutierung zum „Arbeitseinsatz“ außerhalb des Baltikums und dem „Arbeitseinsatz“ in der Heimat unterschieden werden.

3.1. Baltische Mehrheitsbevölkerung – Esten, Letten und Litauer

Zunächst werden die „Arbeitseinsatzpolitik“ und ihre Auswirkungen auf die zivile Gesamtbevölkerung in den Fokus genommen. Diese deckte sich in der Regel mit den baltischen Mehrheitsbevölkerungen in den drei Generalbezirken, da die slawischen Minderheiten aufgrund verschiedener Ursachen teilweise eine eigene Schicksalsgemeinschaft bildeten und daher anschließend gesondert untersucht werden. Für Juden und Deutsche existierten ohnehin eigene Bestimmungen. Zwar galten für die slawischen Minderheiten die gleichen normativen Bestimmungen, welche im Folgenden anhand der Betroffenengruppe der baltischen Bevölkerungsmehrheit untersucht werden, doch sahen die Verhältnisse in der Praxis in weiten Teilen anders aus, sodass deren Schicksal vergleichend neben die Behandlung des „Arbeitseinsatzes“ der Kriegsgefangenen, der „Ostarbeiter“ und der „Evarussen“ gestellt ist.

3.1.1 „Arbeitseinsatz“ und Rekrutierung zum „Reichseinsatz“ 1941

3.1.1.1 „Arbeitseinsatz“ im „Reichskommissariat Ostland“ 1941 – Arbeitslosigkeit und erste Zwangsmaßnahmen

Die baltischen Mehrheitsbevölkerungen erwarteten die deutschen Truppen mit einer positiven Grundstimmung[1], da das vorangegangene sowjetische Okkupationsjahr spätestens eine Woche vor dem deutschen Einmarsch mit den massenhaften Deportationen seine Akzeptanz in dieser Region verloren hatte. Trotzdem hatten die Bewohner des Baltikums und die deutsche Führung höchst unterschiedliche Vorstellungen von der politischen Zukunft dieser Region, sodass die deutschen Maßnahmen von Anfang an nicht nur auf uneingeschränkte Unterstützung stießen. Dem Gebot des unmittelbaren größtmöglichen Nutzens für die deutsche Kriegsführung folgend gestaltete sich auch die deutsche „Arbeitseinsatzpolitik“:

Bereits am 15. August ordnete der Leiter der Hauptabteilung II Politik des RKO Fründt die allgemeine Arbeitspflicht für die Bewohner der Generalbezirke des RKO Estland, Lettland, Litauen und Weißruthenien an:

„Alle Einwohner der vom Reichskommissar für das Ostland verwalteten Gebiete sind verpflichtet, sich auf Aufforderung des zuständigen Arbeitsamtes bei diesem zwecks Erfassung zu melden“[2].

Von einer vollständigen Erfassung der einheimischen Bevölkerung waren die gerade erst im Aufbau befindlichen Arbeitsämter jedoch zu diesem Zeitpunkt noch weit entfernt[3]. Die deutsche Arbeitsverwaltung ließ von Anfang an keinen Zweifel an dem eigentlichen Charakter der anzuwendenden Rekrutierungsmethoden und des „freiwilligen“ Anteils der einheimischen Arbeiter:

„Erwerbslosen, die eine ihnen angegebene Arbeit verweigern, sind mit sofortiger Wirkung die Lebensmittel zu sperren. Außerdem sind sie der Ortskommandantur

1 Garleff, Die baltischen Länder, 2001, S. 167–169; Bleiere, Latvija Otrajā pasaules karā: (1939–1945), 2008, S. 34 f.; Zigmantas Kiaupa, The history of Lithuania, Vilnius 2005, S. 284.

2 LCVA-R-626.1.4 S. 7. RKO Abt. II b gez. Fründt, Verordnung zur Regelung des Arbeitseinsatzes, 15. 8. 1941; Vgl. auch: ERA-R-76.1.3 S. 22. RKO gez. Fruendt, Regelung des Arbeitseinsatzes. Verordnung des Reichskommissars für das Ostland, 15. 9. 1941; Da Estland zu diesem Zeitpunkt noch nicht unter Zivilverwaltung war, galt hier zunächst die ähnlich lautende Anordnung der Heeresgruppe Nord: BA-RW-31.601 u. p. Befehlshaber d. rückw. Heeres-Geb.Nord gez. von Tiedmann, Verordnung über den Arbeitseinsatz., 17. 10. 1941; Für die besetzten Ostgebiete im Allgemeinen siehe: ERA-R-65.1.7 S. 1. RMfdbO, Verordnung des RMfdbO über die Einführung der Arbeitspflicht in den besetzten Ostgebieten in der Fassung der Verordnung vom 27. 8. 1942 (1941 ?), 19. 12. 1941; Letztere Verordnung auch abgedruckt in: IMT XXIX Dokument 1975-PS S. 186.RMfdbO, Verordnung über die Einführung der Arbeitspflicht in den besetzten Ostgebieten, 19. 12. 1941.

3 LVVA-P-98.1.24 S. 59–80. Geb.K. Riga-Stadt – Arbeitsamt gez. Wittrock, Bericht für die Zeit vom 16. November – 31. Dezember 1941. An: GK in Riga Abt. Sozialverwaltung, 13. 1. 1942.

namentlich zu melden. Bei hartnäckiger Arbeitsverweigerung sind sie aus ihren Wohnungen zu entfernen"[4].

Vergleichbare drastische Maßnahmen wurden auch in Litauen angewandt, um die Meldepflicht durchzusetzen:

„Wer in der festgesetzten Zeit den Bürgermeistern und Amtsvorstehern nicht den Nachweis der Meldung beim Arbeitsamt durch einen Stempelaufdruck im Pass erbringt, ist von der weiteren Lebensmittelzuteilung auszuschließen"[5].

Analog zu der Rolle der „Landeseigenen Verwaltungen", deren abmildernde Funktion als deutschfeindliche Einstellung interpretiert wurde[6], vermutete die deutsche Verwaltung den Grund für die schmählichen Erfolge ihrer Erfassungsbemühungen ebenfalls in einer grundsätzlich deutschfeindlichen Einstellung der zivilen Gesamtbevölkerung:

„Ich muss daraus (aus den Misserfolgen der Erfassung, Anmerkung T.P.) folgern, dass ein Teil der Bevölkerung nicht das notwendige Verständnis dem Aufbau der Wirtschaft, die durch die bolschewistische Herrschaft ungeheuer gelitten hat, entgegen bringt"[7].

Jedoch sei im litauischen Fall nochmals daran erinnert, dass bereits die litauische Provisorische Regierung eine Arbeitspflicht ausgerufen hatte, deren Durchsetzung ebenfalls mit Repressionsmaßnahmen erreicht werden sollte. Auch dort hatte es geheißen:

„Personen, die gegen dieses Gesetz, dessen Ausführungsbestimmungen oder Anordnungen des Ministers für Arbeit und soziale Fürsorge verstoßen, werden durch den Kreischef im Verwaltungswege mit einer Geldstrafe bis zu 3000 Rubel, oder mit Zwangsarbeit bis zu drei Monaten, oder auch mit beiden Strafen zugleich bestraft"[8].

Auch in Estland, das während dieses ersten Halbjahres der deutschen Okkupation noch unter Militärverwaltung stand, galten vergleichbare Bestimmungen:

„Wer den Anordnungen des Arbeitsamtes nicht Folge leistet und sich der Zuweisung von Arbeit entzieht, schädigt sich und die Allgemeinheit und wird wegen Sabotage streng bestraft"[9].

4 BA-R-9. 2. 1124 u. p. Ortskommandantur Dünaburg gez. Niessen, Schreiben betr.: Besprechung mit dem Leiter des städt. Arbeitsamtes Herrn Vedeis. An: Stadtverwaltung Dünaburg, 3. 8. 1941; Zur Methode der Verknüpfung von Lebensmittelkarten und Arbeitspflicht in den besetzten Ostgebieten im Allgemeinen vgl auch: Penter, Arbeiten für den Feind in der Heimat: Der Arbeitseinsatz in der besetzten Ukraine 1941–1944, 2004, hier: S. 72 f.

5 LCVA-R-626.1.4 S. 43. Gebietskommissar Schaulen, Bekanntmachung Nr. 16., September 41.

6 Siehe Abschnitt zur „Landeseigenen Verwaltung".

7 Ebd.

8 LCVA-R-1548.1.39 S. 76. Provisorische Litauische Regierung gez. Ambrazevičius, Vorläufige Vorschriften zur Regelung der Arbeitskraft, 4. 8. 1941.

9 BA-RW-31.601 u. p. Befehlshaber d. rückw. Heeres-Geb.Nord gez. von Tiedmann, Verordnung über den Arbeitseinsatz, 17. 10. 1941.

In der Realität konnte die deutsche Arbeitsverwaltung aber zunächst vor allem aufgrund eigener personeller Unterbesetzung die einheimische Bevölkerung nicht umfassend registrieren. Vielfach gelang es der Arbeitsverwaltung erst spät oder gar nicht, die Bevölkerung aus entlegenen Regionen zu erfassen[10]. So urteilte die Rüstungsinspektion Ostland nach der deutschen Besatzungszeit geringschätzig über die Arbeit der zivilen Arbeitsverwaltung:

„Es ist auch bis zur Aufgabe des Ostlandes nicht gelungen, eine vollständige Erfassung durchzuführen"[11].

Ungeachtet der positiven Grundstimmung der einheimischen Bevölkerung den deutschen Okkupanten gegenüber wurde demnach in allen drei Generalbezirken kurz nach der Eroberung der Grundstein für eine auf repressiven Maßnahmen basierende „Arbeitseinsatzpolitik" gelegt. Dabei war es in diesem Fall ohne Relevanz, welcher Akteur hierfür verantwortlich zeichnete, da sowohl die Zivilverwaltung, als auch die Militärverwaltung und selbst die „landeseigenen" Organe eine gleichlautende Politik verfolgten.

Erfassung der Arbeitskräfte – Kontrollversuche der deutschen „Arbeitseinsatzverwaltung":

Neben den genannten Versuchen, die verordnete Arbeitspflicht in den drei Generalbezirken durchzusetzen, bemühte sich die deutsche „Arbeitseinsatzlenkung" bei sich verknappenden Arbeitskraftressourcen zum Ende des Jahres 1941, die Kontrolle über die vorhandenen Arbeitskräfte durch die „Anordnung über die Einstellung und Kündigung von Arbeitskräften sowie die Verhinderung von Vertragsbruch und Abwerbung" zu gewinnen. Dadurch sollten „wilde Arbeitsplatzwechsel" unterbunden werden und die Arbeitsdisziplin erhöht werden. Bei Zuwiderhandlung dieser Anordnung drohte eine bis zu sechsmonatige Freiheitsstrafe und/oder eine Geldstrafe[12]. Diese Verordnung war die Folge massiver Beschwerden der deutschen Arbeitsverwaltung über die Arbeitsmoral der einheimischen Bevölkerung:

„Die Arbeitsmoral der noch vorhandenen arbeitslosen männlichen Kräfte kann nicht als gut angesehen werden. Die meisten dieser Kräfte können einem Arbeitsplatz überhaupt nur unter Einschaltung der Polizeiorgane zugeführt werden. Deshalb muss jetzt auf mehr und mehr Zuweisung der Kräfte für einen bestimmten

10 „Die Arbeitskräfte in den Kreisen Madohn und Ilukst sind bisher nicht erfasst worden wegen besonderen Verkehrsschwierigkeiten". Aus: LVVA-P-98.1.24 S. 24–35. Der Geb.K. Riga – Arbeitsamt Riga, Bericht: Arbeitseinsatz v. 16.10. – 15.11.1941, 21.11.1941, hier: S. 27.

11 BA-RW-30.203 u. p. Abwicklungsstelle für Osteinheiten (HeWiFü Nord-Rü), Bericht: Die Rüstungswirtschaft im Ostland vom 1.9.1941–8.8.1944, 29.1.1945, hier: S. 47.

12 LVVA-P-69.2.1 S. 16 f. RKO gez. Fründt, Anordnung über die Einstellung und Kündigung von Arbeitskräften sowie die Verhinderung von Vertragsbruch und Abwerbung vom 22. Dezember 1941, 22.12.1941.

Arbeitsplatz / Dienstverpflichtung / übergegangen werden, damit sie am Arbeitsplatz festgehalten werden können. – Der Erlass einer Arbeitsplatzwechsel-Verordnung wäre nur zu begrüßen"[13].

Estland/Lettland 1941:
Während der Arbeitskräftemangel zum bestimmenden Topos der deutschen „Arbeitseinsatzpolitik" in Estland und Lettland werden sollte, bestand im ersten Besatzungsjahr auch in Estland zeitweilig noch ein Arbeitskräfteüberschuss. Dies ist auch daran ersichtlich, dass der estnische Landesdirektor für Wirtschaft Wendt noch im Oktober eine Verordnung zur Bekämpfung der Arbeitslosigkeit erarbeitete. Hierin wurde die Doppelbeschäftigung beider Ehegatten ab einer festgelegten Gehaltsgrenze und die Doppelbeschäftigung verboten, um so freie Arbeitsplätze zu erhalten[14]. Tatsächlich waren zum Ende des Jahres 1941 beim Arbeitsamt Reval auch noch 21 438 Personen als arbeitslos gemeldet[15], wovon in erster Linie die weibliche Bevölkerung betroffen war[16]. Ähnlich wie in Lettland war ein Mangel an Arbeitskräften zuerst bei den Facharbeitern spürbar, wie eine Beschwerde wegen Abzugs von Facharbeitern zu den Schutzmannschaften deutlich machte[17].

Mit einer entsprechenden Situation beschäftigte sich die Arbeitsverwaltung in Lettland. Auch hier wurde im selben Zeitraum die Zielvorgabe der Verringerung von Frauenarbeitslosigkeit mit der Arbeitsleistung von Verheirateten in Verbindung gebracht. Die Ersetzung von verheirateten arbeitenden Frauen durch Ledige stellte aber nur eine von drei Lösungsmöglichkeiten dabei dar. Die zweite Möglichkeit, die Frauenarbeitslosigkeit zu verringern, bestand in der Option, die betreffenden Frauen ins Reich zu entsenden, was jedoch zu diesem Zeitpunkt in Lettland noch nicht

13 LVVA-P-98.1.24 S. 24–35. Der Geb.K. Riga – Arbeitsamt Riga, Bericht: Arbeitseinsatz v. 16.10. – 15. 11. 1941, 21. 11. 1941; Gleichlautende Empfehlungen bereits im Monat zuvor: LVVA-P-98.1.24 S. 9–20. Der Leiter des Arbeitsamtes Riga, Bericht betr.: Arbeitseinsatz in der Zeit vom 16.9 bis 15. 10. 1941 im Arbeitsamtsbezirk Riga., 20. 10. 1941.

14 Siehe: ERA-R-66.1.23 S. 5–7. Wirtschaftsdirektor Dr. A. Wendt, Entwurf für: Verordnung über die Regelung der Arbeitsverhältnisse zwecks Bekämfung der Arbeitslosigkeit. An: Kriegsverwaltungsrat Gülcker, 21. 11. 1941; Endgültige Version: ERA-R-66.1.23 S. 17 f. Wirtschaftsdirektor Dr. A. Wendt, Verordnung über die Regelung der Dienstverhältnisse zwecks Bekämpfung der Arbeitslosigkeit, Januar 1942.

15 ERA-R-76.1.50 S. 11. Direktorium für Wirtschaft und Finanzen Abt. Arbeit, Angaben über die beim Arbeitsamt Reval 1. 12. 1941 registrierten Erwerbslosen, 1. 12. 1941.

16 Nach den etwas abweichenden Zahlen der Rüstungsinspektion waren von den insgesamt 24 905 estnischen Arbeitslosen genau 20 961 Frauen. Dazu: BA-RW-30.13 u. a. Rüstungsinspektion Ostland, Lagebericht für den Monat Januar 1942., Februar 1942; Zu den Maßnahmen gegen die Frauenarbeitslosigkeit in Estland siehe die Rundfunkrede des Sozialministers Leesment: BA-RW-31.603 u. p. Sozialdirektor O. Leesment, Rundfunkrede: Die soziale Lage bessert sich, 29. 11. 1941.

17 BA-RW-31.603 u. p. Befehlshaber d. rückw. Heeres-Geb.Nord, Schreiben betr. der Freiwilligenwerbung für die estnischen Schutzmannschaften, 7. 11. 1941.

ambitioniert angestrebt wurde[18]. Die dritte von der Zivilverwaltung in diesem Zusammenhang ausdrücklich begrüßte Möglichkeit einer Schaffung von Arbeitskräften für Frauen stellte „das Ausscheiden jüdischer Arbeitskräfte dar"[19].

Die zu diesem Zeitpunkt im Herbst 1941 zu bekämpfende Arbeitslosigkeit in Estland und Lettland war durch die Beendigung der Erntearbeiten verursacht worden[20]. Diese von den Feldern in die Städte zurückkehrenden Arbeitskräfte waren die letzte zivile Arbeitskräftereserve, welche die Zivilverwaltung zu verwalten hatte. Tatsächlich wurden zu diesem Zeitpunkt sogar „Arbeitsbeschaffungsmaßnahmen" geplant, was bereits wenige Monate später zur unvorstellbaren Erscheinung werden sollte[21].

Durch die zeitweilige Arbeitslosigkeit sah sich die deutsche Arbeitsverwaltung auch zunächst nicht gezwungen, die Arbeitsbedingungen grundlegend zu verschärfen, da zunächst ausschließlich die Erfassung und Kontrolle Vorrang hatten. So konnten weite Teile des Arbeitsrechts, einschließlich des Achtstundentages, zunächst beibehalten werden[22]. Doch waren dies nur theoretische Grundsätze, von denen schon zu diesem Zeitpunkt insbesondere in den kriegswichtigen W-Betrieben abgewichen wurde. Hier lag die durchschnittliche wöchentliche Arbeitszeit bereits im Herbst 1941 bei 54 bis 65 Stunden[23].

Trotz der konstatierten kurzzeitigen Arbeitslosigkeit herrschte wie in Estland auch in Lettland von Anfang an ein akuter Facharbeitermangel, der nicht zuletzt im Zusammenhang mit dem Holocaust zu sehen ist, da diese Berufe hauptsächlich von Juden ausgeübt wurden:

18 „Auf freiwilliger Grundlage ist jedoch der Einsatz weiblicher Kräfte im Altreich nur ganz vereinzelt möglich". Aus: LVVA-P-98.1.24 S. 9–20. Der Leiter des Arbeitsamtes Riga, Bericht betr.: Arbeitseinsatz in der Zeit vom 16.9 bis 15. 10. 1941 im Arbeitsamtsbezirk Riga, 20. 10. 1941, hier: S. 11.

19 Ebd., hier: S. 10; Vgl. Abschnitt zur jüdischen Zwangsarbeit.

20 Für die Erntearbeiten selbst wiederum war in Lettland allerdings der „Einsatz" von etwa 15 000 Kriegsgefangenen nötig gewesen, um den Arbeitskräftebedarf zu decken. Siehe: BA-RW-31.91 u. p. Wirtschaftsstab Ost, Bericht betr.: Die wirtschaftliche Lage in den besetzten Ostgebieten, 30. 8. 1941; Nach Angaben des Arbeitsamtes Riga: 10 000. Siehe: LVVA-P-98.1.24 S. 9–20. Der Leiter des Arbeitsamtes Riga, Bericht betr.: Arbeitseinsatz in der Zeit vom 16.9 bis 15. 10. 1941 im Arbeitsamtsbezirk Riga, 20. 10. 1941, hier: S. 14.

21 „Zur Verhinderung einer starken Arbeitslosigkeit, die durch die Beendigung der herbstlichen Landarbeiten und die Schrumpfung der Rohstoffvorräte eintreten könnte, sowie zur Ausnützung der Arbeitskraft der untätigen Juden und Kriegsgefangenen sind Verhandlungen wegen der Inangriffnahme verschiedener Arbeitsbeschaffungsmaßnahmen begonnen worden". Aus: ebd., hier: S. 20.

22 LVVA-P-98.1.19 S. 35–37. Arbeitsamt Riga – Darba parvalde, Gesetz über die Arbeitszeit (1. April 1922 mit Ergänzungen und Veränderungen); Auch in Estland war das Arbeitsrecht der Zwischenkriegszeit die rechtliche Grundlage für weitere Veränderungen durch die deutsche Besatzungsmacht. Dazu siehe: ERA-R-76.1.3 S. 36. Sozialdirektor O. Leesment, Verordnung über die Regelung der estnischen Arbeitsgesetzgebung, Oktober 1941.

23 LVVA-P-98.1.24 S. 9–20. Der Leiter des Arbeitsamtes Riga, Bericht betr.: Arbeitseinsatz in der Zeit vom 16.9 bis 15. 10. 1941 im Arbeitsamtsbezirk Riga, 20. 10. 1941, hier: S. 11.

„Bedenklich ist, dass die Facharbeiter sowohl im Metallsektor wie auch vor allem bei den fast 100 %ig mit Wehrmachtsaufträgen belegten Leder-, Pelz- und Textilfabriken, in der Hauptsache Juden sind"[24].

Im Folgemonat sprach die Rüstungsinspektion Ostland diesen Zusammenhang noch deutlicher an:

„Ein starker Mangel macht sich in der Pelzwarenbranche bemerkbar, wo das Facharbeiterkontingent von den Juden gestellt wird und wo infolge der anhaltenden Liquidierungen die Lücken an Facharbeitern immer größer werden"[25].

Statt gegen die Ermordung der jüdischen Bevölkerung zu protestieren, konzentrierte sich die Arbeitsverwaltung auf die Ausbildung neuer Facharbeiter unter den Kriegsgefangenen und einheimischen Jugendlichen[26].

Ausgehend von dem Facharbeitermangel dehnte sich der Mangel von Arbeitskräften in Lettland auch auf andere Bereiche aus, so dass zum Ende des Jahres die Arbeitslosigkeit deutlich zurückgegangen war. Zum 31. Dezember 1941 meldete das Arbeitsamt Riga 3001 arbeitslose Männer und 17 256 arbeitslose Frauen[27]. Dieser Mangel an Arbeitskräften bei gleichzeitiger Arbeitslosigkeit erklärte das Arbeitsamt Riga mit der wachsenden Unlust der einheimischen Bevölkerung, für die deutsche Besatzungsmacht zu arbeiten und sich durch sie kontrollieren zu lassen. Die Reaktionen der deutschen Arbeitsverwaltung waren verstärkte Zwangsmaßnahmen. Durch Polizeikontrollen wurden so im Dezember 60 Personen in Riga zwangsweise „in vordringliche Arbeit eingesetzt"[28]. Ähnlich ging das Arbeitsamt in Dünaburg vor:

„In Dünaburg wurde eine Überprüfung des Wochenmarktes an zwei Markttagen unter Zuhilfenahme lettischer Polizei vorgenommen. Bei dieser Gelegenheit wurden

24 BA-MA-RW-30.1 S. 58–89. Rüstungsinspektion Ostland, Monatsbericht September 1941., 28. 10. 1941, hier: S. 62; Vgl. Abschnitt zu Juden.

25 BA-MA-RW-30.13 u. p. Rüstungsinspektion Ostland, Bericht für Monat Oktober 1941, Oktober 1941, hier: S. 94.

26 „Angestrebt und vorbereitet wurde weiterhin die allmähliche Ersetzung jüdischer Facharbeiter durch Kgf.-Facharbeiter". Aus: ebd., hier: S. 96; Siehe auch: „In Wilna werden z.Zt. Vorbereitungen für Berufserziehungsmaßnahmen für Facharbeiter und ungelernte Arbeiter getroffen, um den Ausfall von jüdischen Facharbeitern auszugleichen und die einheimische Bevölkerung zu größerern Leistungen zu erziehen". Aus: BA-RW-30.13 u. p. Rüstungsinspektion Ostland, Bericht der Rü In Ostland für den Monat November 1941, 5. 12. 1941.

27 BA-R-9. 2. 1155 u. p. Kommission Nordmark, Bericht über die Struktur des Arbeitsamtsbezirks Riga und die Frage der Abgabe von sowjetischen Kriegsgefangenen, 8. 1. 1942; Vgl. mit niedrigeren Zahlen: LVVA-P-70.2.72 S. 22–40. GK in Riga Sozialverwaltung, Bericht für die Zeit vom 16.11.-31. 12. 1941. An: RKO Abt. Sozialverwaltung, 15. 1. 1942, hier: S. 28. (Hier: 3622 männliche Arbeitslose, 10 169 weibliche Arbeitslose); Auch: LVVA-P-98.1.24 S. 59–80. Geb.K. Riga-Stadt – Arbeitsamt gez. Wittrock, Bericht für die Zeit vom 16. November – 31. Dezember 1941, 13. 1. 1942, hier: S. 61. Eine Ursache der Differenz dieser Angaben, die sich beide ausdrücklich auf den Arbeitsamtbezirk Riga beziehen und denselben Stichtag besitzen, mag an dem Umstand liegen, dass die Kommission Nordmark ein Interesse daran hatte, die Arbeitslosenzahlen in Lettland hoch einzuschätzen, da so auch hohe Rekrutierungsforderungen für den „Reichseinsatz" gerechtfertigt werden konnten.

28 Ebd., hier: S. 60.

49 arbeitslose Männer erfasst und in Arbeit eingesetzt. Es handelt sich hierbei um Menschen, die hauptsächlich auf Märkten und in Gaststätten die Notlage der Bevölkerung ausnutzten und mit Gütern des täglichen Bedarfs, die der Markenwirtschaft unterliegen, wilden Handel trieben"[29].

Die Betonung, dass es sich bei den festgenommenen Personen um Menschen mit zwielichtigem Hintergrund handelte, sagt weniger über diese rekrutierten Arbeitskräfte aus als über die Motivation des Berichterstattenden, welcher ein Interesse hatte, seine Vorgehensweise den übergeordneten Behörden gegenüber als berechtigt und gerecht erscheinen zu lassen. Zugleich bietet dieses eine Erklärung für die angesprochene Feststellung der Arbeitsverwaltung, dass die einheimische Bevölkerung den deutschen Behörden gegenüber nicht mehr loyal sei. Erstens zeigt dieser Bericht also, wie die Darstellung der Haltung der einheimischen Bevölkerung speziellen Motiven des Berichterstatters unterliegen konnte und so die tatsächliche Einstellung der Bevölkerung negativer präsentiert wurde, als sie unter Umständen war. Und zweitens bewahrheiteten sich sicherlich die negativen Aussagen zur Haltung der Zivilbevölkerung spätestens nach der Durchführung solcher Rekrutierungsmethoden. Die aus dem Bereich der deutschen „Arbeitseinsatzpolitik" stammenden Motive für eine Entfremdung zwischen der einheimischen Zivilbevölkerung und der deutschen Besatzungsmacht begannen in Lettland also spätestens Ende 1941, als die ersten mit polizeilichen Zwangsmethoden durchgeführten „Erfassungsaktionen" für den „Arbeitseinsatz" von den Deutschen initiiert wurden.

Von Vorfällen vergleichbarer Härte erzählte Anfang 1942 auch ein anonymer lettischer Verfasser in seinem Bericht zur wirtschaftlichen Lage in Lettland. Die deutschen Maßnahmen zur Durchsetzung der Dienstverpflichtung schilderte er folgendermaßen:

„Falls die entsprechende Person ihre schriftliche Einwilligung verweigerte, wurde verschiedentlich gedroht, wie z. B. mit einer Verschickung ins besetzte Sowjetgebiet, mit der Verweigerung einer Einsatzerlaubnis in Lettland und auch sogar mit Zuchthaus. ... In verschiedenen Fällen sind Leute in der Nacht aus dem Bett geholt worden, mussten sich im Laufe 1/2–1 Stunde bereitmachen und sind unter Polizeiaufsicht zum Abtransport abgeführt worden"[30].

Auch wenn diese Berichte im Einzelnen übertrieben sein mögen, so zeigen sie jedoch deutlich, dass es der deutschen Besatzungsverwaltung im Allgemeinen und der Arbeitsverwaltung im Besonderen nicht gelang, die positive Grundstimmung der einheimischen Bevölkerung, die zu Beginn der Besatzung die Bevölkerung erfüllt hatte, für sich zu nutzen, geschweige denn sie lange zu halten. Schon zum Ende des

29 LVVA-P-70.2.72 S. 22–40. GK in Riga Sozialverwaltung, Bericht für die Zeit vom 16.11.–31. 12. 1941, 15. 1. 1942, hier: S. 24 f.

30 LVVA-P-69.1a.10 S. 271–316. Unbekannter lettischer Verfasser, Bericht über die wirtschaftliche und innenpolitische Lage im Generalbezirk Lettland im Frühjahr 1942, Frühling 1942.

Jahres 1941 begann somit eine Entwicklung der Gewaltzunahme, die bis zum Ende der Besatzungszeit anhalten sollte.

Litauen 1941:
Während in Estland und Lettland zwar kurzfristig von Arbeitsbeschaffungsmaßnahmen und einer zu bekämpfenden Arbeitslosigkeit in den Berichten der Arbeitsämter die Rede war, betonten die Beamten der dortigen Arbeitsämter zugleich, dass eine „Reichswerbung" auf freiwilliger Grundlage eher schwierig zu bewerkstelligen sei[31]. In Litauen hingegen vermeldete das Arbeitsamt Wilna im selben Zeitraum eine Arbeitslosigkeit von 5379 Personen. Doch sei es nach Angaben des deutschen Arbeitsamtes in Wilna hier möglich, davon etwa 1600 „für das Reich" bereitzustellen[32].

Die Gründe für diese größere Zuversicht in Litauen sind durchaus auch in der bereits genannten Beobachtung zu sehen, nach der die litauische Bevölkerung generell in den deutschen Planungen einen weniger hohen Stellenwert einnahm, und somit auch weniger Rücksicht zu nehmen war. Dass die deutsche Besatzungspolitik von Anfang an die drei Generalbezirke ungleich behandelte und namentlich eine qualitative Grundeinteilung in zwei Bereiche, nämlich Estland und Lettland auf der einen und die lettische Region Lettgallen und Litauen auf der anderen Seite vornahm, war überaus deutlich in der Anordnung über die Lohn- und Arbeitsbedingungen vom 23. Oktober 1941 zu ersehen. Darin waren genau zwei unterschiedliche Lohngebiete vorgesehen: 1. Lettland mit Ausnahme von Lettgallen und 2. Lettgallen und Litauen. In Estland ergingen zu diesem Zeitpunkt noch Sonderbestimmungen, da es unter Militärverwaltung stand[33].

Erste Anzeichen für eine härtere Gangart in der Praxis der deutschen Arbeitsverwaltung in Litauen zeigten sich spätestens zum Ende des Jahres 1941. So hatte die bereits genannte „Anordnung über die Einstellung und Kündigung von Arbeitskräften sowie die Verhinderung von Vertragsbruch und Abwerbung" ihren Vorläufer in Litauen bereits einen Monat zuvor durch die Verordnung vom 15. 11. 1941 mit nahezu gleichlautenden Bestimmungen zur Einstellung und Kündigung von Vertragsverhältnissen zwischen Arbeitnehmer und Arbeitgeber sowie zu den zugehöri-

31 Trotz der etwa 10 000 bereits erwähnten weiblichen Arbeitslosen ging die Arbeitsverwaltung in Riga davon aus, dass sich nicht mehr als 150 Frauen freiwillig zum „Reichseinsatz" melden würden. Siehe: BA-R-9. 2. 1155 u. p. Kommission Nordmark, Bericht über die Struktur des Arbeitsamtsbezirks Riga und die Frage der Abgabe von sowjetischen Kriegsgefangenen, 8. 1. 1942.

32 LCVA-R-626.1.4 S. 41. Arbeitsamt Wilna gez. Dr. Dünbier, Bericht über die Arbeitseinsatzlage im Bezirk des Arbeitsamts Wilna. An: GK in Kauen Abt. II d Soziale Verwaltung, 27. 11. 1941.

33 LVVA-P-69.2.1 S. 1–3. RKO gez. Lohse, Anordnung über die Lohn- und Arbeitsbedingungen in den landwirtschaftlichen Betrieben des Ostlandes vom 23. Oktober 1941, 23. 10. 1941.

gen Strafbestimmungen[34]. Außerdem erließ die deutsche Zivilverwaltung im Dezember 1941 für die litauische Bevölkerung neben der existierenden Arbeitspflicht noch die „Anordnung über die Leistung von Gespanndienst“, die Folgendes bestimmte:

„Die bäuerlichen Fuhrwerksbesitzer und die sonstigen Fahrzeug- und Gespannhalter, soweit sie nicht gewerbsmäßige Transportunternehmer sind, sind zu Gespannleistungen leistungsverpflichtet. ... Die Gespannleistung umfasst die einsatzfähige Gestellleistung des Gespannführers, des Gespanns, des Fahrzeugs und, nach besonderer Anforderung, von Gerät, die Durchführung des Transportes und die Arbeitsleistung des Gespannführers beim Be- und Entladen“[35].

Diese regionalen Unterschiede des Charakters der „Arbeitseinsatzpolitik“ hingen jedoch auch mit den Arbeitslosenzahlen der jeweiligen Gebiete zusammen. Während Lettland und Estland nur eine kurzzeitige Arbeitslosigkeit aufwiesen, schritt die Erfassung der Arbeitskräfte in den Gebieten mit zugleich höherer Arbeitslosigkeit langsamer voran, welches insbesondere den Südosten des Baltikums betraf – also Lettgallen und das Wilna-Gebiet. Während im Oktober in Kaunas 600 Personen als arbeitslos gemeldet waren, lag der entsprechende Wert für Wilna bei 3000 Menschen. Hier, wo die Arbeitslosigkeit hoch war, gestaltete sich auch die Erfassung der Menschen durch die Arbeitsämter schwieriger, weil die Arbeitslosen nicht ohne Grund fürchteten, bei der Meldung beim Arbeitsamt für den „Reichseinsatz“ rekrutiert zu werden[36]. Zum Ende des Jahres 1941 waren in ganz Litauen insgesamt 16 000 Arbeitslose erfasst worden[37]. Zu diesem Zeitpunkt hatte die Frauenarbeitslosigkeit in Litauen ebenfalls ihren Höhepunkt erreicht[38]. Auch diesbezüglich lässt sich ein Gefälle zwischen Kauen und Wilna ausmachen. Während in Kauen im Dezember 1941 1939 Frauen arbeitslos gemeldet waren, belief sich die entsprechende Zahl für Wilna auf 3539 arbeitslose Frauen[39].

34 LCVA-R-626.1.5 S. 1 f. GK in Kauen gez. Nabersberg, Anordnung über die Gestaltung der Arbeitsverhältnisse, 15. 11. 1941.

35 LCVA-R-634.2.11 S. 221. GK in Kauen gez. Nabersberg, Anordnung über die Leistung von Gespanndienst, 18. 12. 1941.

36 „Die Erfassung stößt insofern auf Schwierigkeiten, als bei den Arbeitslosen die Angst besteht, nach Deutschland verschickt zu werden“. Aus: BA-MA-RW-30.13 u. p. Rüstungsinspektion Ostland, Bericht für Monat Oktober 1941, Oktober 1941, hier: S. 95; Ähnliches war auch von der Arbeitsverwaltung in Lettland zu hören: „In allen politischen Kreisen des Bezirkes konnte beobachtet werden, dass sich die schaffenden Menschen deshalb nicht restlos gemeldet haben, weil durch Flüsterpropaganda verbreitet worden ist, die Arbeitskräfte würden nach Russland in Arbeit eingesetzt werden“. Aus: LVVA-P-98.1.24 S. 9–20. Der Leiter des Arbeitsamtes Riga, Bericht betr.: Arbeitseinsatz in der Zeit vom 16.9 bis 15. 10. 1941 im Arbeitsamtsbezirk Riga, 20. 10. 1941, hier: S. 9.

37 BA-RW-30.1 u. p. Rüstungsinspektion Ostland, Lagebericht für Monat Dezember 1941., Januar 1942.

38 Dazu: LCVA-R-1474.1.13 S. 17–48. Arbeitsamt Kauen, Arbeitserfassung Frauen (November 41–September 42), 1941–42.

39 LCVA-R-626.1.29 S. 6. Gebietskommissar in Wilna Sozialamt, Beilagen zum Schreiben betr.: Erfasste Arbeitslose. An: GK in Kauen, 31. 12. 1941.

In allen drei Generalbezirken war im ersten Halbjahr also eine zeitweilige Arbeitslosigkeit, erst unmittelbar nach der Eroberung und dann wieder nach Einbringung der Ernte kurzzeitig im Herbst, feststellbar. Nur in Litauen waren die deutschen Arbeitseinsatzbeamten aber bereit, einheimische Arbeitskräfte auch ins Reich zu schicken, was auf die grundsätzliche Benachteiligung der litauischen Bevölkerung innerhalb der deutschen Verwaltung von Anfang an schließen lässt, aber zugleich auf die dort höhere Arbeitslosigkeit zurückzuführen ist. Zwangsmaßnahmen zum „Arbeitseinsatz" vor Ort sind jedoch auch für Lettland zum Ende des Jahres 1941 belegt, als dort der Arbeitskräftemangel trotz noch bestehender geringfügiger Arbeitslosigkeit zum akuten Problem der Arbeitsverwaltung wurde.

3.1.1.2 Rekrutierung zum „Reichseinsatz" 1941 – Litauer in Ostpreußen und estnische Facharbeiter in der Industrie

Litauer in Ostpreußen:

Als im Sommer 1941 die deutsche Arbeitsverwaltung noch keinerlei Anspruch auf eine geregelte Organisation des „Arbeitseinsatzes" nach ihren Vorstellungen gewährleisten konnte, zugleich aber aufgrund der chaotischen Zustände, nachdem die Front über Litauen hinweg gerollt war, viele Beschäftigungslose vorhanden waren, und die litauische Bevölkerung zudem unmittelbar nach der deutschen Eroberung die Deutschen noch mehrheitlich als „Befreier" betrachtete, war eine Aushilfe litauischer Landarbeiter in der benachbarten Landwirtschaft von Ostpreußen eine willkommene Option. Etwa 12 000 Litauer waren unter diesen Umständen bereit, sich als Erntehelfer im Nachbarland zu verdingen[40]. Hinweise auf Zwangsmaßnahmen bei dieser ersten Anwerbung von Arbeitskräften aus Litauen fehlen. Doch beschwerte sich die „Landeseigene Verwaltung" darüber, dass auch Familienväter Litauen verlassen hätten und nun deren Familien ohne „Versorger" seien. Diese Beschwerde richtete sich jedoch weniger auf den Charakter der Rekrutierung, als auf die Tatsache, dass zu Beginn die Überweisung der Arbeitslöhne nach Litauen noch nicht funktionierte, so dass die zurückgebliebenen Familienmitglieder in Versorgungsschwierigkeiten gerieten[41]. Die Tatsache, dass litauische Männer zur Saisonarbeit ihre Familie verließen, war für sich genommen keine Besonderheit. Auch

40 Justinas Braslauskas, Okupacine darbo prievoliu politika Lietuvoje 1941–1944 metais, 2005, S. 52; 15 000 bei: Czollek, Faschismus und Okkupation. Wirtschaftspolitische Zielsetzung u. Praxis des faschistischen dt. Besatzungsregimes in d. baltischen Sowjetrepubliken während d. 2. Weltkrieges, 1974, S. 162; 10 000 bei: Polian, Die Rekrutierung der Zwangsarbeiter in der Sowjetunion, 2010a, S. 67; Poljan, Žertvy dvuch diktatur, 2002, S. 146 f.; Gerlach, Kalkulierte Morde, 2000, S. 457; Pohl, Die Herrschaft der Wehrmacht: deutsche Militärbesatzung und einheimische Bevölkerung in der Sowjetunion 1941–1944, 2008, S. 310.

41 LVCA-R-625.1.2 S. 23. Generalrat für Arbeit und Sozialwesen, Beschwerde über die Verschickung von Familienvätern zum Arbeitseinsatz in Ostpreußen, 22. 9. 1941.

während der Zwischenkriegszeit hatten Litauer zu Tausenden als Erntehelfer die Heimat vornehmlich nach Lettland und Ostpreußen verlassen. Dieser nun ebenfalls kurzfristig für vier bis fünf Monate angelegte „Arbeitseinsatz" im Nachbarland wurde jedoch für viele zum dauerhaften Beschäftigungsverhältnis im deutschen Dienste. Spätestens mit dem Beschluss der deutschen Arbeitsverwaltung in Ostpreußen vom Herbst 1941, den litauischen Arbeitern aus den Spenden der zu Haus gebliebenen Litauer Winterkleidung zukommen zu lassen, war klar, dass aus dem auf wenige Monate begrenzt angelegten „Arbeitseinsatz" ein Dauerzustand werden sollte[42]. Allerdings gelang es einigen Litauern ohne die Erlaubnis der zuständigen Stellen in Ostpreußen nach Litauen zurückzukehren, wo sie, wie bereits erwähnt, aufgrund des inzwischen eingetretenen Arbeitskräftemangels von der Zivilverwaltung im Ostland nicht wieder zurückgesandt wurden. Im Schreiben des GK in Kauen an das Landesarbeitsamt Ostpreußen heißt es dazu:

„Nach meinen Feststellungen sind die im Juli 1941 in Ostpreußen eingesetzten litauischen Arbeitskräfte auf Grund eines Aufrufes für etwa vier bis fünf Monate zur Arbeitsaufnahme in Ostpreußen zwecks Bergung der Ernte auf vollständig freiwilliger Grundlage ohne Vertragsunterzeichnung geworben worden. Werber wie Geworbene handelten im guten Glauben, dass der Grundsatz der Freiwilligkeit und der befristeten Tätigkeit aufrecht erhalten bleibt.

Entgegen diesen Abmachungen wurden auf Ihre Anweisung die litauischen Arbeitskräfte im Dezember zwangsweise festgehalten und dadurch jedes Vertrauen zu den deutschen Arbeitseinsatzdienststellen in Litauen untergraben, sodass heute noch jeder Werbung für den Arbeitseinsatz im Reich mit großen Misstrauen begegnet wird.

Ohne Rücksicht darauf, dass man die im Juli 1941 geworbenen Litauer bei ihrem Eintreffen in Ostpreußen oder zu einem späteren Zeitpunkt einen Arbeitsvertrag unterzeichnen ließ, den sie meistens kaum verstanden haben dürften, kann ich in der einseitigen Lösung der Arbeitsverhältnisse durch die litauischen Arbeitskräfte einen Vertragsbruch nicht feststellen. Ich bedaure daher, Ihrem Ersuchen auf zwangsweise Rückführung der zurückgekehrten litauischen Arbeitskräfte nicht entsprechen zu können"[43].

Zwar sind aus diesem Schriftstück die Zahlen der Rückkehrer nicht mehr rekonstruierbar, doch deutet die Tatsache, dass sich die Zivilverwaltung in Litauen für die

42 LCVA-R-626.1.4 S. 31. Präsident des Landesarbeitsamts Ostpreußen, Schreiben betr.: Bestimmungen zum Einsatz von litauischen Arbeitskräften. An: GK Sozialverwaltung in Riga, 25. 10. 1941; LCVA-R-626.1.16 S. 28. GK in Kauen H.A. III, Schreiben betr.: Einsatz litauischer Arbeitskräfte in Ostpreussen, 26. 11. 1941.

43 Abgedruckt in: LCVA-R-626.1.29 S. 179. GK in Kauen HA III Aso, Schreiben betr.: Rückführung von vertragsbrüchig gewordenen litauischen Arbeitskräften, 25. 4. 1942; Leider ist die Anzahl der Zurückgekehrten Litauer unbekannt. Auch keinerlei Erwähnung zu diesem Sachverhalt bei: Anušauskas, Zwangsmigrationen von Litauern 1939–1953, 2005.

einheimische Bevölkerung gegenüber den ostpreußischen Behörden einsetzte, auf eine relative „Bevorzugung" der baltischen, in diesem Fall litauischen Bevölkerung hin. Jedenfalls gilt dies im Verhältnis zu anderen slawischen Bevölkerungsgruppen, die meist ohne politische Fürsprecher Opfer der nationalsozialistischen „Arbeitseinsatzpolitik" wurden.

Estnische Facharbeiter in der deutschen Industrie 1941:
Die Litauer waren nicht die einzigen Arbeitskräfte aus dem Baltikum, die bereits 1941 zum „Reichseinsatz" geschickt wurden. Auch Esten gelangten unter anderen Umständen nach Ostpreußen und in weitere Gebiete des Deutschen Reiches. Bei ihnen handelte es sich um eine bedeutend kleinere Anzahl, und sie arbeiteten auch nicht in der Landwirtschaft. Statt dessen waren estnische Facharbeiter aus Reval, als hier noch nicht der Facharbeitermangel die „Arbeitseinsatzpolitik" bestimmte, unter der organisatorischen Leitung des Luftgaukommandos I, ohne Beteiligung der Arbeitsämter in Estland, welche zu diesem Zeitpunkt noch nicht die Kontrolle über die estnischen Arbeitskräfte besaßen, zum „Reichseinsatz" in den deutschen Großstädten Königsberg, Danzig, Magdeburg und Berlin angeworben worden[44]. Insgesamt hatten auf diesem Wege bis zum September 1941 250 estnische Männer ihre Heimat verlassen[45]. Auch diese Maßnahmen erschwerten weitere „Reichswerbungen" erheblich, da die versprochenen Bevorzugungen der Esten in der Praxis nicht immer eingehalten wurden. Im Gegenteil mehrten sich Beschwerden, dass die estnischen Arbeiter nicht wie „Reichsdeutsche", sondern wie „Polen" behandelt wurden[46].

Daraufhin unternahmen sowohl die zuständigen Bearbeiter der DAF in Ostpreußen und in Berlin, welche für die Betreuung der Esten in Deutschland zuständig waren, als auch der Mitarbeiter Bernard Kiefer des GK in Reval nach einer eigens zu diesem Zweck durchgeführten Dienstreise ausführliche Untersuchungen zur Lage der estnischen Arbeiter und zur Berechtigung solcher Beschwerden. Darin wurde

44 ERA-R-65.1.4 S. 9–18. GK Estland Abt. Arbeits- Sozialpolitik, Bericht einer Dienstreise zur Klärung der Verhältnisse der estnischen Arbeiter im Reich. An: GK SA.-Oberguppenführer Pg. Litzmann, 17.2.1942.

45 BA-MA-RW-30.1 S. 58–89. Rüstungsinspektion Ostland, Monatsbericht September 1941, 28.10.1941, hier: S. 62; Bemerkenswert an dieser Zahl ist, dass sie der estnischen Selbstverwaltung ausdrücklich vorenthalten wurde. Dazu siehe: BA-RW-31.603 u. p. Gülker WiKdo Reval Gruppe Arbeit gez, Schreiben betr: Bekanntmachung eines Erlasses in der estnischen Zeitung „Linna Teataja" am 26. Oktober 1941. An: Wirtschaftsinspektion Nord, 22.11.1941.

46 „Mir wurde aus sonst sehr zuverlässigen Quellen mitgeteilt, dass die Industrie- und Handelskammer vom Gau Danzig-Westpreußen in Thorn ein geheimes Zirkular erhalten hat, dass Arbeiter, die aus Estland in das Reich gebracht werden, wie Polen behandelt werden sollen". Aus: ERA-R-65.1.4 S. 2. Estnische Verwaltung Unterrichtsdirektorium gez. Dr. Mäe, Schreiben betr.: Behandlung der Esten im Reich. An: GK Estland, 7.1.1942; Dazu vgl. auch: Karner u. a., Zwangsarbeit in der Land- und Forstwirtschaft auf dem Gebiet Österreichs 1939 bis 1945, 2004, S. 164.

zwar offen eingestanden, „dass gewisse Beschwerden der estnischen Arbeiter zurecht bestanden", aber diese seien auf unhaltbare Versprechungen und anfängliche Organisationsschwierigkeiten zurückzuführen, welche nach der Dienstreise behoben seien. Unter anderem hatte ein deutscher Arbeitsführer in Königsberg einem Esten mit der Faust ins Gesicht geschlagen. Der Grund hierfür waren, nach Angaben des deutschen Arbeitsführers, sogenannte „Frechheiten des Esten". Dieser hatte zunächst die Arbeit verweigert und dann durch anglophile Tendenzen den Arbeitsführer gereizt[47]. Weiter berichtete Kiefer von einem Transport von 119 estnischen Frauen nach Danzig, auf dem es keinerlei Verpflegung und keine Heizung gegeben habe, was zu „ernsthaften Erfrierungen" bei 25 Frauen geführt habe. Schließlich seien die Lagerverhältnisse des Lagers in Berlin „sehr schlecht" und die „sanitären Verhältnisse" dort „durchaus nicht zureichend"[48]. Allerdings gäbe es dort keine Beschwerden der Esten, stattdessen wünschten die Esten sogar in diesem Lager zu bleiben, obwohl ihnen ein anderes Lager angeboten worden sei. Auch die Lohnüberweisungsmöglichkeit nach Estland war zunächst auf organisatorische Schwierigkeiten gestoßen. Abgesehen von diesen Einzelfällen betonte der Berichterstatter Kiefer, „dass die Esten gegenüber den anderen Ausländern bevorzugt behandelt" würden und die Mehrheit der estnischen Arbeiter sich in den deutschen DAF-Lagern „außerordentlich wohl fühlten"[49]. Auch die DAF betonte, dass die Esten so „wie unsere deutschen Menschen" behandelt würden. Daher durften sie auch „als alleinige ausländische Zivilarbeiter" an den KdF-Veranstaltungen mit den deutschen Arbeitskameraden teilnehmen[50]. In diesem Sinne betonte auch der KdS Estland ausdrücklich, dass keine Kennzeichnung der estnischen Arbeiter im Reich erwünscht sei[51]. Auch wenn diese Berichte einseitig aus deutscher Sicht stammen und selbst schon teilweise von Prügelstrafen und Erfrierungen sprechen, ist doch eine relative Bevorzugung der Esten den anderen Ausländern gegenüber aufgrund der rassenideologischen Doktrin glaubhaft. Zudem fehlen gleichlautende Beschwerden der estnischen Verwaltung in vergleichbarem Umfang aus der Folgezeit, so dass sich die Behandlung der Esten tatsächlich auf einem erträglichen Niveau eingespielt zu haben scheint. Außerdem zeigt allein die Tatsache, dass Nachforschungen in diesem Umfang angefertigt wurden, dass das tatsächliche Schicksal der estnischen

47 ERA-R-65.1.4 S. 7 f. Luftgaukommando I, Schreiben betr.: Prügelstrafe an einem estnischen Arbeiter. An: Gauwaltung der DAF Königsberg z.H. Pg. Lindenau, 4. 2. 1942.

48 Zu den Lagerverhältnissen in Berlin vgl. auch: ERA-R-65.1.4 S. 8. DAF Berlin Lagerbetreuung gez. Huth, Schreiben betr.: Zustand des Estenlagers in Heiligensee. An: Pg. Bernhard Kiefer, 5. 2. 1942.

49 ERA-R-65.1.4 S. 9–18. GK Estland Abt. Arbeits- Sozialpolitik, Bericht einer Dienstreise zur Klärung der Verhältnisse der estnischen Arbeiter im Reich, 17. 2. 1942.

50 ERA-R-65.1.4 S. 5 f. DAF Gaubeauftragter für die Lagerbetreuung gez. Lindenau, Schreiben betr: Zustand der Arbeitsbedingungen der Esten in Ostpreußen. An: GK in Reval, 31. 1. 1942.

51 ERA-R-65. 1. 2103 S. 17. KdS Estland, Schreiben betr.: Kennzeichnung der zum Arbeitseinsatz ins Reich kommenden Esten, 18. 2. 1942.

Arbeiter die deutsche Zivilverwaltung wirklich interessierte, was von anderen „Fremdarbeiterschicksalen“ nicht in dem Maße behauptet werden kann.

Zwischenfazit 1941:
Die deutsche „Arbeitseinsatzverwaltung“ hatte 1941 trotz ambitionierter Bemühungen nur eine schwache Kontrolle über den „Arbeitseinsatz“ der einheimischen Bevölkerung. Die verhängten Strafmaßnahmen offenbarten zwar von Beginn an ein hohes Maß an Repressionsbereitschaft der deutschen Besatzungsorgane, welche diese aber aufgrund personeller Schwäche nicht in dem Maße verwirklichen konnte, dass davon weite Teile der Bevölkerung betroffen gewesen wären. Trotzdem führte die deutsche Arbeitsverwaltung Ende 1941 vereinzelt bereits die ersten Repressionsmaßnahmen gegen die einheimische Bevölkerung durch, als der Druck auf die Arbeitsmarktsituation zu steigen begann. Davon waren Teile der Bevölkerung in Lettland und Litauen betroffen.

Die ersten Rekrutierungen zum „Reichseinsatz“ erfolgten bereits kurz nach der deutschen Eroberung im Sommer 1941. Sie standen noch nicht unter der Kontrolle der zentralen Arbeitsverwaltung. Die Rekrutierungsmethoden waren zu diesem Zeitpunkt vergleichsweise freiwillig aufgrund der anfänglichen deutschfreundlichen Einstellung der Zivilbevölkerung, der bestehenden Arbeitslosigkeit und der Tradition der Arbeitsmigration speziell in Litauen. Als sich die Bedingungen dieses „Reichseinsatzes“ zum Ende des Jahres 1941 als schlechter als versprochen herausstellten, setzte sich die Zivilverwaltung der GK für die einheimischen Arbeitskräfte ein, was im Fall der estnischen Arbeitskräfte zu einer Besserung der Verhältnisse führte.

3.1.2 „Arbeitseinsatz“ und Rekrutierung zum „Reichseinsatz“ 1942

3.1.2.1 „Arbeitseinsatz“ im „Reichskommissariat Ostland“ 1942 – Sinkende Arbeitsmoral und erhöhte Zwangsmethoden

Die „Arbeitseinsatzpolitik“ 1942 im Baltikum war massiv durch die kriegswirtschaftliche Wende des Winters 1941/1942 geprägt und entwickelte sich zu einem der zentralen Probleme im Verhältnis der deutschen Besatzer zu den Besetzten. Die Bedeutung der „Arbeitseinsatzpolitik“ innerhalb der deutschen Besatzungspolitik im Jahre 1942 kommt beispielsweise darin zum Ausdruck, dass der WBO in seinem Lagebericht zum Ende des Jahres 1942 die „Arbeitseinsatzpolitik“ als eines der drei Hauptprobleme der deutschen Besatzungspolitik an den Anfang seiner Ausführungen zu den Ereignissen von 1942 stellte[52]. Die Situation auf dem Gebiet der „Arbeitseinsatz-

52 BA-RW-41.53 u. p. Wehrmachtsbefehlshaber Ostland, Bericht: Lage im Ostland, 26. 12. 1942.

politik" verschärfte sich seit dem Jahreswechsel 1941/1942 in gleich dreifacher Hinsicht für diese Region:

- Erstens erhöhten sich die Aufträge für die Wehrmacht. Dadurch waren die Betriebe dieser Region in stärkerem Maße gefordert. Da Arbeitskräfte kaum zur Verfügung standen, musste die Produktivität gesteigert werden.
- Zweitens verschärfte sich die Ernährungslage durch die ebenfalls gestiegenen Anforderungen der Heeresgruppe Nord sowie durch die saisonbedingten Engpässe des Winters 1941/1942[53].
- Drittens stellte auch die Reichswirtschaft durch die strategische Umstellung auf einen Abnutzungskrieg[54] erhebliche Forderungen nach Arbeitskräften aus den besetzen Ostgebieten, was zusätzlich die angespannte Lage der Arbeitskräfteverteilung im Baltikum dramatisierte.

Diese Entwicklung bewirkte für die Lage der „Arbeitseinsatzpolitik" im Baltikum ein Absinken der Stimmung der arbeitenden Bevölkerung[55]. Diese Verschlechterung des Verhältnisses der baltischen Völker zu den deutschen Besatzern ab Anfang 1942 wurde begleitet durch die politische Enttäuschung einer nicht gewährleisteten Autonomie[56]. Dieses betraf jedoch vor allem die politischen Eliten der Länder. Die Stimmung der Arbeiter war insbesondere durch die Verschlechterung der Versorgungslage tangiert[57]. Die höheren Anforderungen der Wehrmacht bewirkten eine Lebensmittelknappheit im Baltikum bei gleichzeitig zu niedrigen Löhnen[58]. Wegen der

53 Siehe dazu: LVVA-P-69.1a.10 S. 1 f. RKO Abt. Ernährung und Landwirtschaft, Schreiben betr.: Kürzung der Rationssätze. An: GK in Reval / Riga / Kauen, 7. 4. 1942.

54 Zu der kriegsstrategischen Umstellung auf einen „Abnutzungskrieg" durch Hitlers Erlass vom 10. 1. 1942 siehe: Herbert, Fremdarbeiter, 1999, S. 173 f.

55 Zum Ende des Jahres urteilte der WBO folgendermaßen: „Von ganz besonderem Einfluss auf die Arbeitsleistung ist aber neben dem Personalmangel das katastrophale Nachlassen der Arbeitskraft und der Arbeitslust". Aus: BA-RW-41.53 u. p. Wehrmachtsbefehlshaber Ostland, Bericht: Lage im Ostland, 26. 12. 1942.

56 Aleksandravicius, Lithuanian collaboration with the Nazis and the Soviets, 2006, hier: S. 184 f.

57 In diesem Sinne berichtete die Rüstungsinspektion Ostland im Frühjahr 1942: „Die Stimmung der Bevölkerung hängt aufs Engste mit der Ernährungslage zusammen. Da sich die Ernährungslage verschlechtert hat, ist auch die Verschlechterung der Stimmung bemerkbar". Aus: BA-RW-30.13 u. p. Rüstungsinspektion Ostland, Lagebericht für April 1942, 5. 5. 1942; Übereinstimmender Befund auch bei der Zivilverwaltung: „Dieser mir wiederholt zugetragenen unzufriedenen Einstellung der Arbeiterschaft bin ich nachgegangen und habe festgestellt, dass diese Unzufriedenheit nicht nur durch die derzeitigen Löhne hervorgerufen wird. Viel wesentlicher erscheint mir die namentlich zu geringe Zuteilung an Lebensmitteln usw. an die hiesige Bevölkerung". Aus: ERA-R-65.2.102 S. 1–9. GK in Reval Abt. Aso, Statistischer Dienst und Berichterstattung. Monatlicher Lagebericht für März 1942. An: RKO Abt. Aso, 10. 4. 1942, hier: S. 6.

58 Zur Bedeutung der Löhne für die Stimmung der Bevölkerung schrieb die Abteilung Aso des GK in Reval: „Die Regelung der Lohn- und Gehaltsfragen ist z.Zt. noch das schwierigste Problem und bereitet stellenweise erhebliche Schwierigkeiten". Aus: ebd., hier: S. 4.

niedrigen Gehälter wuchs die Unzufriedenheit der Arbeitenden, da sie so nicht imstande waren, die Preise auf dem nun blühenden Schwarzmarkt zu zahlen[59]. Die Folge dieser Unzufriedenheit wiederum war die fortgesetzte erschwerte Erfassung und Kontrolle der Arbeitskräfte, da aufgrund der beschriebenen Situation die Arbeiter von ihren Arbeitsstellen fernblieben, um lieber auf nicht registriertem Wege mehr Geld zu verdienen oder auf dem Lande von Subsistenzwirtschaft zu leben und so den deutschen Kriegsanstrengungen noch mehr zu schaden[60]. Auch die freiwillige Meldung zu den sogenannten Schutzmannschaften der Polizei stellte eine Möglichkeit dar, bessere Löhne und vor allem ausreichend Kleidung zu erhalten[61]. Besonders hart getroffen von den niedrigen Löhnen und somit der schlechten Ernährungslage waren die Frauen und Jugendlichen[62], da diese auch bei gleicher Arbeit weniger Gehalt ausgezahlt bekamen[63]. So lag der grundsätzliche Lohnsatz der Frauen bei nur 80 Prozent des Männerverdienstes[64].

Diese 1942 klar zum Ausdruck kommende Diskrepanz von planerischen Vorgaben einerseits und der Praxis andererseits verdeutlicht, wie die verstärkten Zwangsmaßnahmen und eine repressivere „Arbeitseinsatzpolitik" den eigentlichen Zielen der deutschen Besatzungsmacht kontraproduktiv entgegenwirkten, denn das Absinken der Arbeitsmoral verlief parallel zur Erhöhung der deutschen Anforderungen. Während beispielsweise 1941 die 54-Stunden-Woche nur in den W-Betrieben Anwendung fand, wurde sie 1942 für alle Arbeitsverhältnisse schnell zur Norm und

59 „Tausch- und Schleichhandel nehmen bei immer mehr steigenden Preisen zu. ... In Arbeiterkreisen herrscht über die bestehenden Preise große Verbitterung, da die Arbeiter nicht in der Lage sind, sich Lebensmittel zu erhöhten Preisen zu beschaffen". Aus: BA-RW-30.13 u. p. Rüstungsinspektion Ostland, Lagebericht für April 1942, 5. 5. 1942.

60 „Bei dieser Sachlage ist es nicht verwunderlich, dass sich zahlreiche Arbeiter auf dem Lande aufhalten und freiwillig nicht in die Stadt zurückkehren". Aus: BA-RW-30.13 u. p. Rüstungsinspektion Ostland, Lagebericht für den Monat Januar 1942, Februar 1942.

61 „In Bezug auf die eigenmächtigen Fälle von Arbeitsplatzwechsel ist weiter anzumerken, dass die Arbeiter in den erwähnten Fällen gewöhnlich zu einer anderen Arbeitsstelle oder zum Polizeidienst gehen, wo für sie die Aussicht besteht, auch Kleidung und Schuhe zu erhalten". Übers. T.P. aus dem Lettischem: LVVA-P-989.1.18 S. 1–61. Generaldirektion der Wirtschaft – Arbeitsdepartement, Arbeitsbericht für den Zeitraum vom 01. 07. 1942–31. 12. 1942 (Lettisch), 1942, hier: S. 24; Vgl.: „Die Werbung für die heimischen Freiwilligen-Schutzmannschaften hat wiederholt Facharbeiter den Betrieben entzogen". Aus: BA-RW-30.13 u. p. Rüstungsinspektion Ostland, Lagebericht für den Monat Februar 1942, März 1942.

62 Zudem bestand für Jugendliche keine Arbeitszeitbeschränkung. Siehe: LCVA-R-625.1.4 S. 205. GK in Kauen H.A. III, Schreiben betr.: Arbeitszeit fuer Jugendliche. An: Generalrat für Arbeit und Sozialwesen, 21. 9. 1942.

63 „Besonders erschwerend wirkte sich die Lohnsenkung auf die Frauen und die jugendlichen Arbeitskräfte aus, die bisher denselben Lohn erhielten wie die Männer". Aus: ERA-R-65.2.102 S. 1–9. GK in Reval Abt. Aso, Statistischer Dienst und Berichterstattung. Monatlicher Lagebericht für März 1942, 10. 4. 1942.

64 LCVA-R-625.1.28 S. 25. Generalrat für Arbeit und Sozialwesen gez. Dr. Paukstys, Schreiben betr.: Frauenentlohnung. An: GK in Kauen, 27. 10. 1942.

bald schon durch die 60-Stunden-Woche ersetzt, während gleichzeitig die Bereitschaft zur Mehrarbeit sank[65].

Vergleiche zu Weißruthenien und der drei Generalbezirke untereinander:
Der beschriebene Zusammenhang von Versorgungsengpass, Erhöhung der Anforderungen und Absinken der Arbeitsmoral war der Struktur nach im gesamten RKO übereinstimmend. Unterschiede bestanden nur hinsichtlich des Ausmaßes der Reaktionen der Bevölkerung auf diese Situation. Während in den baltischen Generalbezirken lediglich die Stimmung der Arbeitenden durch die angespannte Ernährungslage und die deutsche Lohnpolitik schlechter wurde, äußerte sich der Unmut in Weißruthenien jedoch bereits durch eine massiv wachsende Partisanentätigkeit[66]. Ähnliches war zu diesem Zeitpunkt im Baltikum noch eine Ausnahmeerscheinung. Nur vereinzelt begannen im Wilnagebiet[67] und zum Ende des Jahres auch in Lettgallen erste Widerstandsaktionen die deutsche Besatzungsmacht herauszuforden. Der WBO beurteilte die Lage zum Jahresende 1942 wie folgt:

„Weißruthenien ist unbefriedet. Die durch diese Landesteile führenden Hauptverkehrsverbindungen zur Front sind dauernd gefährdet. Ähnliche, wenn auch wesentlich mildere Verhältnisse herrschen im ostwärtigen Lettland (Lettgallen) und im ostw. Teil des Gebietes Wilna. Die weitaus größeren Teile von Lettland und Litauen können vorläufig noch als militärisch befriedet angesehen werden"[68].

Innerhalb der baltischen Länder waren die Auswirkungen dieser Verschlechterung der Arbeitsmoral am stärksten in Litauen ausgeprägt, obwohl auch in Lettland und Estland die Versorgungslage angespannt war. Noch zu Beginn des Jahres 1942 konstatierte die Rüstungsinspektion Ostland im Sinne der bisher mehrfach festgestellten Einstellung den drei Völkern gegenüber:

„Während die Esten Härten und Unbequemlichkeiten als Folgeerscheinung des Krieges und vor allem unter dem starken Eindruck der vorhergegangenen bolschewistischen Herrschaft ohne Murren hinnehmen, ist die Stimmung in Riga durch die

65 LVVA-P-69.2.10 S. 66. RKO HA. III Aso Arbeitsgruppe Arbeitseinsatz gez. Strebe, Schreiben betr.: Prüfung der Bedarfsanforderungen. An: GK in Riga, 11. 12. 1942; LVVA-P-98.1.24 S. 44–51. Der Geb.K. Riga – Arbeitsamt, Bericht zur Lage im April 1942, 6. 5. 1942.

66 Hinweise zum Zusammenhang von Arbeitsmoral und Partisanentätigkeit in Weißruthenien mehrfach in den Monatsberichten der Rüstungsinspektion Ostland. Beispielsweise: „Weißruthenien: Anhaltende Beunruhigung infolge Zunahme der Partisanentätigkeit. Daraus folgende Zurückhaltung gegenüber den Deutschen sowie Fernbleiben vom Arbeitsplatz. Übertritt dieser Kräfte zu den Partisanen kann in vielen Fällen angenommen werden". Aus: BA-RW-30.13 u. p. Rüstungsinspektion Ostland, Lagebericht für den Monat Februar 1942, März 1942.

67 „Im Gebiet Wilna wurde die Stimmung durch unablässige Feindpropaganda und Abwurf von Flugblättern erheblich beeinflusst. Besonders werden die Polen durch die falschen Nachrichten erneut zur Agitation ermutigt". Aus: BA-RW-30.13 u. p. Rüstungsinspektion Ostland, Lagebericht für April 1942, 5. 5. 1942.

68 BA-RW-41.53 u. p. Wehrmachtsbefehlshaber Ostland, Bericht: Lage im Ostland, 26. 12. 1942.

mangelhafte Brennstofflage beeinflusst. ... In Litauen hält das im Vorbericht angedeutete Absinken der Stimmung in den unteren Schichten der Bevölkerung an, sodass sich bereits eine starke Unzufriedenheit bemerkbar macht. Sie ist im Wesentlichen zurückzuführen auf das Missverhältnis zwischen Arbeitslohn und den Kosten des notwendigsten Lebensbedarfs. Als ausgesprochen schlecht muss die Stimmung in den Städten auf Grund der mangelhaften Bekleidungs-, Ernährungs- und Brennstofflage bezeichnet werden"[69].

Selbst als die offizielle Einführung der „Landeseigenen Verwaltung" einen kurzzeitig positiven Propagandaeffekt herbeiführte, änderte dies nichts am Stereotyp des unwilligen Litauers:

„In litauischen Kreisen – der Litauer ist von Natur aus misstrauisch – steht man der Einführung der Selbstverwaltung teilweise skeptisch gegenüber"[70].

Allerdings waren auch in Estland deutliche Anzeichen für die sinkende Stimmung und eine nachlassende Bereitschaft, für die Deutschen zu arbeiten, erkennbar. Hier äußerte sich die widerständische Gesinnung jedoch eher in passiver Form:

„In Estland ist die Getreideversorgung äußert angespannt. Die Bauern liefern nur schleppend ab, obwohl noch größere Vorräte vorhanden sein müssten"[71].

Insgesamt galt jedoch für Estland nach wie vor der Befund:

„In Estland stimmungsmäßig keine Änderung. Die Bevölkerung ist willig"[72].

Ähnlich wie in Estland charakterisierte die deutsche Arbeitsverwaltung in Riga die lettische Bereitschaft, für die Deutschen, zu arbeiten als „ungewöhnlich große Arbeitsunlust", die jedoch zu diesem Zeitpunkt auch hier nicht über Formen des passiven Widerstandes hinausging[73].

Facharbeitermangel und Unkontrollierter Arbeitsplatzwechsel:

Die größten Schwierigkeiten bereiteten der Arbeitsverwaltung der Mangel an Facharbeitern im ganzen RKO, welcher durch den Judenmord und die ab 1942 einsetzende „Reichswerbung", sowie den vermehrten Wehrmachtsaufträgen derartig verschärft wurde, dass er das bestimmende Problem der Arbeitseinsatzverwaltung bis zum Ende der Besatzungszeit blieb. Um den Facharbeitermangel auszugleichen versuchte die deutsche „Arbeitseinsatzlenkung" in noch stärkerem Maße, die Verteilung der Arbeitskräfte zu kontrollieren und zunehmend auch Arbeitskräfte zwangsweise an die als besonders wichtig erachteten Stellen zu versetzen. Diese Vor-

69 BA-RW-30.13 u.a. Rüstungsinspektion Ostland, Lagebericht für den Monat Januar 1942, Februar 1942.

70 BA-RW-30.13 u.p. Rüstungsinspektion Ostland, Märzbericht 1942 der Rü In Ostland, 8.4.1942.

71 Ebd.

72 BA-RW-30.13 u.p. Rüstungsinspektion Ostland, Lagebericht für April 1942, 5.5.1942.

73 LVVA-P-98.1.24 S.81–88. Geb.K. Riga – Arbeitsverwaltung – Fachgebiet 1 (Statistik), Lage im Mai 1942. An: GK in Riga Abt. Aso, 6.6.1942, hier: S.83.

gehensweise führte zur vermehrten Anwendung der Dienstverpflichtung[74]. Desweiteren waren die Löhne nicht nur zu niedrig, sondern zugleich auch noch ungerecht, sodass viele Arbeitskräfte mit ungünstigen Arbeitsbedingungen ihre Arbeitsstellen verließen und in andere offene Stellen wechselten. Auch diese Praxis führte zur verstärkten Anwendung der Dienstverpflichtung, und als Folge davon auch zur verstärkten Unzufriedenheit, und somit wiederum zum eigenmächtigen Stellenwechsel. Die deutsche Arbeitsverwaltung hatte also trotz der Anordnung vom Dezember 1941 zum Verbot des Arbeitsplatzwechsels keineswegs die Lenkung über den „Arbeitseinsatz“ 1942 in ihren Händen. Die häufiger werdenden Zwangsmaßnahmen zur Erlangung ebendieser Kontrolle über die „Arbeitseinsatzlenkung“ bewirkten das Gegenteil, nämlich zunehmende Arbeitsplatzflucht oder -wechsel[75]. Insbesondere die wenigen Facharbeiter, deren Kontrolle der deutschen „Arbeitseinsatzverwaltung“ besonders wichtig war, konnten sich ihre Arbeitsbedingungen durch häufigen unkontrollierten Wechsel aussuchen, da die sogenannten Bedarfsträger keine Rücksicht auf die Interessen der Arbeitsverwaltung nahmen. Oberregierungsrat Dorr vom Arbeitsamt Riga beschwerte sich in diesem Sinne:

„Viele örtliche Dienststellen beachten aber die Verordnung nicht, d. h. sie stellen Arbeitskräfte ein und entlassen sie, ohne die vorgeschriebene vorherige Zustimmung des Arbeitsamtes einzuholen. Vielfach werden Kräfte eingestellt, die zweckentsprechend andere Verwendung finden könnten, wo sie wesentlich bessere Leistungen für die Allgemeinheit und erst recht für die Wehrwirtschaft zeigen würden. Hierbei handelt es sich insbesondere um Facharbeiter der verschiedensten Berufe“[76].

Die deutsche Arbeitsverwaltung hatte also 1942 nicht nur mit der Schwierigkeit einer zunehmend unwilligen Bevölkerung zu kämpfen. Darüber hinaus musste sie überhaupt erst einmal ihre Planungshoheit gegenüber anderen deutschen Dienststellten auf diesem Gebiet durchsetzen. Dazu erließ sie eine Reihe weiterer Verordnungen und Maßnahmen, welche wiederum die normative Basis des „Arbeitseinsatzes“ der einheimischen Bevölkerung bestimmten und so auch die Praxis des „Arbeitseinsatzes“ beeinflussten.

74 „Der Mangel an Fach- und Hilfsarbeitern hat die Arbeitsämter immer mehr die Dienstverpflichtung zur Anwendung bringen lassen“. Aus: BA-RW-30.13 u. a. Rüstungsinspektion Ostland, Lagebericht für den Monat Januar 1942, Februar 1942.

75 LVVA-P-989.1.2 S. 1 f. GK in Riga gez. Dorr, Erste Ausführungsanordnung zur Anordnung des Herrn RKO in Riga vom 22. Dezember 1941 über die Einstellung und Kündigung von Arbeitskräften sowie die Verhinderung von Vertragsbruch und Abwerbung, 23. 2. 1942.

76 BA-R-91.395 u. p. Der Gebietskommissar in Riga Arbeitsamt gez. Dorr, Schreiben betr.: Arbeitsplatzwechselverordnung des Herrn Reichskommissars vom 22. Dezember 1941. An: Gebietskommissar Riga Stadt und komm. Oberbürgermeister, 26. 2. 1942.

Kontrollversuche der deutschen „Arbeitseinsatzlenkung" 1942: Arbeitsausweise[77]*:*

Neben der Verordnung vom 22. 12. 1941 über das Verbot eines unkontrollierten Wechsels der Arbeitsstelle stellte die Einführung der Arbeitsausweise einen weiteren Versuch der deutschen „Arbeitseinsatzverwaltung" zur Erlangung der Kontrolle über den unerlaubten Arbeitsplatzwechsel dar. Diese Ausweise sollten an alle erwachsenen Personen verteilt werden und darin sollte das aktuelle Arbeitsverhältnis der entsprechenden Personen vermerkt sein, um so den unerlaubten Wechsel kontrollieren und verhindern zu können[78]. Allerdings zeigte sich die deutsche „Arbeitseinsatzlenkung" auf der Ebene der Generalkommissare darüber verärgert, dass der von ihr verordnete Arbeitsausweis, der von den Gebietskommissaren an alle Einwohner ihrer Kommissariate ausgestellt werden sollte, längst nicht in der von ihr gewünschten Geschwindigkeit Verbreitung unter den Arbeitern fand, und so der beliebige Arbeitsplatzwechsel auch weiterhin für den Großteil der Bevölkerung möglich blieb[79]. Auch in der zweiten Jahreshälfte hatte die Arbeitsverwaltung die Durchsetzung dieser Maßnahme nicht erreicht, so dass nach wie vor Arbeitskräfte ihre Arbeitsstätten verließen, wenn sie meinten, anderswo günstigere Voraussetzungen vorfinden zu können[80].

Lagerhaft:

Bei gröberen Verstößen gegen die deutschen Arbeitsbestimmungen sah die deutsche „Arbeitseinsatzplanung" die Verschickung der betreffenden Personen in AEL vor[81]. Doch mussten diese im Baltikum erst errichtet werden, so dass Verhaftungen vorerst noch im Wesentlichen eine reine Abschreckungsmaßnahme blieben.

77 Vgl. dazu auch: Arnolds Aizsilnieks, Latvijas saimniecības vēsture: 1914–1945, Sundbyberg, Daugava 1968, S. 940 f.

78 Zur Einführung des Arbeitsausweises im RKO: LCVA-R-626.1.3 S. 28. RKO gez. Burmeister, Durchführungsbestimmung zur Anordnung zur Regelung des Arbeitseinsatzes vom 31. Januar 1942 – Einführung des Arbeitsausweises, 31. 1. 1942; LVVA-P-69.2.7 S. 41. RKO gez. Matthiessen, Verordnung über die Neufassung der Ersten Verordnung zur Durchführung der Verordnung zur Regelung des Arbeitseinsatzes vom 7. Oktober 1942 – betr.: Einführung des Arbeisausweises, 7. 10. 1942.

79 „Um eine restlose Erfassung aller Arbeitskräfte durchführen zu können, ist es unbedingt erforderlich, dass nunmehr umgehend mit der Einführung des Arbeitsausweises begonnen wird. ... Da auch in diesem Monat eine Lieferung der angeforderten Arbeitsausweise nicht erfolgte, konnte die Erfassung aller Erwerbstätigen nicht durchgeführt werden". Aus: ERA-R-65.2.102 S. 1–9. GK in Reval Abt. Aso, Statistischer Dienst und Berichterstattung. Monatlicher Lagebericht für März 1942, 10. 4. 1942, hier: S. 1 f.

80 LVVA-P-989.1.18 S. 1–61. Generaldirektion der Wirtschaft – Arbeitsdepartement, Arbeitsbericht für den Zeitraum vom 01. 07. 1942–31. 12. 1942 (Lettisch), 1942, hier: S. 24 f.

81 Dazu: Czollek, Faschismus und Okkupation. Wirtschaftspolitische Zielsetzung u. Praxis des faschistischen dt. Besatzungsregimes in d. baltischen Sowjetrepubliken während d. 2. Weltkrieges, 1974, S. 164.

Zunächst beschränkten sich die innerbetrieblichen disziplinarischen Maßnahmen auf Verwarnungen:

„Die bisherigen betrieblichen Möglichkeiten zur Bekämpfung von Verstößen gegen die Arbeitsdisziplin, nämlich die Erteilung von Verweisen und Verwarnungen ohne oder unter gleichzeitiger Androhung einer Anzeigeerstattung an das Arbeitsamt reichen bei dem ständigen Überhandnehmen dieser Vergehen nicht mehr aus"[82].

Die Abteilung Aso regte daher dringend den beschleunigten Ausbau des Lagers Salaspils bei Riga an, um im Sinne der Repressionspolitik angemessen auf die sinkende Arbeitsmoral der Bevölkerung reagieren zu können:

„Es ist zu bemerken, dass infolge der kleinen Zahl von Übernachtungsräumen in der Präfektur und aus anderen Erwägungen heraus, bis zur Errichtung eines Lagers in Salaspils, dem Lager eine größere Anzahl der an sich Straffälligen nicht zugewiesen werden konnte"[83].

Auch die Umwandlung des SS-Sonderlagers Stutthof bei Danzig in ein KZ erweitere der deutschen Polizei im Ostland die Möglichkeiten der Internierung von „Arbeitsbummelanten"[84].

Werksküchen:

Da reine Repressionsmaßnahmen wie Dienstverpflichtung und Verschickung ins Arbeitslager eher kontraproduktive Ergebnisse hervorriefen, führte die deutsche Arbeitsverwaltung 1942 in den Betrieben sogenannte Werksküchen ein. So sollten zwei Ziele zugleich erreicht werden. Erstens waren die Werksküchen eine Lösungsmöglichkeit, um gegen die unzureichende Ernährungslage der Arbeiter vorzugehen. Zweitens sollte auf diese Weise gewährleistet werden, dass die Arbeitskräfte auch tatsächlich bei ihrer Arbeitsstätte erschienen[85].

Dienstverpflichtung von ungelernten Arbeitskräften:

Neben dem Versuch, die einheimischen Arbeitskräfte, vor allem die qualifizierten Facharbeiter, an ihren Arbeitsplätzen zu halten, verfolgte die deutsche „Arbeitseinsatzplanung" auch das Ziel, die weniger qualifizierten Arbeitskräfte frei „einsetzen" zu können, da Anforderungen von saisonalen Schwankungen abhingen. Als recht-

82 BA-R-92.424 u. p. GK in Riga Abt. III e Aso gez. Dorr, Schreiben betr.: Aufrechterhaltung der Arbeitsdisziplin. An: GK in Riga HA II, 2. 4. 1942.

83 LVVA-P-98.1.24 S. 44–51. Der Geb.K. Riga – Arbeitsamt, Bericht zur Lage im April 1942, 6. 5. 1942, hier: S. 50.

84 ERA-R-819.2.3 S. 35 f. Chef der Sicherheitspolizei und des SD gez. Müller, Errichtung des Konzentrationslagers Stutthof. Befehshaber der Sicherheitspolizei und des SD, 20. 2. 1942; vgl. zu Stutthof und baltischen Häftlingen auch: Leonīds Siliņš, Latvieši Štuthofas koncentrācijas nometnē: 1942–1945, Riga 2003.

85 BA-RW-30.13 u. p. Rüstungsinspektion Ostland, Märzbericht 1942 der Rü In Ostland, 8. 4. 1942.

liche Grundlage der Dienstverpflichtungen diente die Verordnung der allgemeinen Arbeitspflicht vom 15. 8. 1941, die Rosenbergverordnung über die Arbeitspflicht in den besetzten Ostgebieten vom 19.12 1941 und deren Nachfolgebestimmungen[86]:

„Auf Grund der Verordnung zur Regelung des Arbeitseinsatzes des Herrn Reichskommissars für das Ostland vom 15. 8. 1941 können geeignete Arbeitskräfte für bedeutsame und vordringliche Arbeiten bestimmten Arbeitsplätzen auch außerhalb des Wohnortes zugewiesen werden (Dienstverpflichtung)"[87].

Die Durchführungsbestimmungen für die Dienstverpflichtung legten weiter fest, dass die Dienstverpflichtung nur zur Anwendung kommen sollte, wenn auf anderem Wege keine Arbeitskräfte zu bekommen seien. Außerdem mussten die anfordernden Betriebe nachweisen, dass es sich um „bedeutsame, vordringliche und unaufschiebbare Maßnahmen" handelte[88]. Dann sollten die entsprechenden Arbeitskräfte von den Arbeitsämtern ausgesucht und durch einen Dienstverpflichtungsbescheid[89] benachrichtigt werden. Bei Nichtbefolgung war die zwangsweise Rekrutierung durch Polizeieinsatz vorgesehen[90]. Diese Dienstverpflichtungen stellten auch die rechtliche Grundlage für den „Reichseinsatz" dar, da dieser als „Einsatz außerhalb des Wohnortes" interpretiert wurde[91].

Zur Durchsetzung dieser Maßnahmen setzte die deutsche Arbeitsverwaltung 1942 vermehrt die „landeseigenen" Behörden, wie die jeweiligen Generaldirektoren (respektive Generalräte oder Landesdirektoren) bzw. die entsprechenden Arbeitsdepartements, ein, um die Verordnungen als Maßnahmen einheimischer Provenienz erscheinen zu lassen[92].

86 Beispielsweise: LCVA-R-626.1.1 S. 2. RMfdbO gez. Rosenberg, Verordnung zur Änderung der Verordnung über die Einführung der Arbeitspflicht in den besetzten Ostgebieten, 27. 8. 1942.

87 LVVA-P-69.2.1 S. 27 f. Gebietskommissar in Riga Arbeitsamt gez. Dorr, Rundverfügung Nr. 7. Durchführung der Dienstverpflichtung, 4. 3. 1942.

88 Zitat aus: ebd.

89 Siehe: Muster solcher Bescheide: LVVA-P-989.1.4 S. 98. Generaldirektion der Wirtschaft – Arbeitsdepartement, Verpflichtungsbescheid., undatiert; LCVA-R-626.1.112 S. 46. Geb.K. in Wilna Arbeitsamt, Verpflichtungsbescheid Muster, 22. 3. 1944; LCVA-R-626.1.153 S. 8. Geb.K. in Wilna Arbeitsamt, Bescheid. Muster, 20. 4. 1943.

90 Zu den Bestimmungen: LVVA-P-69.2.1 S. 27 f. Gebietskommissar in Riga Arbeitsamt gez. Dorr, Rundverfügung Nr. 7. Durchführung der Dienstverpflichtung, 4. 3. 1942.

91 Vgl.: Myllyniemi, Die Neuordnung der baltischen Länder 1941–1944: Zum nationalsozialistischen Inhalt der deutschen Besatzungspolitik, 1973, S. 231, 238–240.

92 Beispielsweise: LCVA-R-634.1.4 S. 338 f. Direktor des Departaments für Arbeitsregelung gez. Taunys, Bekanntmachung zur Anordnung ueber Arbeitspflicht in der Brennstofferzeugung, Landwirtschaft und im Transportwesen vom 17. 6. 1942, 1. 7. 1942; ERA-R-66.1.212 S. 39–42. Direktor für Landwirtschaft, Durchführungsbestimmungen zur Anordnung über den Einsatz der Städter zu Landarbeiten, 31. 5. 1942; ERA-R-66.1.212 S. 5–8. Direktor für Wirtschaft und Transportwesen A. Wendt, Verordnung über den zwangsläufigen Landpflichtdienst, 5. 3. 1942.

„Auskämmaktionen“:
Neben der andauernden Erhöhung der Wochenarbeitszeit griff die deutsche Arbeitsverwaltung noch zu einem weiteren Mittel, um die Produktivität der einzelnen Arbeitskraft zu erhöhen, und auf diesem Wege weitere Arbeitskräfte zu sparen, welche dann an anderer Stelle „eingesetzt“ werden sollten. Jeder Betrieb hatte seine Belegschaft auf die unbedingt notwendigen Arbeitskräfte zu beschränken und so eine möglichst hohe Anzahl von Arbeitskräften „auszukämmen“, was durch eine bei den Arbeitsämtern eingerichtete Kommission überprüft wurde. Die ausgesuchten Arbeitskräfte wurden dem Arbeitsamt als „arbeitssuchend“ gemeldet, um sie von den tatsächlich Arbeitslosen zu unterscheiden, und dann vermeintlich wichtigeren Bedarfsträgern zur Verfügung gestellt[93]. Auch diese Maßnahme erschwerte die alltäglichen Arbeitsbelastungen der einheimischen Arbeitskräfte und lieferte somit einen weiteren Beitrag zur steigenden Unzufriedenheit der Arbeitenden. Außerdem ließ der Erfolg dieser Maßnahme aus Sicht der deutschen Arbeitsverwaltung auch deshalb zu wünschen übrig, da er von dem guten Willen der Betriebe, bzw. von der Personalstärke der Untersuchungskommission abhängig war, was beides nicht gegeben war[94].

Lage in Estland:
Während in den übrigen Gebieten des RKO die entstandene Versorgungskrise vor allem dazu führte, dass die Arbeitskräfte die Städte verließen, um sich auf dem Lande selbständig zu versorgen, herrschte in Estland auch 1942 ein gravierender Mangel an Arbeitskräften für die Landwirtschaft, insbesondere für die saisonalen Erntearbeiten[95]. Aus diesem Grunde verordnete die „landeseigene“ Arbeitsverwal-

93 Zu den technischen Modalitäten der „Auskämmung“ 1942 siehe: LVVA-P-69.2.1 S. 46. Gebietskommissar in Riga Arbeitsamt gez. Schmutzler, Rundverfügung Nr. 19. Freistellung von Arbeitskräften – technische Durchführung, 30. 5. 1942; Eine exemplarische „Auskämmung“ in einer Likörfabrik in Riga, dokumentiert in: LVVA-P-69.2.10 S. 72. Arbeitsamt Riga Planungsstelle gez. Hofsteter, Schreiben betr.: Weiterer Einsatz von freigemachten Arbeitskräften durch die Auskämmung. Hier Rigaer Wein und Likoer Fabrik. An: GK in Riga Abt. III e Aso, 31. 12. 1942.

94 „Betriebsprüfungen bringen in kurzer Zeit nicht die Freistellung der erforderlichen Zahl von Arbeitskräften. Die vielen Kräfte in den kleinen Betrieben und im Handwerk können unmöglich durch die Arbeitseinsatzdienststellen überprüft werden“. Aus: BA-R-9. 2. 1145 u. p. GK in Riga Abt. III Aso, Bericht: Arbeitseinsatz und Rekrutierung 1942 in Lettland in Zahlen, 16. 1. 1943.

95 Während in Estland also Städter zu Landarbeiten verpflichtet wurden, stellte sich dieses Verhältnis in Weissrusland und der Ukriane genau konträr dar. Dazu: Gerlach, Kalkulierte Morde, 2000, S. 486–492; Penter, Arbeiten für den Feind in der Heimat: Der Arbeitseinsatz in der besetzten Ukraine 1941–1944, 2004, S. 76 f.

tung in Estland eine Arbeitspflicht für Städter zu Landarbeiten[96]. Durch diesen engagierten Einsatz der „Landeseigenen Verwaltung" gelang es 1942 zumindest den Arbeitskräftebedarf der Ernteeinbringung zu decken, was vor dem Hintergrund der unzureichenden Versorgungslage einen für die deutsche Besatzungsmacht wichtigen beruhigenden Einfluss auf die Stimmung der Gesamtbevölkerung hatte[97]. In diesem Fall war also die Strategie der deutschen Zivilverwaltung, Verantwortung an die „Landeseigene Verwaltung" abzugeben, erfolgreich verlaufen, da die Verantwortung für den zwangsweisen Einsatz der Stadtbevölkerung auf dem Lande nicht den Deutschen zur Last gelegt wurde und zugleich die Versorgung der Bevölkerung nicht zusammenbrach.

Desweiteren zeichnete sich die Situation in Estland auch dadurch aus, dass hier ein akuter Mangel an männlichen Arbeitskräften zu verzeichnen war, da etwa zwei Drittel der Personen, welche von den Sowjets verschleppt worden waren, männlichen Geschlechts waren. Auch die Werbungen für die Schutzmannschaften bewirkten, dass in Estland der Mangel an männlichen Arbeitskräften besonders anstieg. Zugleich war aufgrund der Verschleppung der männlichen Bevölkerung zu Beginn der Besatzungszeit der Anteil der weiblichen Arbeitslosigkeit ausgesprochen hoch. Immerhin waren Anfang April 1942 noch immer 13 309 Frauen arbeitslos gemeldet, bei einem entsprechenden Wert von nur 1410 männlichen Arbeitslosen[98]. Daher mussten im Laufe des Jahres 1942 die Frauen in verstärktem Maße die Stellen der männlichen Arbeitskräfte ausfüllen, was im Hinblick auf die ungleichen Löhne eine besondere Belastung für die Frauen bedeutete[99]. Nach Berechnungen der Hauptabteilung Wirtschaft des GK in Reval waren allein 40 000 Männer ins Innere der Sowjetunion verschleppt worden und etwa 20 000 Männer schon im Mai 1942 im deutschen Polizeidienst, so dass zu diesem Zeitpunkt bereits ein Mangel von

96 ERA-R-66.1.212 S. 39–42. Direktor für Landwirtschaft, Durchführungsbestimmungen zur Anordnung über den Einsatz der Städter zu Landarbeiten, 31. 5. 1942; vgl. auch: ERA-R-66.1.212 S. 5–8. Direktor für Wirtschaft und Transportwesen A. Wendt, Verordnung über den zwangsläufigen Landpflichtdienst, 5. 3. 1942; ERA-R-66.1.9 S. 52–56. Direktorium für Wirtschaft und Finanzen, Anordnung über den Einsatz der Städter zu Landarbeiten, undatiert.

97 ERA-R-95.1.5 S. 1 f. Stadtkommissar Reval, Bericht von der Dienstbesprechung des Gebietskommissars mit den Kreisältesten, den Polizeipräfekten und den Selbstschutzführern am 9.9.42, 12. 9. 1942.

98 ERA-R-65.2.102 S. 1–9. GK in Reval Abt. Aso, Statistischer Dienst und Berichterstattung. Monatlicher Lagebericht für März 1942, 10. 4. 1942.

99 „Durch die Verschleppung eines großen Teils der arbeitsfähigen Männer Estlands ist allenthalben schon jetzt ein Mangel an geeigneten Arbeitskräften festzustellen. Diese Tatsache zwingt das Arbeitsamt schon jetzt -und künftig in steigendem Maße –, weibliche Arbeitskräfte zu verpflichten. Die Tarifordnung lässt nur eine 80 %ige Besoldung der Löhne der männlichen Arbeiter für Frauen zu. Es gibt keinen Zweifel, dass beispielsweise in Textilbetrieben die Frauenarbeit eine viel produktivere ist, als sie auf diesem Gebiet von Männern geleistet werden könnte". Aus: ERA-R-65. 1. 2103 S. 22–25. GK in Reval Abt. Aso, Berichterstattung. An: RKO Abt. III Aso, 6. 3. 1942; Zur generellen Benachteiligung der Frauen beim „Arbeitseinsatz" auch in der Ukraine vgl.: Penter, Arbeiten für den Feind in der Heimat: Der Arbeitseinsatz in der besetzten Ukraine 1941–1944, 2004, hier: S. 85.

40 000 Arbeitskräften in der Industrie und 30 000 in der Landwirtschaft bestand[100]. Auch wenn diese Zahlen nur sehr ungefähr die Wirklichkeit widerspiegeln dürften, so bleibt doch festzuhalten, dass die Situation der „Arbeitseinsatzpolitik" in Estland 1942 vor allem dadurch gekennzeichnet war, dass die ehemals arbeitslosen Frauen die Lücken der männlichen Arbeitsstellen zu füllen hatten.

Die Dringlichkeit dieser Maßnahmen ergab sich durch die bereits angesprochene Bedeutung der „kriegsentscheidenden" Wirtschaftszweige in Estland, wie vor allem die 1942 enorm anwachsende Förderung des estnischen Ölschiefers, welche allein 1942 zusätzliche 7000 Arbeitskräfte benötigte[101], sowie die auch in Estland bedeutsame Holz- und Forstwirtschaft, von der die Versorgung der Heeresgruppe Nord in besonderem Maße abhängig war. Hier wurden bis zum Oktober des Jahres 1942 zusätzliche 5000 Arbeitskräfte angefordert[102].

Lage in Lettland:
Eine wesentliche Besonderheit der „Arbeitseinsatzpolitik" in Lettland war die schon mehrfach erwähnte Teilung dieses Generalbezirks in einen aus Sicht der deutschen Besatzungsverwaltung „guten" Teil, nämlich die Regionen Kurland und Livland und den „schlechten" Teil Lettgallen. Diese qualitative Unterscheidung äußerte sich in der „Arbeitseinsatzpolitik" vor allem dadurch, dass die konstatierte Arbeitskräfteknappheit besonders für den „guten" Teil Lettlands festgestellt wurde. Als logische Folge sollten wiederum die Einwohner Lettgallens die Lücken in den anderen Regionen schließen. Diese Praxis hatte allerdings in Form von saisonaler Wanderarbeit auch schon in der Zwischenkriegszeit Tradition besessen[103]. Bereits im Januar erwog das Arbeitsamt Riga, die Engpässe auf dem Arbeitsmarkt in Riga nicht nur durch den Zuzug von lettgallischen Wanderarbeitern auszugleichen, sondern zu dieser Zeit dachte man hier sogar über den „Einsatz" von Personen aus den „altrussischen" Gebieten nach, da die „Reichswerbung" aus diesen Gebieten noch nicht voll angelaufen war[104]. Insgesamt waren 1942 etwa 13 000 lettgallische Saisonarbeiter in

100 ERA-R-65.1.4 S. 59. GK in Reval – HA III, Aktennotiz zur allgemeinen Lage, 13. 5. 1942.

101 ERA-R-65.2.102 S. 1–9. GK in Reval Abt. Aso, Statistischer Dienst und Berichterstattung. Monatlicher Lagebericht für März 1942, 10. 4. 1942; Vgl. auch Abschnitt zu Baltöl.

102 ERA-R-65. 1. 2126 S. 44. Direktor d. Staatsforstverwaltung, Kalkulation über Arbeitskräfte auf dem Gebiete der Waldaufarbeitung für die Zeitspane vom 1.07.42–1.10.42 sowie 1.10.42–1.04.43, An: GK in Reval – Abt. III Fo Ho, 13. 6. 1942; Vgl. auch: ERA-R-65. 1. 2126 S. 58. Staatsforstverwaltung in Estland, Schreiben betr.: Arbeitseinsatz für den Holzeinschlag in der Saison 1942/43, 13. 10. 1942.

103 Vgl. Abschnitt zur Region Lettgallen unter slawischer Betroffenengruppe.

104 „Es ist deshalb die Anwerbung von Arbeitskräften in größerem Umfange aus Lettgallen in Aussicht genommen. Wegen Anwerbung von Arbeitskräften aus dem altrussischen Raum schweben noch Verhandlungen". Aus: BA-R-91.394 u. p. Gebietskommissar in Riga Arbeitsamt, Einsatzbericht. Einsatzlage im Monat Januar 1942, 6. 2. 1942.

den anderen Gebieten Lettlands als Aushilfskräfte hauptsächlich in der Landwirtschaft tätig[105].

Nicht zuletzt wegen der Lettgaller war in Lettland auch eine Verpflichtung zur Landarbeit von Städtern, so wie in Estland, nicht nötig[106].

Ein weiterer Unterschied zu Estland war der in Lettland deutlich geringer Bestand an weiblichen Arbeitslosen[107]. Aus diesem Grunde war der Druck der deutschen Arbeitsverwaltung auf die Zivilbevölkerung hinsichtlich der „Arbeitseinsatzpolitik" auf vergleichbarem Niveau, da in Lettland zwar kein Ölschiefer gefördert wurde, daher also die Anforderungen der Kriegswirtschaft hier vergleichsweise geringer waren, zugleich aber durch das Fehlen der Frauenarbeitslosigkeit auch weniger Reserven vorhanden waren, sodass auch in Lettland 1942 die Zahl der Dienstverpflichtungen für sogenannte allgemeinnützige Saisonarbeiten deutlich zunahm[108].

Allerdings war in Lettland, wie in den anderen Generalbezirken auch, die tatsächliche Anzahl der Arbeitslosen nicht bekannt, da die Erfassung der Bevölkerung auch 1942 noch nicht abgeschlossen war und durch das zeitgleiche Absinken der Arbeitsmoral noch erschwert wurde. Die zwangsweisen Erfassungsmaßnahmen im öffentlichen Raum, die schon im Dezember 1941 ihren Anfang genommen hatten, wurden auch zu Beginn des Jahres 1942 weiter geführt und das Auseinanderdriften von Kooperationsbereitschaft der Zivilbevölkerung und Zwangsmaßnahmen der Besatzungsmacht setzte sich fort:

„Der vorgeschriebenen Meldepflicht kommt nur ein geringer Teil von Arbeitslosen freiwillig nach. Deshalb war wiederholt erforderlich, die Polizei mit der Überprüfung der tagsüber auf den Märkten und in Gaststatten anwesenden männlichen Arbeitskräfte zu beauftragen. Die Arbeitsdisziplin lässt viel zu wünschen übrig. Alle

105 BA-R-9. 2. 1145 u. p. GK in Riga Abt. III Aso, Bericht: Arbeitseinsatz und Rekrutierung 1942 in Lettland in Zahlen, 16. 1. 1943; Vgl. auch: BA-R-9. 2. 1151 u. p. GK in Riga Abt. III e Aso, Lage im Monat Juni 1941 (sic ! 1942). RKO Abt. Aso, 13. 7. 1942.

106 „Allgemein kann von einer Landflucht nicht gesprochen werden, da sie praktisch nicht besteht. Die Beschaffung von Landarbeiterkräften macht -mit Ausnahme von Kurland- keine Schwierigkeiten, wo sich jedoch Schwierigkeiten ergeben, so sind diese rein kriegsbedingt". Aus: LVVA-P-70.2.15 S. 56. Landbewirtschaftungsgesellschaft Ostland m.b.H. Zweigstelle Riga, Schreiben betr.: Landarbeiter. An: Landbewirtschaftungsgesellschaft Ostland m.b.H., 13. 7. 1942.

107 Zur Entwicklung der Arbeitslosenzahlen im zweiten Halbjahr 1942, währenddessen die Gesamtzahl an weiblichen Arbeitslosen den Wert 900 für Gesamtlettland nie überschritt: LVVA-P-989.1.18 S. 1–61. Generaldirektion der Wirtschaft – Arbeitsdepartement, Arbeitsbericht für den Zeitraum vom 01. 07. 1942–31. 12. 1942 (Lettisch), 1942, hier: S. 23; Zu Beginn des Jahres waren es noch 13 791. Siehe: LVVA-P-70.2.72 S. 22–40. GK in Riga Sozialverwaltung, Bericht für die Zeit vom 16.11.-31. 12. 1941, 15. 1. 1942, hier: S. 28.

108 Beispielsweise wurde die gesamte männliche Bevölkerung zwischen 17 und 60 Jahren und die weibliche zwischen 17 und 40 Jahren von der Hafenstadt Libau dazu verpflichtet, an Sonn- und Feiertagen Brennholz zu beschaffen. Siehe Bestimmungen im Einzelnen: LVVA-P-989.3.7 S. 5 f. Geb.K. in Libau Alnor, Anordnung zur Brennholzbeschaffung in Libau (Lettisch), 14. 8. 1942.

Dienststellen der Arbeitseinsatzverwaltung, sowohl als auch die Unternehmen klagen über den Arbeitsunwillen sehr vieler Arbeitskräfte“[109].

Im Gegenzug zu der sich stetig verschlechternden Stimmung der Bevölkerung gelang es der deutschen Arbeitsverwaltung bis zum Ende des Jahres, durch solche Maßnahmen die Erfassungsquote von 156 089 Personen im Januar 1942[110] auf 449 471 Personen am 25. 12. 1942 zu erhöhen[111]. Dabei war der Stand der Erfassung wegen praktischer Gründe in den Städten weiter fortgeschritten als in den ländlichen Regionen. Beispielsweise waren zum Ende des Jahres in Lettgallen noch immer nur 54 164 Personen erfasst, also etwa ein Zehntel der tatsächlichen Einwohnerzahl, während in Riga mit 214 739 Personen schon nahezu alle Einwohner beim Arbeitsamt registriert waren[112].

Die mühsamen Fortschritte der Arbeitsverwaltung bei der Erfassung der Erwerbstätigen ging dabei auch auf den Umstand zurück, dass die beschriebenen Polizeirazzien in der Regel von einheimischen Polizisten durchgeführt wurden, deren Verlässlichkeit aus Sicht der Deutschen im Jahr 1942 deutlich nachgelassen hatte. Daher war auch nach allen Anstrengungen der Arbeitsverwaltung von 1942 die Problemlage Anfang 1943 strukturell noch immer unverändert, beispielsweise was die Idee der Einführung von Arbeitsausweisen betraf. Den geringen Erfolgen der Registrierung stand eine tief sitzende Unwilligkeit der einheimischen Bevölkerung gegenüber:

„Die Zahl der arbeitsunwilligen „Bummelanten“ wird allein in Riga auf über 1500 Menschen geschätzt. Jetzt bietet sich trotz Polizeirazzien und anderen Maßnahmen nur wenig Gelegenheit, dieser Kräftereserven habhaft zu werden, da die Menschen, die tagsüber auf den Straßen und Plätzen zu hunderten angetroffen werden, sich meist nicht darüber ausweisen können, ob sie einer geregelten Arbeit nachgehen. Zum Einsetzen dieser Personen in den Arbeitsprozess bedarf es der Einführung eines Ausweises (Lohnzettel), dessen Einführung bereits dem Herrn Reichskommissar für das Ostland vorgeschlagen worden ist. Bis zur Einführung dieser Ausweise und der Aushändigung an alle Beschäftigten können noch Monate vergehen. Zudem muss sich die Polizei künftig ernsthafter mit diesen Fragen beschäftigen als bisher. Auf die einheimische Polizei können wir uns dabei nicht verlassen“[113].

109 BA-R-91.394 u. p. Gebietskommissar in Riga Arbeitsamt, Einsatzbericht. Einsatzlage im Monat Januar 1942, 6. 2. 1942.

110 Zahl aus: ebd.

111 LVVA-P-989.1.18 S. 1–61. Generaldirektion der Wirtschaft – Arbeitsdepartement, Arbeitsbericht für den Zeitraum vom 01. 07. 1942–31. 12. 1942 (Lettisch), 1942, hier: S. 40. Insgesamt ging die Arbeitsverwaltung dabei von etwa einer Millionen Arbeitskräften in Lettland aus.

112 Ebd., hier: S. 40.

113 BA-R-9. 2. 1145 u. p. GK in Riga Abt. III Aso, Bericht: Arbeitseinsatz und Rekrutierung 1942 in Lettland in Zahlen, 16. 1. 1943.

Im Jahre 1942 setze in Lettland also eine Entwicklung der „Arbeitseinsatzpolitik" vor Ort ein, die in ähnlicher Form auch in den Nachbargeneralbezirke zu beobachten war, und zwar eine parallel verlaufende Erhöhung der passiven Widerstandsbereitschaft der Bevölkerung und ein Anstieg der Repressionsmethoden sowie der planerischen Sollerhöhung des „Arbeitseinsatzes", gleichzeitig allerdings ein Nachlassen der deutschen Möglichkeiten, diese planerischen Vorgaben auch mit exekutiver Gewalt durchzusetzen.

Lage in Litauen – Milder und härter als in Estland und Lettland:
Die strukturelle Situation unterschied sich in Litauen in diesem Punkt nicht von seinen beiden nördlichen Nachbarn. Auch hier erließ die deutsche und litauische Arbeitsverwaltung im Laufe des Jahres 1942 eine Reihe von Verordnungen, die zum einen die Kontrolle über die „Arbeitseinsatzlenkung" sichern, und zum anderen die Produktivität durch Leistungserhöhungen steigern sollte[114]. Doch waren diese Maßnahmen, wie in Estland und Lettland, flankiert von einer stetig nachlassenden Bereitschaft der Bevölkerung, diesen Anordnungen nachzukommen.

Unterschiede im Vergleich zu den nördlichen Nachbarländern bestanden jedoch in der Qualität der „Arbeitseinsatzpolitik". Diese war vergleichsweise sowohl milder als auch härter als in Estland und Lettland: Milder, weil die Arbeitslosigkeit in Litauen langsamer zurückging als in Estland und Lettland und daher noch länger Arbeitskräftereserven vorhanden waren, so dass die Dringlichkeit der deutschen Maßnahmen weniger unmittelbar war. Auf der anderen Seite nahmen die Litauer, wie bereits häufiger erwähnt, aus Sicht der deutschen Besatzer von vorn herein einen weniger wertvollen Platz in den deutschen Planungen ein, weshalb auf sie auch in der „Arbeitseinsatzplanung" weniger Rücksicht genommen wurde. Diese Benachteiligung Litauens hatte bereits 1941 eingesetzt, besonders sichtbar an der niedrigeren Lohnstufe Litauens und Lettgallens im Vergleich zu Estland und Lettland. Diese Lohnpolitik setzte sich 1942 fort, was den vergeblichen Protest der litauischen Verwaltung provozierte[115]. Auch das negative Bild von dem Litauer an sich setzte sich als Roter Faden der deutschen „Arbeitseinsatzpolitik" 1942 fort. Zum Beispiel beschrieb die Zweigstelle Kauen der Landbewirtschaftungsstelle Ostland die strukturell gleichen

114 LCVA-R-634.1.5 S. 75. GK in Kauen gez. Nabersberg, Durchführungsbestimmung zur Verordnung über die Einstellung und Kündigung von Arbeitskräften sowie Verhinderung von Vertragsbruch und Abwerbung vom 22. 12. 1941, 15. 9. 1942; LCVA-R-634.1.4 S. 16. Generalrat für Arbeit und Sozialwesen gez. Dr. Paukstys, Anordnung ueber de Beschaeftigung als Transporthelfer, 7. 5. 1942.

115 „Die Einstufung einiger Angestelltengruppen in Litauen niedriger als in Lettland, entbehrt jeglicher politisch-rechtlich sowie wirtschaftlicher Grundlage und ist der litauischen Allgemeinheit unverständlich". Aus: LCVA-R-625.1.28 S. 104–106. Generalrat für die Finanzverwaltung Matulionis, Schreiben betr.: Anordnung über die Gehaltsbezüge einheimischer Angestellten vom 15.11.41. An: GK für Litauen, 14. 2. 1942.

Probleme der mangelnden Arbeitsmoral und der fehlenden Arbeitskräfte in der Landwirtschaft in Litauen wie in anderen Wirtschaftszweigen. In Litauen wurde diese Problemanalyse jedoch noch mit dem qualitativen Urteil über den „litauischen" Volkscharakter" ergänzt, der eine entsprechende Behandlung der Bevölkerung nach sich zog:

„Grundsätzlich muss leider festgestellt werden, dass hier (in Litauen, Anmerkung T.P.) der Landarbeiter von jeher und besonders heute von schlechtester Qualität ist. Die Arbeitsleitungen sind denkbar klein und stehen in keinem Verhältnis zu denen in anderen Ländern. Es müsste also vorerst alles getan und ausgewertet werden, um die Arbeitsleitung zu erhöhen. Es wäre sehr wesentlich, hier Akkordarbeit zu popularisieren und einzuführen"[116].

Tatsächlich führte die deutsche Arbeitsverwaltung die Akkordarbeit in Litauen ein[117], was dem oben skizzierten Problemschema entspricht, denn zugleich erhöhte sich der Wille zur Mehrarbeit keinesfalls. Beispielsweise beklagte sich ein deutscher Unternehmer, dass in einigen Betrieben über 50 Prozent der Belegschaft fehle. Darüber hinaus besäßen die entsprechenden Personen ärztliche Atteste, die von einheimischen Ärzten allzu leichtfertig ausgestellt seien – ein Phänomen, das auch von der Arbeitsverwaltung in Lettland mehrfach kritisiert wurde[118]. Zudem verzeichnete die Eisenbahndirektion Wilna allein innerhalb von drei Monaten im Herbst 1942 1562 „Arbeitsflüchtige"[119]. Ein Zeichen für die deutsche exekutive Schwäche ist in diesem Zusammenhang, dass der KdS im darauffolgenden Monat Dezember nur 45 Festnahmen und acht KZ-Einweisungen aufgrund von „Arbeitsverweigerung" meldete[120]. Setzt man diese Zahlen der Festnahmen mit denen der „Arbeitsflüchtigen" in Beziehung, so erscheint die Zahl der Festnahmen relativ gesehen gering zu sein.

Eine ähnliche Diskrepanz zwischen repressiven Anordnungen zur Erlangung der Kontrolle über den „Arbeitseinsatz" und der Praxis war in der Landwirtschaft zu beobachten. Während in Estland die Verordnung der Städter zu Landarbeitern und in Lettland der „Einsatz" von Lettgallern und Kriegsgefangenen die Erntearbeiten sicherstellten, erließ die litauische „Landeseigene Verwaltung" ebenfalls Verordnungen über die allgemeine Dienstverpflichtung zum „Einsatz" in der Land- und Torfwirtschaft, die unter anderem den „Einsatz" von Jugendlichen ab 14 Jahren festleg-

116 LVVA-P-70.2.15 S. 10. Landbewirtschaftungsgesellschaft Ostland m.b.H. Zweigstelle Kauen, Schreiben betr.: Landarbeiter. An: Landbewirtschaftungsgesellschaft Ostland m.b.H., 26. 6. 1942.

117 LCVA-R-634.1.6 S. 129. Pressenotiz: Einführung von Akkordarbeit, 13. 6. 1942.

118 LCVA-R-615.1.188 S. 1. Baumaterialientrust in Kauen Kommissarischer Verwalter, Monatsbericht August 1942. An: GK in Kauen, 30. 8. 1942.

119 LCVA-R-626.1.44 S. 309–311. Eisenbahnbetriebsdirektion 3 Wilna Verwaltungsamt, Schreiben betr.: Arbeitsflucht. An: GK in Kauen, 17. 11. 1942.

120 LCVA-R-1399.1.32 S. 39. KdS Litauen, Lagebericht der Abteilungen IV und V für die Zeit vom 1.12.42–31.12.42. Statistische Angaben, 31. 12. 1942.

ten[121]. Ähnlich wie im folgenden Jahr die Werbung zur Legion scheiterte diese allgemeine Dienstverpflichtung jedoch auf breiter Ebene, was nicht unbedingt gleichbedeutend mit einer nicht eingebrachten Ernte sein musste. Denn es meldeten sich zwar in ganz Litauen nur 2110 Personen bei den zuständigen Behörden der litauischen Arbeitsverwaltung, aber der überwiegende Teil der Erntearbeiter hatte ohne vorherige Registrierung in der Landwirtschaft gearbeitet[122]. Mit dem Ergebnis konnte die Arbeitsverwaltung in diesem Fall zufrieden sein, nur hatte sie eben nicht die Kontrolle über den „Arbeitseinsatz". Auch hier zeigt sich, dass in Litauen die „Arbeitseinsatzpolitik" milder und härter zugleich als in den beiden nördlichen Generalbezirken sein konnte, da insgesamt 1942 noch vergleichsweise mehr Arbeitskräfte vorhanden waren, so dass sich der „Arbeitseinsatz" mitunter auch ohne „Arbeitseinsatzlenkung" gestalten konnte. Dort jedoch, wo die Interessen der Bevölkerung nicht mit denen der Arbeitsverwaltung konform gingen, konnte die Arbeitsverwaltung auch mit den Ergebnissen nicht zufrieden sein. Dies betraf im Sommer 1942 die Torfgewinnung, zu der die einheimische Bevölkerung ebenso verpflichtet war, wie zur Ernteeinbringung. Doch hier beklagte sich die zuständige Ostgesellschaft über „dauernd absinkende Arbeitsleistung" und über „völlig unzureichende" Arbeitskräfte. Den Grund für diesen Kontrollverlust über die „Arbeitseinsatzplanung" sah selbiger Berichterstatter des Baumaterialientrust in den fehlenden exekutiven Mitteln, von denen bereits die Rede war. Er verglich das deutsche Vorgehen der Arbeitsverwaltung und deren Strategie der Erhöhung der Anforderungen 1942 mit einem „Gewehr ohne Kugel":

„Derjenige, auf den das Gewehr angelegt ist, merkt bald, wenn es nicht geladen ist"[123].

Daher mahnte er ausdrücklich, den Bau des geplanten Zwangsarbeiterlagers in Litauen zu beschleunigen:

„Die Androhung des Zwangsarbeitslagers erschrickt niemanden mehr, da er weiß, dass die Ausführung dieser Drohung auf sich warten lässt bezw. überhaupt nur in einer Vermittlung zu einer anderen Arbeitsstelle besteht ..."[124].

121 LCVA-R-625.1.51 S. 47. Generalrat für Arbeit und Sozialwesen gez. Dr. Paukstys, Anordnung über Erntehilfe und Arbeitspflicht in der Landwirtschaft, 11. 8. 1942; LCVA-R-634.1.4 S. 251–253. Generalrat für Arbeit und Sozialwesen gez. Dr. Paukstys, Anordnung über die Arbeitspflicht in der Brennstofferzeugung, Landwirtschaft und dem Verkehrswesen im Generalbezirk Litauen, 17. 6. 1942; LCVA-R-626.1.29 S. 74. GK in Kauen gez. Nabersberg, Anordnung über die Deckung des Kräftebedarfs in der Landwirtschaft, 13. 3. 1942.

122 „Ein großer Erfolg ist von dieser Aktion (Verordnung zur Dienstverpflichtung in der Landwirtschaft, Anmerkung T.P.) nicht zu erwarten, da ein großer Teil der städtischen Bevölkerung freiwillig auf das Land abgewandert ist. Andererseits wird hierdurch auch ein Teil des Bedarfes an Landarbeitern gedeckt". Aus: LVVA-P-70.2.15 S. 94. GK in Kauen HA III Aso, Schreiben betr.: Bedarf an Arbeitskräften der Landwirtschaft im Generalbezirk Litauen. An: RKO, 26. 8. 1942.

123 LCVA-R-615.1.188 S. 1. Baumaterialientrust in Kauen Kommissarischer Verwalter, Monatsbericht August 1942, 30. 8. 1942.

124 Ebd.

Die Metapher des Gewehrs ohne Kugel charakterisiert zwar treffend das taktische Problem der nationalsozialistischen „Arbeitseinsatzpolitik" in den baltischen Ländern, es sollte aber zugleich nicht vergessen werden, dass das Gewehr gelegentlich eben doch geladen war. Die angeführten Zwangsmaßnahmen, die schon 1941 begonnen hatten, setzten sich 1942 fort und verstärkten sich noch. Allerdings gelang es der „Arbeitseinsatzlenkung" nicht, die Kontrolle über die Bevölkerung in ihrer Gesamtheit zu erlangen. Von den Zwangsmaßnahmen waren immer nur einzelne betroffen, so dass sich eine umfassende Abschreckung der Gesamtbevölkerung, so wie es sich die Befürworter der Zwangsmaßnahmen erhofft hatten, nicht einstellte.

3.1.2.2 Rekrutierungen zum „Reichseinsatz" 1942 – Zwischen „Reichsarbeitsdienst" und Sauckelaktionen

Die Winterkrise 1941/1942 der deutschen Wehrmacht in Russland bewirkte nicht nur die beschriebenen Folgen für die „Arbeitseinsatzpolitik" in den baltischen Generalbezirken. Entscheidender war die strategische Umstellung der Blitzkriegsstrategie auf einen Abnutzungskrieg für die Rekrutierung von Arbeitskräften aus dem Baltikum in das Reich und andere auswärtige Gebiete. Während 1941 noch sporadisch in Litauen und in geringem Maße auch in Estland für einen kurzfristig angelegten „Arbeitseinsatz" im Reich Arbeitskräfte, dezentral gelenkt, angeworben worden waren, so waren die Veränderungen auf diesem Gebiet im Jahre 1942 von weitreichender Bedeutung. Das „Menschenpotential" des Baltikums kam nun in den Blick einer zunehmend zentral gesteuerten systematischen „Arbeitseinsatzpolitik", welche die größtmöglichen Ergebnisse an rekrutierten Arbeitskräften zu erzielen versuchte[125]. Da dieser organisatorische Prozess nicht ganz ohne Komplikationen ablief und die Bevölkerung des Baltikums ethnisch und wirtschaftlich sehr heterogen war, gestaltete sich die Praxis der Rekrutierungen im Laufe des Jahres 1942 in den drei Generalbezirken höchst unterschiedlich. Die Grundlinie der Idee einer größtmöglichen Ausnutzung der vorhandenen Arbeitskräfte blieb jedoch das ganze Jahr hindurch und in allen drei Ländern das bestimmende Motiv der „Arbeitseinsatzpolitik". Die wichtigsten Erscheinungsformen der Rekrutierungen 1942 waren dabei die Arbeit der Kommission Anfang 1942 und deren Übergang in die „Sauckelaktionen", einschließlich der sogenannten „Junglandwirteaktion", die Werbungen für den RAD, die Werbungen der Wehrmacht um Transporthelfer und sogenannte Panjefahrer, Frauen- und Hausmädchenanwerbungen im Rahmen der Sauckelprogramme

125 Herbert, Fremdarbeiter, 1999, S. 173; Spoerer, Zwangsarbeit unter dem Hakenkreuz, 2001, S. 73–75; Müller, Die Rekrutierung sowjetischer Zwangsarbeiter für die deutsche Kriegswirtschaft, 1991c, S. 237.

und der Versuch der Einbindung der Jugend mittels der nationalsozialistischen Weltanschauung in den Arbeitsprozess.

Frühe Tätigkeiten der Kommissionen:
Die ab Mitte Dezember in den baltischen Generalbezirken anwesenden Kommissionen[126] konzentrierten ihre Tätigkeit zunächst auf die Musterung der Kriegsgefangenen. Da der gesundheitliche Zustand der Kriegsgefangenen zu diesem Zeitpunkt auf einem Tiefpunkt angelangt war und das sich ausbreitende Fleckfieber in den Kriegsgefangenenlagern eine Quarantäne notwendig machte, verliefen die ersten Monate der Kommissionen ohne große Erfolgsmeldungen hinsichtlich des Abtransports von Kriegsgefangenen ins Reich. Umso mehr bemühten sich die Kommissionen, zivile Arbeitskräfte für den „Reichseinsatz" zu gewinnen. Da diese Anwerbungen zu diesem Zeitpunkt noch freiwillig waren, nahmen sich auch diese „Erfolge" gering aus. Die ersten Transporte von estnischen Frauen, die aufgrund der dortigen hohen Frauenarbeitslosigkeit immerhin einen gewissen Anreiz hatten, sich freiwillig zu melden, verließen im Februar das Baltikum[127]. Schon im Vormonat hatte die Rüstungsinspektion darauf hingewiesen, dass neben den estnischen Frauen auch Personen aus dem Wilnagebiet für eine „Reichswerbung" bereit stünden, da dort eine hohe Arbeitslosigkeit vorherrsche, welche nur durch Verschickung ins Reich zu bekämpfen sei. Dementsprechend verließen im Februar neben den estnischen Frauen auch etwa 1000 litauische Arbeitskräfte aus Wilna den Generalbezirk in Richtung Reich[128]. Im Folgemonat begannen dann etwas verspätet die ersten Transporte der Kommissionen Nordmark und Pommern den Generalbezirk Lettland zu verlassen, so dass die eigentlichen Deportationen von zivilen Arbeitskräften hier erst nach der Ernennung Sauckels begannen[129]. Bis zu ihrer Auflösung hatte die Kommission Nordmark

126 Vgl. Abschnitt zu den Kommissionen.

127 BA-RW-30.13 u. p. Rüstungsinspektion Ostland, Lagebericht für den Monat Februar 1942, März 1942, ohne Zahlenangabe. Da in diesen Berichten Zahlenangaben mit einem Wert von größer als Tausend stets angegeben sind, dürfte es sich bei diesem Transport von estnischen Frauen um einen Wert unter Tausend gehandelt haben.

128 Ebd.; Überblick zu den Transporten der Kommission Hessen aus Wilna ins Reich bei: Karner u. a., Zwangsarbeit in der Land- und Forstwirtschaft auf dem Gebiet Österreichs 1939 bis 1945, 2004, S. 147.

129 Siehe: IfZ-MA.202 S. 1290 f. Leiter der Anwerbekommission Pommern des GBA, Benachrichtigung betr.: Mitteilungen über abgefertigte Transporte. An: GK in Riga, 18. 6. 1942; Widersprüchliche Angaben allerdings von der Rüstungsinspektion Ostland: Demnach verließen bereits im März 1124 männliche und 405 weibliche Arbeitskräfte Lettland. Nach ersterer Quelle waren es nur 72 männliche und 153 weibliche Arbeitskräfte im März, wobei die Angaben zur Zahl der abtransportierten Kriegsgefangenen übereinstimmen (etwa 5500); Vgl.: BA-RW-30.13 u. p. Rüstungsinspektion Ostland, Märzbericht 1942 der Rü In Ostland, 8. 4. 1942.

7250[130], und die Kommission Pommern 8406[131] zivile Arbeitskräfte aus Lettland ins Reich entsendet, wobei Doppelzählungen nicht auszuschließen sind, da in den Auflistungen der Kommission Pommern mehrere Transporte genannt sind, die in die Nordmark geleitet wurden[132]. Der größte Teil dieser Deportierten ist schon im Zusammenhang mit der ersten Sauckelaktion zu sehen und somit nicht mehr als freiwillige Rekrutierung zu bezeichnen.

Junglandwirte:

Da unter den zivilen Arbeitskräften die Zahl der freiwilligen Meldungen weit hinter den Erwartungen der Kommissionen zurückblieb, verfolgten die Kommissionen im Frühjahr 1942 zunächst den Plan, sogenannte „Junglandwirte" ins Reich zu schicken. Es handelte sich dabei um diejenigen Landwirte, die unter der Herrschaft der Sowjets 1940/1941 Land zugewiesen bekommen hatten, das ihnen nun wieder genommen wurde. Sie galten in den Augen der „landeseigenen" Kräfte und der deutschen Zivilverwaltung als Nutznießer des Sowjetsystems und somit als Gegner der nationalsozialistischen Herrschaft. Aus Lettland allein war die Endsendung von 3000 Junglandwirten geplant worden[133]. Da nach der Ernennung Sauckels die sofortige Rekrutierung von Arbeitskräften Vorrang hatte, wurde die „Junglandwirteaktion" abgebrochen und nicht vollständig zu Ende geführt. Insgesamt verließen Lettland immerhin etwa 2500 „Junglandwirte"[134].

130 Aus: IfZ-MA.202 S. 1287–1289. Anwerbekommission Nordmark des GBA, Tätigkeitsbericht für die Zeit vom 2.6.-14.6.42, 14. 6. 1942.

131 Aus: IfZ-MA.202 S. 1290 f. Leiter der Anwerbekommission Pommern des GBA, Benachrichtigung betr.: Mitteilungen über abgefertigte Transporte, 18. 6. 1942.

132 Insbesondere ist die Doppelzählung der 3000 Personen wahrscheinlich, die während der „Lettgallenaktion" im Zuständigkeitsbereich der Kommission Pommern rekrutiert wurden, also Bestandteil der 8406 aus dieser Region rekrutierten Personen sein dürften, zugleich aber der Kommission Nordmark zugesprochen worden waren, und somit auch in deren „Ergebnisliste" (7250 Personen) integriert worden sein dürften. Siehe dazu: „Die Sitzung am 2.5. unter dem Vorsitz des Generalkommissars Staatsrat Dr. Drechsler hatte als Ergebnis die Feststellung, dass die Forderung des Generalbevollmächtigten für den Arbeitseinsatz auf Gestellung von 8000 Arbeitskräften im Monat Mai aus dem Bezirk Lettgallen zu erfüllen sei. 5000 der Kräfte sind für Pommern und 3000 für die Nordmark bestimmt". Aus: BA-R-9. 2. 1155 u. p. Anwerbekommission Nordmark des GBA, Tätigkeitsbericht für die Zeit vom 1. bis 14. 5. 1942, 15. 5. 1942.

133 BA-R-9. 2. 1155 u. p. Kommission Nordmark, Tätigkeitsbericht der Kommission Nordmark für die Zeit vom 11.2. – 20. 2. 1942., 20. 2. 1942; Herbert, Fremdarbeiter, 1999, S. 185.

134 Siehe einzelne Ergebnisberichte: IfZ-MA.202 S. 1146. Kommission Nordmark, Vermerk betr.: Einsatz von zivilen Arbeitskräften zu Gunsten des Arbeitseinsatzes im Altreich. Einsatz von Junglandwirten, 16. 3. 1942; BA-R-9. 2. 1155 u. p. Anwerbekommission Nordmark des GBA, Tätigkeitsbericht für die Zeit vom 1. bis 14. 5. 1942, 15. 5. 1942; BA-R-9. 2. 1155 u. p. Anwerbekommission Nordmark des GBA, Tätigkeitsbericht für die Zeit v. 15.5. bis 31.5.42, 2. 6. 1942; Vgl. auch: Kangeris, Nodeva reiham. Latvijas ģenerālapgabala iedzīvotāji darbos Lielvācijā, 1990b, hier: S. 38.

Panjefahrer für die Wehrmacht:
Neben der „Junglandwirteaktion" stellten die Forderungen der Wehrmacht im Frühjahr 1942 die ersten großen Rekrutierungen von Zivilarbeitern zum „Arbeitseinsatz" außerhalb des heimischen Wohnortes dar. Eine besondere Rolle spielten dabei die Panjefahrer zur Unterstützung der Logistik der Wehrmacht. Auch diese Forderungen überschnitten sich zeitlich mit den ersten Planungen der Ersten Sauckelaktion, doch verließen 1942 etwa 10000 Männer als Panjefahrer das RKO in Richtung Ostfront[135], davon allein 3000 aus Lettland[136]. In Litauen traten bei diesen Anwerbungen bereits erste Anzeichen von Widerstand auf. Im Bericht über die Gründe und Ursachen der gescheiterten Legionsgründung ein Jahr später weist der Autor auf die erheblichen Schwierigkeiten bei den Rekrutierungen für die Wehrmacht hin:

„Schon einmal, und zwar im Mai/Juni 1942, sind in Litauen über 8000 Transporthelfer für die Wehrmacht ausgehoben worden. Schon damals griff die Erscheinung der Drückebergerei weit um sich. Da viele Gemusterte, die von der Wehrmacht anschließend an die Musterung einige Tage Urlaub erhielten, zum Gestellungstermin nicht erschienen, ging die Wehrmacht dazu über, die Männer von der Musterung weg unter verschärfter Bewachung zu Kasernen abzuführen und bis zum Abtransport festzuhalten. Das führte z. B. in Kauen dazu, dass sich an den Kasernen eine Volksmenge aus Angehörigen staute, die sich mit den abgesperrten Verpflichteten durch die Fenster mit Hilfe der Zeichensprache zu verständigen suchten, dass sich z. B. in Mariampol ein Demonstrationszug von nahezu 1000 Personen bildete, gegen den die Wehrmacht ein Maschinengewehr in Stellung brachte und der im letzten Augenblick ohne Blutvergießen aufgelost werden konnte. Das fuhrte schließlich dazu, dass gegen die Deutschend der Vorwurf erhoben wurde, sie verschleppten die Litauer ebenso wie die Bolschewiken, obgleich die Litauer dieses Verhalten der Wehrmacht sich selbst zuzuschreiben haben"[137].

Zu betonen ist im Hinblick auf die Inanspruchnahme der einheimischen Arbeitskräfte für die deutsche Besatzungsmacht, dass für den „Einsatz" für die Wehrmacht vor allem der geographische Aspekt der Region des Baltikums eine Rolle spielte. Diese Männer mussten an der Ostfront für die Wehrmacht arbeiten, weil sie im Hinterland der Front lebten, und so die Rekrutierung wenig aufwendig war. Die Region des Baltikums zeichnete sich jedoch innerhalb der nationalsozialistischen „Arbeitseinsatzpolitik" neben dem geographischen Aspekt auch durch politische und rassenideologisch bedingte Besonderheiten aus.

135 LVVA-P-69.2.7 S. 126. RKO Abt. III Aso, Verlust des Ostlandes an Arbeitskräften seit dem Russeneinmarsch 1940, 1. 10. 1942.

136 IfZ-MA.202 S. 1198 f. GK in Riga Abt. III Aso, Besprechung vom 29.4.42. Gegenstand: 1. Abgabe von Kräften ins Reich 2. Bereitstellung von 3000 Panjefahrern, 4. 5. 1942.

137 LCVA-R-615.1.12 S. 2–14.GK in Kauen, Übersicht über den Verlauf der Musterungen in Litauen, 9. 5. 1943.

„Reichsarbeitsdienst“ und Jugendorganisation[138]*:*

Jugendorganisation:
In diesem Zusammenhang ist die Werbung zum RAD zu sehen, welche wegen der rassenideologischen Komponenten dieses „Einsatzes“ hauptsächlich die baltischen Mehrheitsbevölkerungen betraf. Auch dieses Thema verdeutlicht, dass die nationalsozialistische „Arbeitseinsatzpolitik“ im Baltikum sich deutlich von der Situation in Weißruthenien unterschied, das von den Werbungen zum RAD ausdrücklich ausgeschlossen war[139]. Neben dem Aspekt des „Arbeitseinsatzes“ handelte es sich in diesem Kontext vor allem um die Verwirklichung der nationalsozialistischen Fernziele wie der Germanisierung und der Eindeutschung weiter Teile der rassisch „wertvollen Elemente“. Um dieses Fernziel erreichen zu können, waren für diese Maßnahmen insbesondere die jugendlichen Arbeitskräfte von Bedeutung[140]. Daher ist die Werbung für den RAD unlöslich mit der nationalsozialistischen Jugendpolitik im Baltikum zu verstehen[141], was nicht zuletzt für die rassisch als besonders „wertvoll“ erachtete estnische Jugend galt[142]. Von zentraler Bedeutung für die deutsche Besatzungsmacht war hierbei der propagandistische Zweck, die Kontrolle über die Jugendlichen zu erlangen, da die Deutschen den „landeseigenen“ Kräften gegenüber misstrauisch waren:

„Es ist nicht damit zu rechnen, dass von Seiten der landeseigenen Behörden eine große Bereitwilligkeit zur Schaffung und Unterstützung der Jugendorganisationen, wie sie geplant sind, gezeigt wird“[143].

Da die Kontrolle über die gesamte Jugend schwer durchzuführen war und außerdem den Protest der einheimischen Bevölkerung verursacht hätte, strebte RKO Lohse nur die propagandistische Lenkung einer Elite an, die wiederum zu einem spä-

138 Vgl. auch Abschnitt zu rassepolitischen Zielen der Zivilverwaltung. Auch: Myllyniemi, Die Neuordnung der baltischen Länder 1941–1944: Zum nationalsozialistischen Inhalt der deutschen Besatzungspolitik, 1973, S. 191–194.

139 „Weißruthenien wird also nicht einbezogen werden“. Aus: LCVA-R-614.1.745. GK in Kauen Abt. Aso, Schreiben betr.: Werbung von Freiwilligen für den RAD. An: Gebietskommissare des GK Litauen, 5. 6. 1942.

140 Zur nationalsozialistischen Jugendarbeit in Estland und Lettland siehe: Alenius, Estonian Youth Movements under German Occupation 1941–1944, 2003; Isberg, Zu den Bedingungen des Befreiers, 1992, S. 91–95; L. Ozola, Die Lettische Jugendorganisation und die damit verbundenen Pläne Nazi-Deutschlands 1942–1945 (Lettisch), in: Ainars Bambals (Hg.), Komunistu un nacistu juga, Riga 2001, S. 157–165.

141 ERA-R-65.1.45 S. 119. GK in Reval Abt. II Jugend, Schreiben betr.: Jugendarbeit und Reichsarbeitsdienst. An: RKO, 24. 10. 1942.

142 Siehe dazu: ERA-R-65.1.45 S. 83–86. GK in Reval Abt. II Jugend, Schreiben betr.: Studien-und Schulungsfahrt der estnischen Jugendführer nach Deutschland. An: RKO, 18. 9. 1942; ERA-R-65.1.45 S. 123. GK in Reval Abt. II Jugend, Schreiben: „Estnische Jugend“ – Organisation. An: RKO, 26. 10. 1942.

143 LVVA-P-70.5.17 S. 2–11. RKO Abt. II Jugend gez. Lohse, Schreiben betr.: Bildung von Jugendorganisationen. An: GK in Riga / Reval / Kauen, 5. 3. 1942.

teren Zeitpunkt dazu bestimmt war, selbst weitere Kreise ihrer Gesellschaft für nationalsozialistische Ziele zu begeistern[144]. Weil neben den nationalsozialistischen Fernzielen 1942 vermehrt das Problem des Arbeitskräftemangels das Tagesgeschäft der Besatzungsverwaltung bestimmte, verband die deutsche Zivilverwaltung Fern- und Nahziele in diesem Punkt derartig, dass Abiturienten, wenn sie studieren wollten, zunächst ein „freiwilliges" Jahr beim RAD in Deutschland abzuleisten hatten[145]. Trampedach ging sogar so weit, den Schülern das Abitur schenken zu wollen, um so die Zahl der studierwilligen RAD-Jugendlichen zu erhöhen[146]. Auf diese Weise sollten zwei Ziele zugleich erreicht werden: Erstens die Deckung des Arbeitskräftebedarfs im Reich, und zweitens die Erfassung und Beeinflussung der zukünftigen Elite der Bevölkerung des Baltikums. Diejenigen, welche für den RAD aus rassischen Gründen nicht geeignet waren, mussten ebenfalls ein Jahr unter schlechteren Bedingungen den sogenannten Ausgleichsdienst leisten, der mit etwas Glück in der Heimat abgeleistet werden konnte, da hier der propagandistische Effekt wegfiel[147]. Ein weiteres Mittel, Schüler in das Reich zu locken war die Schließung von Schulen, um den Druck auf die einheimischen Schüler zu erhöhen, sich für die Fortführung ihrer Ausbildung ins Reich zu begeben[148].

„Reichsarbeitsdienst" – „Arbeitseinsatz" vor dem Hintergrund rassenideologischer Fernziele:

Die „auserwählten" rassisch „Wertvollen" kamen in spezielle RAD-Lager in Deutschland, wo sie neben dem „Arbeitseinsatz" auch propagandistisch beeinflusst werden sollten, was in erster Linie einer halbmilitärischen Grundausbildung gleichkam. Der „Arbeitseinsatz" beim RAD eignet sich wie kaum ein anderes Beispiel, den Kontrast von normativen Vorgaben und der Praxis der „Arbeitseinsatzpolitik" im Baltikum zu verdeutlichen. Während dieser Dienst von den deutschen Planern als eine Art Eliteförderung verstanden wurde und die Berichte über den Zustand und die Stimmung der Dienstleistenden in Deutschland von begeisternder Natur sind, lesen sich die

144 Ebd.

145 BA-R-90.202 u. p. Tevija, „Wichtige Anordnung für Abiturienten" (Lettisch), 2. 3. 1943; BA-R-90.202 u. p. Revaler Zeitung, „Abiturienten im Einsatz"., 14. 5. 1943; Siehe auch: Leonīds Siliņš, Nacistiskās Vācijas okupanti: mūsu tautas lielās cerības un rūgtā vilšanās, Rīga 2001, S. 63–65.

146 LVVA-P-70.3.12 S. 4. RKO Abt. II Politik gez. Trampedach, Schreiben betr.: Meldung von einheimischen Schülern für den Reichsarbeitsdienst, 19. 5. 1942.

147 LVVA-P-961.1.43 S. 3. Saimniecības Generaldirekcija Darba Departaments gez. Mežasargs, Rundschreiben betr.: Ausgleichsdienst (Lettisch). An: Verteiler, 1. 12. 1942.

148 LVVA-P-1018.1.102 S. 4 f. RMfdbO Abt. III Wi., Aktenvermerk betr.: Einsatz höherer Schüler aus Litauen, Lettland und Estland als Lehrlinge im Reich, 30. 10. 1942.

Aussagen der einheimischen Augenzeugen in einer anderen Tonart[149]. In einem deutschen Bericht über einen Besuch bei litauischen RAD-Leistenden in Deutschland heißt es hierzu:

„Nach etwa 10 Minuten kehren die Männer von ihrem Frühsport zurück. Der Schlaf ist vertrieben, die Gesichter von der frischen Morgenluft gerötet, die Augen aber schauen blank und muntere Scherzworte rufend verschwinden die Männer in ihren Truppenstuben. ... Wir treffen die Männer wieder beim gemeinsamen Frühstück. Dabei stellen wir fest, dass der Appetit genau so groß ist, wie das Frühstück gut und reichhaltig ist. ... Wir verlassen die Abteilung wieder, alle von einem Gedanken beseelt, einen Blick in das Leben und Wirken dieser litauischen Freiwilligen getan zu haben, die für ihre Entschlussfreudigkeit durch das Erleben des Reichsarbeitsdienstes reichhaltig entschädigt werden“ [150].

Diese idyllisch-romantisch gefärbten Berichte hatten zumindest den Effekt, dass Einheimische sich tatsächlich zum RAD meldeten – jedoch nicht unbedingt, weil sie den Inhalt dieser Berichte glaubten. Denn die zeitgleich stattfindenden Rekrutierungen durch die Kommissionen führten spätestens nach der Ernennung Sauckels auch dazu, dass sich Personen freiwillig zum RAD meldeten, um diesen Rekrutierungen zu entgehen – dies umso mehr, wenn sie aus solchen Regionen stammten, die besonders von den Sauckelaktionen betroffen waren[151]. Auch wenn hierdurch nichts über den tatsächlichen Zustand in den RAD-Lagern ausgesagt ist, so ist doch feststellbar, dass der RAD immerhin weniger abschreckend als die Sauckelwerbungen war und so die Deutschen ein weiteres Mittel besaßen, „Freiwilligkeit“ zu erzeugen. Durch die Parallelität mehrerer Rekrutierungsmethoden meldeten sich die betroffenen Einheimischen zu demjenigen „Arbeitseinsatz“ freiwillig, von dem sie sich die günstigsten Bedingungen erhofften.

Ungeachtet der tatsächlichen Umstände in den RAD-Lagern und der Methoden der Rekrutierungen bestand zumindest anfänglich ein ernstzunehmender Vorzug des RAD darin, dass diese Männer vertraglich ein Jahr zu dienen hatten und zumindest der erste 1942 gemusterte Jahrgang auch wirklich wieder ins Baltikum zurück-

149 Beispiele dieser Art in: Siliņš, Nacistiskās Vācijas okupanti: mūsu tautas lielās cerības un rūgtā vilšanās, 2001, S. 76; J. Ķērpa, Latvju zēni vācu darba dienestā, in: Kaŗa invalids 31. 1986, S. 63–68.

150 LCVA-R-634.1.6 S. 34–36. Feldmeister Pfitzenmeier, Zeitungsartikel. Besuch bei den litauischen Freiwilligen für den Reichsarbeitsdienst, 8. 5. 1942; Vgl. auch: LCVA-R-634.1.6 S. 47 f. Feldmeister Pfitzenmeier, Zeitungsartikel. Litauische RAD-Freiwillige berichten von ihren ersten Erlebnissen, 7. 5. 1942; oder die Zeitungsartikel: LCVA-R-634.2.9 S. 101 f. Nachrichtenbüro Litauen Ostlandnachrichten, Zeitungsartikel. „Arbeit und Sport, ein gutes Training für uns“, sagen RAD-Urlauber aus dem Reich, 14. 6. 1944; LCVA-R-634.2.9 S. 110 f. Nachrichtenbüro Litauen Ostlandnachrichten, Zeitungsartikel. „Arbeit fängt an zu blühen“, 7. 6. 1944.

151 Eine solche Konstellation ergab sich beispielsweise in Litauen, während die von den Sauckelaktionen stark betroffene Region Lettgallen ausdrücklich von der RAD-Werbung ausgenommen war. LCVA-R-626.1.29 S. 42. Gebietskommissar Wilna-Land, Schreiben betr.: Werbung für den RAD. An: Arbeitsamt Wilna, 25. 2. 1942.

gelangte[152]. Beispielsweise berichtete das Arbeitsamt in Wolmar diesbezüglich:

„Die aus dem RAD entlassenen jungen Männer wurden wieder in den Arbeitsprozess eingegliedert"[153].

Ausdrücklich sollten die Arbeitsämter dafür Sorge tragen, dass diese ehemaligen RAD-Leistenden nicht in die Fänge der Sauckelbehörden gerieten[154]. Allerdings achtete die Arbeitsverwaltung akribisch darauf, die einmal erfassten ehemaligen RAD-Männer auch weiterhin im deutschen Interesse zu beschäftigen[155]. Zu diesem Zweck legte die deutsche Arbeitsverwaltung über jeden RAD-Abgänger einen Beurteilungsbogen an, in dem das „Bild der Persönlichkeit" des Betreffenden anhand von rassischen, politischen und psychologischen Eigenschaften detailliert festgehalten wurde[156]. Um den propagandistischen Effekt dieser Maßnahme nicht aus den Augen zu verlieren, wurden sogenannte Traditionsgemeinschaften von RAD-Männern gegründet, deren kulturelle Veranstaltungen die nationalsozialistische Indoktrinierung fortsetzten[157]. Auch die Verbindung zu den Jugendorganisationen wurde durch die Verwendung von ehemaligen RAD Männern als Jugendführer gewahrt[158]. Nicht selten kamen die Anfang 1943 zurückkehrenden Männer in Estland und Lettland direkt in die SS-Legionen[159]. Daher beschwerte sich die Abteilung Aso Anfang 1944 über die veränderte Praxis in diesem Sinne:

152 ERA-R-65.1.10 S. 121. Leiter des RAD Meldeamtes Aufbaustab Reval, Schreiben betr.: Rückkehr der jetzt zur Entlassung kommenden estnischen Arbeitsmaiden. An: GK SA.-Oberguppenführer Litzmann, 25. 10. 1943.

153 BA-R-9. 2. 1226 u. p. Arbeitsamt Wolmar, Lagebericht, 28.2.43.

154 LCVA-R-614.1.745 S. 8. GK in Kauen, Schreiben betr.: Entlassung des ersten Jahrganges der litauischen RAD-Männer. An: Gebietskommissare des GK Litauen, 24. 12. 1942.

155 LVVA-P-989.1.4 S. 94. Generaldirektion der Wirtschaft – Arbeitsdepartement gez. Mezasargs, Schreiben betr.: Arbeitseinsatz entlassener RAD-Männer, 2. 2. 1943; Siehe auch die Einzelbeispiele von Arbeitsvermittlungen ehemalger RAD-Männer in Litauen: Peter Ruggenthaler u. Walter Iber (Hg.), Hitlers Sklaven – Stalins „Verräter". Aspekte der politisch-administrativen Repressionen an Zwangsarbeitern und Kriegsgefangenen ; eine Zwischenbilanz, Innsbruck 2010[1].

156 Mehrere dieser Beurteilungsbögen in: LVCA-R-626.1.329 S. 32 f. GK in Kauen Musterungsstab, Stammblatt für Hilfswillige. Formblatt, 1943.

157 LVVA-P-69.1a.6 S. 227. GK in Riga Abt. I Politik, Schreiben betr.: Traditionsgemeinschaft ehemaliger lettischer Arbeitsmänner und Arbeitsmaiden. An: RKO, 18. 11. 1943; Vgl.: BA-R-90.202 u. p. Kauener Zeitung, „Eine neue Gemeinschaft entsteht. Was der Traditionsverband ehemaliger litauischer RAD-Männer will"., 2. 2. 1943; LVVA-P-69.1a.6 S. 235. RKO Führungsstab Politik gez. Dr. Firgau, Vermerk betr.: Traditionsgemeinschaft ehem. RAD-Angehöriger des Ostlandes – Aufbau des Führungsstabes, 18. 10. 1943.

158 ERA-R-65.1.45 S. 143. GK in Reval Abt. II Jugend, Schreiben betr.: Verwendung der zurückgekehrten Freiwilligen des Reichsarbeitsdienstes als Jugendführer. An: Gebietskommissare Reval-Stadt, Reval-Land Dorpat Arensburg Wesenberg Pernau Petschur, 12. 1. 1943.

159 Myllyniemi, Die Neuordnung der baltischen Länder 1941–1944: Zum nationalsozialistischen Inhalt der deutschen Besatzungspolitik, 1973, S. 193.

„Bisher erhielten wir die entlassenen RAD-Männer etwa in gleicher Zahl für den Arbeitseinsatz zurück. Das ist jetzt nicht mehr der Fall, weil die entlassenen RAD-Männer geschlossen der Legion zugeführt werden"[160].

Die Zahl der RAD-Leistenden des Baltikums zu benennen ist genau aus diesem Grunde nicht ganz einfach, da nicht abschließend zu klären ist, wie viele in Deutschland blieben. Doch kehrte der erste RAD-Jahrgang, also diejenigen, welche 1942 ins Reich gegangen waren, Anfang 1943 auch wieder ins Baltikum zurück. Bis zum Oktober 1942 hatten die drei baltischen Generalbezirke nicht über 10 000 Menschen verlassen, wobei dieser Wert auch noch andere „Arbeitsdienste" enthält und daher viel zu hoch angesetzt sein dürfte[161]. Nach Angaben eines lettischen Beobachters hatten allein bis zum Sommer des Jahres 3000 Personen den Generalbezirk Lettland verlassen[162]. Auch diese Zahl dürfte zu hoch angesetzt sein, da die offensichtliche Absicht dieses Schreibens darin bestand, den Arbeitskräftemangel Lettland möglichst drastisch zu schildern und zugleich die bereits geleisteten Anstrengungen dieses Landes für die deutschen Kriegsziele herauszustellen. Näher an der Realität dürfte die Angabe der Abteilung Aso des GK in Riga sein, nach der das jährliche Soll Lettlands bei 1200 Arbeitskräften lag, so dass sich 1942/1943 auch tatsächlich nicht mehr Dienstleistende in Deutschland aufgehalten haben dürften[163]. Da die deutschen Pläne meist großspuriger als die Praxis waren, stimmt dieser Wert auch in etwa mit den Größenordnungen der Planungsvorgaben der deutschen Arbeitsverwaltung überein:

„Wie mir der Verbindungsführer des Reichsarbeitsdienstes mitgeteilt hat, sollen aus Litauen 2000, aus Lettland 2000 und aus Estland 1000 Freiwillige angenommen werden"[164].

In ähnlicher Höhe bewegten sich die deutschen Planungen für die zum RAD zu rekrutierenden Personen aus Estland auch schon zu Beginn des Jahres 1942. Zu diesem Zeitpunkt plante man dort den „Einsatz" von 800 Personen[165]. Geht man für die anderen Generalbezirke von einer ähnlichen Differenz zwischen Planung und

160 LVVA-P-69.2.10 S. 188. GK in Riga Abt. III Aso, Schreiben betr.: Abgabemöglichkeiten des Generalbezirks Lettland für den Reichseinsatz. An: Hauptabteilungsleiter III Wirtschaft Dr. Borcke, 22. 3. 1944.

161 LVVA-P-69.2.7 S. 126.RKO Abt. III Aso, Verlust des Ostlandes an Arbeitskräften seit dem Russeneinmarsch 1940, 1. 10. 1942.

162 LVVA-P-69.2.7 S. 8–14. H. Vitols, Bericht betr.: Beitrag zur Kriegswirtschaftslage in Lettland. Beschaffung von Arbeitskräften, 15. 6. 1942.

163 LVVA-P-82.1.20 S. 15 f. GK in Riga Abt. III Aso, Schreiben mit tabellarischer Übersicht betr.: Zusammenstellung aller Kräfte, die aus dem normalen Arbeitseinsatz Lettlands herausgezogen worden sind, 28. 2. 1944.

164 LCVA-R-614.1.745. GK in Kauen Abt. Aso, Schreiben betr.: Werbung von Freiwilligen für den RAD, 5. 6. 1942.

165 ERA-R-65.1.8 S. 34. Gebietskommissar Narwa, Schreiben betr.: Werbung von Freiwilligen für den RAD. An: GK Estland, 8. 1. 1942.

Praxis aus, so ist das jährliche Kontingent an RAD-Leistenden aus dem Baltikum bei etwa 3–4000 anzusetzen[166].

Sauckelaktionen 1942 und baltische Bevölkerungsmehrheiten:
Die Unterscheidung zwischen baltischer Mehrheitsbevölkerung und den slawischen Minderheiten bezüglich der „Arbeitseinsatzpolitik" unter deutscher Besatzung rechtfertigt sich insbesondere im Hinblick auf die Differenzierung zwischen RAD und Sauckelaktionen. Denn, wie erwähnt, war der RAD nicht nur auf den Aspekt des „Arbeitseinsatzes" ausgerichtet. Mit dem RAD sollten nicht zuletzt auch rassenideologische Fernziele erreicht werden. Aus diesem Grunde waren die slawischen Bevölkerungsteile beim RAD unerwünscht. Genau konträr dazu gestaltete sich die Situation hinsichtlich der Sauckelwerbungen.

Damit ist nicht zwangsläufig gesagt, dass die Rekrutierungen zum RAD freiwillig und human, und jene Rekrutierungen im Rahmen der Sauckelaktionen hingegen unter Zwang und unmenschlich waren, doch lassen sich qualitative Unterschiede feststellen. Zwar waren auch die Rekrutierungen zum RAD spätestens ab 1943 nicht mehr als freiwillig zu bezeichnen, allerdings waren die Sauckelaktionen im Baltikum von Anfang an in keinster Weise als freiwillig charakterisierbar.

Die qualitativen Merkmale der Sauckelaktionen werden im Rahmen der Behandlung der slawischen Minderheiten genauer angesprochen werden. In der Tat problematisch ist allerdings eine eineindeutige Zuordnung von den rekrutierten Personen der Sauckelaktionen und der slawischen Bevölkerung, da die Sauckelaktionen per se nicht unbedingt nur auf die slawische Bevölkerung beschränkt waren. In der Praxis allerdings betrafen die Rekrutierungen doch hauptsächlich immer wieder die slawischen Minderheiten. Am ehesten in Litauen war auch die baltische Mehrheitsbevölkerung von den Sauckelaktionen betroffen. Nur hier wurden die Sauckelwerbungen durch die Abteilung Aso flächendeckend verfolgt[167]. Dies spiegelte sich im Ergebnis der ersten Sauckelaktion im RKO wider: Die Abteilung Aso des RKO meldete im Oktober 1942, dass statt der veranschlagten 135 000 nur 85 000 Personen aus dem RKO rekrutiert worden waren. Davon entfielen allerdings 40 000 auf Weißruthenien[168]. Die Junglandwirteaktionen und die Lettgallenaktion waren die einzigen grö-

166 Zum weiteren Verlauf der RAD-Werbungen siehe folgendes Kapitel zum „Arbeitseinsatz" 1943/44. Vgl. auch zu den Zahlen: Myllyniemi, Die Neuordnung der baltischen Länder 1941–1944: Zum nationalsozialistischen Inhalt der deutschen Besatzungspolitik, 1973, S. 294. Dort Zahlenangaben über RAD-Musterungen bis August 1943.

167 LCVA-R-626.1.2 S. 100. GK in Kauen, Anordnung über pflichtgemässige Arbeitshilfe in der Kriegsindustrie des Reiches des Generalrats für Arbeit u. Sozialwesens v. 2.5.42. An: Gebietskommissare Kauen, Wilna Schaulen Ponewesch, 2. 5. 1942.

168 LVVA-P-69.2.7 S. 126. RKO Abt. III Aso, Verlust des Ostlandes an Arbeitskräften seit dem Russeneinmarsch 1940, 1. 10. 1942.

ßeren Aktionen in Lettland, so dass diesen Generalbezirk etwa 12 000 Arbeitskräfte im Rahmen der ersten Sauckelwerbung verlassen haben dürften, einschließlich eines als gering einzuschätzenden Anteils freiwillig Geworbener. Da aus Estland keine größeren Sauckelaktionen bekannt sind, dürfte der größte Anteil der verbleibenden Differenz aus Litauen stammen, so dass dieser Wert bei etwa 25 000 liegen könnte[169]. Immerhin hatte allein die Kommission Hessen bis Anfang Juli 1942 schon 10 280 Personen ins Reich geschickt[170]. Im Unterschied zu Lettland, wo die „Lettgallenaktion" bereits in der Planung auf die slawische Bevölkerung zugeschnitten war, lagen derartig eindeutige Befehle zur Rekrutierung der slawischen Bevölkerung in Litauen nicht vor[171], wohl aber eine Reihe von Hinweisen, dass die involvierte „Landeseigene Arbeitsverwaltung" versuchte, die zu stellenden Kräfte aus der slawischen Bevölkerung zu erhalten[172]. Einen Hinweis zu diesem krassen Gegensatz von normativer Gleichbehandlung und der unterschiedlichen Praxis der Rekrutierung von Litauern und Polen findet sich in dem Bericht des Arztes des Arbeitsamtes in Wilna nach den Musterungen für die erste und zweite Sauckelaktion:

„Zur Klarstellung sei betont, dass es sich bei den Untersuchten nur um Polen handelte, da die Litauer als Staatsvolk den Raum verwalten und nur wenige Menschen hier zur Verfügung haben. Die Vorladungen für die Verpflichtungen ins Reich geschahen durch eine litauische Kommission"[173].

Beschwichtigend setzte er allerdings in seinem Bericht über den Charakter der Rekrutierungen hinzu:

169 Vgl. Schätzungen zu den Rekrutierungszahlen auch bei: Myllyniemi, Die Neuordnung der baltischen Länder 1941–1944: Zum nationalsozialistischen Inhalt der deutschen Besatzungspolitik, 1973, S. 242.

170 LCVA-R-626.1.216 S. 66. RKO HA. III Aso Arbeitsgruppe Arbeitseinsatz, Schreiben betr.: Anwerbung von Arbeitskräften zum Einsatz im Reichsgebiet, Meldung der abgefertigten Transporte. An: Anwerbekommission Hessen I, 9. 7. 1942, Vgl. Zahlenangaben in ähnlicher Höhe bei: Karner u. a., Zwangsarbeit in der Land- und Forstwirtschaft auf dem Gebiet Österreichs 1939 bis 1945, 2004, S. 143.

171 Siehe: LCVA-R-634.1.4 S. 30. Generalrat für Arbeit und Sozialwesen gez. Dr. Paukstys, 2. Bekanntmachung zur Durchführungsanordnung zu der Anordnung ueber pflichtgemaessige Arbeitshilfe in der Kriegsindustrie des Reiches vom 2. Mai 1942, 13. 5. 1942; LCVA-R-634.1.4 S. 7. Generalrat für Arbeit und Sozialwesen gez. Dr. Paukstys, Durchführungsanordnung zu der Anordnung über pflichtmässige Arbeitshilfe in der Kriegsindustrie des Reiches, 2. 5. 1942; LCVA-R-634.1.4 S. 11. Generalrat für Arbeit und Sozialwesen gez. Dr. Paukstys, 1. Bekanntmachung zur Durchführungsanordnung zu der Anordnung ueber die pflichtgemaessige Arbeitshilfe in der Kriegsindustrie des Reiches vom 2. Mai 1942, 7. 5. 1942; LCVA-R-626.1.2 S. 101. Generalrat für die Innere Verwaltung und Generalrat für Arbeit- und Sozialwesen, Durchführung der Anordnung vom 2.5.42 über Arbeitshilfe in der Kriegsindustrie des Reiches. An: Kreischefs, Mai 42.

172 LCVA-R-626.1.2 S. 104. Gebietskommissar Wilna Land gez. Simon, Schreiben betr. des Einsatzes von einheimischen Arbeitskräften nach Deutschland, 1. 6. 1942.

173 Insgesamt hatte dieser Arzt 8288 Personen untersucht. LCVA-R-614.1.361 S. 5–10. Arbeitsamt Wilna Der beratende Arzt, Bericht. Ein Vierteljahr Arbeitseinsatzuntersuchungen beim Arbeitsamt, 7. 10. 1942. Vgl. auch einzelne Verpflichtungsbescheide polnischer Personen vom Arbeitsamt Wilna, beispielsweise: LCVA-R-626.1.15 S. 81. Gebietskommissar in Wilna Arbeitsamt gez. Dr. Dünbier, Muster: Bescheid für die Arbeitsaufnahme im Reich., 1942.

„Es wurden keine Menschen nach Deutschland importiert, sie wurden alle auf die Arbeitsfähigkeit ärztlich untersucht. Dies war eine soziale Tat, die das Großdeutsche Reich grundsätzlich vom Bolschewismus unterscheidet"[174].

Auch wenn die genaue nationale Zusammensetzung der Ersten Sauckelaktion in Litauen kaum rekonstruierbar ist, lässt sich aber mit Sicherheit festhalten, dass es sich bei ihr nicht um eine „soziale Tat" gehandelt haben dürfte. Dies galt insbesondere für den Nachbargeneralbezirk im Norden[175]. Aber auch die Zahlen der folgenden Sauckelaktionen im Baltikum zeigen an, dass die Bevölkerung diesen „sozialen Taten" der Deutschen wenig Interesse entgegen brachte.

War die erste Sauckelaktion somit schon deutlich hinter den Erwartungen zurückgeblieben, so galt dies in noch größerem Maße für die Zweite Sauckelaktion. Ein nicht unwesentlicher Grund hierfür mag durchaus darin zu sehen sein, dass beispielsweise in Lettland, wo die Lettgallenaktion ohne unüberwindbare Schwierigkeiten die erforderten Resultate gebracht hatte, diesmal die Zielgruppe in Lettland eben nicht ausdrücklich die slawischen Minderheiten waren. Daher fiel auch die Mitarbeit der „landeseigenen" Behörden entsprechend schwächer aus und von den geforderten 5000 Personen verließen nur einige Dutzende den Generalbezirk[176]. Die mageren Ergebnisse der zweiten Sauckelaktion erstaunen umso mehr, als dass zu diesem Zeitpunkt über die Methoden der Rekrutierungen auf deutscher Seite keinerlei Bedenken mehr gegen Zwangsmaßnahmen bestanden[177]. Somit ist die zweite Sauckelaktion ein wichtiger Beweis für die nicht nur normative Besserstellung der baltischen Mehrheitsbevölkerungen. Auch in der Praxis der „Arbeitseinsatzpolitik" zeigen die unterschiedlichen Ergebnisse der zwei Sauckelaktionen deutlich, wie bei gleicher Bereitschaft von Seiten der zuständigen deutschen Arbeitsverwaltung, Zwangsmethoden anzuwenden, die Ergebnisse der beiden Aktionen sich deutlich voneinander unterschieden, da die baltische Bevölkerungsmehrheit im Gegensatz zu der im Beispiel des Arztberichts genannten polnischen Bevölkerung von Wilna eine politische Vertretung in Form der „Landeseigenen Verwaltung" besaß. Deren Opposition verhinderte zwar nicht allein die Rekrutierungen der baltischen Mehrheits-

174 LCVA-R-614.1.361 S. 5–10. Arbeitsamt Wilna Der beratende Arzt, Bericht. Ein Vierteljahr Arbeitseinsatzuntersuchungen beim Arbeitsamt, 7. 10. 1942.

175 Vgl. Abschnitt zur „Lettgallenaktion" in Kapitel 3.

176 Zur Zweiten Sauckelaktion in Lettland: BA-R-9. 2. 1145 u. p. GK in Riga Abt. III e Aso gez. Dorr, Werbung von Arbeitskräften für das Reichsgebiet. Generaldirektion der Wirtschaft – Arbeitsdepartement, 13. 10. 1942; BA-R-9. 2. 1145 u. p. GK in Riga gez. Dorr, Schreiben betr.: Zweite Werbeaktion fürs Reich. An: Generaldirektion der Wirtschaft – Arbeitsdepartement, 7. 11. 1942; und weiteren Schriftwechsel im Bestand BA-R-9. 2. 1145; Insgesamt hatte die lettische Arbeitsverwaltung im zweiten Halbjahr 1942 allerdings immerhin etwa 1000 freiwillige Arbeitskräfte ins Reich vermittelt. Siehe: LVVA-P-989.1.18 S. 1–61. Generaldirektion der Wirtschaft – Arbeitsdepartement, Arbeitsbericht für den Zeitraum vom 01. 07. 1942–31. 12. 1942 (Lettisch), 1942, hier: S. 27.

177 BA-R-9. 2. 1145 u. p. RKO Abt. III Arbeitspolitik und Sozialverwaltung, Schreiben betr.: 2. Reichswerbeaktion, 20. 10. 1942.

bevölkerung, aber es fanden sich auch andere deutsche Akteure, wie die Polizei und Teile der Zivilverwaltung[178], welche von einem gewissem Maß an politischer Rücksichtnahme gegenüber der baltischen Bevölkerungsmehrheit überzeugt waren, bzw. die Folgen einer offenen Konfrontation aus unterschiedlichen Gründen scheuten. Zum Thema der politischen Rücksichtnahme auf die baltische Bevölkerungsmehrheit drückte sich der KdS Lettland Rudolf Lange mit folgenden Worten in Bezug auf die zweite Reichswerbung aus:

„Da schon damals (Frühjahr 1942, Anmerkung T.P.) keinesfalls damit gerechnet werden konnte, dass sich für den Einsatz im Reich eine derart hohe Zahl von Arbeitskräften freiwillig melden würde, wurde, um eine Schockwirkung zu vermeiden, davon abgesehen, Letten zwangsweise zu verpflichten, sondern nur auf Arbeitskräfte russischer und polnischer Volkszugehörigkeit zurückgegriffen"[179].

3.1.2.3 Exkurs: Zur Situation der baltischen Arbeitskräfte im Reich – Differenz von Norm und Praxis

Einen nicht zu unterschätzenden Einfluss auf die „Arbeitseinsatzpolitik" im Baltikum hatte auch der hier nicht im Vordergrund stehende „Arbeitseinsatz" im Reich selbst, da sich die tatsächliche Behandlung der Arbeitskräfte im Reich bis in die Heimat rumsprach und so Auswirkungen auf das Verhältnis der zivilen Bevölkerung zu den Deutschen und auf die Bereitwilligkeit, sich freiwillig zu melden, hatte[180].

Norm: „Bevorzugte Behandlung" – „wie vergleichbare Deutsche":

Auf normativer Ebene galt die Zivilbevölkerung des Baltikums aufgrund politischer und rassenideologischer Motive als höherwertig im Vergleich zu den übrigen besetzten Gebieten der Sowjetunion. In Himmlers „Allgemeinen Bestimmungen über Anwerbung und Einsatz von Arbeitskräften aus dem Osten" vom 20. Februar 1942 hatte es zur Einstufung der Bevölkerung des Baltikums geheißen:

„Für ihre Behandlung ist maßgebend, dass es sich größtenteils um fremdvölkische Arbeitskräfte handelt, die in einer gewissen Zeitspanne unter intensiver bolschewistischer Beeinflussung gestanden haben. Die Stellung dieser Völker zum Bolschewismus rechtfertigt jedoch eine bevorzugte Behandlung der Arbeitskräfte aus

178 Zum Widerstand der Zivilverwaltung siehe: BA-R-9. 2. 1145 u. p. GK in Riga Abt. III e Aso, Aktenvermerk über die Möglichkeit weiterer Abgabe von Arbeitskräften aus dem Generalbezirk Lettland an das Reich, 12. 10. 1942.

179 BA-R-9. 2. 1145 u. p. Kommandeur der Sicherheitspolizei und des SD Lettland gez. Lange, Schreiben betr.: 2. Reichswerbung. An: GK in Riga HA III z.H. Dr. Dr. von Borcke, 27. 10. 1942.

180 Dazu: Herbert, Fremdarbeiter, 1999, S. 190 f.; Siehe beispielsweise in Weißruthenien: Gerlach, Kalkulierte Morde, 2000, S. 479.

den Baltenländern gegenüber den Arbeitskräften aus dem altsowjetischen Gebiet"[181].

Diese Besserstellung der Arbeitskräfte sollte für längere Zeit auf normativer Ebene Bestand haben und auch durch die Ernennung Sauckels zum GBA keine Änderung erfahren[182]. So sollten die Löhne auf dem Niveau für deutsche Arbeitskräfte sein, wobei wegen des Lohngefälles zwischen Deutschland und dem RKO die baltischen Arbeitskräfte allerdings doch 15 Prozent weniger Lohn erhielten[183]. In den Merkblättern für die einheimischen Arbeitsämter war dieser offensichtliche Widerspruch von Gleichbehandlung und niedrigeren Löhnen wie folgt enthalten:

„Die Lohn- und Arbeitsbedingungen sind die gleichen, wie sie für die Leistungen und die Tätigkeit von vergleichbaren deutschen Arbeitern gelten. Der Begriff „Ostarbeiter" findet auf Arbeitskräfte, die im Generalbezirk Lettland beheimatet sind, keine Anwendung. Zuschläge für Mehr- und Feiertagsarbeit werden in gleicher Weise wie den deutschen Arbeitern gezahlt.

Von dem Lohn, der den Betrag von RM.9.– in der Woche bezw. RM.39.– im Monat übersteigt, wird eine Abgabe von 15 % erhoben"[184].

Diese Regelung verdeutlicht, dass sogar auf der Planungsebene bereits der Keim für die Differenz von normativer Gleichstellung und unterschiedlicher Praxis gelegt war. Denn die Gleichzeitigkeit von gleichen Löhnen und einer Abgabe von 15 Prozent war nur schwer zu vereinbaren und verursachte entsprechenden Protest der „landeseigenen" Behörden. Dieser Zustand wurde zum Januar 1943 abgeschafft, die Lohnabgabe von 15 Prozent entfiel, und die Arbeitskräfte sollten nun „wie vergleichbare Deutsche behandelt" werden[185].

181 IfZ-MA.202 S. 1238–1253. Reichsführer SS und Chef der Deutschen Polizei gez. Heydrich, Allgemeine Bestimmungen über Anwerbung und Einsatz von Arbeitskräften aus dem Osten, 20. 2. 1942.

182 Siehe beispielsweise die Bestimmungen des Reichsarbeitsministeriums: IfZ-MA.202 S. 1229–1236. Reichsarbeitsminister, Arbeitskräfte aus dem Osten. Allgemeine Bestimmungen über Anwerbung und Einsatz von Arbeitskräften aus dem Osten des Reichsführers SS und Chefs der Deutschen Polizei. An: Präsidenten der Landesarbeitsämter, 20. 3. 1942. Nach der Ernennung Sauckels: LVVA-P-98.1.3 S. 28–32. GBA Sauckel, Anordnung Nr. 4 über die Anwerbung, Betreuung, Unterbringung, Ernährung und Behandlung ausländischer Arbeiter und Arbeiterinnen, 7. 5. 1942.

183 IfZ-MA.202 S. 1104–1107. RMfdbO gez. Dr. Rachner, Schreiben betr.: Arbeitseinsatz von Arbeitskräften aus den besetzten Ostgebieten. An: RKO, 12. 1. 1942.

184 BA-R-9. 2. 1145 u. p. GK in Riga Abt. III e Aso, Merkblatt für die Arbeitsämter über den Arbeitseinsatz in Deutschland, Herbst 1942. Zu den Bestimmungen der baltischen Arbeitskräfte im Allgemeinen: IfZ-MA.202 S. 1126. RKO Abt. III Aso gez. Dr. Kuessner, Schreiben betr.: Zivilarbeiter aus den ehem. Ländern Litauen, Lettland und Estland für das Reich. An: GK in Riga Abt. Aso, 9. 2. 1942; BA-R-9. 2. 1145 u. p. RKO Abt. III Aso gez. Schütte, Schreiben betr.: Werbung fuer den Arbeitseinsatz nach Deutschland. An: GK in Riga, 19. 10. 1942.

185 BA-R-9. 2. 1145 u. p. Die Deutsche Arbeitsfront Zentralbüro, Schreiben betr.: Neue Gesetze über die steuerliche und arbeitsrechtliche Behandlung der Arbeitskräfte aus dem Ostland mit Ausnahme von Weißruthenien. An: GK in Riga, 14. 12. 1943; BA-R-9. 2. 1140 u. p. Beauftragter für den Vierjahresplan GBA, Schreiben betr.: Arbeitsrechtliche Behandlung von Arbeitskräften aus dem RKO und aus dem Generalgouvernement. An: Reichstreuhänder der Arbeit, 20. 12. 1942.

Praxis: „wie Ostarbeiter“:
Die Realität sah jedoch in vielen Fällen anders aus. Häufig wurden diese Bestimmungen in der Praxis aus Gründen der Unkenntnis oder aus pragmatischen Gründen missachtet, wie die Abteilung Aso des GK in Riga mitteilte:

„Bekanntlich sind die im Reich eingesetzten lettischen Arbeitskräfte den deutschen und ausländischen Arbeitskräften hinsichtlich der Lohn- und Arbeitsbedingungen gleichzustellen. Aus zahlreichen Gesuchen muss aber festgestellt werden, dass deutsche Betriebe, die lettische Arbeitskräfte beschäftigen, sie in Unkenntnis der Bestimmungen häufig den Ostarbeitern oder Polen gleichstellen“[186].

Auch die Lettische Reichsverbindungsstelle, welche die Interessen der lettischen Arbeitskräfte bei der DAF vertrat[187], kam nach einer Untersuchung und einer Dienstreise zu lettischen Arbeitskräften ebenfalls zu dem Ergebnis, „dass sie (die lettischen Arbeitskräfte, Anmerkung T.P.) anfangs als Zivilarbeiter, aber jetzt als Ostarbeiter angesehen, behandelt und verpflegt werden“. Auch würden sie inzwischen das Abzeichen für Ostarbeiter tragen müssen[188].

Diese Diskrepanz von gemachten Versprechungen und der tatsächlich gehandhabten Praxis beunruhigte die deutsche Zivilverwaltung vor allem wegen der negativen propagandistischen Wirkung:

„Die Nichtgewährung eines zustehenden Urlaubs an Einheimische meines Generalbezirks erschwert meine Werbemaßnahmen zur Arbeitsaufnahme im Reich. Unter Hinweis auf derartige Fälle, die durchaus nicht vereinzelt sind, lehnen Arbeitskräfte, die geneigt wären die Arbeit im Reich aufzunehmen, eine solche ab. Um weitere politische Auswirkungen zu vermeiden bitte ich nochmals dafür besorgt zu sein, dass R. seine Familienheimfahrt erhält. Ich weise bei dieser Gelegenheit darauf hin, dass Angehörige lettischen Volkstums keine Ostarbeiter sind, sondern wie sonstige Ausländer zu behandeln sind“[189].

Das hier angesprochene Streitthema der den Arbeitskräften zustehenden Heimfahrten stand dabei im Mittelpunkt dieser Kontroverse. Diese Fahrten standen den Arbeitskräften zwar offiziell zu, doch hatte es in dem Merkblatt über den „Arbeits-

186 LVVA-P-69.5.63 S. 26. GK in Riga Abt. III Aso Fachgebiet 3, Schreiben betr.: Familienheimfahrt lettischer Arbeitskräfte. An: Reichstreuhänder der Arbeit für das Wirtschaftsgebiet Pommern, 22. 7. 1943.

187 Die DAF war für die Betreuung aller „Fremdarbeiter“ im Reich zuständig. Siehe dazu: R. Hachtmann, Die DAF im Zweiten Weltkrieg, in: Dietrich Eichholtz (Hg.), Krieg und Wirtschaft, Berlin 1999, S. 69–106, hier: S. 95–102.

188 Zitat aus: LVVA-P-34.2.6 S. 1 f. Lettische Reichsverbindungsstelle Krolls, In Erfurt am 25.10.43 eingetroffenen Arbeitertransport aus Lettland. Oberst Graebe, 13. 1. 1944. Es handelte sich bei diesen besuchten Arbeitskräften allerdings höchstwahrscheinlich um Verschleppte aus der Aktion „Sommerreise“ in Lettgallen, mithin also größtenteils slawische Arbeitskräfte.

189 LVVA-P-69.5.63 S. 29. GK in Riga Abt. III Aso Fachgebiet 3, Schreiben betr.: Familienheimfahrt ausländischer Arbeitskräfte. An: Leiter des Arbeitsamtes Bad Oldesloe als Beauftragter des Reichstreuhänders der Arbeit für das Wirtschaftsgebiet SH, 28. 9. 1943.

einsatz im Reich" dazu etwas vage geheißen, dass sich der Zeitpunkt der Heimfahrten „nach den betrieblichen Notwendigkeiten und Möglichkeiten" zu richten habe[190]. Die Arbeitgeber aber wollten diese oft nicht zulassen, da der nicht unbegründete Verdacht bestand, dass die Arbeitskräfte nicht wieder zurückkehrten[191]. Übrigens geschah dies nicht nur aufgrund des Unwillens der Arbeitskräfte; es kam ab 1943 häufig vor, dass Urlauber im Kampf um die knappe Arbeitskraftressource in der Heimat von anderen Akteuren beansprucht wurden und durch die Musterungen erfasst wurden[192]. In jedem Fall waren es die Arbeitskräfte, die unter dieser Situation zu leiden hatten und die schwächere juristische Vertretung besaßen. Entweder wurden sie als Präventivmaßnahme der Arbeitgeber gar nicht entlassen[193], oder sie gerieten in der Heimat in die Fänge andere „Arbeitseinsatzakteure". Doch waren die baltischen Arbeitskräfte im Reich nicht allerorts völlig rechtlos. Schon wegen der angesprochenen Konsequenzen für die Stimmung in der Heimat konnten sie Einfluss auf die „landeseigenen" Organe nehmen, welche wiederum auf die Zivilverwaltung Druck ausüben konnten. Ein in dem Schriftwechsel des Arbeitsamtes Flensburg mit dem GK in Riga gut dokumentiertes Beispiel für die zwar stark benachteiligte, aber nicht völlig rechtlose Position der baltischen Arbeitskräfte ist der Fall des lettischen Bauern Bazilijis Tribuchs. Dieser hatte zwei Monate bei Husum auf einem Hof gearbeitet, wo er nicht den ihm zustehenden Lohn erhalten hatte. Daraufhin beschwerte er sich bei dem Arbeitsamt Flensburg darüber, was ihm nicht den vollen Lohnbetrag einbrachte, aber die Möglichkeit, seinen Arbeitgeber zu wechseln. Während der Arbeit beim Nachbarbauern erkrankte er und erhielt durch das Arbeitsamt Flensburg die Erlaubnis zur Heimreise. Nach geltendem Arbeitsrecht hätte ihm die Heimreise sein neuer Arbeitgeber zahlen müssen, was dieser nicht bereit war zu leisten[194]. Daraufhin reiste Tribuchs zusammen mit einer anderen lettischen Arbeiterin auf eigene Kosten nach Lettland und beschwerte sich dort beim GK in Riga über die

190 LVVA-P-989.3.2 S. 37–39. Arbeitsdepartement Lettland, Merkblatt für die Arbeitsämter über den Arbeitseinsatz in Deutschland. Arbeitsämter Lettlands.

191 Siehe beispielsweise die Beschwerde über die nicht erfolgte Rückkehr: LVVA-P-69.5.63 S. 77. GK in Riga Abt. 3 Aso Fachgebiet 3, Schreiben betr.: Arbeitsvertragsbruch der lettischen Arbeiterin Anna Daugulis. An: Geb.K. in Libau – Arbeitsverwaltung, 13. 3. 1944; Vgl. dazu auch: LVVA-P-69.5.63 S. 37. GK in Riga Abt. 3 Aso Fachgebiet 3, Schreiben betr.: Familienheimfahrten lettischer Arbeitskräfte. An: Arbeitsamt Riga, 7. 9. 1943.

192 „Estnische und lettische Urlauber sind in ihren Generalbezirken von der Musterung erfasst worden und konnten nicht ins Reich zurückkehren. Die Folge davon war eine Urlaubssperre für Esten und Letten durch die Arbeitsämter des Reiches". Aus: IfZ-MA.540 S. 581–592. RMfdbO H.A. Arbeit, Kurzbericht der Hauptabteilung Arbeit, 20. 3. 1944, hier: S. 583.

193 Siehe beispielsweise die Beschwerde eines Letten, der statt der vertraglichen 6 Monate schon über ein Jahr ohne Urlaub in Deutschland arbeitete: LVVA-P-69.5.63 S. 25. Beschwerdebrief. An: GK in Riga, 25. 5. 1943.

194 Zu den Bestimmungen der Reisekostenmodalitäten und anderen Bestimmungen des „Reichseinsatzes" von Letten siehe: BA-R-9. 2. 1145 u.p, Kas jāzina par darbu Vācijā (Was muss man über den Reichseinsatz wissen).

noch ausstehenden Zahlungen des ersten Arbeitgebers und der ausgelegten Reisekosten[195]. Dieses Geschehen spielte sich im Oktober 1942 ab. Die Beamten des GK in Riga versuchten nun in mehrmaligen Aufrufen an das Arbeitsamt Flensburg, die noch ausstehenden Zahlungen für Tribuchs zu erhalten, was ihnen bis zum Mai 1943 nicht gelang, so dass sie ihre Bemühungen zu diesem Zeitpunkt höchstwahrscheinlich aufgaben[196].

Der Fall zeigt, dass der lettische Arbeiter weder das ihm zustehende Gehalt bekam noch irgendeine rechtwirksame Instanz für sich in Anspruch nehmen konnte, die seine Interessen durchgesetzt hätte. Doch hatte er im Unterschied zu den Ostarbeitern immerhin die Möglichkeit, seinen Arbeitsplatz nach seiner Beschwerde zu wechseln. Zudem war ihm die Heimreise aufgrund seiner Krankheit gestattet worden, auch wenn er sie selbst zahlen musste. Und immerhin versuchte die deutsche Zivilverwaltung ein halbes Jahr lang, sich für seine Interessen einzusetzen, doch stellte sich das Arbeitsamt in Flensburg in diesem Punkt stur und zeigte keine Bereitschaft, für den inzwischen in Lettland lebenden Bauern irgendwelche nachträglichen Zahlungen zu leisten[197]. Wie schon bei der Behandlung der Esten, welche 1941 ins Reich gelangt waren, zeigen die Beschwerden einerseits, dass die vorgeschriebenen Normen der Gleichbehandlung nicht eingehalten wurden, zugleich ist aber andererseits die Tatsache des teilweise umfangreich erhaltenden Schriftverkehrs anlässlich der Beschwerde Beweis für die Tatsache, dass die Arbeitskräfte aus den baltischen Ländern immerhin die Möglichkeit der politischen Vertretung besaßen.

Ähnlich wie in diesem Fall das Arbeitsamt Flensburg waren es die deutschen Arbeitsverwaltungen des Reiches, welche die Besserbehandlung der baltischen Arbeitskräfte gegenüber den Arbeitskräften aus den „altrussischen" Gebieten als lästig empfanden und als zusätzliche bürokratische Verkomplizierung, welche noch nicht einmal gerechtfertigt sei, da die baltischen Arbeitskräfte keineswegs besser arbeiteten. In diesem Sinne beschwerte sich das Landesarbeitsamt Hessen über die Faulheit der litauischen Arbeitskräfte[198]. Dieser Hinweis des Landesarbeitsamtes Hessen erlangte zusätzliches argumentatives Gewicht durch den Hinweis auf die wider-

195 Siehe seine Beschwerde: LVVA-P-69.5.63 S. 4 f. Geb.K Riga Stadt – Arbeitsverwaltung, Aktenvermerk betr.: Beschwerdebrief des Letten Tribuchs. An: GK in Riga Abt. III e Aso, 28. 10. 1942.

196 Siehe die wiederholten Erinnerungsschreiben: LVVA-P-69.5.63 S. 7. GK in Riga Abt. III e Arbeitspolitik und Sozialverwaltung, Schreiben betr.: Beschwerde des lettischen Landarbeiters Basilius Tribuchs. An: Arbeitsamt Flensburg, 13. 11. 1942; LVVA-P-69.5.63 S. 8. GK in Riga Abt. III Aso, Schreiben betr.: Beschwerde des lettischen Landarbeiters Basilius Tribuchs. An: Arbeitsamt Flensburg, 4. 1. 1943; LVVA-P-69.5.63 S, 9. GK in Riga Abt. III Aso, Schreiben betr.: Beschwerde des lettischen Landarbeiters Basilius Tribuchs. An: Arbeitsamt Flensburg, 25. 2. 1943; LVVA-P-69.5.63 S. 12. GK in Riga Abt. III Aso, Schreiben betr.: Beschwerde des lettischen Landarbeiters Balilius Tribuchs. An: Arbeitsamt Flensburg, 30. 4. 1943.

197 LVVA-P-69.5.63 S. 13. Arbeitsamt Flensburg, Schreiben betr.: Beschwerde des lettischen Landarbeiters Basilius Tribuchs. An: GK in Riga Abt. III Aso, 17. 5. 1943.

198 LCVA-R-626.1.2 S. 107. Präsident des Landesarbeitsamts Hessen, Schreiben betr.: Einsatz ostländischer Arbeitskräfte. An: Sozialamt Wilna, 20. 5. 1942.

sprüchliche Konzeption, die sich zwischen ethnischen und politisch-geographischen Gesichtspunkten nicht so recht entscheiden konnte. Denn die hier kritisierten „litauischen" Arbeitskräfte, welche eine „bevorzugte Behandlung" erfahren sollten, waren, wie das Landesarbeitsamt ausdrücklich betonte, und wie hier auch schon mehrfach angesprochen, hauptsächlich Polen[199].

Dennoch ließen Beschwerden über Misshandlungen der baltischen Arbeitskräfte im Reich nach, so dass davon ausgegangen werden kann, dass zwar sicherlich nicht alle Versprechungen so eingehalten wurden, wie sie bei der „Reichswerbung" versprochen worden waren. Doch berichtete die Wehrwirtschaftsinspektion Ostland im Sommer 1943 von dem positiven propagandistischen Nutzen der Berichte der Urlauber auf die Stimmung der einheimischen Bevölkerung:

„Günstige Wirkung der Berichte der Arbeitseinsatzurlauber über ihre gute Behandlung im Reich"[200].

Dabei ist zu beachten, dass die Wehrwirtschaftsinspektion hier nicht die Früchte eigener Verdienste schilderte, denn sie war in die Rekrutierung zum „Reichseinsatz" in keinster Weise aktiv beteiligt. Zudem fand die Tätigkeit der Zivilverwaltung in den Berichten der Wehrwirtschaftsinspektion in der Regel eine höchst kritische Würdigung, da die Übernahme der Wirtschaftsverwaltung durch die Zivilverwaltung vom WiStab Ost und seinen zugeordneten Behörden mit Missfallen aufgenommen worden war.

3.1.2.4 Zwischenfazit der „Arbeitseinsatzpolitik" im Jahre 1942 – steigende Mobilisierungsbemühungen und sinkende Arbeitsmoral

Fasst man die Situation der „Reichswerbung" 1942 im Baltikum zusammen, so lässt sich eine Fortsetzung der sich auseinander entwickelnden Erscheinungsformen der Rekrutierungen zwischen Estland/Lettland und Lettgallen/Litauen feststellen. Während in Estland und Lettland die Werbungen für den RAD im Vordergrund standen, waren in Lettgallen und Litauen die Sauckelaktionen 1942 die wichtigste Rekrutierungsmethode, wobei es in Litauen ebenfalls RAD-Werbungen gab. Qualitativ nutzten die RAD-Werber zumindest 1942 nur indirekte Zwangsmethoden, wie die Bedingung des RAD-„Einsatzes" für die Aufnahme eines Studiums. Da die Unterbringungsmodalitäten sicher nicht so waren, wie in den Propagandaberichten beschrieben, legte die deutsche Zivilverwaltung gesteigerten Wert auf die propagandistischen Folgen einer womöglich zu schlechten Behandlung. Auch auf die vertragsgemäße Rückkehr der Verpflichteten achteten die deutschen Gebiets- und

199 LCVA-R-626.1.14 S. 79–81. Präsident des Landesarbeitsamts Hessen, Schreiben betr.: Einsatz ostländischer Arbeitskräfte. An: Geheime Staatspolizei, 26. 5. 1942.

200 BA-MA-RW-30.14 u. p. WEHRWIRTSCHAFTSINSPEKTION OSTLAND, Bericht über Monat Juli 1943. 5. 8. 1943.

Generalkommissare, nicht zuletzt wegen der erhofften zukünftigen Dienste der ehemaligen RAD-Männer beim „Aufbau des Neuen Europas" vor Ort. Aufgrund der starken rassenideologischen Komponenten des RAD-„Einsatzes" spielte er für die deutschen Planer insbesondere bei den so „wertvollen" Esten eine große Rolle[201].

Die Sauckelaktionen hingegen waren dort, wo sie größere Dimensionen erlangten, von Beginn an mit Polizeieinsatz begleitet oder wurden unter Androhung härtester Strafen durchgeführt. Allerdings betrafen ebendiese Aktionen in erster Linie die slawischen Minderheiten. Inwieweit die baltischen Mehrheitsbevölkerung tatsächlich von den Sauckelaktionen betroffen waren, ist schwer feststellbar. Auch hier gilt, dass die großen Aktionen in Lettgallen sowohl auf normativer Ebene als auch in der Praxis nur die slawischen Minderheiten betrafen. In Litauen existierten zwar keine ethnischen Vorgaben, in der Praxis wurde jedoch der slawische Bevölkerungsteil durch die aktive Beteiligung der „landeseigenen" Arbeitsverwaltung besonders in Mitleidenschaft gezogen. Trotzdem ist in Litauen davon auszugehen, dass hier der Anteil der Litauer, vor allem aus den Gebieten Litauens, wo der slawische Bevölkerungsanteil gering war, wie zum Beispiel in Kauen und Schaulen, relativ zu Estland und Lettland gesehen höher war.

Insgesamt ist das Jahr 1942 gleich in zweifacher Hinsicht ein Wendejahr der nationalsozialistischen „Arbeitseinsatzpolitik". So änderte sich aufgrund der Winterkrise der Wehrmacht 1942/1942 eben nicht nur die strategische Grundhaltung der deutschen Besatzer in Bezug auf die Ausnutzung der einheimischen Arbeitskräfte, was sich auch im Baltikum durch die Sauckelaktionen und der verstärkten Werbung für den RAD äußerte. Auch die Einstellung der Bevölkerung gegenüber der deutschen Besatzungsmacht verschlechterte sich 1942 im antiproportionalen Verhältnis zu den deutschen Mobilisierungsbemühungen. Dieses Sinken der Bereitschaft, sich für die Rekrutierungen im Reich freiwillig zu melden oder die gestiegenen Anforderungen des heimischen „Arbeitseinsatzes" zu erfüllen, konnten auch die nun verstärkt einsetzenden deutschen Propagandaanstrengungen nicht mehr ausgleichen[202]. Bemerkenswert an dieser Erscheinung ist weiter, dass, wie gesehen, der Hauptgrund für das Absinken der Arbeitsmoral in der verschlechterten Versorgungslage zu sehen ist, und nicht in der Enttäuschung über nicht erlangte politische Rechte, wie z. B. die Verweigerung der politischen Autonomie für die drei Länder.

201 ERA-R-65. 1. 2105 S. 1–6. GK in Reval I Beschaffungswesen, Schreiben betr.: Werbung von Freiwilligen für den Reichsarbeitsdienst. An: Gebieteskommissare Estlands, 5. 1. 1942.

202 Siehe beispielsweise den Film: „Die große Pflicht", in dem ein vom „Schleichhandel" lebender „Spekulant" in Riga bei der weiblichen Hauptperson keine Chance hat, weil diese ihr Herz lieber dem pflichtbewussten deutschtreuen Helden verspricht. BA-R-9. 2. 1145 u. p. GK in Riga Abt. II Propaganda, Kurzfilm. „Die Grosse Pflicht". Drehbuch, Herbst 1942.

3.1.3 „Arbeitseinsatz" und Rekrutierung zum „Reichseinsatz" ab 1943

Wie schon die militärischen Rückschläge der Wehrmacht im Winter 1941/1942 wirkte sich auch die Niederlage bei Stalingrad ein Jahr später auf die Situation der „Arbeitseinsatzpolitik" im Baltikum aus. Während das Scheitern des Unternehmens „Barbarossa" eine grundsätzliche Entscheidung zum „Einsatz" von ausländischen Arbeitskräften aus den besetzten Ostgebieten herbeigeführt hatte, so hatte der Verlust der 6. Armee das verstärkte Bedürfnis nach militärischen Rekruten zur Folge[203]. Somit stand die Besatzungspolitik 1943 im Baltikum im Zeichen der Musterungen für die gegründeten Legionen und für die Wehrmacht, welche in Estland allerdings schon im Sommer 1942 mit der Gründung der Legion erfolgt waren. Da die Gründung einer SS-Legion in Litauen scheiterte, trennten sich die Entwicklungslinien zwischen Litauen und seinen nördlichen Nachbarn hinsichtlich der „Arbeitseinsatzpolitik" nun endgültig, da Litauen „das Recht zur Gestellung von Arbeitskräften" erhielt[204], während in Lettland und Estland die militärische Rekrutierung den Vorrang besaß.

3.1.3.1 Rekrutierungen zum „Reichseinsatz" 1943 – getrennte Wege: Litauen erhält das „Recht auf die Gestellung von Arbeitskräften"

Estland und Lettland – Vorrang des militärischen Dienstes:
Zwar besaßen die Rekrutierungen für die Legion Vorrang gegenüber der Rekrutierung zum „Reichseinsatz", doch warben die Arbeitsämter auch weiterhin in Estland und Lettland im Auftrag Sauckels. Gleichwohl waren diese Werbungen nun wieder freiwillig und größere „Sauckelaktionen" wurden nicht geplant. Da die Arbeitslosigkeit nahezu vollends verschwunden war[205], meldeten sich in Lettland im ersten Halbjahr des Jahres 1943 nur noch 822 Personen für den „Reichseinsatz", von denen lediglich 562 auch nach Deutschland geschickt wurden. Die Übrigen waren entweder ungeeignet oder wurden in andere deutsch besetzte Regionen geschickt[206]. Doch nahmen diese freiwilligen Sauckelwerbungen keine größeren Ausmaße mehr an. Insgesamt waren durch die freiwilligen und zwangsweisen Aus-

203 Siehe zu diesem „Kurswechsel": Quinkert, Propaganda und Terror in Weißrussland 1941–1944: Die deutsche „geistige" Kriegführung gegen Zivilbevölkerung und Partisanen, 2009, S. 274 f.

204 Dazu: Hilbrecht, Litauen im Reichskommissariat Ostland 1941–1943/44. Parallelen und Kontraste zum übrigen Baltikum, vornehmlich Estland, 1997.

205 Im Juli 1943 meldete das lettische Arbeitsamt nur acht männliche Arbeitslose für ganz Lettland. Siehe: LVVA-P-989.1.18a. Generaldirektion der Wirtschaft – Arbeitsdepartement, Arbeitsbericht für den Zeitraum vom 01. 01. 1943–30. 06. 1943 (Lettisch), 1943, hier: S. 59.

206 83 Personen kamen ins Innere der besetzten Sowjetunion, 66 in andere Gebiete des besetzten Europas. Aus: ebd., hier: S. 36.

hebungen Sauckels bis zum Herbst 1943 aus Estland etwa 2000 Personen und aus Lettland 15 729 Personen, hiervon ein Großteil aus Lettgallen, ins Reich geschickt worden[207]. Aufgrund der Anstrengungen in der zweiten Jahreshälfte, nochmals 10 000 Frauen aus Lettland für den „Reichseinsatz" zu werben, gelang es der Arbeitsverwaltung 1943 insgesamt immerhin 2232 Personen aus Lettland und nur 522 Personen aus Estland ins Reich zu schicken[208].

„Reichsarbeitsdienst" – Nachlassen der rassenideologischen Fernziele – Zunahme von Zwangsmethoden

Wichtiger als die Sauckelwerbungen im Jahre 1943 in Estland und Lettland blieben die Rekrutierungen von Hilfswilligen für die Wehrmacht und vor allem hinsichtlich der „Reichswerbung" den RAD, der auch 1943 gegenüber den Sauckelanwerbungen Priorität besaß[209]. Die Bevölkerung konnte sich nach wie vor zum RAD „freiwillig" melden, wenn sie eine zwangsweise Rekrutierung durch die Sauckelmitarbeiter verhindern wollte, was allerdings nur noch in Litauen zu befürchten war. So erwartete der Bevollmächtige des Reichsarbeitsführers im RKO, allein in Estland im Frühjahr 1943 weitere 450 Rekruten für den RAD werben zu können[210]. Auch die Propaganda für den RAD ließ ungeachtet der wenigen Arbeitskräfte in Estland und Lettland selbst nicht nach[211]. Von den rassenideologischen Fernzielen hatte sich der RAD auch 1943 noch nicht entfernt. So sollte eines der Hauptziele des „Reichseinsatzes" der jungen Männer und ab dem Herbst 1942 auch der jungen Frauen aus dem Baltikum „kulturpolitische Nachhilfe" sein[212]. Wie schon 1942 stellt der RAD ein gutes Beispiel für die Gleichzeitigkeit von „Bevorzugung" und Repressionspolitik gegenüber der baltischen Mehrheitsbevölkerung dar, da 1943 die Meldungen zum RAD im Gegensatz zu den Sauckelwerbungen derartig erfolgreich verliefen, dass sie 1944 fortgesetzt wurden. Diesmal richtete sich der Aufruf des RAD auch wieder an Litau-

207 BA-R-6.73 S. 103 f. RMfdbO gez. Meyer, Schreiben zur Möglichkeit einer Abgabe von 10 Prozent der Bevölkerung an den GBA. Situation in Estland und Lettland, 6. 9. 1943.

208 Zum Vergleich: Aus Litauen wurden in diesem Jahr etwa 7000 Personen im Zuge der Sauckelwerbungen ins Reich zum „Arbeitseinsatz" geschickt. Zahlen aus: LVVA-P-70.5.13 S. 2–6. RKO Abt. III Arbeitspolitik und Sozialverwaltung gez. Schütte, Vermerk betr.: Gesamtübersicht über die Abgabe aus dem Ostland anlässlich des Besuchs des GBA im Ostland, 9. 12. 1943.

209 LVVA-P-989.1.4 S. 86. Generaldirektion der Wirtschaft – Arbeitsdepartement gez. Mezasargs, Rundschreiben Nr. 49. Dritte Werbeaktion des RAD (Lettisch), 28.1.43.

210 ERA-R-65.1.10 S. 66–69. Der Bevollmächtigte des Reichsarbeitsführers im RKO, Musterungsplan des Reichsarbeitsdienstes. GK in Reval / Riga / Kauen, 5. 5. 1943.

211 Siehe beispielsweise: BA-R-90.202 u. p. Deutsche Zeitung im Ostland, „Unvergessliche Kameradschaft. Estnische RAD-Männer kehren heim", 14. 10. 1943; BA-R-90.202 u. p. Deutsche Zeitung im Ostland, „Im Zeichen des Spatens – für ein neues Europa"., 2. 10. 1943; BA-R-90.202 u. p. Deutsche Zeitung im Ostland, „Lettische Jungen an der Nordsee", 7. 1. 1944.

212 LVVA-P-69.1a.6 S. 273–282. Führungsstab Politik gez. Dr. Firgau, Bericht zur Frage der Heranziehung estnischer, lettischer und litauischer Mädchen zum RAD im Reich, 22. 10. 1943.

en, das in der zweiten Jahreshälfte 1943 von den Werbungen zum RAD ausgenommen worden war[213]. Im Schreiben der Abteilung Aso des RKO heißt es dazu Ende 1943:

„Die bisherigen günstigen Ergebnisse der Heranziehung der einheimischen Jugend zum RAD geben mir Veranlassung, die Einberufung des Jahrganges 1926 im Jahre 1944 anzuordnen. ... Aus dem Jahrgang 1926 werden zu den vorgesehenen Terminen einberufen:

a) Aus Estland 720 Mann als Gesamtquote
b) Aus Lettland 2520 Mann als Gesamtquote
c) Aus Litauen 1080 Mann als Gesamtquote"[214].

Für diese Werbung wurde der Propagandaapparat ebenfalls in vollem Maße genutzt[215]. Doch waren zu diesem Zeitpunkt die Meldungen zum RAD nicht nur mehr indirekt unfreiwillig, weil die anderen Alternativen noch schlechter waren. Auch härtere Methoden wurden inzwischen von der deutschen Arbeitsverwaltung für die Werbungen zum RAD angewandt. So veranstaltete sie obligatorische Versammlungen, die nur verlassen durfte, wer sich „freiwillig" nach Beendigung der Propagandaveranstaltung gemeldet hatte[216]. Wie genau diese „Freiwilligkeit" auf diesen Versammlungen erreicht wurde, war allerdings nicht Bestandteil der von oben verordneten Richtlinien:

„Die Bereitstellung der Quote erfolgt in folgendem Verfahren: Die Gebietskommissare berufen in der Zeit vom 15.5.-15.6.43 die Angehörigen des Geburtenjahrganges 1925 ihres Gebietes unter Berücksichtigung der gegebenen Verkehrsverhältnisse bezirksweise zu „RAD-Versammlungen" ein. In diesen RAD-Versammlungen erfolgt die Bereitstellung der für die freiwillige Einstellung in den RAD erforderlichen Quote aus diesem Jahrgang durch den zuständigen RAD-Werbeführer in Verbindung mit je einem Vertreter der Arbeitseinsatzverwaltung des Gebietslandwirtes und des SS- und Polizeiführers"[217].

213 LVVA-P-989.3.2 S. 33. RKO HA III Aso – Musterungsführungsstab gez. Ellrodt, Einstellung in den RAD. GK Riga, Reval Kauen, 7. 5. 1943

214 LCVA-R-614.1.745 S. 47 f. RKO gez. Burmeister, Einberufung des Jahrgangs 1926 zum RAD. GK in Reval Kauen Riga, 18. 12. 1943.

215 LCVA-R-634.2.24 S. 286–288. Nachrichtenbüro Litauen Ostlandnachrichten, Auflistung von Wersprüchen für den RAD. Deutsch – Litauisch., 12. 6. 1944; LCVA-R-634.2.9 S. 101 f. Nachrichtenbüro Litauen Ostlandnachrichten, Zeitungsartikel. „Arbeit und Sport, ein gutes Training für uns", sagen RAD-Urlauber aus dem Reich, 14. 6. 1944.

216 Rechtfertigungsschreiben diesbezüglich: LVVA-P-812.1.19 S. 11. GK in Riga Abt. II Verwaltung, Schreiben betr.: Musterung des Jahrgangs 1926 für den RAD. An: Generaldirektor des Innern, 26. 1. 1944.

217 LVVA-P-989.3.2 S. 33. RKO HA III Aso – Musterungsführungsstab gez. Ellrodt, Einstellung in den RAD, 7. 5. 1943.

Ein von diesen Musterungen des Jahrgangs 1926 Betroffener berichtet, dass den jungen Männern zuerst die Pässe abgenommen worden seien. Nach der Propagandaveranstaltung seien die Türen verschlossen worden und auf die Frage nach freiwilligen Meldungen hätte sich zunächst eine Person gemeldet, welche, wie sich später herausstellte, untauglich war. Alle übrigen hätten den Saal erst nach einer „freiwilligen“ Meldung verlassen dürfen, sowie ihre Pässe erst bei einer solchen Meldung zurückerhalten können[218].

Trotz dieser offensichtlichen Diskrepanz zwischen den Vorgaben und der Praxis auch beim RAD blieb er im Vergleich zu den Sauckelwerbungen bis zum Ende der Besatzungszeit die vergleichsweise mildere Variante des „Reichseinsatzes“. Dies hatte nicht zuletzt rassenideologisch motivierte Ursachen, weshalb er insbesondere für Estland und Lettland die dominierende Form des „Reichseinsatzes“ der Zivilbevölkerung blieb, und selbst in Litauen, wo die Sauckelwerbungen auch gerade deshalb zur bestimmenden Rekrutierungsform geworden war. Noch im Herbst 1943 berichtete der KdS Litauen in diesem Zusammenhang von der positiven propagandistischen Wirkung der Rückkehr der RAD-Männer, zu einer Zeit also, als längst massenhafte Verhaftungswellen in Form der Sauckelwerbungen in Litauen keine Seltenheit mehr waren:

„Die feierliche Verabschiedung der zurückgekehrten 550 litauischen RAD-Männer hat sich propagandistisch gut ausgewirkt, vor allem dadurch, dass der Gegenpropaganda, die behauptete, die jungen RAD-Männer würden nicht mehr zurückkehren, sondern müssten sich nach Ablauf ihres Dienstjahres verpflichten, freiwillig in die deutsche Wehrmacht einzutreten, der Boden entzogen wurde“[219].

Trotzdem weichten diese auf „Germanisierung“ abzielenden Motive des RAD im Zuge der deutschen Niederlagen und der Kriegsaussichten immer mehr auf, so dass auch in Estland und Lettland RAD-Leistende 1944 nicht einmal mehr ins Reich geschickt wurden, sondern gleich vor Ort beispielsweise in der Torfwirtschaft[220] und bei Befestigungsarbeiten „eingesetzt“ wurden. Bei solchen „Einsätzen“ gerieten sie teilweise ohne jegliche militärische Ausbildung in bewaffnete Auseinandersetzun-

218 Ķērpa, Latvju zēni vācu darba dienestā, 1986, hier: S. 63; Zu den indirekten und direkten Zwangsmaßnahmen des RAD in Lettland ab 1943 vgl. auch: Evarts, Zemes pašpārvalde Latvijas ģenerālapgabalā 1941.-1944.g., 2008, S. 126 f.

219 LCVA-R-1399.1.62 S. 1–70. KdS Litauen, Lagebericht September 1943, 30.9.43, hier: S. 7.

220 Siehe dazu: BA-R-90.202 u. p. Tevija, „Gebietskommissar Fust bei den RAD-Kandidaten in den Torfwerken“ (Lettisch)., 28. 6. 1943; Vgl.: Dittmar Dahlmann (Hg.), Zwangsarbeiterforschung in Deutschland. Das Beispiel Bonn im Vergleich und im Kontext neuerer Untersuchungen, Essen 2010[1], hier: S. 169.

gen mit der Roten Armee und wurden schließlich ganz den SS-Verbänden angegliedert[221].

Gescheiterte Frauenwerbung in Lettland und Estland 1943[222]*:*
Wie erwähnt, waren die Sauckelwerbungen in Estland und Lettland ab 1943 auf freiwillige Meldungen beschränkt, welche zunehmend unbedeutender wurden. Doch versuchte Sauckel 1943 ein letztes Mal, in Lettland Arbeitskräfte für das Reich in großer Zahl zu erhalten. Dabei stützte er sich auf die von der Zivilverwaltung ebenfalls bestätigte Überlegung, dass insbesondere in den Haushalten, namentlich unter den Frauen, noch ungenutzte Arbeitskräfte vorhanden seien[223]. Doch gelang es der „Landeseigenen Verwaltung" im Bündnis mit anderen deutschen Akteuren, diese Forderungen abzuwehren. Dieser Vorfall verdeutlicht einmal mehr, dass in Lettland und Estland im Gegensatz zu Litauen die Bevölkerung eine politische Vertretung in zwar begrenztem Maße besaß, welche sich jedoch gelegentlich wirksam für ihre Belange einsetzen konnte.

Rekrutierung zur Wehrmacht 1943:
Neben dem RAD und Sauckel rekrutierte 1943 auch die Wehrmacht weiterhin sogenannte Hilfswillige für ihre Dienste an der Front aus der Zivilbevölkerung des gesamten Baltikums[224]. Dabei wurde den Hilfswilligen bei einem „Einsatz" im Baltikum die sogenannte „Baltenzulage" von 48 Reichsmark monatlich ausgezahlt. Außerdem erhielten sie hier ein tägliches Verpflegungsgeld von 80 Pfennigen, welches in den sogenannten „altrussischen" Gebieten bei nur 60 Pfennigen lag[225]. Auch für logistische Zwecke wurde die Zivilbevölkerung als Panjefahrer 1943 erneut herangezogen. Zum Jahresende 1943 forderte die Wehrmacht aus Lettland 2400 Panjefahrer[226].

Die Zivilbevölkerung in Estland und Lettland wurde zwar hinsichtlich der Sauckelwerbungen aufgrund der militärischen Musterungen geschont, doch hieß dies keine

221 Ķērpa, Latvju zēni vācu darba dienestā, 1986, hier: S. 65–68.
222 Vgl.: Abschnitt zur „Landeseigenen Verwaltung"; Zum Kontext der Frauenwerbung im Rahmen der 2. Sauckelaktion siehe: Poljan, Žertvy dvuch diktatur, 2002, S. 177 f.; Auch: Misiunas u. Taagepera, The Baltic States: years of dependence 1940–1980, 1983, S. 53.
223 Selbst das lettische Arbeitsdepartement sprach von einer großen „Arbeitsunlust" und mangelnder „Arbeitsdisziplin" unter der weiblichen Bevölkerung. Siehe: Polian, Sowjetische Zwangsarbeiter und Kriegsgefangene im Dritten Reich, 2010b, hier: S. 180 f.
224 Siehe den Verpflichtungsbescheid zum Dienst als Hilfswilliger, auf dem ausdrücklich der Charakter der Aushebung als „freiwillig" hervorgehoben wird. Siehe: LVCA-R-626.1.329 S. 32 f. GK in Kauen Musterungsstab, Stammblatt für Hilfswillige. Formblatt., 1943.
225 LCVA-R-1474.1.10 S. 39. Verwaltungsbestimmungen für Hilfswillige, 1943.
226 BA-R-9. 2. 1153 u. p. GK in Riga ABt. III Aso gez. Dr. Erdmann, Aktenvermerk betr.: Gestellung von Hilfswilligen – Panjefahrern, 21. 12. 1943.

vollständige Aufgabe von zwangsweisen Rekrutierungsversuchen anderer deutscher Akteure. Dies galt insbesondere für die deutlich verschlechterten Methoden der RAD-Werbung, welche zunehmend den Methoden der Sauckelbehörde zu gleichen begannen, allerdings nicht den zahlenmäßigen Umfang der Sauckelaktionen erreichten. Auch die Wehrmacht vermochte 1943 hohe Zahlen an Arbeitskräften aus den beiden nördlichen Generalbezirken zu erhalten, obwohl dort bereits seit 1942 ein akuter Arbeitskräftemangel herrschte.

Litauen – Scheitern der Legionsgründung[227] *und „Recht Arbeitskräfte zu stellen":*
Mit dem Scheitern der Legionsgründung in Litauen im Frühjahr 1943 trennten sich endgültig die Entwicklungslinien zwischen Estland und Lettland auf der einen Seite und Litauen auf der anderen Seite. Trotz einer massiven Propagandaaktion[228], die allerdings nach Meinung des GK in Kauen erst viel zu spät und kurzfristig eingesetzt hatte, erschienen nur etwa 20 Prozent der Musterungspflichtigen, von denen die Mehrheit untauglich war[229]. Dieser Misserfolg verschärfte das ohnehin schon schlechte deutsch-litauische Verhältnis noch weiter, wie die unmittelbare Aufforderung Lohses zu Vergeltungsmaßnahmen nach dem Scheitern verdeutlichte[230].

Sauckelaktionen in Litauen 1943:
Neben der Schließung der Universität Kauen[231] und der sofortigen Verhaftung von 48 führenden litauischen Politikern umfassten diese Vergeltungsmaßnahmen auch die verstärkt verfolgten Rekrutierungen zum „Reichseinsatz" im Rahmen der Sauckelaktionen, welche im Frühjahr 1943 noch bei gleichbleibenden Methoden wie im Vorjahr und mit entsprechend geringem Erfolg durchgeführt wurden[232]. Ihren Höhepunkt fanden die Rekrutierungsversuche 1943 in Litauen mit dem Versuch, im

227 Dazu siehe: Hilbrecht, Litauen im Reichskommissariat Ostland 1941–1943/44. Parallelen und Kontraste zum übrigen Baltikum, vornehmlich Estland, 1997.

228 Siehe die Zeitungsartikel diesbezüglich: BA-R-90.202 u. p. Kauener Zeitung, „Zu den Waffen! An die Arbeit!", 24. 2. 1943; BA-R-90.202 u. p. Kauener Zeitung, „Die „Litauische Legion" wird aufgestellt", 26. 2. 1942; BA-R-90.202 u. p. Kauener Zeitung, „Aufruf des Ersten Generalrats Kubiliunas", 3. 3. 1943.

229 LCVA-R-615.1.12 S. 2–14. GK in Kauen, Übersicht über den Verlauf der Musterungen in Litauen, 9. 5. 1943, hier: S. 9.

230 IfZ-MA.539 S. 356. RKO Lohse, Schreiben betr.: Vergeltungsmaßnahmen an Litauern wegen Scheitern der Legionsbildung, 9. 3. 1943.

231 LVVA-P-70.3.12 S. 6. GK in Kauen gez. Nabersberg, Schreiben betr.: Schließung der Universität Kauen. An: RKO Abt. I Poitik, 17.3.43.

232 Dazu: LVVA-P-70.5.67(II) S. 245. RKO HA III Aso – Musterungsführungsstab gez. Ellrodt, Musterung der Jahrgänge 1919/24. GK Kauen, 9. 8. 1943.

Herbst des Jahres 30 000 Litauer zum „Reichseinsatz" zu gewinnen[233]. Ziel der jahrgangsweisen Musterungen war die komplette Verpflichtung der Jahrgänge. Eine Hälfte sollte ins Reich geschickt werden, die andere sollte der Wehrmacht als sogenannte Hilfswillige zur Verfügung gestellt werden:

„Angehörige der Jahrgänge 1919/24 – mit Ausnahme der als untauglich Ausgemusterten – bleiben grundsätzlich nicht mehr im Generalbezirk Litauen, sondern sind bis auf weiteres nach dem Reich oder als Hilfswillige dienstzuverpflichten"[234].

Allerdings setzte hier der bereits beschriebene Mechanismus des Auseinanderdriftens der litauischen Bereitschaft zur Kooperation und dem deutschen Anstieg von Repressionsmaßnahmen ein. Denn die parallel zu den Musterungen in Estland und Lettland stattfindenden Musterungen fanden immer weniger Rückhalt in der litauischen Bevölkerung, da diese nicht bereit war, sich auf diese Weise von der deutschen Arbeitsverwaltung ins Reich schicken zu lassen. Daher erschienen die zu musternden Personen einfach nicht mehr bei den Arbeitsämtern, wogegen die deutsche Besatzungsmacht aufgrund der Ausmaße dieser Verweigerungen zunächst nur wenig entgegenzusetzen hatte. Die Hauptabteilung Politik beim GK in Kauen schrieb dazu:

„Es ist zu befürchten, dass von den UK-Gestellten der Jahrgänge 1919–1924 sich nur wenige zur erneuten Musterung stellen werden, da beispielsweise in der Stadt Kauen von 100 probeweise Aufgerufenen dieser Jahrgänge sich nur 2 gestellt haben. Je länger die Musterungen dauern, umso mehr macht sich in der Bevölkerung die Tendenz bemerkbar, sich der Gestellungspflicht zu entziehen und aus ihren ständigen Wohnsitzen zu verschwinden"[235].

Der Berichterstatter kam wegen dieser Erfahrungen zu dem Schluss:

„Um die von Gauleiter Sauckel verlangte Zahl von Arbeitskräften dem Reich zur Verfügung stellen zu können und unter Berücksichtigung obiger Ausführungen muss der Weg besonderer Maßnahmen beschritten werden, der nur in Form von Polizeiaktionen größeren Stiles durchzuführen ist"[236].

Daher einigten sich alle an den Musterungen Beteiligten, also Sauckelbeamte, Zivilverwaltung und Polizei, aufgrund der gemachten Erfahrungen des Frühjahrs[237], dass Zwangsmaßnahmen wie beispielsweise Kinorazzien das einzig effektive Mittel seien. Im Ergebnis einer Besprechung diesbezüglich hieß es:

233 Vgl. dazu auch Abschnitt zur „Landeseigenen Verwaltung" und: Karner u. a., Zwangsarbeit in der Land- und Forstwirtschaft auf dem Gebiet Österreichs 1939 bis 1945, 2004, S. 151–153.

234 LVVA-P-70.5.67(I) S. 236. RKO Abt. III Aso, Schreiben betr.: Bereitstellung von Arbeitskräften aus dem Generalbezirk Litauen im Wege der Musterung. An: GK in Kauen, 26.7.43.

235 LVVA-P-70.5.41 S. 1–11. GK in Kauen HA 1 Politik, Lagebericht für die Monate Juni und Juli 1943. RKO, 31. 8. 1943.

236 Ebd.

237 Siehe: LCVA-R-1474.1.25 S. 6. Leiter des Musterungsstabes Nr. 7 in Mariampol, Lage- und Stimmungsbericht fuer die Zeit vom 26.4–1.5.43. An: GK in Kauen Musterungsstab, 30.4.43.

„In Form von Razzien, Kinodurchsuchungen usw. werden alle Angehörigen der Jahrgänge 1919/1924 sowie diejenigen Angehörigen der Jahrgänge 1912/18 und 1925, bei denen die Durchmusterung des Anfangsbuchstabens ihres Namens bereits erfolgt ist, festgenommen, die sich der Musterungspflicht oder dem Einsatz nach Verpflichtung entzogen haben. Soweit die Pflichtigen nicht selbst gefasst werden, sind auch weiterhin die Familienangehörigen zu verhaften. Es ist dabei zu beachten, dass möglichst nur einsatzfähige Familienangehörige festgenommen werden, damit diese nach einer gewissen Frist, falls der Musterungspflichtige sie nicht auslöst, zum Arbeitseinsatz ins Reich abtransportiert werden können"[238].

Damit hatte die „Reichswerbung" in Litauen endgültig nicht nur quantitativ, sondern auch qualitativ ein Niveau erreicht, das sich nicht mehr mit Estland und Lettland vergleichen lässt[239].

In einer Statistik der Abteilung Aso in Kauen wird der Wandel der Rekrutierungsmethode im Sommer 1943 auch graphisch besonders deutlich. Dort sind die Rekrutierungserfolge vom Sommer und Herbst 1943 in Litauen in drei Spalten verzeichnet. Die erste ist mit „Werbungen" betitelt, die zweite mit „Sonderaktionen" und die dritte summiert die ersten beiden als Gesamtergebnis. Hier wird deutlich, dass unter „Werbungen" die Ergebnisse bis zum September 1943 verhältnismäßig moderat blieben. Bis zu diesem Zeitpunkt sind nicht einmal 2000 Personen verzeichnet. Dann aber füllen sich die Zahlenkolonnen unter „Sonderaktionen", deren Charakter man sich wohl wie im oben genannten Zitat vorzustellen hat, so dass bis zum Ende des Jahres die Zahl der Verschleppten Personen auf etwa 13 000 anstieg. Der Schwerpunkt dieser „Sonderaktionen" ist dabei im Herbst 1943 auszumachen. Danach sind auch die unter „Werbungen" registrierten Personen wieder zahlreicher, was an der Übertragung der Verantwortung an die litauische Arbeitsverwaltung liegen dürfte[240].

In einer weiteren Gesamtdarstellung des Gebietskommissariats Wilna über die „Reichswerbung" von Juli 1943 bis Mai 1944 lesen sich die Rekrutierungszahlen, unabhängig von Hinweisen auf ihre Rekrutierungsmethode, wie folgt: In diesen Zeitraum fällt insbesondere der Versuch der Deutschen, 30 000 Litauer für den „Reichseinsatz" zu werben. Auch hier ist deutlich das Ansteigen der Rekrutierungszahlen im Herbst 1943 zu erkennen. Ein Hinweis auf die verschärften Rekrutierungsmethoden im Herbst 1943 ist in dieser Statistik derartig enthalten, dass im September (324 Kin-

238 LCVA-R-1399.1.72 S. 164 f. KdS Litauen, Besprechung bei dem SS- und Polizeiführer Litauen über polizeiliche Massnahmen in Verfolg des Besuchs des Gaulaiters Sauckel, 28.7.1943.

239 Ein Problem dieser kollektiven Zwangsrekrutierungen betrifft weiter die ethnische Zusammensetzung. Wie aus den genannten Berichten hervorgeht, waren in dieser Phase auch die baltischen Bevölkerungsmehrheiten in Litauen stärker von den Zwangsmaßnahmen betroffen, als dies in den beiden nördlichen Generalbezirken der Fall war.

240 Vgl. Abschnitt zur „Landeseigenen Verwaltung".

der) und Oktober (1379 Kinder) auch die Zahl der verschleppten Kinder neben Frauen und Männern einbegriffen ist[241].

Monat	Anzahl der nach Deutschland Deportierten
Juli 1943	159
August 1943	1039
September 1943	3940
Oktober 1943	7059
November 1943	550
Dezember 1943	853
Januar 1944	666
Februar 1944	330
März 1944	1177
April 1944	560
Mai 1944	561
Gesamt	16 894

Der in dieser Tabelle gut sichtbar werdende erneute Anstieg der Rekrutierungszahlen im März 1944 geht auf einen weiteren Misserfolg einer großen Sauckelaktion zurück, ähnlich des Versuchs der Rekrutierung von 30 000 Arbeitskräften im Herbst 1943. Diesmal war es der Plan Sauckels, Anfang 1944 gleich 100 000 Litauer für den „Reichseinsatz" zu rekrutieren. Davon sollten 50 000 bereits im Februar 1944 Litauen verlassen[242]. Nachdem es ein halbes Jahr nicht gelungen war, die 30 000 Litauer zu rekrutieren, zeigen diese Planungsvorgaben den völligen Kontroll- und Realitätsverlust der deutschen Besatzungsmacht, in diesem Fall der Sauckelbehörde und die im Vergleich zu Estland und Lettland nun völlig verschiedene Realität der „Arbeitseinsatzpolitik":

„Aus diesem Dienstbereich sind im Laufe des Jahres 1944 100 000 Arbeitskräfte aus dem Generalbezirk Litauen zu stellen. Die Generalbezirke Estland und Lettland

241 Quelle: LCVA-R-626.1.222 S. 1–12. Gebietseinsatzstab Wilna, Reichswerbung. Monatsaufstellungen (Juli 43 – Mai 44), 1943–44.

242 IfZ-Ma-539 S. 72. RMfdbO HA. III. Arbeitspolitik und Sozialverwaltung, Vermerk für Gauleiter Lohse betr.: Weisungen vom Ostminister und anderen Reichsstellen, die der Abstimmung bedürfen, 24. 5. 1944; vgl.: LVVA-P-70.5.67(II) S. 395. RKO Abt. III Aso gez. Schütte, Schreiben betr. Reichswerbung 1944, Auflage von 100 000 litauischen Arbeitskräften für das Reich. An: GK in Kauen, 26. 1. 1944.

kommen für die Reichswerbung im Hinblick auf die Aushebung zur Legion nicht mehr infrage"[243].

Wie aus der Tabelle ersichtlich, waren außer dem geringen Anstieg der Rekrutierungszahlen im März 1944 keine größeren Ergebnisse in Litauen mehr durchführbar, so dass die Differenz zwischen Planung und Realität in Litauen inzwischen ein Zahlenverhältnis von ungefähr 100 zu 1 erreicht hatte[244].

Trotz dieser massiven Differenz zwischen planerischen Vorgaben und der Umsetzung der „Arbeitseinsatzplanung" in Litauen, bleibt im Vergleich zu Estland und Lettland festzuhalten, dass ungeachtet der Zunahme von Repressionsmethoden auch in Estland und Lettland im Zuge der Rekrutierungen für den RAD die „Sondermaßnahmen" in Litauen von größeren Ausmaßen und brutaler in der Durchführung waren. Hier wurde im Vergleich zu Estland und Lettland nach wie vor weniger zwischen slawischer und baltischer Bevölkerung zumindest auf der Ebene der Planung unterschieden, sodass davon ausgegangen werden kann, dass hier die litauische Bevölkerung im Vergleich mit den Esten und Letten stärker betroffen war.

3.1.3.2 „Arbeitseinsatz" im „Reichskommissariat Ostland" 1943 – „Totaler Kriegseinsatz" und Wandel des Verhältnisses zwischen Besatzern und Besetzten

Während sich die Rekrutierungen zum „Reichseinsatz" ab 1943 in Litauen erheblich von der Situation in den anderen beiden baltischen Generalbezirken unterschieden, blieb die Entwicklung des „Arbeitseinsatzes" vor Ort strukturell in der Grundtendenz gleich. Zu der 1942 festgestellten wachsenden Arbeitsunlust und der schwindenden Arbeitsmoral, welche gesteigerte Repressionsmaßnahmen der Deutschen zur Folge gehabt hatten, gesellte sich ab 1943 noch die zur Gewissheit werdende Ahnung, dass die Deutschen den Krieg verlieren würden[245]. Nicht zuletzt aus diesem Grunde markierte der Jahreswechsel von 1942/1943 für das Verhältnis von Besatzern und Besetzten eine entscheidende Zäsur der deutschen Besatzungszeit.

243 LVVA-P-70.5.67(II) S. 393. RMfdbO, Reichswerbung 1944. RKO, 15. 1. 1944.

244 Zum Versuch 1944 100 000 Litauer ins Reich zu deportieren vgl. auch: Kangeris, Baltische Zwangsarbeiter im Dritten Reich, 2010, hier: S. 52.

245 So berichtete die Wehrwirtschaftsinspektion Ostland im Juli 1943: „Lettland und Litauen melden beginnende Zweifel am deutschen Sieg". Aus: Melville, Zwangsmigrationen im mittleren und östlichen Europa, 2007; gleichlautend auch: Gustavo Corni, Ghettoisierung und Zwangsbewegungen der jüdischen Bevölkerung in Osteuropa 1939–1944, in: Ralph Melville (Hg.), Zwangsmigrationen im mittleren und östlichen Europa. Völkerrecht – Konzeptionen – Praxis (1938–1950), Mainz am Rhein 2007, S. 219–246.

Die Bereitschaft, den deutschen Kriegsanstrengungen zu dienen, blieb zunächst unverändert gering[246] und verschlechterte sich gar kurzzeitig im Winter 1942/1943[247]. Problematisch für die Stimmung der Bevölkerung blieb zudem die angespannte Versorgungslage – dies umso mehr, als bis ins letzte Okkupationsjahr hinein mit zweierlei Maß gemessen wurde, und die deutschen Verpflegungssätze sich deutlich von den einheimischen Sätzen unterschieden:

Aufstellung der Portionssätze (je Kopf und Woche)[248]:

	Brot (g)	Fleisch (g)	Fett (g)	Nährmittel (g)	Zucker (g)	Kaffee-Ers. (g)
Deutsche Zivilperson	2450	500	250	150	280	100
Lettische Zivilperson	2250	250	200	150	100	62,5

Doch je stärker die deutsche Niederlage offensichtlich wurde, desto nachhaltiger bewirkte ein psychologischer Wandel eine größere Akzeptanz der Idee eines „antibolschewistischen Krieges", was insbesondere die Mobilisierungserfolge der Deutschen kurz vor dem Ende ihrer Besatzungszeit erklärt[249].

Auch die Zahl der Festnahmen durch öffentliche Kontrollen der Polizei auf der Straße und in öffentlichen Einrichtungen nahm im ersten Halbjahr 1943 im Vergleich zum Vorjahr ab. Doch war dieser Rückgang eher durch die eingeschränkten Möglichkeiten der Polizei zu erklären, welche sich ab 1943 mehr und mehr der „Partisanenabwehr" in den angrenzenden Gebieten in Weißruthenien und Russland widmete[250]. Zugleich überstellte die Polizei von den festgenommenen Personen jedoch einen relativ gesehen höheren Anteil in AEL, was einen für die Entwicklung der „Ar-

246 Dies gilt insbesondere für das erste Halbjahr 1943: LVVA-P-989.1.18a.Generaldirektion der Wirtschaft – Arbeitsdepartement, Arbeitsbericht für den Zeitraum vom 01.01.1943–30.06.1943 (Lettisch), 1943, hier: S. 29 f.

247 Siehe: LVVA-P-82.1.22 S. 1. HSSPF für das Ostland, Schreiben betr.: Anwachsen von Arbeitsvertragsbrüchen. An: Befehlshaber der Ordnungspolizei, 13. 1. 1943.

248 Aus: BA-RW-41.54 S. 85 f. Wehrmachtsbefehlshaber Ostland gez. Dr. Geier, Anlage zu den Besonderen Anordnungen Nr. 40/44, 28. 5. 1944.

249 Diesen Zusammenhang zwischen Kriegsverlauf und Arbeitsbereitschaft der Zivilbevölkerung stellt Penter auch für die Ukraine fest: „Denn die Arbeitswilligkeit der Bevölkerung hing auch von den Ereignissen an der Front ab". Aus: Penter, Arbeiten für den Feind in der Heimat: Der Arbeitseinsatz in der besetzten Ukraine 1941–1944, 2004, S. 75.

250 Zur Partisanenbekämpfung in Weißruthenien: Bernhard Chiari, Deutsche Herrschaft in Weißrussland: Überlegungen zum lokalen und historischen Umfeld, in: Wolf Kaiser (Hg.), Täter im Vernichtungskrieg. Der Überfall auf die Sowjetunion und der Völkermord an den Juden, Berlin 2002, S. 137–159, hier: S. 150–152.

beitseinsatzpolitik" charakteristischen Wesenszug verdeutlicht[251]: Während die deutschen Möglichkeiten, die vorgegebenen Ziele mit Gewalt durchzusetzen, sanken, stieg im antiproportionalen Verhältnis die Bereitschaft, diese mit Repressionsmethoden zu erzwingen. Die Anforderungen der deutschen „Arbeitseinsatzpolitik" verschärften sich kontinuierlich, gleichzeitig verloren die Deutschen jedoch die Kontrolle über eine wachsende Zahl der Arbeitskräfte. Diejenigen jedoch, welche in die Fänge der deutschen Strafmaßnahmen gerieten, hatten daher umso härter unter dieser Entwicklung zu leiden. Eine Abschreckung, so wie sie von den deutschen „Arbeitseinsatzplanern" intendiert waren, stellte diese Vorgehensweise jedenfalls nicht dar. Ein Indiz für diese nachlassende deutsche Kontrollkraft waren auch die nur schleppend voran gehenden Registrierungserfolge der Arbeitsverwaltung. Während allein in Lettland, in dem etwa eine Million Menschen im arbeitsfähigen Alter lebten[252], die Anzahl der erfassten Arbeitskräfte 1942 von etwa 150 000 auf fast 500 000 gestiegen war[253], gelang es der Arbeitsverwaltung diesen Wert 1943 kaum noch zu erhöhen[254]. Auch in Litauen unterschieden sich die deutschen Erfolge hinsichtlich der Erfassungsprobleme nicht, wohl aber in Bezug auf die Arbeitskräftereserven:

„Wenn auch genügend Kräfte vorhanden sind, so ist es bisher nicht gelungen, diese Kräfte zu erfassen. Die laufende Musterungsaktion zeigt dies ganz deutlich. Es stellen sich diejenigen Kräfte dem Musterungsstab, die Aussicht auf Freistellung haben. Die Übrigen erscheinen nicht"[255].

Diese mageren Erfassungserfolge standen im krassen Gegensatz zu den auf totale Mobilisierung ausgerichteten deutschen Anstrengungen auf dem Feld der „Arbeitseinsatzpolitik". Demnach sah die deutsche „Arbeitseinsatzlenkung" im Sommer 1943 eine totale Erfassung der gesamten arbeitsfähigen Bevölkerung zum „Arbeitseinsatz" vor[256], welche aber, wie gesehen, nahezu ergebnislos blieb. Der Druck zur erhöhten Arbeitsleistung kam dabei von außen, von den sogenannten Bedarfsträgern, deren Nachfrage nach Arbeitskräften immer weniger erfüllt wurde. Am dringlichsten trat diese Lücke in Lettland zu Tage. Dort betrug die Zahl der offenen

251 Dazu: .LVVA-P-989.1.18a. Generaldirektion der Wirtschaft – Arbeitsdepartement, Arbeitsbericht für den Zeitraum vom 01. 01. 1943–30. 06. 1943 (Lettisch), 1943, hier: S. 47 f.

252 Siehe: BA-R-91.12 u. p. Übersicht über den Generalbezirk Lettland.

253 Vgl. genaue Zahlen in: Abschnitt zu Balten 1942.

254 Im Juni 1943 waren genau 565 338 Personen von der lettischen Arbeitsverwaltung registriert. Siehe: LVVA-P-989.1.18a.Generaldirektion der Wirtschaft – Arbeitsdepartement, Arbeitsbericht für den Zeitraum vom 01. 01. 1943–30. 06. 1943 (Lettisch), 1943, hier: S. 26. Am niedrigsten war diese Zahl nach wie vor in der Region Lettgallen. Bei einer Einwohnerzahl von einer halben Million Menschen belief sich die Zahl der bei den Arbeitsämtern registrierten Personen auf gerade einmal 80 000 Personen. Aus: Ebenda.

255 BA-R-91.12 u. p. Gebietskommissar Kauen Land Arbeitsamt gez. Strebe, Tätigkeitsbericht für den Monat Juni 1943. GK in Kauen, 16. 7. 1943.

256 LVVA-P-989.1.4 S. 177. Arbeitsamt Riga, Bekanntmachung Totaler Kriegseinsatz, Sommer 1943.

Stellen im April 1943 über 50 000. In Estland waren es immerhin über 36 000, ein ähnlich hoher Wert war auch im ungleich größeren Litauen mit 35 000 zu verzeichnen. Zum Vergleich betrug dieser Wert in Weißruthenien nur 18 700. Die größte Lücke wies dieser Statistik zur Folge die Landwirtschaft in Lettland mit 22 250 unbesetzten Arbeitsplätzen auf[257].

Während sich die Rekrutierungen für den „Reichseinsatz" ab 1943 in Litauen noch stärker durch die gescheiterte Legionsgründung in ihrer Art und dem Umfang nach von der Situation in Estland und Lettland unterschieden, glich sich die „Arbeitseinsatzlage" vor Ort ihrer Struktur nach in den drei Ländern. Charakteristisch für die Entwicklung im Jahre 1943 war im gesamten Baltikum die Parallelerscheinung von Kontrollverlust und zunehmender Härte der deutschen Besatzungsinstitutionen. Der Polizei fehlte die Personaldecke für umfassende Einschüchterungsmaßnahmen, was sie durch ein noch härteres Vorgehen denjenigen gegenüber zu kompensieren versuchte, die in ihre Fänge gerieten. Die zivile Arbeitsverwaltung war 1943 weit von einer umfassenden Kontrolle über die Arbeitskräfte entfernt, was sie durch eine Reihe von Maßnahmen zu kompensieren versuchte.

Mobilisierungsbemühungen und Auswirkung auf die Zivilbevölkerung:

Musterungen als Rekrutierungsmethode 1943:

Der Struktur nach waren diese Probleme der deutschen Arbeitsverwaltung 1943 nicht unbekannt. Um diesen Problemen mit neuen Methoden zu begegnen, aber in erster Linie, um eine militärische Mobilisierung der einheimischen Bevölkerung auf scheinlegaler Ebene zu ermöglichen, griff die deutsche Arbeitsverwaltung ab 1943 auf die Methode der Musterungen zurück. Die Schlüsselrolle der „Arbeitseinsatzpolitik" im Baltikum trat bei den Musterungen zum Waffendienst hervor, da die rechtliche Basis für die Einberufungen die Arbeitspflicht war[258]. Feierlich hieß es in dem Aufruf der Behörde des RKOs:

257 Zum Vergleich: In Estland betrug dieser Wert 2500 in Litauen 2057. Aus: LVVA-P-69.2.10 S. 128. GK in Riga Abt. III e Aso, Kräftebedarf im Ostland (Stand 1. 4. 1943), 1.4.1943.

258 LVVA-P-69.2.10 S. 102–109. RKO gez. Ellrodt, Richtlinien. Fassung vom 16. 2. 1943 für die Durchführung der Musterung der Jahrgänge 1919/20/21/22/23/24 auf Grund der Verordnung über die Einführung der Arbeitspflicht in den besetzten Ostgebieten vom 19. Dez. 1941, sowie der Verordnung zur Änderung der Verordnung über die Einführung der Arbeitspflicht in den besetzten Ostgebieten vom 27. August 1942 und ferner der 1. Verordnung zur Durchführung der Verordnung des RMfdbO über die Einführung der Arbeitspflicht in den besetzten Ostgebieten vom 19. Dez. 1941 vom 25. Januar 1943, 16.2.43. Vgl. auch: Myllyniemi, Die Neuordnung der baltischen Länder 1941–1944: Zum nationalsozialistischen Inhalt der deutschen Besatzungspolitik, 1973, S. 231 f.

„In dem Kampfe, den die Kulturvölker Europas gegen den Weltfeind Bolschewismus seit mehr als 1 1/2 Jahren führen, können die Männer der baltischen Generalbezirke Litauen, Lettland und Estland nicht mehr beiseite stehen"[259].

Ganze Jahrgänge sollten nach eingehender Musterung vor die Wahl gestellt werden, sich zur SS-Legion, zur Wehrmacht oder zum „Arbeitseinsatz" zu melden[260]. Dabei wurde im Rahmen dieses Vorganges eine entsprechende Propaganda für den Eintritt zur Legion betrieben. Nicht zuletzt die Aussicht, unter Landsleuten zu dienen, förderte die Attraktivität für den Eintritt zur Legion. Trotzdem stellte die Abteilung Aso in Riga fest, dass die seit jeher im Verdacht der Deutschfeindlichkeit stehenden „intelligenten" Kreise der lettischen Hauptstadt sich vorzugsweise zum „Arbeitseinsatz" meldeten[261].

Die Musterungen waren zwar im Zusammenhang mit den intendierten Legionsgründungen in den drei Generalbezirken eingeführt worden, welche in Litauen nicht gelang. Doch blieb das organisatorische Mittel der Musterungen auch hier nach dem Scheitern in Gebrauch[262], nur verlor Litauen dadurch in noch stärkerem Maße das deutsche Vertrauen, was sich nicht zum Besseren für die Litauer auswirkte, da sie ebenso an die Front geschickt werden sollten – nur unter schlechteren Bedingungen[263]. Trotz oder gerade wegen der schlechten Ergebnisse und des geringen

259 LVVA-P-69.2.10 S. 102–109. RKO gez. Ellrodt, Richtlinien. Fassung vom 16. 2. 1943 für die Durchführung der Musterung der Jahrgänge 1919/20/21/22/23/24 auf Grund der Verordnung über die Einführung der Arbeitspflicht in den besetzten Ostgebieten vom 19. Dez. 1941, sowie der Verordnung zur Änderung der Verordnung über die Einführung der Arbeitspflicht in den besetzten Ostgebieten vom 27. August 1942 und ferner der 1. Verordnung zur Durchführung der Verordnung des RMfdbO über die Einführung der Arbeitspflicht in den besetzten Ostgebieten vom 19. Dez. 1941 vom 25. Januar 1943, 16.2.1943.

260 LVVA-P-69.5.7 S. 33. GK in Riga Abt. III Aso gez. Wurthmann, Musterung der Jahrgänge 1919–1924. Leiter der im Generalbezirk Lettland gebildeten Musterungsstäbe, 8. 3. 1943.

261 „Ich habe mich in den ersten Tagen während der Musterungen in Riga-Stadt stundenweise in den 3 verschiedenen Stäben beobachtend aufgehalten und musste dabei immer wieder feststellen, dass sich insbesondere die Angehörigen der akademischen Jugend, trotzdem sie in den meisten Fällen durch die ärztliche Untersuchung truppendienstfähig geschrieben waren und trotz der vorangegangenen Vorträge durch die Herren der SS-Legion und der Wehrmacht, nur in den seltensten Fällen bereit waren, sich zur SS-Legion oder zur Wehrmacht zu melden. Aus: BA-R-91.395 u. p. Gebietskommissar in Riga Arbeitsverwaltung, Stimmungsbericht Musterung der Jahrgänge 1919–1924. GK in Riga, 20. 3. 1943.

262 LCVA-R-626.1.91 S. 2. Bürgermeister der Stadt Wilna, Prüfungskommission für die Arbeitskräfte in Wilna. Durchführungsbestimmungen.

263 „Wie mir mitgeteilt wird, hat der Reichsführer SS angeordnet, dass er von den nächsten Musterungen in Estland alle tauglichen Freiwilligen für die estnische Legion beansprucht. Von einer weiteren Einstellung Freiwilliger (Hilfswilliger) aus Estland in das Heer sei künftig abzusehen. Sämtliche freiwilligen Tauglichen aus Estland sind künftig der Legion zu überstellen. Der Wehrmacht seien dafür sämtliche Musterungen in Litauen freigegeben". Aus: ERA-R-65.1.10 S. 94. GK in Reval Litzmann, Musterungen in Estland. Befehlshaber des Heeresgebiet Nord und kommandierender General d. Sicherungstruppen Herr General d. Inf. von Both, 6.7.1943.

Erscheinens der zu Musternden[264] wurde hier an diesem Verfahren festgehalten[265]. Als exemplarisches Beispiel für den Misserfolg der zivilen Musterungen in Litauen im Sommer 1943 sei der Bericht des Musterungstabes 4 in Kedahnen herausgegriffen. Hier waren 839 Personen zur Musterung vorgeladen, von denen etwa die Hälfte, nämlich 407 Personen erschienen. Die Mehrheit dieser Personen wurde jedoch freigestellt wegen gesundheitlicher Gründe oder aufgrund der UK-Stellungen, so dass letztendlich nur fünf Personen zur Wehrmacht und acht Personen für den „Reichseinsatz" bestimmt wurden[266]. Wie aus diesen Zahlen ersichtlich, war die Klage der deutschen Musterungsstäbe, dass die tauglichen von vornherein nicht zu den Musterungen erschienen, sicher berechtigt[267]. In dem Aufruf zur Nachmusterung hieß es daher:

„Die verschärfte Arbeitseinsatzlage zwingt dazu, für das Reich und die Wehrmacht alle Angehörigen der Jahrgänge 1919–1924 zu verpflichten, die bisher entweder UK gestellt oder anderen Bedarfsträgern im Wege der Musterung zugewiesen waren"[268].

Da die Bereitschaft zum „Reichseinsatz" besonders gering war, die Arbeitsämter aber auch vor Ort dringend Arbeitskräfte benötigten, veränderten sie die Quote der zu Musternden. Hatte zu Beginn der Musterungen in Litauen noch je eine Hälfte zur Wehrmacht und die andere zum „Reichseinsatz" gemusst, so galt ab Juni 1943, dass nur noch ein Viertel der Gemusterten zum „Reichseinsatz" geschickt werden und das verbleibende Viertel für den „Arbeitseinsatz" vor Ort, dem „Ostlandeinsatz", zur Verfügung stehen sollte[269]. Diese Veränderung wirkte sich also entgegen dem Entwicklungstrend der deutschen „Arbeitseinsatzpolitik" in Litauen dahingehend aus, dass der Wille der einheimischen Bevölkerung auch hier gelegentlich beachtet wur-

264 In Wilna-Stadt erschienen von 5798 zu Musternden Personen 3615. Von den zur Nachmusterung vorgeladenen 2183 Personen erschienen 693. Aus: LVCA-R-626.1.329 S. 24. Musterungsstab 11 Wilna, Meldung über Ergebnisse der Musterung. GK in Kauen Musterungsstab, 15. 6. 1943; Siehe ähnliche Erfahrungsberichte in: LVCA-R-1474.1.27 S. 1. Musterungsstab 5 Schaken, Lage- und Stimmungsbericht. GK in Kauen Musterungsstab, 12. 7. 1943.

265 LCVA-R-626.2.34 S. 32–34. GK in Kauen gez. Erdmann, Nachmusterung der Jahrgänge 1919–1924, 16. 8. 1943.

266 LVCA-R-1474.1.29 S. 29. Musterungsstab Wilkowischken, Schlussbericht über die Musterung der Geb. Jahrgänge 1912–1918 und 1925. An: GK in Kauen Musterungsstab, 15. 8. 1943.

267 „Es stellen sich diejenigen Kräfte dem Musterungsstab, die Aussicht auf Freistellung haben, und die Übrigen erscheinen nicht". Aus: BA-R-91.12 u. p. Gebietskommissar Kauen Land Arbeitsamt gez. Strebe, Tätigkeitsbericht für den Monat Juni 1943, 16. 7. 1943; Vgl. auch:Polian, Die Rekrutierung der Zwangsarbeiter in der Sowjetunion, 2010a.

268 LVCA-R-626.1.329 S. 40. GK in Kauen HA III Aso, Nachmusterung der männlichen Jahrgänge 1919–1924. Geb.K. in Wilna Arbeitsamt, 11. 8. 1943, Vgl. auch Muster eines Musterungsbescheides: LVCA-R-626.1.329 S. 32 f. GK in Kauen Musterungsstab, Stammblatt für Hilfswillige. Formblatt, 1943.

269 LCVA-R-626.2.34 S. 51. GK in Kauen Musterungsleitstab gez. Dammer, Tagesbefehl Nr. 22., 1. 6. 1943.

de. In anderer Lesart stellte diese Veränderung auch einen weiteren Beweis für die relative Schwäche Sauckels in der „Arbeitseinsatzpolitik" im Baltikum dar[270].

Das Ergebnis dieser „Ersten Musterungsaktion" in den baltischen Generalbezirken vom März bis August 1943 einschließlich der zahlreichen Nachmusterungsversuche während dieser Zeitspanne sah wie folgt aus[271]:

	Estland	Lettland	Litauen	Gesamt
„Arbeitseinsatz"	3913	5355	13 715	22 983
„Waffenträger"	12 161	31 455	15 410	59 026
Gesamt	16 074	36 810	29 125	82 009
Davon: Legion, Polizei, Schuma	5 322	17 970	1 465	24 757

Von der „Zweiten" und „Dritten Musterungsaktion" blieb Litauen ausgeschlossen, da diese ausschließlich für die SS-Legionen in Estland und Lettland bestimmt waren. Auch waren diese Musterungen unter der organisatorischen Leitung der SS, während die „Erste Musterungsaktion" noch unter der Leitung der Abteilung Aso stattfand, was die Bedeutung der „Arbeitseinsatzpolitik" in diesem Zusammenhang unterstreicht, zugleich aber die Machtzunahme des Polizeiapparats zum Ende der Besatzungszeit verdeutlicht[272]. Die jeweiligen Ergebnisse dieser Musterungen lagen für Estland bei 3375 Personen in der Zweiten und 900 in der Dritten Musterung. Für Lettland beliefen sich die entsprechenden Zahlen auf 6414 und 5167 Männer[273]. Im Februar 1944 schloss sich für diese beiden Generalbezirke noch eine „Vierte Musterungsaktion" an, deren Erfolge weit hinter den Vorgaben geblieben sein dürften, wenn sich der Trend der vorangegangenen Musterungen fortgesetzt hat, was mehr als wahrscheinlich ist.

Unabhängig von den Ergebnissen für die militärischen Aushebungen zu den Legionen in Estland und Lettland in den weiteren Musterungsaktionen ist die Bedeutung der Musterungen für die „Arbeitseinsatzpolitik" und für das Schicksal der baltischen Mehrheitsbevölkerung vor allem darin zu sehen, dass sich ab 1943 die Rekrutierungsmethode für den „Arbeitseinsatz" im Baltikum ebenfalls änderte. Galt die allgemeine Arbeitspflicht schon vorher, und die gesamte Bevölkerung war von willkürlichen Razzien auf offener Straße bedroht, so verkleinerte sich mit den jahrgangsweisen Musterungen der Kreis der direkt Angesprochenen. Zugleich erhöhte

270 Vgl. Abschnitt zu Sauckel.
271 Aus: LVVA-P-69.5.7 S. 57–62. RKO Abt. III Aso, Vermerk über Ablauf und Ergebnisse sämtlicher seit dem Frühjahr 1943 durchgeführten Musterungen, 3. 2. 1944.
272 Ebd.; Vgl. auch Abschnitt zur Polizei.
273 Ebd.

sich somit der Druck auf ebendiese Personen, die schon vorher allgemein bestehende Arbeitspflicht zu erfüllen.

Weitere Anordnungen und Kontrollversuche 1943 – „Totaler Kriegseinsatz":
Schon zum Ende des Jahres 1942 begann die deutsche Arbeitsverwaltung, die Anforderungen an die einheimischen Arbeiter erneut zu erhöhen[274]. Nach der Verkündung des „Totalen Krieges" hielt dieser Terminus auch in der „Arbeitseinsatzpolitik" des Baltikums Einzug. Die Verordnung zum „Totalen Kriegseinsatz" brachte allerdings keine grundsätzlich neuen Impulse für die „Arbeitseinsatzpolitik" im Baltikum. Dieser Tatbestand kam in ihr selbst zum Ausdruck:

„Die wachsenden Anforderungen von Arbeitskräften sowohl für den Arbeitseinsatz im Reich als auch für die Bedürfnisse der Wehrmacht und des Ostlandes zwingen zu einer Reihe von Maßnahmen, die teilweise bereits im Gang sind"[275].

Im Zentrum stand der Gedanke einer verschärften Mobilisierung. Erstmals sollten auch die Frauen in stärkerem Maße einbezogen werden. Zentrales Mittel zur Erfassung sollten die Musterungen werden[276], was auch im letzten Okkupationsjahr fortgesetzt wurde[277]. Nachdem diese Musterungen des Jahres 1943 allerdings auf viele Schwierigkeiten gestoßen waren, sollte die Verantwortung mehr auf die einzelnen Betriebsführer abgewälzt werden, um so die innerbetrieblichen Rationalisierungsmaßnahmen voranzubringen. Desweiteren sollten „überflüssige" Haushaltskräfte und faule Studierende mobilisiert werden[278]. Schließlich sollte die Produktion im Baltikum noch weniger zivile Gebrauchsgüter herstellen, um die Kapazitäten für die

274 LVVA-P-960.1.55 S. 12–18. RKO gez. Matthiessen, Verordnung zur Förderung der Leistungssteigerung, 21. 12. 1942.

275 LVVA-P-70.5.67(I) S. 190–196. RKO HA. III Aso Arbeitsgruppe Arbeitseinsatz, Verordnung über die Meldung von einheimischen Männern und Frauen in den besetzten Ostgebieten für Aufgaben der totalen Kriegführung vom 29. 3. 1943. GK Riga / Reval / Kauen / Minsk, 21. 5. 1943; Vgl. auf der Ebene des RMfdbO die Verordnung: LVVA-P-69.2.10 S. 136–141. RMfdbO gez. Meyer, Massnahmen zur Förderung der Leistungssteigerung. RKO RK Ukraine, 27.5.43.

276 LVVA-P-70.5.67(I) S. 190–196. RKO HA. III Aso Arbeitsgruppe Arbeitseinsatz, Verordnung über die Meldung von einheimischen Männern und Frauen in den besetzten Ostgebieten für Aufgaben der totalen Kriegführung vom 29. 3. 1943, 21. 5. 1943.

277 IfZ-MA.539 S. 351 f. RKO Abt. III Arbeitspolitik und Sozialverwaltung gez. Lohse, Einziehung von 10 weiteren Jahrgängen in Lettland und Estland. RMfdbO, 10.12.1943.

278 Das Konzept der „Berufseinsatzfähigkeit" weckt gewisse Assoziationen zu Hochschulreformplänen neueren Datums: „Auch ist es berechtigt, zur Gewinnung von Arbeitskräften auf die Studierenden an Hochschulen und höheren Fachschulen zurückzugreifen. Es ist unverantwortlich, wenn Studierende, die es nicht als ihre Pflicht ansehen, ihre Studien beschleunigt und intensiv zu betreiben, um so in kürzester Frist berufseinsatzfähig zu werden, auf den Hochschulen belassen bleiben. Überhaupt wird es in vielen Fällen berechtigt sein zu prüfen, ob es sich bei dem Studium um eine ernsthafte Berufsausbildung handelt und der ernste Wille vorliegt, das Studium zum Abschluss zu bringen". Aus: LVVA-P-70.5.67(II) S. 333. RKO Abt. III Aso gez. Matthiessen, Totaler Kriegseinsatz. Richtlinien für den Arbeitseinsatz in Verfolgung der Musterungen. GK in Riga / Reval, 21. 12. 1943.

Kriegsproduktion zu erhöhen[279]. Auch dieser Gedanke war keineswegs eine neue Idee. Schon im April des Jahres war die Reduzierung der Produktion für die Zivilbevölkerung durch Martin Matthiesen angeordnet worden[280].

Neuauflagen alter Verordnungen 1943:
Die Unproduktivität dieser Maßnahmen zeigte sich vor allem an dem repetitiven Charakter dieser Verordnungen. Auch 1943 war beispielsweise die Einführung eines Arbeitsausweises wieder auf der Agenda der deutschen Arbeitsverwaltung, um die „Arbeitseinsatzlenkung“ zu optimieren[281]. Dies war keine Ausnahme, sondern eher die Regel, wie eine handschriftliche Übersicht in tabellarischer Form über die wiederkehrenden Anordnungen der deutschen Arbeitsverwaltung veranschaulicht[282]. Beispielsweise wurde auch 1943 erneut darauf hingewiesen, dass die eingeführte Arbeitspflicht sich ebenfalls auf den „Einsatz“ außerhalb des heimatlichen Generalbezirks beziehen sollte[283]. Diese andauernden Wiederholungen der Anordnungen früherer Jahre waren einerseits nötig, da die Durchsetzung alter Anordnungen nicht erreicht worden war, und von der nochmaligen Wiederholung eine verstärkte Wirkung, beispielsweise in der Presse, erhofft wurde. Andererseits boten diese Wiederauflagen der Anordnungen aber auch die Gelegenheit, alte Normsätze der Arbeitsbedingungen zu erhöhen oder zu verschärfen. In Einzelfällen konnten sie zudem geeignet sein, nur einen propagandistischen Nutzen zu erfüllen, wenn ihr Wortlaut von vornherein darauf ausgelegt war, dass ihr theoretischer Inhalt nicht unbedingt viel mit der Auslegung zu tun haben musste.

Verordnung über die Arbeitszeit von Kindern und Jugendlichen:
Ein solches Beispiel stellte die „Verordnung über die Arbeitszeit von Kindern und Jugendlichen“ vom 27. Januar 1944 dar. Darin war festgelegt, dass mit Vollendung des vierzehnten Lebensjahres die Grenze zum „Jugendlichen“ überschritten sein sollte. Kinderarbeit wurde darin ausdrücklich verboten. Jugendliche wiederum sollten nicht mehr als 48 Stunden in der Woche arbeiten, wobei Ausnahmen für über 16-jährige gestattet waren. Ebenso war Akkordarbeit für Jugendliche unter

279 Ebd.
280 LVVA-P-70.5.67(I) S. 139. RKO III All Wi 1 gez. Matthiessen, Freistellung von Arbeitskräften für kriegswichtigen Einsatz. GK in Riga / Reval / Kauen, 2. 4. 1943.
281 BA-R-92.424 u. p. RKO gez. Matthiessen, Verordnung über die Einführung eines Arbeitsausweises vom 26. Februar 1943., 26. 2. 1943.
282 LVVA-P-69.2.10 S. 127. Gebietskommissar in Riga Arbeitsverwaltung gez. Rudzitis, Schema der Verordnungen zum Arbeitseinsatz, undatiert.
283 ERA-R-65.1.7 S. 2–4. RKO gez. Matthiessen, Erste Verordnung zur Durchführung der Verordnung über die Einführung der Arbeitspflicht in den besetzten Ostgebieten, 25. 1. 1943.

16 Jahren verboten. Auch Ruhezeiten und Strafmaßnahmen gegen Arbeitgeber, die sich nicht an diese Verordnung hielten, waren darin genauestens geregelt. Bezeichnenderweise galt diese vermeintlich milde Verordnung nicht in Weißruthenien. Allerdings wurden diese Schutzbestimmungen für Kinder und Jugendlichen durch eine Vielzahl von Ausnahmeregelungen unterhöhlt. So waren von diesen Bestimmungen die Landwirtschaft, welche den wichtigsten Wirtschaftssektor im Baltikum darstellte, sowie die Hauswirtschaft, Fischerei und Schifffahrt ausgenommen. Auch die Kinderarbeit in den anderen Arbeitsgebieten konnte durch Ausnahmeregelungen des zuständigen Gebietskommissars genehmigt werden. In der Praxis hatte diese Verordnung somit schon auf normativer Ebene mehr Löcher, als dass sie die Arbeitsbedingungen für Kinder und Jugendliche tatsächlich festlegte und schützte[284].

Zwangsverpflichtungen zu Erntearbeiten 1943–1944:
Wie schon in den Jahren zuvor besaß die Einbringung der Ernte besondere Priorität innerhalb der „Arbeitseinsatzpolitik", da hiervon die Versorgung der Heeresgruppe Nord sowie die Versorgung der einheimischen Bevölkerung abhing. Hierfür waren in den Jahren zuvor vor allem unqualifizierte Arbeitskräfte und festgelegte Kontingente von anderen Arbeitgebern und Behörden[285] verpflichtet worden. 1943 nutzte die Abteilung Aso nun zusätzlich zu diesen Methoden die jahrgangsweise Musterung, so wie sie ab diesem Jahr für die Zusammenstellung der Legionen eingeführt worden war. Betroffen war in Lettland der Jahrgang 1925[286]. In der Praxis arbeiteten aber nur etwa 1000 Personen des Jahrgangs 1925 in der Landwirtschaft, den weitaus größeren Teil rekrutierte die deutsche Arbeitsverwaltung aus den Schülern. Diese stellten insgesamt 12 000 Arbeitskräfte für die Landwirtschaft im Sommer 1943. Trotzdem beschwerte sich die deutschen Arbeitsverwaltung in Riga über einem zu diesem Zeitpunkt bestehenden Arbeitskräftemangel in der Landwirtschaft von immer noch gerundet 46 000 Personen[287]. Im letzten Sommer der deutschen Besatzungszeit dehnte sich die Verpflichtung auf alle Arbeitnehmer in Lettland aus. Jeder Arbeitnehmer war verpflichtet, einen sechswöchigen Dienst in der Landwirtschaft abzuleisten. Ausgenommen hiervon waren allerdings eine Reihe von Personen, die

284 LVVA-P-69.2.85 S. 11–14. RKO gez. Matthiessen, Verordnung über die Arbeitszeit von Kindern und Jugendlichen vom 27.1.44, 27. 1. 1944.

285 Siehe: LVVA-P-69.2.10 S. 38. GK in Riga Abt. III e Aso gez. Dorr, Beurlaubung der Angestellten der Behörden und Unternehmen der Selbstverwaltung zwecks Ausführung von Landarbeit. Generaldirektion der Wirtschaft – Arbeitsdepartement, Oktober 1942; Entsprechender Befehl für das Jahr 1943: LVVA-P-989.1.4 S. 149. Generaldirektion der Wirtschaft – Arbeitsdepartement gez. Reinhards, Befehl zur Durchführung der Sommererntehilfsarbeiten (Lettisch), 14. 7. 1943.

286 BA-R-9. 2. 1153 u. p. GK in Riga Abt. III Aso gez. Droysen, Behebung des Kräftemangels in der Landwirtschaft, 4. 5. 1943.

287 BA-R-9. 2. 1153 u. p. GK in Riga Abt. III Aso, Kräftebedarf der Landwirtschaft am 29. 7. 1943, 29. 7. 1943.

in der „kriegswichtigen" Produktion, bei der Polizei oder in anderen „unabkömmlichen" Beschäftigungsverhältnissen standen[288].

Zwar war die Arbeitskräftelage in der Landwirtschaft in Litauen vergleichsweise weniger angespannt als in Lettland[289], so dass die deutsche Zivilverwaltung in Lettland darüber nachdachte, Arbeitskräfte aus Litauen für Lettland zu gewinnen[290], doch ergriff die deutsche „Arbeitseinsatzlenkung" dort ähnliche Maßnahmen, um die Ernte sicherzustellen. Allerdings verordnete sie in Litauen weder eine jahrgangsweise Einberufung, noch den in Lettland obligatorischen Pflichtdienst in der Landwirtschaft für alle Arbeitnehmer. Trotzdem behielt sich die deutsche Arbeitsverwaltung in Litauen vor, Personen zum „Arbeitsdienst" in der Landwirtschaft zu beordern, wann und wo sie es für nötig hielt[291]. Auch in Estland hatten die Behörden eine möglichst große Zahl ihrer Angestellten für Aushilfsarbeiten in der Landwirtschaft vier Wochen lang bereit zu stellen[292].

Wie bereits erwähnt, war der Mangel an Arbeitskräften in Lettland am stärksten ausgeprägt. Hier fehlten nach Angaben der deutschen Arbeitsverwaltung im Frühjahr 1943 über 50 000 Arbeitskräfte. In Estland und Litauen lag dieser Wert bei ca. 35 000, was in Anbetracht der Tatsache, dass Litauen etwa dreimal so viele Einwohner wie Estland hatte, zeigt, dass die Situation relativ gesehen in Estland und Lettland angespannter als in Litauen war. Im Einzelnen fehlten in Estland vor allem Arbeitskräfte in der Holz- und Forstwirtschaft (16 000, zum Vergleich: Lettland: 9200, Litauen: 10 400), in Lettland in der Landwirtschaft (22 250, zum Vergleich: Estland: 2500, Litauen: 2097) und in Litauen in der Torfgewinnung (7400, zum Vergleich: Estland: 2600, Lettland: 4600)[293]. Während aus Litauen allerdings erst 30 000, später 100 000 Arbeitskräfte für den „Reichseinsatz" rekrutiert werden sollten, war der Druck auf die einheimische Bevölkerung Litauens von Seiten der deutschen Arbeitsverwaltung ähnlich groß wie in Estland. Aber da die Entwicklung bisher schon in anderen Bahnen verlaufen war, brachte die deutsche Verwaltung der

288 LVVA-P-958.1.4 S. 69 f. Arbeitsamt Riga, Anordnung zur Erntehilfe für den Sommer 1944.

289 Siehe: LVVA-P-69.2.10 S. 128. GK in Riga Abt. III e Aso, Kräftebedarf im Ostland (Stand 1. 4. 1943), 1.4.43, hier: Kräftebedarf in der Landwirtschaft: Estland: 2500, Lettland: 22 250, Litauen: 2097; Nach Berechnungen der lettischen „Landeseigenen Verwaltung" fehlten der lettischen Landwirtschaft im Sommer 1943 gar etwa 150 000 Arbeitskräfte. Siehe: BA-R-9. 2. 1153 u. p. Hauptdirektion der Landwirtschaft, Mangel an Arbeitskräften in der Landwirtschaft. GK in Riga, 13. 8. 1943.

290 Siehe: BA-R-9. 2. 1153 u. p. GK in Riga Abt. III Aso gez. Wurthmann, Arbeitseinsatz in der Landwirtschaft. RKO, 23. 3. 1943; LVVA-P-69.2.10 S. 131. GK in Riga gez. Droysen, Anwerbung von Landarbeitern im Generalbezirk Litauen für Lettland. GK in Kauen Arbeitspolitik und Sozialverwaltung, 20. 4. 1943.

291 LCVA-R-626.1.1 S. 6. GK in Kauen gez. Dr. Pense, Verordnung zur Deckung des Kräftebedarfs in der Landwirtschaft, 1. 5. 1943.

292 ERA-R-65. 1. 2126 S. 137. Estnische Verwaltung – Zentralforstverwaltung, Schreiben betr.: Sondereinsatz der Beamten in der Landwirtschaft. An: GK in Reval Abt. III FoHo, 26. 8. 1943.

293 LVVA-P-69.2.10 S. 128. GK in Riga Abt. III e Aso, Kräftebedarf im Ostland (Stand 1. 4. 1943), 1.4.1943.

litauischen Bevölkerung ein besonders großen Misstrauen gegenüber zum Ausdruck, und das gegenseitige Verhältnis war deutlich schlechter als in den anderen beiden Generalbezirken[294].

Reaktionen der Bevölkerung auf deutsche Mobilisierungsbemühungen:

Estland/Lettland – gemäßigte Zwangsmaßnahmen und passiver Widerstand:
Neben den Unterschieden im gegenseitigen Verhältnis der Deutschen gegenüber den Esten und Litauern kommt als weiterer Faktor für ein besseres Verhältnis von Okkupanten und Okkupierten in Estland die nahe Lage zur Front hinzu. Die Gewissheit der Wiederkehr der Roten Armee beeinflusste das Verhältnis der Deutschen zu den baltischen Mehrheitsbevölkerungen zum Positiven[295]. Da Estland näher an der Front lag, war dieser Effekt hier zuerst zu spüren. Wie aus dem Bericht des Präfekten von Harrien-Jerwen in Estland zu ersehen ist, war diese Wirkung nicht mit einer uneingeschränkten Unterstützungsbereitschaft den Deutschen gegenüber gleichzusetzen. Im Gegenteil verstärkte sich häufig der Unmut über die zunehmend repressive Besatzungsherrschaft bei gleichzeitiger Bereitschaft, die Anforderungen dennoch zu erfüllen:

„Es ist infolge der vor sich gehenden Kampfhandlungen an der Ostfront und der schwierigen landwirtschaftlichen Lage eine niederdrückende Stimmung unter der Bevölkerung zu bemerken. Es wird befürchtet, dass Estland zum nächsten rückwärtigen Heeresgebiet wird. In den Städten erregt die Holzaufarbeitungsverpflichtung Missmut unter der Einwohnerschaft. Die Norm ist hoch, die Arbeitsstellen weit abgelegen und die Verpflichtung lastet auf weiten Schichten der Einwohnerschaft. Absichtlich wird nicht gestreikt, es wird jedoch geäußert, dass die Erfüllung dieser Verpflichtung wohl gefordert, günstige Bedingungen jedoch dazu nicht geschaffen werden. Der durchaus ungeeigneten Kleidung und der geringen Rationen wegen kann die Holzaufarbeitungsnorm nicht erfüllt werden"[296].

Dabei war die Beschwerde über unzureichende Versorgung, insbesondere der Bekleidung, ein immer wiederkehrendes Motiv sowohl der estnischen als auch der lettischen Zivilbevölkerung, welche nicht den offenen Widerstand suchte, doch auf-

294 So sprach die Wehrwirtschaftsinspektion in ihren Lageberichten nur in Litauen über einen „Widerstand gegen die Mobilisation". Siehe: Kangeris, Baltische Zwangsarbeiter im Dritten Reich, 2010.

295 „Die Einsicht, dass nur Deutschland ihre Zukunft schützen kann, scheint allgemein zu werden. Dadurch gewinnt Erkenntnis Raum, dass auch die baltischen Staaten mitkämpfen müssen". Aus: BA-RW-30.14 u. p. Wehrwirtschaftsinspektion Ostland, Bericht für den Monat November 1943, 4. 12. 1943.

296 ERA-R-66.1.148 S. 118. Estnische Polizeiverwaltung Präfekt J. Laas, Auszug aus dem Lagebericht d. Präfekten v. Harrien.Jerwen vom 16. Oktober 1943, 16. 10. 1943.

grund eines wachsenden Unmuts den deutschen Anforderungen nur noch im Falle des Eigeninteresses nachkam[297].

Abgesehen von dem Versorgungsproblem entstand noch ein zweiter Faktor, welcher die Arbeitsmoral der einheimischen Bevölkerung negativ beeinflusste. Der Unmut richtete sich auch gegen die entstandene Korruption in der Arbeitsverwaltung, welche aufgrund fehlender Kontrollmöglichkeiten zwangsläufig in den Lücken der deutschen „Arbeitseinsatzaufsicht“ entstanden war:

„Ein gewisses Nachlassen der Arbeitsdisziplin ist zu beobachten, was durch mangelhafte Ausrüstung insbesondere aber durch geringe Rationen, von denen gesagt wird, dass sie zum Lebensunterhalt nicht ausreichen, bedingt ist. In der Arbeiterschaft herrscht Unzufriedenheit damit, dass bloß Arme unter Androhung von Strafe zwangsweise zur Arbeit verpflichtet werden, wogegen für Reiche, die Beziehungen besitzen, keine Gesetze, die sie zur Arbeit zwingen könnten, vorhanden sind. Gleichfalls wird über Ärzte gesprochen, die Reiche gegen Bezahlung für arbeitsunfähig erklären“[298].

Ähnlich wie in Estland ging die deutsche Arbeitsverwaltung in Lettland trotz der angespannten Lage und des großen Arbeitskräftebedarfs noch Ende 1943 davon aus, dass weitere Arbeitskräfte mobilisierbar wären. Das Problem war allerdings nach wie vor die Erlangung der Kontrolle über diese Personen. Ganz offen galt nun auch in Lettland und Estland, dass Zwangsmaßnahmen dabei zur Anwendung kommen sollten, wenn es anders nicht ginge:

„Die als arbeitsfähig anzusehende Bevölkerung von Estland und Lettland ist noch keineswegs so eingestellt, wie es möglich und – unter Berücksichtigung der Kriegsverhältnisse – erforderlich ist. Es ist daher notwendig, mit Umsicht, Beharrlichkeit und erforderlichenfalls auch mit Zwangsmaßnahmen das Ziel zu verfolgen, jeden Arbeitsfähigen in geeigneter Weise einzusetzen und zur ganzen Hingabe seiner Leistungskraft zu bewegen“[299].

Zeitgleich ließ aber hier in noch stärkerem Maße als in Estland die Arbeitsdisziplin nach, da hier die Bedrohlichkeit der Rückkehr der Roten Armee später relevant wurde, und Formen des passiven Widerstandes breiteten sich vermehrt aus. Insbesondere die Krankmeldungen, welche schon 1942 die deutsche Arbeitsverwaltung herausgefordert hatten, waren eine alltägliche Erscheinung. Die Wehrwirtschaftsinspektion berichtete, dass sich im August 1943 26 Prozent der Belegschaften in

297 Zum Zusammenhang von Arbeitsmoral und unzureichender Bekleidung in Lettland siehe die wiederkehrenden Hinweise in: LVVA-P-989.1.20. Generaldirektion der Wirtschaft – Arbeitsdepartement, Monatsberichte 1943. An: GK in Riga, 1943.

298 ERA-R-66.1.148 S. 119. Estnische Polizeiverwaltung Präfekt Orgusaar, Auszug aus dem Lagebericht d. Präfekten v. Pernau-Fellin vom 14. Oktober 1943, 14. 10. 1943.

299 LVVA-P-70.5.67(II) S. 333. RKO Abt. III Aso gez. Matthiessen, Totaler Kriegseinsatz. Richtlinien für den Arbeitseinsatz in Verfolgung der Musterungen, 21. 12. 1943.

den W-Betrieben Lettlands hatten krankschreiben lassen, um auf dem Lande mit Nahrungsmitteln Schwarzhandel zu treiben[300].

Um diesen Erscheinungen zu begegnen, veranstalteten die deutsche und lettische Arbeitsverwaltung Razzien im öffentlichen Raum, wie beispielsweise in Parkanlagen, Bushaltestellen, Restaurants, Hotels und Kinos. Auf diese Weise nahm die lettische Polizei allein im ersten Halbjahr 1943 2255 Personen fest. Davon kam der größte Anteil (830) aus der Hauptstadt Riga. An zweiter Stelle rangierte der Ort Rositten in Lettgallen, wo immerhin 550 Personen interniert wurden, obwohl dieser Ort um ein vielfaches kleiner als Riga war, was im Übrigen ein weiterer Hinweis auf die in Lettgallen repressivere deutsche „Arbeitseinsatzpolitik" ist[301]. Die Methoden der öffentlichen Razzien wurden 1943 also fortgeführt und waren nicht nur auf Litauen beschränkt.

Im Unterschied zu Litauen aber waren die Misserfolge der deutschen Mobilisierungsbemühungen in Lettland in stärkerem Maße auf die fehlenden Arbeitskräftereserven zurückzuführen. Noch im Sommer 1944 versuchte die Arbeitsverwaltung in Riga beispielsweise Frauen stärker für die deutschen Interessen zu mobilisieren, scheiterte mit diesem Projekt allerdings auf ganzer Linie. Von 3878 einberufenen Frauen wurden nur 8 zum „Arbeitseinsatz" geschickt. Anders aber als in Litauen ging dieses Scheitern, wie die Arbeitsverwaltung selbst eingestand, vor allem darauf zurück, dass die einberufenen Frauen bereits an anderer Stelle für deutsche Interessen arbeiteten und dieses Projekt somit aufgrund deutscher Fehlorganisation nicht umsetzbar war[302].

Litauen – Zwangsmaßnahmen und Unruhe 1943–1944:

In Litauen waren die Rekrutierungen zum „Arbeitseinsatz" sowohl im Reich als auch vor Ort in noch stärkerem Maße von solchen Razzien und zwangsweisen Festnahmen zum „Arbeitseinsatz" geprägt. Auf der anderen Seite war hier der Arbeitskräftemangel weniger gravierend[303]. Da aber von Beginn an die litauische Bevölkerung benachteiligt wurde, war hier die Arbeitsmoral besonders niedrig, was die Repressi-

300 BA-RW-30.14 u. p. Wehrwirtschaftsinspektion Ostland, Bericht über Monat August 1943. 5. 9. 1943.

301 Zahlen aus: LVVA-P-989.1.18a.Generaldirektion der Wirtschaft – Arbeitsdepartement, Arbeitsbericht für den Zeitraum vom 01. 01. 1943–30. 06. 1943 (Lettisch), 1943.

302 BA-R-91.395 u. p. Der Gebietskommissar u. komm. Oberbürgermeister der Stadt Riga Arbeitsverwaltung gez. Wittrock, Arbeitseinsatzlagebericht für den Monat Juni 1944. GK in Riga Abt. III Aso, 3. 6. 1944.

303 „Wenn auch genügend Arbeitskräfte vorhanden sind, so ist es bisher noch nicht gelungen, diese Kräfte zu erfassen". Aus: BA-R-91.12 u. p. Gebietskommissar Kauen Land Arbeitsamt gez. Strebe, Tätigkeitsbericht für den Monat Juni 1943, 16. 7. 1943.

onsmaßnahmen der Deutschen verstärkte[304] und so die Arbeitsmoral noch weiter sinken ließ, so dass sich im Ergebnis die deutsche Arbeitsverwaltung in Litauen ihre Probleme selbst schuf. Das Prozedere der Repressionsmaßnahmen sah dabei etwa wie folgt aus: Nach der Bekanntgabe der Dienstverpflichtung mittels eines Bescheides an die entsprechende Person[305] folgte die Festnahme durch die Polizei, wenn sich der- oder diejenige nicht gemeldet hatte. Anschließend lieferte die Polizei die „Arbeitsunwilligen" im Zwangsarbeitslager in Wilna oder Salaspils in Riga ab[306]. Gut dokumentiert sind Einzelfälle, beispielsweise der Rekrutierungsversuch der Veronika Bogdanow. Zum 23. März 1944 hätte sie sich aufgrund des Verpflichtungsbescheides beim Arbeitsamt Wilna melden müssen. Da dieses nicht geschah, wandte sich das Arbeitsamt Wilna an die Polizei mit der Bitte um Festnahme. Darauf folgte eine Beschwerde der Frau an das Arbeitsamt Wilna, in der sie auf ihre zwei unbeaufsichtigten Kinder sowie eine Krankheit hinwies. Daraufhin veranlasste die deutsche Zivilverwaltung in Wilna am 21. April ihre Entlassung[307]. Eine solche Entlassung wegen unbeaufsichtigter Kinder war aber keineswegs der Regelfall[308]. Solche sich über Monate hinziehenden Verhaftungsversuche der „Arbeitsbummelanten" fanden dabei durchaus nicht nur Befürworter innerhalb der Arbeitsverwaltung. Ein litauischer Mitarbeiter kam zu dem Schluss:

„Die Arbeitslosen in meiner Vermittlung wurden nicht polizeilich dem Arbeitsamt vorgeführt. Die Erfahrungen der Vermittlungsstelle IIb3 ergaben, dass diese Methode sich nicht bewährt. Einige Leute habe ich der Polizei zur Vorführung übergeben, aber die Prozedur dauert monatelang"[309].

Der Autor dieses Berichts betonte ausdrücklich den Zusammenhang zwischen deutschen Repressionsmethoden und der dadurch verursachten Unruhe auf litauischer Seite, welche eine schlechte Arbeitsleitung zur Folge habe, und dieses vor

304 „Es ist mir bekannt, dass gerade die Arbeitsbummelei erheblich zugenommen hat und die Dienststellen und Betriebe stillschweigend diesem Missstand billigen. Dies darf in Zukunft unter keinen Umständen mehr erfolgen". Aus: LCVA-R-626.1.112 S. 7. Geb.K. in Wilna Arbeitsamt gez. Wagner, Bekämpfung der Arbeitsvertragsbrüche und Arbeitsbummelei. Verteiler, 20. 11. 1943.

305 Ein solcher Bescheid in: LCVA-R-626.1.112 S. 46. Geb.K. in Wilna Arbeitsamt, Verpflichtungsbescheid Muster, 22. 3. 1944.

306 LCVA-R-626.1.153 S. 2. Arbeitsamt Wilna gez. Dr. Dünbier, Einweisung in das Zwangsarbeitslager, 5. 4. 1943.

307 LCVA-R-626.1.270 S. 29–32. Arbeitsamt Wilna, Fall Bogdanow. Schriftwechsel mit Zwangsarbeitslager Wilna, April – Mai 1944.

308 Im Bericht eines litauischen Mitarbeiters heißt es dazu: „Ich weiß Fälle, dass einige minderjährige Kinder ohne Obhut zu Hause geblieben sind". Aus: Meelis Maripuu, Annihilation of Czech and German Jews in Estonia in 1942–1943, in: Toomas Hiio (Hg.), Estonia 1940–1945: reports of the Estonian International Commission for the Investigation of Crimes Against Humanity, Tallinn 2006a, S. 705–715.

309 LCVA-R-626.1.28 S. 2. Arbeitsamt Wilna Vermittlungsstelle, Textbericht über die Arbeitseinsatzlage im Monat Mai 1943., 27. 5. 1943.

dem Hintergrund der Tatsache, dass in Litauen mehr Arbeitskräfte vorhanden waren, als in Lettland:

„In der Stadt herrscht eine allgemeine Verwirrung wegen der Verhaftung der Eltern derjenigen Söhne, die ihre Pflicht bei der Musterungskommission nicht erfüllt haben. Auch fühlt man in der Stadt eine Unruhe wegen der neuen Werbung und Musterung der neuen Jahrgänge. Die Leute wissen wirklich nicht, was ihnen der nächste Tag bringt und als Folge leidet Arbeit, Leitungsfähigkeit und Autorität der Behörde. ... Im Allgemeinen ist die Arbeitseinsatzlage nicht besonders angespannt, ..."[310].

Selbst der GK in Kauen Dr. von Renteln erkannte den Zusammenhang von Repressionsmethoden und sinkender Arbeitsmoral, wie seine Ausführungen auf einer Besprechung zum „Arbeitseinsatz in Litauen" bezeugen:

„In dem Augenblick, in dem in der Bevölkerung bekannt geworden sei, dass die nicht der Meldepflicht nachgekommenen Personen von der Polizei ergriffen würden, setzte eine Massenflucht in die Wälder ein. Diese Flucht habe nicht nur zu einer Verstärkung der Bandenbildung sondern vor allem auch zu einer Schließung von Betrieben oder wenigstens zu einer starken Produktionsminderung geführt. Ein erheblicher Produktionsrückgang sei auf landwirtschaftlichem Gebiet, insbesondere auf dem Gebiet der tierischen Erzeugnisse eingetreten. Er (von Renteln, Anmerkung T.P.) habe die Musterungen zwar trotz dieser Umstände weiter geführt, aber ohne stärkeren Druck dahinter zu setzen, da hierdurch die Lage nur noch schlimmer geworden wäre"[311].

Trotz dieser von litauischen und deutschen Mitarbeitern der Arbeitsverwaltung gelegentlich geäußerten Bedenken blieben solche zwangsweisen Rekrutierungen durch die Polizei auch im Zuge der versuchten Mobilisierung von 100 000 Arbeitskräften Anfang 1944 ein häufig frequentiertes, aber ineffektives Mittel der deutschen „Arbeitseinsatzlenkung", welche auf diese Weise den Alltag der Zivilbevölkerung in Litauen massiv erschwerte und terrorisierte[312]. Ineffektiv war diese Methode dabei nicht nur wegen der Auswirkungen auf die Stimmung der Bevölkerung. Ohne weitreichende Ergebnisse blieben diese Einsätze auch wegen der zu schwachen Polizeikräfte, welche von der Zivilverwaltung wiederholt zu repressiven Zwangsmaßnahmen aufgefordert wurden[313], diese aber nicht immer durchführen konnten, was ins-

310 Ebd.

311 IfZ-MA.248 S. 197–213. RMfdbO, Niederschrift über die am 1. September 1943 stattgefundene Besprechung über den Arbeitseinsatz in Litauen. An: Ministerbüro, 3. 9. 1943.

312 In Zentralen Staatsarchiv in Vilnius sind allein 350 Festnahmen von Zivilpersonen in diesem Zusammenhang namentlich durch Festnahmebescheide dokumentiert. Siehe: LVCA-R-626.1.310 S. 8. Geb.K. in Wilna Arbeitsamt, Bescheid. Formblatt, 10. 5. 1944; Vgl. auch die analogen Schriftstücke aus der „Ersten Musterung" im Frühjahr des Vorjahres 1943 in: LCVA-R-626.1.153.

313 Vgl. Abschnitt zur Polizei.

besondere für das Ende der Besatzungszeit gilt. Auf der anderen Seite waren die Festnahmen, die durchgeführt wurden, von besonderer Härte[314].

Die litauische Bevölkerung reagierte wie in Lettland mit passivem Widerstand in Form von unproduktiver Arbeitsleistung oder Nichterscheinen auf den Arbeitsämtern. Eine Variante dieser Reaktionen war der Rückzug aus den Härten des Okkupationsalltags mit Hilfe von Betäubung, was einmal mehr zeigt, wie kontraproduktiv sich die deutschen Mobilisierungsbemühungen auswirkten. Der Leiter der Wirtschaftsabteilung beim GK in Kauen Dr. Pense schrieb darüber verärgert:

„Bei meinen Bemühungen um eine Intensivierung der Arbeitskraft und Hebung der Arbeitsmoral der einheimischen Bevölkerung stoße ich immer wieder auf die Tatsache, dass in zunehmendem Maße Arbeiter den Betrieben fernbleiben und sich während dieser Zeit in erheblichem Umfange der Trunkenheit hingeben. Abgesehen von dem keineswegs angenehmen Straßenbild, das sich hieraus ergibt und den oftmals damit verbundenen Verkehrsstörungen, kann ich im Hinblick auf die unter allen Umständen notwendigen Leistungen der gewerblichen Wirtschaft des Generalbezirks eine solche Entwicklung nicht hinnehmen"[315].

Daraufhin vereinbarten GK und SSPF, dass Betrunkene festgenommen und direkt ins AEL oder zum „Reichseinsatz" gebracht werden sollten[316]. Dass dieser Beschluss auch umgesetzt wurde, ist durch das Gesuch einer litauischen Frau belegt, die beim Arbeitsamt Wilna um die Freilassung ihres Mannes aus dem Zwangsarbeitslager in Wilna bat, wohin er aufgrund von Trunkenheit geraten war[317].

Da die deutschen Polizeikräfte aber chronisch unterbesetzt waren und sich dieser Zustand zum Ende der Besatzungszeit noch verschärfte, hatte die litauische Bevölkerung neben dem Konsum von Alkohol zunehmend die Möglichkeit, den deutschen Mobilisierungsbemühungen durch Desertion zu entgehen. Um die fehlenden exekutiven Mittel auszugleichen antwortete die deutsche Arbeitsverwaltung auf ein sol-

314 „In der Anlage überreiche ich Ihnen eine Liste derjenigen Arbeiter und Arbeiterinnen, die von Ihnen zur ständigen Arbeit auf dem Torfwerk Wess-Waka verpflichtet wurden, doch nicht zur Arbeit dort erschienen. Ich bitte Sie, durch die Polizei veranlassen zu wollen, dass diese Arbeitskräfte ab sofort wieder ihre Arbeit auf dem Torfwerk aufnehmen und dass sie außerdem für ihr Fernbleiben von der Arbeit bestraft werden". Aus: LCVA-R-626.1.229 S. 67 f. Gebietskommissar Wilna Land, Arbeitssäumige auf Torfwerk Weiss-Waka. Arbeitsamt Wilna, 23. 6. 1944.

315 LCVA-R-626.1.112 S. 1. GK in Kauen HA Gesamtwirtschaft Der Leiter gez. Dr. Pense, Schreiben betr.: Zunahme von Fällen der Trunkenheit bei der einheimischen Bevölkerung. An: SSPF Litauen Harm, 4. 11. 1943.

316 „Die Polizei wird erstmalig in Kauen und dann im gesamten Generalbezirk Razzien durchführen und betrunkene litauische Personen aufgreifen und in Zwangsarbeit vermitteln bezw. dem Arbeitseinsatz im Reich zuführen". Aus: LCVA-R-626.1.112 S. 2. GK in Kauen HA 3, Schreiben betr.: Massnahmen gegen die Trunkenheit und deren Auswirkungen auf dem Gebiet der Arbeitsleistung. An: Geb.K. in Wilna Stadt, 9. 11. 1943; Dazu auch: Karner u. a., Zwangsarbeit in der Land- und Forstwirtschaft auf dem Gebiet Österreichs 1939 bis 1945, 2004, S. 153.

317 LCVA-R-626.1.112 S. 48. Michalina Andruszkiewicz, Gesuch zur Freilassung. Leiter des Arbeitsamtes Wilna, 15. 2. 1944; Die Beantwortung dieses Gesuchs ist nicht dokumentiert.

ches Verhalten mit dem Entzug von Lebensmittelkarten – eine Maßnahme, die vor dem Hintergrund eines blühenden Schwarzhandels nicht mehr die erwünschte Wirkung entfaltet haben dürfte[318].

3.1.3.3 Zwischenfazit der Entwicklung ab dem Jahre 1943 – Kriegswende und Folgen für die „Arbeitseinsatzpolitik"

Wie festgestellt wirkten sich die Veränderungen zwischen Besatzern und Besetzten im Jahre 1943 auf das strukturelle Verhältnis der „Arbeitseinsatzpolitik" in den drei baltischen Generalbezirken gleich aus. Kurz gesagt lässt es sich charakterisieren als eine deutsche Strategie des „Weniger, aber härter" der einheimischen Bevölkerung gegenüber. Aufgrund fehlender Mittel und einer wachsenden Passivität der einheimischen Bevölkerung versuchten Organe der deutschen Besatzungsverwaltung, die Arbeitsnormen zu erhöhen und sie mit größerer Härte durch zusetzen. Da ihnen die Mittel fehlten, die gesamte Bevölkerung zu erfassen, war hiervon nur ein kleinerer Teil der Bevölkerung betroffen. Unterschiede zwischen den drei Generalbezirken bestanden in wirtschaftlicher Sicht nach wie vor darin, dass Lettland besonders vom Arbeitskräftemangel betroffen war, in Estland hingegen die kriegswichtige Ölschieferproduktion ansässig war und in Litauen die Reichswerbung eine große Rolle spielte, sodass in der Gesamtschau der Druck auf die einheimische Bevölkerung in etwa vergleichbar war. Unterschiede der Reaktion der einheimischen Bevölkerung auf die deutschen Mobilisierungsbemühungen lassen sich wie folgt kennzeichnen: Vor allem wegen der Frontnähe war die estnische Bevölkerung am ehesten bereit, den deutschen Anweisungen zu folgen, auch wenn sich eine große Unzufriedenheit im Lande breit gemacht hatte. In Lettland stellte sich die Haltung der Bevölkerung den deutschen Mobilisierungsbemühungen ähnlich als passiver Widerstand mit abwartender Tendenz dar, nur waren die deutschen Anstrengungen hier wegen des Arbeitskräftemangels weitestgehend vergeblicher Natur, was repressivere Rekrutierungsmaßnahmen zur Folge hatte. In Litauen waren Formen des Widerstandes am stärksten ausgeprägt, was mit einer brutalen Vorgehensweise der deutschen Arbeitsverwaltung korrelierte, die aber ihre eigene Ineffektivität nicht zu überwinden vermochte.

318 LCVA-R-614.1.370 S. 1. Gebietskommisssar Wilna Stadt Abt. Fuersorge und Volkswohlfahrt, Schreiben betr.: Sperrung von Lebensmittelkartenausgabe wegen Desertion. An: Lebensmittelkartenausgabestelle des Gebietskommissars, 12. 6. 1944.

3.1.4 „Arbeitseinsatz“ und Rekrutierung zum „Reichseinsatz“ ab Sommer 1944

Strategie des Zeitgewinns der einheimischen Bevölkerung:
Die deutschen Niederlagen wirkten sich durchaus günstig auf das Verhältnis der baltischen Mehrheitsbevölkerungen zu den deutschen Besatzern aus. Trotz der vielen Enttäuschungen, die vor allem die mittlere Besatzungszeit charakterisiert hatten, fand sich ganz zum Ende der deutschen Besatzungszeit eine kleine Restbereitschaft, für die Deutschen zu arbeiten und zu kämpfen, allerdings mit der wichtigen Grundvoraussetzung, dass dies auf eigenen Boden geschehen sollte.

„Im Allgemeinen wird, anlässlich dessen, dass die Front sich den Grenzen Lettlands nähert, in den Einwohnern der feste Wille immer deutlicher, mit allen Kräften die Grenzen ihrer Heimat zu verteidigen“[319].

Auch der Wehrmachtsbefehlshaber berichtete über die Stimmung unter der Zivilbevölkerung in Litauen im Frühjahr 1944 in diesem Sinne:

„Die Furcht vor dem Bolschewismus und das zunehmende Misstrauen gegenüber Anglo-Amerikanischen Versprechungen lassen die positive Zusammenarbeit mit den Deutschen als das kleinere Übel erscheinen“[320].

Die Hoffnungen auf die Anglo-Amerikanischen Kräfte wurden allerdings im Sommer 1944 durch die Landung in der Normandie wieder verstärkt, wie die Sipo in Kauen feststellte:

„Enttäuschung und Befürchtung hätten durch den englischen Rundfunk verbreitete Nachrichten hervorgerufen, wonach demnächst mit einem Einmarsch der Russen u. a. in Litauen zu rechnen sei. Die Enttäuschung sei umso größer, da die Hoffnung, von den Anglo-Amerikanern befreit zu werden, gerade in letzter Zeit sehr groß gewesen sei. In Flüsterparolen enthaltene Ratschläge regen an, allen Maßnahmen von deutscher Seite eine abwartende und misstrauische Haltung entgegenzubringen und so darauf zu reagieren, dass man Zeit gewinne“[321].

Durch den Topos des Zeitgewinnens ist durch dieses Zitat der fließende Übergang zwischen passivem Widerstand und einer Politik des Kräftesparens, mit der zähneknirschenden Bereitschaft, den Deutschen doch zu helfen, um den Vormarsch der Roten Armee vor der eigenen Grenze zu stoppen, gut beschrieben[322].

319 BA-R-91.463 u. p. Arbeitsamt Riga gez. Baltgailis, Monatsbericht über die Lage im Arbeitsamt Riga im Monat Februar 1944. Direktor des Arbeitsdepartement, 29. 2. 1944.

320 BA-R-6.75 S. 86 f. Wehrmachtsbefehlshaber Ostland, Schreiben betr.: Die Stimmung der Bevölkerung im Ostland. An: RMfdbO, 3. 5. 1944.

321 BA-R-90.125 u. p. Sipo Kauen, Stimmungsberichte nach Landung der Alliierten in der Normandie, Juni 1944.

322 Zu Estland mit übereinstimmender Schlussfolgerung der Einstellung der Bevölkerung zu den deutschen Mobilisierungsbemühungen: Taagepera, Estonia: Return to Independence, 1993, S. 72.

Zwangsverpflichtungen zu Schanzarbeiten:
Neben dem Versuch, einen möglichst großen Teil der Bevölkerung nach Deutschland zu bringen, um dort weiter über ihn als Arbeitskraftressource verfügen zu können, kennzeichnete die letzten Okkupationstage im Baltikum die versuchte Einbeziehung der einheimischen Bevölkerung in den Stellungsbau zur Verteidigung gegen die Offensiven der Roten Armee. Schon im Frühjahr 1944 befürchtete Stadtkommissar Hingst in Wilna den Vormarsch der Roten Armee und verordnete den „Einsatz" von Angestellten für den „vorsorglichen" Stellungsbau rund um Wilna:

„Nach einem Befehl soll die Stadt Wilna vorsorglich befestigt werden, damit sie im Notfalle unter allen Umständen verteidigt werden kann. Ich appelliere daher an alle Wilnaer durch die Tat zu beweisen, dass sie bereit sind, ihre schöne Heimat im Ernstfalle zu verteidigen. Für die Durchführung dieser Arbeiten stehen freie Arbeitskräfte nicht mehr zur Verfügung. Alle Dienststellen und Betriebe müssen daher für eine bestimmte Zeit einen Teil ihrer Gefolgschaftsmitglieder dafür abgeben"[323].

Dieser letzte „Einsatz" der einheimischen Arbeitskräfte bedeutete nicht nur eine Mehrbelastung für die zivilen Arbeiter, auch die „Arbeitseinsatzplaner" befanden sich diesbezüglich in einem weiteren massiven Zielkonflikt, da, wie in dem Zitat angesprochen, selbst in Litauen keine freien Arbeitskräfte mehr vorhanden waren. So hatte der Abzug der Arbeitskräfte den Ausfall der sogenannten kriegswichtigen Produktion zur Folge, was in Estland auch von den entsprechenden Verantwortungsträgern zur Sprache gebracht wurde:

„Ich fühle mich verpflichtet, warnend auf die oben umrissenen Auswirkungen erneut hinzuweisen und erneut zu betonen, dass andere Kreise mit anderen Mitteln als bisher geschehen zur Schanzaktion herangezogen werden müssen und dass die Wirtschaft unverzüglich eine nahezu absolute Schonung erfahren muss"[324].

Die hohe Priorität sowohl der Verteidigung als auch der fortgesetzten Produktion galt in Estland in besonderem Maße, da die Ölschieferproduktion absoluten Vorrang genoss. Erst als die Front sich weiter südlich nach Westen verschob und Nordestland zum Kessel zu werden drohte, gab die deutsche Führung diese Gebiete und die Ölschieferproduktion auf[325].

323 LCVA-R-626.1.26 S. 1. Gebietskommissar Wilna-Stadt gez. Hingst, Arbeitseinsatzmaßnahmen. Betriebs- und Behördenleiter der Stadt Wilna, 29.4.1944.

324 ERA-R-65. 1. 2106 S. 43. GK in Reval HA III GeWi, Schreiben betr.: Wirtschaftsschädigende Auswirkungen der Arbeiten für die Landesverteidigung, 12. 9. 1944; Vgl.: ERA-R-65. 1. 2106 S. 33. GK in Reval HA III GeWi, Einsatz für Schanzarbeiten. Berufsverband Estland, 11. 8. 1944.

325 Dieser Zusammenhang hatte vor allem für das Schicksal der dort arbeitenden Juden Konsequenzen, die unter diesen Umständen massenhaft bei der überhetzten Flucht umgebracht wurden. Vgl. Abschnitt zu Juden.

3.1.4.1 „Evakuierungen" und Flüchtlingswellen

Vorbereitende Maßnahmen im Frühjahr 1944:
Da auch diese Verteidigungsanlagen den Vormarsch der Roten Armee nicht stoppen konnten, war der letzte strategische Nutzen, den die deutsche Besatzungsmacht aus der einheimischen Bevölkerung für die deutschen Kriegsinteressen herausholen konnte, deren Arbeitskraft im Reich. Zu diesem Zweck mussten idealerweise weite Teile der Bevölkerung „evakuiert" werden, so wie dies schon ab Sommer 1943 in den russischen Gebieten der Sowjetunion mit der dortigen Bevölkerung getan wurde[326].

Ab Frühjahr 1944 machte sich die deutsche Zivilverwaltung im Baltikum die ersten Gedanken über derartige Vorhaben. Dies betraf zuerst das östliche Litauen und Lettgallen in Lettland, wo zwar die Notwendigkeit einer Räumung der Zivilbevölkerung erwogen wurde, gleichzeitig aufgrund des militärischen Zweckoptimismus und wegen der propagandistisch-logistischen Schwierigkeiten die Durchführung für einen späteren Zeitpunkt angesetzt wurde, die dann durch die schnellen Erfolge der Roten Armee nicht mehr umgesetzt wurde[327]. Auch in Estland bereitete die Zivilverwaltung entsprechende Maßnahmen vor. Allerdings ging es im Frühjahr 1944 noch um die außerhalb Estlands lebenden Esten aus dem Grenzgebiet Petschur, welche nach Walk gebracht werden sollten[328].

Erste Welle der baltischen „Flüchtlinge" – Sommer 1944 – „regelrechte Flucht":
Innerhalb des Baltikums selbst wurden die ersten Räumungsaktionen der zivilen Bevölkerung erst im Sommer 1944 durchgeführt, als der „vorübergehende" Rückzug auch der Zivilverwaltung in den östlichen Gebieten des Baltikums, wie beispielsweise in Lettgallen, unabwendbar war[329]. Im Zuge dessen organisierte die Zivilverwaltung die „Evakuierung" der Zivilbevölkerung, so wie in der Stadt Vilaka in Lettgallen[330],

326 Zur Einführung: Rolf-Dieter Müller, Es begann am Kuban. Flucht-und Deportationsbewegungen in Osteuropa während des Rückzugs der deutschen Wehrmacht 1943/44, in: Robert Streibel u. Manfred Alexander (Hg.), Flucht und Vertreibung. Zwischen Aufrechnung und Verdrängung, Wien 1994, S. 42–76; Siehe auch Abschnitt zu „Evarussen".

327 LVVA-P-70.5.72 S. 491. RKO Abt. III Aso gez. Schütte, Schreiben betr.: Auflockerung; hier: Litauen. An: RKO Abt. III E 1, 19.4.44; LVVA-P-69.1a.29 S. 137. Geb.K. in Dünaburg, Schreiben betr.: Auflockerung der Städte Rositten und Dünaburg. An: Technisches Hauptamt Lettland, 5. 4. 1944.

328 LVVA-P-70.5.72 S. 494. GK in Reval, Schreiben betr. der Evakuierung von Estlandrussen und Setukesen aus Petschur, 28. 4. 1944; Vgl.: LVVA-P-70.5.72 S. 499. GK in Reval H.A. III 660/44 g, Schreiben betr.: Evakuierung von Estlandrussen aus dem Gefechtsgebiet. An: RKO, 24. 3. 1944.

329 LVVA-P-69.1a.29 S. 406. GK in Riga Abt. II Verwaltung, Schreiben betr.: Vorübergehende Verlegung des Dienstsitzes des Gebietskommissars von Dünaburg nach Liewenhof. An: RKO Abt. II Verw., 12. 7. 1944.

330 LVVA-P-69.1a.29 S. 378. RKO Abt. II Verwaltung, Schreiben betr.: Evakuierung des Gebietes um das AML Vilaka. An: GK Abt. II Verw., 7. 7. 1944.

oder in Wilna, das schon Anfang Juli zum Kampfgebiet wurde[331]. Um derartige Maßnahmen rechtfertigen zu können, ernannte der inzwischen zum Alleinherrscher im RKO avancierte Friedrich Jeckeln die Generalbezirke Lettland und Litauen ab dem 9. Juli 1944 zum „Bandengebiet", wodurch ein drastisches Vorgehen gegen die Zivilbevölkerung gerechtfertigt sein sollte und was den vollständigen Machtverlust der Zivilverwaltung gegenüber den Polizeiorganen bedeutete[332]. Dadurch sollten auch Evakuierungen ganzer Betriebe mitsamt ihrer Belegschaften ins Reich organisatorisch erleichtert werden, die zeitgleich von der Zivilverwaltung beschlossen wurden[333]. Doch blieben diese „Evakuierungen" im Sommer 1944 wegen organisatorischer Schwierigkeiten auf einzelne kleinere Regionen oder einzelne „kriegswichtige" Betriebe beschränkt. Eine umfassende „Evakuierung" der gesamten Bevölkerung erachteten sowohl die Zivilverwaltung als auch der KdS Lettland für organisatorisch nicht durchführbar[334]. Im Gegenteil beschwerte sich die Zivilverwaltung in Litauen darüber, dass die Litauer ungeordnet und unaufgefordert ihre Heimat in Richtung Westen in einer „regelrechten Flucht" verlassen würden. In Anbetracht der Tatsache, dass die deutsche Zivilverwaltung nahezu drei Jahre lang unter Einsatz von aufwendigsten Propagandamethoden und Zwangsmitteln mehr oder weniger vergeblich versucht hatte, genau diese Erscheinung zu verursachen, stellt dies eine durchaus zynische Facette der „Arbeitseinsatzpolitik" im Baltikum dar[335]. Allerdings war es in erster Linie die Stadtbevölkerung, die ihre Wohnorte verließ, und selbst diejenigen entschwanden häufig nur in die Wälder und nicht nach Deutschland. Noch weniger war die Landbevölkerung bereit, sich über die Reichsgrenze nach Deutschland zu begeben:

„Die Landbevölkerung von Ponewesch wurde durch bolschewistische Banden an der Abwanderung behindert; sie zeigte auch wenig Neigung, die Höfe zu verlassen"[336].

Der Nutzen dieser „regelrechten Flucht" war also für die deutschen Mobilisierungsbemühungen gering, da sie über diese Bevölkerungsbewegung wenig Kontrolle ausüben konnte.

331 IfZ-MA.248 S. 567–593. RMfdbO, Bericht über den Ablauf der wirtschaftlichen Räumung des Generalbezirkes Litauen, 1.9.1944, hier: S. 568.
332 LVVA-P-69.1a.29 S. 428. HSSPF für das Ostland, Schreiben betr.: Bandenkampfgebiete. An: GK in Lettland, 12. 7. 1944.
333 LVVA-P-69.2.10 S. 214. GK in Riga Abt. III Aso, Schreiben betr.: Betriebsverlagerung ins Reich. An: Generaldirektion der Wirtschaft – Arbeitsdepartement, 25. 7. 1944.
334 LVVA-P-1004.1.3 S. 10. Abt. III Aso, Aktenvermerk über Besprechung beim Kommandeur der Sicherheitspolizei u.d.SD, Obersturmbannführer Dr. Lange, 13. 7. 1944.
335 IfZ-MA.248 S. 567–593. RMfdbO, Bericht über den Ablauf der wirtschaftlichen Räumung des Generalbezirkes Litauen, 1. 9. 1944, hier: S. 574.
336 Ebd., hier: S. 582.

„Exponierte Einheimische" – bevorzugte und abgewiesene Flüchtlinge[337]*:*
Selbst zu diesem Zeitpunkt verloren rassenideologische Überlegungen im Hinblick auf die baltischen Völker nicht ihre Bedeutung, da selbst bei diesen chaotischen „Evakuierungen" darauf geachtet wurde, dass das Fernziel der „Eindeutschung" nicht außer Acht gelassen wurde:

„Die jetzt anlaufende Evakuierung stellt eine gewisse Auslese von lettischen Familien dar, die ... zum größten Teil eindeutschungsfähig sein werden. Es dürfte daher ein deutsches Interesse bestehen, sie für das Deutschtum zu gewinnen"[338].

Mit diesem Hinweise begründete der BdS Ostland seinen Einspruch gegen die Gründung einer lettischen Interessenvertretung in Form einer Betreuungsstelle in Deutschland, da diese den lettischen „Chauvinismus" nach Ansicht des Verfassers stärken würde und so die Eindeutschung verhindern würde. Außerdem seien die lettischen Interessen im Reich schon durch die Vertretung beim DAF in genügendem Maße vertreten[339].

Der Widerspruch des BdS gegen eine Interessenvertretung der Letten im Reich ist auch im Kontext des generellen Widerstandes des RSHA gegen eine umfassende „Evakuierung" der baltischen Bevölkerung ins Reich bemerkenswert. Denn neben den organisatorischen Schwierigkeiten bestanden andere Hindernisse für eine solche „Evakuierung". Dabei ist die besondere Absurdität der Lage herauszuheben: Während die Deutschen die meiste Zeit ihrer Besatzungsherrschaft tendenziell versucht hatten, Arbeitskräfte für die Reichswirtschaft zu erhalten, kehrte sich kurz vor dem deutschen Rückzug die Situation gewissermaßen ins Gegenteil. Nun erreichte die Zivilverwaltung eine Flut von Anfragen einheimischer Kollaborateure, das Baltikum verlassen zu dürfen, und zwar ausgelöst durch die Tatsache, dass deutsche Ehefrauen der Zivilverwaltung „heim ins Reich" geschickt wurden, was die baltischen Mitarbeiter der Verwaltung aufhorchen ließ. Die Ambivalenz der Situation lag darin begründet, dass einerseits nach wie vor Arbeitskräfte für die Reichswirtschaft gewonnen werden sollten, andererseits aber Frauen und Kinder im Reich als Belastung empfunden wurden. Aus politischen Gründen setzte sich in diesem Zusammenhang der GK in Riga nun für die Entsendung der Frauen und Kinder aus den Kollaborationsfamilien ein:

„Wie in einer heutigen Besprechung beim Befehlshaber der Sicherheitspolizei, SS-Oberführer Fuchs, bekanntgegeben wurde, besteht zurzeit ein Berliner Befehl, wonach jegliche Einreisegenehmigungen für Frauen und Kinder der lettischen Bevölkerung ins Reich zu verweigern ist. Gegen diese ausnahmslose Sperrung der Reichs-

337 Vgl. dazu auch: Kangeris, Hitleriešu plāni Baltijas tautu evakuēšanai 1944 gadā, 1990a, hier: S. 130 f.

338 BA-R-6.163 S. 2 f. BdS Ostland gez. Ristau, Schreiben betr.: Betreuungsstelle für Letten im Reich. An: RSHA Abt. III B 2 e, 12. 8. 1944.

339 Ebd.

grenze für lettische Frauen und Kinder muss ich schärfste politische und wirtschaftliche Bedenken erheben, ... Dieser Zustand ist untragbar. Nicht nur die führenden und darüber hinaus alle weiteren Männer der lettischen Selbstverwaltung, sondern auch die in der gewerblichen Wirtschaft und Landwirtschaft tätigen lettischen Arbeitskräfte -insbesondere auch hier sämtliche leitende Personen- geraten durch die Entwicklung der militärischen Lage in eine Unsicherheit, die ihren Arbeitswillen hemmt und die für die kriegswichtigen Interessen erforderlichen Auswirkungen der Ungewissheit der Letten darüber, was aus ihren Familien werden soll, wird von sämtlichen beteiligten Dienststellen, u. a. auch von den Rüstungsdienststellen der Wehrmacht, in gleicher Weise beurteilt und in Besprechungen mit meinen Mitarbeitern zum Ausdruck gebracht"[340].

Zum ersten Mal seit der unmittelbaren Anfangszeit sah sich die deutsche Zivilverwaltung wieder mit dem Phänomen einer echten Freiwilligkeit der Meldungen zum Reichseinsatz konfrontiert, was aber wie gesehen auf den Widerstand anderer deutscher Akteure stieß und somit ein weiterer Bestandteil der widersprüchlichen und zuweilen zynischen „Arbeitseinsatzpolitik" im Baltikum wurde.

Die Bedenken der Sicherheitspolizei konnten in diesem Fall aber nicht verhindern, dass neben den erwünschten Arbeitskräften auch die Angehörigen der Kollaborateure eine Sondergenehmigung erhielten und das Baltikum verließen[341]. In der Amtssprache wurde dieser Personenkreis als „Familienangehörige von Personen, die sich politisch exponiert haben", betitelt[342].

Verschärfte „Arbeitseinsatzanforderungen" – vermehrte politische Rechte:
Hatte sich auf der einen Seite die Freiwilligkeit der baltischen Arbeitskräfte für den „Reichseinsatz" unter dem Einfluss der heranrückenden Roten Armee wiedereingestellt, so bedeutete dies nicht, dass sich die Bedingungen für diesen „Einsatz" inzwischen gebessert hatten. Im Gegenteil veränderten sich diese unabhängig von der Anzahl der sich freiwillig Meldenden zum Schlechteren. Inzwischen galten nach den Bestimmungen des Reichsinnenministers sogar die über Zehnjährigen als arbeitsfähig und wurden entsprechend durch die Organe der regionalen Gauverwaltung in den Empfangsgebieten behandelt, wie z. B. in Westpreußen, Danzig, Wartheland und Oberschlesien, aber auch in so entlegenen Gegenden wie Wien in Österreich[343].

340 IfZ-MA.248 S. 427–429. GK in Riga gez. Drechsler, Schreiben betr.: Bergung der lettischen Frauen und Kinder. An: RKO, 10. 7. 1944.
341 IfZ-MA.248 S. 461 f. RKO Dr. Labs, Schreiben betr.: Auflockerung von Familien im Ostland. An: Reichsminister des Innern u. a., 29. 7. 1944.
342 IfZ-MA.248 S. 498. RKO Abt. I Pol. gez. Trampedach, Schreiben betr.: Evakuierung Einheimischer aus dem Ostland. An: RMfdbO, 4. 8. 1944.
343 IfZ-MA.248 S. 476. Reichsminister des Innern gez. Ehrensberger, Flüchtlinge aus Litauen, Estland und Lettland. Reichsstatthalter Wien, 19. 7. 1944.

So wie sich die wirtschaftlichen Bedingungen für die Arbeitskräfte aus den baltischen Ländern in der Praxis verschlechtert hatten, so waren auf der Ebene der Normen die politischen Rechte der baltischen Arbeitskräfte endgültig bei einer totalen Gleichberechtigung mit Deutschen angekommen[344], welche aber in Anbetracht der chaotischen Umstände der „Evakuierung" nicht sehr viel mehr als eine theoretische Bedeutung besessen haben dürfte. Aber auch an dieser Stelle blieb trotz der geringen Bedeutung für die Praxis bis zuletzt der Unterschied zwischen Esten, Letten und den Litauern bestehen:

„Estnische und lettische Flüchtlinge, ferner besonders exponierte litauische Flüchtlinge sind grundsätzlich wie Deutsche zu behandeln"[345].

Diese Schlechterstellung der Litauer fand ihre Entsprechung in den Erfahrungsberichten der deutschen Zivilverwaltung in Litauen, die sich über die Illoyalität weiter Teile der litauischen Bevölkerung beklagte. Selbst die Mitglieder der litauischen „Landeseigenen Verwaltung" hätten kein „Stehvermögen" gezeigt, stellte die deutsche Verwaltung enttäuscht fest[346].

Zahlen der ersten Welle baltischer „Flüchtlinge" – Sommer 1944[347]*:*

In Zahlen ausgedrückt ging die Behörde des RKO im Sommer 1944 davon aus, dass folgende Personen aus dem Baltikum ein Anrecht auf ihre „Evakuierung" hätten, bzw. zwangsweise das Baltikum verlassen sollten[348]:

Deutschstämmige	15–20 000
Familienangehörige exponierter Einheimischer	19 000
Facharbeiter mit Familien	40 000
Wehrmachtsangehörige mit Familien	450 000
Gesamt	524–29 000

344 „Ich bitte, von dort aus durch Verhandlungen mit dem Reichsminister des Innern, dem Reichssicherheitshauptamt, dem GBA und den Gauleitern der Bergungsgaue sicherzustellen, dass die evakuierten Einheimischen eine politisch und fürsorgerisch richtige Behandlung erfahren. Dabei ist grundsätzlich eine politische Gleichberechtigung mit den Deutschen zu fordern". Aus: IfZ-MA.248 S. 498. RKO Abt. I Pol. gez. Trampedach, Evakuierung Einheimischer aus dem Ostland, 4. 8. 1944.

345 IfZ-MA.248 S. 544 f. RMfdbO Oberregierungsrat Dr. Labs, Schreiben betr.: Baltische Flüchtlinge. An: Obereinsatzleiter Heid, 19. 9. 1944.

346 IfZ-MA.248 S. 567–593.RMfdbO, Bericht über den Ablauf der wirtschaftlichen Räumung des Generalbezirkes Litauen, 1. 9. 1944, hier: S. 575.

347 Vgl. dazu auch: Kangeris, Baltische Zwangsarbeiter im Dritten Reich, 2010, S. 53; Kangeris, Hitleriešu plāni Baltijas tautu evakuēšanai 1944 gadā, 1990a, hier: S. 135 f. Hier für Estland: 100 000, für Lettland: 180 000 und für Litauen 300 000 Flüchtlinge; Maripuu u. Paavle, Die deutsche Zivilverwaltung in Estland und die estnische Selbstverwaltung, 2005, S. 126.

348 Zahlen aus: IfZ-MA.248 S. 461 f. RKO Dr. Labs, Auflockerung von Familien im Ostland, 29. 7. 1944.

Tatsächlich hatten bis zum 10. 9. 1944 folgende Personengruppen die Ostseehäfen Reval und Riga verlassen[349]:

Reval	Deutsche	391
	Esten	3636
Riga	Deutsche	3200
	Letten	9648
	„Evarussen"	14 838

Auffällig beim Vergleich dieser beiden Zahlenzusammenstellungen ist zunächst wieder der deutliche Kontrast zwischen den Größenordnungen auf der Planungsebene und in der Praxis. Dies gilt ungeachtet der Tatsache, dass erstere Tabelle sich auf das gesamte Baltikum bezieht und die zweite auf Estland und Lettland beschränkt bleibt. Weiterhin wird eine Auswertung durch den Umstand erschwert, dass in ersterer Zusammenstellung die Nationalitäten, insbesondere der sogenannten Wehrmachtangehörigen, nicht eindeutig bestimmbar sind, da hierunter auch die sogenannten einheimischen „Hiwis" fallen könnten. Und doch ist klar ersichtlich, dass die tatsächlich im Sommer 1944 aus den Hafenstädten Estlands und Lettlands rekrutierten Personen aufgrund organisatorischer Schwierigkeiten unter den eingangs von den deutschen Planern erhofften Erwartungen zurückblieben, was in Übereinstimmung mit den Erfahrungen mit der gesamten deutschen „Arbeitseinsatzpolitik" im Baltikum zu sein scheint. Auf der anderen Seite sind die tatsächlich rekrutierten Zahlen aber in Beziehung zu den bis dahin ins Reich entsandten Arbeitskräften zu setzen. Daraus wird klar, dass der deutschen Besatzungsmacht kurz vor dem Ende ihrer Besatzungsherrschaft im Baltikum ein vergleichsweise großer Rekrutierungserfolg gelang, der sich durch die Entsendung der „Exponierten Balten", welche bereit waren, sich freiwillig auf die Evakuierungsboote zu begeben, erklären lässt[350].

Charakterisierung der Motivation der baltischen „Flüchtlinge" – verbreitete Apathie:

Überhaupt unterschied sich diese letzte deutsche Mobilisierung von baltischen Personen für die deutschen Kriegsanstrengungen im Reich nicht nur aufgrund ihrer

349 Zahlen zusammengestellt aus: IfZ-MA.248 S. 536. RKO Abt. III Verkehr, Schreiben betr.: Verschiffungen von den Ostlandhäfen in das Reich. An: Ostministerium, 10. 9. 1944; IfZ-MA.248 S. 528. RKO Abt. III Verkehr, Schreiben betr.: Verschiffungen von den Ostlandhäfen in das Reich. An: Ostministerium, 5. 9. 1944.

350 So befanden sich unter den oben genannten knapp 10 000 Letten immerhin 1600 Mitglieder des SD und der SS. Aus: ebd.

Dimension von den bisherigen deutschen Bemühungen. Auch das Verhältnis von Norm zu Praxis äußerte sich im Angesicht des Verlustes der Heimat für die einheimischen Personen in völlig anderem Gewand. Die oben genannten erhöhten wirtschaftlichen Anforderungen hinsichtlich des „Arbeitseinsatzes“ der baltischen Flüchtlinge kamen ebenso mühsam zur Anwendung wie die versprochenen politischen Privilegien. In der Realität waren weder die politischen Privilegien vorhanden, da die Zustände in den Auffanglagern selbst von der deutschen Zivilverwaltung als „klägliches Leben“ bezeichnet wurden, noch die wirtschaftlichen Anforderungen. Denn gleichzeitig wurden aufgrund des organisatorischen Chaos die Arbeitsanforderungen nicht umgehend eingefordert, sodass die Stimmung den deutschen Kriegsanstrengungen gegenüber im Gegensatz zu der übrigen Besatzungszeit vergleichsweise positiv war. Nur von einer gewissen Apathie wegen des Heimatverlustes ist in einem Bericht über die Stimmung der Flüchtlinge die Rede, welche aber nicht direkt gegen die Deutschen gerichtet war:

„Die Stimmung scheint aber trotz des Verlustes der eigenen Scholle gut zu sein. Man ist froh, das eigene Leben gerettet zu haben, und die Hoffnung, dass die Heimat eines Tages wieder befreit werden wird, dürfte dabei eine Rolle spielen. Eine gewisse Apathie ist allerdinge überall bei den lettischen Flüchtlingen unverkennbar“[351].

Zwangsverpflichtungen als Luftwaffenhelfer Sommer 1944:

Neben den „exponierten Balten“ muss zudem auf Formen der Zwangsrekrutierung im Sommer 1944 hingewiesen werden, wovon insbesondere die Jugend betroffen war. Denn ein besonderes Feld des „Arbeitseinsatzes“ von Personen aus dem Baltikum im Sommer 1944 war der deutsche Versuch, gegen den Widerstand der einheimischen Jugendverbände die einheimischen Jugendlichen in der Luftverteidigung des Reiches gegen die alliierten Luftangriffe zu missbrauchen[352]. Schon Anfang 1944 wurden die bisherigen „Hiwis“ umbenannt in „Kampfhelfer der Wehrmacht“ und der Ruf nach Aushilfen für die Luftwaffe aus dem Baltikum wurde zum Bestandteil des Mobilisierungsprogramms Jeckelns für 1944[353]. Außerdem verschärfte sich im Zuge der allgemeinen deutschen Bemühungen, die Zivilbevölkerung für die deutschen Kriegsanstrengungen zu mobilisieren, der Druck auf die Jugend in den balti-

351 IfZ-MA.539 S. 456–468. RKO, Bericht über eine Reise in das RKO in der Zeit vom 16.-26. Oktober 1944, 30. 10. 1944.

352 Alenius, Estonian Youth Movements under German Occupation 1941–1944, 2003, S. 105.

353 IfZ-MA.539 S. 322–324.Leiter des Chefbüros, Vermerk zur Mobilisierung 1944, 2. 3. 1944.

schen Generalbezirken[354]. Im Baltikum vermehrten sich die Luftangriffe, und der Bedarf an Aushilfen im Luftschutz sollte durch Jugendliche gestillt werden[355]. Nach der Machtübernahme Jeckelns im RKO im Juli 1944[356] sorgte er für die Sicherstellung des Bedarfs der Luftwaffe an „Kampfhelfern für die Luftwaffe" aus den Reihen der baltischen Jugend[357]. Auch diese Jugendliche befanden sich unter den „baltischen Flüchtlingen" und „Displaced Persons", welche nach der Kapitulation auf deutschen Boden waren[358]. Besonders tragisch dabei war nicht selten das weitere Schicksal dieser im Jugendalter zwangsweise in deutsche Dienste geratenden Personen, die von sowjetischen Behörden unter Kollaborationsverdacht gestellt wurden und aufgrund dessen in der Regel nahtlos und für mehrere Jahre bis Jahrzehnte in sowjetische Lager gerieten[359].

Zweite Welle der baltischen „Flüchtlinge" – Herbst 1944:
Die organisatorischen Hindernisse hielten die deutschen Machthaber nicht davon ab, weiterhin am Ziel der „Evakuierung" der zivilen Bevölkerung nach Deutschland grundsätzlich festzuhalten. Nur sollten ausländische Flüchtlinge strengsten sicherheitspolizeilichen Kontrollen ausgesetzt werden, welche unter den gegebenen Umständen nur schwer in die Tat umzusetzen waren. Mitglieder von kollaborierenden Polizeiorganen und den SS-Legionen sollten bevorzugt behandelt werden. Frauen, Kinder, Alte und andere „Arbeitsunfähige" waren unerwünscht und dennoch sollte politische Rücksicht auf die Gesamtbevölkerung genommen werden, beispielsweise bei der Frage des Familienzusammenhalts[360]. Es trafen also wie schon im Sommer in dieser Frage verschiedenste Interessen aufeinander, so dass sich auch das Ende der deutschen „Arbeitseinsatzpolitik" als Austragungsort von Zielkonflikten präsentierte.

354 LVVA-P-69.5.7 S. 28–30. GK in Riga gez. Drechsler, Schreiben betr.: Kriegseinsatz der lettischen Jugend. An: Erster Generaldirektor in Riga, 17. 4. 1944; LVCA-R-1474.1.47 S. 14. GK in Kauen HA III Aso, Schreiben betr.: Einführung eines halbjährigen Kriegshilfsdienstes für die litauischen Abiturienten und Abiturientinnen. An: Gebietskommissare des GK Litauen, 5. 6. 1944; Vgl. dazu auch: Czollek, Faschismus und Okkupation. Wirtschaftspolitische Zielsetzung u. Praxis des faschistischen dt. Besatzungsregimes in d. baltischen Sowjetrepubliken während d. 2. Weltkrieges, 1974, S. 178.

355 LVCA-R-1474.1.47 S. 10. Beton und Kieswerke Penner – Christburg, Schreiben betr.: Zuteilung von Arbeitskräften für den Luftschutz. An: Geb.K. in Kauen Arbeitsamt, 26. 4. 1944.

356 Zur Ernennung Jeckelns durch Keitel: Heinrihs Strods, Zem melnbru nā zobena: Vācijas politika Latvijā; 1939–1945, 1994, hier: S. 132; Vgl. auch Abschnitt zur Polizei.

357 I. Kažociņš, Latvieši vācu karaspēka izpalīgos, in: Latvijas arhīvi. 1998, S. 65–70, hier: S. 66.

358 Dazu siehe: Christian Pletzing u. Marianne Pletzing (Hg.), Displaced Persons. Flüchtlinge aus den baltischen Staaten in Deutschland, München 2007.

359 Zu dem Phänomen im Allgemeinen für Sowjetbürger: Poljan, Žertvy dvuch diktatur, 2002.

360 IfZ-MA.248 S. 529–532. Reichsminister des Innern gez. Stuckart, Schreiben betr.: Räumungsmaßnahmen. An: Reichsverteidigungskommissare, 7. 9. 1944.

Im Herbst 1944, als die deutsche Besatzungsherrschaft im Baltikum, abgesehen von der Halbinsel Kurland, endgültig ein Ende fand, kulminierten noch ein letztes Mal die Bemühungen, die Bevölkerung zur Flucht nach Deutschland zu bewegen, um sie dort als Arbeitskräfte für die letzten Kriegsanstrengungen zu missbrauchen. Die Bedeutung des Aspekts der Zivilbevölkerung als Arbeitskräfte manifestierte sich zudem durch den Umstand, dass die Hauptabteilung Arbeit ausdrücklich vom RMfdbO zum Verantwortungsträger von „Flüchtlingsfragen“ ernannt wurde[361].

Kurz vor dem Ende der deutschen Besatzung in Riga und den anderen baltischen Gebieten des Baltikums, abgesehen von Kurland, war es noch einmal zum Anschwellen des Flüchtlingsstroms gekommen, so dass man in der Behörde des RKO davon ausging, dass ganze 150 000 Esten und 200 000 Letten bis zum Herbst 1944 auf dem Wege ins Reichsgebiet waren[362]. Außerdem radikalisierte sich der politische Kurs der deutschen Zivilverwaltung im RKO ab Ende September 1944 durch die Übernahme der Restverwaltung des RKO durch Erich Koch, der ungeachtet der Tatsache, dass in seinem neuen Herrschaftsbereich Slawen nur eine Minderheit stellten, die gesamte Zivilbevölkerung als slawische Untermenschen wahrnahm und entsprechend behandeln wollte, was nicht zuletzt auch für die letzten Evakuierungsbemühungen aus dem Baltikum galt[363].

3.1.4.2 Das letzte Kapitel im „Kurlandkessel“

„Nicht auf das letzte Schiff warten!“:
Nach dem Fall Rigas im Oktober 1944[364] rief Martin Matthiesen im November 1944 verzweifelt die einheimische Bevölkerung auf, nicht auf das letzte Schiff zu warten und sich so schnell wie möglich nach Deutschland einzuschiffen:

„Ich appelliere an Euer Verantwortungsbewusstsein als Letten, die sich jetzt noch bietenden günstigen Gelegenheiten der Überfahrt nach Deutschland wahrzunehmen. Wer trotz besseren Wissens jetzt nicht dieser Aufforderung folgt und glaubt,

361 „Die zusammenfassende Bearbeitung der Ost-Flüchtlingsangelegenheiten obliegt im Hinblick auf die hierbei vordringlich zu beachtenden Gesichtspunkte des Arbeitseinsatzes der Hauptabteilung Arbeit“. Aus: LVVA-P-1018.1.7. S. 70–72. RMfdbO II 1c3459 von Allwörden, Schreiben betr.: Bearbeitung von Ost-Flüchtlingsangelegenheiten. An: Kleiner Verteiler, 27. 9. 1944.

362 IfZ-MA.539 S. 456–468. RKO, Bericht über eine Reise in das RKO in der Zeit vom 16.-26. Oktober 1944, 30. 10. 1944.

363 „Es sei gänzlich verfehlt, wenn sich die hier eingesetzten Deutschen mit den hier lebenden Slawen einließen“. Aus: IfZ-MA.248 S. 1018–1027. Ständige Vertreter des GK in Riga gez. Borcke, Bericht über die Arbeit der Zivilverwaltung in Riga während der letzten Wochen (Oktober 1944). RMfdbO, 12. 10. 1944, Zu Zwangsverschleppungen der letzten Tage der deutschen Herrschaft in Litauen siehe: Karner u. a., Zwangsarbeit in der Land- und Forstwirtschaft auf dem Gebiet Österreichs 1939 bis 1945, 2004, S. 159.

364 Dazu: Myllyniemi, Die Neuordnung der baltischen Länder 1941–1944: Zum nationalsozialistischen Inhalt der deutschen Besatzungspolitik, 1973, S. 285.

mit dem „letzten Schiff" mitfahren zu können, handelt mehr als leichtfertig und kann auf keine Hilfe mehr rechnen"[365].

Hintergrund dieses Aufrufs war der deutsche Plan, Ende November nochmals 10 000 Arbeitskräfte aus dem inzwischen entstandenen „Kurlandkessel" für Ostpreußen zu rekrutieren. Doch blieb es im Rahmen dieser letzten Mobilisierungsbemühung der Deutschen ebenfalls nicht bei passiven Aufrufen. In den Richtlinien des RKO war klar festgelegt, dass alle wehrpflichtigen Männer der Jahrgänge 1910–1926 auch „unter Zwang" den „Kurlandkessel" zu verlassen hätten. Nur auf die „bodenständige Bevölkerung" solle „kein Druck ausgeübt werden"[366]. Anders als bei den Rekrutierungszahlen, welche die Deutschen aus Litauen im letzten Okkupationsjahr hatten rekrutieren wollen, waren diese Zahlen nun kurz vor dem Ende der deutschen Herrschaft nicht völlig unrealistisch. Immerhin hatten aufgrund der Furcht vor der Rückkehr der Roten Armee allein den lettischen Hafen Libau bis Ende November über 30 000 Personen in Richtung Deutschland verlassen. Doch zeigte sich die deutsche Zivilverwaltung damit nicht zufrieden, da darunter vor allem Frauen und Kinder waren, welche der Kriegswirtschaft im Reich von geringem Nutzen waren[367]. Doch der Versuch der Entsendung von 10 000 Arbeitskräften für Ostpreußen verlief weniger erfolgreich, als von der Zivilverwaltung erhofft, so dass im Dezember eine erneute Verordnung über die Evakuierung der lettischen Flüchtlinge vom Gebietskommissar Nordkurland erlassen wurde:

„Die Versorgungslage in der Bastion Kurland hat es notwendig gemacht, die lettischen Flüchtlinge zur Abreise nach Deutschland aufzurufen. Es sind dieser Aufforderung nur sehr wenige nachgekommen, so dass der Schiffraum in Windau und Libau ungenutzt werden konnte. Um der unbedingt notwendigen Maßnahme, einen großen Teil der Bevölkerung aus dem Restkurland zu evakuieren, den nötigen Nachdruck zu verleihen, und um den Rest der verbleibenden Bevölkerung und die Wehrmacht vor Ernährungsschwierigkeiten zu bewahren, sehe ich mich gezwungen, strenge Maßnahmen zu ergreifen"[368].

Die hier angesprochenen „strengen Maßnahmen" beinhalteten den Entzug von Lebensmittelkarten, Vieh und Pässen, um den Aufenthalt im „Kurlandkessel" zu erschweren und auf diese Weise die Ausreise zu erzwingen[369]. Die Begründung für diese Maßnahmen steht dabei im offenen Gegensatz zu der Motivation der vom

365 LVVA-P-960.1.55 S. 33. RKO gez. Matthiessen, Aufruf des RKO: Nehmt die sich jetzt noch bietende Gelegenheit der Überfahrt nach Deutschland wahr und wartet nicht „auf das letzte Schiff", 22. 11. 1944.

366 LVVA-P-960.1.55 S. 36–39. RKO Abt. III Aso gez. Schütte, Schreiben betr: Gestellung von 10 000 Arbeitskräften für Ostpreussen. An: Gebietskommissare in Libau und Windau, 28. 11. 1944.

367 Ebd.

368 LVVA-P-960.1.55 S. 34. Gebietskommissar Nordkurland, Anordnung über Evakuierung der lettischen Flüchtlinge nach Deutschland, 15.12.1944.

369 Ebd.

RKO herausgegeben Richtlinien für die „Evakuierung“ der 10 000 Arbeitskräfte für Ostpreußen. Während es hier dem RKO darum gegangen war, eine große Anzahl von Arbeitsfähigen aus dem „Kurlandkessel“ ins Reich zu verlagern, ist das soeben zitierte Anliegen des Gebietskommissars von Nordkurland, gerade die Arbeitsunfähigen aus seinem Zuständigkeitsgebiet zu entfernen, um die Versorgungslage zu verbessern. Somit war auch die letzte Erscheinung der „Arbeitseinsatzpolitik“ im Baltikum von dem charakteristischen Zielkonflikt zwischen Arbeitseinsatz im Reich oder vor Ort gekennzeichnet. Ohne Zweifel ist aufgrund der hier genannten Verordnung die „Evakuierung“ der Bevölkerung aus dem „Kurlandkessel“ im Unterschied zu den Flüchtlingen des Sommers und Herbsts 1944, unter denen viele „exponierte Balten“ gewesen sein dürften, nur bedingt als freiwillig zu bezeichnen.

„Arbeitseinsatz“ im „Kurlandkessel“[370] *– 1945 – Schanzpflicht:*
Wie schon im Jahre 1944 wurde die Zivilbevölkerung in immer stärkerem Maße zu Verteidigungsmaßnahmen benötigt. Dies galt insbesondere für das letzte Kapitel der „Arbeitseinsatzpolitik“ im Baltikum – dem „Arbeitseinsatz“ im „Kurlandkessel“. Schon um die Jahreswende 1944/1945 meldete die Heeresgruppe Nord einen Arbeitskräftebedarf im Stellungsbau von 6450 Arbeitskräften, die aufgrund des Frontverlaufs zu diesem Zeitpunkt alle im „Kurlandkessel“ benötigt wurden[371]. Um diesen Bedarf zu decken, verordnete die deutsche Arbeitsverwaltung in Windau eine Schanzpflicht für alle Einwohner. Auch die UK-gestellten Personen in „kriegswichtigen“ Einrichtungen mussten mindestens vier Tage Schanzarbeit leisten. Wer in seinen Unterlagen einen solchen Dienst nicht nachweisen konnte, wurde mit Lebensmittelkartenentzug bestraft[372]. Die deutsche Arbeitsverwaltung im „Kurlandkessel“ hatte mit denselben Problemen wie zuvor im gesamten Baltikum zu kämpfen: – Erstens dem Arbeitskräftemangel[373], und zweitens der fehlenden Kontrolle und Übersicht über die Zivilbevölkerung als Arbeitskräftepotential. Letzteres hatte sich insbesondere durch die Fluchtbewegung und Betriebsverlegungen aus anderen lettischen und nicht lettischen Gebieten verringert, so dass sich, wie die Arbeitsverwaltung in Windau berichtete, ehemals bei deutschen Betrieben und Behörden

370 Zur Geschichte des „Kurlandkessel“ in apologietischer Sicht: Haupt, Das war Kurland: d. 6 Kurlandschlachten aus d. Sicht d. Divisionen, 1987; Auch: Arnolds Šiņķis, Kurzemes cietoksnis, Rīga 1998.

371 BA-RW-1. 9. 3339 u. p. OKW Fwi Amt, Lagebericht für Dezember 1944. Der Arbeitseinsatz im Operationsgebiet., 12. 1. 1945.

372 LVVA-P-960.1.52 S. 107 f. Kreiskommandant Wigand, Kommandanturbefehl 36/45 Heranziehung der zivilen Arbeitskräfte (Männer und Frauen) zu Schanzarbeiten, 10. 3. 1945.

373 Am 31. 3. 1945 meldete das Arbeitsamt Windau-Stadt 460 offene Stellen. Aus: Kārlis Kangeris, Ebreju darbaspeka izmantosana Rigas geto likvidacijas faze, in: Latvijas Vēsturnieku Komisijas Raksti 23. 2008b, S. 186–212.

angestelltes lettisches Personal mit den offiziellen Dokumenten ihrer ehemaligen Arbeitsstelle, aber ohne reale aktuelle Beschäftigung, „umhertrieb“[374].

Zwischenfazit 1943–45 – Terror gegen Einzelne – Abwartende Bereitschaft der Masse:

Die Auswirkungen der Entwicklungen der „Arbeitseinsatzpolitik“ ab 1943 auf die baltische Mehrheitsbevölkerung waren wesentlich von zwei Komponenten geprägt, die beide auf dieselbe Ursache zurückzuführen sind – die militärischen Rückschläge an der Ostfront im Winter 1942/43. Sie verursachten zum einen den erhöhten Bedarf an militärischen Rekruten auch aus dem Baltikum. Zweitens wuchs ab diesem Zeitpunkt in der Zivilbevölkerung die Erkenntnis, dass die Deutschen den Krieg verlieren würden. Diese beiden Merkmale der zweiten Hälfte der Besatzungszeit bedingten für die baltische Bevölkerungsmehrheit zum einen die Rekrutierungsmethode der jahrgangsweisen Musterungen, und zum anderen die veränderte psychologische Konstellation der einheimischen Bevölkerung den deutschen Kriegsanstrengungen gegenüber. Das System der Musterungen bewirkte, dass die schon zuvor gestiegenen Anforderungen der deutschen Arbeitsverwaltung gegenüber der einheimischen Bevölkerung weiterhin stiegen, nun aber konzentrierte sich der deutsche Druck auf einen kleineren Bevölkerungsteil, nämlich auf die zu rekrutierenden Jahrgänge. Diese Methode ist als Reaktion auf den Umstand zu verstehen, dass es die deutsche Arbeitsverwaltung aufgrund fehlender eigener Kräfte und fehlender Polizeikräfte nie schaffte, die Kontrolle über die gesamte einheimische Bevölkerung zu erlangen. Mit dem System der jahrgangsweisen Musterungen erhoffte sich die Arbeitsverwaltung nun einen erhöhten Druck auf eine kleinere Bevölkerungsgruppe ausüben und dadurch effizienter sein zu können[375]. Dass diese Rechnung nicht vollends aufging, beweisen die Zahlen aus Litauen, wo auch die jahrgangsweisen Musterungen in der Zivilbevölkerung nicht umfassend durchgesetzt werden konnten. Das hatte wiederum einen verschärften Terror für die Bevölkerung zur Folge, wovon allerdings nicht alle Einwohner betroffen waren. Denn die Polizeikräfte reichten bei weitem nicht aus, die Repressionsmaßnahmen auf die gesamte Bevölkerung auszudehnen. Auf der anderen Seite waren aber wegen des Systems der Kollektivstrafe ganze Dörfer, auch immer wieder völlig unbeteiligte Personen von den Repressionen betroffen. Kurz gesagt wirkte sich der deutsche Strategiewechsel für die einheimische Bevölkerung in der Weise aus, dass weniger Personen, die aber stärker, unter den deutschen Repressionsmaßnahmen zu leiden hatten.

374 LVVA-P-960.1.52 S. 107 f. Kreiskommandant Wigand, Kommandanturbefehl 36/45 betr.: Heranziehung der zivilen Arbeitskräfte (Männer und Frauen) zu Schanzarbeiten, 10. 3. 1945.

375 Vgl. dazu eine entsprechende Taktik im Nachbargeneralbezirk Weißruthenien: Gerlach, Kalkulierte Morde, 2000, S. 470.

Die veränderte psychologische Konstellation zwischen Besatzern und Besetzten veränderte vorerst nichts an der Oberfläche der „Arbeitseinsatzpolitik". Die Arbeitsmoral der einheimischen Bevölkerung blieb zunächst schlecht, was nach wie vor in erster Linie auf die unzureichende Versorgungslage zurückzuführen war. Allerdings war auch, wie aus den Berichten der deutschen Arbeitsverwaltungen zu ersehen ist, aus einer Enttäuschung über nicht wieder erlangte politische und wirtschaftliche Rechte, wie der staatlichen Unabhängigkeit und der Frage des Landeigentums, eine abwartende Einstellung des passiven Widerstandes geworden, der im Moment des Angriffs der Roten Armee zur Bereitschaft wurde, nun doch mit den Deutschen gegen die Sowjets zu kämpfen und zu arbeiten. Diese Einstellung der einheimischen Bevölkerung lässt sich treffend als Strategie des Zeitgewinnens kennzeichnen.

Ein dritter Punkt, der den zeitlichen Einschnitt ab 1943 rechtfertigt, ist die sich ab diesem Zeitpunkt völlig auseinander entwickelnde Praxis der „Arbeitseinsatzpolitik" in Estland und Lettland auf der einen und Litauen auf der anderen Seite. Diese Unterscheidung hatte auch schon 1941/1942 gegolten, nun aber bekam sie durch die gescheiterte Legionsgründung in Litauen eine völlig neue qualitative und vor allem quantitative Dimension, da die massenhaften Sauckelaktionen auf Litauen beschränkt blieben, während in Estland und Lettland der RAD die bestimmende Form der „Reichswerbung" blieb. Insbesondere in Lettland griff die deutsche Arbeitsverwaltung ab 1943 vermehrt auf die Möglichkeit zurück, „Bummelanten" ins AEL zu stecken. Doch waren die Repressionsmaßnahmen hier stärker dem Umstand geschuldet, dass der Mangel an Arbeitskräften viel akuter als in Litauen war. Dort gingen solche Maßnahmen stärker auf die noch niedriger liegende Arbeitsmoral und die schwache Bereitschaft für die Deutschen zu arbeiten zurück, sodass in Litauen sowohl die „Reichswerbung" als auch der „Arbeitseinsatz" im Generalbezirk unter härteren Bedingungen als in den nördlichen Generalbezirken durchgeführt wurde.

Eine Sondererscheinung der deutschen „Arbeitseinsatzpolitik" im Baltikum stellten die „Evakuierungsmaßnahmen" vom Sommer und Herbst 1944 dar. Auch sie waren von Widersprüchlichkeiten durchzogen. Auf der einen Seite gelang es den Deutschen seit Langem erstmalig große Mengen dazu zu bewegen, nach Deutschland zu fliehen, auf der anderen Seite waren aber nicht alle Flüchtlinge erwünscht. Einerseits wurde die Einreise von Frauen und Kindern behindert und die „Evakuierung" großer Teile der Bevölkerung hinausgezögert, andererseits wurden aber kurz vor Ende der Besatzungsherrschaft in besonderem Maße Menschen aus dem Baltikum zwangsweise von der Straße ins Reich verschleppt oder zwangsweise als jugendliche Luftwaffenhelfer in die deutschen Großstädte verschickt. Ungeachtet dieser extremen Erscheinungsformen der „Arbeitseinsatzpolitik" stellten diese Ereignisse in Bezug auf die hier genannten zwei charakteristischen Merkmale für die deutsche Besatzungszeit ab 1943 keine abweichende Periode dar. Sowohl die psychologische Konstellation zwischen Besatzern und Besetzten als auch die Rekrutierungsmethode der jahrgangsweisen Musterungen bestimmten weiterhin die chaotische Rückzugsphase der deutschen Besatzungspolitik im Baltikum. Die „Arbeitseinsatzpolitik" im „Kurlandkessel" unterschied sich diesbezüglich nicht mehr von der „Arbeitseinsatzpolitik" der Jahre 1943/1944.

3.1.5 Fazit des „Arbeitseinsatzes" der baltischen Bevölkerungsmehrheiten – relative Bevorzugung und Gleichzeitigkeit von passivem Widerstand und abwartender Kooperationsbereitschaft der Bevölkerung

Insgesamt zeigte sich innerhalb der baltischen Mehrheitsbevölkerung, dass sie nicht einseitig „bevorzugt" wurde, wie dies in den Bestimmungen des RSHA Anfang 1942 noch gefordert wurde. Sowohl beim „Reichseinsatz" als auch beim „Arbeitseinsatz" im Baltikum selbst war die Praxis gekennzeichnet von einer Vielzahl von Zwangsmaßnahmen. Außerdem war die Praxis des „Arbeitseinsatzes" der baltischen Bevölkerungsmehrheiten voll von Ausnahmefällen und Widersprüchen, wie die Behandlung der RAD-Leistenden selbst in Estland und Lettland deutlich macht. Zudem muss festgehalten werden, dass deutliche Unterscheide in allen Erscheinungsformen der „Arbeitseinsatzpolitik" im Baltikum zwischen Esten und Letten einerseits sowie Litauern andererseits vorherrschten. Hierbei sind die Lettgaller aus Lettland zu den Litauern zu zählen, da sie in vielerlei Hinsicht in ähnlichem Maße benachteiligt waren.

Dennoch waren die baltischen Mehrheitsbevölkerungen aus rassenideologischen und politischen Gründen anderen Bevölkerungsgruppen inner- und außerhalb des Baltikums in vielen Punkten sowohl auf normativer Ebene als auch in praktischer Hinsicht bevorzugt[376]. Allein die Tatsache, dass sich die „Landeseigenen Verwaltungen" für die Belange der baltischen Mehrheitsbevölkerungen einsetzen konnten und dies auch taten, bewirkte, dass zwar nicht immer die normativen Vorgaben in der Praxis so umgesetzt wurden, wie sie festgelegt waren, aber immerhin konnten sie in vielen Fällen eine gewisse Bevorzugung gegenüber anderen weniger machtpolitisch präsenten Gruppen erreichen. Dieses galt insbesondere für Esten und Letten, weniger für Litauer.

In zeitlicher Hinsicht lassen sich grob drei Entwicklungsabschnitte voneinander unterscheiden: Im ersten Okkupationshalbjahr 1941 war die einheimische Bereitschaft, für die Deutschen zu arbeiten trotz beginnender Repressionsmethoden wie Verhaftungen im öffentlichen Raum noch am ehesten vorhanden. Das Jahr 1942

376 Vgl. übereinstimmend auch die allgemeine These Basslers: „The Balts were treated relatively more humanely by the Germans". In: Bassler, The Collaborationist Agenda in Latvia 1941–1943, hier: S. 79.

stand im Baltikum, wie auch in anderen deutsch kontrollierten Gebieten im Zeichen eines grundsätzlichen Wandels der Kriegsstrategie und somit auch einer veränderten „Arbeitseinsatzpolitik", die sich nun auf einen Abnutzungskrieg eingestellt hatte. Gleichzeitig mit den dadurch erhöhten Forderungen an die einheimischen Arbeitskräfte verminderte sich aber kontinuierlichen deren Arbeitswillen und die Bereitschaft, die deutschen Eroberer zu unterstützen. Ab 1943 bewirkte die Aussicht auf eine Rückkehr der bolschewistischen Herrschaft im Baltikum eine abwartende Einstellung der einheimischen Arbeitskräfte, die zwischen passivem Widerstand und bedingter Unterstützungsbereitschaft zum Besatzungsende hin changierte. Zur repressiven Rekrutierungsmethode wurde in diesem Zeitabschnitt die jahrgangsweise Musterung, welche die Zwangsmethoden gleichzeitig verschärfte, aber auch auf einen kleineren Bevölkerungsteil reduzierte.

3.1.5.1 Gesamtzahlen der Rekrutierungen zum „Reichseinsatz"

Die Gesamtzahlen an baltischen Arbeitskräften, die bis zum Ende der deutschen Besatzungsherrschaft das Baltikum in Richtung Reich verlassen hatten, sind nicht ganz unproblematisch und doch hat sich als allgemeiner Konsens der Wert von etwa 130 000 Menschen etabliert[377]. Eine besondere Schwierigkeit besteht darin, dass die ungeheure Zahl an Flüchtlingen vom Sommer und Herbst 1944 das Bild verzerrt, bzw. nicht abschließend geklärt ist, inwieweit diese Menschen in statistischen Zahlen der „Arbeitseinsatzverwaltung" enthalten sind.

Ende September 1944 befanden sich nach den Angaben des GBA im Reich etwa 44 000 Personen aus Estland, Lettland und Litauen[378]. Nach, wie Myllyniemi zurecht argumentiert, zuverlässigen Aussagen von Edward Deuss in Nürnberg am 1.11.1945, lag diese Zahl Anfang 1945 bei 130 000 Personen[379], so dass man annehmen könnte, die Differenz erkläre sich durch die Flüchtlinge des Herbstes 1944. Allerdings widersprechen dem die Angaben des Ostministeriums, nach denen bereits im Juni 1944 etwa 126 000 Menschen aus den baltischen Ländern im Reich im „Arbeitseinsatz" standen[380]. Eine Auflistung des RKO bestätigt diese Größenordnung. Danach waren im November 1943 bereits 85 000 „Balten" ins Reich zum „Ar-

377 Siehe beispielsweise: Misiunas u. Taagepera, The Baltic States: Years of dependence 1940–1980, 1983, S. 56; Garleff, Die baltischen Länder, 2001, S. 171.

378 GBA, Der Arbeitseinsatz im Großdeutschen Reich vom 9. September, 30. 9. 1944.

379 Myllyniemi, Die Neuordnung der baltischen Länder 1941–1944: Zum nationalsozialistischen Inhalt der deutschen Besatzungspolitik, 1973, S. 241.

380 Davon: 15 000 aus Estland, 35 000 aus Lettland und 75 000 aus Litauen. Aus: ebd., S. 241; Siehe dazu auch: Kangeris, Baltische Zwangsarbeiter im Dritten Reich, 2010, hier: S. 43 f.

beitseinsatz" geschickt worden – darunter allein 18 755 aus Lettland, nur 2 678 aus Estland und 28 490 aus Litauen[381].

Es ist also anzunehmen, dass die Zahlen des GBA vom September 1944 deutlich zu niedrig sind. Diese Vermutung stützt sich auch durch die Tatsache, dass schon im Jahr zuvor die Zahlen des GBA zu niedrig waren. So waren nach den Angaben des GBA im Frühjahr 1943 etwa 9000 lettische Arbeitskräfte im Reich[382]. Diese Zahl ist aber eindeutig viel zu niedrig, da beispielsweise aus der hier erwähnten „Lettgallenaktion" allein schon so viele Arbeitskräfte für den „Reichseinsatz" deportiert worden waren. Auch die Zahlen der Abteilung Aso in Riga sprechen eine andere Sprache, die näher an der Realität liegen dürfte. Danach hatten bis zum September des Jahres 1943 mehr als 23 000 zivile Arbeitskräfte den Generalbezirk Lettland in Richtung Reich verlassen[383].

Auffällig sind die Abweichungen bei Zahlenangaben in der sozialistischen Literatur, die sich in der Regel auf Ergebnisse der Außerordentlichen Kommissionen stützten, die noch während des Krieges in der Sowjetunion gegründet wurden, um die Verbrechen der nationalsozialistischen Besatzer und ihrer Helfer zu dokumentieren[384]. Bemerkenswert in dieser Hinsicht ist weniger die eklatante Diskrepanz der Zahlen an sich, als vielmehr eine genaue Analyse der Herkunft und die Klärung der Hintergründe dieser Zahlen, welche hier nicht mehr angestellt werden kann. Doch sei auf ein aussagekräftiges Beispiel verwiesen: So gibt Czollek, die sich im Wesentlichen von den Zahlen der Außerordentlichen Kommission leiten lässt, für die aus Lettland verschleppten Personen den unglaublichen Wert von etwa 280 000 Personen an[385]. In der soeben zitierten Aufstellung der Abteilung Aso des GK in Riga lag der entsprechende Wert bei 23 000 im September 1943. Aus selbiger Austellung geht jedoch auch hervor, dass bis zum gleichen Datum dem Arbeitsmarkt in Lettland unter Miteinbeziehung von vielen weiteren Bevölkerungsverlusten, wie z. B. Einberufungen zur Legion und anderen polizeilichen Diensten, eine Gesamtzahl von knapp

381 LVVA-P-70.5.13 S. 2–6. RKO Abt. III Arbeitspolitik und Sozialverwaltung gez. Schütte, Vermerk betr.: Gesamtübersicht über die Abgabe aus dem Ostland anlässlich des Besuchs des GBA im Ostland, 9. 12. 1943; Es sei darauf hingewiesen, dass in dieser Aufstellung des „Bevölkerungsverlustes" unter „Sonstige Abgaben" die Werte von 81 479, 2000 und 156 000 für Lettland, Estland und Litauen verzeichnet sind, was recht genau den heute in der Forschung zum Holocaust anerkannten Werten des Judenmordes in den drei Ländern entspricht.

382 GBA, Der Arbeitseinsatz im Deutschen Reich vom 31. März, 31. 3. 1943.

383 LVVA-P-82.1.20 S. 15 f. GK in Riga Abt. III Aso, Schreiben mit tabellarischer Übersicht betr.: Zusammenstellung aller Kräfte, die aus dem normalen Arbeitseinsatz Lettlands herausgezogen worden sind, 28. 2. 1944.

384 LVVA-P-132.26.1 S. 1. Außerordentliche Kommission, Obobščennye svedenija o žertvach nemecko – fašistskich zlodejanij po Latvijskoj SSR, 31. 7. 1945.

385 Czollek, Faschismus und Okkupation. Wirtschaftspolitische Zielsetzung u. Praxis des faschistischen dt. Besatzungsregimes in d. baltischen Sowjetrepubliken während d. 2. Weltkrieges, 1974, S. 178.

240 000 Menschen verloren gegangen sind[386]. Diese Zahl kommt den Ergebnissen Czolleks bereits deutlich näher, bestärkt aber nur die hier verfolgte Absicht, den Wert von etwa 130 000 Arbeitskräften aus dem Baltikum für angemessen zu halten, auch wenn aufgrund der Flüchtlinge die tatsächliche Zahl höher gewesen dürfte. Doch scheint dieser „Überschuss" nicht mehr in die Fänge der deutschen „Arbeitseinsatzbürokratie" gelangt zu sein.

3.2. Slawische Arbeitskräftegruppen

3.2.1 Indigene slawische Minderheiten – „Menschenjagden" als Rekrutierungsmethode

Zwar gab es außer den Lohnbestimmungen für die Hilfswilligen der Wehrmacht[387] und den Arbeitskräften der OT[388] keine Verordnungen, welche die Angehörigen der slawischen Minderheiten dezidiert benachteiligten, doch rechtfertigt die „Arbeitseinsatzpraxis" die Hervorhebung des gesonderten Schicksals dieser Bevölkerungsgruppe. Wie bereits erwähnt, galten die im vorigen Kapitel aufgeführten Bestimmungen für die gesamte Zivilbevölkerung. Allerdings war auch schon angesprochen worden, dass insbesondere die „Landeseigenen Verwaltungen" dezidiert die Interessen der baltischen Mehrheitsbevölkerung vertreten konnten und sogar eine eigene, auf ethnische Homogenisierung ausgerichtete Politik verfolgten, was sich am Beispiel der „Arbeitseinsatzpolitik" negativ für die slawischen Minderheiten im Baltikum auswirkte.

Stereotyp der illoyalen Russen, Polen und Weissrussen:

Eine große Rolle bei der Benachteiligung der slawischen Minderheiten im Baltikum spielte, vergleichbar mit der Zuordnung – Jude = Bolschewik, die behauptete Feindschaft der slawischen Minderheit der deutschen Besatzungsmacht gegenüber. Dieses war insbesondere aus den östlichen Grenzgebieten des Baltikums zu hören, wo slawische Illoyalität bis heute ein wiederkehrender Topos geblieben ist:

386 LVVA-P-82.1.20 S. 15 f. GK in Riga Abt. III Aso, Schreiben mit tabellarischer Übersicht betr.: Zusammenstellung aller Kräfte, die aus dem normalen Arbeitseinsatz Lettlands herausgezogen worden sind, 28. 2. 1944.

387 LCVA-R-1474.1.10 S. 39. Verwaltungsbestimmungen für Hilfswillige, 1943.

388 LVVA-P-752.1.2 S. 15. Oberkommando der Heeres Gen.St.d.H./Gen.Qu., Anlage zu „Besondere Anordnungen Nr. 149 v. 9. 4. 1942 Verpflegung baltischer Arbeiter und Angestellter, 28. 3. 1942.

„Aus den Bezirken um den Peipus-See, die dicht mit Russen bevölkert sind, kommen Nachrichten, die die ständige Feindlichkeit der Russen gegenüber sowohl Esten wie Deutschen zeigen"[389].

Gleichlautende Berichte und Stereotypen waren während der gesamten Besatzungszeit ein konstanter Tenor[390] und ebenfalls aus Lettgallen und dem Wilnagebiet zu vernehmen. Aber auch in der lettischen Hauptstadt Riga wurde dieses Bild der Russen gezeichnet:

„Die Russen sagen sich, dass nun die Zeit gekommen ist, wo man sich innerlich umstellen müsste, die Sowjets seien doch gar nicht so schlimm, es sind doch schließlich genau so Russen wie sie selbst, und wenn man schon einmal sterben müsste, dann lieber von russischer Hand"[391].

Das Urteil über die Polen fiel keineswegs besser aus:

„Das polnische Volk, das seine politische Chance von jeher im Kampf gegen Deutschland gesehen hat und dessen Geschichte erfüllt ist von einem durch Generationen genährten Gegensatz zu Deutschland, hat einen in seiner Grausamkeit beispiellosen Ausrottungskampf gegen die deutsche Volksgruppe im ehemaligen Polen geführt und den gegenwärtigen Krieg auf Betreiben Englands angezettelt"[392].

Eine gewisse Sonderrolle nahmen die Weissrussen/Weissruthenen in diesem Kontext ein[393]. Vom rassenideologischen Standpunkt betrachtet auf gleicher Stufe wie Russen und Polen, profitierten sie indirekt von der aus politischen Gründen stark verfolgten polnischen Minderheit. Da gerade in ländlichen Regionen das Nationalbewusstsein ohnehin schwach ausgeprägt war[394], förderte die nationalsozialistische Herrschaft vielerorts das weissruthenische Nationalbewusstsein, um polnische Identifikationsmuster zu schwächen. Aus diesem Grunde waren die politischen Reprä-

389 ERA-R-819.2.8 S. 1–10. Estnische Verwaltung Direktorium für die Innere Verwaltung Leiter der politischen Polizei, Lagebericht Januar 1942. SS-Sturmbannführer Dr. Sandberger, Januar 1942.

390 Siehe die Berichte über die „unzuverlässigen Estlandrussen" aus dem Petschurgebiet: LVVA-P-70.5.72 S. 499. GK in Reval H.A. III 660/44 g, Evakuierung von Estlandrussen aus dem Gefechtsgebiet, 24. 3. 1944.

391 BA-R-91.288 u. p. GK in Riga Abt. I Politik gez. Kapp, Auszug eines Schreibens betr.: Verhalten der Russen. An: Gebietskommissare in Riga und Dünaburg, 26. 3. 1943.

392 BA-R-91.288 u. p. RMfdbO gez. Rosenberg, Schreiben betr.: Behandlung der Polen in den besetzten Ostgebieten, 26. 11. 1943.

393 Zur Rolle der Weissrussen in Lettland während der deutschen Besatzungszeit vgl.: Dietrich Eichholtz (Hg.), Krieg und Wirtschaft, Berlin 1999. Zur nationalsozialistischen Propagierung der Idee einer „Weissruthenischen Wiedergeburt" ab 1943 vgl.: Quinkert, Propaganda und Terror in Weißrussland 1941–1944: Die deutsche „geistige" Kriegführung gegen Zivilbevölkerung und Partisanen, 2009, S. 295–311; Chiari, Deutsche Herrschaft in Weißrussland: Überlegungen zum lokalen und historischen Umfeld, 2002, hier: S. 148 f.

394 Aus diesem Grunde sprachen nach den Angaben der lettischen „Landeseigenen Verwaltung" von den ca. 40 000 Weissrussen in Lettland nur 25 000 tatsächlich weißrussisch. Aus: LVVA-P-813.2.28 S. 61–67. Lettlands Statistik Abteilung, Tautība un gimenē lietojamā valoda pēc 1943.g. skaitīšanaas materiāliem. Sprachgebrauch in Volk und Familie nach Daten der statistischen Erhebung von 1943. Generaldirektor des Innern, 24. 3. 1944.

sentationsmöglichkeiten für die Weissrussen deutlich besser als für die Polen. Schon vor der Errichtung der Vertrauensräte, welche für Polen nicht eingerichtet wurden, existierten Weißrussische Zentralverbände, welche sich für die Belange der weißrussischen Bevölkerung, nicht selten für die Freilassung von zum „Arbeitseinsatz" verschleppten Personen, einsetzen konnten[395]. Auch in der lettischen Legion waren Weissrussen gern gesehen[396]. Daran hatten weißrussische politische Führungspersönlichkeiten allerdings auch aktiven Anteil, wie die Denkschrift des weißrussischen Vertreters in Wilna zeigt, in der er die Weissrussen neben den Litauern als die eigentlichen Ureinwohner des Wilnagebietes darstellt und sie neben den Litauern als die einzig möglichen Partner der Deutschen empfiehlt[397].

Die Gleichsetzung der slawischen Minderheit mit einer deutschfeindlichen Einstellung hatte dabei wie das Vorurteil des bolschewistischen Juden seinen Ursprung nicht nur in der Zwischenkriegszeit und dem Gegensatz von baltisch-nationalistischen Staaten, die eine tendenziell ausschließende Nationalitätenpolitik betrieben hatten[398], sondern wurzelte auch und nicht zuletzt in der Nationalitätenpolitik des ersten sowjetischen Okkupationsjahres, das von der baltischen Mehrheitsbevölkerung vor allem als russische Herrschaft wahrgenommen worden war[399].

Weiter ist zu beachten, dass diese Stereotypen, die den deutschen rassenideologischen Vorstellungen in etwa entsprachen, zusätzlich von einheimischen Kräften verstärkt und geschürt wurden. Beispielsweise finden sich in den Lageberichten der lettischen Polizei in Dünaburg eine Reihe von Hinweisen zu der Loyalität der Letten im Gegensatz zu den unzuverlässigen Russen und Polen:

„Die Letten sind und werden auch künftig hin die getreuen Gefährten der Deutschen bleiben. ...Die Polen und Russen dagegen sind mit kleinen Ausnahmen gegen die bestehende Ordnung gestimmt"[400].

Die „Arbeitseinsatzpolitik" im Baltikum basierte also schon zu Beginn der deutschen Besatzungszeit auf einer antislawischen Grundstimmung, welche sowohl von deutschen Besatzungsorganen, als auch von den führenden „landeseigenen" Politikern geschürt wurde.

395 Zu den Aktivitäten des Weißrussischen Zentralverbandes in Lettland: LVVA-P-712.1.4 S. 21. Weissruthenische Vereinigung Abteilung Dünaburg, (Bitte um Befreiung von der Ausgangssperre für zwei weißrussische Schauspieler) Lettisch. Präfekt Dünaburg, 1. 7. 1943; LVVA-P-712.1.4 S. 14. Weissruthenische Vereinigung Zentralvorstand (Lettisch), (Bitte um Steuererleichterungen des Weißrussischen Theaters). An: Kreisältester von Dünaburg, 13.2.1943.

396 LVVA-P-712.1.4 S. 32. Weissruthenische Vereinigung Zentralvorstand, Schreiben betr.: Weissrussen in der SS-Legion. An: Kreisältester von Dünaburg, 27. 5. 1943.

397 LVVA-P-1018.1.66 S. 1–12. Ivanouskij Vorsitzender des weissruthenischen Nationalkommitees, Denkschriften – 1. Nationale Verhältnisse im Wilnaer Lande und 2. Eröffnung weissruthenischer Schulen im Wilnaer Gebiet. An: GK Kauen, 12. 9. 1941.

398 Bleiere, Latvijas vēsture: 20. gadsimts, 2005, S. 189; Garleff, Die baltischen Länder, 2001, S. 145 f.

399 Dazu: Felder, Stalinismus als „russisch-jüdische Herrschaft", 2009a, S. 164–174.

400 LVVA-1398.1.23 S. 9 f. Führer der städtischen Schutzmannschaft Dünaburg, Allgemeine Lage, Mai 1942.

„Endlösung" des „Polen-" – respektive „Russenproblems":
Auffällig für das erste Okkupationsjahr im Baltikum ist die semantische Grauzone zwischen Juden und Slawen in den Schriftstücken der nationalsozialistischen Herrschaftsorgane. In beiden Fällen ist von „Problemen" und „Endlösungen" die Rede. Beispielsweise machte sich der Gebietskommissar in Dünaburg über die Behandlung der polnischen Minderheit in seinem Gebiet entsprechende Gedanken:

„Eine Lösung müsste gefunden werden, entweder in einer straffen Zusammenfassung als Arbeitskräfte, oder an aber einer Ausweisung, einer Verschiebung über die Grenze. Das erstere wäre wohl der bessere Entscheid"[401].

Deutlich wird an diesem Zitat nicht zuletzt die enge Verknüpfung der nationalsozialistischen Vernichtungspolitik bestimmter Gruppen der Bevölkerung und der „Arbeitseinsatzpolitik", welche die rationalistische Ausbeutung als lebensrettendes Motiv ins Spiel brachte. Ein Monat später ging der Gebietskommissar noch immer davon aus, dass es eine „endgültige Lösung des Polenproblems" geben würde, welche durch das illoyale Verhalten der Polen gerechtfertigt sei:

„Die polnische Volksgruppe steht nach wie vor passiv allem Geschehen gegenüber, aber mit Gewehr bei Fuß, um immer und immer wieder bei passender Gelegenheit politische Gruppen zu bilden. Ich von mir aus begrüße es, dass wir dem polnischen Volkstum ein 4-klassige Grundschule geben, denn solange das polnische Problem noch der endgültigen Lösung entgegengeht, kann dieses Mittel nur zu unserem Vorteil ausgenutzt werden"[402].

Der Gebietskommissar in Dünaburg stand mit dem Gebrauch dieser Terminologie dabei durchaus nicht allein. Auch die Bevölkerung sah gewisse Parallelen zwischen der Behandlung der Juden und der slawischen Minderheiten. So verbreiteten sich Gerüchte über die Einführung einer Art Polenverordnung, welche ähnliche Bestimmungen enthalten sollte, wie sie für die jüdische Bevölkerung bereits galten:

„Durch die in Wilna umlaufenden Gerüchte, wonach alle Polen demnächst nicht mehr den Bürgersteig benutzen dürfen und durch ein Abzeichen gekennzeichnet werden sollen, herrscht in den Kreisen der polnischen Bevölkerung eine gewisse Beunruhigung"[403].

Diese Gerüchte beschränkten sich dabei nicht nur auf die vermeintliche Verkündung von Verordnungen zur Behandlung der slawischen Minderheiten. Auch auf die Mordaktionen an der jüdischen Bevölkerung nahmen diese Gerüchte direkten

401 LVVA-P-69.1a.20 S. 15–18. Gebietskommissar in Dünaburg, Lagebericht. An: GK in Riga, 10. 2. 1942.

402 LVVA-P-69.1a.18 S. 3–6. Gebietskommissar in Dünaburg gez. Schwung, Politischer Lagebericht, 19. 3. 1942.

403 BA-RW-30.1 u. p. Rüstungsinspektion Ostland, Lagebericht für Monat Dezember 1941, Januar 1942; Vgl. Lohses Judenverordnung: LVVA-P-1026.1.3 S. 144 f. RKO gez. Lohse, Vorläufige Richtlinien für die Behandlung der Juden im Gebiet des Reichskommissariats Ostland. GK Estland, Lettland Litauen Weißruthenien, 26. 8. 1943.

Bezug, indem die Ermordung der slawischen Bevölkerung angekündigt wurde[404].

Die Rede vom zu lösenden „Polenproblem“ hatte ihren Ursprung dabei auf oberster Ebene. Rosenberg selbst hatte diesbezüglich unmissverständliche Richtlinien herausgegeben:

„Das Polenproblem kann in seiner Gesamtheit aus naheliegenden Gründen während des Krieges keiner endgültigen Lösung zugeführt werden“[405].

Diese daher als vorläufig zu betrachtenden Richtlinien beinhalteten, dass Polen keinerlei politische Partizipation gestattet war, und die polnische Sprache gegenüber den anderen Landessprachen, einschließlich des Weißrussischen, benachteiligt werden sollte. Schließlich sollte nur eine vierjährige Grundschule für Polen gestatten werden. Zugleich sollten sie allerdings die deutsche Sprache ebenso wenig erlernen, was ihre zugedachte Rolle im künftigen „Neuen Europa“ umso deutlicher werden lässt.

Diese extrem feindliche Grundeinstellung sowohl der deutschen als auch der „landeseigenen“ Organe gegenüber den Russen und Polen hatte entsprechende Konsequenzen für die „Arbeitseinsatzpolitik“ im Baltikum.

Eine benachteiligte Region: Lettgallen 1942[406]*:*

Grundsätzlich ähnelten sich die Rekrutierungsmethoden und die allgemeine Politik gegenüber den slawischen Minderheiten in den östlichen Grenzregionen der drei baltischen Generalbezirke. Da von der „Arbeitseinsatzpolitik“ und insbesondere von der „Reichswerbung“ die Region Lettgallen in besonderem Maße betroffen war, steht diese im Folgenden in besonderem Fokus.

Sauckelaktionen – „Lettgallenaktion“[407]*:*

In Lettgallen äußerten sich die ersten Formen einer klar repressiven deutschen Arbeitseinsatzpolitik im Zusammenhang mit der Ernennung Sauckels zum GBA und

404 Überlieferter Ausspruch eines lettischen Polizisten gegenüber einem russischen Arbeiter, der jüdische Leichen in Dünaburg vergraben musste:„Dig faster, soon there will be space for you Russians too“. Aus: Geoffrey Swain, Between Stalin and Hitler. Class war and race war on the Dvina, 1940–46, London 2004, S. 71.

405 BA-R-91.288 u. p. RMfdbO gez. Rosenberg, Schreiben betr.: Behandlung der Polen in den besetzten Ostgebieten, 26. 11. 1943.

406 Zur Geschichte dieser Region in der Mitte des 20. Jahrhunderts und während der deutschen Besatzungszeit zur Einführung: Josifs Šteimanis, Latgale 1939–1959, Rēzekne 2003; Heinrihs Strods, Latgales iedzīvotāju etniskais sastavs 1772–1959, Rīga 1989; Kārlis Kangeris, Latgales jautājums. Vācu okupacijas laikā (1941–1944). Nacionālsociālistiskās rases politikas aspekti, in: Strods (Hg.) 2005 – Cīņa par Baltiju, S. 89–107.

407 Vgl. zur „Lettgallenaktion“ auch: Kadiķis, Mēs apsudzam, 1965a, S. 199–201; Swain, Between Stalin and Hitler, 2004, S. 90–93.

der ersten massiven Forderung von Arbeitskräften für den „Reichseinsatz". Wie bereits angesprochen, kamen deutsche und „landeseigene" Verwaltungsorgane relativ schnell überein, dass „rassisch unerwünschte Elemente" aus dem Osten Lettlands für diese Aufgaben geeignet seien[408].

Immer wieder wurde in den Berichten des deutschen Gebietskommissars in Dünaburg klar zum Ausdruck gebracht, dass die treibende Kraft bei der Benachteiligung insbesondere der russischen Minderheit der lettische Nationalismus sei:

„Die russische Volksgruppe ist bei der richtigen Behandlung leicht zu führen. Ich mit meiner Person trete, ich möchte fast sagen als ruhender Pol auf, der es den Russen ermöglicht, hier in Lettland zu leben, denn nach wie vor versuchen die lettischen Elemente, die russische Bevölkerung als minderwertig zu bezeichnen, um damit eines ihrer eigenen politischen Ziele durchzusetzen, d. h. letzten Endes die russischen Bevölkerung gegen die deutsche Verwaltung auszuspielen. Dass, wie allgemein angenommen wird, die russische Bevölkerung bolschewistisch verseucht ist, stimmt nicht"[409].

Dennoch war die Durchführung der Gestellung von 8000 Arbeitskräften aus den „unerwünschten Elementen" aus Lettgallen in Riga beschlossen worden. Bezüglich der Durchführung selbst wies der Gebietskommissar erneut auf den Nationalismus der lettischen Polizei hin, welche insbesondere nicht zwischen den altgläubigen Russen und den orthodoxen Russen unterschied, und so nach Meinung des Gebietskommissars unnötigerweise die gesamte russische Bevölkerung zu Gegnern der deutschen Besatzung machte. Gegen diesen Vorwurf wehrte sich die lettische Polizei in Dünaburg, welche die Schuld allein der lettischen Polizei aus Riga geben wollte, da diese schon immer chauvinistisch gewesen sei und noch dazu sich gegenüber der gesamten Region Lettgallen hochmütig verhalten habe:

„Große Unruhe und Missstimmung hat die in 2. und 3. Juni (sic) d. J. ganz unüberlegt und ohne jegliche Plan (sic) getätigte Arbeiterwerbung hervorgerufen. Da die Aussonderung von Letten selbst ausgeführt wurde, hat sich das Verhalten des nichtlettischen Teiles der Bevölkerung verschärft. Auch die allgemeine Einstellung der Stadtbewohner gegen die lettische Schutzmannschaft hat sich geändert, da besonders am 2. des Monats jedermann, der sich auf der Straße befand und keinen Dienstausweis vorzeigen konnte, wurde von den Sicherheitshilfspolizisten aus Riga in gröbster Weise festgenommen und gleich an das Auffanglager in der Zitadelle überwiesen. Da die Stadtbewohner den Unterschied zwischen einem Schutzmann aus Riga und Dünaburg nicht wissen, wird das Vorgekommene zur Last der Dünaburger Schutzmannschaft gelegt, wodurch die Zuverlässigkeit (sic, gemeint:

408 Vgl. Abschnitt zur „Landeseigenen Verwaltung".

409 LVVA-P-69.1a.18 S. 3–6. Gebietskommissar in Dünaburg gez. Schwung, Politischer Lagebericht, 19. 3. 1942.

Vertrauen, Anmerkung T.P.) der Stadtbewohner auf die Polizei stark gebüßt hat und die Arbeit der Dünaburger Schutzmannschaft infolgedessen erschwert ist"[410].

Dass die Durchführung dieser Rekrutierung durch die lettische Polizei aus Riga und aus Lettgallen einer „Menschenjagd" glich, bezeugt auch ein Funkspruch der örtlichen deutschen Polizei an die Zentrale in Riga, welcher die Brutalität der Ereignisse noch drastischer wiedergibt:

„Am 3. 6. 1942 in den frühen Morgenstunden begann in Dünaburg die Umsiedlungsaktion der Sicherheitspolizei im Rahmen des 8000 Mann Programms. Sie unterschied sich von der in den Kriegsgebieten durchgeführten Aktion nur dadurch, dass hier in Dünaburg wahllos Einwohner – sämtlicher – Nationalitäten erfasst ohne Rücksicht darauf, ob kriegswichtige Heeresbetriebe dadurch lahm gelegt wurden oder Dutzende von Müttern willkürlich und völlig zwecklos einen Tag lang im Auffanglager festgehalten wurden. Denn die Aktion selbst wurde in der Form einer Menschenjagd durchgeführt, d. h. ein Lastwagen fuhr an dem Verkehrsknotenpunkt der Stadt vor, erfasste eine gerade vorhandene Menschentruppe, verlud sie in dem Lastwagen und schleppte sie in das Auffanglager ab. Dabei wurde so brutal vorgegangen, dass die angewendeten Methoden durchaus einem Vergleich mit der Tscheka standhalten konnten. Die evakuierten Personen wurden beim Verladen von betrunkenen Greifkommandos, die unter der Führung deutscher SS-Männer standen, geschlagen und beschimpft, in Wohnungen, wo der Inhaber abwesend war, wurden völlig sinnlos die Fensterscheiben eingeschlagen. Personen, die in Wehrmachtdienststellen arbeiteten, wurden die Ausweise und Armbinden abgenommen und vor ihren Augen zerrissen. Vor der Zentralmolkerei wurden sämtliche nach Milch anstehenden Frauen umstellt, verladen und zum Auffanglager geschleppt"[411].

Diese Brutalitäten blieben nicht nur auf die Hauptstadt Lettgallens beschränkt. Auch in den Kreisen Rositten und Ludsen wurden Fälle von brutalem Vorgehen gegenüber der Zivilbevölkerung gemeldet. Vor allem in der Umgebung von Rositten kam es sogar zu Schusswechseln mit flüchtenden Zivilpersonen, woraufhin die Polizei dazu überging, ganze Dörfer zu umstellen, bevor die Rekrutierung begann[412]. Jetzt rächten sich die Gerüchte über den Umgang mit der slawischen Bevölkerung im Vergleich zur Ermordung der jüdischen Bevölkerung. Denn die Ermordung der

410 LVVA-1398.1.40 S. 37. Führer der städtischen Schutzmannschaft Dünaburg, Bericht betr.: Allgemeine Lage, 15. 6. 1942.

411 LVVA-P-82.1.1 S. 20. Kommandeur der Ordnungspolizei Riga, Funkspruch vom 4. 6. 1942, 4. 6. 1942; Vgl. auch den Bericht des Polizeigebietsführers in Dünaburg mit denselben Bespielen, aber etwas ausführlicher: LVVA-P-82.1.1 S. 30–38. SS-u. Polizeistandortführer Dünaburg, Beispiele, die beweisen, daß die Aktion am 3.6.42 im Stadtgebiet Dünaburg unter der Leitung und Anordnung der deutschen Sicherheitspolizei – Außenstelle Dünaburg – gestanden hat. An: SS- und Polizeiführer Lettland KdO, Juni 1942.

412 BA-R-70.Sowjetunion.20 u. p. SS und Polizeiführer in Dünaburg, Lage- und Erfahrungsbericht über die Aktion des SD im Gebiet Lettgallen zur Gewinnung von Arbeitskräften. An: Kommandeur der Gendarmerie Lettland, 19. 5. 1942.

jüdischen Bevölkerung durch deutsche und lettische Polizeieinheiten spielte sich mehr oder weniger zeitgleich ab[413] und stellte den Erfahrungshintergrund der Zivilbevölkerung dar, welche auf diese Weise zwangsläufig Rückschlüsse auf ihr zukünftiges Schicksal schloss:

„Allgemein entstand auch in den Kreisen Dünaburg und Rositten unter den erfassten Personen der Eindruck, dass sie erschossen würden"[414].

Das führte zu der paradoxen Situation, dass die festgenommen Personen tatsächlich erleichtert waren, als sie realisierten, dass sie „nur" zum „Arbeitseinsatz" geschickt werden würden[415]. Nicht unwesentlichen Anteil an derlei Gerüchten hatte auch jetzt wieder der lettische Bevölkerungsteil, wie der deutsche Polizeiführer von Lettgallen feststellte:

„Unter der Bevölkerung kursieren aber die wildesten Gerüchte und es wird gesagt, dass die Deutschen es jetzt genauso machen wie die Bolschewisten am 14. Juni 1941. Hinzu kommt, dass besonders die lettische Bevölkerung diese Gerüchte nährt und schadenfroh die russische und polnische Bevölkerung in Angst und Schrecken hineinhetzt"[416].

Ein nahezu identisches Urteil fällte auch der Gebietskommissar über die Rolle der lettischen Bevölkerung an der Angst der Russen:

„Bis in die letzte Gemeinde drang, schneller als Telegraf und Telefon die Parole: ‚Alle Russen werden ins Reich geschickt, verbannt und erschossen'. Unterstützt wurde das auch von einigen lettischen Polizisten, die ja fast alle einen kleinen Schuss Sadismus im Blut haben, durch entsprechende Aussagen und Drohungen"[417].

413 Der unmittelbare Zusammenhang zum Holocaust ist dadurch gegeben, dass das hier angesprochene Auffanglager in der Zitadelle der Festung Dünaburgs zuvor noch als Ghetto der Juden gedient hatte und erst unmittelbar vor der „Lettgallenaktion", um „Platz zu schaffen", durch eine letzte größere „Erschießungsaktion" in Mezciems auf der anderen Dünaseite für die Arbeitsverwaltung als Auffanglager benutzt werden konnte. Zum Holocaust in Dünaburg siehe: Sidney Iwens, How dark the heavens. 1400 days in the grip of Nazi terror, New York 1992[2]; B. Volkovič (Hg.), Cholokost v Latgalii, Daugavpils 2003; Vgl. auch den Abschnitt zu jüdischer Zwangsarbeit.

414 BA-R-70.Sowjetunion.20 u. p. SS und Polizeiführer in Dünaburg, Lage- und Erfahrungsbericht über die Aktion des SD im Gebiet Lettgallen zur Gewinnung von Arbeitskräften, 19. 5. 1942.

415 „Soweit ich durch Rücksprache mit den zuständigen Stellen erfahren konnte, sind die vom SD zusammengezogenen Kräfte, nachdem sie vom SD gut verpflegt und auch den Verhältnissen entsprechend gut untergebracht worden sind, mit ihrem Schicksal zufrieden. Sie haben ursprünglich angenommen erschossen zu werden". Aus: BA-R-9. 2. 1142 u. p. GK in Riga Abt. III e Aso gez. Lippmann, Bericht über die eingeleiteten Massnahmen zur Anwerbung von Arbeitskräften in Lettgallen, 23. 5. 1942.

416 Pätzold, Der Führer und die Kriegswirtschaft, 1999.

417 LVVA-P-69.1a.18 S. 485–497. Gebietskommissar in Dünaburg gez. Schwung, Monatsbericht Mai/Juni 1942 – Kurzer Überblick über geschichtliche Ereignisse zum Verständnis der augenblicklichen politischen Struktur Lettgallens, 18. 6. 1942.

Diese gegenseitigen Beschuldigungen führten dazu, dass der ethnische Konflikt durch die „Lettgallenaktion" in der Region noch zunahmen[418] und die lettische Polizei auch nach der Aktion die Entfernung von „unerwünschten Elementen" empfahl, da diese nach den Rekrutierungen zum „Arbeitseinsatz" nun auf Rache sinnen und so eine Stabilitätsbedrohung für die Region darstellen würden[419]. Da die deutschen Anforderungen nach Arbeitskräften eher zunahmen, waren derlei Empfehlungen eine ernstzunehmende Bedrohung für die slawische Bevölkerung, welche den lettischen Verwaltungsorganen keine entsprechende politische Vertretung entgegen zu setzen hatte.

Auch der Nachfolger Schwungs als Gebietskommissar in Dünaburg beurteilte die Folgen der „Lettgallenaktion" vor dem Hintergrund eines ethnischen Konfliktes und betonte die entscheidende Rolle der Arbeitskräfteanwerbungen. Außerdem bedauerte er die rassistischen Grundannahmen dieser „Arbeitseinsatzpolitik" gegenüber den Russen in seinem Zuständigkeitsgebiet. Erst deren falsche Pauschalurteile über die Russen hätten seiner Meinung nach zu einer ausgrenzenden Politik geführt und so eine illoyale Haltung dieser Bevölkerungsteile erst verursacht:

„Die Haltung dieser Russen hat sich im Laufe von zwei Jahren den Deutschen gegenüber weitgehend geändert. Die schwerste und nichtvergessene Belastung bedeutet hier die gewaltsame, von der Polizei durchgeführte Entführung von Arbeitskräften ins Reich. ... Dass es bei dieser Aktion auf beiden Seiten Tote und Verwundete gegeben hat, ist ja bekannt. Diese Gewaltsamkeiten sind, da sie in der Hauptsache durch lettische Beamte durchgeführt wurden, auf lettische Rechnung gesetzt worden. Tatsache bleibt dabei, dass auch bei dieser Aktion unverhältnismäßig viele Russen gegenüber den anderen fortgeschleppt worden sind"[420].

Zusammenfassend ist festzuhalten, dass die russische und polnische Bevölkerung Lettgallens ungeachtet der nicht vollständig geklärten Zuständigkeitsverhältnisse zwischen der örtlichen lettischen Polizei und der lettischen Polizei aus Riga in unverhältnismäßig starkem Maße unter den Opfern der „Lettgallenaktion" im Frühjahr 1942 war. Dabei waren ausnahmsweise die normativen Vorgaben und die Praxis der Aktion recht dicht beieinander, wenn man von der in der Praxis unterlassenen Unterscheidung zwischen Altgläubigen und orthodoxen Russen absieht, da sich diese Rekrutierung von Anfang an gegen die slawischen Minderheiten richten sollte. Fatal

418 Im Frühjahr 1943 urteilte der Gebietskommissar in Dünaburg Riecken diesbezüglich: „Von einem nebeneinander kann heute kaum mehr die Rede sein, da die Entwicklung in Russland und die stark veränderte Lettenpolitik die Spannung dieser Völkerschaften bis zur Siedehitze gesteigert hat. ... Der Hass zwischen Letten und Russen hat eine bisher nie dagewesene Form angenommen". Aus: LVVA-P-69.2.10 S. 287–293. Gebietskommissar in Dünaburg gez. Riecken, Schreiben betr.: Verhalten der russischen Bevölkerung. An: GK in Riga, 21. 5. 1943.

419 LVVA-1398.1.40 S. 145 f. Polizei Dünaburg gez. Zaube, Lagebericht (Lettisch), 15. 7. 1942.

420 LVVA-P-69.2.10 S. 287–293. Gebietskommissar in Dünaburg gez. Riecken, Verhalten der russischen Bevölkerung, 21. 5. 1943.

für die slawische Bevölkerung wirkte sich die weitgehende Zusammenarbeit und Übereinstimmung zwischen deutschem und lettischem Rassismus aus, was auch durch die nachträglich politisch-pragmatisch motivierten Proteste des Gebietskommissars nicht mehr geschmälert werden konnte. Neben der slawischen Bevölkerung als Hauptbetroffene der deutsch-lettischen rassistisch motivierten Repressionspolitik ist auch die Region in ihrer Gesamtheit und ihre innerhalb Lettlands benachteiligte Verortung als Faktor der Repressionspolitik nicht zu vernachlässigen.

Lettgallische Arbeitskräfte für Lettland[421]*:*

Diese relative Benachteiligung des stark von slawischen Minderheiten bewohnten Gebietes Lettgallen[422] äußerte sich nicht nur in der „Reichswerbung". Auch innerhalb Lettland organisierte die Arbeitsverwaltung eine Rekrutierung von lettgallischen Arbeitskräften für die übrigen Gebiete Lettlands. Dabei hatte diese Praxis schon in der Zwischenkriegszeit Tradition. Nach Angaben der deutschen Arbeitsverwaltung verließen in dieser Zeit jährlich etwa 13–22 000 Menschen freiwillig Lettgallen, um sich in den reicheren Gegenden Lettlands als Aushilfskräfte zu verdingen[423]. An diese Tradition anknüpfend plante die deutsche Arbeitsverwaltung im Frühjahr 1942, ganze 40 000 lettgallischen Arbeitskräfte in die übrigen Gebiete Lettlands zu entsenden[424]. Davon sollten jeweils 13 000 aus den Kreisen Dünaburg und Rositten, und jeweils 7000 aus den Kreisen Abrenen und Ludsen rekrutiert werden[425]. Wichtigster Bedarfsträger dieses innerlettischen Arbeitskräfteausgleichs war die „kriegswichtige" Torfwirtschaft[426] und die Landwirtschaft. Die lettische Landwirtschaft beanspruchte allein 5000 Arbeitskräfte für Riga-Land, 14 000 für Mitau, also Semgallen, 3000 für Libau und nur 2000 für das Gebietskommissariat Wolma[427]. Die Vorgehensweise unterschied sich dabei kaum von der „Reichswerbung". Per Verpflichtungsbescheid des zuständigen Arbeitsamtes hatten sich die entsprechenden Personen unter

421 Vgl. auch Abschnitt zum „Arbeitseinsatz" der Balten 1942.

422 Von den im Jahre 1935 hier lebenden knapp 570 000 Menschen waren 350 000 Letten, 150 000 Russen, 30 000 Juden, 20 000 Polen und 15 000 Weissrussen. Aus: Maydell, K. von (HG.), Bevölkerungsstatistik Lettlands: Verzeichnis der kleineren und kleinsten Verwaltungseinheiten der Republik Lettland mit statistischen Angaben über ihre Bevölkerung auf Grund der amtlichen lettischen Volkszählung vom 12. 2. 1935, Berlin 1942.

423 BA-R-9. 2. 1142 u. p. GK in Riga Abt. III e Aso gez. Dorr, Schreiben betr.: Zuständigkeit für Anwerbungen grösseren Stiles im Gebiet Lettgallen, 20. 3. 1942.

424 BA-R-9. 2. 1142 u. p. GK in Riga Sozialverwaltung, Anwerbung von Arbeitskräften aus Lettgallen, 20. 3. 1942.

425 BA-R-9. 2. 1142 u. p. GK in Riga Abt. III e Aso gez. Lippmann, Bericht über die eingeleiteten Massnahmen zur Anwerbung von Arbeitskräften in Lettgallen, 23. 5. 1942.

426 BA-R-9. 2. 1142 u. p. Gebietskommissar Dünaburg Arbeitsamt, Schreiben betr.: Anwerbung von Torf- und Landarbeitern. An: GK in Riga Abt. Aso, 9. 4. 1942.

427 BA-R-9. 2. 1142 u. p. GK in Riga Abt. III e Aso gez. Dorr, Schreiben betr.: Anwerbung von Arbeitskräften für die Landwirtschaft. An: Gebietskommissar in Dünaburg Arbeitsamt, 31. 3. 1942.

Androhung von Strafe bei den Arbeitsämtern zu melden, um eingeteilt zu werden[428].

Scheitern der Rekrutierung von Lettgallern für Lettland:
Die Anstrengungen dieser Rekrutierung wurden nicht nur durch die Gleichzeitigkeit und die Priorität der Sauckelaktionen stark behindert[429]. Um den Anstrengungen der „Reichswerbungen" nicht zu schaden, mussten sich die deutschen und lettischen Werber für einen inneren Arbeitskräfteaustausch Lettlands für die Zeit der „Lettgallenaktion" mit ihrer Tätigkeit zurückhalten[430], woraufhin die ursprünglich angestrebten 40 000 Arbeitskräfte bei weitem nicht erreicht wurden. Beispielsweise gelang es der deutsch-lettischen Arbeitsverwaltung in der lettgallischen Stadt Liksna, von 2200 anvisierten Personen nur neun anzuwerben, von denen gerade einmal fünf für die lettische Torfwirtschaft bereit gestellt wurden[431]. Bis zum 16. 4. 1942 hatten knapp tausend Personen Lettgallen in Richtung übriges Lettland verlassen[432]. Nach der verordneten Unterbrechung wegen der „Lettgallenaktion" gelang es den Werbern, nochmals etwa so viele Personen für den „Arbeitseinsatz" in Lettland zu gewinnen, so dass Regierungsrat Dorr Mitte Juni notierte, dass 2279 Personen bis zu diesem Zeitpunkt aus Lettgallen für den „Arbeitseinsatz" in den anderen Gebieten Lettlands herangezogen wurden[433]. Immerhin gelang es den dafür eingesetzten 21 deutsch-lettischen Werbekommissionen bis zum Abschluss dieser Rekrutierungsmaßnahme im Juli 1942, insgesamt etwa 13 000 Menschen anzuwerben, von denen allerdings nur ungefähr die Hälfte (6796) zum „Arbeitseinsatz" in Lettland entsandt wurde, womit sich der für die „Arbeitseinsatzpolitik" im Baltikum charakteristische Kontrast von planerischen Vorgaben und Praxis deutlich offenbart[434].

428 BA-R-9. 2. 1142 u. p. Der Gebietskommissar in Dünaburg Arbeitsamt, Dienstverpflichtung für Arbeitseinsatz innerhalb Lettlands, Frühjahr 1942.

429 Dazu im Einzelnen: BA-R-9. 2. 1142 u. p. GK in Riga Abt. III e Aso gez. Lippmann, Bericht über die eingeleiteten Massnahmen zur Anwerbung von Arbeitskräften in Lettgallen, 23. 5. 1942.

430 BA-R-9. 2. 1142 u. p. GK in Riga Abt. III e Aso, Schreiben betr.: Anwerbung von Arbeitskräften aus Lettgallen. An: Gebietskommissar Dünaburg Arbeitsamt, 7. 5. 1942.

431 BA-R-9. 2. 1142 u. p. Gebietskommissar Dünaburg Arbeitsamt, Anwerbung von Torf- und Landarbeitern, 9. 4. 1942; Zu weiteren Einzelergebnissen der Werbungen siehe: BA-R-9. 2. 1142 u. p. GK in Riga Abt. III e Sozialverwaltung Arbeitseinsatz, Schreiben betr.: Abtransport von Arbeitskräften aus Lettgallen. An: Wehrmachtstransportleitung Nord, 16. 4. 1942; BA-R-9. 2. 1142 u. p. GK in Riga Abt. III e Sozialverwaltung Arbeitseinsatz, Schreiben betr.: Abtransport von Arbeitskräften aus Lettgallen. An: Wehrmachtstransportleitung Nord, 17. 4. 1942; und weitere ähnliche Einzelergebnisse unter BA-R-9. 2. 1142.

432 BA-R-9. 2. 1142 u. p. Gebietskommissar Dünaburg Arbeitsamt, Schreiben betr.: Abtransport von Arbeitskräften aus Lettgallen. An: GK in Riga Abt. III e Sozialverwaltung, 16. 4. 1942.

433 BA-R-9. 2. 1142 u. p. GK in Riga Abt. III e Aso gez. Dorr, Schreiben betr.: Anwerbung von Arbeitskräften in Lettgallen. An: RKO Abt. Aso, 18. 6. 1942.

434 Zahlen aus: BA-R-9. 2. 1142 u. p. GK in Riga Abt. III e Aso gez. Dorr, Bericht betr.: Anwerbung von Arbeitskräften aus Lettgallen. Vorläufiges Gesamtergebnis, 7. 7. 1942.

Aber selbst diejenigen, welche tatsächlich bei Arbeitgebern in den anderen Teilen Lettlands unterkamen, verließen häufig einfach ihre Arbeitsstätten, wenn es ihnen aus verschiedenen Gründen nicht gefiel und gingen nach Lettgallen zurück – eine Praxis, die logischerweise den Unmut der Arbeitgeber in den nicht lettgallischen Gebieten hervorrief, nicht zuletzt auch deshalb, da wegen fehlender polizeilicher Repressionsmittel diese Arbeitskräfte zumeist unbestraft an ihren alten Wohnorten blieben, ohne erneut von der Polizei festgenommen zu werden. Allerdings stellte diese Praxis auch ein Argument dar, den „Reichseinsatz" in Lettgallen zu forcieren, da die Möglichkeit der Flucht aus Deutschland geringer eingeschätzt wurde, als innerhalb Lettlands ins Heimatdorf zurückzukehren[435].

Letzteres galt insbesondere auch deshalb, da gerade die Werbung zum „Arbeitseinsatz" innerhalb Lettlands in Lettgallen nicht sonderlich beliebt war, was auf das innerlettländische Verhältnis von Letten und Lettgallern zurückzuführen ist. Im Kontext dieser Arbeit ist der Umstand von besonderem Interesse, dass gerade die slawische Minderheit in dieser Region sogar einen „Reichseinsatz" dem „Arbeitseinsatz" in Lettland aufgrund des gefürchteten lettischen Nationalismus vorzog und so aus diesem Grunde die „Reichswerbung" zur ernsthaften Alternative wurde[436].

Trotz den Schwierigkeiten hielt die deutsche Arbeitsverwaltung in Ermangelung an Alternativen auch 1943 und 1944 an der Idee fest, aus Lettgallen Arbeitskräfte für die übrigen Gebiete Lettlands gewinnen zu können[437]. Auch wenn in der Praxis viele Menschen aus Lettgallen die Möglichkeit der inoffiziellen Rückkehr in ihr Heimatdorf genutzt haben werden, zeigt die einfache Möglichkeit für deutsche Firmen, in Lettgallen Arbeitskräfte rekrutieren zu können, bereits die diskriminierende Position, die diese von einer starken slawischen Minderheit bewohnte Region innerhalb der deutschen Besatzungspolitik im RKO besaß.

435 BA-R-9. 2. 1146 u. p. Gebietskommissar in Riga Arbeitsverwaltung, Schreiben betr.: Schwierigkeiten in der Beschaffung von Arbeitskräften. An: GK in Riga, 7. 11. 1942.

436 „Von verschiedenen Gemeindeältesten und auch von den örtlichen Arbeitseinsatzvertretern wurde betont, dass es die russische Bevölkerung vorzieht, in Deutschland Arbeit aufzunehmen, als in den übrigen Gebieten Lettlands. Die Russen sollen in den vergangenen Jahren nicht die besten Erfahrungen hinsichtlich der Behandlung durch die Bauern aus Livland, Kurland und Semgallen gemacht haben". Aus: BA-R-9. 2. 1142 u. p. GK in Riga Abt. III e Aso gez. Lippmann, Bericht über die eingeleiteten Massnahmen zur Anwerbung von Arbeitskräften in Lettgallen, 23. 5. 1942.

437 Im Frühjahr 1943 ging die deutsche Arbeitsverwaltung erneut davon aus, 10–13 000 Arbeitskräfte aus der Region Lettgallen rekrutieren zu können. Siehe: LVVA-P-69.2.7 S. 67. N. Busch, Sitzung über den Arbeitsausgleich innerhalb der Landwirtschaft des Generalbezirks Lettland, 27.3.1943.

„Bandenbekämpfung" als Rekrutierungsmethode ab 1943[438]*:*
Wie bereits im Zusammenhang mit der Behandlung der baltischen Mehrheitsbevölkerung angesprochen, veränderte sich im Laufe des Jahres 1943 das psychologische Verhältnis von Besatzern und Besetzten. Das führte zu einer radikalisierten Verhaltensform hinsichtlich des Verhaltensspektrums zwischen den beiden Extremen Kollaboration und Widerstand. Personen, welche zuvor eine abwartende Einstellung gegenüber der deutschen Besatzungsmacht eingenommen hatten, konnten nun im Angesicht einer wahrscheinlichen Rückkehr der Roten Armee entweder zu strategischen Verbündeten der Deutschen werden, wie dies für die Mehrheit der baltischen Bevölkerung auch auf dem Felde des „Arbeitseinsatzes" war. Oder aber andere, welche ebenfalls zuvor ihre politische Gesinnung eher im Verborgenen gehalten hatten, verspürten die Chance, den Moment der deutschen Schwäche zu nutzen, um die Niederlage der Deutschen zu beschleunigen, oder sich schon den künftigen Siegern durch entsprechendes Handeln zu empfehlen. Letztere Gruppe ist im Hinblick auf die Einstellung der slawischen Minderheiten von besonderem Interesse, da die Mehrheit der sogenannten Partisanen im Baltikum der slawischen Bevölkerung zuzurechnen waren[439], was nicht gleichbedeutend ist mit der Behauptung, dass alle Slawen im Baltikum grundsätzlich potentielle oder aktive Partisanen waren.

Nicht zuletzt die Praxis und in Teilen auch die normativen Vorgaben der „Arbeitseinsatzpolitik" im Baltikum bewirkten aber, dass große Teile der slawischen Bevölkerung allen Grund hatten, ein schnelles Ende der deutschen Besatzung im Baltikum herbeizuwünschen. Eine Besonderheit des slawischen Widerstandes wiederum ist die Tatsache, dass der polnische Widerstandes in der Regel nicht nur gegen die deutsche Besatzungsmacht gerichtet war, sondern zeitgleich auch nicht die Rückkehr der Sowjets zum Ziel hatte und so, vergleichbar mit dem baltischem nationalen Widerstand, in eine äußerst komplizierte außenpolitische Lage mit wenig Handlungsspielräumen geraten war[440]. Eine besonders brutale Rekrutierungsmethode, welche die slawische Bevölkerung in die Arme der Partisanen trieb, war die kollektive Bestrafung von Dorfgemeinden, wenn sich die geforderten Arbeitskräfte nicht nach den Wünschen der Arbeitsverwaltung fügten. Wie Zizas feststellt, richteten sich solche Maßnahmen ausschließlich gegen die slawische Bevölkerung:

438 Diese Rekrutierungsform war insbesondere in Weißruthenien und anderen Gebieten der besetzten Sowjetunion ausgeprägt. Dazu: Gerlach, Kalkulierte Morde, 2000, S. 996 f.; Pohl, Die Herrschaft der Wehrmacht: Deutsche Militärbesatzung und einheimische Bevölkerung in der Sowjetunion 1941–1944, 2008, S. 315 f.

439 Felder, Lettland im Zweiten Weltkrieg, 2009b, S. 324 f.; Šteimanis, Latgale 1939–1959, 2003, S. 74; Zum Sowjetischen Widerstand zur Einführung: Bogdan Musial, Sowjetische Partisanen 1941–1944. Mythos und Wirklichkeit, Paderborn 2009[1].

440 Dazu: IfZ-MA.248 S. 69–75. Gebietskommissar Wilna Land gez. Wulff, Weisspolnische Banden. GK von Renteln, 18.1.44; Vgl.: Ē. Jēkabsons, Poļu nacionālā pretošanās kustība Latvijā vācu okupācijas laikā (1941–1944), in: Latvijas Vēsturnieku Komisijas Raksti 10. 2004, S. 240–276.

„Collective responsibility and punishments were employed only against Poles in Eastern Lithuania where the menbers of the family suffered repressions instead of those in hiding from deportation to Germany as labour“[441].

„Evakuierung Bandenverseuchter Gebiete“ – „Lebendes und totes Inventar“:
Auch deswegen stieg die Zahl widerständischer Akte zuallererst in den Regionen des Baltikums an, welche von der repressiven deutschen „Arbeitseinsatzpolitik“ am stärksten betroffen gewesen waren[442]. Dieser Umstand führte zu einer Art Spirale der kausalen Verkettung von Repressionen und Widerstand, die sich vor allem wieder auf dem Gebiet der „Arbeitseinsatzpolitik“ bemerkbar machte, da eine der wichtigsten Partisanenbekämpfungsmethoden die Entfernung ganzer Bevölkerungsteile zum „Arbeitseinsatz“ im Lager oder im Reich war. Dadurch konnten zwei Ziele der deutschen Besatzungsmacht miteinander verbunden werden – die Bekämpfung der Partisanen und die Arbeitskräftebeschaffung. Die „rechtliche“ Grundlage für ein solches Vorgehen bestand seit Oktober 1942 in einer Anweisung Görings, dass Personen aus „bandenverseuchten Gebieten“ als Kriegsgefangene zu betrachten wären[443]. Dieser Befehl fand ab Sommer 1943 auch für die Zivilverwaltung im RKO Anwendung, wie der Befehl des RMfdbO an den RKO vom Juli 1943 über die Schaffung von „Toten Zonen“ zeigt:

„1. Der Führer hat entschieden, dass die bandenverseuchten Gebiete der Nordukraine und von Russland-Mitte von jeder Bevölkerung zu räumen sind.

2. Die gesamte arbeitsfähige männliche Bevölkerung wird gemäß der noch abzumachenden Bestimmungen dem Reichskommissar für den Arbeitseinsatz zugewiesen, jedoch unter den Bedingungen von Kriegsgefangenen.

3. Die weibliche Bevölkerung wird dem Reichskommissar für den Arbeitseinsatz zur Arbeit im Reich zugewiesen.

4. Ein Teil der weiblichen Bevölkerung und alle elternlosen Kinder kommen in unsere Kinderauffanglager“[444].

Da sich diese Gebiete kontinuierlich ausdehnten, vergrößerte sich auch das Potential der möglichen Rekrutierungsopfer. Im Chaos des letzten Okkupationssommers 1944 deklarierte Jeckeln die ganze Region Lettland und Litauen zum „Bandengebiet“, was ihm uneingeschränkte Möglichkeit auf dem Feld der Menschenver-

441 Aus: Zizas, Persecution of Non-Jewish Citizens of Lithuania, Murder of Civilian Population, 2005, S. 351.

442 Zu nennen ist hier vor allem das Wilnagebiet und Lettgallen. Siehe dazu: BA-R-90.125 u. p. Unbekannter Verfasser, Karte der Bandentätigkeit in Litauen 1944, 8. 2. 1944; Vgl. auch: Zizas, Persecution of Non-Jewish Citizens of Lithuania, Murder of Civilian Population, 2005, S. 337 f.

443 Gerlach, Kalkulierte Morde, 2000, S. 672 f.

444 LVVA-P-70.5.72 S. 273. RMfdbO, Fernschreiben betr.: Evakuierung bandenverseuchter Gebiete. An: RKO, 30. 7. 1943.

schleppung einbrachte[445]. Diese sogenannten „Evakuierungen von bandenverseuchten Gebieten" fanden auf Befehl des Leiters der Partisanenbekämpfung in Russland SS-Obergruppenführer Erich von dem Bach-Zelewski ab August 1943 in Litauen und Weißruthenien Anwendung[446]. In den Befehlen für die Durchführung dieser Maßnahmen hieß es:

„Sämtliche Menschen (Männer, Weiber, Kinder) und lebendes und totes Inventar sind aus dem unter Ziffer 1 bezeichneten Raum abzuschieben"[447].

Die besondere Verknüpfung der deutschen Partisanenbekämpfung bzw. gewaltsamen Arbeitskräftegewinnung mit dem Schicksal der slawischen Minderheiten im Baltikum lag nicht nur in dem Umstand begründet, dass die indigenen Slawen den Partisanen vermeintlich näher standen und somit zur Zielscheibe dieser Verschleppungsaktionen wurden. Auch der zur etwa selben Zeit einsetzende Zustrom der „Evarussen" verstärkte die deutsche Angst vor Partisanenaktionen durch die grundsätzlich als verdächtig eingeschätzten Slawen, die nun noch zusätzlich ins Baltikum kamen:

„Es ist kein Zweifel, dass diese bei der voraussichtlich schlechten Aufnahme, die sie in den Gemeinden finden, sehr bald zu den Partisanen übergehen werden. ... Herr von Renteln lehnt daher die Aufnahme und Unterbringung von Flüchtlingen in einzelnen Gemeinden in Litauen ab. ... Nach Meinung des KdS Riga würde dadurch die noch bisher in Lettland bestehende Ruhe ebenfalls beseitigt werden"[448].

Um der wachsenden Anzahl von Partisanen zu begegnen, führte der SD 1943 mehrere solcher Aktionen im östlichen Grenzland des Baltikums durch[449]. Denn die Verbindung von widerständischer Aktivität und slawischer Bevölkerung war nicht nur durch die indigene Bevölkerung und die Ankunft der „Evarussen" gegeben. Die Deutschen fürchteten darüber hinaus, dass vor allem die Nähe zu slawischem Siedlungsgebiet jenseits des RKO ein Faktor für Untergrundaktivitäten war, da eine Viel-

445 LVVA-P-69.1a.29 S. 428. HSSPF für das Ostland, Bandenkampfgebiete, 12. 7. 1944; Vgl. Abschnitt zum „Arbeitseinsatz" der Balten 1944.

446 LVVA-P-70.5.72 S. 266. D.R.f.d.O. Abt. III Arbeitspolitik und Sozialverwaltung Arbeitsgruppe Arbeitseinsatz, Schreiben betr.: Evakuierung bandenverseuchter Gebiete. An: RMfdbO z.H. Dr. Meyer, 3. 8. 1943; Zur Partisanenbekämpfung in Weißrussland als Rekrutierungsmethode siehe: Gerlach, Kalkulierte Morde, 2000, S. 996 f.

447 LVVA-P-70.5.72 S. 279–286. Kampfgruppe v. Gottberg, Befehl zur Evakuierung des Raumes Jeremicze u. a. An: Verteiler, 1.8.43; Auch: LVVA-P-70.5.72 S. 278–286. SS-Gruppenführer Gottberg SS- und Polizeiführer für Weißruthenien, Evakuierung von bandenverseuchten Gebieten – Unternehmen „Hermann", 1.8.43; Hierbei handelte es sich konkret um ein Einsatzbefehl für das Unternehmen „Hermann" in Weißruthenien bei der 21 000 Arbeitskräfte gefangengenommen wurden. Vgl.: Quinkert, Propaganda und Terror in Weißrussland 1941–1944 : die deutsche „geistige" Kriegführung gegen Zivilbevölkerung und Partisanen, 2009, S. 331.

448 LVVA-P-70.5.72 S. 117–119. RKO Abt. II Verw. 6 E 3 e, Vermerk zur Besprechung über Flüchtlingsfragen, 28. 8. 1943; Vgl. Abschnitt zu „Evarussen".

449 Eine detaillierte Auflistung von Antipartisanenaktionen im Südosten Litauens liefert: Zizas, Persecution of Non-Jewish Citizens of Lithuania, Murder of Civilian Population, 2005, S. 332–337.

zahl der sowjetischen Partisanen aus dem Inneren der unbesetzten Sowjetunion in die besetzten Gebiete entsandt wurde. Daher hatten diese Aktionen neben der direkten Partisanenbekämpfung und der Erlangung von Arbeitskräften auch eine präventive Funktion, da so die Kontakte zu sogenannten „altrussischen" Gebieten unterbunden werden sollte[450]. Die folgenschwersten dieser Art waren die Aktion „Winterzauber" im Frühjahr 1943, die Aktion „Sommerreise" und die Aktion „Heinrich" im Herbst 1943[451].

Aktionen „Winterzauber" – „Sommerreise":
Während es der deutschen Führung zu Beginn des Jahres 1943 vor allem um die Verhinderung der Partisanentätigkeit ging, verschob sich das strategische Ziel dieser Antipartisanenmaßnahmen ab Sommer 1943 in stärkerem Maße in Richtung Arbeitskräftebeschaffung. Die Aktion „Winterreise" unmittelbar hinter der lettischen Grenze konzentrierte sich auf den bewaffneten Kampf mit den dort agierenden Partisanenverbänden. Dementsprechend standen die Ermordungen der männlichen Mitglieder der Partisanen sowie der dort lebenden männlichen Zivilbevölkerung im Vordergrund dieser Antipartisanenaktionen. Nur Frauen und Kinder kamen in das AEL in Salaspils, um von dort aus ins Reich geschickt zu werden. Insgesamt erschossen die deutschen und lettischen Polizeieinheiten der an der Aktion „Winterzauber" beteiligten Gruppe „Knecht" 50 Partisanen im Kampf und 875 nach den Kämpfen. 870 Personen, vornehmlich Frauen und Kinder wurden der „Arbeitsverwaltung" bis zum 20. Februar übergeben[452]. In den folgenden Tagen setzten die lettischen Schutzmannschaftsbataillone die Verschleppung von Zivilpersonen fort, so dass insgesamt 1389 Personen nach Salaspils gebracht wurden[453]. Da eine zweite an der Aktion „Winterzauber" beteiligte Gruppe nach Angaben des lettischen Historikers Kangeris noch brutaler vorging, lagen die Gesamtzahlen nach seinen Berechnungen insgesamt bei 3900 Toten und 7465 Deportierten, von denen 2000 nach Salaspils gelangten[454].

450 BA-R-92.424 u. p. GK Riga in Vertretung SSPF Lettland Schröder, Verordnung über die Erichtung einer Grenzzone an der ehemals lettisch-russischen Grenze, 19. 1. 1943.

451 Zur Aktion „Heinrich": LVVA-P-82.1.15 S. 1–4. SSPF Lettland, Tagebuch der Aktion „Heinrich", 15. 11. 1943. Vgl. zu den die Region Lettgallen betreffenden Aktionen: V. Samsons, Vācu drošības policijas un Latgales akcijas, in: Latvijas zinātņu akadēmijas vēstis 12. 1990, S. 109–115.

452 BA-R-70.Sowjetunion.60 u. p. HSSPF für das Ostland, Fernschreiben. Aktion „Winterzauber". Heeresgruppe Mitte, 20. 2. 1943.

453 LVVA-P-82.1.4 S. 28. SSPF Lettland, Tagebuch der Aktion „Winterzauber". Zusammenstellung, 31. 3. 1943; Vgl. auch: Strods, Konzentrationslager Salaspils (Oktober 1941 – September 1944) (Lettisch), hier: S. 123, 126.

454 Kārlis Kangeris, Latviešu policijas bataljoni lielajās partizānu apkarošanas akcijās 1942. un 1943.gadā, in: Latvijas Vēsturnieku Komisijas Raksti 13. 2004, S. 332–357, hier: S. 345; Zur Aktion „Winterzauber" vgl. auch: Gerlach, Kalkulierte Morde, 2000, S. 1012–1015.

Die Aktion „Sommerreise" glich ihrer Durchführung nach eher den Deportationen vom Jahre zuvor im Rahmen der „Lettgallenaktion", nur war zu dem Ziel der Arbeitskräftebeschaffung nun die Partisanenbekämpfung im Vergleich zum Vorjahr von noch größerer Bedeutung[455]. Statt der Schaffung „Toter Zonen", wie bei der Aktion „Winterzauber", sah der SD bei der Aktion „Sommerreise" die Verschleppung einzelner Familien vor, denen eine sowjetfreundliche Haltung unterstellt wurde[456]. Trotz der Bemühungen der planenden Organe vom SD in Riga, diese Aktion mit soldatischer Korrektheit auszuführen[457], und den warnenden Hinweisen des Gebietskommissars[458], gelang es ihnen nicht, die mit der Ausführung beauftragten lettischen Polizeiorgane davon abzubringen, wie schon bei der „Lettgallenaktion" besonders harsch, gegen die slawische Minderheit vorzugehen. Diese Praxis war mit der Aktion „Sommerreise" nicht beendet: Nach der Aktion „Sommerreise" bezeugt eine Reihe von Beschwerden sowohl seitens der slawischen Minderheit[459] als auch des deutschen Gebietskommissars, dass „auch dieses Mal nach durchgehenden Beobachtungen die russische Bevölkerung in unverhältnismäßigem Maße betroffen" war[460]. Der Gebietskommissar Riecken berichtet im Dezember nach Abschluss der Untersuchungen über den Hergang der Aktion nach Riga in diesem Sinne:

„Wenn es auch unmöglich ist, sichere Angaben über die Nationalität der Festgenommenen zu machen, so ist mir doch aus einer genauen Beobachtung bekannt, dass der russische Bevölkerungsteil, zum Teil wegen tatsächlicher vorliegender kommunistischer Umtriebe, zum Teil aber um seines Volkstums willen, durch die lettischen Beamten in Mitleidenschaft gezogen worden ist"[461].

So wie die antislawisch ausgerichtete Rekrutierungspraxis sich fortsetzte, so nahmen entsprechend ebenso die Gerüchte über eine womöglich bevorstehende Ermordung der slawischen Bevölkerung kein Ende und wiederholten sich im Rahmen der Aktion „Sommerreise":

455 Vgl. Abschnitt zur Polizei. Zur Aktion „Sommerreise" vgl. auch: Swain, Between Stalin and Hitler, 2004, S. 123–126.

456 BA-R-92.8 S. 14–20. Der Kommandeur der Sicherheitspolizei und des SD Lettland gez. Lange, Einsatzbefehl zum Unternehmen „Sommerreise", 20. 8. 1943.

457 BA-R-92.8 S. 21 f. Der Kommandeur der Sicherheitspolizei und des SD Lettland gez. Lange, Zusatzbefehl Nr. 1. Unternehmen „Sommerreise", 22. 8. 1943.

458 BA-R-92.8 S. 8. Gebietskommissar in Dünaburg gez. Riecken, Schreiben betr.: Erfassung politisch unzuverlässiger Elemente im Gebiet Dünaburg. An: GK in Riga, 21. 8. 1943.

459 BA-R-92.8 S. 27 f. Der Bevollmächtigte für alle Fragen der russischen Bevölkerung im Generalbezirk Lettland gez. Presnjakoff, Schreiben betr.: Unternehmen „Sommerreise", 6. 9. 1943; Siehe auch: BA-R-92.8 S. 38. GK in Riga Abt. I Kult., Schreiben betr.: Verhaftung und Fortführung weissruthenischer Lehrer. An: GK in Riga Abt. I Pol., 4. 10. 1943.

460 BA-R-92.8 S. 24. Gebietskommissar in Dünaburg gez. Fehre, Aktenvermerk zum Unternehmen „Sommerreise", 31. 8. 1943.

461 BA-R-92.8 S. 43 f. Gebietskommissar in Dünaburg gez. Riecken, Schreiben betr.: Abschiebung politisch-unzuverlässiger Elemente aus Lettgallen, 3. 12. 1943.

„Besondere Aufregung und fast panische Furcht der russischen Bevölkerung wurde dadurch hervorgerufen, dass die lettischen Beamten, die die Aktion durchführten, sie mit Bedrohungen begleiteten, gerichtet nicht nur gegen die Auszuschickenden, sondern auch gegen die nachbleibenden Bürger russischer Nationalität, wobei sie behaupteten, dass in Kürze alle russischen Bauern herausgeschickt werden und dann mit ihnen so verfahren werden wird, wie mit den Juden"[462].

Im Gegensatz zu der Aktion „Winterzauber" zielte diese Aktion aber nicht auf die physische Vernichtung der Zivilbevölkerung ab, womöglich auch deshalb, da anders als bei der Aktion „Winterzauber", die jenseits der Grenze des RKO stattgefunden hatte, die Aktion „Sommerreise" die vermeintlich privilegierte Bevölkerung des RKO betraf. Insgesamt wurden 3284 Personen, davon 1041 Kinder, nach Angaben des SS- und Polizeiführers Dünaburg bei der Aktion „Sommerreise" gewaltsam aus Lettgallen zum Arbeitseinsatz verschleppt[463]. Damit blieb also selbst diese mit äußersten Kraftanstrengungen verbundene deutsche Arbeitskräftemobilisierung unter ihren Planungsvorgaben von anvisierten 4000 Arbeitskräften[464].

Zwar wurden im Zuge der Aktion „Sommerreise" im Gegensatz zur „Lettgallenaktion" oder zur Aktion „Winterzauber" bis auf eine Ausnahme[465] keine Menschen erschossen, doch waren die Rekrutierungsmethoden dennoch von äußerster Missachtung gegenüber den zu deportierenden Personen gekennzeichnet. In dem Bericht der lettischen Reichsverbindungsstelle, dessen Mitarbeiter Krolls die dort hingelangten Arbeitskräfte dazu befragte, heißt es:

„Weiter erklärten sie, dass am 25. 8. 1943 in der Nacht und teilweise auch am Tage sie zum Arbeitseinsatz im Reich aus ihren Privatwohnungen und der tägl. Arbeit in der Zeit von 15 Minuten bis 2 Stunden von Polizei und Selbstschutz (lettischer SA) zwangsmäßig verschleppt worden sind. ... Zur Erledigung ihrer Privatangelegenheiten hatten sie sehr wenig Zeit. Einige seien unmittelbar von der Feldarbeit geholt worden. Dann wurden sie, auch Kinder und Greise, nach Kurtenhof (Salaspils) abtransportiert"[466].

Die hier genannte Zeit, welche den Personen zum Packen und Verabschieden gelassen wurde, stimmte mit der in den Anweisungen des Einsatzbefehls überein,

462 BA-R-92.8 S. 27 f. Der Bevollmächtigte für alle Fragen der russischen Bevölkerung im Generalbezirk Lettland gez. Presnjakoff, Schreiben betr.: Unternehmen „Sommerreise", 6. 9. 1943.

463 BA-R-92.8 S. 45 f. Der SS- und Polizei- Gebietsführer in Dünaburg, Schreiben betr.: Aktion „Sommerreise" zur Erfassung politisch – unzuverlässiger Elemente, 2. 9. 1943.

464 BA-R-92.8 S. 14–20. Der Kommandeur der Sicherheitspolizei und des SD Lettland gez. Lange, Einsatzbefehl zum Unternehmen „Sommerreise", 20. 8. 1943.

465 Im Kreis Dünaburg kam es zu einem Schusswechsel zwischen Polizei und drei Partisanen, von denen einer dabei erschossen wurde. Siehe: BA-R-92.8 S. 45 f. Der SS- und Polizei- Gebietsführer in Dünaburg, Schreiben betr.: Aktion „Sommerreise" zur Erfassung politisch-unzuverlässiger Elemente, 2. 9. 1943; Vgl. auch: Samsons, Vācu drošības policijas un Latgales akcijas, 1990, S. 113.

466 LVVA-P-34.2.6 S. 1 f. Lettische Reichsverbindungsstelle Krolls, In Erfurt am 25.10.43 eingetroffenen Arbeitertransport aus Lettland, 13. 1. 1944.

bzw. zeigt sogar an, dass die lettische Polizei den Menschen tatsächlich teilweise mehr Zeit gelassen hat, als in den Anweisungen bestimmt war. Dort hatte es hierzu nämlich geheißen:

„Ihnen ist eine angemessene Frist (ungefähr 1/2 Stunde) zu lassen, um das Reisegepäck bereit zu legen. Die Festzunehmenden sind zu veranlassen, sich mit Kleidung (auch warmer Kleidung), Schlafdecken sowie Lebensmittel für etwa 4 Tage zu versehen"[467].

Über den weiteren Verlauf in dem Lager Salaspils und danach berichtet selbiger Autor:

„Dieses Lager zähle zur Strafabteilung des Arbeitsamtes in Riga, und in dieses Lager würden nur diese Leute geschickt, die sich gegen Arbeitsdisziplin vergangen hätten. In diesem Lager befänden sich ca. 6000 derartige lettische Arbeiter. Diese Leute haben im Kurtenhofer Lager ungefähr 2 Monate verbracht. Der erste Transport ca. 1800–2000 Arbeiter wurde nach Erfurt abtransportiert"[468].

Während die Durchführung der Deportation selbst beim Autor keinen Protest hervorrief, kritisierte dieser aber doch, dass die zum „Arbeitseinsatz" rekrutierten Personen teilweise absolut ungeeignet seien. Beispielsweise seien unter diesen Menschen ein 88 Jahre alter Mann und zwei schwangere Frauen gewesen, sowie eine Vielzahl von minderjährigen Kindern, wie schon die Zahlen des SD verdeutlicht hatten[469].

Auch wenn dieser Bericht keine Angaben zu der Nationalität der Rekrutierten macht, ist er dennoch zusammen mit den oben festgestellten Angaben Beleg genug, dass die slawische Minderheit auch während der Aktion „Sommerreise", wie schon zuvor während der „Lettgallenaktion" in besonderem Maße sowohl in qualitativer als auch in quantitativer Hinsicht unter den deutschen Rekrutierungsbemühungen zu leiden hatte, welche ab 1943 im unmittelbaren Kontext der Antipartisanenaktionen zu sehen sind. An der unheilvollen Gleichsetzung von slawischer Bevölkerung und Partisanen konnten auch die Versuche, die slawische Bevölkerung für die deutsche Besatzungsmacht zu gewinnen nichts mehr ändern. Von Beginn an waren die slawischen Minderheiten auf dem Feld der „Arbeitseinsatzpolitik" aufgrund deutscher und baltischer Ressentiments massiven Benachteiligungen ausgesetzt, welche sich noch durch die Zunahme der Partisanentätigkeit in den östlichen Gebieten des Baltikums verstärkten.

467 BA-R-92.8 S. 14–20. Der Kommandeur der Sicherheitspolizei und des SD Lettland gez. Lange, Einsatzbefehl zum Unternehmen „Sommerreise", 20. 8. 1943.

468 LVVA-P-34.2.6 S. 1 f. Lettische Reichsverbindungsstelle Krolls, Bericht betr.: In Erfurt am 25.10.43 eingetroffenen Arbeitertransport aus Lettland, 13. 1. 1944.

469 Ebd.

Integrationsversuche der slawischen Bevölkerung ab 1943:

Wilnagebiet – „Tendenz zur Zusammenarbeit" trotz Repressionen:
Trotz der erheblichen Benachteiligungen, welche die slawische Bevölkerung insbesondere in Lettgallen und im Wilnagebiet zu erdulden hatte, waren diese Bevölkerungsgruppen in der zweiten Hälfte der deutschen Besatzung trotzdem nicht zu uneingeschränkten Gegnern der Deutschen geworden, da sie die Hauptschuld für die erlittenen Repressionen den einheimischen Mehrheitsbevölkerungen gaben[470].

So stellte die deutsche Arbeitsverwaltung erstaunt fest, dass bei den nur mühsam voranschreitenden Musterungsversuchen 1943 der Anteil der slawischen Bevölkerung, welche sich freiwillig zu den Musterungen einfanden, überraschenderweise gerade in den östlichen Gebieten Litauens überdurchschnittlich hoch war[471]. Diese ambivalente Einstellung der slawischen Bevölkerung zeigte sich auch an dem Verhalten der polnischen Bevölkerung im Wilnagebiet in der Schlussphase der deutschen Besatzung, als das psychologische Verhältnis zwischen Besatzern und Besetzten generell noch einmal in Bewegung geriet. Der SD beschrieb die Einstellung der polnischen Bevölkerung zu diesem Zeitpunkt folgendermaßen:

„Die Polen des Wilna-Gebietes verfolgen im Augenblick mit zunehmender Angst die militärischen Entwicklungen an der Ostfront. Die Annahme, dass die Sowjets in Kürze auch das Wilnagebiet besetzen könnten, wirkt sich stimmungsmäßig schlecht auf die polnische Bevölkerung aus, zumal bei der großen Masse der Bevölkerung die Greueltaten der Bolschewisten noch in bester Erinnerung stehen.

Von einer Anfreundung an das Deutschtum kann jedoch ebenfalls keine Rede sein. Besonders die polnische Intelligenz ist nach wie vor englandhörig. Man glaubt vielfach, dass die Ereignisse in der nächsten Zeit Deutschland und England zwingen werden, gemeinsam gegen den Bolschewismus zu kämpfen, und dass dann durch die Vermittlung Englands wieder ein freies und unabhängiges Polen entstehen wird"[472].

Diese ambivalente Einstellung der polnischen Bevölkerung hatte nach Meinung des Berichterstatters die an dieser Stelle interessierende Auswirkung, dass die Polen, so wie schon bei den Litauern gesehen, bereit waren, mit den Deutschen nach Westen zu fliehen, was selbstverständlich für den Aspekt des „Arbeitseinsatzes" weitgehende Folgen hatte:

„Die Furcht vor dem Bolschewismus bewirkt es auch, dass die meisten Polen erklären, sie wollen beim Heranrücken der Sowjets mit den Deutschen zusammen

470 Siehe beispielsweise: BA-R-6.159 u. p. Auslandsbriefprüfstelle im Wehrkreis I, Schreiben betr.: Russen beklagen sich über die Unterdrückung durch die Litauer – Auszug eines Briefes, 18. 9. 1943.

471 LCVA-R-615.1.12 S. 2–14. GK in Kauen, Übersicht über den Verlauf der Musterungen in Litauen, 9. 5. 1943.

472 BA-R-6.75 S. 81–85. Sicherheitspolizei und SD, Politische Bericht betr.: Haltung der Polen in Litauen, 1. 5. 1944.

zurückgehen. Derselbe Grund dürfte der Anlass sein, dass sich jetzt häufig Polen der mittleren und unteren Schichten freiwillig zum Arbeitseinsatz in das Reich melden, da sie bei freiwilliger Meldung freie Wahl des Arbeitsortes haben"[473].

Wie der Autor weiter berichtete, meldeten sich auffällig viele Polen für einen „Reichseinsatz" in Wien, was er dadurch erklärte, dass die Meldenden von einer geringen Luftangriffsgefahr in Wien ausgingen. Selbst bei den sogenannten „polnischen Banden" meinte der SD eine gewisse „Tendenz zur Zusammenarbeit" zu bemerken, die er aber in Angesicht des litauisch-polnischen Gegensatzes abzulehnen empfahl. Stattdessen sollten die Deutschen lieber die Seite der Litauer vertreten, trotz des getrübten gegenseitigen Verhältnisses zwischen Deutschen und Litauern[474].

Die Situation ähnelte also stark den Erscheinungen der baltischen Mehrheitsbevölkerungen im Jahre 1944. Auch die Litauer hatten 1944 teilweise eine „regelrechte Flucht" betrieben, von der die deutsche Arbeitsverwaltung allerdings nicht den für sie erhofften Nutzen hatte herausholen können. Genauso war nun das polnische Entgegenkommen für die Deutschen kaum zu verwerten.

Zu einer vergleichbaren differenzierteren Einschätzung der Russen in Litauen gelangte Trampedach in der zweiten Besatzungshälfte. Ähnlich wie die Polen seien die etwa 130 000 Russen in Litauen weniger gegen die Deutschen eingestellt als zunächst angenommen und durch die litauischen „landeseigenen" Organe verbreitet. Vielmehr seien die Deutschen in den Augen der Russen eine Art „Beschützer" vor den Litauern. Deren Repressionen, und nicht etwa die deutsche Repressionspolitik, hätten allerdings eine gewisse Sowjetfreudlichkeit unter den ansonsten unpolitischen Russen zu verantworten[475].

Lettland/Lettgallen – Versuch der Reintegration der Russen:

Neben den bereits erwähnten Vertrauensräten[476], die sowohl der indigenen russischen Bevölkerung als auch den „Evarussen" als politischen Sprachrohr dienen sollten, versuchten die Deutschen den russischen Bevölkerungsteil in Lettland auch in anderen Bereichen in das gesellschaftliche Leben zu integrieren, um diese Bevölkerung nicht den „Banden" zu überlassen. Beispielsweise sollte die politische Partizipation schon auf unterster Ebene beginnen und speziell auch in der Problemregion ein-

473 Ebd.
474 Ebd.
475 „Den meisten Russen ist ein politisches Denken ganz fremd, sie stehen daher den Ereignissen der letzten 15 Jahre völlig unbeholfen gegenüber. Ständig von den Litauern unterdrückt versuchen sie durch Passivität ihr Volkstum zu erhalten. In Russland erblicken sie nicht die Sowjetmacht, sondern lediglich das Brudervolk, auf dessen Hilfe sie rechnen". Aus: BA-R-6.159 S. 68 f. RKO Abt. I Pol. gez. Trampedach, Schreiben betr.: Russische Volksgruppe im Generalbezirk Litauen, 23. 5. 1944.
476 Zu den Vertrauensräten vgl. Abschnitt zu „Landeseigene Verwaltung".

geführt werden, was erwartungsgemäß den örtlichen Widerstand der lettischen politischen Kräfte heraufbeschwor[477].

Auch religiöse Aspekte beachtete die deutsche Zivilverwaltung bei ihrem Versuch, das Schicksal der russischen Minderheit ein wenig zu verbessern, indem sie die Zelebration des orthodoxen Weihnachtsfestes ab 1944 nicht nur zuließ, sondern trotz der äußerst angespannten „Arbeitseinsatzlage" auch noch freie Arbeitstage hierfür gestattete[478]. Überhaupt waren die deutschen Anstrengungen, die slawische Bevölkerung in die Gesellschaft zu reintegrieren, nicht nur auf politische Maßnahmen beschränkt. Auch in der Schulpolitik mussten anfängliche Schieflagen ausgeglichen werden, da hier zu Beginn der Besatzungszeit einseitig die baltischen Mehrheitsbevölkerungen unterstützt worden waren[479].

Russische Polizeibataillone:

Ein wichtiger Baustein dieses neuen Kurses war die Gründung von russischen Polizeibataillonen in Lettgallen, was trotz der massiven Bedenken der Abteilung Aso wegen der verheerenden Auswirkungen auf die „Arbeitseinsatzlage" durch einen weiteren Entzug von arbeitsfähigen Männern von der Zivilverwaltung unterstützt wurde[480]. Dabei räumte der SSPF Lettland Walter Schröder selbst ein, dass bei der Rekrutierung der ersten 1500 Russen die Interessen der Abteilung nicht beachtet worden seien, bei den weiteren Einberufungen aber selbstverständlich entsprechend

477 LVVA-P-69.1a.29 S. 194. gez Espey Des Verbindungsoffizier SS- und Polizeiführer Lettland Generaldirektion Innern, Schreiben betr.: Beteiligung der russischen Bevölkerung an der Selbstverwaltung in Lettgallen. An: SS- und Polizeiführer Lettland KdO, 17. 3. 1944; Vgl. auch: LVVA-P-69.1a.29 S. 199. Geb.K. in Dünaburg, Schreiben betr.: Beteiligung des russischen Bevölkerungsteiles an der kommunalen Selbstverwaltung. An: GK in Riga, 15. 4. 1944; LVVA-P-69.1a.29 S. 196. Kreispolizeichef Ludsen, Schreiben betr.: Verwaltungsreform in Lettgallen. An: Generaldirektor des Innern, 21. 3. 1944.

478 BA-R-9. 2. 1153 u. p. GK in Riga gez. Dr. Dr. Borcke, Schreiben betr.: Arbeitsregelung für Griechisch-Orthodoxe am 6. und 7. Januar 1944. An: GK in Riga Abt. III Aso, 5. 1. 1944.

479 LVVA-P-70.2.59 S. 2–8. Ehemaliger Vorsitzender des russischen Lehrerverbandes, Denkschrift betr.: Russische Schulen. An: GK in Riga, 7. 11. 1941.

480 „Obwohl infolge der überaus starken Anspannung des Arbeitseinsatzes eine Freigabe von Arbeitskräften für außerhalb des Arbeitseinsatzes liegenden Maßnahmen nicht mehr verantwortet werden kann, habe ich der Notwendigkeit der Aufstellung eines russischen Polizeibataillons Rechnung getragen und mich mit der von Ihnen beabsichtigen Werbung von Freiwilligen aus der russischen Bevölkerung einverstanden erklärt". Aus: LVVA-P-989.1.4 S. 147. GK in Riga Abt. III Aso, Schreiben betr.: Aufstellung eines russischen Polizeibataillons. An: SSPF Lettland – Kommandeur der Ordnungspolizei, 12. 7. 1943.

gehandelt werden würde[481]. Insgesamt wurden sieben Bataillone mit jeweils etwa 500 Mann gegründet[482].

Diese militärischen, kulturellen und politischen Reformversuche der deutschen Verwaltung, die das Ziel hatten, die Situation der slawischen Minderheiten im Baltikum zu verbessern, blieben aber auf dem Feld, das hier im Mittelpunkt des Interesses steht, außen vor. In den „landeseigenen" Arbeitsverwaltungen waren die baltischen Mehrheitsbevölkerungen weiterhin die bestimmenden Kräfte. Diese politischen Kräfte hatten von Anfang an zusammen mit deutschen antislawischen Tendenzen dafür gesorgt, dass die slawische Bevölkerung des Baltikums im überproportionalen Maße durch die Repressionen der „Arbeitseinsatzpolitik" zu leiden hatten. Dies galt unabhängig davon, ob die slawische Bevölkerung bereits auf der planerischen Ebene als Opfergruppe auserkoren worden war, wie in der Region Lettgallen geschehen, oder erst durch die Praxis antislawischer Polizei- und Verwaltungsorgane wie in Litauen zur Hauptopfergruppe wurde.

An dieser grundsätzlichen Situation änderten auch die Reformversuche ab 1943 nichts mehr. Im Gegenteil verschlimmerten die brutalen Antipartisanenaktionen das Schicksal der slawischen Bevölkerung innerhalb der „Arbeitseinsatzpolitik" im Baltikum, weshalb sie trotz weitgehender normativer Gleichstellung mit den baltischen Mehrheitsbevölkerungen als eigene Kategorie zu betrachten ist.

3.2.2 Kriegsgefangene – „Kriegsgefangene ohne Recht"

„Arbeitseinsatzpolitik" und Massensterben der sowjetischen Kriegsgefangenen:
Eine Gruppe von Arbeitskräften, die innerhalb der „Arbeitseinsatzpolitik" vom Anfang bis zum Ende der deutschen Besatzungszeit eine gesonderte Rolle spielten, waren die sowjetischen Kriegsgefangenen. Ihr Schicksal innerhalb der nationalsozialistischen „Arbeitseinsatzpolitik" ist vor allem bezüglich des „Reichseinsatzes" erforscht[483]. Allerdings zögerte sich die Entscheidung zum großangelegten „Russeneinsatz" in Abhängigkeit der anfänglichen Siegeszuversicht etwas hinaus, so dass

481 BA-R-9. 2. 1153 u. p. GK in Riga Abt. III Aso gez. Wurthmann, Aktenvermerk über eine Besprechung beim Generalkommissar am 10. 8. 1943, 10. 8. 1943.

482 Zu den russischen Polizeibataillonen vgl.: Bleiere, Latvija Otrajā pasaules karā: (1939–1945), 2008, S. 347 f.; Bambals (Hg.) 2001 – Komunistu un nacistu juga; Heim u. Aly, Sozialplanung und Völkermord, 1991, S. 107.

483 Siehe beispielsweise: Johannes Ibel (Hg.), Einvernehmliche Zusammenarbeit? Wehrmacht, Gestapo, SS und sowjetische Kriegsgefangene, Berlin 2008; Jüngerkes, Deutsche Besatzungsverwaltung in Lettland 1941–1945, 2010.

die Kriegsgefangenen für die deutsche Kriegswirtschaft in Ausnahmefällen erst ab August/September 1941[484] und in großem Maßstab durch die Entscheidung Hitlers vom 31. Oktober 1941 eine praktische Rolle zu spielen begannen[485]. Zuvor verfolgten die zuständigen Behörden der Wehrmacht ihnen gegenüber eine Politik der Ausrottung durch Hungertod, deren Auswirkungen sich während des Kurswechsels auf dem Höhepunkt befanden, wodurch sich die praktischen Folgen dieser Entscheidung verzögerten[486]. Das Thema der sowjetischen Kriegsgefangenen und der nationalsozialistischen „Arbeitseinsatzpolitik" war jedoch von Anfang an in dem Zielkonflikt von kriegswirtschaftlicher Notwendigkeit und ideologischen Bedenken gefangen. Schon im August hatte es in den Anweisungen des OKW dazu geheißen:

„Die Verwendung von sowjetischen Kriegsgefangenen innerhalb der Reichsgrenzen ist ein notwendiges Übel und daher auf ein Mindestmaß zu beschränken. Grundsätzlich dürfen sie nur an solchen Arbeitsplätzen beschäftigt werden, an denen bei völliger Isolierung in geschlossenen Kolonnen gearbeitet werden kann. Jede Berührung mit der Bevölkerung, mit ausländischen Zivilarbeitern oder mit anderen Kriegsgefangenen muss vermieden werden"[487].

Weiter führten diese Anweisungen aus, dass trotz der oben genannten grundsätzlichen Bedenken und Verbote doch immerhin auch schon im August 1941 der „Einsatz" von 120 000 sowjetischen Kriegsgefangenen im Reich vorgesehen war. Strengstens sollte allerdings darauf geachtet werden, dass es sich dabei nicht um „Asiaten" und nicht um deutsch sprechende Personen handelte[488].

Die Exklusion dieser beiden Gruppen zeigt exemplarisch die zwei Gründe, die gegen diesen „Einsatz" aus nationalsozialistischer Sicht sprachen: Neben den rassenideologisch motivierten Gründen gegen die „Asiaten" war die Angst vor politischer Infiltration durch bolschewistisch denkende Sowjetsoldaten ein wesentlicher Grund der Ablehnung[489].

484 Zum „Reichseinsatz" der Kriegsgefangenen ab September 1941 siehe: Jüngerkes, Harry Marnitz – Als Deutschbalte beim Generalkommissar in Riga, 2009, hier: S. 72 f.; Zum „Reichseinsatz" der Kriegsgefangenen ab August 1941 siehe: BA-RW-19.670 S. 3 f. Oberkommando der Wehrmacht gez. Reinecke, Arbeitseinsatz sowjetischer Kriegsgefangener. An: Verteiler, 2. 8. 1941.

485 Zum Entscheidungsprozess ausführlich: Streit, Keine Kameraden: Die Wehrmacht und die sowjetischen Kriegsgefangenen 1941–1945, 1997, S. 191–208; Herbert, Fremdarbeiter, 1985, S. 140–143; Vgl. auch: Homze, Foreign labor in Nazi Germany, 1967, S. 73 f.; Zu den Bestimmungen im Einzelnen des „Arbeitseinsatzes" von sowjetischen Kriegsgefangenen: BA-RW-19.745 S. 4 f. Der Chef des Oberkommandos der Wehrmacht gez. Keitel, Kriegsgefangenen-Einsatz in der Kriegswirtschaft, 31. 10. 1941.

486 Dazu ausführlich: Streit, Keine Kameraden: Die Wehrmacht und die sowjetischen Kriegsgefangenen 1941–1945, 1997, S. 128–190; Zur Hungerpolitik gegenüber den Kriegsgefangenen im Herbst 1941 siehe auch: Gerlach, Krieg, Ernährung, Völkermord: Deutsche Vernichtungspolitik im Zweiten Weltkrieg, 1998, S. 30–56.

487 BA-RW-19.670 S. 3 f. Oberkommando der Wehrmacht gez. Reinecke, Arbeitseinsatz sowjetischer Kriegsgefangener, 2. 8. 1941.

488 Ebd.; Vgl. dazu auch: Herbert, Arbeit und Vernichtung, 1991a, S. 398.

489 Herbert, Fremdarbeiter, 1999, S. 153–157.

Auch die Region des Baltikums stellte diesbezüglich keine Ausnahme dar[490]. Die Ausrottungspolitik gegenüber den Kriegsgefangenen bestand dabei aus zwei Komponenten. Es ist die stärker kriegswirtschaftlich-pragmatische Hungerpolitik gegenüber der Mehrheit der Kriegsgefangenen einerseits von der gezielten, rassenideologisch und politisch motivierten Ermordung bestimmter Gruppen der Kriegsgefangenen, welche im Wesentlichen den berüchtigten Kommissarbefehl zur Grundlage hatte, andererseits zu unterscheiden[491]. Beide fanden auch im Baltikum unter den sowjetischen Kriegsgefangenen Anwendung[492]. Nach den mit kritischer Distanz zu betrachtenden Angaben der Außerordentlichen Kommission zur Erforschung der nationalsozialistischen Verbrechen starben allein in Lettland etwa 330 000 und in Estland 64 000 sowjetische Kriegsgefangene[493]. Dennoch war in den baltischen Generalbezirken des RKO der „Arbeitseinsatz" der Kriegsgefangenen sofort nach der Eroberung dieser Territorien ein Bestandteil der „Arbeitseinsatzpolitik" in diesem Gebiet. Obwohl in den Bestimmungen Keitels zum „Arbeitseinsatz" der sowjetischen Kriegsgefangenen ein solcher erst ab November 1941 vorgesehen war[494], erließ das Arbeitsamt Riga schon im Juli 1941 Bestimmungen für den „Arbeitseinsatz" von sowjetischen Kriegsgefangenen in der Landwirtschaft[495]. Dies war hier möglich, da die Bedenken, die gegen einen „Einsatz" im Reich sprachen, in den besetzten Gebieten nicht galten, da weder die rassenideologische Durchmischung noch die politische Infiltration hier so stark gefürchtet wurde, wie im Reich. Ungeachtet dieser prinzipiellen Unterschiede zwischen Reich und RKO waren auch im RKO rassistische Aspekte Bestandteil des „Arbeitseinsatzes" der sowjetischen Kriegsgefangenen.

490 Krausnick, Die Truppe des Weltanschauungskrieges: d. Einsatzgruppen d. Sicherheitspolizei u. d. SD 1938–1942, 1981, S. 400.

491 Zur gezielten Vernichtungspolitik gegenüber den Kriegsgefangenen siehe: Streit, Keine Kameraden: Die Wehrmacht und die sowjetischen Kriegsgefangenen 1941–1945, 1997, S. 83–127; Alfred Streim, Die Behandlung sowjetischer Kriegsgefangener im „Fall Barbarossa": Eine Dokumentation, unter Berücksichtigung der Unterlagen deutscher Strafvollzugsbehörden und der Materialien der Zentralen Stelle der Landesjustizverwaltungen zur Aufklärung von NS-Verbrechen 1981, S. 33–187; Zum Kommissarbefehl im Besonderen: Römer, Felix, Der Kommissarbefehl, Paderborn 2008.

492 Dieckmann, The murder of Soviet prisoners of war in Lithuania, 2005, hier: S. 226 f.

493 LVVA-P-132.26.1 S. 1. Außerordentliche Kommission, Obobščennye svedenija o žertvach nemecko – fašistskich zlodejanij po Latvijskoj SSR, 31. 7. 1945; Vgl. auch: Kadiķis, Mēs apsudzam, 1965a, S. 98–155; Krysin, Pribaltijskij fašizm : istorija i sovremennost, 2007, S. 186 f.; Maripuu, Soviet Prisoners of War in Estonia in 1941–1944, 2006e, hier: S. 753; Zur Problematik dieser Zahlenangaben aus sowjetischer Provenienz: Dz Ērglis, Die sowjetischen Kriegsgefangenlager im nationalsozialistisch besetzten Lettland (Lettisch). Überblick zur Historiographie, in: Latvijas Vēstures Instituta žurnāls. 2005. Zur mangelhaften Ernährung der Kriegsgefangenen im RKO siehe: LVVA-P-70.1.17 S. 1 f. RKO Abt. Landwirtschaft und Ernährung, Verpflegung von russischen Kriegsgefangenen. Chefintendanten beimm Wehrmachtsbefehlshaber Ostland, 16. 10. 1941.

494 BA-RW-19.745 S. 4 f. Der Chef des Oberkommandos der Wehrmacht gez. Keitel, Kriegsgefangenen-Einsatz in der Kriegswirtschaft, 31. 10. 1941.

495 LVVA-P-98.1.5 S. 28. Arbeitsamt Riga – Darba parvalde, Schreiben des Arbeitsamtes Riga an das Arbeitsamt Bauske (Lettisch). An: Bauskas darba birojs, 29. 7. 1941.

„Freigelassene" Ukrainer[496]*:*
Dies galt für die ukrainischen sowie für die baltischen Kriegsgefangenen, welche so schnell wie möglich frei gelassen werden sollten, da man bei ihnen von größerer politischer Loyalität der deutschen Besatzungsmacht gegenüber ausging. Auf diese Loyalität wurden die Entlassenen explizit auch noch einmal in ihren Entlassungspapieren hingewiesen, in denen es dazu lautete:

„Der Kriegsgefangene hat sich jeder feindseligen Handlung gegen das Volk, insbesondere gegen die deutsche Wehrmacht und gegen die mit Deutschland verbündeten oder befreundeten Nationen zu enthalten"[497].

Während die entlassenen baltischen Kriegsgefangenen wieder in ihre Heimatdörfer und -Städte zurückkehren durften[498], waren die ukrainischen Kriegsgefangenen für den „Arbeitseinsatz" in der örtlichen Landwirtschaft unter Bewachung der einheimischen Bevölkerung vorgesehen[499]. Schon im August entsandte das Arbeitsamt Riga Arbeitskräfte in die Landwirtschaft:

„Die in der Anlage bezeichneten ukrainischen Kriegsgefangenen erhalten hiermit die Genehmigung zwecks Landarbeiten von Riga nach Blidene zu fahren. Die lettische Hilfspolizei ist für jeden Gefangenen haftbar"[500].

Im September waren auf diese Weise allein im Zuständigkeitsbereich des Arbeitsamtes Riga mehrere Hundert ehemalige Kriegsgefangene in der Landwirtschaft beschäftigt, die in einer namentlichen Aufstellung des Arbeitsamtes Riga erhalten sind[501]. Entsprechende Namenslisten aus Libau beinhalteten die Entlassung in die „freien" Arbeitsverhältnisse in der Landwirtschaft von 239 ukrainischen Kriegsgefangenen im August 1941 und nur 63 im September[502]. Die Entlassung der ukrainischen Kriegsgefangenen war weniger ein Akt der Gnade gegenüber den ehemaligen Feinden, als eher eine aus Sicht der Arbeitsämter lukrative Maßnahme zur Gewinnung von Arbeitskräften für die Landwirtschaft, vergleichbar in dieser Funktion mit der Umwandlung in den Zivilstatus der polnischen und französischen

496 Vgl. auch Abschnitt zu „Ostarbeitern". Zum estnischen Fall auch: Maripuu, Soviet Prisoners of War in Estonia in 1941–1944, 2006e, S. 762–764; Zu Litauen: Dieckmann, The murder of Soviet prisoners of war in Lithuania, 2005, S. 244–246.
497 Aus: LCVA-R-736.1.1 S. 1. Stalag 336 Kommandantur, (Entlassungsausweis).
498 Siehe beispielsweise: LVVA-P-98.1.24 S. 1–8. Geb.K. Riga-Stadt – Arbeitsamt, Bericht über die Lage für die Zeit vom 16. Oktober – 15 November 1941, 28. 11. 1941.
499 LVVA-P-98.1.5 S. 16. Arbeitsamt Riga – Darba parvalde, Schreiben betr.: Arbeitseinsatz von Kriegsgefangenen. An: Zaubes pagasta valde, 8.8.41; auch: LVVA-P-98.1.5 S. 9. Arbeitsamt Riga, Anordnung zum Arbeitseinsatz von Kriegsgefangenen, 27. 8. 1941; Vgl.: Abschnitt zu „Landeseigenen Verwaltung".
500 Ebd.
501 LVVA-P-98.1.5 S. 43–66. Arbeitsamt Riga – Darba parvalde, Namensliste der in de Landwirtschaft eingesetzten Kriegsgefangenen – Sept. 41, September 1941.
502 LVVA-P-959.1.2 S. 7–18. Arbeitsamt Libau, Verzeichnis über Kriegsgefangene Ukrainer, die zur Landwirtschaft ausgewiesen sind, 19. 8. 1941; LVVA-P-959.1.2 S. 1–3. Arbeitsamt Libau, Verzeichnis über die kriegsgefangenen Ukrainer, die der Landwirtschaft zugeteilt worden sind, 18. 9. 1941.

Kriegsgefangenen in den ersten Kriegsjahren im Reich. Auch in Polen waren es zuerst die Ukrainer gewesen, welche von den deutschen Behörden als „Freigelassene“ in den „Arbeitseinsatz“ entlassen worden waren[503]. Denn unter den im Oktober 1941 in der Landwirtschaft tätigen 5267 Kriegsgefangenen waren 3974 ukrainische Freigelassene, für die kein Überwachungspersonal organisiert werden musste[504]. Wie im Abschnitt zu der „Landeseigenen Verwaltung“ am Beispiel der Behandlung der entlassenen Kriegsgefangenen durch die einheimischen Bauern gesehen, waren die Bedingungen für die entlassenen Kriegsgefangenen unter der Aufsicht der privaten Bauern keineswegs als positiv zu bewerten[505]. Das Schicksal hing vielmehr von der Willkür der einzelnen Bauern ab, da die entlassenen Kriegsgefangenen kaum Rechte gegenüber ihren Arbeitgebern geltend machen konnten. Dazu hatte der GK in Reval und die estnische Selbstverwaltung zunächst folgende Bestimmungen erlassen:

„Gemäß der Anordnung des GK werden sämtliche Kriegsgefangene in den Gefangenenlagern wie auch die aus der Gefangenschaft entlassenen Kriegsgefangenen (Ukrainer) als Kriegsgefangene ohne Recht betrachtet. Auf Grund dieser Anordnung haben die Kriegsgefangenen kein Recht vor den estn. Gerichten aufzutreten und kein Eigentumsrecht; sie haben kein Recht mit Esten in Zivilverhältnisse zu treten, dürfen nicht heiraten und adoptieren bzw. adoptiert werden“[506].

Jedoch blieb es nicht bei diesen harschen Bestimmungen. Wie schon im Abschnitt zur „Landeseigenen Verwaltung“ festgestellt, ging die gegen die slawischen Bevölkerungsteile gerichtete Politik – die entlassenen Kriegsgefangenen seien hier einmal mehr mit eingerechnet, nicht selten von Seiten der „landeseigenen“ politischen Kräfte aus. Auch dieses zitierte Schreiben stammte aus der Feder der gegen die Gleichstellung der entlassenen Kriegsgefangenen gerichteten estnischen „Landeseigenen Verwaltung“. Doch setzte die deutsche Zivilverwaltung im folgenden Jahr eine Gleichbehandlung der entlassenen ukrainischen Kriegsgefangenen mit den zivilen Arbeitskräften, den sogenannten „Ostarbeitern“, durch[507]. Auch die „landeseigenen“ Verwaltungsbehörden sahen sich nun gezwungen, ihre nachgeordneten Behörden auf diesen Status der freigelassenen Kriegsgefangenen hinzuweisen. Der lettische Leiter des Arbeitsdepartements schrieb dazu:

503 Dazu: Spoerer, Zwangsarbeit unter dem Hakenkreuz, 2001, S. 45; Zu den französischen Kriegsgefangenen und der relève und der transformation: Zielinski, Die deutsche Arbeitseinsatzpolitik in Frankreich 1940–1944, 1997.

504 LVVA-P-98.1.24 S. 9–20. Der Leiter des Arbeitsamtes Riga, Bericht betr.: Arbeitseinsatz in der Zeit vom 16.9. bis 15. 10. 1941 im Arbeitsamtsbezirk Riga, 20. 10. 1941.

505 Vgl. Abschnitt zur „Landeseigenen Verwaltung“.

506 ERA-R-65.1.10 S. 2. Estnische Selbstverwaltung, Kriegsgefangene. Direktor der Inneren Verwaltung und das Justizdirektorium, 29.6.42.

507 ERA-R-65.1.10 S. 6. Gebietskommissar Arbeitsamt Pernau gez. Bender, Schreiben betr.: Arbeitsrechtliche Behandlung entlassener Ukrainer, 9. 11. 1942.

„Die entlassenen Kriegsgefangenen unterstehen in arbeitseinsatzmäßiger Hinsicht ausschließlich den zuständigen Dienststellen des Arbeitseinsatzes. Sie scheiden mit der Entlassung aus der Betreuung der Stalags aus und gelten im vollen Umfang als zivile Arbeitskräfte“[508].

Dieser „volle Umfang“ beinhaltete jedoch kleine Ausnahmen. Denn ohne Nennung von nachvollziehbaren Gründen bestimmte die deutsche Verwaltung darüber hinaus, dass trotz der Gleichbehandlung der freigelassenen Kriegsgefangenen ihnen ein Abzug von 20 % des Lohnes aufzuerlegen sei[509]. Außerdem waren sich die einzelnen Ukrainer, die für einheimische Bauern arbeiten mussten, über ihre Rechte häufig nicht im Klaren und konnten so ohne große Schwierigkeiten ausgenutzt werden. Die deutsche Behörde des GK in Reval beurteilte die Situation folgendermaßen:

„Da augenscheinlich weder die Arbeitgeber noch die ukrainischen Arbeiter sich darüber im Klaren sind, welche Rechte die Arbeiter genießen, scheinen auch ständig Willkürakte vorzukommen, in denen die Ukrainer bei geringsten Anlässen mit Erschießen bedroht bzw. der Polizei übergeben werden“[510].

Ein Beispiel für solche Willkürakte waren weiter vor allem die Löhne, welche über längere Zeiträume zurückbehalten werden durften und auf diese Weise häufig ihren Empfänger wohl nie erreicht haben dürften. Nicht zuletzt ist der psychologische Faktor zu beachten, dass diese Ukrainer zwar offiziell „freigelassen“ waren, aber trotzdem weiterhin fern der Heimat in fremder Umgebung arbeiten mussten, die von starken antislawischen Ressentiments durchsetzt war. Ein estnischer Mitarbeiter der „Landeseigenen Verwaltung“ weist in diesem Zusammenhang auf die Alltagserfahrung hin, dass „sie bei den Frauen weniger Erfolg“ hätten, „als die einheimischen Arbeiter“. Insgesamt verglichen die ukrainischen Arbeitskräfte ihren eigenen Zustand mit einer „Sklavenarbeit“, wenn auch der estnische Beobachter dieses Urteil für ungerechtfertigt hält, da sie formal auch Rechte gegenüber ihren Arbeitgebern besaßen[511].

Jedoch ist der „Arbeitseinsatz“ der „freigelassenen“ Ukrainer ein Paradebeispiel für die Differenz von normativen Vorgaben und Praxis. Noch Anfang 1943

508 LVVA-P-989.3.1 S. 18. Direktor des Arbeitsdepartement Reinhard, Arbeitseinsatz entlassener Kriegsgefangener. Arbeitsämter Lettlands, 15. 12. 1942.

509 „Für die entlassenen russischen Kriegsgefangenen, die in den Betrieben beschäftigt werden, erfolgt die Lohnfestsetzung nach den gleichen Grundsätzen wie für die einheimischen Arbeitskräfte bei gleicher Tätigkeit. Die Betriebe haben jedoch 20 % des Brutto-Lohnes einzubehalten und diese Beträge besonders auszuweisen“. Aus: LVVA-P-989.3.1 S. 6. GK in Riga Abt. III e Aso, Arbeitsrechtliche Behandlung von entlassenen Kriegsgefangenen. Generaldirektion der Wirtschaft – Arbeitsdepartement, 21. 11. 1942.

510 ERA-R-65. 1. 2126 S. 146. GK in Reval I Politik, Schreiben betr.: Aus der Kriegsgefangenschaft entlassene ehemalige kriegsgefangene Ukrainer. An: Beauftragter für die Berufsgruppen, 28. 7. 1943.

511 ERA-R-65. 1. 2126 S. 149–154. Berufsverband im Generalbezirk Estland Fachabt. Land- und Forstwirtschaft gez. Tomiste, Schreiben betr.: Arbeitseinsatz der freigelassenen ehemaligen ukrainischen Kriegsgefangenen, 25. 9. 1943.

beschwerte sich die Abteilung Aso des GK in Reval, dass die Behandlung der Ukrainer weiterhin nicht den Vorgaben entspräche. Wie in den Beschwerden der Ukrainer über eine angebliche „Sklavenarbeit" war es immer noch keine Seltenheit, dass die Ukrainer keinen Lohn erhielten, da ihre rechtliche Stellung in der Praxis nicht durchsetzbar war. Im Bericht heißt es dazu:

„Ich halte es aus politischen und arbeitseinsatzmäßigen Gründen auch heute noch für unmöglich, den entlassenen ukrainischen Kriegsgefangenen zu verbieten, Rechtsverhältnisse einzugehen oder Eigentum zu erwerben. Da sie arbeitseinsatzmäßig als freie Arbeitskräfte betrachtet werden müssen, muss ihnen auch die Eingehung von Arbeitsverhältnissen, d. h. also rechtlichen Vertragsverhältnissen mit Ersteren möglich sein. Sie müssen ferner genau wie alle anderen Arbeitskräfte an die Verordnung über den Arbeitsplatzwechsel gebunden werden und müssen endlich wie jeder andere Zivilarbeiter einen gewissen Lohn bekommen"[512].

Die Ausführungen der Abteilung Aso beim GK in Reval zeigen, dass die Beschwerden der ukrainischen Arbeiter trotz der Zweifel des estnischen Beamten durchaus auf berechtigter Grundlage erhoben waren.

„Arbeitseinsatz" der Kriegsgefangenen 1941:

Aus den genannten Zahlen zum „Arbeitseinsatz" der Ukrainer und Kriegsgefangenen ist ersichtlich, dass auch die nicht freigelassenen Kriegsgefangenen schon früh den im Entstehen begriffenen Mangel an Arbeitskräften ausgleichen mussten. Da die Frage der Bewachung in den Betrieben ein Personalproblem verursachte, schickten die zuständigen Arbeitsämter die Kriegsgefangenen, wie die freigelassenen Ukrainer, zunächst in die Landwirtschaft. Doch im Gegensatz zu diesen mussten sie im „geschlossenen Einsatz" hauptsächlich in der Forstwirtschaft die deutsche Kriegswirtschaft unterstützen[513]. Auch hier stellte die Frage der Bewachung das Hauptproblem für die deutschen Behörden dar, welches ebenfalls auf die einheimische Polizei übertragen wurde[514]. Um die Übersicht nicht zu verlieren und damit die Kontrolle zu erleichtern, existierten ähnliche Namenslisten wie die der ukrainischen Arbeitskräfte

512 ERA-R-65.1.10 S. 1. GK in Reval Abt. III Aso – Gruppe Arbeitseinsatz, Schreiben betr.: Arbeitseinsatz von entlassenen Kriegsgefangenen ukrainischer Volkszugehörigkeit, 4. 1. 1943.

513 LVVA-P-98.1.24 S. 24–35. Der Geb.K. Riga – Arbeitsamt Riga, Bericht: Arbeitseinsatz v. 16.10. – 15. 11. 1941, 21. 11. 1941; Auch in Estland wurden die Kriegsgefangenen in der Holz- und Forstwirtschaft beschäftigt. ERA-R-65. 1. 2126 S. 3–6. GK in Estland Abt. III FoHo, Schreiben betr.: Holzhauerei in den Staatswaldungen; hier: Arbeitseinsatz. An: GK in Estland – Arbeitseinsatz, 5. 1. 1942.

514 „Die Überwachung der Gefangenen muss von dem lettischen Selbstschutz übernommen werden". Aus: LVVA-P-98.1.5 S. 17. Der Leiter des Arbeitsamtes Riga, Schreiben betr.: Einsatz von Kriegsgefangenen in der Landwirtschaft. An: Gemeindeverwaltung Suntaschi, 4. 9. 1941.

auch zu dem „Arbeitseinsatz" der nicht freigelassenen Kriegsgefangenen auf regionaler Ebene[515]. Einer der ersten und menschenunwürdigsten „Arbeitseinsätze", zu denen sowjetische Kriegsgefangene im Baltikum bereits im 1941 neben der Land- und Forstwirtschaft herangezogen wurden, ist das Ausheben von Gruben, welche die Erschießungskommandos für die Ermordung der jüdischen Bevölkerung in Auftrag gegeben hatten[516].

Kriegsgefangenenlager im „Reichskommissariat Ostland":
Schon Anfang August 1941 existierten folgende Kriegsgefangenenlager im Baltikum:

1. Dünaburg Stalag 340 zuzüglich Übernahmestelle
2. Riga Stalag 350 zuzüglich Übernahmestelle
3. Mitau Dulag 101
4. Schaulen Dulag 102
5. Kowno Stalag 336
6. Wilna Übernahmestelle von Stalag 336[517].

Im September waren noch weitere Stammlager in Wenden und Rositten, sowie in Salspiez (sic, gemeint Salaspils ? Anmerkung T.P.) und Alytus hinzugekommen[518]. Die Zahl erhöhte sich bis zum Sommer 1942 aufgrund der Eroberung weiterer Gebiete und der damit verbundenen Zunahme der Gefangenenzahlen auf folgenden Stand im Frühjahr 1942:

In Lettland existierten nun die Stalags in Dünaburg[519], Riga[520] und Rositten. Das Lager in Wenden findet sich nicht mehr auf der Liste, dafür aber eines in Walk. Weiterhin war ein Nebenlager in Grobin und ein Offizierslager in Schaulen eingerichtet worden, welche dem Stalag in Riga administrativ unterstanden. In Litauen bestan-

515 Siehe beispielsweise die Liste mit 86 Namen aus dem lettischen Kreis Jumurda: LVVA-P-961.1.46 S. 53. Älteste des Pagasts Jumurda, Namensliste der im Pagasts Jumurda beschäftigten Kriegsgefangenen, 23. 12. 1941.

516 Avraham Tory, Surviving the Holocaust: The Kovno Ghetto diary 1990, S. 93–96; Angrick u. Klein, Die „Endlösung" in Riga, 2006, S. 142; Dieckmann, The murder of Soviet prisoners of war in Lithuania, 2005, S. 247.

517 Aus: LVVA-P-80.3.4 S. 6–14. Wehrmachtsbefehlshaber Ostland Oberquartiermeister, Besondere Anordnungen Nr. 3/41. Verteiler, 7.8.41. Zum Stalag 336 Kauen siehe den sehr lückenhaften Bestand R-736 im Staatsarchiv in Vilnius.

518 LVVA-P-80.3.4 S. 64. Wehrmachtsbefehlshaber Ostland Oberquartiermeister, Besondere Anordnungen Nr. 7/41., 16. 9. 1941.

519 Zur Errichtung des 12 000 Gefangene fassenden Lagers in Dünaburg: BA-R-9. 2. 1124 u. p. Arbeitsamt Riga, Errichtung einer Arbeitsamt – Nebenstelle i/Dünaburg, 7. 8. 1941.

520 In Riga waren zum Ende des Jahres 1941 20 600 Kriegsgefangene. Aus: BA-R-9. 2. 1155 u. p. Kommission Nordmark, Bericht über die Struktur des Arbeitsamtsbezirks Riga und die Frage der Abgabe von sowjetischen Kriegsgefangenen, 8. 1. 1942.

den noch das Stalag in Kauen und Wilna; das Stalag Schaulen war, wie erwähnt, zum Oflag des Stalags Riga umfunktioniert, dafür war ein neues Stalag in Olita (Stalag 343 Alytus) eingerichtet worden[521]. In Wilna wurde aus der Übernahmestelle von Kaunas ein eigenständiges Stalag 344[522]. In Estland existierten Kriegsgefangenenlager in Valga (Vgl. deutsch: Stalag 351 Walk), Viljandi (deutsch: Stalag 332 Fellin), Tapa (Stalag XXI B/381), sowie Dulags in Rakvere (Dulag 102), Kivioli (Dulag 377) und Narva (Dulag 200)[523]. Die Dulags von Rakvere und Kivioli waren für die dortige Ölschieferproduktion als Arbeitskräftereservoir von großer Bedeutung. Die Lager in Walk und Fellin hingegen lieferten nach Lettland größere Mengen an Arbeitskräften[524].

Flecktyphus, Hunger und Massensterben im Herbst/Winter 1941[525]:
Ab Oktober 1941 registrierten die deutschen „Arbeitseinsatzplaner" die ersten Fälle von Flecktyphus in den Kriegsgefangenenlagern[526], so dass die sowjetischen Kriegsgefangenen als potentielle Arbeitskräfte nicht mehr in Betracht kamen[527], da schon bald ganze Kriegsgefangenenlager aufgrund der Seuche gesperrt wurden[528]. Der Ausbruch der Seuche fiel zeitlich zusammen mit dem Entschluss, die sowjetischen

521 LVVA-P-80.2.9 S. 16–18. Leit. San.-Offz. beim W Bfh Ostland, Auflistung von Lagern im RKO. An: OKW – Heeresgruppe Sanitätsinspekteur, 1. 5. 1942.

522 LCVA-R-626.1.29 S. 164 f. Kriegsgef.Bez.Kdt.L., Kontrolle des Arbeitseinsatzes. Stalags im GK Litauen, 15. 4. 1942; Zum Stalag 344 in Wilna siehe den leider sehr lückenhaften Bestand R-735 im Staatsarchiv in Vilnius. Zu den Lagern auf litauischem Territorium: Dieckmann, The murder of Soviet prisoners of war in Lithuania, 2005, hier: S. 231–244.

523 Zu den Bezeichnungsänderungen im Verlauf der deutschen Besatzung siehe detailliert in: Maripuu, Soviet Prisoners of War in Estonia in 1941–1944, 2006e, hier: S. 743–746.

524 LVVA-P-961.1.45 S. 136. Arbeitsamt Wolmar, Schreiben betr.: Kriegsgefangeneneinsatz. An: Stalag Gruppe Arbeitseinsatz, 27. 10. 1941; Auch: „Zuständig für alle Kriegsgefangenen-Angelegenheiten des Kreises Wenden ist nur noch das Stalag 351 in Walk . . .". Aus: LVVA-P-961.1.45 S. 43. Stalag 350 Gruppe Arbeitseinsatz, Schreiben betr.: Überweisung der Kriegsgefangenen des Kreises Wenden an das Stalag 351 in Walk. An: Arbeitsamt Nebenstelle Wenden, 10. 9. 1942.

525 Zum breiteren Kontext: Streit, Keine Kameraden: Die Wehrmacht und die sowjetischen Kriegsgefangenen 1941–1945, 1997, S. 128–190.

526 LVVA-P-70.2.72 S. 12–21. GK in Riga Sozialverwaltung gez. Dorr, Monatsbericht für die Zeit v. 16.10.-15. 11. 1941. An: RKO Abt. Sozialverwaltung, 27. 11. 1941.

527 LVVA-P-98.1.24 S. 24–35. Der Geb.K. Riga – Arbeitsamt Riga, Bericht: Arbeitseinsatz v. 16.10. – 15. 11. 1941, 21. 11. 1941; Vgl. auch: LVVA-P-98.1.24 S. 1–8. Geb.K. Riga-Stadt – Arbeitsamt, Bericht über die Lage für die Zeit vom 16. Oktober – 15 November 1941, 28. 11. 1941.

528 „Der Einsatz von Kriegsgefangenen stößt z.Zt. auf Schwierigkeiten, da wegen Flecktyphus Lagersperrungen vorgenommen werden mussten". Aus: LVVA-P-98.1.24 S. 59–80. Geb.K. Riga-Stadt – Arbeitsamt gez. Wittrock, Bericht für die Zeit vom 16. November – 31. Dezember 1941, 13. 1. 1942; Ähnliche Nachrichten auch aus Fellin: ERA-R-65. 1. 2126 S. 2. GK in Estland Abt. III FoHo, Einsatz von russ. Kriegsgefangenen. Kommandant des Kriegsgefangenen-Mannschafts-Stammlagers 332, 2. 1. 1942.

Kriegsgefangenen für den „Reichseinsatz" zu verwenden[529]. Und dennoch waren gerade im Oktober die Verhältnisse der Ernährung der sowjetischen Kriegsgefangenen, verglichen mit den Richtlinien vom September 1941[530], auf einem Tiefstand angelangt, so dass der Ausbruch dieser Krankheit alles andere als eine Überraschung für die deutschen Planer sein konnte. In den Richtlinien für die Ernährung der Kriegsgefangenen im RKO vom 16. Oktober 1941 hieß es wörtlich:

„Wie bereits mitgeteilt steht außer den für die Wehrmachtversorgung und für den dringendsten Bedarf der Zivilbevölkerung erforderlichen Viehmengen kein Fleisch oder Fleischwaren zur Verfügung. ... An Fett nur Schlachtfette minderer Qualität und solche Fette, welche zwar einwandfrei gewonnen, bisher aber nur der Verarbeitung für technische Zwecke verarbeitet wurden. ... Gewisse Fleisch- und Fettmengen lassen sich noch dadurch gewinnen, dass die Fleisch verarbeitenden Betriebe die bisher unverarbeitet gebliebenen Rückstände und Abfälle sammeln und zur Abholung bereithalten. Ich denke dabei in erster Linie an die beim Kochen von Fleisch und Würsten anfallende Brühe, an das Blut, an gewisse Fleischabfälle und Innereien sowie an Konfiskate. ... Die Getreideversorgung ermöglicht eine zusätzliche Freigabe keineswegs. Es sollte deshalb sofort eine Verteilung der bereits angeforderten Brotgetreidemenge auf die insgesamt zu erwartende Zahl der Kriegsgefangenen durch entsprechende Rationskürzung erfolgen"[531].

Auch als die sogenannte „Aufpäppelungszulage" für die sowjetischen Kriegsgefangenen beschlossen worden war, um die Sterblichkeit zurückzudrängen[532], bedeutet dies nicht, dass die offiziellen Vorgaben in der Praxis auch umgesetzt wurden. Trotzdem waren die außerhalb der Lager beschäftigten Kriegsgefangenen besser versorgt als die in den Lagern lebenden Kriegsgefangenen, wie das Schreiben der estnischen Forstverwaltung an das Wirtschaftskommando Reval verdeutlicht:

„In Betreff Ihres Schreibens vom 4. November d. J. teilen wir Ihnen mit, dass die Verpflegung der Kriegsgefangenen nach den in Ihrem Schreiben gegebenen Liste

529 Zu diesem Widerspruch vgl.: Dieckmann, The murder of Soviet prisoners of war in Lithuania, 2005, hier: S. 229–231; Herbert, Fremdarbeiter, 1999, S. 170 f.

530 Hierzu: LVVA-P-80.3.4 S. 99. Wehrmachtsbefehlshaber Ostland Oberquartiermeister, Besondere Verwaltungsbestimmungen Nr. 3 des Chefintendanten beim Wehrmachtsbefehlshaber Ostland., 3.9.41. Zur widersprüchlichen Vorgehensweise der Gleichzeitigkeit vom Entschluss zum „Arbeitseinsatz" und der Senkung der Lebensmittelsätze, siehe: Streit, Keine Kameraden: Die Wehrmacht und die sowjetischen Kriegsgefangenen 1941–1945, 1997, S. 142.

531 LVVA-P-70.1.17 S. 1 f. RKO Abt. Landwirtschaft und Ernährung, Verpflegung von russischen Kriegsgefangenen, 16. 10. 1941; Zur Ernährungspolitik gegenüber den Kriegsgefangenen im Herbst 1941 im RKO, insbesondere Litauen, siehe auch: Dieckmann, The murder of Soviet prisoners of war in Lithuania, 2005, hier: S. 227 f.

532 Dazu: IfZ-MA.202 S. 1056–1059. Reichsarbeitsminister, Sofortmaßnahmen für den Arbeitseinsatz sowjetischer Kriegsgefangener. Präsidenten der Landesarbeitsämter, 9. 12. 1941; Vgl.: Annette Schäfer, Zwangsarbeiter und NS-Rassenpolitik: Russische und polnische Arbeitskräfte in Württemberg 1939–1945, Stuttgart 2000, S. 44–46.

und Normen nicht möglich ist, da viele verzeichnete Lebensmittel nicht anzuschaffen sind"[533].

Demgemäß erhielten die Kriegsgefangen in der estnischen Forstwirtschaft zu diesem Zeitpunkt folgende Rationen:

„Brot	600 Gramm
Schweinefleisch	40 Gramm
Suppe	1 Liter
Strömlinge	100 Gramm
Kartoffel	500 Gramm
Kaffee	morgens
Tee	abends"[534].

Insgesamt richtete sich die deutsche Ernährungspolitik ab dem Wandel im Herbst 1941 nach dem Prinzip der Abhängigkeit der Ernährungssätze von der potentiellen Arbeitsleistung der Kriegsgefangenen[535]. Da ein Großteil der Kriegsgefangenen im Herbst 1941 bereits so geschwächt war, dass er für die deutsche Kriegswirtschaft als Arbeitskraft nicht mehr interessant war, entwickelte sich die Gleichzeitigkeit von weiterhin hoher Sterblichkeit und unzureichender Ernährung und von selektiver Besserbehandlung einiger weniger zum „Arbeitseinsatz" Auserkorener[536]. In diesem Sinne ordnete der Reichsarbeitsminister im Dezember 1941 an, „dass alle sowjetischen Kriegsgefangenen, die zwar nicht im Augenblick arbeitsfähig sind, bei denen aber eine Arbeitsfähigkeit bei entsprechend verbesserter Verpflegung noch zu erwarten ist, auch sofort in den Genuss der erhöhten Verpflegung (Aufpäppelungszulage nach Ziffer II der Verfügung OKW – s. Erlass vom 1. 12. 1941) gelangen"[537].

Bei solchen Ernährungsrichtlinien erstaunt es wenig, dass im Dezember 1941 beispielsweise das Stalag 334 in Wilna eine Sterblichkeitsrate von 50 Personen täglich meldete[538]. Im gesamten Gebiet des RKO lag die Zahl der täglichen Todesopfer zeit-

533 ERA-R-66.1.147 S. 1. Staatsforstverwaltung in Estland, Schreiben betr.: Erhöhung der Lebensmittelrationen für Kriegsgefangene. An: Wirtschaftskommando Reval, 11. 11. 1941.

534 Ebd.

535 Siehe beispielsweis die Erhöhung der Sätze für 10 LKW-Fahrer in Litauen zu diesem Zeitpunkt: LVVA-P-80.2.16 S. 1. Wehrmachtskommandantur Schaulen Abt. Ib, Schreiben betr.: Entlohnung von russische Kriegsgefangenen-Lkw.-Fahrern, 2. 11. 1941.

536 Zu diesem Zusammenhang siehe auch: Gerlach, Krieg, Ernährung, Völkermord: Deutsche Vernichtungspolitik im Zweiten Weltkrieg, 1998, S. 37–42.

537 IfZ-MA.202 S. 1056–1059. Reichsarbeitsminister, Sofortmaßnahmen für den Arbeitseinsatz sowjetischer Kriegsgefangener, 9. 12. 1941.

538 „20. 12. 1941 Stalag 334 in Wilna hat 7300 Kriegsgefangene, davon 4000 in Außenkommandos gebunden. Trotz Fleckfieber mit z.Zt. 1200 Fällen und täglich 50 Sterbefällen zunächst 1500 Gefangene freigemacht, restlicher Lagerbestand nicht einsatzfähig". Aus: LCVA-R-626.1.216 S. 199. Leiter der Kommission Hessen gez. Grünthaler, Russeneinsatz. Tätigkeitsbericht der Kommission Hessen. Reichsarbeitsministerium, 20. 12. 1941.

weilig bei 2000 Menschen, wie die Anwerbekommission Nordmark feststellte[539]. Diese Verbreitung der Flecktyphusepidemie fiel, wie erwähnt, zeitlich zusammen mit dem Versuch, die Kriegsgefangenen für den „Reichseinsatz" mittels der Anwerbekommissionen im Winter 1941 zu rekrutieren. Die Arbeit der Kommissionen wurde durch die Flecktyphusepidemie jedoch nur aufgehalten[540], nicht verhindert. Schon Anfang 1942 rollten die ersten großen Transporte von Kriegsgefangenen in Richtung Reichsgebiet[541].

Zusammengefasst war das Schicksal der sowjetischen Kriegsgefangenen im Baltikum, wie in anderen deutsch beherrschten Regionen auch, in der zweiten Jahreshälfte des Jahres 1941 massiv von der deutschen Hungerpolitik geprägt. Die Zahl der insgesamt auf dem Territorium der drei baltischen Generalbezirke zwischen Juli und Dezember 1941 zu Tode gekommenen Kriegsgefangenen ist aufgrund mangelnden Quellenmaterials nicht geklärt[542]. Ende des Jahres befanden sich auf dem Territorium des RKO insgesamt noch 196 000 Kriegsgefangene[543].

Obwohl der „Arbeitseinsatz" der Kriegsgefangenen sogar auf dem Reichsgebiet seit August 1941 in Ausnahmefällen geplant war, setzte sich diese Politik erst als Folge der militärischen Rückschläge zum Ende des Jahres 1941 durch, als sich die Sterberate der Kriegsgefangenen auf dem Höhepunkt befand. Der „Arbeitseinsatz" im Baltikum selbst setzte deutlich früher bereits unmittelbar nach der Eroberung ein. Nicht zuletzt um Bewachungspersonal zu sparen, entließ die Wehrmacht die baltischen und die ukrainischen Kriegsgefangenen aus der Gefangenschaft. Letztere mussten daraufhin unter der Aufsicht der einheimischen Kräfte hauptsächlich in der Landwirtschaft und in der Holz- und Forstwirtschaft arbeiten. Auch die übrigen

539 „Der tägliche Abgang durch Tote (Entkräftung, Seuchen) im Bereich Ostland wird auf 2000 beziffert". Aus: BA-R-9. 2. 1155 u. p. Kommission Nordmark, Bericht über die Struktur des Arbeitsamtsbezirks Riga und die Frage der Abgabe von sowjetischen Kriegsgefangenen, 8. 1. 1942; Vgl. übereinstimmend auch: Streit, Keine Kameraden: Die Wehrmacht und die sowjetischen Kriegsgefangenen 1941–1945, 1997, S. 133; Maripuu, Soviet Prisoners of War in Estonia in 1941–1944, 2006e, S. 742.

540 Siehe die Beschwerde der Kommission Hessen gegen das Verbot der Ausreise von sowjetischen Kriegsgefangenen wegen Seuchengefahrs: LCVA-R-626.1.216 S. 183. Arbeitsamt Wilna Kommission Hessen, Schreiben betr.: Freigabe von Kriegsgefangenen. An: Kommandeur der Kriegsgefangenen in Riga, 5. 1. 1942.

541 LVVA-P-69.2.13 S. 1. Leiter der Kommission Pommern des RAM, Schreiben betr.: Arbeitseinsatz von Sowjetrussen (Kgf. u. Zivilarbeiter). An: Reichsarbeitsminister, 21. 2. 1942.

542 Allein zwischen Ende November und Anfang Januar 1942 starben im RKO 68 000 Kriegsgefangene. Aus: Streit, Keine Kameraden: Die Wehrmacht und die sowjetischen Kriegsgefangenen 1941–1945, 1997, S. 133; Dieckmann errechnet für die Gesamtzeit der deutschen Besatzung in Litauen eine Gesamtzahl von gestorbenden sowjetischen Kriegsgefangenen von mindestens 145 000. Vgl.: Dieckmann, The murder of Soviet prisoners of war in Lithuania, 2005, S. 254.

543 BA-R-9. 2. 1155 u. p. Kommission Nordmark, Bericht über die Struktur des Arbeitsamtsbezirks Riga und die Frage der Abgabe von sowjetischen Kriegsgefangenen, 8. 1. 1942.

Gefangen versuchte die deutsche Arbeitsverwaltung in diesen Wirtschaftszweigen auszunutzen. Wegen des fehlenden Polizeipersonals, und spätestens ab Oktober auch wegen des miserablen Gesundheitszustands, erfüllten sich aber die Hoffnungen der Arbeitsverwaltung auf diesem Felde nicht. Außerdem begannen Anfang 1942 die ersten massenhaften Abtransporte der Anwerbekommission das Baltikum zu verlassen.

„Arbeitseinsatz" der Kriegsgefangenen 1942 – Erhöhung der Ernährungssätze – Absinken der Arbeitsmoral:
Der „Arbeitseinsatz" der sowjetischen Kriegsgefangenen 1942 im Baltikum zeichnete sich vor allem durch den Wandel der Einstellung den Kriegsgefangenen gegenüber aus, was zum einen bewirkte, dass die Kriegsgefangenen nun eine bessere Überlebenschance hatten, zum anderen wurden sie aber zunehmend aus dem Baltikum entfernt, da sie im Reich gebraucht wurden[544].

Dagegen wehrten sich vor allem die lokale Arbeitsverwaltung[545]. In vielen Wirtschaftszweigen war die Beschäftigung inzwischen zur festen Planungsgröße geworden, ohne die eine Erfüllung der „kriegswichtigen" Vorgaben nicht mehr zu erreichen war[546]. Um den örtlichen „Einsatz" der Kriegsgefangenen zu rechtfertigten war es wichtig, die Vorteile einer solchen Vorgehensweise zu unterstreichen. Dabei spielte auch 1942 die Sicherheitsfrage die entscheidende Rolle, weshalb die Bewachungsfrage in dem Schriftverkehr bezüglich des „Arbeitseinsatzes" von Kriegsgefangenen wieder einen großen Raum einnahm. Die Arbeitsämter betonten abermals die Wichtigkeit der lagermäßigen Unterbringung der Gefangenen, da ansons-

544 „Lt. OKW-Befehl und Erlass Ram. sind aus den bei Wehrmachtsstellen eingesetzten Kriegsgefangenen sofort mindestens 50 Prozent, darunter sämtliche Metallwerker, für Rüstungsindustrie herauszuziehen und den Kommissionen der Geschäftsgruppe Arbeitseinsatz zur Verfügung zu stellen". Aus: LCVA-R-626.1.29 S. 27. RKO Abt. Aso gez. Küssner, Schreiben betr.: Einsatz sowjetischer Kreigsgefangener für Rüstungsindustrie. An: GK in Kauen Abt. Aso, 13. 2. 1942.

545 Siehe beispielsweise: LVVA-P-70.2.43 S. 4. GK in Reval Abt. III La, Schreiben betr.: Abzug der Kriegsgefangenen. An: RKO Abt. III Landwirtschaft und Ernährung, 21.4.42; Oder: „Ich bitte, sich mit allen Mitteln dafür einzusetzen, dass ein weiterer Abzug von Kriegsgefangenen aus der gewerblichen Wirtschaft des Ostlandes nicht mehr vorgenommen wird und dass die bereits abgegebenen Gefangenen möglichst umgehend durch neue Kriegsgefangenen aus den südlichen besetzten Gebieten ersetzt werden". Aus: BA-R-9. 2. 1145 u. p. RKO gez. Fromm, Schreiben betr.: Arbeitskräfteentzug aus dem Ostland. An: RMfdbO z.H. Dr. Schlotterer, 20. 8. 1942.

546 „Nun senden sie uns nicht nur nicht diese 100 Mann, sondern ziehen auch noch die vorhandenden 50 Mann ab. Damit ist die Fabrikation aus". Aus: LCVA-R-615.1.108 S. 50. Baumaterialientrust in Kauen Kommissarischer Verwalter, Schreiben betr.: Kriegsgefangene für Palemonas. An: Stalag 336 z. H. Major Grimbach, 24. 7. 1942; Vgl. auch: LCVA-R-615.1.108 S. 52. Baumaterialientrust in Kauen Kommissarischer Verwalter, Schreiben betr.: Arbeitskräfte für Ziegeleien. An: Sozialamt in Kauen, 24. 7. 1942.

ten der endgültige Abzug der Kriegsgefangenen aus dem RKO erfolge[547]. Um eine optimierte Kontrolle zu gewährleisten, waren den einzelnen Kriegsgefangenenlagern bestimmte Regionen zugeordnet, in denen sogenannte Kriegsgefangenenkommandos geschlossen zum „Einsatz" kamen[548]. Nun rächte es sich für die deutsche „Arbeitseinsatzverwaltung", dass die einheimischen Polizeikräfte mit der Bewachung beauftragt worden waren, die zunehmend damit begannen, nicht allzu genau hinzuschauen, wenn Kriegsgefangene Fluchtversuche unternahmen. Diejenigen geflohenen Kriegsgefangenen allerdings, welche in die Fänge der deutschen Polizeiorgane gerieten, erwartete ein gnadenloses Schicksal, so wie die 15 namentlich genannten flüchtigen Kriegsgefangenen im Monat September, welche der KdS Lettland hatte erschießen lassen[549], oder die 17 erschossenen geflohenen Kriegsgefangenen des Folgemonats[550]. Hintergrund dieser brutalen Maßnahmen war nicht nur die gesunkene Bereitschaft der einheimischen Polizeiorgane, die Kriegsgefangenen an der Flucht zu hindern. Auch die Arbeitsmoral der Kriegsgefangenen selbst nahm während des Jahres 1942 parallel zu der nachlassenden Arbeitsmoral der Zivil bevölkerung kontinuierlich ab[551].

Wie schon im Jahre 1941 mussten die noch im Baltikum verbliebenen Kriegsgefangenen vor allem bei der Ernte aushelfen. Dazu mussten sie kurzzeitig von anderen Arbeitsstellen ausgeliehen werden, wie das Schreiben des Arbeitsamtes in Wolmar an die lettische Straßendirektion zeigt:

„Ich ersuche Sie von den Ihnen zugewiesenen Kriegsgefangenen, zwecks Einsatzes in der Landwirtschaft, 200 Kriegsgefangene den Gemeindeältesten im Kreise Wenden zur Verfügung zu stellen. ... Nach Einbringung der Ernte werden diese Kriegsgefangenen wieder Ihnen zurückgeführt"[552].

Aber auch in den Betrieben der Großstädte waren die Kriegsgefangenen inzwischen trotz des Abzuges ins Reich zum festen Bestandteil der „Arbeitseinsatzplanung" geworden. In Riga waren im Herbst 1942 etwa 400 entlassene und 600 nicht entlassene Kriegsgefangene in den Betrieben der Stadt beschäftigt[553]. Beim Straßen-

547 LVVA-P-961.1.45 S. 76. Arbeitsamt Wolmar, Schreiben betr.: Lagermässige Unterbringung der Kriegsgefangenen. An: Gemeindeältester in Wenden, 19. 3. 1942.

548 LCVA-R-626.1.29 S. 164 f. Kriegsgef.Bez.Kdt.L., Kontrolle des Arbeitseinsatzes, 15. 4. 1942.

549 LVVA-P-82.1.20 S. 7. KdS Lettland gez. Schiele, Schreiben betr.: Flüchtlinge sowjetrussische Kriegsgefangene. An: Kommandeur der Ordnungspolizei Riga, 15. 9. 1942.

550 LVVA-P-82.1.20 S. 9 f. KdS Lettland gez. Schiele, Schreiben betr.: Flüchtlinge, sowjetrussische Kriegsgefangene. An: Kommandeur der Ordnungspolizei Riga, 9. 10. 1942.

551 BA-RW-41.56 u. p. Kommandeur der Kriegsgefangenen beim Wehrmachtsbefehlshaber Ostland, Schreiben betr.: Hebung der Arbeitsleistung der Kgf. und Verhalten der Wachmannschaften bei Nachlassen der Arbeitsleistung der Kgf., 8. 9. 1942.

552 LVVA-P-961.1.45 S. 53. Gebietskommissar in Wolmar Arbeitsamt, Schreiben betr.: Kriegsgefangeneneinsatz. An: Lettische Strassendirektion, 31. 8. 1942.

553 BA-R-91.439 u. p. Gebietskommissar Riga, Verzeichnis der Kriegsgefangenen die in der Stadt Riga (Kreis Riga, Madohn) beschäftigt sind, 26. 9. 1942.

bau in Lettland mussten im Sommer 1942 2120 Kriegsgefangene arbeiten[554]. Auch in Litauen wurden viele Usbeken, Tataren und Baschkiren aus dem Stalag Kauen an die Stralo „entlassen", wie die zahlreich überlieferten Einstellungsvereinbarungen der Stralo bezeugen[555]. Immer wieder meldete auch die Holz- und Forstwirtschaft ihr Interesse an Kriegsgefangenen als Arbeitskräfte an. Beispielsweise arbeiteten im Herbst 1942 300 Kriegsgefangene in der Sägeindustrie von Riga[556]. Auch in Estland mussten 100 Kriegsgefangenen, sobald die Flecktyphuskrankheit zurückgegangen war, auf einer Baustelle der Baugruppe Giessler in Walk arbeiten[557].

Ein besonderer „Arbeitseinsatz" für Kriegsgefangene stellte die ab 1942 stärker anlaufende Ölschieferproduktion in Estland dar, wo zum Zeitpunkt des Rückzugs 13 000 sowjetische Kriegsgefangene arbeiteten[558]. Aus diesem Grunde war Estland auch mit Hinblick auf die Kriegsgefangenen vom Abzug ins Reich weniger stark als Lettland betroffen. Im Sommer 1942 befanden sich etwa 20 000 sowjetische Kriegsgefangene in Estland und mindestens 16 000 nahmen die Deutschen auf ihrer Flucht 1944 mit nach Westen[559].

Zahlen und Abzug von Kriegsgefangenen ins Reich 1942:
Die Diskrepanz zwischen Planung und Praxis zeigte sich auch bei der Organisation des „Arbeitseinsatzes" der Kriegsgefangenen. Bereits im Oktober 1942 bestand in Lettland eine Nachfrage nach 11 560 Kriegsgefangenen als Arbeitskräfte, die wegen des Abzugs nicht mehr vor Ort waren[560]. Dies erklärte sich durch die enorme Wegnahme durch die Anwerbekommissionen im Jahre 1942. Waren nach den Angaben der Abteilung Aso beim GK in Riga Ende 1941 auf lettischem Boden etwa 33 000 Kriegsgefangene, so dezimierte sich diese Zahl innerhalb des Jahres 1942 auf nur noch 11 000 Anfang des Jahres 1943[561]. Wie erwähnt war dieser Prozess von den andauernden Protesten der betroffenen Firmen und Wirtschaftszweige begleitet, wie z. B. von Seiten der Sägewerke von Windau, die im November 1942 noch 320

554 LVVA-P-69.2.13 S. 8. GK Abt. IV Stra, Verzeichnis der im Generalkommissariat Lettland eingesetzten Kriegsgefangenen, 24. 6. 1942.

555 Beispielsweise: LCVA-R-735.1.5 S. 1. Strassentransportleitung Ost VI Annahmestelle für Landeseinwohner als Kraftfahrer, Einstellungsvereinbarung, 13. 7. 1942.

556 LVVA-P-70.5.67 S. 21. GK in Riga III c, Schreiben betr.: Einsatz von Kriegsgefangenen bei der Sägeindustrie in Riga. An: Geb.K. in Riga – Arbeitsverwaltung, 12. 10. 1942.

557 ERA-R-65.2.102 S. 1–9. GK in Reval Abt. Aso, Statistischer Dienst und Berichterstattung. Monatlicher Lagebericht für März 1942, 10. 4. 1942.

558 Maripuu, Soviet Prisoners of War in Estonia in 1941–1944, 2006e, hier: S. 765.

559 Ebd.; hier: S. 751,754.

560 LVVA-P-69.2.83 S. 12 f. GK in Riga Abt. III e Aso, Statistik der Arbeitseinsatzlenkung für Oktober 1942, (Nov. 42).

561 BA-R-9. 2. 1153 u. p. GK in Riga Abt. III e Aso, Schreiben betr.: Abzug von Arbeitskräften aus dem Lande. An: GK in Riga HA III z.H. Dr. Dr. von Borcke, 9. 4. 1943; Genauere statistische Werte zur Entwicklung der Kriegsgefangenenzahlen im GK Riga im Jahre 1942 unter: LVVA-P-98.1.26.

Kriegsgefangene beschäftigen und im Dezember nur noch über 130 Kriegsgefangene als Arbeitskräfte verfügen konnten[562]. Der Rückgang der Kriegsgefangenen als Arbeitskräfte in allen drei Generalkommissariaten ist gut dokumentiert in der Landwirtschaft, wobei die Abteilung Wirtschaft des RKO ein besonderes Interesse hatte, diesen Rückgang besonders drastisch erscheinen zu lassen, um weitere Arbeitskräfteabgaben zu verhindern. Die Tabelle zeigt den Rückgang der in der Landwirtschaft beschäftigten Kriegsgefangenen[563]:

1942	Lettland		Litauen		Estland
im Frühjahr	32 400	1.4.	16 000	k.A.	k.A.
5.8.	17 296	5.8.	12 105	Juni	6 700
20.8.	11 677	20.8.	4 657	20.8.	6 030
20.9.	15 123	20.9.	5 985	k.A.	k.A.
10.12.	6 000	10.12.	3 500	k.A.	k.A.

Arbeitsbedingungen 1942 – erhöhte Lebensmittelrationen – Stigmatisierung:
Während die Kriegsgefangenen 1941 noch massenhaft dem Hungertod ausgeliefert waren, verbesserten sich die Bedingungen des „Arbeitseinsatzes" im Jahre 1942, da die Bedeutung ihrer Arbeitskraft von den Deutschen entdeckt worden war. Dabei verbesserten sich die Lebensmittelsätze derartig, dass sie nach Angaben des GK in Reval sogar die Sätze für die einheimische Zivilbevölkerung klar übertrafen[564]. Diese überraschend anmutende Behauptung ist durch ein anderes Schreiben der Zivilverwaltung in Estland bestätigt, wonach Kriegsgefangene, welche in der Forstwirtschaft beschäftigt waren, höhere Lebensmittelsätze als die einheimische Bevölkerung bekamen[565]. Tatsächlich waren die Lebensmittelsätze für Kriegsgefangene, so wie sie am 24. 10. 1942 vom OKH festgelegt wurden, im Durchschnitt durchaus über den Sätzen der Zivilbevölkerung. So waren den Kriegsgefangenen auf dem Papier 2600 Gramm Brot (pro Kopf, pro Woche, vgl. Zivilbevölkerung: 2250 Gr.),

562 LVVA-P-70.5.67(I) S. 84. GK in Riga III c, Schreiben betr.: Einsatz der Kriegsgefangenen bei den Sägewerken in Windau. An: Stalag 350, 18. 12. 1942.

563 Aus: LVVA-P-69.2.7 S. 58–61. RKO HA III Aso, Schreiben betr.: Landwirtschaftlicher Arbeitseinsatz. An: RMfdbO Abt. Ernährung und Landwirschaft, 14. 12. 1942. Dass diese Zahlen bewusst auf den starken Abzug von Kriegsgefangenen aufmerksam machen sollen, zeigt sich auch daran, dass in keinem Schriftstück explizit auf die Tatsache aufmerksam gemacht wird, dass im Sommer 1943 in Lettland wieder 17 078 Kriegsgefangene in der Landwirtschaft arbeiteten. Dazu siehe: BA-R-9. 2. 1153 u. p. GK in Riga Abt. III Aso, Schreiben betr.: Abzug von Kriegsgefangenen. An: GK in Riga z.h. Dr. Dr. Borcke, 28. 7. 1943.

564 ERA-R.65.1.3 S. 110. GK in Reval, Verpfegungssätze für Kriegsgefangene. RKO, 2. 10. 1942.

565 ERA-R-65. 1. 2126 S. 45. GK in Reval Abt. FoHo, Schreiben betr.: Einsatz von Kriegsgefangenen in der Forstwirtschaft. An: RKO Abt. III FoHo, 17. 7. 1942.

250 Gramm Fleisch (200 Gr.), 130 Gramm Fett (200 Gr.), 150 Gramm Nährmittel (150 Gr.) und 110 Gramm Zucker (100 Gr.) zugesichert worden[566]. Allerdings besaßen sie in der Praxis einen deutlich schlechteren Zugang zu dem blühenden Schwarzmarkt, um ihre Ernährung aufzubessern.

Mochten sich somit auf der einen Seite die Bedingungen für die Kriegsgefangenen im RKO ab 1942 deutlich verbessert haben, so gab es andererseits Neuerungen im Jahre 1942, welche die Kriegsgefangenen aufs Schärfste diskriminierten und erniedrigten. Dazu ist die Einführung der „Kennzeichnung der sowjetischen Kriegsgefangenen“ vom 20. Juli 1942 zu zählen. In den Anweisungen zur Durchführung dieser Kennzeichnung waren folgende Bestimmungen festgelegt:

„Die sowjetischen Kriegsgefangenen sind durch ein besonderes und dauerhaftes Merkmal zu kennzeichnen. Das Merkmal besteht in einem nach unten geöffneten spitzen Winkel von etwa 45° und 1 cm Schenkellänge auf der linken Gesäßhälfte, etwa handbreit von der Afterspalte entfernt. Es ist mit Lanzetten, wie sie bei jeder Truppe vorhanden sind, auszuführen. Als Farbstoff ist chinesische Tusche zu verwenden“[567].

Mit dieser Stigmatisierung sollten ab sofort alle sowjetischen Kriegsgefangenen erkenntlich gemacht werden, um das Ausmaß der Fluchtversuche auf diese Weise wieder zu reduzieren.

Im Laufe des Jahres 1942 war der „Arbeitseinsatz“ der Kriegsgefangenen also durch eine Verbesserung der Ernährungssituation gekennzeichnet, zugleich wurden aber Zehntausende von Kriegsgefangenen aus dem Baltikum ins Reich geschickt. Außerdem verschlechterte sich trotz der höheren Lebensmittelsätze die Arbeitsmoral der Kriegsgefangenen, was noch durch eine wachsende Sympathie der einheimischen Polizei den Kriegsgefangenen gegenüber zusätzlich die Effektivität aus Sicht der deutschen „Arbeitseinsatzplaner“ beeinträchtigte. Die Reaktionen hierauf waren wiederum härtere Abschreckungsmaßnahmen, wie Erschießungen und Stigmatisierung, so dass insgesamt das Bild des „Arbeitseinsatzes“ der Kriegsgefangenen im Jahre 1942 höchst widersprüchlich und ambivalent bleibt.

566 ERA-R-819.2.8 S. 22 f. Oberkommando der Heeres Gen.St.d.H./Gen.Qu., Schreiben betr.: Verpflegung sowjetrussischer Kriegsgefangener. An: Verteiler, 24. 10. 1942; Leicht abweichende Zahlen bei: Maripuu, Soviet Prisoners of War in Estonia in 1941–1944, 2006e, S. 754; Vgl. mit Lebensmittelsätzen unter Abschnitt zu Balten 1943.

567 LVVA-P-82.1.20 S. 5. OKW, Kennzeichnung der sowjetischen Kriegsgefangenen durch ein Merkmal, 20. 7. 1942.

Arbeitseinsatz der Kriegsgefangenen 1943 – „Kriegsgefangene sind wertvolle Arbeitskräfte"[568]:

Zu strukturellen Veränderungen des „Arbeitseinsatzes" der Kriegsgefangenen kam es im Verlauf der letzten Okkupationsjahre nicht mehr. Die wichtigsten Arbeitsfelder, zu denen die Kriegsgefangenen geschickt wurden, waren nach wie vor die Landwirtschaft, die Holz- und Forstwirtschaft und das Baugewerbe. Die 929 Kriegsgefangenen und 938 „freigelassenen" Ukrainer, welche zu Beginn des Jahres im Kreis Wolmar für die Deutschen arbeiten mussten, waren folgendermaßen auf die einzelnen Wirtschaftszweige verteilt[569]:

Februar 1943	Kriegsgefangene	Ukrainer
Landwirtschaft	678	937
Forstwirtschaft	100	-
Sägewerke	81	-
Baugewerbe	80	1

Die fortgesetzte Unterscheidung zwischen „freien" Ukrainern und Kriegsgefangenen hatte auch 1943 noch Bestand. So wurde im Rigaer Hafen zwischen den 110 Ukrainern und den 329 Kriegsgefangenen als Arbeitskräfte unterschieden[570].

Fortgesetzter Abzug von Kriegsgefangenen 1943:

Darüber hinaus gingen auch die Abzüge der Kriegsgefangenen aus dem Ostland immer weiter. Während im Rigaer Hafen, wie aus angegebener Aufstellung hervorgeht, zusammen etwa 450 ehemalige Rotarmisten als Arbeitskräfte „eingesetzt" waren, beklagte sich der Hafen in Reval, dass statt der geforderten 300 nur 43 Kriegsgefangene arbeiteten[571]. Besonders betroffen vom Abzug der Kriegsgefangenen war auch die Forstwirtschaft, welche sich darüber beschwerte, dass im Winter 1941/1942 in Lettland noch 3700 Kriegsgefangene gearbeitet hatten und im darauffolgenden Winter die entsprechende Zahl nur noch bei 800 lag[572]. Daran änderte sich auch im Verlaufe des Jahres 1943 nichts. Im Oktober meldete die Abteilung FoHo des GK in Riga, dass 775 Kriegsgefangene vorhanden wären, aber eigent-

568 Zitat aus: LCVA-R-1399.1.38 S. 6 f. Der Chef der Sicherheitspolizei und des SD gez. Müller, Schreiben betr.: Verhalten gegenüber Kriegsgefangenen Ausgabe Juli 1943. An: Verteiler, 31. 8. 1943.

569 Aus: BA-R-9. 2. 1226 u. p. Arbeitsamt Wolmar, Lagebericht, 28. 2. 1943.

570 LVVA-P-69.2.7 S. 74. Gebietskommissar in Riga Arbeitsverwaltung, Rigaer Hafen, 12. 4. 1943.

571 ERA-R-65.1.10 S. 35. GK in Reval HA III Verkehr, Schreiben betr.: Kriegsgefangeneneinsatz in den estn. Seehäfen Reval, Baltischport und Pernau. An: GK in Reval Litzmann, 24. 3. 1943.

572 LVVA.P-70.5.67(I) S. 101.GK in Riga – III FoHo, Schreiben betr.: Einsatz von Kriegsgefangenen zum Holzeinschlag, 19. 1. 1943.

lich weitere 2375 benötigt würden[573]. Insgesamt sollten nach Anweisungen Sauckels 1943 von den im August in Lettland beschäftigten 23 000 Kriegsgefangenen weitere 4550 den Generalbezirk verlassen, wogegen auch der erneute Protest der Abteilung Aso des GK in Riga nichts ausrichten konnte[574]. Aus dem gesamten RKO forderte der GBA 18 000 Kriegsgefangene für den Kohlebergbau im Reich[575]. Auffällig ist, dass die Kriegsgefangenen im Unterschied zu den einheimischen Arbeitskräften keine Beeinflussungsmöglichkeit auf diesen Entscheidungsprozess besaßen und somit der Abzug nicht verhindert wurde[576]. Zum Ende des Jahres waren in Lettland allerdings immerhin noch etwa 12 000 Kriegsgefangene im „Arbeitseinsatz"[577]. Auch im letzten Okkupationsjahr setzte sich der Abzug der Kriegsgefangenen gegen den Widerstand der Zivilverwaltung weiter fort[578]. Bis in die Zeit des „Kurlandkessels" hinein wurde der vollständige Abtransport der letzten im Gebiet des Baltikums verbliebenen ehemaligen Kriegsgefangenen organisiert:

„Auf Anordnung des HSSPF Ostland u. Rußland Nord vom 16.12.44 sind alle entlassenen ehemaligen russischen Kriegsgefangenen, soweit sie voll arbeitsfähig sind, zum Arbeitseinsatz im Reich abzutransportieren"[579].

Dass bis in die letzten Monate der deutschen Okkupationszeit im Baltikum noch Kriegsgefangene waren, erstaunt zunächst, wenn man diesen Umstand mit den andauernden Protestschreiben der deutschen Arbeitsverwaltung über den Abzug von Kriegsgefangenen in Beziehung setzt. Allerdings war diese Berichterstattung der örtlichen Arbeitsverwaltung stark darauf ausgerichtet, den Mangel an Arbeitskräften mit allen Mitteln zu betonen. Dass sie hierbei nicht immer ganz objektiv die tatsächliche Sachlage wiedergab, sei durch ein Beispiel belegt: Wie erwähnt betrug nach den Angaben der Arbeitsverwaltung die Zahl der in Lettland im „Arbeitsein-

573 LVVA-P-70.5.67(II) S. 328. GK in Riga – III FoHo, Schreiben betr.: Kriegsgefangenenbedarf. An: RKO Abt. III FoHo, 29. 10. 1943.

574 BA-R-9. 2. 1153 u. p. GK in Riga Abt. III Aso, Schreiben betr.: Abzug von Kriegsgefangenen aus dem Generalbezirk Lettland, 23. 7. 1943; Vgl. auch: BA-R-9. 2. 1153 u. p. GK in Riga Abt. III Aso, Abzug von Kriegsgefangenen, 28. 7. 1943; LVVA-P-70.5.67(II) S. 273. RKO Abt. III FoHo. Entzug der Kriegsgefangenen, 13. 8. 1943.

575 LCVA-R-1399.1.38 S. 17. KdS Litauen, Schreiben betr.: Kriegsgefangeneneinsatz für Kohlenbergbau. An: Aussenstellen Schaulen Krottingen und Ponewesch, 18. 8. 1943.

576 Zur Abgabe der 18 000 Kriegsgefangenen aus dem RKO im Jahre 1943 siehe: LVVA-P-70.5.13 S. 2–6. RKO Abt. III Arbeitspolitik und Sozialverwaltung gez. Schütte, Vermerk betr.: Gesamtübersicht über die Abgabe aus dem Ostland anlässlich des Besuchs des GBA im Ostland, 9. 12. 1943.

577 BA-R-9. 2. 1153 u. p. GK in Riga gez. Dr. Drechsler, Schreiben betr. der Ersatzgestellung von Arbeitskräften für die zur Legion Einzuberufenen, 25. 11. 1943.

578 LVVA-P-70.5.67(II) S. 429. RKO Abt.III FoHo, Abgabe von Kriegsgefangenen durch die Forst- und Holzwirtschaft, 19. 4. 1944.

579 LVVA-P-960.1.4 S. 74. SS- und Polizeigebietsführer Windau, Schreiben betr.: Abtransport der entlassenen ehemaligen russischen Kriegsgefangenen zum Arbeitseinsatz im Reich. An: Ortskommandant des Kreises Windau, 2. 1. 1945.

satz" stehenden Kriegsgefangenen Ende 1942 11 000[580]. Im darauffolgenden halben Jahr setzten sich die andauernden Beschwerden über den Abzug von Kriegsgefangenen kontinuierlich fort. Doch als im Sommer 1943 Sauckel den Abzug von weiteren 4500 Kriegsgefangenen forderte, findet sich in den Quellen die Angabe, dass zu diesem Zeitpunkt in Lettland 23 000 Kriegsgefangene wären. Es fragt sich, wie diese Verdopplung der Zahl der Kriegsgefangenen bei gleichzeitigem ständigem Abzug möglich sein konnte[581]. Dennoch sind die ständigen Forderungen Sauckels sowie der permanente Abzug aus den einzelnen sogenannten Bedarfsträgern gut dokumentiert. Der Zugang an neuen Kriegsgefangenen dürfte ab Sommer 1943 in keinem Verhältnis zum Abgang mehr gestanden haben, so wie dies im ersten Halbjahr 1943 ganz offensichtlich noch möglich gewesen war.

Die Kriegsgefangenen wurden im Übrigen nicht nur ins Reich zum „Arbeitseinsatz" geschickt. Ebenso wie die zivilen Arbeitskräfte beanspruchte die Wehrmacht in den besetzten Gebieten ihre Arbeitskraft und selbst in das ferne Lappland musste das Arbeitsamt Riga Anfang 1943 etwa 400 Kriegsgefangene abgeben. In dieser Hinsicht ist auch der Fall des „Arbeitseinsatzes" der Kriegsgefangen ein Beispiel für die mitunter absurde deutsche „Arbeitseinsatzplanung", welche die verschiedenen Gruppen von Arbeitskräften quer über den besetzten Kontinent schickte.

Arbeitsbedingungen 1943 – „streng aber korrekt" – „so viel an Arbeitsleistung, als irgend möglich":

Der Umgang mit den Kriegsgefangenen war auch 1943 durch den Gegensatz von verbesserter Ernährung und Erhöhung der Löhne[582] bei gleichzeitiger Androhung von härteren Strafen bei Arbeitsunlust geprägt. Dieser Zusammenhang von Ernährung und Arbeitsleistung wurde nachdrücklich in dem Merkblatt zum Umgang mit Kriegsgefangenen angesprochen, worin es hieß:

„Sie werden ausreichend ernährt; dieser Ernährung muss eine entsprechende Arbeitswilligkeit gegenüberstehen. ... Die Behandlung muss streng, aber korrekt sein. Sie wird wesentlich durch den Nutzen bestimmt, der im deutschen Interesse zu erzielen ist"[583].

580 Siehe: BA-R-9. 2. 1153 u. p. GK in Riga Abt. III e Aso, Bericht betr.: Abzug von Arbeitskräften aus dem Lande, 9. 4. 1943.

581 Zu der Entwicklung der Zahl der Kriegsgefangenen in Lettland und den andauernden Beschwerden über deren stängigen Abzug im selben Zeitraum, siehe die Berichte der Abteilung Aso beim GK in Riga unter: BA-R-9. 1. 1151.

582 Dazu: LVVA-P-70.5.67(I) S. 156. RKO Abt. III FoHo., Vergütung für Kriegsgefangene, 4. 3. 1943.

583 LCVA-R-1399.1.38 S. 6 f. Der Chef der Sicherheitspolizei und des SD gez. Müller, Verhalten gegenüber Kriegsgefangenen Ausgabe Juli 1943, 31. 8. 1943.

Die Betriebsführer, sowohl des Reiches, als auch in den besetzten Gebieten, wurden auf dieser Linie vom GBA eingeschworen, wobei hier das „Zuckerbrot" etwas mehr Gewichtung fand als die „Peitsche":

„Sinn und Zweck des Arbeitseinsatzes ist es, von den Kriegsgefangenen wirkliche Leistung zu erhalten. Sie müssen das Bewusstsein haben, dass die deutsche Einstellung zu ihnen nur dann eine bedingungslos feindliche ist, wenn sie selbst eine solche Einstellung durch ihre Haltung, durch mangelnde Leistung oder gar durch offene oder versteckte Sabotage heraufbeschwören"[584].

Ganz im Gegensatz zum Jahre 1941 galt nun endgültig:

„Oberster Grundsatz bleibt, aus den Kriegsgefangenen der Ostvölker so viel an Arbeitsleistung herauszuholen, als nur irgend möglich ist. Entscheidend werden immer die zur Anwendung kommenden Methoden sein"[585].

Wie schon gegenüber der Zivilbevölkerung klafften aber das angedrohte Strafmaß und die den Deutschen zur Verfügung stehenden Exekutivmittel zum Ende der Besatzungszeit in zunehmendem Maße auseinander, sodass eine willkürliche Verhaftungswut gegenüber den potentiell verdächtigen slawischen Kriegsgefangenen das Ergebnis dieser Situation war. Ein Beispiel dieser Art ist die Verhaftung eines „freigelassenen" Ukrainers, der im Chaos der letzten deutschen Besatzungstage nach mehrmaligen Verhaftungen seiner Papiere verlustig ging, ohne dass sich eine den Tatsachen entsprechende Rekonstruktion dieses Falles aus seinen tendenziösen Aussagen herleiten ließe[586]. Derartige Verhaftungen waren die Folge der ab 1943 vor allem in den östlichen Grenzgebieten Lettlands und Litauens zunehmenden Partisanentätigkeiten. Da den Kriegsgefangenen per se eine partisanenfreundliche Einstellung von der deutschen Polizei nachgesagt wurde, verschärften sich erneut die Bewachungsvorschriften für die Kriegsgefangenen, wobei den Deutschen noch immer das Personal fehlte, diese Bestimmungen durchzusetzen. Zum wiederholten Male forderte der SD, nur den streng bewachten lagermäßigen „Arbeitseinsatz" der Kriegsgefangenen zuzulassen[587]. Das Problem der Bewachung der Kriegsgefangenen verhinderte auch 1943 den „Arbeitseinsatz" der Kriegsgefangenen in vielen Fällen, so zum Beispiel teilweise in der Forstwirtschaft[588].

584 LCVA-R-1399.1.59 S. 45 f. GBA, Merkblatt für Betriebsführer, An: Betriebsobmänner und Unterführer in den Betrieben, 21. 6. 1943.

585 Ebd.

586 LVVA-P-960.1.4 S. 38. Feldkommandantur 528 Abt. Feldgendarmerie, Vernehmungsniederschrift. Kuratin, 12. 12. 1944.

587 LCVA-R-1399.1.59 S. 6. KdS Litauen Hauptaussenstelle Wilna, Schreiben betr.: Kriegsgefangene. An: KdS Litauen, 13. 5. 1943.

588 LVVA-P-70.5.67(II) S. 326.RKO Abt. III Fo Ho, Schreiben betr.: Bedingungen für den Einsatz von Kriegsgefangenen in der Forstwirtschaft, 10. 11. 1943.

Frauen von Sowjetoffizieren in Wilna:
Ein besonderer Fall des „Arbeitseinsatzes" von sowjetischen Kriegsgefangenen stellten die zurückgebliebenen Frauen von geflohenen sowjetischen Offizieren der Roten Armee dar. Ihnen unterstellte die deutsche Zivilverwaltung, ähnlich wie der gesamten slawischen Minderheit, eine besondere sowjetfreundliche Haltung:

„Mit Rücksicht auf die verstärkte Bandentätigkeit im Gebiet Wilna-Land wäre es angezeigt, das Lager der Sowjetfrauen in Wilna in das Innere des Generalbezirkes Litauen zu verlegen. ... Die Frauen besuchen auch andere Stadtviertel, besonders den südlich des Bahnhofs gelegenen Stadtteil, in denen die Starowieri auch Burlaki (Altgläubige, Anmerkung T.P.) genannt, wohnen. Diese Leute sind ausnahmslos Kommunisten"[589].

Aus diesem Grunde standen sie unter spezieller Beobachtung in einem „Russenghetto" in Wilna, das die deutsche Polizei zu diesem Zweck hatte einrichten lassen. Das Misstrauen machte auch nicht vor ihren Kindern halt, welchen die Erziehung durch ihre vermeintlich kommunistisch geprägten Mütter verboten wurde[590], „da sonst die Gefahr eines Nachwuchses für die Verbrecherwelt" bestünde[591]. Immerhin handelte es sich dabei um etwa 2500 Frauen und 2–3000 Kinder und somit zugleich um einen für die Arbeitsverwaltung nicht unwesentlichen Arbeitskräftefaktor. Größtenteils verpflichtete die deutsche Arbeitsverwaltung diese Frauen in der ortsansässigen Torfindustrie. Da aber nicht alle Frauen in diesem „Russenghetto" in Wilna untergebracht waren und selbst dort die Bewachung den deutschen Behörden schwerfiel, und diesen Frauen zudem, wie bereits erwähnt, eine große Nähe zu den sowjetischen Partisanen nachgesagt wurde, waren sie für die Sauckelaktionen aus Sicht der deutschen Arbeitsverwaltung wie geschaffen. Hier handelt es sich also um ein weiteres Beispiel für den überproportionalen Anteil an slawischen Personen bei den Sauckelaktionen, obwohl die reinen normativen Vorgaben eine solche Benachteiligung nicht vorsahen. Der KdS Litauen Karl Jäger urteilte abschließend zu der Beziehung dieser Personengruppe zum nationalsozialistischen „Arbeitseinsatz":

„Eine Lösung des Problems scheint sich nach der Richtung zu vollziehen, dass die noch frei vorhandenen Frauen erfasst und ins Reich abtransportiert werden, während die bereits in Lagern internierten Frauen zur Torfgewinnung hier verbleiben"[592].

589 LCVA-R-1399.1.72 S. 55. KdS Litauen Hauptaussenstelle Wilna, Schreiben betr.: Sowjetfrauen in Wilna. An: KdS Litauen Kauen, 23. 7. 1943.

590 „Auf keinen Fall geht es, dass zurückgebliebene Kinder der Sowjetrussinnen in Freiheit und sich selbst überlassen bleiben dürfen". Aus: LCVA-R-1399.1.72 S. 60. BdS Ostland, Schreiben betr.: Russenghetto in Wilna und sowjetrussische Offiziersfrauen sowie deren Kinder, welche im Generalbezirk Litauen zurückgeblieben sind. An: KdS Litauen, 14. 8. 1943.

591 Zitat aus: LCVA-R-1399.1.72 S. 49. KdS Litauen gez. Jäger, Schreiben betr.: Russenghetto in Wilna und sowjetrussische Offiziersfrauen sowie deren Kinder, welche im Generalbezirk Litauen zurückgeblieben sind. An: BdS Ostland, 6. 8. 1943.

592 Ebd.

Die Frauen der geflohenen Sowjetoffiziere stellen somit einen exemplarischen Fall für die gegenseitige Interaktion der deutschen Besatzungsverwaltung und einer unter Verdacht stehenden slawischen Betroffenengruppe, die aufgrund von Vorurteilen von Beginn der Besatzung an einer deutschfeindlichen Einstellung verdächtigt wurde, dar. Darauf folgte eine entsprechende pejorative Behandlung bezüglich der „Arbeitseinsatzpolitik", was wiederum eine deutschfeindliche Einstellung bei diesen Menschen erst provozierte.

Zwischenfazit:
Die behauptete Nähe der sowjetischen Kriegsgefangenen zu den Partisanen und die daraus resultierende Benachteiligung bei der Praxis der „Arbeitseinsatzpolitik" rechtfertigen die Einordnung der Gruppe der Kriegsgefangenen im Kontext der slawischen Bevölkerung im Baltikum. Von Anfang an zeichnete sich das Schicksal der Kriegsgefangenen als außerordentlich benachteiligt aus, was selbstredend für die Phase der deutschen Hungerpolitik gilt. Aber auch nachdem die deutsche Führung erkannt hatte, dass „Kriegsgefangene wertvolle Arbeitskräfte" sind[593], und die offiziellen Lohn- und Lebensmittelsätze teilweise sogar die der einheimischen Bevölkerung übertrafen, war deren Realität des „Arbeitseinsatzes" von Diskriminierung und Zwangsmaßnahmen gekennzeichnet. Dies galt nicht zuletzt auch deshalb, da sie im Gegensatz zu anderen von der deutschen „Arbeitseinsatzpolitik" betroffenen Gruppen keine Möglichkeiten in der Hand hatten, ihre Situation zu beeinflussen.

3.2.3 „Ostarbeiter" – Benachteiligung trotz normativer Gleichstellung

Definition: „Ostarbeiter"[594]:
Eine Gruppe von Arbeitskräften, welche im unmittelbaren Zusammenhang mit den Kriegsgefangenen stehen, sind die auch im RKO zur Arbeit gezwungenen „Ostarbeiter". So erhielten, wie bereits erwähnt, die „freigelassenen" Ukrainer den Status des „Ostarbeiters". Einer der offensichtlichsten Widersprüche der „Arbeitseinsatzpolitik" in den baltischen Generalbezirken des RKO besteht darin, dass die Arbeitskräfte aus dieser Region per Definition selbst keine „Ostarbeiter" waren, auch nicht die slawischen Minderheiten.

593 LCVA-R-1399.1.38 S. 6 f. Der Chef der Sicherheitspolizei und des SD gez. Müller, Verhalten gegenüber Kriegsgefangenen Ausgabe Juli 1943, 31. 8. 1943.

594 Zur Zwangsarbeit der „Ostarbeiter" in Deutschland und zum Begriff siehe zur Einführung u. a.: Jens Binner, „Ostarbeiter" und Deutsche im Zweiten Weltkrieg. Prägungsfaktoren eines selektiven Deutschlandbildes, München 2008.

Überhaupt war die Zuschreibung des Begriffs „Ostarbeiter" für Arbeitskräfte in den baltischen Generalbezirken nicht vollständig geklärt, da die offizielle Definition dieser Personengruppe eigentlich folgendermaßen lautete:

„Ostarbeiter sind diejenigen Arbeitskräfte nichtdeutscher Volkszugehörigkeit, die im Reichskommissariat Ukraine, im Generalkommissariat Weißruthenien oder in Gebieten, die östlich an diese Gebiete und an die früheren Freistaaten Lettland und Estland angrenzen, erfasst und nach der Besetzung durch die deutsche Wehrmacht in das Deutsche Reich einschließlich des Protektorats Böhmen und Mähren gebracht und hier eingesetzt werden"[595].

Aufgrund dieser Grenzziehung waren also die slawischen Minderheiten aus dem Baltikum von dem „Ostarbeiterstatus" enthoben. Aber streng genommen beinhalteten diese Bestimmungen bei der Festlegung des „Ostarbeiterbegriffs" auch solche Arbeiter, die nur innerhalb der Reichsgrenzen und Böhmen und Mährens arbeiteten. Von dem Baltikum war hier keine Rede. Daher wurde in der „Verordnung über die Einsatzbedingungen der Ostarbeiter in den Generalbezirken Estland, Lettland und Litauen" vom 10. 12. 1942 des RKO bestimmt, dass selbige Personengruppe auch als „Ostarbeiter" anzusprechen sei, wenn sie auf dem Territorium des Baltikums arbeiteten. Nun galt:

„1. Ostarbeiter sind diejenigen Arbeitskräfte, die im Reichskommissariat Ukraine, im Generalkommissariat Weißruthenien oder in Gebieten, die östlich an diese Gebiete und an die früheren Freistaaten Estland und Lettland angrenzen, nach der Besetzung durch die deutsche Wehrmacht erfasst, in die Generalbezirke Estland, Lettland und Litauen gebracht und hier eingesetzt werden.

2. Ostarbeiter im Sinne der Verordnung sind auch die Arbeitskräfte, die während oder nach der Sowjetherrschaft aus den in Abs. 1 genannten Gebieten gekommen und in den Generalbezirken Estland, Lettland und Litauen ansässig geworden sind.

3. Die Vorschriften gelten nicht für deutsche, estnische, lettische, litauische und finnische Volkszugehörige"[596].

Insbesondere der zweite und dritte Punkt war als Zugeständnis an die „landeseigenen" politischen Kräfte zu verstehen, da auf diese Weise slawische vermeintliche Kollaborateure der Sowjetherrschaft diffamiert waren. Nach einer weiteren ergänzenden Verordnung waren zusätzlich auch solche Personen von den „Ostarbeiterbestimmungen" ausgenommen, die in den Polizeiverbänden oder bei der Wehr-

595 BA-R-6.73 S. 45–48. Ministerrat für die Reichsverteidigung, Verordnung über die Einsatzbedingungen der Ostarbeiter, Juni 1942.

596 BA-R-91.439 u. p. GK IN RIGA GEZ. MATTHIESSEN, Verordnung über die Einsatzbedingungen der Ostarbeiter in den Generalbezirken Estland, Lettland und Litauen. 28. 1. 1943.

macht gedient hatten[597]. Dieser Zusatz war seit Frühjahr 1943 nötig geworden, da nun auch slawische Männer in verschiedenen Formationen für die deutsche Seite Kriegsdienst leisten durften, was im Übrigen von der Arbeitsverwaltung wegen des Abzugs von Arbeitskräften alles andere als begrüßt wurde[598].

Zwar war mit diesen Verordnungen Klarheit geschaffen, doch blieb die Gruppe der ehemaligen Kriegsgefangen eine nicht abschließend und eindeutig geklärte Gruppe von Arbeitskräften im Baltikum, was auch daran zu ersehen ist, dass eben genannte Verordnung für die „Ostarbeiter" schon vor Ablauf des Jahres wieder aufgehoben wurde[599]. Zudem wurde die Bezeichnung „Ostarbeiter" selbst nicht konsequent angewendet. Während auf eine Anfrage der Abteilung Aso in Reval bezüglich der ausländischen Arbeitskräfte im Generalbezirk Estland die meisten Arbeitsämter die Zahl der „freigelassenen" Ukrainer angaben[600], finden sich auch Zahlen von „Ostarbeitern", bei denen es sich aber um „freigelassene" Ukrainer handelte[601]. Da im Baltikum die große Mehrheit der „Ostarbeiter" „freigelassene" Ukrainer waren, diese aber streng genommen nicht unter die oben genannte Definition des „Ostarbeiterbegriffs" fielen, wurden die Bestimmungen um ein weiteres Mal mit diesem Zusatz ergänzt[602]. Neben den „freigelassenen" Ukrainern kamen tatsächlich jedoch auch „richtige" „Ostarbeiter" ins Baltikum, um dort zu arbeiten, wie eine Aufstellung der lettischen Arbeitsverwaltung aus Wenden beweist. Die dort aufgeführten 28 Russen, drei Weissrussen und 130 Ukrainer seien ausdrücklich keine „freigelassenen" Kriegsgefangenen, sondern erst nach der Besatzung zum „Arbeits-

597 BA-R-91.439 u. p. RKO, Bekanntmachung der Verordnung über die Einsatzbedingungen der Ostarbeiter in den Generalbezirken Estland, Lettland und Litauen in der Fassung vom 31. 7. 1943, 6. 8. 1943.

598 „Die Landwirtschaft ist insbesondere durch die Einberufung von einigen tausend Ukrainern, die sie im Jahre 1941 als entlassene Kriegsgefangene zur Arbeitsleistung zugewiesen erhielt, stark in Mitleidenschaft gezogen worden". Aus: BA-R-9. 2. 1153 u. p. GK IN RIGA HA GESAMTWIRTSCHAFT GEZ. DR. DR. VON BORCKE, Schreiben betr.: Mangel an Arbeitskräften in der Landwirtschaft. An: Generaldirektor der Wirtschaft. 14. 10. 1943.

599 ERA-R-76.1.5 S. 231. RKO gez. Matthiessen, Verordnung zur Aufhebung der Verordnung über die Einsatzbedingungen der Ostarbeiter in den Generalbezirken Estland, Lettland und Litauen. Vom 15. Dezember 1943, 15. 12. 1943.

600 So z. B. die Nachricht über die 2000 Ukrainer im Kreis Pernau. Siehe: ERA-R.65.1.43 S. 5. Gebietskommissar Pernau, Schreiben betr.: Arbeitseinsatz von Ausländern. An: GK Abt. I Politik in Reval, 23. 2. 1943.

601 Der Gebietskommissar Reval Land meldete den „Einsatz" von 859 „Ostarbeitern" in den Kreisen Harrien und Jerwen. ERA-R.65.1.43 S. 3. Gebietskommissar Reval-Land, Laufende Unterrichtung der Abteilung Politik über den Arbeitseinsatz von Ausländern im Generalbezirk Estland. An: GK in Reval, 19. 2. 1943.

602 BA-R-91.439 u. p. RKO gez. Lohse, Verordnung zur Änderung und Ergänzung der Verordnung über die Einsatzbedingungen der Ostarbeiter in den Generalbezirken Estland, Lettland und Litauen, 6. 8. 1943.

einsatz" ins Land gekommen. Über die Umstände dieser Immigration ins Baltikum fehlen jedoch leider weitere Angaben[603].

Arbeitsbedingungen – Norm – „Vergleichslöhne":
Außer den schon bezüglich der ukrainischen Landarbeiten festgestellten Benachteiligungen in der Praxis des „Arbeitseinsatzes" durch die jeweiligen Arbeitgeber bestanden auf normativer Ebene keine Benachteiligungen für die „Ostarbeiter" in den baltischen Generalbezirken. Selbst die im Reich geltende Ostarbeiterabgabe von 15 % oder die für Kriegsgefangenen geltende Abgabe von 20 %[604] wurde für sie in der Praxis nicht eingeführt, obwohl eine solche Regelung ursprünglich angedacht war[605]. Zu dem Zusammenhang von ukrainischen „Freigelassenen", „Ostarbeitern" und deren Lohnbezüge schrieb die Arbeitsverwaltung in Riga:

„Nach meinen Feststellungen sind im Bereich der Stadt Riga 461 (Gewerbliche Wirtschaft und Wehrmachtsbetriebe), des Kreises Riga 2432 (Landwirtschaft) und des Kreises Madohn 1599 (Landwirtschaft) ukrainische Arbeiter beschäftigt, die unter den Begriff Ostarbeiter fallen. Es handelt sich um entlassene Kriegsgefangene. Die Lohnminderung um 15 %, die im Reich besteht, kann in Lettland nachträglich kaum eingeführt werden, da die Ukrainer bereits seit Monaten in den Betrieben als freie Arbeiter zu den geltenden Tariflöhnen arbeiten"[606].

In der „Verordnung über die Einsatzbedingungen der Ostarbeiter" war stattdessen von „Vergleichslöhnen" die Rede, die sich an den Lohnsätzen der Einheimischen orientieren sollten. Lediglich bei den Sozialleistungen waren die „Ostarbeiter" benachteiligt:

„Sozialzulagen und Sozialleistungen aller Art, die einheimischen Arbeitern zustehen, sind bei der Ermittlung des Vergleichslohnes nicht zu berücksichtigen"[607].

Trotz dieser fast rein nominellen Unterschiede zwischen zivilen Arbeitskräften und „Ostarbeitern" hielt die deutsche Arbeitsverwaltung an dieser begrifflichen Unterscheidung fest bis unter dem Einfluss des massenhaften Zuzugs der „Evarussen" im Verlauf des Jahres 1943 so viele slawische Arbeitskräfte im Baltikum

603 LVVA-P-961.1.45 S. 37. Arbeitsamt Wenden, Liste der Flüchtlinge (September 42) nach Nationalitäten in Wenden, 30. 9. 1942.
604 Vgl. Abschnitt zu Kriegsgefangenen.
605 BA-R-91.439 u. p. Generalkommissar in Riga Abteilung Finanzen gez. Neuendorff, Schreiben betr.: Besteuerung der Ost-Arbeiter. An: RKO, 21. 8. 1942.
606 BA-R-91.439 u. p. Gebietskommissar in Riga Arbeitsverwaltung Arbeitseinsatz, Verordnung über die Einsatzbedingungen der Ostarbeiter. An: GK in Riga Abt. III Aso, 1. 10. 1942.
607 Ebd.

waren[608], dass diese Unterscheidung fallen gelassen und die bisherig gültige „Verordnung über die Einsatzbedingungen der Ostarbeiter in den Generalbezirken Estland, Lettland und Litauen" aufgehoben wurde. Von nun an galt für die ehemaligen „Ostarbeiter" bzw. ehemaligen „freigelassenen" Kriegsgefangenen folgende Bestimmung:

„Für Ostarbeiter gelten die in den Generalbezirken Estland, Lettland und Litauen für die einheimischen Beschäftigten erlassenen arbeits- und steuerrechtlichen Vorschriften und Bestimmungen"[609].

Arbeitsbedingungen – Praxis:

Allerdings bestand diese Gleichbehandlung der „Ostarbeiter" mit zivilen einheimischen Arbeitskräfen nur auf dem Papier. Erstens waren sie in Teilbereichen doch benachteiligt, wie die fehlenden Sozialleistungen verdeutlichen, und zweitens besaßen die Arbeitgeber eine Reihe von Möglichkeiten, die „Ostarbeiter" auszubeuten. Dieses war ihnen möglich, da die „Ostarbeiter" einen Teil des Lohnes durch Sachleistungen ausgezahlt bekommen konnten. Dazu waren Unterkunft und Nahrung zu zählen. Auf diese Weise war es für die Arbeitsgeber leicht, an dieser Stelle auf Kosten der „Ostarbeiter" zu sparen[610]. Nicht zuletzt besaßen die „Ostarbeiter", wie schon im Zusammenhang mit den „freigelassenen" Ukrainern erwähnt, den entscheidenden Nachteil, dass sie ihre Interessen aufgrund fehlender Lobby und wegen des sprachlichen Nachteils nicht durchsetzen konnten und somit in der Praxis weit davon entfernt waren, mit den einheimischen Arbeitskräften auf einer Stufe zu stehen. Häufig wurde den „Ostarbeitern" der Inhalt der oben genannten Verordnungen und Bestimmung gar nicht zur Mitteilung gebracht, so dass die Ausbeutung seitens der Arbeitsgeber umso leichter vonstattengehen konnte[611].

Auch die sogenannten „Vergleichslöhne" gerieten so in weite Ferne einer tatsächlichen Vergleichbarkeit auf gleicher Augenhöhe. Beispielsweise implizierte ein

608 Siehe beispielsweise die Aufzählung von ausländischen Arbeitskräften in Dorpat und die Gleichzeitigkeit von „Evarussen" und „entlassenen Ukrainern". ERA-R.65.1.41 S. 3. Gebietskommissar in Dorpat, Schreiben betr.: Arbeitseinsatz von Ausländern im Generalbezirk Estland. An: GK in Reval, 10. 2. 1943. Zum wechselseitigen Beeinflussungverhältnis dieser beiden Gruppen bezüglich des arbeitsrechtlichen Status siehe: ERA-R-76.1.5 S. 272. RKO Abt. III Aso, Evakuierte, Verordnung zur Regelung der Lohn- und Arbeitsbedingungen der landwirtschaftlichen Arbeitskräfte vom 30. 3. 1943. An: GK in Reval / Riga / Kauen, 22. 3. 1944.

609 ERA-R-65. 1. 2106 S. 15. GK in Reval – HA III – Arbeitspolitik und Sozialverwaltung, Ostarbeiterverordnung. An: GK in Reval – HA III – Abt. Wirtschaft, 21. 12. 1943.

610 BA-R-91.439 u. p. Generalkommissar in Riga Abteilung Finanzen gez. Neuendorff, Besteuerung der Ost-Arbeiter, 21. 8. 1942.

611 „Ich habe festgestellt, dass die Verordnungen über die Einsatzbedingungen der Ostarbeiter in den baltischen Generalbezirken diesen nicht genügend bekannt sind". Aus: BA-R-91.439 u. p. Generalkommissar in Riga Abt. III Aso, Schreiben betr.: Einsatzbedingungen der Ostarbeiter in den baltischen Generalbezirken. An: Gebietskommissar in Riga Arbeitsverwaltung, 7. 9. 1943.

Bericht der Arbeitsverwaltung in Riga, dass einige „Ostarbeiter" überhaupt keine Löhne ausgezahlt bekommen hatten:

„Die Ostarbeiter selbst haben für ihre Arbeitsbedingungen bisher ein nur geringes Interesse gezeigt. In einzelnen Fällen, in denen meine Sachbearbeiter in der Lage waren nach dem Erlass der Verordnung vom 31. 7. 1943 sich persönlich mit den Ostarbeitern auszusprechen, musste festgestellt werden, das dieselben vom Erlass einer neuen Verordnung informiert sind. Dabei haben die Ostarbeiter sich geäußert, dass von nun ab (!) auch sie einen Lohn zu erwarten hätten"[612].

Aber selbst den offiziellen sogenannten Vergleichslohn bezeichnete selbiger Beamter als „ziemlich niedrig"[613].

Schließlich bleibt noch anzumerken, dass trotz der Aufhebung des „Ostarbeiterstatus" im Dezember 1943 und der offiziellen Gleichstellung dieser Personen mit den einheimischen Arbeitskräften, erstens die Gleichstellung weiterhin nicht erreicht wurde, wie das Schicksals des „Arbeitseinsatzes" der „Evarussen" verdeutlicht[614]. Zweitens blieb die diskriminierende Bezeichnung des „Ostarbeiters" selbst weiterhin in Gebrauch[615]. Der RKO erließ sogar noch Verordnungen, die diese Bezeichnung im Titel führten, obwohl sie gleichzeitig auf die Abschaffung des Begriffs hinwiesen[616]. Diese Verordnung über die Urlaubsbestimmungen von Ostarbeitern ist darüber hinaus ein gutes Beispiel für den schon bei den Kriegsgefangenen und indigenen Slawen festgestellten Zusammenhang von repressiver Politik und der Einstellung gegenüber ebendiesen Bevölkerungsgruppen. Denn darin kam das inzwischen massiv gewachsenen Misstrauen diesen Menschen gegenüber zum Ausdruck, das ihnen eine vermeintliche „Partisanennähe" unterstellte und aus diesem Grunde die Urlaubsmöglichkeiten extrem einschränkte. Wieder gingen hier repressive deutsche „Arbeitseinsatzpolitik" und vermutetes widerständisches Verhalten der Arbeitskräfte Hand in Hand.

Andere osteuropäische zivile Arbeitskräfte:

Wie schon mehrfach gesehen, war die deutsche „Arbeitseinsatzpolitik" trotz der enormen Engpässe von Arbeitskräften nicht immer bestrebt, einfache Lösungen zu finden. Dies gilt insbesondere für den Umstand, dass teilweise Arbeitskräften quer

612 BA-R-91.439 u. p. Der Gebietskommissar in Riga Arbeitsverwaltung, Verordnung des Reichskommissars für das Ostland über die Einsatzbedingungen der Ostarbeiter in den Generalbezirken Estland, Lettland und Litauen vom 31.7.43. An: GK in Riga, 1. 10. 1943.

613 Ebd.

614 Siehe Abschnitt zu „Evarussen".

615 ERA-R-76.1.5 S. 241. GK in Reval Abt. III Aso Ref. Arbeitsbedingungen gez. Voss, Schreiben betr.: Beschäftigung jugendlicher Ostarbeiter an Maschinen. An: Vorstand des Eisenbahnverwaltungsamtes in Reval, 25. 1. 1944.

616 ERA-R-76.1.5 S. 269–271. RKO Abt. III Aso, Urlaub für Ostarbeiter. Erlaß des RKO von 8. Januar 1944. GK in Riga / Reval / Kauen, 8. 1. 1944.

durch Europa deportiert und geschickt wurden, statt die vor Ort greifbaren Menschen für die deutschen Dienste einzuspannen. Aus diesem Grunde gelangten auch in das Baltikum so exotische Arbeitskräfte wie Kroaten, Tataren, Arbeitskräfte aus Transnistrien[617] und Holländer, Franzosen[618] usw. . Normativ auf einer Ebene mit den „Ostarbeitern" anzusiedeln sind dabei die Arbeitskräfte aus den osteuropäischen besetzen Gebieten, welche nicht unter die Definition des „Ostarbeiterbegriffs" fielen. Das waren vor allem die Polen, für die eigene, den „Ostarbeiterbestimmungen" ähnliche Richtlinien entworfen worden waren[619]. Tatsächlich gelangte auch eine kleine Zahl von polnischen Arbeitskräften ins Baltikum, wie die 21 Polen im Kreis Dorpat[620]. Für diese existierten ebenfalls gesonderte genaue Richtlinien und Lohnvorschriften[621]. Doch war der deutschen und insbesondere der „landeseigenen" Verwaltung die Existenz dieser regionsfremden Arbeitskräfte ein Ärgernis, da zeitgleich die Anforderungen Sauckels nach einheimischen Arbeitskräften für den „Reichseinsatz" nur schwer abzuwehren waren[622]. Selbst die Entsendung von Polen aus dem Wilnagebiet in andere Gebiete des RKO erregte den Protest der Zivilverwaltung[623]. Außerdem waren die normativen Sätze dieser wenigen polnischen Arbeitskräfte zumindest theoretisch sogar höher als die Löhne der einheimischen Arbeitskräfte, was den Protest der Arbeitsverwaltung zur Folge hatte:

„Schwierigkeiten und Unzufriedenheit unter Belegschaft (sic) traten verschiedentlich wegen höherer Entlohnung der in das Ostland dienstverpflichteten polnischen Arbeiter ein, . . ."[624].

Damit glich diese Konstellation der Situation der Kriegsgefangenen ab 1943, die ebenfalls Ärgernis aufgrund hoher Versorgungssätze erregt hatten, ohne dass die Praxis eine solche vermeintliche Bevorzugung bestätigt hätte[625].

617 Dazu siehe: LVVA-P-989.1.4 S. 142. RMfdbO gez. Becker, Schreiben betr.: Überweisung von Lohnersparnissen Transnistrischer Arbeiter aus den neu besetzten Ostgebieten. An: RKO – RK Ukraine, 2. 6. 1943.

618 Siehe Abschnitt zu privilegierten Arbeitskräften.

619 Grundlegend dazu: O'Connor, The history of the Baltic states, 2003; Herbert, Fremdarbeiter, 1999, S. 74–81; Spoerer, Zwangsarbeit unter dem Hakenkreuz, 2001, S. 44–56.

620 ERA-R.65.1.41 S. 3. Gebietskommissar in Dorpat, Bericht betr.: Arbeitseinsatz von Ausländern im Generalbezirk Estland, 10. 2. 1943.

621 BA-R-91.427 u. p. Der Sondertreuhänder der Arbeit für das deutsche Baugewerbe im Ausland und der Sondertreuhänder der Arbeit für die OT Reichstreuhänder Dr. Schmelter, Anordnung für die polnischen Arbeiter des Baugewerbes und der Baunebengewerbe im Einsatz ausserhalb der Reichsgrenze und des GG (Polen-Auslandstarif), 11. 1. 1943.

622 LVVA-P-989.1.4 S. 55. Generaldirektion der Wirtschaft – Arbeitsdepartement gez. Mezasargs, Rundschreiben Nr. 29. Kräfteaustausch der Haupteisenbahndirektion Nord (Lettisch), 31. 10. 1942.

623 LCVA-R-626.1.29 S. 88. RKO Abt. III Aso, Schreiben betr.: Einsatz von Polen und Tschechen in den besetzten Ostgebieten. An: GK im RKO, 11. 3. 1942.

624 BA-RW-30.14 u. p. Wehrwirtschaftsinspektion Ostland, Bericht über den Monat Februar 1944, 3. 3. 1944.

625 Vgl. Abschnitt zu den Kriegsgefangenen.

„Wilnatataren" in Litauen:
Nicht zu den slawischen Gruppen, aber dennoch eine Sondergruppe der „Arbeitseinsatzpolitik" im Baltikum waren die sogenannten „Wilnatataren", welche durchaus vergleichbar mit den slawischen Minderheiten dafür herhalten mussten, die Quoten für den „Reichseinsatz" zu füllen. So wurden die „Wilnatataren" zum „Arbeitseinsatz" in die Steiermark nach Österreich geschickt[626]. Anders als die slawischen Minderheiten wurden sie jedoch nicht nur in Richtung Westen zum „Arbeitseinsatz" gesandt. Auch das Gegenteil ist bezeugt. So legte die Zivilverwaltung in Wilna im Frühjahr 1942 Wert darauf, dass die Wilnatataren ausdrücklich von der „Reichswerbung" ausgenommen werden sollten, da sie für einen „Einsatz" auf der Krim vorbestimmt waren[627]. Weitere Einzelheiten zu der Behandlung dieser kleinen Minderheit in Litauen sind nicht bekannt.

Fazit Osteuropäer und „Ostvölker":
Die tatsächliche Lage dieser wenigen Polen und anderer Osteuropäer im Baltikum ist aufgrund der unvollständigen Quellenlage schwer zu rekonstruieren, doch kann davon ausgegangen werden, dass trotz normativer Gewährleistungen und einer wohlmöglichen Bevorzugung dieser wenigen Arbeitskräfte die Praxis dieses „Arbeitseinsatzes", vergleichbar mit dem Schicksal der hier bereits besprochenen slawischen Arbeitskräfte, wegen der antislawischen und antiosteuropäischen Tendenz der „Arbeitseinsatzpolitik" deutlich schlechter ausgesehen, insgesamt aber sicherlich stark variiert haben dürfte. Eine der Möglichkeiten, die sich den örtlichen Verwaltungsorganen für die Diskriminierung dieser Arbeitskräfte dabei bot, war, wie schon bei den „Ostarbeitern", die Zurückhaltung der Löhne, welche nämlich den entsprechenden Arbeitskräften erst in der Heimat ausgezahlt werden sollte:

„Der Lohn der polnischen Arbeiter darf grundsätzlich im Ostland nicht ausgezahlt werden, ... Im Ostland bekommen sie nach § 5 der oben erwähnten Anordnung nur freie Verpflegung und Unterkunft und die Verheirateten auch Einsatzgeld"[628].

Die diskriminierende Seite der deutschen „Arbeitseinsatzpolitik" im Baltikum allen Ethnien des „Ostens" gegenüber fand ein ganz neues Betätigungsfeld von ungeahnten Ausmaßen, als ab 1943 ungeheure Massen an unliebsamen Slawen und Ostvölkern vor der Roten Armee her ins RKO gedrängt wurden.

626 IfZ-MA.248 S. 363. Reichsminister des Innern gez. Ehrensberger, Schreiben betr.: Arbeitseinsatz der Wilna-Tataren. An: RMfdbO, 15. 7. 1944, IfZ-MA.248 S. 392. GBA, Schreiben betr.: Ostarbeitereinsatz. hier: Kosaken, Nordkaukasier, Wilna-Tataren, An: Brigade Kaminski. Präsident der Gauarbeitsämter, 20. 7. 1944.

627 LCVA-R-626.1.14 S. 51. Gebietskommissar Wilna Stadt, Schreiben betr.: Arbeitseinsatz von Tataren. An: Gebietskommissar in Wilna Sozialamt, 15. 5. 1942.

628 Herbert, Arbeit und Vernichtung, 1991a.

3.2.4 „Evarussen“ ab 1943 – „Schlimmer als die bolschewistische Verschleppung“

Die „Arbeitseinsatzpolitik“ in den baltischen Generalbezirken, die wesentlich durch den enormen Arbeitskräftemangel gekennzeichnet war, verkomplizierte sich ab 1943 nochmals durch die Bevölkerungsbewegungen, welche sich im Rücken der zurückweichenden Wehrmacht abspielten[629]. Dadurch erhielten die Arbeitsverwaltungen im Baltikum für kurze Zeit noch ein letztes Mal große Mengen an potentiellen Arbeitskräften. Doch war die Ankunft dieser Menschen im Baltikum zugleich auch ein unmissverständliches Signal für eine sich ankündigende Niederlage, welche für jeden damit deutlich sichtbar wurde. Außerdem ergab sich für die Arbeitsverwaltung durch die Ankunft der sogenannten „Evarussen“ eine Vielzahl von weiteren Problemen, welche deren Nutzen als Arbeitskraft überdeckten und welche die Praxis des „Arbeitseinsatzes“ dieser Personen bestimmen sollten:

1. Ineffektivität der „Evarussen“ als Arbeitskräfte: Zum einen waren der überwiegende Teil der „Evarussen“ Frauen, Kinder und Alte, so dass deren Nutzen als Arbeitskräfte nur bedingt bis gar nicht gegeben war[630]. Zum anderen zeichneten sich die wenigen Männer, welche ins RKO gelangt waren, nach Ansicht der deutschen Lagerverwaltung nicht gerade durch ein hohe Arbeitsmoral aus, wie der Lagerkommandant von Olita feststellte:
   „Es fällt durchaus auf, dass die Arbeitslust der Männer keine Bäume ausreißt. Sie drücken sich, wo sie nur können“[631].
   Teilweise errechneten die deutschen Behörden für die Flüchtlingstrecks eine „Arbeitseinsatzquote“ von nur fünf Prozent[632].
2. Illoyalität der „Evarussen“ und Partisanenunterstützung durch „Evarussen“ wegen Zwangscharakters der Bevölkerungsbewegung: Die Feststellung der Arbeitsunlust der „Evarussen“ war nicht zuletzt darauf zurückzuführen, dass die Fluchtbewegung dieser Bevölkerung nur eingeschränkt als freiwillig zu bezeichnen ist. Ein Großteil dieser Menschenhatte unter Zwang die eigene Heimat

629 Dazu zur Einführung: Müller, Es begann am Kuban, 1994. Hier allerdings wenig zum Baltikum, bzw. einige UngenauiGKeiten. Beispielsweise gelangten nicht 300 000, sondern rund 500 000 „Evarussen“ allein 1943 ins Baltikum. Siehe folgende Ausführungen; Vgl. auch: Pohl, Die Herrschaft der Wehrmacht: Deutsche Militärbesatzung und einheimische Bevölkerung in der Sowjetunion 1941–1944, 2008, S. 321–327; Zu den „Evarussen“ im Nachbarbezirk Weißruthenien mit ähnlicher Problemlage siehe: Gerlach, Kalkulierte Morde, 2000, S. 497–500.

630 In den Berichten der Abteilung Gesundheit des RKO war von einer „größeren Anzahl von elternloser Kinder und kranker Personen“ die Rede. Siehe: LVVA-P-70.5.72. S. 95 f. Abt. II Verw. 6 E 3 e, Bericht betr.: Flüchtlingstransporte, 24. 8. 1943.

631 LVVA-P-70.5.72 S. 290–314. Der Lagerkommandant Olita Jacob GK Kauen, Bericht über das Lager. An: GK in Kauen, 13. 6. 1943.

632 LVVA-P-70.5.72 S. 101. RKO Abt. II Verwaltung, Bericht betr.: Flüchtlingstransporte, 27. 8. 1943.

verlassen[633]. Der Zwangscharakter wird in den Anweisungen an die Zivilbevölkerung deutlich, welche aufgrund der rhetorischen Stilmittel der Deutschen an die Werbung zum „Reichseinsatz" erinnert:
„Der Evakuierung unterliegen alle Einwohner, ... Wer sich den Anordnungen nicht fügt, wird mit aller Strenge des deutschen Kriegsgesetzes bestraft werden. Versuche, sich durch eine Flucht in den Wald oder woanders hin, der Evakuierung zu entziehen, werden erfolglos sein. Solche, die sich in Zufluchtsstellen versteckt halten werden, werden hungern und frieren müssen, jedoch letzten Endes gefangen und als Partisanen bestraft werden. Auch wie Banditen wird man solche behandeln, die ohne eine Genehmigung von der Evakuierung zurückbleiben, d. h. nicht mit den zu Evakuierenden zusammen mitfahren"[634].
Wieder einmal hatte sich die deutsche Besatzungsmacht mit diesem Vorgehen keinen Gefallen getan, da unter diesen Umständen viele der „Evarussen" zu den Partisanen übergingen. Und diejenigen, welche noch nicht diesen Schritt vollzogen hatten, wurden durch den deutschen Generalverdacht und der daraus resultierenden Repressionspolitik zu einer solchen politischen Handlungsweise getrieben[635].

3. Überforderung der deutschen Verwaltung – Organisationsprobleme: Die Geschwindigkeit dieser Maßnahmen der deutschen Besatzungsmacht überforderte deren organisatorische Fähigkeiten, so dass auch aus diesem Grunde der erhoffte Nutzen für die Arbeitskräftepolitik ausblieb. Nicht zuletzt die hygienischen Zustände hatten enorm unter der Eile dieser Bevölkerungsbewegung zu leiden, was erneut, wie schon im Winter 1941 unter den sowjetischen Kriegsgefangenen, die Gefahr von Krankheiten und Epidemien heraufbeschwor[636]. So

633 Siehe den Bericht des Lagerkommandanten des Flüchtlingslagers in Rositten, der von den „Evarussen" behauptete, „dass es sich bei den Flüchtlingen nicht um Personen handelt, welche freiwillig die Grenzen des Generalbezirkes überschritten haben, um sich der deutschen fürsorgerischen Betreuung anzuvertrauen, sondern dass es sich um Menschen handelt, deren Zuzug in den Generalbezirk von deutscher Seite aus Gründen des Arbeitseinsatzes gesteuert ist". Aus: LVVA-P-70.5.72 S. 30. GK in Riga Abt. II Verwaltung, Schreiben betr.: Flüchtlingslager in Rositten. An: RKO Abt. II Verwaltung, 29. 7. 1943.

634 ERA-R-819.1.9 S. 85. Bereichskommandantur in Jamburg, Befehl der Kommandantur. Zur sofortigen Bekanntmachung an die Bevölkerung (betr. Evakuierung), 10. 11. 1943.

635 Siehe die Einschätzung der Lagerverwaltung in Olita: „Der Unteroffizier erklärte mir auch, dass es sich keineswegs etwa um freiwillige Flüchtlinge handele, sondern um aus der HKL zwangsweise Evakuierte, die schon deshalb weggebracht werden mussten, da sie mehr zu den Bolschewiken neigten als zu uns". Aus: LVVA-P-70.5.72 S. 290–314. GK Kauen, Bericht über das Lager, 13. 6. 1943; Übereinstimmende Einschätzung auch in: LVVA-P-69.1a.7 S. 91. KdS Lettland gez. Dr. Lange, Schreiben betr.: Flüchtlingslager Rositten. An: GK in Riga Abt. II Verwaltung, 14. 10. 1943.

636 LVVA-P-70.5.72 S. 161. RKO Abt. II Verw. 6 E 3 e, Bericht betr.: Fleckfieber in Estland, 6. 9. 1943; Siehe auch den Bericht über Typhusfälle in Rositten: LVVA-P-69.1a.7 S. 148. GK in Riga Abt. II Gesund gez. Dr. Carlile, Schreiben betr.: Flüchtlingslager Rositten. An: GK in Riga Abt. II Verwaltung Simm, 11. 2. 1944.

berichtete die Lagerverwaltung des Lagers in Olita bereits Ende August Folgendes über die Zustände im Lager:
„Die Lage im Lager Olita wird unhaltbar. ... Im Lager selbst bereits Ernährungs- und Wasserschwierigkeiten, sodass Entlausung im bisherigen Umfange infrage gestellt ist"[637].
Dies war unter anderem darauf zurückzuführen, dass anfänglich die „Evarussen" mitsamt ihrer Viehbestände die Fluchtbewegung angetreten waren, so dass die an sich schon überfüllten Lager zudem noch mit Hunderten von Rindern und Pferden belegt waren[638].
Auch stellte sich, wie schon bei den Kriegsgefangenen, das Problem der Bewachung, das erneut in erster Linie nur durch nichtdeutsche Polizeieinheiten gelöst wurde, und daher zu den gleichen Erscheinungen von Solidarisierung führte wie schon bei den Kriegsgefangenen, und so die deutschen Planungen zusätzlich behinderte[639].

4. Interethnische Konflikte: Besonders negativ wirkte sich der Umstand aus, dass diese „Evarussen", wie der Name schon sagt, überwiegend Russen waren, die – es ist bereits mehrmals darauf hingewiesen worden – von den „landeseigenen" Verwaltungsorganen in den baltischen Generalbezirken nicht gern gesehen wurden. Im Gegenteil bestand einer der politischen Schwerpunkte der „Landeseigenen Verwaltungen", welchen diese mit einigem Erfolg bis zu diesem Zeitpunkt verfolgt hatten, darin, die slawischen Minderheiten zu diskriminieren und deren Vertreibung zu forcieren. Politische Komplikationen waren also auch von dieser Seite her zu erwarten[640], da die deutsche Zivilverwaltung bei der Durchführung eines solchen Riesenprojektes auf die Unterstützung der „Landeseigenen Verwaltung" angewiesen war[641]. Zugleich fürchtete die deutsche Verwaltung aber,

637 LVVA-P-70.5.72 S. 101. RKO Abt. II Verwaltung, Bericht betr.: Flüchtlingstransporte, 27. 8. 1943.

638 LVVA-P-70.5.72 S. 248. RKO Abt. II Verw. 6 E 3 e Gentz, Schreiben betr.: Mitnahme von Vieh aus den Flüchtlingslagern. An: GK Reval, Riga Kauen Minsk, 21. 9. 1943; Beispielsweise befanden sich im Lager Lesna Anfang September 1943 296 Pferde und 454 Kühe. Siehe: LVVA-P-70.5.72 S. 166. RKO Abt. II Verwaltung, Bericht betr.: Lager Lesna, 7. 9. 1943.

639 Im Bericht des Lagerkommandanten von Olita über die nichtdeutschen Wachmannschaften heißt es: „Haben sich nun die Ukrainer mit den Lagerinsassen assoziiert, so hat es den Anschein, als wenn die Litauer sich mit den Bauern außerhalb des Lagers assoziieren". Aus: LVVA-P-70.5.72 S. 290–314. GK Kauen, Bericht über das Lager, 13. 6. 1943; Ähnliche Erfahrungen auch in Estland: ERA-R-819.1.4 S. 81–85. KdS Estland Abt. B III, Bericht betr.: Kriegsflüchtlingslager in Klooga, Pöllküla und Taps, 14. 12. 1943.

640 Siehe die vom GK in Riga dahingehend geäußerten Bedenken gegen weitere Flüchtlingstransporte: LVVA-P-70.5.72 S. 215. GK in Riga, Schreiben betr.: Aufnahme russischer Flüchtlinge im Generalbezirk Lettland. An: RKO, 14. 9. 1943.

641 LVVA-P-812.1.1 S. 234. GK Abt. II Verwaltung gez. Dr. Seelemeyer, Schreiben betr.: Russische Flüchtlinge (Lettisch), 22. 4. 1943.

„dass der alte Gegensatz zwischen Letten und Russen wieder zu gewaltsamen Auseinandersetzungen" führen werde[642].

5. Abzug zum „Reichseinsatz": Nicht zuletzt war der „Arbeitseinsatz" dieser „Evarussen" als Teilaspekt der deutschen „Arbeitseinsatzpolitik" in den baltischen Generalbezirken von dem klassischen Zielkonflikt des Einsatzortes geprägt. Auch die „Evarussen" waren Gegenstand der Begierde des GBA im Kampf um Arbeitskräfte aus den besetzten Ostgebieten[643]. Ähnlich wie bei den anderen slawischen Bevölkerungsgruppen waren die Bemühungen Sauckels diesbezüglich deutlich erfolgreicher, da diese Menschen, wie die Kriegsgefangenen oder die „Ostarbeiter", keine nennenswerte politische Vertretung besaßen, die den Abzug ins Reich hätte verhindern können.

Verlauf des Zustroms der „Evarussen" – Frühjahr und Sommer 1943:
Das Hauptproblem der deutschen Behörden war die unvorhergesehene Zunahme der Zahlen dieser Bevölkerungsbewegung. Die erste große Bevölkerungsbewegung planten die Abteilungen des RKO bereits im Frühjahr 1943. Die Heeresgruppe Mitte forderte zu diesem Zeitpunkt die Aufnahme von 60 000 Menschen, die ursprünglich in den Generalbezirk Weißruthenien geschickt werden sollten. Da dort die Partisanen inzwischen hinreichend mächtig geworden waren, wurde dieser Plan wieder fallen gelassen und erstmalig sahen sich die baltischen Generalbezirke mit dem Zustrom von Tausenden von slawischen Menschen aus dem Inneren der Sowjetunion konfrontiert[644]. Parallel entwickelten sich ähnliche Pläne zwischen der RKO-Verwaltung und der Heeresgruppe Nord über eine Bevölkerungszurücknahme, die dem Umfang nach im vergleichbaren Rahmen lag[645]. Doch sollten ab Juli 1943 noch weitaus größere Bevölkerungsmengen wegen der Rückzugsbewegungen der Heeresgruppe Mitte und Nord ins RKO gelangen. Von den 250 000 „Evarussen", die das Gebiet der Heeresgruppe Nord verlassen sollten, waren 100 000 für das RKO als

642 LVVA-P-69.1a.7 S. 54. GK in Riga, Schreiben betr.: Aufnahme russischer Flüchtlinge im Generalbezirk Lettland. An: RKO, 14. 9. 1943.

643 LVVA-P-70.5.72 S. 203 f. GBA, Erlass über die Berücksichtigung arbeitseinsatzmäßiger Erfordernisse bei der Räumung besetzter Gebiete im Osten, 8. 9. 1943.

644 LVVA-P-69.1a.7 S. 5. RKO Abt. II Verw. gez. Barten, Bericht über die am 1. und 2. April 1943 unter Vorsitz von Herrn Ministerialrat Burmeister stattgefundenen Sitzungen betreffend die Unterbringung von russischen Flüchtlingen im Ostland, 2. 4. 1943.

645 LVVA-P-70.5.72 S. 391. GK in Reval, Schreiben betr.: Aufnahme von 20 000 Flüchtlingen. An: RKO, 27. 4. 1943; Vgl.: auch: ERA-R.65.1.41 S. 3. Gebietskommissar in Dorpat, Bericht betr.: Arbeitseinsatz von Ausländern im Generalbezirk Estland, 10. 2. 1943; Für Lettland: LVVA-P-812.1.1 S. 234. GK Abt. II Verwaltung gez. Dr. Seelemeyer, Schreiben betr.: Russische Flüchtlinge (Lettisch), 22. 4. 1943.

Aufnahmegebiet vorgesehen[646]. Zu diesen 250 000 Menschen, welche die Heeresgruppe Nord nach Westen transferieren wollte, addierte sich noch einmal die gleiche Zahl an „Evarussen" aus der Heeresgruppe Mitte, was die Belastungsfähigkeit der Zivilverwaltung im RKO vollends auf die Probe stellte[647].

Und es blieb noch nicht bei diesen Zahlen. Schon Anfang August 1943 waren weitere 11 000 Flüchtlinge vorgesehen[648], und innerhalb kürzester Zeit erhöhten sich auch diese zusätzlichen Aufnahmezahlen um ein Vielfaches, so dass die zuständigen Beamten konstatierten:

„Das OKH.Gen.Qu. hat mitgeteilt, dass in den nächsten Tagen mit dem Anrollen von etwa 30 bis 40 000 Flüchtlingen aus dem rückwärtigen Heeresgebiet zu rechnen ist, die im RKO unterzubringen sind. Da die Flüchtlingslager in den baltischen Generalbezirken bereits überfüllt sind, so wird eine Quarantäne überhaupt nicht mehr durchführbar sein. Die Flüchtlinge werden im besten Fall nur in den Lagern entlaust werden können und anschließend in den baltischen Generalbezirken zum Arbeitseinsatz entlassen werden"[649].

Generell befand sich das planerische Chaos und die Zahlen dieser Bevölkerungsbewegung im August 1943 im Baltikum auf dem Höhepunkt[650]. Ab Mitte September beruhigten sich die Zustände in den Auffanglagern im RKO wieder.

Dieselben Lager – Wechselnde Insassen: Juden – Kriegsgefangene – „Evarussen"[651]*:*

Um diese gewaltigen Bevölkerungsströme unterbringen zu können, waren folgende Auffanglager im RKO vorgesehen:

1) Baltischport (Klooga) in Estland mit einer Aufnahmefähigkeit von etwa 20 000.
2) Rositten in Lettland mit einer Aufnahmekapazität von 4–5000.
3) Olita (ehemaliges Stalag 336 Kauen) in Litauen mit einer Belegungsfähigkeit von 6000.

646 LVVA-P-70.5.72 S. 10–12. GK Abt. II Verw., Bericht betr.: Flüchtlingstransporte, 27. 7. 1943, Zum Lager Olita: LVVA-P-70.5.72 S. 290–314. GK Kauen, Bericht über das Lager, 13. 6. 1943.

647 LVVA-P-70.5.72. S. 18 f. OKH Gen St d H / Gen Qu Abt. Kriegsverw. (Qu 4), Schreiben betr.: Evakuierung im Bereich H.Gr.Mitte. An: GBA, RMfdbO, RKO, GK Weißruthenien, 27. 7. 1943.

648 LVVA-P-70.5.72 S. 40. RKO Abt. II Verwaltung, ericht betr.: Flüchtlingstransporte, 4. 8. 1943.

649 LVVA-P-70.5.72. S. 86. RKO Abt. II Gesundheit und Volkspflege, Gesundheitsdienst; Schreiben betr.: Aufhebung der Quarantäne für Flüchtlinge. An: RKO Abt. III Aso, 21. 8. 1943.

650 LVVA-P-69.1a.7 S. 49–51. RKO Abt. II Verw. gez. Gentz, Vermerk über die Besprechung über Flüchtlingsfragen., 28. 8. 1943.

651 Zur Verbindung dieser drei Opfergruppen nationalsozialistischer Gewaltherrschaft im Baltikum siehe auch Dieckmann, der in diesem Sinne feststellt: „It may do historical research some good to refrain from isolating these three groups and to consider them comparatively". Aus: Dieckmann, The murder of Soviet prisoners of war in Lithuania, 2005, S. 257.

Als weitere Lager zur Aufnahme der „Evarussen" wurden das Lager Lesna eingerichtet, das Anfang September mit knapp 8000 „Evarussen" belegt war[652], sowie die Lager in Kauen und Schaulen in Litauen. In Estland existierten darüber hinaus noch weitere kleinere Lager in Taps, Hapsal, Narva und Fellin[653]. Es fällt auf, dass diese Lager zum Teil ehemalige Kriegsgefangenenlager waren, die nun nach dem Abzug der Kriegsgefangenen ins Reichsgebiet Kapazitäten für die „Evarussen" hatten. Aber auch ganz allgemein illustrieren die Lager auf dem Territorium des RKO gut die Phasen der deutschen Terrorherrschaft anhand der Insassen in den immer gleichen Lagern. Lager dieser Art waren neben dem Lager in Rositten beispielsweise auch Salaspils bei Riga, das Fort von Dünaburg, aber auch das Lager Klooga bei Reval, in dem ebenfalls wechselweise Kriegsgefangene, Juden, Flüchtlinge und zum Schluss wieder Juden untergebracht waren[654]. Nach Abschluss der großen Flüchtlingsbewegung des Sommers 1943 waren die Flüchtlingslager im RKO im September 1943 folgendermaßen mit „Evarussen" belegt[655]:

Rositten	8 381
Poellkuela Klooga	9 227
Kauen	5 930
Baltischport	4 056
Lesna	11 506
Schaulen	7 873
Olita	19 541
Gesamt	66 514

Im Herbst 1943 nahmen die Belegungszahlen der oben genannten Lager kontinuierlich ab, da die „Evarussen" nach einer sechswöchigen Quarantänezeit entweder in den „Arbeitseinsatz" im RKO oder ins Reich geschickt wurden. Ende Septem-

652 LVVA-P-70.5.72 S. 166. RKO Abt. II Verwaltung, Bericht betr.: Lager Lesna, 7. 9. 1943.

653 ERA-R-819.1.4 S. 66 f. Leiter d. Verwaltung zur Betreuung von Kriegsflüchtlingen A. Nömmik, Bericht über die bis zum 24.11.43 registrierten Kriegsflüchtlingen, 30. 11. 1943.

654 Dazu: Västrik u. Maripuu, Vaivara Concentratioin Camp in 1943–1944, 2006, hier: S. 733 f.

655 Aus: LVVA-P-70.5.72 S. 357–364. RKO Abt. II Verw. 6 E 3 e, Gesamtaufstellung über die aus der Heeresgruppe Mitte in das Ostland geleiteten Flüchtlingstransporte. An: RKO Abt. III Aso, 15. 9. 1943; Bis zum 7. 9. 1943 waren es nur 49 673 gewesen. Siehe: LVVA-P-70.5.72 S. 201. Chefgruppe Arbeit in Wi Mitte, Schreiben betr.: Flüchtlingstransporte Herbst 43. An: Der Beauftragte des GBA in Riga, 7. 9. 1943.

ber waren es nur noch knapp 47 000 Menschen in den Lagern des RKO[656], und schon im Folgemonat nur noch etwa 35 000 Personen[657].

Zur Unterbringung der „Evarussen" und deren Verknüpfung mit anderen Betroffenengruppen der „Arbeitseinsatzpolitik" im RKO ist weiterhin bemerkenswert, dass diese nicht nur in Lagern untergebracht wurden, welche in der Regel ehemalige und danach erneut sowjetische Kriegsgefangenenlager waren. Auch nach der Entlassung aus diesen Lagern gelangten die „Evarussen" in Quartiere, welche eine Vorgeschichte innerhalb der deutschen Ausbeutungspolitik besaßen. So wurden die „Evarussen" in Riga ausdrücklich auf dem Gelände des ehemaligen Ghettos in der Moskauer (resp. Lettgaller) Vorstadt untergebracht[658], welches nach der Auflösung des Ghettos kurz zuvor frei geworden war. Ein analoger Vorgang vollzog sich in Dünaburg, wo die Zitadelle im Westen der Stadt sowohl Juden als auch Kriegsgefangene und schließlich auch „Evarussen" als Insassen gesehen hatte. Auch dieser Hinweis begründet die vergleichende Analyse dieser im Vergleich zur Mehrheitsbevölkerung stark benachteiligten Betroffenengruppen der nationalsozialistischen „Arbeitseinsatzpolitik" im Baltikum.

Herbst 1943 – „Arbeitseinsatz" im RKO und Abzug ins Reich:

Ab Oktober trieben die Beamten Sauckels vor allem den Abzug der „Evarussen" ins Reichsgebiet voran[659]. Doch gelangten zwischen Oktober 1943 und Mitte November immerhin noch einmal weitere 82 772 „Evarussen" ins RKO[660]. Zeitgleich intensivierte sich der „Arbeitseinsatz" der „Evarussen" in der Holz- und Forstwirtschaft, die saisonal bedingt Arbeitskräfte benötigte, so dass in Estland über 6000 „Evarussen" aus den Lagern zu diesem Zweck entlassen wurden[661]. Generell betrachtet hatte

656 LVVA-P-70.5.72 S. 369. RKO Abt. II Verw. 6 E 3 e, Bericht betr.: Flüchtlingslagerbelegung, 20. 9. 1943.

657 LVVA-P-70.5.72 S. 373. RKO Abt. II Verw. 6 E 3 e, Bericht betr.: Flüchtlingslagerbelegung, 5. 10. 1943, Zur genauen Entwicklung der Zahlen im Lager Rositten als exemplarisches Beispiel: LVVA-P-69.1a.7 S. 101 f. Stalag Lager Rositten gez. Lang, Aufstellung der aus dem Bereich der Heeresgruppe Mitte in der Zeit vom 16. August bis 2. Oktober 1943 eingetroffenen Flüchtlingstransporte und Abgänge im Stalag-Lager-Lang Rositten, 15. 10. 1943; LVVA-P-69.1a.7 S. 45. Stalag Lager Rositten gez. Lang, Aufstellung der aus dem Bereich der Heeresgruppe Mitte eingetroffenen u. zum Arbeitseinsatz verschickten Fluechtlingstransporte des Stalag Lager Lang Rositten, 15. 8. 1943.

658 „Die Räume des ehemaligen Ghettos sind ganz klar und eindeutig nur für die Unterbringung von Russen bestimmt". Aus: LVVA-P-1004.1.2 S. 1–17. Geb.K Riga Stadt Abteilung Auflockerung, Auflockerung. Protokoll einer Sitzung., 12. 2. 1944.

659 LVVA-P-70.5.39 S. 43. GK in Kauen, Schreiben betr.: Flüchtlingstransporte. An: RKO, 8. 10. 1943; LVVA-P-70.5.39 S. 49. GK in Kauen, Bericht betr.: Durchführung von Flüchtlingstransporten ab 1. 10. 1943. An: RKO, 17. 12. 1943.

660 LVVA-P-70.3.86 S. 71. RKO, Bericht betr.: Zahl der eingetroffenen Züge vom 3.10. – 16.11.43, 16. 11. 1943.

661 ERA-R-65. 1. 2126 S. 161. GK in Reval Abt. III FoHo, Schreiben betr.: Unterbringung und Einsatzruss. Forstarbeiter und Waldarbeiter. An: Zentralforstverwaltung Reval, 3. 11. 1943.

aber die Arbeitsverwaltung durch den verminderten Zustrom von weiteren „Evarussen" Zeit, eine gezieltere Strategie gegenüber diesen Menschen zu verfolgen. Grundsatz dieser Überlegungen war, dass alle Facharbeiter sofort ins Reich geschickt werden sollten. Die kräftigeren ungelernten Männer sollten für den Stellungsbau schnellstmöglich bereit gestellt werden, und die übrig bleibenden Personen sollten nach Möglichkeit der örtlichen Landwirtschaft im RKO zur Verfügung stehen[662].

Deportationen von „Evarussen" 1944:
Allein der Generalbezirk Litauen hatte bis zum Februar 1944 insgesamt 125 000 „Evarussen" von der Heeresgruppe Nord, 40 000 von der Heeresgruppe Mitte und noch einmal 38 000 aus dem Orelgebiet aufgenommen. Weitere 78 000 wurden zu diesem Zeitpunkt unmittelbar erwartet[663]. Insgesamt befanden sich im RKO im März 1944 etwa 15 000 „Evarussen" in Estland, 135 000 in Lettland, das damit zu diesem Zeitpunkt die größte Zahl an „Evarussen" beherbergte, und 125 000 in Litauen[664]. Insgesamt hatten die Generalbezirke bis zu diesem Zeitpunkt etwa 140 000 „Evarussen" in Lettland, 210 000 in Litauen und rund 68 000 in Estland aufgenommen[665]. Der Großteil der im RKO verbliebenen „Evarussen" war inzwischen nicht mehr in den großen Lagern, sondern in den Kreisen direkt bei den Bauern untergebracht[666]. Allerdings bestanden auch einige der sogenannten Auffanglager weiter fort, wie das Lager in der Johannesstr. 3. in Wilna, wo sich neu ankommende „Evarussen" und ins Reich deportierte „Evarussen" in der ersten Hälfte des Jahres 1944 in etwa die Waage hielten bis das Lager im Juni 1944 wegen zu geringer Belegung aufgelöst

662 LVVA-P-70.3.34 S. 2–6. RKO Abt. III Aso gez. Schütte, Schreiben betr.: Auflockerung – arbeitseinsatzmässige Überprüfung der Evakuierten. An: Verteiler, 16. 10. 1943; Vgl. auch: IfZ-MA.539 S. 366–369. RMfdbO, Vermerk über die Besprechung des Generalfeldmarschall von Küchler General Braemer und RKO Lohse, 19. 9. 1943.

663 LVVA-P-70.5.72 S. 487. RKO Abt. I Politik gez. Burmeister, Schreiben betr.: Auswirkung von Massnahmen des GBA in Litauen. An: RKO Gauleitung Kiel, 29. 2. 1944.

664 LVVA-P-70.5.67(II) S. 415–419. RKO III Aso gez. Schütte, Schreiben betr.: Arbeitseinsatz der Flüchtlinge. An: GK in Reval / Riga / Kauen, 3. 3. 1944; Zu den Zahlen für Estland vgl.: ERA-R-819.1.4 S. 66 f. Leiter d. Verwaltung zur Betreuung von Kriegsflüchtlingen A. Nömmik, Bericht über die bis zum 24.11.43 registrierten Kriegsflüchtlingen, 30. 11. 1943; Zu Litauen noch größere Zahlen (200 000) in: BA-R-6.159 S. 75 f. BdS Ostland, Bericht betr.: Eva.-Russen in Litauen, 5. 6. 1944.

665 BA-R-90.404 u. p. RKO Abt. II Raum, Vermerk über die Besprechung betr. die Erfassung der Evakuierten im Ostland beim RKO am 17.3.44, 20. 3. 1944.

666 Siehe beispielsweise die Angabe über die 236 „Evarussen" in dem lettischen Ort Lielstraupe: LVVA-P-961.1.5 S. 20–22. Kreisälteste von Lielstraupe, Verzeichnis der im Kreis Lielstraupe untergebrachten „Evarussen", 31. 1. 1944; Vgl. auch Listen aus anderen Gemeinden: LVVA-P-961.1.39 S. 9–14. Kreisälteste von Wenden, Namensliste der in den Kreis Wenden evakuierten russischen Flüchtlinge (15.1.-8. 2. 1944), 8. 2. 1944; LCVA-R-622.1.2 S. 229–237. Russ. Vertrauensstelle Litauen, Namensliste der Evarussen in Naujamiestis, März 1944.

wurde[667]. Bis zum Frühjahr 1944 hatte nach gerundeten Schätzungen insgesamt schon eine halbe Million „Evarussen" das RKO erreicht[668]. Zum Vergleich sei darauf hingewiesen, dass die Zivilverwaltung im Sommer 1943 noch Folgendes behauptet hatte:

„Aufnahme von 60 000 Evakuierten im RKO als Höchstzahl möglich. Damit Aufnahmefähigkeit erschöpft"[669].

Das Phänomen dieser deutlich zu hohen Zahlen nahm somit die bereits beschriebene Situation von 1944 und den baltischen „Flüchtlingen" vorweg[670]. Die deutsche Arbeitsverwaltung hatte den „Flüchtlingsstrom" der Balten im letzten Okkupationsjahr kaum nutzen können, obwohl die Zahlen in deutlichem Kontrast zu den jahrelangen Mobilisierungsbemühungen zum „Reichseinsatz" standen. Schon im Jahr zuvor nahm der Zustrom der „Evarussen" ins RKO diese Problemlage gewissermaßen bereits vorweg. Auch jetzt überstiegen auf einmal die ankommenden Personen alle Erwartungen der Arbeitsverwaltung, sodass die großen Lücken der „Arbeitseinsatzplanung" der Jahre 1941/42 eigentlich um ein Leichtes hätten getilgt werden können. Und trotzdem gelang es der Arbeitsverwaltung aus genannten Gründen kaum, aus dieser Bevölkerungsbewegung den erhofften Nutzen zu ziehen.

Im letzten Okkupationsjahr bestand das Hauptproblem für die Zivilverwaltung nicht mehr ausschließlich in den großen Zahlen, welche im RKO untergebracht werden mussten. Fast größeren Ärger für die deutsche Arbeitsverwaltung verursachte inzwischen die Tatsache, dass die „Reichsarbeitsfähigen" das RKO wieder verlassen mussten, während diejenigen, welche im RKO verblieben, erstens kaum für den „Arbeitseinsatz" gebraucht werden konnten und zweitens teilweise auch die Partisanenbewegung, z. B. in der Wilnagegend, unterstützten. Doch war Letzteres, wie schon mehrfach betont, selbst Folge einer diese Menschen diskriminierenden Politik. Beispielsweise war die Zivilverwaltung in Litauen über die Vorgehensweise des GBA so erbost, dass sie dazu überging, die im RKO verbleibenden „Evarussen" einfach auf freiem Feld laufen zu lassen, da sie keine „Verwendung" für die Menschen hatten und deren Betreuung zu mühselig war. Dass diese Menschen dann bei den über-

667 LCVA-R-626.1.269 S. 1–43. Gebietseinsatzstab Wilna, Statistische Übersicht zur Belegung des Lagers in der Johannesstr, 3. An: Geb.K. in Wilna Arbeitsamt, Dezember 1943 – Juni 1944.

668 LVVA-P-1018.1.43 S. 66 f. Konferenzprotokoll beim RKO Lohse vom 15. 2. 1944, Beitrag des Landesdirektors Engel, 15. 2. 1944; Vgl. zu den Gesamtzahlen der „Evarussenbewegung": Polian, Pavel, Die Rekrutierung der Zwangsarbeiter in der Sowjetunion, in: Dahlmann (Hg.) 2010 – Zwangsarbeiterforschung in Deutschland, S. 63–86, hier: S. 81.; Pohl, Die Herrschaft der Wehrmacht: Deutsche Militärbesatzung und einheimische Bevölkerung in der Sowjetunion 1941–1944, 2008, S. 327; Christian Gerlach, Umsiedlungen und gelenkte Bevölkerungsbewegungen in Weißrussland 1941–1944, in: Dittmar Dahlmann u. Gerhard Hirschfeld (Hg.), Lager, Zwangsarbeit, Vertreibung und Deportation: Dimensionen der Massenverbrechen in der Sowjetunion und in Deutschland 1933 bis 1945, Essen 1999[1], S. 553–566, hier: S. 563.

669 LVVA-P-70.5.72 S. 37. RKO Abt. II Verw. 7 A 10, Schreiben betr.: Unterbringung von zurückgeführter Zivilbevölkerung. An: RMfdbO, 2. 8. 1943.

670 Vgl. Abschnitt zu Balten.

wiegend russisch sprechenden Partisanen landeten, dürfte wenig überraschend gewesen sein[671].

Die Zivilverwaltung in Litauen hatte auch allen Grund, über diese Methode verärgert zu sein. Denn die Behandlung der „Evarussen" zeigte einmal mehr den Stellenwert des Generalbezirks Litauen im Vergleich zu seinen beiden nördlichen Nachbarn. Während Estland und Lettland im Jahre 1944 von dem Abzug von „Evarussen" ins Reich ausgenommen waren, sollten nach den Forderungen Sauckels Anfang 1944 etwa 50 000 „Evarussen" Litauen verlassen[672]. Wie schon in anderen Bereichen der deutschen „Arbeitseinsatzpolitik" ist die Region Lettgallen in dieser Hinsicht wieder dem Beispiel Litauens zuzuordnen, da diese Region ebenfalls „Evarussen" für den „Reichseinsatz" abgeben sollte[673]. Schütte von der Abteilung Aso des RKO wies nochmals ausdrücklich daraufhin, dass die „Evarussen" auch hier „nach den für Litauen aufgestellten Grundsätzen allgemein für den Reichsausgleich zu überprüfen"[674] seien.

Arbeitsbedingungen – normative Gleichstellung:

Die schwache Stellung der „Evarussen" innerhalb der deutschen „Arbeitseinsatzpolitik" zeigte sich nicht nur daran, dass sie im Gegensatz zu den einheimischen Arbeitskräften keinerlei Einflussmöglichkeit auf den „Arbeitseinsatzort" besaßen. Auch die Bedingungen ihres „Arbeitseinsatzes" wurden an anderer Stelle ohne ihr Zutun entschieden. Selbstverständlich galten für sie auch die für die zivile einheimische Bevölkerung bestehende allgemeine Arbeitspflicht und die Pflicht zur Meldung bei den jeweiligen Arbeitsämtern[675]. Genauer gesagt, galten für die „Evarussen" bis zu der Auflösung dieses Sonderstatus die Bestimmungen für „Ostarbeiter"[676]. Dementsprechend erhielten sie auch deren Lohnsätze:

„Die bei den Umbauarbeiten beschäftigten Flüchtlinge erhalten Bezahlung nach den bestehenden Tarifen für Ostarbeiter"[677].

671 LVVA-P-70.5.72 S. 485. RKO Abt. I Politik gez. Burmeister, Beschwerde über GBA in Litauen. An: Reichsministerost, z. H. Oberregierungsrat Labs, 3. 3. 1944.

672 LVVA-P-70.5.67(II) S. 387. RKO Abt. III Aso 2 E 8 a, Schreiben betr.: Arbeitseinsatz der Flüchtlinge, 12. 2. 1944.

673 LVVA-P-70.5.67(II) S. 398. RKO Abt. III Aso, Sitzungsprotokoll zur Auskämmung der Evakuierten in den baltischen Generalbezirken, 29. 1. 1944.

674 LVVA-P-70.5.67(II) S. 415–419.RKO III Aso gez. Schütte, Bericht betr.: Arbeitseinsatz der Flüchtlinge, 3. 3. 1944; Vgl. auch Abschnitt zur Region Lettgallen.

675 LVVA-P-69.5.7 S. 68. GK in Riga Abt. III e Aso, Anordnung über den Arbeitseinsatz der evakuierten Bevölkerung Lettlands.

676 LVVA-P-960.1.56 S. 4 f. GK in Riga Dr. Drechsler, Verordnung über Maßnahmen für Evakuierte, 5. 10. 1943.

677 LVVA-P-69.1a.7 S. 61 f. GK in Riga Abt. III Aso Fachgebiet 9 Unterkunft und Versorgung, Vermerk betr.: Übergabe des Stalag-Lager-Lang, Rositten an den Herrn Gebietskommissar in Dünaburg, 2. 10. 1943.

Offiziell waren sie nach der Aufhebung des „Ostarbeiterstatus“ Ende 1943 den anderen zivilen Arbeitskräften gleichgestellt[678]. Auch ihre Ernährungs- und Entlohnungssätze waren die gleichen wie die der einheimischen Bevölkerung[679]. Selbst die „landeseigene“ Arbeitsverwaltung wies ihre Mitarbeiter auf diese von nun an bestehende Gleichbehandlung hin:

„Die russischen Flüchtlinge und die Evakuierten sind in den Arbeitsausgleich mit einzubeziehen, d. h. sie sind genauso zu behandeln wie die einheimischen Arbeitskräfte“[680].

Zwar waren sie dadurch den anderen Arbeitskräften offiziell gleichgestellt, doch sollte dennoch auf ihren Arbeitsausweisen, die sie genau wie die einheimischen Arbeitskräfte erhalten sollten, ein extra „E“ für „Evarusse“ eingetragen werden, was bereits auf eine inoffizielle Benachteiligung oder zumindest eine mögliche Diskriminierung hindeutet[681]. Außerdem verweist die Tatsache, dass die Arbeitsverwaltung noch nach einem Jahr der Gleichstellung immer wieder auf genau diese hinweisen musste, darauf, dass diesbezüglich ein Kontrast zwischen normativen Vorgaben und Praxis bestanden haben muss[682].

Praxis der Rekrutierung und Deportation ins RKO – „Schlimmer als die bolschewistische Verschleppung“:

All diese normativen Grundsätze waren jedoch von der Praxis weit entfernt, was insbesondere die Art und Weise der Rekrutierung dieser Personen in ihren Heimatdörfern betraf und ebenso die Zustände in den Auffanglagern. Diese Stationen des Weges der „Evarussen“ zu ihrem „Arbeitseinsatz“ im RKO waren eindeutig Aspekte, die für eine gesonderte Betrachtung dieser Gruppe als Betroffenengruppe sprechen. Dass der überwiegende Teil der „Evarussen“ nicht freiwillig seine Heimatdörfer verlassen hatte, bestätigte auch die Sicherheitspolizei in Estland nach den Erfahrungen mit den Deportationen aus der Heeresgruppe Nord. Außerdem wurden die Menschen viel zu kurzfristig von der bevorstehenden „Evakuierung“ benachrichtigt,

678 LVVA-P-70.3.34 S. 7. RKO Abt. III Aso gez. Schütte, Schreiben betr.: Maßnahmen für Evakuierte. GK Riga / Reval / Kauen, 20. 1. 1944.

679 „Die Evakuierten sind der einheimischen Bevölkerung hinsichtlich Rationssätzen völlig gleichgestellt. ... Hinsichtlich der Entlohnungssätze sind die Evakuierten den im Bergungsraum tätigen einheimischen Arbeitskräften gleichgestellt“. Aus: ERA-R-65. 1. 1934 S. 2–10. RKO Abt. III E. Aufl., Richtlinien für die russischen Evakuierten; Vgl. auch: LVVA-P-69.1a.7 S. 17. RKO Abt. III E 3, Schreiben betr.: Unterbringung von russischen Flüchtlingen aus dem Heeresgebiet Mitte. An: GK Abt. III B, 9. 4. 1943.

680 LVVA-P-989.1.5 S. 51–54. Generaldirektion der Landwirtschaft gez. Dankers, Richtlinien für die Beschaffung und Verteilung der Arbeitskraft in der Landwirtschaft im Jahr 1944, 30. 3. 1944.

681 LCVA-R-1474.1.6 S. 33. GK in Kauen HA III Aso, Schreiben betr.: Arbeitsausweise. An: Gebietskommissare des Generalbezirks, 28. 1. 1944.

682 LVVA-P-960.1.56 S. 3. RKO Abt. III Aso gez. Schütte, Schreiben betr.: Arbeitseinsatz der Evarussen. An: Gebietskommissare in Libau und Windau, 21. 3. 1945.

sodass sie meist keine Zeit hatten, die allernötigsten Gegenstände mitzunehmen. Von einem solchen Fall berichtete die estnische Sicherheitspolizei ebenfalls:

„Im Dorf Tscherenkowizy wurden am 28.10.43 sämtliche Dorfeinwohner zur Kundgebung zusammengerufen. Die Leute wurden ohne weiteres mit Gewalt ohne jegliches Vermögen oder Kleidungsvorräten zum Bahnhof Moloskowitzy gebracht und verladen. Diese Leute haben später im Dorf Moloskowitzy, die Kartoffel und andere Lebensmittel gebettelt (sic), weil sie nichts bei sich hatten. ... Diese Leute selbst sagen, dass es noch schlimmer sei, als die bolschewistische Verschleppung, wo man wenigstens warme Kleider mitnehmen durfte"[683].

Solche zwangsweisen „Evakuierungen" ganzer Dörfer waren allerdings nach den Anordnungen der Heeresgruppe Nord nur auf sogenannte „bandenverseuchte Gebiete" beschränkt, womit sich die deutschen Behörden, wie bereits erwähnt, ihre Probleme selbst schufen. Außerdem beinhaltete die genannte Anordnung diesbezüglich noch den Zusatz:

„Der Evakuierung ganzer Dörfer in bandenverseuchten Gebiet hat sich die Vernichtung der Dörfer sofort anzuschließen, damit jede Notwendigkeit zum erneuten Betreten dieser Gebiete entfällt"[684].

Diese Politik der sogenannten „Toten Zonen" ist im unmittelbaren Zusammenhang zu sehen mit der Antipartisanenpolitik[685], welche die Schaffung solcher Zonen vorsah, aus der große Teile der Bevölkerung dem nationalsozialistischen „Arbeitseinsatz" zugeführt werden sollten[686].

In anderen nicht „bandenverseuchten" Gebieten waren nach dieser Vorgabe nur Mitarbeiter der „landeseigenen" Verwaltungen und vornehmlich Arbeitskräfte zu evakuieren[687]. Dennoch waren, wie erwähnt, der überwiegende Teil der „Evarussen" Frauen, Kinder und Alte. Dass die Mehrzahl der „Evarussen" Frauen waren, hat wohl noch einen weiteren Grund, welcher in einer Besprechung über „Flüchtlingsfragen" angedeutet wurde und weiteres Licht auf die tatsächlichen Umstände der „Evakuierungen" wirft:

„Besonders ungünstig habe sich ausgewirkt, dass die zurückgehenden Truppen Russen, vor allem Frauen, letztere nicht immer aus Gründen des Arbeitseinsatzes,

683 ERA-R-819.1.9 S. 61. SiPo und SD Einsatzkommando 1, Vermerk betr.: „Eva", 2. 11. 1943.

684 LVVA-P-70.3.86 S. 3–6. Kommandierender General der Sicherheitstruppen u. Befehlshaber i. Heeresgeb. Nord, Grundsätze für die Evakuierung, 26. 9. 1943; Vgl. zur Strategie der „Toten Zonen": Gerlach, Kalkulierte Morde, 2000, S. 1010 f.

685 Dazu zur Einführung: Henning, Detlef (Hg.), Nationale und ethnische Konflikte in Estland und Lettland während der Zwischenkriegszeit, 2009, Vgl. auch Abschnitt zur Antipartisanenbekämpfung als Rekrutierungsmethode bei den indigenen slawischen Minderheiten.

686 LVVA-P-70.5.72 S. 273. RMfdbO, Fernschreiben betr.: Evakuierung bandenverseuchter Gebiete, 30. 7. 1943.

687 LVVA-P-70.3.86 S. 3–6. Kommandierender General der Sicherheitstruppen u. Befehlshaber i. Heeresgeb. Nord, Grundsätze für die Evakuierung, 26. 9. 1943.

mitgebracht hätten. Die Heeresgruppe habe nunmehr befohlen, diese Frauen sofort zum Arbeitseinsatz ins Reich zu schaffen"[688].

Nicht nur bezüglich der Frauen finden sich Anhaltspunkte auf Misshandlungen. Auch der auffallend hohe Anteil von Kindern steht in Beziehung zu Hinweisen auf eine massive Grausamkeit seitens der deutschen Soldaten:

„In Wilna und Kauen ist dabei in stärkstem Masse diskutiert worden, dass deutsche Soldaten die russischen Kinder verkauften"[689].

Allerdings bestätigen sich diese Andeutungen nicht in dem anderen hier untersuchtem Quellenmaterial, so dass die Repräsentativität dieser Behauptung eher als gering einzuschätzen ist.

Eine weitere Benachteiligung stellte der „Verkauf" des Viehs dar, welches einige „Evarussen" aus ihren Höfen ins RKO mitgebracht hatten. Die Bestimmungen sahen vor, dass den „Evarussen" statt einer Bezahlung nur eine Quittierung ausgestellt wurde, mit deren Hilfe sie nach der geplanten Rückkehr auf ihre Höfe dann kostenlos von den deutschen Behörden neues Vieh zur Verfügung gestellt bekommen sollten. Eine solche Rückkehr auf ihre Höfe war jedoch schon zum Zeitpunkt des Ausstellens der Quittierungsmarken mehr als unwahrscheinlich. Eine Kompensation des Verlusts ihres Viehs dürften die „Evarussen" wohl nie erhalten haben, so dass der „Verkauf" des Viehs als reine Konfiszierung zu bezeichnen ist[690]. Ähnliches galt auch für allen weiteren Besitz der „Evarussen":

„Inventar, Wirtschaftsgegenstände und verschiedene Vorräte müssen dem Wi-Ko gegen Quittung übergeben werden, damit die Evakuierten im Bestimmungsort eine gerechte Vergütung dafür erhalten können"[691].

Zustände in den Lagern – „. . .unter freiem Himmel":

Wie bereits bei den anderen slawischen Personengruppen häufig konstatiert, fielen Norm und Praxis bei diesen Betroffenengruppen besonders weit auseinander. Die vorgeschriebene Gleichstellung der „Evarussen" mit der einheimischen Bevölkerung war insbesondere in der Zeit der Quarantäne nicht durchsetzbar – schon allein, weil es den Insassen selbstverständlich unter Androhung von Strafe nicht erlaubt war, die Lager zu verlassen[692]. Hygienische Probleme, aber auch Nachlässigkeiten des Wach-

688 IfZ-MA.540 S. 571–576. RMfdbO, Vermerk über die Besprechung mit Generalkommissar Litzmann am 21. März 1944 über schwebende Fragen des Generalbezirks Estland, 22. 3. 1944.

689 LCVA-R-1399.1.62 S. 1–70. KdS Litauen, Lagebericht September 1943, 30. 9. 1943.

690 LVVA-P-69.1a.7 S. 154. GK in Riga Abt. III e Aso, Schreiben betr.: Bezahlung des von den russischen Flüchtlingen übergebenen Viehs. An: Gebietskommissare des GK Lettland, 23. 3. 1944.

691 ERA-R-819.1.9 S. 85. Bereichskommandantur in Jamburg, Befehl der Kommandantur. Zur sofortigen Bekanntmachung an die Bevölkerung (betr. Evakuierung), 10. 11. 1943.

692 ERA-R-65.1.10 S. 126. GK in Reval Abt. III Aso – Gruppe Arbeitseinsatz, Schreiben betr.: Evakuierte. An: Lagerkommandanten der Flüchtlingslager Baltisch-Port, Pollkula Klooga Taps Hapsal Fellin, 12. 11. 1943.

personals sorgten dafür, dass allein im Lager Olita bis zum Juli 1943, als die großen „Evakuierungen" noch nicht einmal begonnen hatten, schon 73 Menschen gestorben waren, von denen vier erschossen worden waren[693]. Auch im Lager Rositten war es bis zum Oktober bei einer Belegungsstärke von 6857 Menschen zu 88 Todesfällen gekommen[694]. Das Lagerpersonal in Rositten berichtete Entsprechendes über die organisatorischen Probleme und die menschenunwürdigen Zustände im Lager, welche den improvisierten Umständen geschuldet waren:

„Seit Mitte August 1943 trafen jedoch die Flüchtlingstransporte in derartig rascher Folge im Generalbezirk Lettland ein, dass das Lager Rositten – statt wie vorgesehen mit 3000 Flüchtlingen – mit über 8000 Menschen belegt war. So muss heute ein Teil der Flüchtlinge, die in letzter Zeit mit Pferden, Rindvieh, Wagen und ihrer gesamten Habe kommen, außerhalb der Baracken unter freiem Himmel lagern"[695].

Auch die Ernährungslage war durchaus mangelhaft und somit weit von einer Gleichbehandlung mit der einheimischen Bevölkerung entfernt. So erhielten die Insassen des estnischen Lagers Klooga gerade einmal 300 Gramm Brot, einen Teelöfel Zucker, 25 Gramm Butter und einen Liter Suppe, wenn sie arbeiteten, ansonsten einen halben Liter am Tag[696].

Selbst als die große Welle der „Evarussen" abgeebbt war und die Lager sich deutlich geleert hatten, besserten sich nicht unbedingt die Unterbringungsverhältnisse, wie folgender Bericht aus dem Lager in Rositten, wo Mitte Dezember nur noch 222 „Evarussen" untergebracht waren, verdeutlicht:

„Der Eindruck, den man von dem Lager sofort bekommt, ist katastrophal. Ein Teil dieser 222 Personen ist in der unhygienischsten Art und Weise untergebracht, die jedem menschlichen Gefühl spotten. Eine primitivere Unterbringung ist nicht mehr möglich. Wenn man gesehen hat, wie außerordentlich schlecht die wenigen noch anwesenden Personen untergebracht sind, da kann man sich ein Bild davon machen, wie die Zustände in dem Lager gewesen sind, als dasselbe mit 5–6000 Flüchtlingen belegt war. Eine Kommission löst die andere ab. Alle haben sich davon überzeugt, dass die Zustände untragbar sind. Alles wird versprochen, für Abhilfe wird aber nicht gesorgt.

693 LVVA-P-70.5.39 S. 37 f. GK in Kauen Lagerkommandant Olita, Fernschreiben des Herrn Reichskommissars in Riga wegen des Lagers Olita. An: GK in Kauen Abt. Verw., 31. 7. 1943; Etwas besser waren die Zustände im Lager Schaulen. Hier waren bei einer Belegung von knapp 8000 Menschen bis zum Oktober 1943 „nur" 14 Personen gestorben. Aus: LVVA-P-70.5.39 S. 47 f. GK in Kauen, Allgemeiner Bericht über das russische Flüchtlingslager in Schaulen. An: RKO, 4. 11. 1943.

694 LVVA-P-69.1a.7 S. 87. GK in Riga Abt. II Verwaltung, Vermerk zum Lagebericht, 14. 10. 1943.

695 LVVA-P-69.1a.7 S. 54. GK in Riga, Vermerk betr.: Aufnahme russischer Flüchtlinge im Generalbezirk Lettland, 14. 9. 1943.

696 ERA-R-819.1.4 S. 81–85. KdS Estland Abt. B III, Vermerk betr.: Kriegsflüchtlingslager in Klooga, Pöllküla und Taps, 14. 12. 1943.

In den Baracken herrscht eine sehr schlechte Luft. Um 3 Uhr nachmittags fängt für die Insassen die Nacht an, da kein Licht vorhanden ist. Ein Öffnen der Fenster ist nicht möglich und überall herrscht ein furchtbares Durcheinander und eine schreckliche Unsauberkeit. An dem letzten Umstand sind die russischen Flüchtlinge teilweise selbst schuld. So berichtete der Lagerleiter, dass in dem Lager Russen wären, die es gar nicht anders kennen würden, als ihre Notdurft in den Ecken der Baracken zu verrichten. Wenn man das Lager gesehen hat, dann kann man sich des Eindrucks nicht erwehren, dass hier der Kommunismus regelrecht großgezüchtet wird, denn so schlecht kann es bei ihnen in der Heimat auch unter den denkbar ungünstigsten Verhältnissen nicht gewesen sein"[697].

Doch muss auch dieser Bericht, wie schon die Beschreibungen der Zustände in den Lagern der OT, mit quellenkritischer Distanz bewertet werden, da es dem Autor sicher weniger um die Hebung des Lebensstandards der „Evarussen" ging, als um die Zuständigkeit und die Verantwortung über die Lager und deren Arbeitskraft. Die Schilderung der katastrophalen Zustände in diesem Lager bezweckte somit in erster Linie die Diskreditierung der Verantwortung der Zivilverwaltung:

„Die größte Schuld an alldem haben unbedingt die verantwortlichen Stellen des Generalkommissars"[698].

Dennoch bleiben die Beschreibungen insbesondere vor dem Hintergrund der Zustände im Spätsommer und Herbst, als die Lager in krassem Maße überfüllt waren, glaubhaft – dies umso mehr, da es sich bei den im Lager gebliebenen „Evarussen" um arbeitsunfähige Frauen, Alte und Kinder handelte, für die die deutsche Verwaltung keinerlei Interesse hatte und daher die Versorgung dementsprechend miserabel war. Letzteres ist auch in einem weiteren Schreiben des Lagerleiters in Rositten persönlich belegt:

„Bei der augenblicklichen Lagerbelegung von nur 34 Flüchtlingen, für die zur Zeit in Rositten auch keine Verpflegung zu bekommen ist, halte ich es für angebracht, diese Flüchtlinge schnellstens dem Arbeitseinsatz zuführen zu wollen"[699].

Eine weitere Gefahr und Erschwerung der Lebensverhältnisse lag im Frühjahr 1944 für die „Evarussen" in dem Umstand, dass inzwischen die Rote Armee damit begonnen hatte, solche Lager mit Luftangriffen zu attackieren[700]. Da sich die Belegung des Lagers mit 34 Personen im Frühjahr 1944 nicht mehr lohnte, wurde das Lager wieder der militärischen Verwaltung zur Nutzung als Kriegsgefangenenlager

697 LVVA-P-69.1a.7 S. 136. SS-Hauptscharführer Klöckner, Vermerk betr.: Flüchtlingslager Rositten, 18. 12. 1943.

698 Ebd.

699 LVVA-P-69.1a.7 S. 161. Stalag Lager Rositten gez. Lang, Schreiben betr.: Beschädigung des Lagers Rositten. An: GK in Riga Abt. III Aso Fachgebiet 9 Unterkunft und Versorgung, 14. 4. 1944.

700 Ebd.

übergeben[701], was einmal mehr die enge Verbindung des Schicksals der Kriegsgefangen, „Ostarbeiter" und „Evarussen" verdeutlicht.

Die Glaubwürdigkeit der Schilderungen über die verheerenden Lebensumstände der „Evarussen" ist auch durch die Übereinstimmung mit Berichten aus anderen Lagern gegeben, wie z. B. der Beschreibung der Zustände in dem Lager in Schaulen in Litauen:

„Bei sämtlichen Unterkünften sind die Dächer in einem äußerst schlechten Zustand. Reparaturen größeren Maßstabes können nicht durchgeführt werden, da das dazu benötigte Material nicht beschafft werden konnte. Ein Schutz der Lagerinsassen bei Regenwetter ist unter diesen Umständen nicht gewährleistet. Trotz strengster Maßnahmen und Beaufsichtigung wird das Lager von den Insassen stark verunreinigt, sodass von Zeit zu Zeit zur Verhinderung einer entstehenden Seuchengefahr eine Generalreinigung vorgenommen werden muss. Die Wasserversorgung muss als nicht genügend verzeichnet werden"[702].

Die beschriebenen Verhältnisse in den Lagern Lettlands und Litauens unterschieden sich kaum von den Zuständen in Estland, wie der Bericht des SD in Estland diesbezüglich deutlich macht:

„Die Lage der Russen im Lager ist nach dem verhältnismäßig langen Aufenthalt dort jämmerlich, insbesondere was die Ernährung anbetrifft. Wohl sind für sie Lebensmittelrationen der Zivilbevölkerung vorgesehen, doch zugeteilt bekommen sie z. B. an Stelle von Fleisch Pferdefleisch und was sie nicht abheben können (sic) ist Gemüse, Nährmittel und Milch für die Kinder. Die ausgeteilte Suppe besteht aus Kartoffeln und Roggenmehl, ist geschmacklos mit kleiner Fetthaltigkeit und besonders untauglich (sic) für Kleinkinder und Minderjährige, bei denen des Öfteren Erkrankungen in ansteckende Krankheiten, ebenso wie Todesfälle auftreten"[703].

Was den „Arbeitseinsatz" in den Lagern betrifft, so gelang es den Deutschen kaum, die „Evarussen" aus den Lagern zum „Arbeitseinsatz" zu schicken, da Krankheiten und Bewachungsprobleme die organisatorischen Fähigkeiten und Möglichkeiten überforderten. Außerdem war, wie bereits erwähnt, die Arbeitsmoral der „Evarussen" im Allgemeinen auf äußerst niedrigem Niveau, sodass viele von ihnen den „Arbeitseinsatz" außerhalb der Lager nutzten, um sich der deutschen Kontrolle zu entziehen. Auch das Lager Klooga in Estland hatte ähnliche Erfahrungen zu vermelden:

„Die russischen Kriegsflüchtlinge versuchen in jeder Weise den Arbeitseinsatz zu vermeiden. Tag-täglich kommen Fälle vor, wo von 20 auf den LKW geladenen Rus-

701 LVVA-P-69.1a.7 S. 162. GK in Riga Abt. II Verwaltung, Schreiben betr.: Übernahme des Flüchtlingslagers Rositten durch die Wehrmacht. An: Gebietskommissar in Dünaburg, 18. 4. 1944.

702 LVVA-P-70.5.39 S. 47 f. GK in Kauen, Allgemeiner Bericht über das russische Flüchtlingslager in Schaulen, 4. 11. 1943.

703 ERA-R-819.1.4 S. 71–73. KdS Estland Abt. B III, Aktenvermerk betr.: Kriegsflüchtlinge in Estland, 9. 12. 1943.

sen, derweil die Arbeitsleiter in der Kanzlei nötigen Formalitäten nachgehen, schon 10 bezw. 15 Mann entwichen sind"[704].

Dass die „Evarussen" unter diesen Umständen versuchten, die Lager zu verlassen, überrascht wenig. Die Verhältnisse in den Auffanglagern glichen somit den Zuständen in denselben Lagern, als dort noch Kriegsgefangene hatten leben müssen, und stellen einen weiteren Beweis dafür dar, dass das Schicksal der „Evarussen" trotz normativer Gleichstellung weit von den Lebensumständen der baltischen Mehrheitsbevölkerung entfernt war.

Abzug von „Evarussen" und Einfluss auf ihre Lebensbedingungen:
Da die Erwartungen der deutschen „Arbeitseinsatzlenkung" aufgrund des akuten Arbeitskräftemangels an die „Evarussen" extrem hoch waren, zugleich aber der Abzug der „Evarussen" ins Reich durch den Einfluss des GBA vorangetrieben wurde, reagierte die örtliche Arbeitsverwaltung im RKO mit einer Verschärfung der Bestimmungen zu dem „Arbeitseinsatz" der „Evarussen". Markantestes Beispiel für diese Vorgehensweise ist die Bestimmung über die Definition von „Arbeitsfähigkeit" für den „Reichseinsatz", welche für die „Evarussen" angelegt wurde:

„Nach bestehenden Richtlinien liegt Arbeitseinsatzfähigkeit innerhalb einer Familie vor, wenn mindestens 50 % der Familienangehörigen arbeitsfähig sind, wobei bereits gesunde Kinder über 10 Jahre als arbeitsfähig anzusehen sind"[705].

Diese Bestimmung besaß eine große Bedeutung für die „Arbeitseinsatzplanung", da die Familien nur geschlossen zum „Arbeitseinsatz" ins Reich verschickt werden durften. Ledige Personen galten als „reichseinsatztauglich" ab einem Alter von 14 und elternlose Kinder ab 12 Jahren[706]. Diese Bestimmungen machen klar, warum die im RKO verbliebenen „Evarussen" für die Arbeitsverwaltung nur einen geringen Nutzen darstellten, was wiederum zu einer Vernachlässigung in der Behandlung der „Evarussen" führte. Unter Beteiligung der „landeseigenen" Verwaltungen versuchte die Arbeitsverwaltung, auch aus diesen „übrig gebliebenen" Arbeitskräften den größtmöglichen Nutzen herauszuholen, indem sie die Meldepflicht unter Androhung von Strafen durchzusetzen suchte, und die absolut nicht „Arbeitseinsatzfähigen" in Arbeitslager schickte[707]. Doch sind Zweifel daran begründet, dass diese har-

704 ERA-R-819.1.4 S. 81–85. KdS Estland Abt. B III, Vermerk betr.: Kriegsflüchtlingslager in Klooga, Püllküla und Taps, 14. 12. 1943.

705 LVVA-P-70.5.72 S. 130. GK in Kauen, Schreiben betr.: Nichtannahme von Transporten russischer Flüchtlinge aus dem Lager Olita. An: RKO Abt. II Verwaltung, 1. 9. 1943.

706 LVVA-P-70.5.67(II) S. 400. RKO Abt. III Aso, Schreiben betr.: Reichswerbung 1944 – Überprüfung der evakuierten Russen für den Reichseinsatz. An: GK Kauen, 7. 2. 1944.

707 LVVA-P-989.1.5 S. 61. Direktor für Landwirtschaft gez. Dankers, Rundschreiben. Arbeitskräfteversorgung und Verteilung in der Landwirtschaft (Lettisch). An: Kreisälteste von Lettland, 2. 5. 1944.

schen Vorgaben wegen des Mangels an Polizeikräften auch wirklich flächendeckend zur Anwendung gelangten.

Der Abzug der „Evarussen" aus dem Baltikum setzte sich trotz dieser mehrfachen Aussiebung bis zum Ende der deutschen Besatzungszeit im Kurlandkessel fort[708]. Dabei hätte allein die gesonderte Nennung der „Evarussen" nach dem Wegfall der Sonderbestimmungen aufgehoben sein müssen.

Praxis des „Arbeitseinsatzes" im „Reichskommissariat Ostland":
Die Praxis des „Arbeitseinsatzes" der „Evarussen" ist nah an das Schicksal der zuvor behandelten slawischen Bevölkerungsgruppen angelehnt. Auch „Evarussen" kamen zum größten Teil in der Landwirtschaft als Arbeitskräfte unter, sodass die Praxis des „Arbeitseinsatzes" von den individuellen Umständen bei den einheimischen Bauern abhing. Diese waren, wie schon bei den „Ostarbeitern" gesehen, häufig durch antislawische Gefühlslagen geprägt. In der „Verordnung über Maßnahmen für Evakuierte vom 5. Oktober 1943" war aber genau dieses Anhängigkeitsverhältnis ausdrücklich festgelegt:

„Die Inhaber der landwirtschaftlichen Betriebe sind verpflichtet, diejenigen Evakuierten angemessen zu verpflegen, welche ihnen zur Beköstigung zugewiesen werden"[709].

Gleichzeitig galt aber eben auch als Gegenleistung:

„Die Inhaber landwirtschaftlicher Betriebe haben das Recht, die Evakuierten zu Arbeitern in ihrem Betriebe heranzuziehen"[710].

Diese Bestimmungen gaben den Einheimischen weitreichende Vollmachten über die „Evarussen", die gnadenlos ausgenutzt werden konnten, sodass auch in dieser Hinsicht von einer Gleichbehandlung der „Evarussen" nicht die Rede sein kann. Über „Evarussen" aus den Lagern in Estland berichtete der SD in diesem Kontext Folgendes:

„Es sind Fälle vorgekommen, wo die zur Arbeit in den Bauernhöfen freigegebenen Kriegsflüchtlinge ins Lager zurückkommen und bitten dort bleiben zu dürfen, da die Arbeit auf einem Bauernhof zu anstrengend sei"[711].

Neben den Diskriminierungen durch die einheimische Bevölkerung litten die „Evarussen" auch unter den Vernachlässigung ihrer Interessenlagen durch die deutsche Arbeitsverwaltung. Wie schon bei den anderen slawischen Betroffenengruppen

708 Siehe: LVVA-P-960.1.4 S. 5–16. GBA Außenstelle Windau, Transportlisten. Verladen von Evarussen in Windau, 5. 1. 1945.

709 BA-R-91.439 u. p. GK in Riga gez. Drechsler, Verordnung über Massnahmen für Evakuierte vom 5. Oktober 1943, 8. 10. 1943.

710 Ebd.

711 ERA-R-819.1.4 S. 81–85. KdS Estland Abt. B III, Vermerk betr.: Kriegsflüchtlingslager in Klooga, Pöllküla und Taps, 14. 12. 1943.

wirkte sich also besonders das Zusammenspiel von antislawischen Tendenzen der einheimischen Bevölkerung mit der deutschen Besatzungsmacht fatal auf die Praxis des „Arbeitseinsatzes" der entsprechenden slawischen Bevölkerungsgruppe aus.

Besondere Verärgerung unter den „Evarussen" rief hierbei auch die Vermittlung der ehemals in Lagern untergebrachten „Evarussen" in den örtlichen „Arbeitseinsatz" durch die deutsche Arbeitsverwaltung hervor, da diese weder auf die Wünsche der „Evarussen" noch die der Arbeitgeber achteten. Die Interessen Letzterer fanden nach den Angaben des SD erst nach Bezahlung von Bestechungsgeldern bei der Arbeitsverwaltung Berücksichtigung. In erster Linie störten sich die „Evarussen" an der außerordentlichen Ignoranz der deutschen Arbeitsvermittlung. So berichtete eine aus Russland in ein estnisches Lager geratene Lettin, dass es ihr nicht erlaubt gewesen sei, nach Lettland zurückzukehren, da es den deutschen Beamten nicht begreiflich zu machen war, dass überhaupt ein Unterschied zwischen Esten und Letten bestünde. Allgemein schilderte der SD die Stimmung unter den „Evarussen" bezüglich der deutschen Arbeitsvermittlung wie folgt:

„Nun aber bestimmen die Vertreter des Arbeitseinsatzes scheinbar nach ihrem eigenen Gutdünken und verteilen sie ohne irgendwelche Wünsche oder weitere Zustände in Betracht zu ziehen. Unter den Kriegsflüchtlingen hat sich aus dem Grunde eine panische Erregung und eine äußerst niedergedrückte Stimmung Raum gemacht und sie beklagen sich im Allgemeinen, dass sie eher dann hätten in Russland bleiben und sterben können, als hier in Estland von dem Wohnort vertrieben ein Leben zu leben, wo ihr weiteres Schicksal der Obhut launiger Deutschen anvertraut ist"[712].

Neben der Landwirtschaft gerieten die „Evarussen" auch zu „geschlossenen Einsätzen" zur OT oder der Stralo, wo sie harte körperliche Arbeit unter strenger Bewachung erwartete[713]. Über die Lage in einem solchen OT-Lager für „Evarussen" ist überliefert, dass „der körperliche und moralische Zustand der Leute ein denkbar schlechter" gewesen sei[714]. Diese Arbeitgeber zeichneten sich auch dadurch aus,

712 Ebd.

713 LVVA-P-69.1a.7 S. 76. GK in Riga Abt. III Aso, Schreiben betr.: Einsatz russischer Flüchtlinge. An: GK in Riga Abt. II Verwaltung, 23. 9. 1943; Beispielsweise entsandte das Lager Olita an die Stralo in Litauen zur Tannholzbereitung 350 „Evarussen". Siehe: LVVA-P-70.5.72 S. 126. RKO H.III Aso 2 E 8 Ellrodt, Schreiben betr.: Arbeitseinsatz von Flüchtlingen. An: GK in Kauen, 1. 9. 1943; In Lettland wurden 460 „Evarussen" mit derselben Arbeit beauftragt. Siehe: LVVA-P-70.5.72 S. 127. RKO H.III Aso 2 E 8 Ellrodt, Schreiben betr.: Arbeitseinsatz von Flüchtlingen. An: GK in Riga Abt. II Verwaltung, 1. 9. 1943; In Estland waren es 725 „Evarussen". Siehe: LVVA-P-70.5.72 S. 128. RKO H.III Aso 2 E 8 Ellrodt, Schreiben betr.: Arbeitseinsatz von Flüchtlingen. An: GK in Reval, 1. 9. 1943.

714 LVVA-P-960.1.5 S. 62. GBA Aussenstelle Windau, Bericht betr.: OT Lager in der Synagoge u. Wasserstr. Windau, 20. 11. 1944; Vgl. auch Abschnitt zur OT.

dass sie die „Evarussen" meist ohne Absprache mit der Arbeitsverwaltung aus den Lagern rekrutierten[715].

Aber die Lebensumstände der „Evarussen" wurden nicht nur einseitig als schlecht und unzureichend geschildert. Wie schon bei den Kriegsgefangenen und „Ostarbeitern" sorgten die „Evarussen" zum Teil auch sogar wegen einer vermeintlichen Bevorzugung für Verstimmungen:

„Wenn heute hunderttausende bombengeschädigte deutsche Volksgenossen im Reich zwangsläufig unter den primitivsten Umständen hausen und sich unter dem Druck der Verhältnisse damit abfinden müssen, ist es ein Irrsinn, 150 russische Flüchtlinge, zerlumpt und verdreckt, aus primitivsten osteuropäischen Verhältnissen und bolschewistischer Kulturlosigkeit kommend, in zwei modernen Wohnungen einzuquartieren. Noch dazu in einem Hause, in dem rund 20 Deutsche, u. zw. uniformierte höhere Beamte wohnen!"[716]

Diese Vorwürfe scheinen allerdings mehr als unberechtigt gewesen zu sein, da die Mehrzahl der in Riga untergekommenen „Evarussen" in den Häusern des ehemaligen Ghettos leben mussten, deren Zustand am alleruntersten Rand der Wohnqualität der Stadt gelegen haben dürfte.

Diese ghettoähnliche Unterkunft führte allerdings wiederum zu einer unterstellten und tatsächlichen Nähe zu den Untergrundorganisationen der Stadt, womit ein weiteres Beispiel[717] für den Zusammenhang von Benachteiligung durch die deutschen Behörden und einer daraus erwachsenden antideutschen Einstellung der betroffenen Personen aufgezeigt ist, die dadurch wiederum erneut unter deutschen Repressionen zu leiden hatten. Auch die deutsche Politik von verschärften Repressionen aufgrund von mangelnden exekutiven Mitteln fand unter den „Evarussen" Anwendung. Die deutsche Antwort auf vermutete Nähe zu Partisanen und den Mangel an Polizeikräften, in diesem Fall in Estland, war erneut eine Empfehlung, die Brutalität gegenüber diesen Menschen zu erhöhen[718].

Rückwirkungen auf die baltisch-slawischen Beziehungen:

Die Präsenz der „Evarussen" in den baltischen Generalbezirken hatte nicht nur massive Auswirkungen auf die Arbeitskräftezahlen. Mindestens von ebenso großer

715 „... und von den laut allgemeiner Ordnung in Estland eingetroffenen Kriegsflüchtlingen sind in einzelnen Fällen außerhalb der Verwaltung zur Betreuung von Kriegsflüchtlingen gewisse Teile von der Wehrmacht, OT usw. nach eigenem Gutdünken zur Verfügung genommen". Aus: ERA-R-819.1.4 S. 71–73. KdS Estland Abt. B III, Aktenvermerk betr.: Kriegsflüchtlinge in Estland, 9. 12. 1943.

716 LVVA-P-70.5.72 S. 229–231. NSDAP Landesleitung Ostland, Schreiben betr.: Unterbringung russischer Flüchtlinge Fellinerstrasse 2. An: Geb.K Riga Stadt, 20. 9. 1943.

717 BA-R-91.377 u. p. Gebietskommissar Riga Stadt Leiter für Flüchtlingswesen gez. Brodersen, Schreiben betr.: Registrierung und Kontrolle der russischen Flüchtlinge im ehemaligen Ghetto. An: Bürgermeister Dr. Windgassen, 23. 11. 1943.

718 ERA-R-65.1.8 S. 33. GK in Reval – HA III, Vermerk betr.: Unsicherheit durch Evarussen, 25. 10. 1943.

Bedeutung war die Tatsache, dass es sich in der Mehrzahl um Russen handelte. Denn, wie bereits mehrfach erwähnt, zeichnete sich die „Arbeitseinsatzpolitik" in den baltischen Generalbezirken ganz wesentlich durch eine antislawische Tendenz aus, welche massiv von baltischen Kräften generiert wurde. Aus diesem Grunde warnte das Armeeoberkommando 18 seine Angehörigen vor dem „Russenhass" des estnischen Volkes, welcher den Nutzen des „Einsatzes" der „Evarussen" und „Hilfswilligen" für die Deutschen bedeutend vermindern könnte[719].

Diesem vermeintlichen „Russenhass" der Esten sahen sich die „Evarussen" unverzüglich ausgesetzt, wie ein Gesuch von „Evarussen" in Estland aus dem Frühjahr 1944 deutlich macht:

„Zurzeit befinden wir uns unter dem estnischen Volk, das gegen die Russen und Ukrainer gesinnt ist. Es kommt vor, dass wir von den Esten böse Worte hören oder mit eigenen Augen sehen, wie sie unsere Landsleute misshandeln, sie rächen sich an den Russen und den Ukrainern. Sie beschränken sich nicht nur mit Drohungen, sondern stechen einen wahllos mit dem Messer. In solchen Fällen pflegen sie zu uns zu sagen: ‚Unsere Soldaten werden von den Rotarmisten getötet, daher wollen wir und Euch hier im Hinterlande rächen'. Das ist was die Esten sagen. Eines Tages war ich (D. Jagoschenko) in der Stadt Põltsamaa beim Arzt. Dort hat sich Folgendes abgespielt: Ein estnischer Freiwilliger hat einem Russen, der sich aufhielt, um den Einberufungsbefehl durchzulesen, die Wange mit dem Messer durchgestochen. Das habe ich selbst, mit eigenen Augen gesehen. Nachdem man den Verwundeten verbunden hatte, fragte ich ihn, weshalb er auf diese Weise angegriffen wurde. Er antwortete, weil er Russe sei und sich aufgehalten habe, um den Befehl zu lesen. Das ereignete sich in der Stadt Põltsamaa am 2. Februar 1944. Außerdem hat der estnische Freiwillige demselben Russen gesagt: ‚Wir werden euch alle – sowohl die Russen als auch die Ukrainer – im Hinterlande abschlachten'"[720].

Auch wenn die Details dieses Berichts nicht mehr verifizierbar sind und wenigstens fragwürdig erscheinen, so ist selbiges Gesuch zumindest ein Zeugnis für ernsthafte ethnische Spannungen zwischen Esten und Slawen, welche sich durch die Präsenz der „Evarussen" im Baltikum verschärften.

Ähnliche Sorgen hegte die deutsche Zivilverwaltung in den anderen baltischen Generalbezirken, und tatsächlich bestätigten sich derlei Befürchtungen auch in Litauen:

„Die Behandlung der Russen durch die Litauer ist nach wie vor schlecht, was sich auf die russische Bevölkerung stimmungsmäßig negativ auswirkt. ... Die litauische

719 ERA-R-66.1.145 S. 59. Armeeoberkommando 18, Vermerk betr.: Russische Hilfswillige und russisches Wehrmachtsgefolge in Estland, 27. 2. 1944.

720 ERA-R.65.1.43 S. 12. F.V. Slonski F. Juganson P. Aleksichin, Gesuch betr.: Die aus Russland evakuierten Ukrainer und Russen. An: GK in Reval, 7. 2. 1944.

Bevölkerung betrachtet sich im Übrigen den Russen gegenüber mehr oder weniger als Herrenvolk"[721].

Diese Erniedrigungen von Seiten der baltischen Zivilbevölkerung den „Evarussen" und anderen Slawen gegenüber blieben zudem nicht unbeantwortet, sondern schürten die gegenseitige Konfrontation, wie folgendes Beispiel aus Schaulen zeigt:

„Bemerkenswert in diesem Zusammenhang ist jedoch ein Vorfall, der sich am 12.1.43 in Schaulen ereignete. An diesem Tage erschoss ein im Dienst der Wehrmacht stehender Ukrainer im Verlaufe eines Streites auf offener Straße in Schaulen einen litauischen Zivilisten"[722].

Außerdem löste die antislawische Einstellung der baltischen Bevölkerung eine umso größere Solidarisierung innerhalb der indigenen slawischen Bevölkerung mit den „Evarussen" aus, wie der Aufruf der Altgläubigergemeinde in Kauen zur Aufnahme von russischen Waisenkindern veranschaulicht[723].

Durch diese ethnischen Auseinandersetzungen würden die Neigungen der „Evarussen", sich den Partisanen anzuschließen nur gestärkt werden, befürchtete die deutsche Zivilverwaltung und lenkte mit dieser Argumentation zugleich die Verantwortung für die Ausbreitung einer widerständischen Haltung unter den „Evarussen" von der selbstverschuldeten Repressionspolitik gegenüber den „Evarussen" auf die Schuld der Diskriminierung durch die „landeseigenen" politischen Kräfte ab[724].

In Wahrheit waren sowohl die deutsche Repressionspolitik als auch die indigene antislawische Politik dafür verantwortlich, dass ein großer Teil der „Evarussen" nicht mehr bereit war, die deutschen Kriegsanstrengungen zu unterstützen und zum passiven und aktiven Widerstand überging. Für die Nachkriegszeit in der Region stellte aber die benachteiligte Behandlung der „Evarussen" durch die baltische Bevölkerung ein weiteres Element für die sich verschärfenden ethnischen Spannungen dar.

Zwischenfazit:

Aus Sicht der deutschen „Arbeitseinsatzplaner" war der Zustrom der mehr als eine halbe Million „Evarussen" trotz der großen Hoffnungen ein gewaltiger Misserfolg, da die „Evarussen" unmittelbar nach ihrer Ankunft im Baltikum aufgrund der organisatorischen Schwierigkeiten nicht sofort arbeiten konnten, und als sie die Quarantänelager verlassen durften, warteten schon die Werber Sauckels, um die Arbeitsfähigen ins Reich zu schicken. Diese Ineffektivität zeigte sich schon in der Anfangsphase.

721 BA-R-6.159 S. 75 f. BdS Ostland, Vermerk betr.: Eva.-Russen in Litauen, 5. 6. 1944.

722 LCVA-R-1399.1.32 S. 2. KdS Litauen, Monatsbericht Januar 1943, 31. 1. 1943.

723 LCVA-R-979.1.39 S. 81. Zentralrat der Altgläubigen in Litauen in Kauen, Aufruf zur Aufnahme von russischen Flüchtlingswaisenkindern, undatiert.

724 „Es ist kein Zweifel, dass diese bei der voraussichtlich schlechten Aufnahme, die sie in den Gemeinden finden, sehr bald zu den Partisanen übergehen werden". Aus: LVVA-P-70.5.72 S. 117–119. RKO Abt. II Verw. 6 E 3 e, Vermerk zur Besprechung über Flüchtlingsfragen, 28. 8. 1943.

Im Zeitraum Mai bis September 1943 gelangten nach den Angaben der deutschen Arbeitsverwaltung in Estland gerade einmal 1668 „Evarussen" in den „Arbeitseinsatz" des Generalbezirks[725]. Im gleichen Zeitraum hatten jedoch 25 982 „Evarussen" den Boden des estnischen Generalbezirks betreten[726].

Die großen organisatorischen Schwierigkeiten wirkten sich aber nicht nur auf die Effizienz des „Arbeitseinsatzes" der „Evarussen" negativ aus. Wichtiger aus Sicht der Betroffenen war der verzweifelte Versuch der deutschen Arbeitsverwaltung, die sich auftuenden Lücken durch verstärkte Zwangsmaßnahmen auszugleichen, was zu widerständischem Handeln der „Evarussen" führte und so die Spirale von Zwangsmaßnahmen und Widerstand weiter drehte. Zusätzlich erschwert wurde das Schicksal der „Evarussen" im Baltikum noch durch den Einfluss der baltischen politischen Kräfte, welche zwar die Arbeitskraft der „Evarussen" nutzen wollten, nicht aber die normative Gleichstellung dieser Menschen zu beachten bereit waren.

Das Schicksal der „Evarussen" innerhalb der „Arbeitseinsatzpolitik" in den baltischen Generalbezirken des RKO schließt sich somit mustergültig an die Gruppen der Kriegsgefangenen und „Ostarbeiter" an, mit denen sie eine Vielzahl von Gemeinsamkeiten teilten, was insbesondere ihre schwere Benachteiligung in der Praxis des „Arbeitseinsatzes" betrifft.

3.2.5 Fazit des „Arbeitseinsatzes" der slawischen Arbeitskräftegruppen – Benachteiligung wegen fehlender Repräsentationsmöglichkeit

Die Gemeinsamkeit der hier behandelten slawischen Betroffenengruppen der nationalsozialistischen „Arbeitseinsatzpolitik" in den drei baltischen Generalbezirken des RKO liegt vor allem darin begründet, dass sie alle aufgrund einer rassistischen und antislawischen Grundhaltung sowohl der deutschen Arbeitsverwaltung als auch der einheimischen baltischen Mehrheitsbevölkerungen ein benachteiligtes Schicksal in der Praxis ereilte. Dennoch unterschieden sich die einzelnen Schicksale teilweise erheblich in Abhängigkeit von Ort und Zeit. Beispielsweise überschattet das Massensterben der Kriegsgefangenen von 1941 alle anderen Erscheinungsformen der „Arbeitseinsatzpolitik" der späteren Zeit, bzw. der anderen slawischen Betroffenengruppen. Auffällig ist weiter, dass die drei Gruppen – Kriegsgefangene, „Ostarbeiter" und „Evarussen" – in der Weise miteinander verwoben sind, dass sie durch teilweise fließende Übergänge gekennzeichnet sind. So waren die „Ostarbeiter" im Wesentlichen

725 LVVA-P-70.5.39 S. 35. GK in Reval, Bericht über den Arbeitseinsatz der Kriegsflüchtlinge im Generalbezik Estland vom 1. Mai bis zum 25. Sept. 1943, 25. 9. 1943.

726 LVVA-P-70.5.39 S. 34. GK in Reval, Bericht über die Transporte der aus den besetzten U.d.S.S.R. Gebieten angekommenen Kriegsflüchtlinge vom 1. Mai 1943 bis zum 25. September, 25. 9. 1943.

„freigelassene" Kriegsgefangene, und die „Evarussen" bewirkten wiederum die Auflösung der „Ostarbeiterstatus" im Baltikum.

Eine interessante Verbindung zu den indigenen Slawen ergibt sich durch einen Blick auf das Verhältnis von normativen Vorgaben und Praxis des „Arbeitseinsatzes" in Abhängigkeit der Zeit. Die indigenen Slawen standen von Anfang an mit der Mehrheitsbevölkerung normativ gesehen zwar auf einer Stufe. In der Praxis traten erste Fälle einer Diskriminierung schon zu Beginn der Besatzungszeit auf. Die Benachteiligungen gegenüber der Mehrheitsbevölkerung nahmen aber insgesamt noch zu, da sich die Unterstellungen einer Partisanennähe in der zweiten Hälfte der Besatzungszeit noch verstärkten. Es folgten Antipartisanenmaßnahmen als Rekrutierungsmaßnahmen, von denen die indigene slawische Bevölkerung überproportional betroffen war. Die anderen hier genannten slawischen Gruppen waren demgegenüber zu Beginn ihres Eintretens in der „Arbeitseinsatzpolitik" offiziell als Kriegsgefangene oder „Ostarbeiter" stigmatisiert und benachteiligt. Im Verlauf der Besatzungszeit aber dann erwarben sie die normative Gleichstellung mit der baltischen Bevölkerungsmehrheit, welche die anderen indigenen Slawen schon besaßen. Trotzdem blieben diese Menschen in der Praxis auch in der zweiten Besatzungshälfte eine benachteiligte Gruppe.

Schließlich bleibt mit Hinblick auf die indigenen Slawen noch zu ergänzen, dass eine Quantifizierung der konkret Betroffenen nicht möglich ist. Eine Vielzahl von Quellen deuten aber immer wieder daraufhin, dass sie überproportional betroffen waren. Dies gilt für die Rekrutierungen zum „Reichseinsatz" ebenso wie für lokale Diskriminierungen, wie den Verlust des Arbeitsplatzes vor Ort. Eines lässt sich jedoch mit Sicherheit sagen: Die Benachteiligung der slawischen indigenen Bevölkerung im Baltikum ist wesentlich mit den historisch gewachsenen „Problemzonen" Lettgallen in Lettland und dem Wilnagebiet in Litauen verbunden. Dort lebten nicht nur besonders viele Polen und Russen. Diese Gebiete waren auch schon in der Vorkriegszeit Gebiete mit ethnischen Spannungen, welche durch eine auf rassenideologischen Prinzipien basierenden „Arbeitseinsatzpolitik" während der deutschen Besatzung nur geschürt werden konnten. Vereinzelt lebende Polen oder Russen in anderen Gebieten Lettlands oder Litauens mochten ein vergleichsweise unauffälliges Leben zur Zeit der deutschen Besatzung gelebt haben. So ist beispielsweise für die russische Minderheit in der lettischen Hauptstadt Riga nur wenig über eine Schlechterstellung bekannt[727].

727 Die These einer weitgehenden Schicksalgemeinschaft von Slawen und Letten in Lettland vertritt vor diesem Hintergrund auch: K. N. Nikolaevič, Kollaboracionizm ne imeet nacional'nosti. Učastie slavjan v nacistich formirovanijach na territorii okkuppirovannoj Latviii1941–1945, in: Materialy meždunarodnoj naučnoj konferencii „Vtoraja Mirovaja vojna i strany Baltii.1939–1945 gg.", Riga 2008, S. 60–64.

Insgesamt ist der nationalsozialistische „Arbeitseinsatz" der slawischen Bevölkerung in den baltischen Generalbezirken als Teilstück des „antislawischen Vernichtungsprogramms" zu verstehen, das den deutschen Krieg gegen die Sowjetunion nicht nur auf dem Gebiet des „Arbeitseinsatzes" bestimmte[728].

3.3. Juden und Roma

3.3.1 Juden – Vom Massenmord zum „kriegswichtigen Arbeitseinsatz" in der Ölschieferproduktion

Der jüdische „Arbeitseinsatz" im Baltikum zu Zeiten der deutschen Besatzung ist in vielerlei Hinsicht singulär, und dies nicht nur wegen der Singularität des Holocaust, der die jüdische Zwangsarbeit auch im Baltikum als Gewaltverbrechen überschattet. Wie in anderen deutsch beherrschten Gebieten auch setzten sich rassenideologisch motivierte Aspekte gegenüber kriegswirtschaftlichen Überlegungen weitgehend durch, sodass insgesamt nur ein sehr kleiner Prozentsatz der jüdischen Bevölkerung des Baltikums überlebte. Nur wenige wurden aufgrund ihres Nutzens als Arbeitskraft von der deutschen Vernichtungspolitik verschont. Von den insgesamt etwa 280 000 Juden des Baltikums, die unter deutsche Herrschaft gerieten, überlebten nur wenig mehr als 10 000[729]. Zudem war die Ermordung nirgendwo in den besetzten Gebieten der Sowjetunion so schnell und gezielt durchgeführt worden wie in den baltischen Generalbezirken. Bereits Ende 1941 waren deutlich über 90 Prozent der jüdischen Bevölkerung ermordet. Doch soll im Folgenden nicht der Hergang dieses einzigartigen Verbrechens untersucht werden, das bereits Gegenstand einer Vielzahl von Untersuchungen war[730]. Stattdessen werden nur die Aspekte des jüdischen „Arbeitseinsatzes" in den Vordergrund gerückt, welche die jüdische Bevölkerung zu

728 Vgl. zum Konzept des Krieges gegen die Sowjetunion als „antislawischen Vernichtungskrieg" in: Wolfram Wette, Der Krieg gegen die Sowjetunion: ein rassenideologisch begründeter Vernichtungskrieg, in: Wolf Kaiser (Hg.), Täter im Vernichtungskrieg. Der Überfall auf die Sowjetunion und der Völkermord an den Juden, Berlin 2002, S. 15–38.

729 Zu den Zahlen: Arad, The Holocaust in the Soviet Union, 2009, S. 147–150; Stranga, Ebreji Baltijā: no ienākšanas pirmsākumiem līdz holokaustam; 14. gadsimts – 1945. gads, 2008, S. 177, 273 f., 529.

730 Siehe u. a. zu Estland: Weiss-Wendt, Murder without hatred, 2009; A. Weiss-Wendt, Preconditions for the Holocaust Estonian. Jews and the „Judobolshevik" Myth, in: Anu Mai Kõll (Hg.), The Baltic Countries under Occupation. Soviet and Nazi Rule 1939–1991, Stockholm 2003, S. 161–166; Eugenia Gurin-Loov, Eesti juutide katastroof 1941 1994; Zu Lettland: Andrew Ezergailis, The Holocaust in Latvia: 1941–1944; The missing center, Riga 1996; Stranga, Holokausts Latvijā: 1941–1945, 2004; Zu Litauen: Wolfgang Benz u. Marion Neiss (Hg.), Judenmord in Litauen. Studien und Dokumente, Berlin 1999; Vincas Bartusevicius u. a. (Hg.), Holocaust in Litauen. Krieg, Judenmorde und Kollaboration im Jahre 1941, Köln 2003a; Levinson, The Shoah (Holocaust) in Lithuania, 2006.

einer spezifischen Gruppe von Betroffenen innerhalb der nationalsozialistischen „Arbeitseinsatzpolitik" in den baltischen Generalbezirken machte.

So spielte beispielsweise die Region des Baltikums hinsichtlich des Themas der jüdischen Zwangsarbeit vor allem deswegen eine besondere Rolle, weil hier nicht nur die einheimischen Juden in Ghettos und KZs arbeiten mussten, sondern auch aus anderen Teilen Europas Juden hierher deportiert wurden, um im Baltikum Zwangsarbeit zu leisten[731]. Damit stellte die Gruppe der Juden zynischerweise zusammen mit den privilegierten deutschen und arischen Arbeitskräften die einzige Gruppe dar, welche zum „Arbeitseinsatz" von Westen nach Osten deportiert wurde, während alle anderen bisher behandelten Betroffenengruppen nahezu ausnahmslos in umgekehrter Richtung den Anforderungen der deutschen „Arbeitseinsatzplanung" vom Osten ins Reich zu folgen hatten[732].

Außerdem war das Baltikum das einzige Gebiet der besetzten Sowjetunion, wo sich Konzentrationslager befanden, was ebenfalls den jüdischen „Arbeitseinsatz" in dieser Region zu einem Einzelfall macht[733].

Chronologisch betrachtet unterscheiden sich im Wesentlichen zwei Phasen des jüdischen „Arbeitseinsatzes" im Baltikum. Dies ist die erste Phase der deutschen Besatzung, als die wenigen Überlebenden der großen Erschießungsaktionen in den Ghettos der Großstädte selbst oder in sogenannten Außenkommandos zur Zwangsarbeit herangezogen wurden. Zweitens schloss sich daran ab Herbst 1943 die Phase der KZ-Arbeit an, nachdem die Ghettos nach einem Befehl Himmlers aufgelöst worden waren und die Juden fortan in den KZs selbst, bzw. in Außenkommandos der KZs arbeiten mussten. Während der gesamten Zeit standen die Juden ununterbrochen unter fortgesetzter Lebensgefahr durch andauernde Selektionen. Schließlich stellte auch der deutsche Rückzug aus dem Baltikum eine Phase dar, welche zu einer Steigerung der Todesfälle durch Erschießungen und durch Erschöpfung auf Todesmärschen und zur Evakuierung der Lagerinsassen ins Reich führte[734].

731 Dazu zur Einführung: Schulle u. Gottwaldt, Die „Judendeportationen" aus dem Deutschen Reich 1941–1945, 2005; Scheffler u. Schulle, Buch der Erinnerung: Die ins Baltikum deportierten deutschen, österreichischen und tschechoslowakischen Juden, 2003; Maripuu, Annihilation of Czech and German Jews in Estonia in 1942–1943, 2006a.

732 Zum Zusammenang von beginnender Judendeportaion nach Osten und Entschlussfindung zu „Endlösung" vgl.: Herbert, Arbeit und Vernichtung, 1991a, S. 399.

733 Dazu: Streim, Konzentrationslager auf dem Gebiet der Sowjetunion, 1989.

734 Dazu: Ebd., S. 183–185.

Jüdischer „Arbeitseinsatz“ während der Ghettophase 1941–1943:

Einrichtung der Ghettos:
Die Ghettophase unterschied sich neben qualitativen Merkmalen schon allein in geographischer Hinsicht von der KZ-Phase des jüdischen „Arbeitseinsatzes“. Während die Ghettos in Lettland und in Litauen aufgrund der dort lebenden bedeutenden jüdischen Gemeinden eine größere Rolle spielten, war der jüdische „Arbeitseinsatz“ der KZ-Phase besonders in Estland (KZ-Vaivara), aber auch in Lettland (KZ-Kaiserwald), weniger in Litauen (KZ-Kauen), von Bedeutung. Während somit das Kapitel über jüdische Zwangsarbeit im Baltikum geographisch gesehen seinen Abschluss im äußersten Nordosten in dem Ölschiefergebiet in Estland findet, begann es bereits kurz nach der Eroberung erster Gebiete im äußersten Südwesten im litauisch-ostpreußischem Grenzgebiet.

Der Zusammenhang von Massenmord und „Arbeitseinsatz“ war von Beginn an von Widersprüchen durchzogen. Während, wie erwähnt, die wenigen Überlebenden nur aufgrund ihres potentiellen Nutzens als Arbeitskraft die deutsche Herrschaft überlebten, war das erste Opfer der deutschen Vernichtungspolitik gezielt die männliche jüdische Bevölkerung. Vergleichbar mit dem Schicksal der Kriegsgefangenen, vernachlässigte die deutsche Besatzungsmacht zu diesem Zeitpunkt den Aspekt der Arbeitskraft zunächst völlig, da die Siegeszuversicht noch ungebrochen war. Doch gingen die Deutschen schnell dazu über, auch Frauen und Kinder zu erschießen[735]. Von den Mordaktionen war vor allem die jüdische Landbevölkerung in Litauen und Lettland betroffen. Ein Großteil der städtischen Juden geriet zwischen Ende August und Oktober 1941 in Ghettos, wo sie von der übrigen Bevölkerung getrennt leichter zu kontrollieren waren und vor allem als Arbeitskräfte ausgenutzt werden konnten. Dazu hieß es in den Anordnungen des GK in Riga an die Gebietskommissariate:

„Um das flache Land von Juden zu säubern, sind folgende Maßnahmen unter Berücksichtigung der örtlichen und insbesondere der wirtschaftlichen Verhältnisse zu treffen. Alle Juden sind in Ghettos zusammenzuschließen, und zwar in größeren Städten, die schon eine größere Anzahl von Juden beherbergen“[736].

Die größeren Ghettos, welche bis ins Jahr 1943 bestand hatten, befanden sich in Kauen (bis zu 30 000 Insasssen), Wilna (bis zu 45 000 Insassen), und Schaulen (bis

735 Zum Verlauf des Judenmords in den Sommermonaten im Baltikum: Benz, Einsatz im „Reichskommissariat Ostland“, 1998, S. 71–114.

736 LVVA-P-69.1a.19 S. 58–61. Abt. II a gez. Boenner, Einrichtung von Ghettos, jüdischen Arbeitslagern und Arbeitseinsatz der Juden. Anmelde- und Ablieferungspflicht des jüdischen Vermögens. Geb.K. Riga-Stadt Riga-Land Wolmar Mitau, 10. 9. 1941.

zu 5000 Insassen) und Svencionys (500 Insassen) und andere kleinere Ghettos in Litauen und in Riga (bis zu 30 000 Insassen), Dünaburg (bis zu 14 000 Insassen) und Libau (bis zu 1000 Insassen) in Lettland[737]. In Estland richteten die Deutschen keine Ghettos ein. Estland war das erste deutsch besetzte Land, das schon Anfang 1942 als „judenfrei" gemeldet wurde, nachdem die im Lande gebliebenen knapp 1000 Juden durch deutsche und estnische Polizeieinheiten erschossen worden waren[738]. Neben den größeren Ghettos existierten im Sommer 1941 in den ländlichen Regionen vor allem in Litauen und Lettgallen auch kleinere Ghettos in den Kleinstädten. Diese dienten aber in der Regel nur der Bündelung der jüdischen Bevölkerung bevor die mobilen Erschießungskommandos in diese Städte kamen[739].

Aus bis heute nicht abschließend geklärten Gründen ermordeten die deutschen und einheimischen Mordkommandos jedoch nicht die gesamte jüdische Bevölkerung. Zunehmend regte sich Interesse an der Arbeitskraft der jüdischen Bevölkerung vor allem von Seiten der Wehrmacht und der W-Betriebe wegen der jüdischen Facharbeiter, was selbst von Seiten der SS schließlich eine gewisse Berücksichtigung in Form einer Anweisung vom Frühjahr 1942 an den KdS in Litauen Jäger fand, als der Arbeitskräftemangel akut wurde. Darin heißt es:

„Zutreffendenfalls bitte ich künftig in Ausführung einer generellen Anordnung des Reichsführers SS und Chefs der deutschen Polizei, arbeitsfähige Juden und Jüdinnen im Alter von 16 bis 32 Jahren, bis auf weitere Weisung von Sondermaßnahmen, auszunehmen. Diese Juden sind dem geschlossenen Arbeitseinsatz zuzuführen – KZ oder Arbeitslager"[740].

737 Zu den Ghettos im Einzelnen siehe folgenden Abschnitt. Vgl. zu den Zahlen: Arad, The Holocaust in the Soviet Union, 2009, S. 144–149; Vgl. auch: Benz, Einsatz im „Reichskommissariat Ostland", 1998, S. 105; Stranga, Ebreji Baltija: no ienākšanas pirmsākumiem līdz holokaustam; 14. gadsimts – 1945. gads, 2008, S. 171; Ilja Aleksandrovi˘ Altman, Žertvy nenavisti: Cholokost v SSSR 1941–1945 gg., Moskva 2002, S. 91 f.

738 „Estland ist heute judenfrei". Aus: Benz, Einsatz im „Reichskommissariat Ostland", 1998, S. 107. Vgl.: Weiss-Wendt, Murder without hatred, 2009, S. 123; Kuusik, Die Deutsche Vernichtungspolitik in Estland 1941–1944, 2005, hier: S. 138–142.

739 Zum Verlauf der Mordaktionen auf dem Lande in Litauen siehe: Eric Heine, Allgemeine Ermächtigung und konkrete Eigendynamik: Die Ermordung der Juden in den ländlichen Gebieten Litauens, in: Vincas Bartusevicius u. a. (Hg.), Holocaust in Litauen. Krieg, Judenmorde und Kollaboration im Jahre 1941, Köln 2003, S. 91–102; Knut Stang, Kollaboration und Massenmord: Die litauische Hilfspolizei, das Rollkommando Hamann und die Ermordung der litauischen Juden 1996; Zu kleineren Ghettos in Litauen siehe: Aru nas Bubnys, The Fate of the Jews in Švenčionzs, Oshmyany and Svir Regions (1941–1943), in: Jewish Museum (Hg.), The Ghettos of Oshmyany, Svir, Švenčionzs Regions: Lists of Prisoners 1942, Vilnius 2009, S. 83–118; Zu Lettland: R. Vīksne, Holokausts Latvijas mazpilsētās, in: Latvijas Vēsturnieku Komisijas Raksti 18. 2006, S. 217–238; G. Smirins u. M. Melers, Ebreju bojāejas traģedija holokausta laikā Latvijas provincē 1941. gada vasarā, in: Latvijas Vēsturnieku Komisijas Raksti 8. 2003, S. 210–234.

740 BA-R-70.Sowjetunion.94 u. p. SS Gruppenführer Müller, Schreiben betr.: Endgültige Loesung der Judenfrage. An: KdS Litauen Jäger, 18. 5. 1942; Vgl. Angrick u. Klein, Die „Endlösung" in Riga, 2006, S. 292.

Von dieser Maßnahme profitierten nicht zuletzt die Polizeiorgane selbst, denn bereits während der Ghettophase war eine Vielzahl von Juden in den Diensten der SS, wie aus den Angaben des BdS Ostland hervorgeht. Danach arbeiteten im November 1942 in Estland 338, in Lettland 1386 und in Litauen 442 Juden für die SS und die Polizei[741].

Die Zivilverwaltung nahm eine recht unentschlossene und polyphone Einstellung zum Judenmord ein[742]. Nicht eindeutig zu klären ist z. B. Lohses Vorgehen bis zum Dezember 1941, beispielsweise nach den Massenerschießungen am Strand von Libau. Wenn auch nicht deutlich nachvollziehbar ist, ob seine Anfragen als erste Regung eines möglichen Protests gegen den Judenmord zu verstehen sind, so zeigt dieser Schriftwechsel zumindest die Machtlosigkeit der Zivilverwaltung bezüglich der Entscheidungsgewalt über das Leben der jüdischen Bevölkerung[743]. Die Antwort auf seine Anfrage nach eventuell zu nehmender Rücksicht auf wirtschaftliche Belange, namentlich des Faktors der jüdischen Arbeitskraft, wurde durch ein Schreiben des Ostministeriums verneint, mit dem Hinweis, dass für derartige Fragen fortan der HSSPF zu konsultieren sei[744]. Doch existieren auch Belege für eine geradezu den Holocaust unterstützende Einstellung Einzelner aus den Reihen der Zivilverwaltung. So wies der GK in Kauen von Renteln ausdrücklich darauf hin, dass der „Arbeitseinsatz“ von Juden nicht nötig sei, solange auch anderweitig Arbeitskräfte zu finden seien:

„Die bisherigen Feststellungen haben ergeben, dass verschiedene Bedarfsstellen die Gestellung von Juden veranlasst haben, obwohl nach den Unterlagen der Arbeitsämter in genügender Zahl arbeitslose einheimische Kräfte zur Verfügung standen“[745].

Organe der Zivilverwaltung waren also auch aktiv darum bemüht, die jüdischen Facharbeiter durch andere Arbeitskräfte wie z. B. die Kriegsgefangenen zu ersetzen, um sie so ihrer einzigen Lebensgarantie zu berauben[746].

741 LVVA-P-1026.1.3 S. 344. BdS Ostland, Schreiben betr.: Beschäftigung von Juden und deren Unterbringung. HSSPF für das Ostland SS-Sturmbannführer Müller, 19. 11. 1942.

742 Dazu zur Einführung: Scheffler, Zur Rolle der Zivilverwaltung bei der Durchführung der „Endlösung der Judenfrage“ im Reichskommissariat Ostland, 1999.

743 Vgl. auch Abschnitt zur Polizei und den rassenideologischen Zielsetzungen.

744 Dazu: Uwe Danker, Die „Zivilverwaltung“ des Reichskommissariats Ostland und der Holocaust: Wahrnehmung, Rolle und „Verarbeitung“, S. 44–76; Vgl. auch: Zellhuber, „Unsere Verwaltung treibt einer Katastrophe zu ...“, 2006, S. 222 f.; Gerlach, Kalkulierte Morde, 2000, S. 581; Angrick u. Klein, Die „Endlösung“ in Riga, 2006, S. 283 f.

745 LCVA-R-626.1.4 S. 35. GK in Kauen H.A. II a gez. Dr. v. Renteln, Schreiben betr.: Arbeitseinsatz der Juden. An: Gebietskommissare Wilna-Land, Wilna-Stadt, 25. 9. 1941.

746 Vgl. dazu auch: Angrick u. Klein, Die „Endlösung“ in Riga, 2006, S. 280 f.; Siehe ein analoges Vorgehen auch in Weißruthenien: Gerlach, Kalkulierte Morde, 2000, S. 454 f., 579 f.

Wie auch immer die Rolle der Zivilverwaltung bezüglich des Hergangs der Judenmorde im Baltikum im Einzelnen zu bewerten ist[747], festzuhalten bleibt, dass die Entscheidungsgewalt über Leben und Tod nicht direkt in ihren Händen lag. Solche Entscheidungen konnten seit der Beauftragung Görings an Heydrich vom Juli 1941 nur durch die Sicherheitspolizei und der SD gefällt werden[748], wobei auch innerhalb des Polizeiapparats Himmlers längst nicht immer Einigkeit über die Geschwindigkeit der Tötung der jüdischen Bevölkerung herrschte, wie das Beispiel der Ermordung des ersten Transports von „Reichsjuden" nach Riga verdeutlicht[749]. Allerdings oblag der Zivilverwaltung die hier interessierende Leitung des jüdischen „Arbeitseinsatz" während der Ghettophase, womit sie indirekt auch die Entscheidungsgewalt über Leben und Tod der jüdischen Bevölkerung in den Händen hatte, da das Kriterium der Arbeitsfähigkeit zum entscheidenden Prüfstein in dieser Frage wurde. Darüber hinaus wurden von ihr die normativen Vorgaben und die Durchführung geplant und exerziert, wovon das Schicksal der hier im Mittelpunkt stehenden jüdischen Betroffenengruppe bestimmt wurde.

„Arbeitseinsatz" der Juden – Bestimmungen/Löhne/Zuständigkeiten:
Nachdem bereits unter der Militärverwaltung den Juden das Tragen des Judensterns auferlegt worden war[750], konkretisierten sich die Bestimmungen des Alltagslebens der jüdischen Bevölkerung im RKO durch die Richtlinien zur Behandlung der Juden von RKO Lohse kurze Zeit darauf. Zum „Arbeitseinsatz" der Juden war dort Folgendes zu lesen:

„Die arbeitsfähigen Juden sind nach Maßgabe des Arbeitsbedarfs zur Zwangsarbeit heranzuziehen. .... Die Zwangsarbeit kann in Arbeitskommandos außerhalb der Ghettos, im Ghetto oder, wo Ghettos noch nicht errichtet sind auch einzeln

747 Siehe dazu auch folgendes Gutachten: Scheffler, Zur Rolle der Zivilverwaltung bei der Durchführung der „Endlösung der Judenfrage" im Reichskommissariat Ostland, 1999.

748 „In Ergänzung der Ihnen bereits mit Erlass vom 24.1.39 übertragenen Aufgabe, die Judenfrage in Form der Auswanderung oder Evakuierung einer den Zeitverhältnissen entsprechend möglichst günstigen Lösung zuzuführen, beauftrage ich Sie hiermit, alle erforderlichen Vorbereitungen in organisatorischer, sachlicher und materieller Hinsicht zu treffen für eine Gesamtlösung der Judenfrage im deutschen Einflussgebiet in Europa. Soferne (sic) hierbei die Zuständigkeiten anderer Zentralinstanzen berührt werden, sind diese zu beteiligen. Ich beauftrage Sie weiter, mir in Bälde einen Gesamtentwurf über die organisatorischen, sachlichen und materiellen Vorausmaßnahmen zur Durchführung der angestrebten Endlösung der Judenfrage vorzulegen". Aus: LVVA-P-1026.1.3 S. 162. Reichsmarschall des Großdeutschen Reiches Beauftragter für den Vierjahresplan Vorsitzender des Ministerrats für die Reichsverteidigung gez. Göring, (Auftrag der Endlösung). An: Chef der Sicherheitspolizei und des SD SS-Gruppenführer Heydrich, 31. 7. 1941.

749 Dazu: Angrick u. Klein, Die „Endlösung" in Riga, 2006, S. 160–171.

750 „Juden beiderlei Geschlechts haben sich von dem Zeitpunkt der Bekanntgabe dieser Anordnung ab durch einen auf der rechten Brustseite zu tragenden Davidstern (6zackigen gelben Stern) als Juden kenntlich zu machen". Aus: LVVA-P-1026.1.3 S. 141. Befehlshaber d. rückw. Heeres-Geb.Nord gez. Kriegshein, Anordnung. Abt. GFP, 24. 7. 1941.

außerhalb des Ghettos (z. B. in der Werkstatt der Juden) geleistet werden. Die Vergütung hat nicht der Arbeitsleistung zu entsprechen, sondern nur der Bestreitung des notdürftigen Lebensunterhaltes für den Zwangsarbeiter und seine nichtarbeitsfähigen Familienmitglieder unter Berücksichtigung seiner anderen Barmittel zu dienen"[751].

Genauere Werte des Lohnes wurden auf der Ebene der GK festgelegt. Von dem an sich schon geringen Lohn von 20 Reichspfennigen pro Stunde, die ein privater Arbeitgeber für einen jüdischen Arbeiter zahlen musste, ging die Hälfte an den jeweiligen Gebietskommissar als Verantwortungsträger der Ghettos. Darüber hinaus verpflichteten sich die privaten Arbeitgeber zu der Verabreichung einer warmen Mahlzeit für die jüdischen Arbeitskräfte, welche diesen allerdings zusätzlich in Rechnung gestellt werden durfte, um, wie es in den „Richtlinien für den Einsatz der jüdischen Arbeitskräfte" hieß, „die jüdische Arbeitskraft zu erhalten"[752]. Ab November 1941 war jegliche Auszahlung von Lohn an die Juden in Riga verboten. Sämtlicher Lohn sollte von nun an an die Ghettoverwaltung gehen, welche sich auf diese Weise durch Sparen an den Ausgaben bei der Instandsetzung und der Ernährung bereichern konnte[753].

Der „Arbeitseinsatz" von weniger als zehn Personen außerhalb des Ghettos wurde ausdrücklich verboten und die Bewachung der Juden während der Arbeit musste durch den Arbeitgeber sichergestellt sein[754]. Jegliche Art von Einkaufen oder Handel außerhalb des Ghettos, sowie jegliche Kontaktaufnahme zur zivilen Bevölkerung wurde den Juden verboten[755]. Diese sogenannten Kasernierungen von jüdischen Arbeitskräften außerhalb des Ghettos direkt bei den Arbeitgebern nahmen bis zu den Auflösungen der Ghettos zu und bedurften der speziellen Genehmigung der Sicherheitspolizei und des SDs[756]. Diese Handhabe stellte dabei einen Kompromiss zwischen den Nachfragen nach jüdischen Arbeitskräften und den Protesten der Poli-

751 LVVA-P-1026.1.3 S. 144f. RKO gez. Lohse, Vorläufige Richtlinien für die Behandlung der Juden im Gebiet des Reichskommissariats Ostland, 26. 8. 1943; Vgl. die Richtlinien zum jüdischen „Arbeitseinsatz" in den besetzten Ostgebieten Rosenbergs vom Anfang des Monats, abgedruckt in: Scheffler, Zur Rolle der Zivilverwaltung bei der Durchführung der „Endlösung der Judenfrage" im Reichskommissariat Ostland, 1999, hier: S. 265.

752 LCVA-R-626.1.4 S. 10–13. Gebietskommissar Wilna-Stadt gez. Hingst, Richtlinien für den Einsatz der jüdischen Arbeitskräfte. An: Arbeitsamt Wilna, 1. 10. 1941.

753 „Der gesamte Lohn wird vom Arbeitgeber dem Finanzamt der Stadt Riga überwiesen. Eine Auszahlung an Juden erfolgt nicht". Aus: Benz, Einsatz im „Reichskommissariat Ostland", 1998, S. 139.

754 BA-R-91.366 u. p. Kommandeur der Sicherheitspolizei und des SD Lettland gez. Lange, Richtlinien für die Dienststellen, denen jüdische Arbeitskräfte zugeteilt sind, 10. 4. 1942.

755 LCVA-R-626.1.4 S. 10–13. Gebietskommissar Wilna-Stadt gez. Hingst, Richtlinien für den Einsatz der jüdischen Arbeitskräfte, 1. 10. 1941.

756 Siehe ein derartiges Genehmigungsschreiben: BA-R-91.366 u. p. Gebietskommissar Riga Stadt und komm. Oberbürgermeister, Schreiben betr.: Kasernierung von 42 jüdischen Arbeitskräften. An: Wehrmachts – Ortskommandantur Wehrmachts – Quartieramt, 13. 5. 1942.

zei dar. Immer wieder versuchten die Polizeiorgane, die Praxis der Außenkommandos wegen der schwer zu gewährleistenden Bewachung zu untergraben:

„Es ist festgestellt worden, dass in der letzten Zeit in großem Umfange Juden nach Beendigung der Arbeit abends nicht ins Ghetto zurückkehren. Aus politischen und Sicherheitsgründen ist es aber unbedingt notwendig, dass jeden Abend die Juden ins Ghetto zurückgeführt werden. Es wird allen Dienststellen, die Juden beschäftigen zur Pflicht gemacht, sie nach Beendigung der Arbeit unverzüglich ins Ghetto zurückzuführen, wobei die Dienststellen die für sie arbeitenden jüdischen Männer und Frauen geschlossen ins Ghetto unterbringen können“[757].

Derlei Anweisungen konnten jedoch dauerhaft die beschriebene Praxis der Außenkommandos nicht verhindern. In Lettland wurde darüber hinaus noch festgelegt, dass „zeugungsfähige Juden getrennte Lager erhalten“, wenn sie in Außenkommandos beschäftigt waren[758]. Die hier genannten Bestimmungen zur Überwachung der Juden außerhalb des Ghettos stießen in ihrer Umsetzung jedoch auf Schwierigkeiten, wie die wiederholten Ermahnungen zu ihrer Einhaltung verdeutlichen[759].

Oberster Grundsatz des jüdischen „Arbeitseinsatzes“ für die Zivilverwaltung war der Profit[760]. Deshalb unterstand die Verwaltung des jüdischen „Arbeitseinsatzes“ beim Gebiets- oder Stadtkommissar auch der Vermögensabteilung, da galt:

„Gegenstand der Vermögensverwaltung ist hiernach in erster Linie das vorhandene Mobiliarvermögen. Hierzu tritt die Ausnutzung der Arbeitskraft der Juden, die insoweit als angefallenes Vermögen gilt“[761].

Trotzdem kam in den Anordnungen der Zivilverwaltung klar zum Ausdruck, dass der jüdische „Arbeitseinsatz“ kein dauerhafter Zustand sein sollte. Stattdessen wurde dieser eher als notwendiges Provisorium verstanden. Wie das Generalkommissariat in Kauen gegenüber seinen untergebenen Verwaltungsebenen ausführte, galt als Grundsatz für den jüdischen „Arbeitseinsatz“:

„Die Notwendigkeit der Beschäftigung von Juden bei Zivildienststellen stellt das Sozialamt fest. Bei allen Bedarfsstellen wird geprüft, ob nicht die Beschäftigung von Arbeitslosen möglich ist, da diese im Arbeitseinsatz den Vorrang haben. Erst wenn

757 LVVA-P-999.1.2 S. 51–53. BdS Ostland gez. Müller, Tagesbefehl Nr. 3, 3. 2. 1942.

758 LVVA-P-69.1a.19 S. 58–61.Abt. II a gez. Boenner, Vermerk betr.: Einrichtung von Ghettos, jüdischen Arbeitslagern und Arbeitseinsatz der Juden. Anmelde- und Ablieferungspflicht des jüdischen Vermögens, 10. 9. 1941.

759 LVVA-P-80.3.2 S. 40. Wehrmachtsortskommandantur Riga, Kommandanturbefehl Nr. 16/42. Behandlung jüdischer Arbeitskräfte, 22. 4. 1942; LVVA-P-80.3.2 S. 14 f. Wehrmachtsortskommandantur Riga, Kommandanturbefehl Nr. 2., 20. 1. 1942.

760 Zum Interesse der Zivilverwaltung an der Aunutzung der jüdischen Zwangsarbeit 1941 vgl.: Jüngerkes, Einsatz im Ostland – Egon Bönner in Riga, 2008, hier: S. 70.

761 LVVA-P-69.1a.19 S. 64–67. RKO Abt. Finanzen gez. Dr. Vialon, Schreiben betr.: Verwaltung der jüdischen Ghettos. An: GK in Riga / Kauen / Minsk, 27. 8. 1942.

diese Frage geklärt und eine Zuweisung von anderen Kräften nicht möglich ist, werden jüdische Arbeitskräfte zugewiesen"[762].

Mit dieser Technik der Ausnutzung der Juden als Arbeitskraft bei gleichzeitiger Dezimierung durch Unterernährung und darauf folgenden Selektionen und Ermordungen verfolgte die Zivilverwaltung auch das Ziel, sukzessive an die zurückgehaltenen Besitztümer der jüdischen Bevölkerung zu gelangen[763]. Damit die Arbeitgeber sich nicht an die jüdischen Arbeitskräfte gewöhnten, galt für die Löhne der Juden, welche die Gebiets- und Stadtkommissare festlegten, als Grundsatz:

„Es muss vermieden werden, dass die Unternehmer aus der Beschäftigung von Juden zusätzliche Vorteile ziehen[764]".

Um dieses Ziel zu erreichen, bestimmte die deutsche Arbeitsverwaltung, dass der Lohn für jüdische Arbeitskräfte auf demselben Niveau wie für die anderen einheimischen Arbeitskräfte, liegen solle. Wegen der Abgabe an das Gebietskommissariat hatten die jüdischen Arbeitskräfte von dieser Bestimmung wenig, allerdings sollte auf diese Weise der jüdische „Arbeitseinsatz" unattraktiv gemacht werden. Doch zum Ärger der örtlichen Arbeitsverwaltung hielten sich die Arbeitgeber häufig nicht an diese Vorgaben und zahlten den Juden einfach weniger[765]. Für die Juden selbst hatten diese Kämpfe um ihren Lohn keine Auswirkungen, da sie ohnehin nichts von ihrem Lohn direkt erhielten.

„Arbeitseinsatz" in den Ghettos in Lettland Riga[766] – Dünaburg[767] – Libau:

Ghetto Riga:

Der „Arbeitseinsatz" der Juden im Ghetto von Riga birgt die Besonderheit, dass dort ab Ende 1941 zwei Ghettos nebeneinander existierten. Hatten kurz nach der Installierung des Ghettos im Oktober 1941 noch etwa 29 000 einheimische Juden dort

762 Aus: LCVA-R-626.1.29 S. 28. GK in Kauen, Schreiben betr.: Anforderung und Zuweisung von jüdischen Arbeitskräften. An: Gebietskommissar Wilna Stadt, 13. 2. 1942.

763 Benz, Einsatz im „Reichskommissariat Ostland", 1998, S. 136; Vgl. auch: Martin Dean, Robbing the Jews: The confiscation of Jewish property in the Holocaust, 1933–1945, 2008, S. 191–214, hier besonders S. 206 f.; Reichelt, Der Anteil der Letten an der Enteignung der Juden ihres Landes zwischen 1941 und 1943, 2003.

764 LVVA-P-69.1a.19 S. 64–67. RKO Abt. Finanzen gez. Dr. Vialon, Vermerkbetr.: Verwaltung der jüdischen Ghettos, 27. 8. 1942.

765 BA-R-91.395 u. p. Finanzverwaltung Riga, Schreiben betr.: Stundenlohn fuer juedische Arbeiter. An: Gebietskommissar Riga Stadt Arbeitsamt Abteilung Judeneinsatz, 12. 5. 1942.

766 Zur Geschichte des Ghettos in Riga siehe zur Einführung: Angrick u. Klein, Die „Endlösung" in Riga, 2006; Gertrude Schneider, Journey into terror. Story of the Riga Ghetto, Westport, Conn. 2001; Sowie die Erinnerungen: Bernhard Press, Judenmord in Lettland, 1941–1945, Berlin 1992; Kaufmann, Churbn Lettland: Die Vernichtung der Juden Lettlands, 1947; Ėlmar Rivoš, Zapiski, Riga 2006; u. a.

767 Zum Ghetto von Dünaburg siehe: B. Volkovič (Hg.), Cholokost v Latgalii, Daugavpils 2003.

gelebt und gearbeitet, so gelangten ab Ende des Jahres 1941 insgesamt etwa 24 000 Juden aus Mitteleuropa nach Riga. Diese „Reichsjuden" wurden in dem größeren Bereich des Ghettos untergebracht, der nach den Massenerschießungen von Rumbula im Südosten Rigas am 30. November und am 8. Dezember 1941 „frei geworden" war. In diesen zwei Tagen hatte der HSSPF Jeckeln etwa 26 000 Juden erschießen lassen, so dass Ende des Jahres das Ghetto nur noch von etwa 4300 einheimischen Juden bewohnt war, 4000 Männern und 300 Frauen, deren Arbeitskraft noch für nützlich befunden wurde[768]. Die Zahl der Überlebenden richtete sich somit allein nach dem Kriterium der Arbeitsfähigkeit, denn bereits im November 1941 berichtete die zivile Arbeitsverwaltung, dass lediglich 3373 männliche und 890 weibliche Juden „eingesetzt" seien[769]. Die Polizei folgte somit den Empfehlungen der Zivilverwaltung in diesem Punkt, die „untätigen Juden" zu beseitigen[770]. Wie bereits angedeutet, ist ein abschließendes Urteil zur Beteiligung der Zivilverwaltung am Holocaust im Baltikum kaum zu erreichen und hier auch nicht angestrebt. Dieses Beispiel zeigt aber deutlich, wie die zivil gesteuerte Arbeitsverwaltung aufgrund von Nützlichkeitserwägungen für den Arbeitsmarkt an der Bestimmung der Opferzahlen mitzuwirken berechtigt war und von diesem Recht auch Gebrach machte.

Allerdings waren auch die „Reichsjuden" nicht vor Erschießungen sicher. Bereits der erste Transport erreichte Riga zur Zeit der Massenerschießungen in Rumbula und wurde zusammen mit den einheimischen Juden liquidiert. Auch später waren die „Reichsjuden" Opfer von Massenerschießungen und Selektionen nach Arbeitsfähigkeit, wie beispielsweise der sogenannten „Aktion Dünamünde" im Frühjahr 1942, der ebenfalls mehrere Tausend Juden, die auf dem Gut Jungfernhof bei Riga hatten arbeiten müssen, zum Opfer fielen[771].

Aufgrund dieser andauernden Selektionen überschritt die Zahl der „Reichsjuden" im Rigaer Ghetto nie die Zahl von 10 000 im deutschen Ghetto. Die Zahlen des jüdischen Ghettos insgesamt entwickelten sich nach den Angaben der deutschen Arbeitsverwaltung wie folgt[772]:

768 Zu den Massenerschießungen in Rumbula: Angrick u. Klein, Die „Endlösung" in Riga, 2006, S. 138–184; Zu den Zahlenangaben auch: LVVA-P-98.1.24 S. 59–80. Geb.K. Riga-Stadt – Arbeitsamt gez. Wittrock, Bericht für die Zeit vom 16. November – 31. Dezember 1941, 13. 1. 1942.

769 LVVA-P-70.2.72 S. 12–21. GK in Riga Sozialverwaltung gez. Dorr, Monatsbericht für die Zeit v. 16.10.-15. 11. 1941, 27. 11. 1941; LVVA-P-98.1.24 S. 1–8. Geb.K. Riga-Stadt – Arbeitsamt, Bericht über die Lage für die Zeit vom 16. Oktober – 15. November 1941, 28. 11. 1941.

770 LVVA-P-98.1.24 S. 9–20. Der Leiter des Arbeitsamtes Riga, Bericht betr.: Arbeitseinsatz in der Zeit vom 16.9 bis 15. 10. 1941 im Arbeitsamtsbezirk Riga, 20. 10. 1941, hier: S. 20.

771 Angrick u. Klein, Die „Endlösung" in Riga, 2006, S. 338–345.

772 Zusammengestellt aus den statistischen Angaben der Arbeitsverwaltung in Riga aus den Archivbeständen: LVVA-P-98.1.24; LVVA-P-98.1.26; BA-R-91.394; BA-R-9. 2. 1151.

	Männer	Frauen	gesamt	davon „Reichsjuden"
Januar 1942	3926	389	4315	
Februar 1942	4194	524	4718	
März 1942	4805	1279	6084	1333
April 1942	4816	1279	6095	
Mai 1942	4816	1279	6095	
Juni 1942	5284	2363	7647	
Oktober 1942	6994	3664	10 658	6000
Dezember 1942	7258	4739	11 997	
Januar 1943	7086	4694	11 780	
März 1943	6839	4877	11 716	
April 1943	7756	5032	12 788	
Mai 1943			13 200	8000
Juni 1943			11 700	

Da auf der einen Seite der Arbeitskräftemangel in Lettland besonders ausgeprägt war, und auf der anderen Seite in Litauen die Zahl der Juden am höchsten war, forderte die Arbeitsverwaltung in Riga schon früh jüdische Arbeitskräfte aus Kauen an, welche dann zu schweren Arbeiten wie im Tiefbau oder im „Schwellenprogramm eingesetzt" wurden[773]. Auch die Luftwaffe schickte 600 von „ihren" Juden aus Kauen nach Riga, da hier der Arbeitskräftemangel stärker war[774].

Die Bestimmungen des Arbeitseinsatzes für die „Reichsjuden" unterschieden sich nicht von den Bedingungen der einheimischen Juden. Allerdings war es für die Einheimischen wegen der Orts- und Sprachkenntnisse leichter, während der Arbeit auf den Außenkommandos Nahrung oder andere Waren zu erhalten und in das Ghetto an den Wachen vorbei zu schmuggeln[775]. Außerdem waren nach der Massenerschießung von Rumbula die noch lebenden lettischen Juden ausschließlich Facharbeiter, die von der deutschen Arbeitsverwaltung in stärkerem Maße benötigt wur-

773 BA-R-9.2.1151 u.p. GK in Riga Abt. III e Aso gez. Dorr, Lage im Monat August 1942. RKO, 21.9.1942; IfZ-MA.201 S. 559. Leiter des Arbeitsamtes Riga, Judentransport aus Kauen. RKO, 10.2.42; Vgl. dazu auch: Angrick u. Klein, Die „Endlösung" in Riga, 2006, S. 288.

774 IfZ-MA.201 S. 396. Feldbauamt 1 im Luftgau I, Schreiben betr.: Einsatz litauischer Juden bei der Luftwaffe in Riga. An: Gebietskommissar Riga Abt. Arbeitseinsatz z. H. Dr. Droysen, 8.9.42; IfZ-MA.201 S. 406. GK in Riga, Umsetzung von jüdischen Arbeitskräften von der Feldbauleitung der Luftwaffe 3/1 in Kauen zum Feldbauamt 1 in Riga – Spilve. An: Gebietskommissar Arbeitsverwaltung Riga, 29.12.42.

775 Meir Levenstein, Du sollst sterben und nicht leben! Ein Bericht über die Vernichtung der Juden Lettlands, Münster 1993, S. 31.

den, als die „Reichsjuden", welche vor allem zu Hilfsarbeiten bei wechselnden Arbeitgebern „eingesetzt" wurden[776], wie beispielsweise Schneeräumarbeiten im Winter[777] oder in der Torfwirtschaft Lettlands im Frühjahr[778], oder bei der Baugruppe Giessler der OT. Die Folge dieser Schwerstarbeiten bei mangelhafter Ernährung waren vermehrte Krankheitsfälle, wie die Arbeitsverwaltung des Gebietskommissariats Riga feststellen musste. Daneben beschäftigten vor allem die Wehrmacht, die W-Betriebe und Heereskraftfahrparks jüdische Zwangsarbeiter in Riga. Aber auch der Hafen von Riga stellte immer wieder Forderungen nach jüdischen Arbeitskräften. Ein zumindest kurzzeitiges Aufatmen bedeutete der „Arbeitseinsatz" beim RKO im Strandort Jurmala bei Riga für diejenigen Juden, die dort Küchendienste und Hausmeistertätigkeiten leisten mussten. Doch war dieser „Arbeitseinsatz" wegen des massiven Protestes von Seiten der Polizei, aber auch von der Behörde des GK in Riga nur von beschränkter Dauer[779].

Neben den Arbeitgebern außerhalb des Ghettos spielte insbesondere in der ersten Hälfte des Jahres 1942 noch das neu errichtete Lager in Salaspils eine größere Bedeutung für den jüdischen „Arbeitseinsatz". Teilweise waren Juden auch am Bau dieses Lagers beteiligt und mussten im Frühjahr dort Zwangsarbeit verrichten[780]. Die Verbundenheit der Opferschicksale von Juden und den sowjetischen Kriegsgefangenen blieb nicht nur darauf beschränkt, dass beide Gruppen in zum Teil selben Lagern, wie z. B. Salaspils, leben und sterben mussten. Darüber hinaus verband sie noch die zynischste und brutalste Art des „Arbeitseinsatzes" miteinander. Während die sowjetischen Kriegsgefangenen die Gruben für die jüdischen Opfer der Massenerschießungen 1941 hatten ausheben müssen, gab es ab 1943 spezielle jüdische Arbeitskommandos, die mit dem Ausheben der Gräber beauftragt waren. Anschließend wurden sie gezwungen, die Leichenberge zu verbrennen und im Anschluss daran selbst ermordet[781].

776 BA-R-9. 2. 1151 u. p. GK in Riga Abt. III e Aso gez. Wurthmann, Lage für die Monate Oktober und November 1942, 10. 12. 1942.

777 BA-R-91.394 u. p. Gebietskommissar in Riga Arbeitsamt gez. Wittrock, Lage im Monat Februar 1942, 7. 3. 1942.

778 IfZ-MA.201 S. 418 f. GK in Riga Abt. Aso, Schreiben betr.: Arbeitseinsatz der reichsdeutschen Juden. An: KdS Lettland, 22. 7. 1942.

779 IfZ-MA.201 S. 390 f. GK in Riga Abt. III e Aso, Schreiben betr.: Judeneinsatz für kriegsentscheidende Fertigung. An: Gebietskommissar Arbeitsveraltung in Riga, 23. 7. 1942.

780 BA-R-91.394 u. p. Gebietskommissar in Riga Arbeitsverwaltung gez. Wittrock, Lage im Monat Mai 1942. An: GK in Riga Abt. Aso, 6. 6. 1942; LVVA-P-98.1.24 S. 59–80. Geb.K. Riga-Stadt – Arbeitsamt gez. Wittrock, Bericht für die Zeit vom 16. November – 31. Dezember 1941, 13. 1. 1942; Vgl. dazu auch: Angrick u. Klein, Die „Endlösung" in Riga, 2006, S. 259–270.

781 Zum sogenannten Kommando „Hochwald", bzw. „Krause I" in Riga siehe: ebd., S. 336 f.

Ghetto Riga „Arbeitseinsatz" Anfang 1943 – Kurzzeitige Stabilisierung der Verhältnisse:
Nicht zuletzt wegen des sich immer mehr verschärfenden Mangels an Arbeitskräften stabilisierte sich der „Arbeitseinsatz" der jüdischen Zwangsarbeiter 1943 im Rigaer Ghetto. Die Ernährungsrationen wurden angehoben und der Gesundheitszustand galt der deutschen Arbeitsverwaltung als „befriedigend". Es existierten zwei Krankenstationen, eine Apotheke, eine Entlausungsanstalt, mehrere Ambulanzen und eine Wäscherei. Nur der Zustand der Unterkünfte ließ in den Augen der deutschen Verwaltung zu wünschen übrig, da die Mittel zu jeglicher Renovierung fehlten[782].

Die Wirtschaftszweige und Bedarfsträger, bei denen die Juden des Rigaer Ghettos im Frühjahr 1943 arbeiten mussten, teilten sich wie folgt auf[783]:

	Männer	Frauen
Landwirtschaft	-	-
Industrie	922	760
Handel	167	106
Verkehr	576	475
Zivilverwaltung	143	90
Heer	4269	2313
Luftwaffe	304	210
Marine	79	395
Freie Berufe	667	395
Gesamt	7127	4407

Wie aus dieser Aufstellung hervorgeht, hatte sich auch 1943 wenig an der Tatsache geändert, dass vor allem die Wehrmacht Verwendung für jüdische Zwangsarbeiter in Riga hatte. Von den knapp 12 000 arbeitenden Juden waren ca. 1200 im Innern des Ghettos, 2000 bei sogenannten Kasernierungen und 7300 bei Marschkolonnen im „Arbeitseinsatz"[784]. Auch 1943 mussten 1200 Juden in der saisonalen Torfwirtschaft Lettlands arbeiten.

782 BA-R-91.288 u. p. Gebietskommissar in Riga Stadt und kom. Oberbürgermeister, Lagebericht, 3. 6. 1943.

783 Aus: BA-R-91.395 u. p. Gebietskommissar in Riga Arbeitsverwaltung, Arbeitslagebericht für den Monat Juni 1943. GK in Riga Abt. Aso, 3. 7. 1943.

784 Kangeris, Ebreju darbaspeka izmantosana Rigas geto likvidacijas faze, 2008b, S. 187.

Da nach wie vor die Arbeitslage in Lettland gespannt war, empfahl die deutsche Arbeitsverwaltung, erneut, wie schon im Sommer 1942, Juden aus Litauen nach Lettland zubringen[785]. Während diese Forderung im Zuge der KZ-Gründungen aufgegriffen wurde, veränderte sich die Zuständigkeit der jüdischen Zwangsarbeitsorganisation derartig, dass die Zivilverwaltung sich mit der Entwicklung nicht zufrieden zeigte, und der Zustand der kurzzeitigen Stabilität des jüdischen „Arbeitseinsatzes" vom Frühjahr 1943 ins Wanken geriet[786].

Ghettos in Dünaburg – Libau:

Neben der jüdischen Zwangsarbeit in Riga waren die Ghettos in Dünaburg und Libau vergleichsweise klein nach den großen Massenerschießungen bis zum Ende des Jahres 1941. In Dünaburg lebten im Ghetto, das sich in der Zitadelle der Festung auf der südlichen Dünaseite befand, nach einer Massenerschießung im November 1941 nur noch 429 männliche und 528 weibliche Juden[787]. Nach einer letzten größeren Mordaktion im Mai 1942, kurz vor der „Lettgallenaktion"[788], im nördlich der Düna gelegenen Waldstück Mezciems waren nur noch etwa 450 Juden in Ghetto von Dünaburg, die allesamt bei verschiedenen Dienststellen in Dünaburg Zwangsarbeit leisteten[789]. Kurz vor der Auflösung des Ghettos in Dünaburg im Oktober 1943 lebten noch 374 Juden in der Stadt, welche hauptsächlich für das Heer arbeiteten[790].

In ähnlicher Größe bewegte sich der „Arbeitseinsatz" der Juden auch in Libau, wo nach den großen Erschießungen in Skede am Strand bei Libau zu Beginn des Jahres noch 275 jüdische Männer und 463 jüdische Frauen lebten und arbeiteten[791]. Diese Zahl blieb während des Jahres 1942 nahezu konstant, doch begann die Arbeitsverwaltung Ende 1942 damit, Juden aus Libau zum „Arbeitseinsatz" nach Riga zu schicken[792], so wie einige Juden aus Kauen ebenfalls schon 1942 dorthin gebracht wurden, sodass zum Jahresende 1942 680 Juden im Ghetto von Libau

785 IfZ-MA.201 S. 444 f. GK in Riga, Einsatz von jüdischen Arbeitskräften – Torfwirtschaft. Gebeitskommissar in Riga Arbeitsverwaltung, 30. 4. 1943.

786 BA-R-91.395 u. p. Gebietskommissar in Riga Arbeitsverwaltung, Arbeitslagebericht für den Monat Juli 1943. An: GK in Riga, 3. 8. 1943.

787 LVVA-P-70.2.72 S. 22–40. GK in Riga Sozialverwaltung, Bericht für die Zeit vom 16.11.–31. 12. 1941, 15. 1. 1942, hier: S. 37.

788 Vgl. Abschnitt zur „Lettgallenaktion".

789 Siehe zur Anzahl und Verteilung der Arbeitsplätze: IfZ-MA.201 S. 467 f. Gebietskommissar Dünaburg, Schreiben betr.: Judeneinsatz Verzeichnis der Dienststellen. An: GK in Riga Abt. III Aso, 2. 6. 1943.

790 IfZ-MA.201 S. 545 f. Gebietskommissar Dünaburg, Verzeichnis der in Dünaburg beschäftigten Juden. An: GK in Riga, 9. 10. 1943.

791 LVVA-P-98.1.26. Darba parvalde pie apgabala komisara Riga, Arbeitseinsatzstatistik, 1942.

792 IfZ-MA.201 S. 401. Gebietskommissar Arbeitsverwaltung Libau, Schreiben betr.: Judeneinsatz. An: GK in Riga, 2. 11. 1942.

waren, das erst im Sommer 1942 gegründet worden war[793]. Wie in Litauen setzte sich dieser Prozess auch 1943 fort, da der Mangel an Arbeitskräften in Riga besonders groß war und die kleinen Ghettos ohnehin nach Meinung sowohl der Zivilverwaltung in Riga als auch der Polizeiorgane lieber früher als später aufzulösen wären[794]. Nur die Behörde des Gebietskommissars in Libau stellte sich vergeblich gegen einen solchen Abzug der jüdischen Arbeitskräfte, da die Juden in Libau, wie auch in Riga, für Hafenarbeiten herangezogen wurden[795].

Ghettos in Litauen[796] – Kauen[797] – Wilna[798]- und kleinere Ghettos:
Ähnlich wie in Libau setzte sich auch der Gebietskommissar in Kauen Cramer für die Erhaltung der Juden als Arbeitskräfte ein, da er vom jüdischen „Arbeitseinsatz" profitierte. Das Ghetto in Kauen wurde bereits Mitte August 1941 eingerichtet, nachdem in dieser Stadt die Ausschreitungen gegen Juden der Anfangsphase beendet waren. Diese frühe Phase des Judenmords in Kauen erlangte insbesondere durch die aktive Beteiligung der einheimischen Bevölkerung an den pogromartigen Exzessen traurige Berühmtheit[799]. Schnell gingen die deutschen Polizeiorgane jedoch dazu über, die Ermordung der jüdischen Bevölkerung in geordneten Bahnen verlaufen zu lassen. Hierzu bedienten sie sich der Befestigungsanlagen der Stadt Kauen, die wie ein Ring die Stadt umgaben. Besonders das Fort VII wurde für die ersten Massenerschießungen genutzt. Nachdem die Juden im nördlichen Stadtteil Vilijampole (Slobodka) im Ghetto untergebracht worden waren, setzten sich die Massenerschießungen noch bis zum Oktober 1941 fort. Diese und alle weiteren „kleineren Erschießungsaktionen" der Folgezeit fanden in dem in unmittelbarer Nähe zum Ghetto gelegenen Fort IX statt. Insbesondere mit Hilfe des Arguments der Arbeitsfähigkeit

793 Vestermanis, Die nationalsozialistischen Haftstätten und Todeslager im okkupierten Lettland (1941–1945), 1998, S. 485.

794 IfZ-MA.201 S. 414. GK in Riga, Schreiben betr.: Einsatz von Juden. An: Gebietskommissar in Libau Arbeitsverwaltung, 26. 2. 1943.

795 IfZ-MA.201 S. 411. Gebietskommissar Arbeitsverwaltung Libau, Schreiben betr.: Einsatz bei Ent- und Beladungen von Schiffen für die Seetransportstelle Libau. An: GK in Riga, 12. 11. 1942.

796 Zur jüdischen Zwangsarbeit in Litauen sind mit Spannung die Ergebnisse der Forschungsarbeiten von dem Leiter des Nordostinstituts in Lüneburg, Joachin Tauber, zu erwarten.

797 Ausführliche Literatur zum Ghetto Kauen siehe: Tory, Surviving the Holocaust: The Kovno Ghetto diary, 1990; Sara Ginaitė-Rubinsonienė, Resistance and survival: The Jewish community in Kaunas, 1941–1944 2005; Benz, Einsatz im „Reichskommissariat Ostland", 1998, S. 172–220.

798 Zum Ghetto in Wilna siehe: Yitzhak Arad, Ghetto in flames: The struggle and destruction of the Jews in Vilna in the Holocaust 1982; Sowie die Tagebuchaufzeichnungen und Erinnerungen: H. Kruk (Hg.), The Last Days of the Jerusalem of Lithuania. Chronicles from the Vilna Ghetto and the Camps, 1939–1944, New Haven, London 2002; Grigorij Sur u. T V Burkova, Evrei v Vil'no. Chronika 1941–1944, Sankt-Peterburg 2000.

799 Corni, Ghettoisierung und Zwangsbewegungen der jüdischen Bevölkerung in Osteuropa 1939–1944, 2007, S. 230; Stranga, Ebreji Baltijā: no ienākšanas pirmsākumiem līdz holokaustam; 14. gadsimts – 1945. gads, 2008, S. 163–165.

versuchte der Judenrat unter Leitung des angesehenen Arztes Dr. Elchanan Elkes, die etwa 15 000 noch lebenden Juden des Ghettos in Kauen nach den großen Erschießungen des Jahres 1941 verhältnismäßig erfolgreich bis zur Umwandlung des Ghettos in ein KZ im Herbst 1943 zu retten[800]. Wichtigste Arbeitsstätte der Juden in Kauen war der auf der anderen Flussseite (Nemunas/Memel) gelegene Flughafen der Stadt und eine Reihe von sogenannten Werkstätten innerhalb des Ghettos. Doch waren auch die Juden in Kauen, wie in Riga, andauernden Selektionen ausgesetzt. Ein Unterschied zur „Judenpolitik" in Riga lag in dem Umstand, dass zwar nach Kauen ebenfalls „Reichsjuden" aus dem Westen deportiert wurden, diese aber im Gegensatz zu Riga unmittelbar nach ihrer Ankunft in den Forts der Stadt erschossen wurden[801]. Dieser Tatbestand zusammen mit dem bereits erwähnten Faktum, dass schon 1942 Juden aus Kauen nach Riga geschickt worden waren, verweist auf den in Riga stärker spürbaren Arbeitskräftemangel, der vielfach allerdings den Tod der Juden nicht verhinderte, sondern nur verzögerte. So wie Juden aus Kauen zur Zwangsarbeit nach Riga geschickt wurden, so beorderte die Abteilung Aso des GK in Kauen wiederum auch jüdische Zwangsarbeiter aus Wilna nach Kauen[802]. Die Gründe für diese Verschiebung der jüdischen Zwangsarbeiter gehen auch in diesem Fall auf die relativ höhere Arbeitslosigkeit in Wilna zurück, wo aus diesem Grunde die Arbeitskräfte vergleichsweise weniger gebraucht wurden. Ein weiterer Aspekt ist allerdings auch die stärkere Partisanentätigkeit im Raum Wilna, was im Jahre 1943 ein entscheidender Grund dafür war, dass das Ghetto in Wilna aufgelöst wurde, während in Kauen das Ghetto nach weiteren Exekutionen in ein verkleinertes KZ umgewandelt wurde.

Ghetto Wilna:
Das Jerusalem Litauens mit einer jüdischen Bevölkerung von knapp 60 000 Juden am Vorabend des Krieges veränderte sein ethnisches Gepräge durch die Umwälzungen im Zuge des Zweiten Weltkrieges und des Holocaust in so dramatischer Weise wie kaum eine andere Stadt[803]. Gleich nach der Eroberung der Stadt begannen die deutschen Polizeieinheiten mit Festnahmen von Juden und Inhaftierungen im Lukiskes-Gefängnis in der Innenstadt, von wo aus die Juden in den meisten Fällen nach

800 Das in der Forschung überwiegende positive Bild der Person Elkis geht dabei allerdings sicherlich auf den Umstand zurück, dass die umfangreichen Erinnerungen Torys von einem Mitglied des Judenrates verfasst wurden, der somit viele Entscheidungen Elkis mitgetragen hatte. Vgl. auch: Matthäus, Konzentrationslager Kauen Stammlager, 2008, S. 195 f.

801 Benz, Einsatz im „Reichskommissariat Ostland", 1998, S. 173, 195 f.

802 BA-R-91.12 u. p. Gebietskommissar Kauen Land Arbeitsamt gez. Strebe, Tätigkeitsbericht für den Monat Juni 1943, 16. 7. 1943.

803 MacQueen, Einheimische Gehilfin der Gestapo: Die litauische Sicherheitspolizei in Vilnius 1941–1944, 2003, hier: S. 106.

Ponary (Paneriai) im Südwesten der Stadt gebracht und dort hingerichtet wurden. Insgesamt sind dort in etwa 80 000 Menschen während der deutschen Besatzungszeit erschossen worden, darunter fast alle Juden aus Wilna[804]. Später als in Kauen, erst im September 1941, mussten die etwa 45 000 noch lebenden Juden in das in der Altstadt gelegene Ghetto einziehen. Auch hier führten die deutschen und litauischen Polizeiorgane noch bis zum Ende des Jahres groß angelegte Erschießungsaktionen, wie die Auflösung des einen Teils des Ghettos (Ghetto 2), durch[805]. Die Ermordung der Juden des Ghetto 2 ist im Hinblick auf den Aspekt des „Arbeitseinsatzes" mit den Vorgängen in Riga derartig vergleichbar, dass die zwei nebeneinander liegenden Ghettos in Wilna existierten, um eine Teilung der jüdischen Bevölkerung in Facharbeiter und Hilfsarbeiter vornehmen zu können[806]. Den Nützlichkeitsüberlegungen der deutschen Arbeitsverwaltung folgend wurden die Hilfsarbeiter des Ghettos 2 umgebracht. Auch in Wilna waren also die Organe der Arbeitsverwaltung an maßgeblicher Stelle für den Judenmord verantwortlich. Nach den großen Vernichtungsaktionen von 1941 lebten im Ghetto von Wilna noch etwa 20 000 Juden.

„Arbeitseinsatz" im Ghetto Wilna[807]*:*

Allerdings befanden sich nach den Angaben der deutschen Arbeitsverwaltung im November 1941 nur 3700 Juden im „Arbeitseinsatz"[808], was eine erstaunlich geringe Zahl ist im Vergleich zur Gesamtzahl der im Ghetto lebenden Juden. Denn grundsätzlich war die deutsche Arbeitsverwaltung bestrebt, alle Juden für sich nutzbar zu machen. Im Gegensatz zu Kauen bestimmten die Deutschen von sich aus die Besetzung des Judenrates des Ghettos, der nicht zuletzt auch deshalb in seiner Handlungsweise in der Forschung kritischer gesehen wird, da er den Wünschen der deutschen Ghettoleitung zu willfährig entgegengekommen sei und weniger Kontakte zum jüdischen Widerstand besaß, was auch die Erfüllung der Vorgaben des „Arbeitseinsatzes" betraf[809]. Im Januar meldete der Judenrat, dass sich nun 5863

804 Arad, Ghetto in flames: The struggle and destruction of the Jews in Vilna in the Holocaust, 1982, S. 103 f.; Zur Mordstätte Ponary vgl. auch: Christina Eckert, Die Mordstätte Paneriai (Ponary) bei Vilnius, in: Holocaust in Litauen. 2003, S. 132–142.

805 Ebd., S. 139–142.

806 LCVA-R-626.1.4 S. 27. Arbeitsamt Wilna gez. Dr. Dünbier, Schreiben betr.: Arbeitseinsatz der Juden. An: GK in Kauen, 14. 10. 1941.

807 Zu den Arbeitsstätten der Insassen des Ghettos in Wilna mit statistischem Material siehe: Irina Guzenberg, Žydu darbo stovykla HKP: 1943–1944; dokumentai, Vilnius 2002.

808 LCVA-R-626.1.4 S. 41. Arbeitsamt Wilna gez. Dr. Dünbier, Bericht über die Arbeitseinsatzlage im Bezirk des Arbeitsamts Wilna, 27. 11. 1941.

809 Arad, The Holocaust in the Soviet Union, 2009, S. 145 f.; Stranga, Ebreji Baltijā: no ienākšanas pirmsākumiem līdz holokaustam; 14. gadsimts – 1945. gads, 2008, S. 176 f.; Zum jüdischen Widerstand in Wilna siehe: Rachel Margolis, Als Partisanin in Wilna: Erinnerungen an den jüdischen Widerstand in Litauen, Frankfurt am Main 2008.

Juden im „Arbeitseinsatz" befänden[810]. Auch im Ghetto Wilna wurden sogenannte Werkstätten errichtet, die hauptsächlich textile Produkte herstellten und in denen aus diesem Grunde in erster Linie der weibliche Teil der Ghettobevölkerung arbeiten musste[811]. Obwohl die Zahl der Insassen des Ghettos im Winter wieder zunahm, wie das Gebietskommissariat Wilna berichtete, lehnte die zuständige Arbeitsverwaltung die Verwendung von jüdischen Zwangsarbeitern in der Forstwirtschaft in der Umgebung von Wilna im Sommer 1942 ab. Und zwar nicht, da, wie die Polizei argumentiert hätte, ein solcher „Einsatz" wegen mangelnder Bewachungsmöglichkeit zu „gefährlich" gewesen wäre, sondern weil die Ghettoverwaltung die Arbeitskräfte für sich behalten wollte[812]. Trotzdem waren Ende Juli 1942 immerhin 319 Juden in der Forstwirtschaft im „Einsatz" registriert[813]. Insgesamt waren auch im Sommer 1942 immer noch nur 7951 Juden aus dem Ghetto in Wilna im „Arbeitseinsatz" gemeldet. Wie in den anderen Ghettos waren die Wehrmacht (Feldkommandanturen, Heeresunterkunftsverwaltungen, Heereskraftfahrtpark u. a. zusammen mit mehr als 3000 arbeitenden Juden), die OT mit der Baugruppe Giessler (etwa 400) und die eigenen Werkstätten (337) die großen Arbeitsgeber von insgesamt 234 Arbeitgebern. Auffällig in Wilna ist weiterhin die hohe Zahl der in der Ghettoverwaltung tätigen Personen (246 Ghettopolizei, 541 Ghettoverwaltung), welche eigentlich auf höchstens 400 Personen festgelegt worden war[814]. An dieser Verteilung der jüdischen Arbeitskräfte zwischen Wehrmacht, den großen Ostgesellschaften, den Ghettoeigenen Werkstätten und der Ghettoverwaltung änderte sich auch im folgenden Halbjahr nichts. Nur die Gesamtzahl der arbeitenden Juden nahm auf nun insgesamt 8380 zu. Die Zahl der in der Ghettoverwaltung beschäftigten Juden war inzwischen auf 688 angewachsen. Direkt oder indirekt für die Wehrmacht arbeiteten in Wilna nun 4061 Juden[815]. Bei den insgesamt 115 kleineren privaten Firmen in Wilna, welche Juden beschäftigten, waren 1685 Juden im „Arbeitseinsatz", – 1035

810 LCVA-R-626.1.209 S. 98 f. Wilnaer Judenrat, Monatsbericht Januar 1942. Referenten für Judenangelegenheiten in Wilna, 28. 1. 1942.

811 Siehe beispielsweise die Produktionsplanung für Mäntel: LCVA-R-614.1.272 S. 17. Gebietskommissar Wilna Stadt, Arbeitsgang fuer Uebermaentel, undatiert.

812 LCVA-R-626.1.29 S. 244. Gebietskommissar Wilna Stadt, Vermerk betr.: Stellung von 3–4000 Juden. Gebietskommissar in Wilna Sozialamt, 1. 6. 1942.

813 LCVA-R-626.1.209 S. 58. Verbindungsmann mit Sozialamt Wilna, Schreiben betr.: Juden-Einsatz. An: Arbeitsamt Wilna, 28. 7. 1942.

814 LCVA-R-626.1.209 S. 53–57. Ghettovorsteher und Chef der Judenpolizei Wilna-Ghetto, Verzeichnis der Arbeitsstellen und der dort beschäftigten jüdischen Arbeitern am 26. Juli 1942. An: Sozialamt Wilna, 26. 7. 1942.

815 LCVA-R-626.1.209 S. 4–13. Ghettovorsteher und Chef der Judenpolizei Wilna-Ghetto, Aufstellung der Arbeitsstellen und der dort eingesetzten jüdischen Arbeitskräfte zum 25. November 1942. An: Arbeitsamt Wilna, 27. 11. 1942.

Männer und 650 Frauen[816]. Insbesondere zum Ende der Ghettozeit verschlechterte sich die Situation für die jüdischen Werkstätten im Ghetto, da die organisatorischen Umwälzungen eine jüdische Eigenverwaltung nicht mehr vorsahen, wie die Bitte nach Aufträgen für die jüdischen Werkstätten im Sommer 1943 von Seiten der jüdischen Verwaltung verdeutlichen[817].

Arbeitsbedingungen im Ghetto Wilna:
Wie in den anderen Ghettos in Lettland und Litauen, beruhigten sich die Verhältnisse im Frühjahr 1942 einigermaßen, wie der bereits zitierte Befehl Müllers zum zeitweiligen Stopp der „Sonderbehandlung" für arbeitseinsatzfähige Juden verdeutlicht[818]. Auch die Ernährung im Ghetto Wilna wurde in dieser Zeit normiert. Zwar bekamen insbesondere die nicht arbeitenden Juden nach wie vor wenig, nämlich die Hälfte der Sätze für die Zivilbevölkerung. Aber die für die Wehrwirtschaft tätigen Juden sollten die gleichen Sätze wie die einheimische Zivilbevölkerung bekommen, was in Anbetracht der Tatsache, dass diese Sätze schon sehr niedrig waren und die Juden kaum Möglichkeiten hatten, sich am Schwarzhandel zu beteiligen, trotzdem von einer unzureichenden Gesamternährung zeugt[819]. Die Arbeitszeit der Juden wurde nur vage mit der Angabe „ganztätig" festgelegt und richtete sich nach dem Sonnenlicht. Vor Sonnenuntergang hatten die Juden aus den Außenkommandos wieder zurück im Ghetto zu sein[820]. Die Arbeitszeit in den Werkstätten innerhalb des Ghettos war auf 48 Stunden pro Woche festgesetzt. Jugendliche mussten 42 Stunden in der Woche dort arbeiten[821]. Genauere Bestimmungen zu Löhnen und Arbeitszeit erließ das Gebietskommissariat in Wilna im Dezember 1942. Dazu ist zu bemerken, dass im Gegensatz zu Riga hier auch an die Juden ein Teil ihres Lohnes ausgezahlt wurde. Der Rest sollte, wie in Lettland, an das Gebietskommissariat gezahlt werden. Frauen standen 80 Prozent der Auszahlungen zu, die an Männer

816 LCVA-R-614.1.277 S. 1–3. Stadtverwaltung Wilna Referent für Judenangelegenheiten, Verzeichnis der privaten Arbeitsstellen mit Angaben über die Zahl der dort beschäftigten Juden. An: Gebietskommissar Wilna Stadt, 17. 9. 1942.

817 LCVA-R-614.1.272 S. 10. Mechanische Werkstaetten Ghettoindustrie Wilna Leiter der Werkstaetten, Bitte um Aufträge. An: Ghetto-Lohn- und Auftragstelle des Gebietskommissars Wilna-Stadt, 11. 8. 1943.

818 BA-R-70.Sowjetunion.94 u. p. SS Gruppenführer Müller, Schreiben betr.: Endgültige Loesung der Judenfrage, 18. 5. 1942.

819 LCVA-R-626.1.14 S. 124. Gebietskommissar der Stadt Wilna, Schreiben betr.: Versorgung der Juden. An: Verteiler, 5. 5. 1942.

820 LCVA-R-626.1.14 S. 182. Gebietskommissar der Stadt Wilna gez. Murer, Richtlinien und Merkblatt für den Einsatz der jüdischen Arbeitskräfte, 7. 4. 1942.

821 LCVA-R-614.1.272 S. 15. Gebietskommissar Wilna Stadt gez. Murer, Ghettowerkstättenordnung.

ausgegeben wurden. Die Arbeitszeit wurde nun grundsätzlich auf zehn Stunden am Tag festgesetzt[822].

Kleinere Ghettos in Litauen[823]:

Für litauische Verhältnisse von auffallend kleiner Größe war das Ghetto in Svencionys im Nordosten des Generalbezirks, in dem noch im Sommer 1942 566 Juden als im „Arbeitseinsatz" gemeldet wurden[824]. Ebenfalls im Kreis Svencionys befand sich zudem noch ein Ghetto mit immerhin 1500 Insassen, von denen im Sommer 1942 nur 520 im „Arbeitseinsatz" gemeldet waren[825]. Ebenfalls im östlichen Winkel des Generalbezirks gelegen befand sich außerdem das Ghetto Smorgonie (Smargon') mit etwa 939 gemeldeten Juden im Arbeitseinsatz im Sommer 1942[826].

„Arbeitseinsatz" der Juden während der KZ-Phase:

Bereits im Frühjahr hatten die Spannungen zwischen der zivilen Arbeitsverwaltung und dem Polizeiapparat, welcher versuchte, Verfügungsgewalt über die jüdischen Arbeitskräfte zu erlangen, zugenommen[827]. Mit Hilfe des Arguments der steigenden Partisanentätigkeit und dem Einschreiten Himmlers persönlich durch den Befehl vom 21. Juni 1943 zur Zusammenfassung aller „im Gebiet Ostland noch im Ghetto vorhandenen Juden in Konzentrationslager" gelang es der SS, wie bereits erwähnt, die alleinige Kontrolle über die jüdischen Arbeitskräfte im Herbst 1943 zu erlangen[828]. Zu diesem Zweck mussten alle noch lebenden Juden aus den Ghettos in KZ umziehen[829]. Diese strukturelle Veränderung nutzten die Polizeiorgane, um eine weitere Selektion nach Kriterien der Arbeitsfähigkeit durchzuführen, der wiederum

822 LCVA-R-626.1.209 S. 2. Gebietskommissar Wilna Stadt, Neuregelung der Löhne für jüdische Arbeitskräfte. An: Betriebs- und Behördenleiter der Stadt Wilna, 4. 12. 1942.

823 Siehe dazu auch: Bubnys, The Fate of the Jews in Švenčionzs, Oshmyany and Svir Regions (1941–1943), Vilnius 2009.

824 LCVA-R-626.1.211 S. 33. Gebietskommissar in Wilna Sozialamt, Schreiben betr.: Arbeitseinsatz der Juden. An: Leiter des Arbeitsamts in Wilna, 6. 8. 1942.

825 LCVA-R-626.1.211 S. 34. Gebietskommissar in Wilna Sozialamt, Schreiben betr.: Arbeitseinsatz der Juden. An: Leiter des Arbeitsamts in Wilna, 6. 8. 1942.

826 Heute in Weißrussland gelegen. LCVA-R-626.1.211 S. 24. Ghettoverwaltung Smorgonie, Aufstellung der Judenarbeiter Smorgonie Stand am 27.8.42, 28. 8. 1942.

827 IfZ-MA.201 S. 457 f. Gebietskommissar in Riga Arbeitsamt, Schreiben betr.: Gestellung jüdischer Arbeitskräfte für die Munitionsfabrik Cekule und für das A.B.A. An: GK in Riga, 21. 5. 1943; Vgl. zu den Hintergründen auch: Angrick u. Klein, Die „Endlösung" in Riga, 2006, S. 378–390.

828 Jahn, Riga – Kaiserwald. Stammlager, 2008, hier: S. 20.

829 Siehe: LVVA-P-69.1a.6 S. 129. RKO Abt. I Politik, Schreiben betr.: Zusammenfassung von Juden in Konzentrationslagern. An: GK in Reval – Riga – Kauen – Minsk, 10. 8. 1943.

mehrere Tausend Juden durch Erschießungen oder Deportationen nach Auschwitz zum Opfer fielen[830].

KZ Kaiserwald in Riga[831]*:*

Das in einem nördlich der Stadt gelegenen Villenviertel errichtete KZ Kaiserwald wurde nach organisatorischen Schwierigkeiten und Protesten seitens der Zivilverwaltung und der Wehrmacht über den Verlust der jüdischen Arbeitskräfte erst Anfang November in Betrieb genommen, obwohl das RSHA schon im Frühjahr die Errichtung eines KZ-Riga für den 15. 3. 1943 bestätigt hatte[832]. Der Widerstand der Zivilverwaltung gegen die Übernahme durch die SS war aber auf längere Sicht nicht nur zwecklos, sondern auch in gewissem Maße halbherzig. Denn, wie schon im Kontext der Kriegsgefangenen ließ sich die Arbeitsverwaltung davon überzeugen, dass die ins Baltikum einströmenden „Evarussen" einen guten Ersatz für die jüdischen Arbeitskräfte darstellten. Es sei daran erinnert, dass gerade zur Zeit der Übernahme der jüdischen Zwangsarbeiter durch die SS die Welle der „Evarussen" ihren Höhepunkt erreicht hatte. In diesem Sinne formulierte man im RKO:

„Geplant ist eine solche Maßnahme („Einsatz" von „Evarussen", Anmerkung T.P.) nach Auskunft vom GK Riga III ASO für die Stadt Riga, um insbesondere im Hinblick auf Schneeräumungen die ausfallenden jüdischen Arbeitskräfte zu ersetzen"[833].

Die Zahl der im Lagerkomplex arbeitenden Juden war durch eine hohe Sterberate und fortgesetzte Deportationen z. B. aus Ungarn im Sommer 1944 sehr wechselhaft, überschritt aber nicht den Wert 15 000[834]. Diese Häftlinge des KZs-Kaiserwald stammten dabei nicht nur aus dem aufgelösten Ghetto in der Moskauer Vorstadt von Riga. Dem Himmlerbefehl folgend waren zudem die kleinen Ghettos in Libau und Dünaburg endgültig aufgelöst und der arbeitsfähige Teil der Bewohner nach Riga deportiert worden[835]. Aber auch aus Litauen waren nach der Auflösung des Ghettos in Wilna etwa 1500 bis 1700 Juden ins KZ-Kaiserwald geschickt worden[836].

Der überwiegende Teil der Juden des KZ-Kaiserwald befand sich außerhalb des eigentlichen Lagers in dem Hauptlager angeschlossenen Außenlagern, die über das

830 Jahn, Riga – Kaiserwald. Stammlager, 2008, S. 19–21.

831 Dazu siehe vor allem: ebd..

832 „Mit Genehmigung des Reichsführers-SS und Chef der Deutschen Polizei ist mit Wirkung vom 15. 3. 1943 das Konzentrationslager (Arbeitslager) Riga errichtet worden". Aus: ERA-R-819.2.3 S. 74. RSHA gez. Müller, Rundschreiben betr. der Gründung eines Konzentrationslagers (Arbeitslager) Riga, 2. 4. 1943.

833 LVVA-P-70.5.72. S. 95 f. Abt. II Verw. 6 E 3 e, Vermerk betr.: Flüchtlingstransporte, 24. 8. 1943.

834 Vestermanis, Die nationalsozialistischen Haftstätten und Todeslager im okkupierten Lettland (1941–1945), 1998, S. 487; Vgl.: Jahn, Riga – Kaiserwald. Stammlager, 2008, S. 25.

835 IfZ-MA.201 S. 519. GK in Riga Abt. III Aso, Schreiben betr.: Einsatz jüdischer Arbeitskräfte. An: Gebietskommissar Arbeitsverwaltung Dünaburg, Libau, 15. 9. 1943.

836 Jahn, Riga – Kaiserwald. Stammlager, 2008, S. 30.

gesamte Territorium Lettlands (ein Außenlager befand sich sogar auf litauischem Territorium) verstreut waren. Von diesen waren vor allem das an der westlichen Ostseeküste gelegene Dondangen und das bei Mitau befindliche Elley-Meiten von größerer Bedeutung für den „Arbeitseinsatz" der Juden, da hier extrem menschenunwürdige Verhältnisse herrschten. Zur Errichtung der Lager in Dondangen hatte die „Landeseigene Verwaltung" die unbeliebte Maßnahme der Umsiedlung von über 9200 zivilen Personen zu organisieren, um den Lagern für die jüdischen Zwangsarbeiter Platz zu schaffen[837].

„Arbeitseinsatz" im KZ-Kaiserwald:
Grundsätzlich ist bezüglich des „Arbeitseinsatzes" im KZ-Kaiserwald zwischen den Außenkommandos und dem eigentlichen, etwa 3000 Häftlinge umfassenden Hauptlager Kaiserwald zu unterscheiden. Während die Häftlinge der Außenlager nur innerhalb ihrer Lager arbeiteten, wurden die Insassen des Hauptlagers vergleichbar mit den Bedingungen zu Ghettozeiten auch außerhalb ihres Lagers zum „Arbeitseinsatz" geführt, was für die Juden in der Regel eine bessere Behandlung bedeutete, da die Bewachung solcher „Einsätze" durch Wehrmachtsoldaten oder einheimische Polizei erfolgte[838]. Die Arbeitsverhältnisse in den Außenlagern variierten sehr stark in Abhängigkeit von Zeit und Ort. Während, wie bereits beschrieben, die Verhältnisse in Lagern wie Dondangen so schlecht waren, dass massenhaft Leichen durch die deutsche Polizei in die Ostsee geworfen wurden, konnten die Arbeitsbedingungen bei kleineren Außenlagern etwas weniger hart sein. Aber wie schon zu Ghettozeiten bedeuteten solche Zustände keine Rettung vor der deutschen Vernichtungspolitik, welche spätestens bei der Evakuierung aus dem Baltikum und den Todesmärschen im Reich auch die letzten noch lebenden Juden traf. Andererseits waren die Juden in den Außenlagern etwas besser vor den andauernden Selektionen geschützt, da die Juden des Hauptlagers aufgrund seiner Funktion eines Durchgangslagers in stärkerem Maße von wiederholten Selektionen bedroht waren. Wer einmal im „Arbeitseinsatz" in einem Außenlager war, hatte also die vergleichsweise schlechteren Arbeitsbedingungen zu erleiden, lebte aber nicht so stark unter der Bedrohung von Selektionen wie die Juden des Hauptlagers[839].

837 LVVA-P-812.1.17 S. 15. Iekšlietu ģenerāldirektors Rīgā, Ziņas – Ventspils un Talsu apriņķu piejuras pagastu evakuacijas lietā, 16. 9. 1943; Vgl. Abschnitt zu Liven.
838 Jahn, Riga – Kaiserwald. Stammlager, 2008, S. 44.
839 Ebd., S. 48 f.

„Arbeitseinsatz" im KZ-Kauen[840]*:*
Das ab dem 15. 9. 1943 offiziell existente KZ-Kauen[841] unterschied sich im Vergleich zu den anderen KZ im RKO vor allem dadurch, dass es direkt aus dem zuvor in Kauen bestehenden Ghetto hervorging. Die Örtlichkeit änderte sich nicht, nur die Zuständigkeit, was wiederum Auswirkungen auf die Lebenswirklichkeit und somit auf den „Arbeitseinsatz" im Ghetto bzw. KZ hatte. Dadurch, dass bestehende Strukturen in Kauen jedoch übernommen wurden, waren die Veränderungen in der Praxis der „Arbeitseinsatzpolitik" in Kauen weniger radikal als in Riga. Beispielsweise setzte sich auch unter Polizeiverwaltung die Praxis des gemischtgeschlechtlichen Wohnens im KZ-Kauen im Gegensatz zu Riga oder anderen KZs fort. Nur in den neu eingerichteten Kasernierungen außerhalb des Hauptlagers wurden Frauen und Männer getrennt voneinander untergebracht. Aber auch diese Außenkommandos befanden sich in der Regel dort, wo schon zu Ghettozeiten die Juden hatten arbeiten müssen, so dass der Übergang in Kauen von der Ghetto- zur KZ-Phase gradueller als anderswo war. An dem Befund, dass sich durch die Übernahme der SS die Verhältnisse für die Juden verschlechterten, ändert diese Feststellung jedoch nichts. Ein herausragendes Beispiel für die zunehmende Brutalität und Grausamkeit des „Arbeitseinsatzes" in Kauen stellten die sogenannten „Enterdungsarbeiten" dar. Hierbei handelte es sich um die Verbrennung der Leichen von den Massenerschießungen des Jahres 1941. Zu diesem Zweck ließ die zuständige Polizeiverwaltung des KZs jüdische Arbeitskommandos zusammenstellen, welche an den zahlreichen Orten der Massenerschießungen die Leichen zu verbrennen hatten, bevor sie selbst erschossen wurden. Auf diese Weise sollten auch die letzten Zeugen der Massenerschießungen vernichtet werden[842]. Außerdem waren die Verschlechterungen der Lebens- und Arbeitsbedingungen in Kauen zwar gradueller, dafür aber fortgesetzt anhaltend. Denn im Unterschied zu Riga und vor allem Nordostestland, wo die Ölschieferproduktion höchste Priorität besaß, war die „Arbeitseinsatzlage" in Litauen vergleichsweise weniger angespannt, so dass für eine rassenideologisch motivierte Vernichtungspolitik mehr Raum war. Die Dezimierung des KZs in Kauen setzte sich infolgedessen unvermindert fort. Wenn die Juden in Kauen nicht bei eben genannten „Sonderkommandos" umkamen, wurden viele von ihnen bis zum Besatzungsende entweder nach Riga, nach Estland, oder aber auch direkt nach Ausschwitz deportiert, so dass die Zahl der im KZ-Kauen lebenden und arbeitenden Personen kontinuierlich und vergleichsweise stärker abnahm als in Riga oder in Estland[843]. Somit ist

840 Siehe dazu auch: Matthäus, Konzentrationslager Kauen Stammlager, 2008;
841 ERA-R-819.2.3 S. 107. RSHA gez. Müller, Schreiben betr.: Konzentrationslager Kauen und Vaivara. An: Verteiler, 2. 10. 1943.
842 Tory, Surviving the Holocaust: The Kovno Ghetto diary, 1990, S. 508–519.
843 Zu den Deportationen von Kindern und Alten aus Kauen nach Ausschwitz siehe: Matthäus, Konzentrationslager Kauen Stammlager, 2008, S. 201 f.

die Geschichte des KZ-Kauen durch eine besonders starke und fortdauernde Dezimierung der Insassenzahlen gekennzeichnet. Zu beachten ist in diesem Kontext jedoch auch, dass die Existenz dieses KZ innerhalb des GK Kauen eine Besonderheit darstellte, da das ähnlich große Ghetto in Vilnius bereits im September 1943 aufgelöst wurde. In Vilnius lebten in den letzten beiden Besatzungsjahren nur rund 3000 Juden in Arbeitslagern der Wehrmacht, wie dem Heereskraftfahrpark Ost 562[844].

„Arbeitseinsatz" im KZ-Vaivara[845]*:*

Am 2. Oktober bestätigte das RSHA die Errichtung des KZ-Vaivara im Nordosten Estlands. Lagerkommandant wurde SS-Hauptsturmführer Aumeiner, organisatorisch unterstand es dem SS-Wirtschafter beim HSSPF-Ostland in Riga[846]. Das KZ-Vaivara stellte in vielerlei Hinsicht eine Besonderheit dar. In seiner Struktur war es dem KZ in Riga vergleichbar, da das eigentliche Hauptlager in Vaivara nur eine Durchgangsfunktion für die Vielzahl der Außenlager hatte. Diese wiederum waren im Unterschied zu Kaiserwald stärker in der Region des nordöstlichen Estlands konzentriert und vor allem war die „Arbeitseinsatzform" homogener als in Riga. Das KZ-Vaivara war im Wesentlichen an die beiden Arbeitgeber Baltöl und OT gebunden[847]. Die Ölschieferproduktion stand bis auf wenige Ausnahmen, wie z. B. im bei Reval gelegenen Außenlager in Klooga, im Vordergrund der Häftlingsarbeit. So homogen somit der „Arbeitseinsatz" im Lagersystem von Vaivara war, so heterogen waren auf der anderen Seite die Häftlingsinsassen. Denn hier arbeiteten bei weitem nicht nur Juden, welche erst ab Sommer 1943 dorthin gebracht worden waren. Zuvor, aber auch bis zum Ende der Besatzungszeit waren hier zudem sowjetische Kriegsgefangene, Häftlinge, „Ostarbeiter", Letten, Litauer, Holländer und „Evarussen" zur Zwangsarbeit herangezogen worden[848]. Die etwa 9000 jüdischen Häftlinge kamen dabei hauptsächlich aus den Ghettos in Wilna und Kauen, später aus Riga und im Sommer 1944 aus Ungarn[849]. Selbst aus Frankreich gelangten etwa 300 Juden nach

844 LCVA-R-1421.1.511 S. 2. Wachhabender des HKP.Ost 562 Wilna, Meldung. Generalzählungsappel, 28. 5. 1944; Vgl.: Guzenberg, Žydų darbo stovykla HKP: 1943–1944; dokumentai, 2002, S. 22–25.

845 Siehe dazu ausführlich: Birn, Konzentrationslager Vaivara, 2008; Västrik u. Maripuu, Vaivara Concentratioin Camp in 1943–1944, 2006.

846 ERA-R-819.2.3 S. 107.RSHA gez. Müller, Schreiben betr.: Konzentrationslager Kauen und Vaivara, 2. 10. 1943.

847 Seidler, Die Organisation Todt: Bauen für Staat und Wehrmacht 1938–1945, 1998, S. 101.

848 Vgl. Abschnitte zu entsprechenden Betroffenengruppen.

849 Zu den Transporten aus den Ghettos in Wilna und Kauen siehe: Weiss-Wendt, Murder without hatred, 2009, S. 253–255; Zur Zahl: ebd., S. 259; Västrik u. Maripuu, Vaivara Concentratioin Camp in 1943–1944, 2006, S. 727; Vgl. auch: Kuusik, Die Deutsche Vernichtungspolitik in Estland 1941–1944, 2005, S. 147–149.

Estland und sein Ölschiefergebiet[850]. Insgesamt waren in der Ölschieferindustrie im Nordosten Estlands 17 133 Arbeiter direkt bei der Baltöl und weitere 11 645 bei der OT im „Arbeitseinsatz"[851]. Gemeinsam mit den Insassen der KZ in Riga und Kauen hatten die Juden im Ölschiefergebiet von Estland, dass sie dem nationalsozialistischen Ziel der Vernichtung durch Arbeit ausgesetzt waren. Dementsprechend schlecht waren die Arbeitsbedingungen und spätestens bei der Flucht vor der Roten Armee fiel die überwältigende Mehrheit der noch lebenden Juden den deutschen Mordaktionen wie im September 1944 in Klooga[852] oder den anderen „Evakuierungsmaßnahmen" im Frühjahr und Spätsommer 1944 zum Opfer[853]. Aber auch schon vorher wurden die Juden im Lagersystem von Vaivara von allen Betroffenengruppen am schlechtesten behandelt. Selbst die Verwaltung von der Baltöl ging davon aus, dass der „jüdische Arbeitseinsatz" nur 50 Prozent der Arbeitsleistung im Vergleich mit den sowjetischen Kriegsgefangenen bringe, da die Juden durch die Unterernährung und die klimatischen Bedingungen extrem geschwächt seien[854]. Die Zwangsarbeit in der estnischen Ölschieferindustrie unterstreicht somit paradigmatisch die Unterscheidung der verschiedenen Betroffenengruppen innerhalb der nationalsozialistischen „Arbeitseinsatzpolitik", da trotz des organisatorischen Aufwands eine strikte Unterscheidung in diese Kategorisierungen aufrecht gehalten wurde. Juden durften keinesfalls mit „Ostarbeitern" oder Kriegsgefangenen zusammen arbeiten. Ihr „Arbeitseinsatz" unterlag seinen eigenen Gesetzen, die im Vergleich zu den anderen Gruppen am nachteilhaftesten für die Arbeitskräfte waren, wie die geringe Produktivität der Juden zum Ausdruck bringt[855]. Allerdings erhielten einige Juden aus den Reihen der Zivilbevölkerung oder von anderen Zwangsarbeitern in Einzelfällen zusätzliche Nahrung, so dass die Bedingungen, wie schon im Falle des KZ-Kaiserwald sehr vom jeweiligen Standort abhängig sein konnten. Auch wenn das Endziel der Vernichtung durch Arbeit und das Resultat einer fast vollständigen Ermordung aller Juden aus dem KZ-Vaivara bis zum Kriegsende deutlich von dem deutschen Vernichtungswillen gegenüber der jüdischen Bevölkerung zeugen, so bleibt dennoch festzuhalten, dass die Ölschieferproduktion in Estland den deutschen Behörden so wichtig war, dass im Gegensatz zu den 1942 nach Estland ins AEL-Jägala deportierten Juden, die Juden im Lagersystem von Vaivara eine nicht zu ersetzende Arbeitskraftressource in den Augen der deutschen Arbeitseinsatzplanung darstellten. Daher war die Todesrate bis zum Rückzug der Deutschen hier vergleichs-

850 Weiss-Wendt, Murder without hatred, 2009, S. 267.
851 Ebd., S. 250: Västrik u. Maripuu, Vaivara Concentratioin Camp in 1943–1944, 2006, S. 724.
852 Weiss-Wendt, Murder without hatred, 2009, S. 301–222.
853 Zu den Evakuierungsmaßnahmen und Todesmärschen: Birn, Konzentrationslager Vaivara, 2008, S. 140–142.
854 Ebd., S. 135 f.
855 Västrik u. Maripuu, Vaivara Concentratioin Camp in 1943–1944, 2006, S. 723.

weise niedrig, bzw. die Selektionen stärker an dem Aspekt der Arbeitsfähigkeit ausgerichtet als dies noch im AEL-Jägala 1942 der Fall gewesen war[856]. Die Produktion des estnischen Ölschiefers war der deutschen Kriegsführung im Sommer 1944 wegen der Bedrohung der rumänischen Ölfelder von solch großer Bedeutung, dass der jüdische „Arbeitseinsatz" in diesem äußersten Winkel des Baltikums bis kurz vor dem militärischen Zusammenbruch aufrecht gehalten wurde[857]. Eine solche Handlungsweise verzögerte zugleich die organisatorischen Maßnahmen für eine „Evakuierung" der Juden, obwohl diese schon seit Frühjahr des Jahres 1944 in Gange waren, sodass zum Zeitpunkt der abrupten Flucht der Deutschen viele Juden von den sich zurückziehenden deutschen Wachen erschossen wurden. Einigen gelang im allgemeinen Chaos jedoch auch die Flucht. Trotzdem bleibt gerade im Vergleich mit dem sich graduell entwickelnden Verlauf der Zustände im KZ-Kauen festzuhalten, dass im KZ-Vaivara die Verhältnisse zunächst aufgrund der Bedeutsamkeit der Ölschieferproduktion recht konstant waren, dafür aber die Brutalität bei der späteren Flucht äußerst extreme Ausmaße annahm[858].

Zusammenfassung: „Arbeitseinsatz" während der KZ-Phase 1943/1944:
Insgesamt verschlechterten sich die Lebens- und Arbeitsbedingungen für die jüdischen Zwangsarbeiter in Estland, Lettland und Litauen nach der Übernahme der Zuständigkeit durch die SS überall enorm. Dies betraf Unterkunft und Ernährung ebenso wie verschärfte Arbeitsbedingungen in restriktiver kontrollierten Verhältnissen und fortgesetzte Selektionen. Dass die Juden als Arbeitskräftegruppe auf der untersten Stufe der deutschen kategorisierten „Arbeitseinsatzpolitik" standen, ist auch daran zu erkennen, dass sie als Arbeitskräfte bei den Arbeitgebern wegen ihres schlechten Gesundheitszustandes wenig beliebt waren, wie das Schreiben aus dem GK in Reval zeigt, wo man lieber „Evarussen" statt Juden als Arbeitskräfte forderte[859]. Schließlich bildeten die Deportationen und Erschießungen am Ende der deutschen Besatzungszeit den Abschluss einer auf die Ermordung der gesamten jüdischen Bevölkerung abzielenden deutschen Besatzungspolitik im Baltikum[860].

856 Dazu: Ebd., S. 727.
857 Kangeris, Hitleriešu plāni Baltijas tautu evakuēšanai 1944 gadā, 1990a, hier: S. 133.
858 Västrik u. Maripuu, Vaivara Concentratioin Camp in 1943–1944, 2006, S. 729 f.
859 LVVA-P-70.5.72 S. 199. GK in Reval, Schreiben betr.: Umsetzung der Juden, 4. 9. 1943.
860 Dazu u. a.: Altman, Žertvy nenavisti: Cholokost v SSSR 1941–1945 gg., 2002, S. 236, 239.

Zwischenfazit:
Der „Arbeitseinsatz" der Juden im Baltikum ist, vergleichbar mit dem Schicksal der sowjetischen Kriegsgefangenen, von dem ersten deutschen Okkupationshalbjahr überschattet, als 90 Prozent der einheimischen Juden von deutschen und einheimischen Polizei- und Wehrmachtsorganen erschossen wurden. Obwohl während dieser Phase weltanschauliche Aspekte dominierten und dieses Verbrechen in diesen Ausmaßen möglich machten, begannen auch Aspekte der „Arbeitseinsatzpolitik" schon früh eine Rolle für die Behandlung der jüdischen Bevölkerung zu spielen. Dieses zeigte sich insbesondere im Zusammenhang mit dem Facharbeitermangel, der einigen wenigen Juden 1941 das Leben rettete. Als 1942 die Umstellung der nationalsozialistischen „Arbeitseinsatzpolitik" erfolgt war, stellte sich in den inzwischen gegründeten Ghettos in den Großstädten Lettlands und Litauens eine Art von kurzzeitiger „Normalität des Arbeitseinsatzes" ein. Trotzdem blieb das Prinzip der „Vernichtung durch Arbeit" auch in dieser Phase durch wiederkehrende Selektionen aufrecht erhalten. Eine Besonderheit dieser Phase der jüdischen Zwangsarbeit war der Zustrom von bis zu 24 000 Juden aus Mitteleuropa, die das Schicksal der noch lebenden baltischen Juden teilten.

Nach der Übernahme der Verantwortung für die jüdischen Zwangsarbeiter durch die SS ab dem Sommer 1943 verschlechterten sich die Verhältnisse für die nun in den KZs in Kauen, Riga und Vaivara lebenden Juden deutlich. Insbesondere das KZ in Vaivara ist aufgrund seiner einzigartigen „Kriegswichtigkeit" von besonderer Bedeutung. Erst, als die Rote Armee bereits von Süden her diese Region zu umfassen drohte, wurde dieser Lagerkomplex übereilt aufgelöst, wodurch die dort lebenden Juden ihre einzige Lebensberechtigung aus Sicht der SS verloren und aufgrund dessen massenhaft getötet wurden.

3.3.2 Roma – Vernichtungspolitik mit Ausnahmen

„den Juden gleichzustellen" – „wie Landeseinwohner zu behandeln"[861]*:*
Da neben den Juden auch die Sinti und Roma Europas Opfer einer exterminierenden nationalsozialistischen Politik waren[862], stellt sich die Frage nach ihrem Schicksal innerhalb der „Arbeitseinsatzpolitik" in den baltischen Generalbezirken. Hierzu ist festzustellen, dass die deutsche Besatzungspolitik anders als im Bezug zu den Juden schon auf der normativen Ebene eine unschlüssige Haltung gegenüber den Sinti und

861 Zitate aus: BA-R-90.147 u. p. BdS Ostland, Schreiben betr.: Behandlung der Zigeuner in den besetzten Ostgebieten. An: RKO z.H. Dr. Steiniger, 19. 10. 1943.

862 Zur Frage der Vergleichbarkeit dieser beiden Opfergruppen: Wolfgang Wippermann, „Auserwählte Opfer?": Shoah und Porrajmos im Vergleich, eine Kontroverse, Berlin 2005; Altman, Žertvy nenavisti: Cholokost v SSSR 1941–1945 gg., 2002, S. 10.

Roma einnahm. Dies galt auch für die im Baltikum lebenden Roma, welche somit in der Praxis Opfer von einer zwischen Vernichtungspolitik und Nichtbeachtung schwankenden deutschen Politik wurden[863].

Nach der Anweisung des RKO Hinrich Lohse sollten sie zwar „in der Behandlung den Juden gleichgestellt werden"[864]. Doch gab es interne Missverständnisse und Auseinandersetzungen innerhalb der deutschen Polizeibehörden zwischen Ordnungspolizei und SD[865]. Außerdem spielte das Kriterium der Sesshaftigkeit zumindest ab 1943 eine entscheidende Rolle, die über Leben und Tod entschied[866]. Als Folge dieser uneinheitlichen Vorgehensweise wurden in Lettland, wo die größte Anzahl an Roma im Baltikum lebte, etwa die Hälfte der rund 3800 lettischen Roma erschossen[867]. In Estland überlebte von den 1941 dort lebenden 741 Roma niemand[868]. Vor ihrer Ermordung waren viele von ihnen gezwungen in dem AEL von Laitse für die Deutschen zu arbeiten[869]. Von den bis zu 1500 Roma in Litauen wurden etwa 500 erschossen. Die übrigen kamen kurzzeitig oder längerfristig in Gefan-

863 Zur Einführung, allerdings mit stärkerer Betonung auf den intendierten Vernichtungswillen der deutschen Besatzungsorgane: Martin Holler, Der nationalsozialistische Völkermord an den Roma in der besetzten Sowjetunion (1941–1944). Gutachten für das Dokumentations- und Kulturzentrum Deutscher Sinti und Roma, Heidelberg 2009; Wolfgang Wippermann, Nur eine Fußnote? Die Verfolgung der sowjetischen Roma. Historiographie, Motive, Verlauf, in: Klaus Meyer (Hg.), Gegen das Vergessen: Der Vernichtungskrieg gegen die Sowjetunion 1941–1945, Frankfurt am Main 1992.

864 BA-R-90.147 u. p. RKO Abt. II Gesundheit u. Volkspflege gez. Lohse, Schreiben betr.: Behandlung der Zigeuner. An: HSSPF für das Ostland, 24. 12. 1941.

865 Michael Zimmermann, Rassenutopie und Genozid. Die nationalsozialistische „Lösung der Zigeunerfrage". Hamburg 1996, S. 271.

866 LVVA-P-69.1a.6 S. 249. RMfdbO gez. Kinkelin, Schreiben betr.: Behandlung der Zigeuner in den besetzten Ostgebieten. An: RKO – RK Ukraine – GK für Weißruthenien, 15. 11. 1943.

867 Zur Zahl der im RKO lebenden Roma und deren Verteilung auf Estland, Lettland und Litauen: BA-R-90.147 u. p. RKO Abt. II Politik, Schreiben betr.: Zigeuner im Ostland. An: RMfdbO, 2. 7. 1942; Zur Zahl der Opfer in Lettland siehe auch: Bleiere, Latvija Otrajā pasaules karā: (1939–1945), 2008, S. 274.

868 In einem Schreiben des Ostministeriums heißt es dazu: „Zu einer vom Generalkommissar in Riga ausgegangenen Anregung, die Zigeuner dem Sozialversicherungsschutz zu unterstellen, hat der Generalkommissar in Reval berichtet, dass in seinem Geschäftsbereich alle Zigeuner seit längerem durch den Sicherheitsdienst sichergestellt sind, so dass sie für den allgemeinen Arbeitseinsatz nicht in Betracht kommen. ... Da offenbar allein die Frontnähe des Generalbezirks Estland die getroffenen Sondermaßnahme bedingt habe, beabsichtige ich nicht, diesen Gedanken weiter zu verfolgen". Aus: BA-R-90.147 u. p. RMfdbO gez. Dr. Bräutigam, Schreiben betr.: Behandlung von Zigeunern. An: RKO, 11. 6. 1942; Vgl. auch: Anton Weiss-Wendt, Extermination of the Gypsies in Estonia during World War II, in: Collaboration and resistance during the Holocaust. 2004, S. 383–402; Zimmermann, Rassenutopie und Genozid, 1996, S. 272; Meelis Maripuu, Das Lager Jägala, die Massenerschießungen von Juden in Kalevi-Liiva und die juristische Aufarbeitung in der estnischen SSR, in: Nationalsozialistische Lager. 2006b, S. 149–165, hier: S. 157.

869 Zur Vernichtungspolitik gegen die Roma in Estland siehe auch: Kuusik, Die Deutsche Vernichtungspolitik in Estland 1941–1944, 2005, S. 142–144.

genschaft. Einige von ihnen wurden nach Deutschland oder Frankreich deportiert[870]. Hieraus wird die uneinheitliche Politik der deutschen Besatzungsorgane gegenüber den im Baltikum lebenden Roma deutlich. Vieles lag in den Händen der örtlichen Polizeistellen, da eindeutige Befehle nicht existierten und nicht existieren durften, da klare Anweisungen „schriftlich nicht mitgeteilt“ werden durften[871].

„Arbeitseinsatzpolitik“ und Roma:
Für die Überlebenden wurden bezüglich des „Arbeitseinsatzes“ keine besonderen Bestimmungen erlassen. Die Verhältnisse blieben unklar. Der GK in Kauen schlug beispielsweise noch im Frühjahr eine „Gleichstellung mit den Juden“ auch auf dem Gebiet der „Arbeitseinsatzpolitik“ vor:

„Arbeitsrechtlich sind sie wie die Juden zu behandeln“[872].

Dabei erhielt der GK in Kauen Unterstützung von seinem Kollegen aus Riga. Dort herrschte ebenfalls eine Roma-feindliche Grundstimmung und eine Verschärfung der arbeitsrechtlichen Situation für die Roma wurde als gerechtfertigt empfunden:

„Eine Unterbringung sämtlicher Zigeuner in Arbeitslagern kann nur begrüßt werden, zumal das Zigeunertum im Generalbezirk Lettland nicht allein ein arbeitsscheues, sondern auch kriminell und politisch belastetes Element darstellt“[873].

Allerdings traf dieser Vorschlag auf den Widerstand aus dem RKO, wo eine Unterscheidung zwischen „sesshaften und fahrenden Zigeunern“ vorgezogen wurde[874]. Damit lag der Standpunkt des RKO im Widerspruch zu der im Reich verfolgten Praxis. Dort waren „Zigeuner und Zigeunermischlinge“ den Juden gleichgestellt[875]. Auf der anderen Seite fand das RKO jedoch Unterstützung bei der SS und Polizei. Dort stand auch der Unterschied zwischen Sesshaften und nicht Sesshaften im Vordergrund. Nur die nicht Sesshaften sollten „den Juden gleichgestellt“ werden, was ab

870 Vytautas Toleikis, Lithuanian Roma during the years of Nazi Occupation, in: Christoph Dieckmann u. a. (Hg.), Karo belaisvių ir civilių gyventojų žudynės Lietuvoje. 1941–1944 = Murders of prisoners of war and of civilian population in Lithuania, Vilnius 2005, S. 267–288, S. 275; Vgl. auch: Rose Lerer Cohen, Litauen 1941–1944: Sklaven- und Zwangsarbeiter erinnern sich, in: Alexander von Plato (Hg.), Hitlers Sklaven: Lebensgeschichtliche Analysen zur Zwangsarbeit im internationalen Vergleich, Wien 2008, S. 184–193, hier: S. 187 f.

871 BA-R-90.147 u. p. RKO Abt. II Politik, Schreiben betr.: Behandlung von Zigeunern. An: GK in Riga, 24. 8. 1942.

872 BA-R-90.147 u. p. RKO Abt. I Politik, Fernschreiben betr.: Behandlung der Zigeuner in den besetzten Ostgebieten. An: Ostministerium, 15. 6. 1943.

873 BA-R-90.147 u. p. GK in Riga Abt. I Politik, Schreiben betr.: Behandlung der Zigeuner in den besetzten Ostgebieten. An: RKO, 11. 6. 1943.

874 BA-R-90.147 u. p. RKO, Fernschreiben betr.: Behandlung der Zigeuner in den besetzten Ostgebieten. An: Ostministerium, 16. 6. 1943.

875 BA-R-90.147 u. p. Reichsarbeitsminister gez. Franz Seldte, Schreiben betr.: Arbeitsrechtliche Behandlung der Zigeuner. An: Reichstreuhänder der Arbeit und die Präsidenten der Landesarbeitsämter, 13. 3. 1942.

1943 die Einweisung in KZs bedeutete[876]. Auch aus Litauen wurden dieser Weisung folgend Roma nach Ausschwitz deportiert[877].

Ergebnis dieser Auseinandersetzungen zwischen den verschiedenen Instanzen der Zivilverwaltung und der Polizei war, wie es in einem Schreiben des Ostministeriums hieß, „eine gewisse Rechtsunsicherheit", da das RMfdbO zwar einerseits „die Zigeunerfrage nicht unter Gleichsetzung mit den Juden" regelte, andererseits aber die Roma nicht eindeutig einer anderen Gruppe zuordnete. Deutlich wurde dies bei der Rentenversicherungspflicht[878]. Aufgrund mehrerer einander widersprechender Verordnungen stellten sie eine eigene Gruppe von Arbeitskräften dar, für die es keine endgültigen Bestimmungen gab. Ein Grund für diesen Schwebezustand war auch die ungeklärte Kompetenzfrage: Die angesprochene Unklarheit in der Rentenversicherungsfrage beispielsweise wollte die Zivilverwaltung nicht lösen, bevor nicht eine angekündigte grundsätzliche Weisung von Himmler selbst Klarheit geschaffen hätte. Da eine solche Weisung jedoch ausblieb[879], und insbesondere die SS und die Polizei weiterhin auf mündliche Befehle setzten, blieb es bis zum Ende der Besatzungszeit bei dieser ungeklärten Situation, welche zugleich ein Exempel für die „Arbeitseinsatzpolitik" in den baltischen Generalbezirken in ihrer Gesamtheit darstellt. Denn wie so häufig war der „Arbeitseinsatz" der Roma von einer Vielzahl von Bemühungen gekennzeichnet, auf der normativen Ebene Klarheiten zu schaffen, welche aber aufgrund der polykratischen Struktur der Verwaltung nie erreicht wurde. Zugleich war so die Möglichkeit für Eigeninitiative geschaffen, was auch in der Praxis zu einer von Widersprüchen durchzogenen Politik führte. Und dennoch war die Stigmatisierung einer bestimmten Gruppe der Bevölkerung und die somit erfolgte allgemeine Benachteiligung ein wesentliches Merkmal für eine Politik der Ausgrenzung und Ausbeutung bestimmter Bevölkerungsgruppen. Gerade die Roma sind in diesem Kontext ein gutes Beispiel, dass es dabei nicht nur auf rassenideologische Gesichtspunkte ankam. So war die Definition von „Zigeuner" höchst unbestimmt und hing in erster Linie von Zeugenaussagen und subjektiven Beurteilungen des Aussehens ab. Diese vage Vorgehensweise hatte für die deutsche Besatzungsmacht den Vorteil, dass sie jegliche Handlungsweise gegenüber diesen Menschen bis einschließlich Mord, aber auch „Arbeitseinsatz", je nach Bedarf offen ließ. Wie in anderen Politik-

876 „Reichsführer-SS hat inzwischen entschieden, dass Zigeuner und Zigeunermischlinge, die ihren Wohnsitz oder gewöhnlichen Aufenthalt in den besetzten Ostgebieten haben und sesshaft sind, wie Landeseinwohner zu behandeln sind und dass alle umherziehenden Zigeuner und Zigeunermischlinge in den besetzten Ostgebieten den Juden gleichzustelllen und in Konzentrationslager unterzubringen sind". Aus: BA-R-90.147 u. p. BdS Ostland, Schreiben betr.: Behandlung der Zigeuner in den besetzten Ostgebieten, 19. 10. 1943.

877 Zimmermann, Rassenutopie und Genozid, 1996, S. 275.

878 Dazu und Zitate aus: BA-R-90.147 u. p. D.R.f.d.O. Abt. III Arbeitspolitik und Sozialverwaltung, Schreiben betr.: Rentenversicherungspflicht der Zigeuner. An: Abt. I Politik, 23. 6. 1943.

879 Dazu: BA-R-90.147 u. p. RKO Abt. I Politik, Schreiben betr.: Behandlung der Zigeuner. An: RKO Abt. III Aso, 14. 8. 1943.

feldern im RKO auch, gewann die Polizei zum Ende der Besatzungszeit zunehmend an politischer Bedeutung, sodass die Entscheidungen über das Schicksal der Roma im Baltikum vom SD abhingen. Zwar einigten sich die Zivilverwaltung und SD darauf, dass die politische Abteilung der Zivilverwaltung vor etwaigen „Maßnahmen" des SDs um Erlaubnis gebeten würde, doch konnte der SD „in Fällen ... der vorbeugenden Verbrechensbekämpfung" davon Abstand nehmen[880]. Somit blieb der Umgang mit den Roma im Baltikum in der Schwebe. Auf dieser unsicheren normativen Grundlage reichte die Praxis des „Arbeitseinsatzes" der Roma in den baltischen Generalbezirken von Massenmord über Zwangsarbeitslager, wie beispielsweise in Pravieniskes in Litauen[881], bis zu einer Behandlung wie „Landeseinwohner". In der Gesamtschau allerdings glich der „Arbeitseinsatz" der Roma aufgrund der Anzahl der getöteten Personen und derem prozentualen Anteil an der Gesamtbevölkerung der Roma, so wie der Praxis in Arbeitslagern eindeutig stärker der jüdischen Zwangsarbeit als dem Schicksal der Landeseinwohner oder anderer Betroffenengruppen. Trotz der insgesamt fehlenden klaren Bestimmungen legte die Zivilverwaltung immer wieder Wert auf die Absonderung der Roma von der übrigen Zivilbevölkerung. So ermahnte das RKO das GK in Riga, dass Roma keinesfalls zum „Reichseinsatz" geworben werden durften[882]. Dorthin gelangten sie nur, wenn sie in KZs verschleppt wurden.

3.4. „Arier" und Sondergruppen

3.4.1 Nicht Deutsche

Die Kategorisierung der Arbeitskräfte im Baltikum bringt es mit sich, dass neben den benachteiligten Gruppen, wie den Kriegsgefangenen, den „Evarussen", den Juden und den Roma auf der anderen Seite auch einzelne Bevölkerungsgruppen vergleichsweise bevorzugt behandelt wurden. Dazu zählten selbstverständlich die Deutschen, aber in den besetzten Gebieten interessieren in diesem Zusammenhang vor allem solche Personengruppen, die nicht deutsch waren, aber aus hauptsächlich rassenideologischen Gründen ebenfalls eine gesonderte Stellung besaßen. Hierzu zählen beispielsweise die Ingermanfinnen und Estlandschweden in Estland und die Liven in Lettland. Aber auch regionsfremde „Arier" sind zu dieser Kategorie zu zäh-

880 LVVA-P-69.1a.6 S. 252. GK in Riga Abt. I Politik, Vermerk über die Besprechung mit Sturmscharführer Mond bezüglich der Zusammenarbeit zwischen SD und Generalkommissar in der Behandlung der Zigeuner in den besetzten Ostgebieten, 29. 3. 1944.

881 Dazu: Toleikis, Lithuanian Roma during the years of Nazi Occupation, 2005, S. 272.

882 BA-R-9. 2. 1145 u. p. RKO Abt. III Aso, Schreiben betr.: Arbeitseinsatz von Zigeunern und Zigeunermischlingen. An: GK in Riga, 5. 7. 1943.

len. Diese Gruppen und ihre Rolle in der nationalsozialistischen „Arbeitseinsatzpolitik" im Baltikum 1941 bis 1944 soll im Folgenden nachgezeichnet werden.

3.4.1.1 „Ingermanländer", Esten, Finnen aus Nordrussland[883] *– nachlassende Privilegien*

Es sei daran erinnert, dass Aspekte des „Arbeitseinsatzes" zu Beginn der deutschen Besatzung noch eine relativ geringe Bedeutung besaßen und rassenideologische Fernziele im Vordergrund standen. Als Resultat dieser ersten rassenideologisch motivierten Maßnahmen gelangten Personen ins RKO, die dann später unter veränderten Umständen dort vor allem arbeiten mussten. Dennoch verloren rassenideologische Aspekte nicht völlig an Bedeutung, sodass auch später noch gewisse Privilegien aufrechterhalten wurden. Ein Beispiel dieser Art ist die Arbeit der sogenannten „estnischen Kommission". Ihre Aufgabe war es, aus den nordrussischen Gebieten alle „Arier", oder zumindest Nichtslawen zu registrieren, um deren Umsiedlung nach Estland und Finnland zu organisieren. Ihre Aufgabe ist also durchaus mit der Arbeit der späteren Sauckelkommissionen vergleichbar, mit dem Unterschied, dass es hier um die Hereinnahme von Menschen in das RKO ging, und außerdem zunächst der rassenideologische Aspekt über den Gesichtspunkt des „Arbeitseinsatzes" dominierte.

Begleitet wurden diese Maßnahmen durch Forschungsarbeiten „in Bezug der Natur, Bevölkerung, nationalpolitischen Problemen, Linguistik, des kulturellen Zustandes sowie mit der Landwirtschaft in Verbindung stehenden Problemen". Auch dies ist ein deutliches Zeichen für die privilegierte Position dieser Bevölkerungsgruppe, für die die deutsche Besatzungsmacht noch bis ins Jahr 1943 hinein Forschungsarbeiten anstellte[884].

In dem Gebiet der 18. Armee in Nordrussland „entdeckte" die „estnische Kommission" 12 552 Esten, 65 239 Finnen, 1055 Deutsche, 2321 Letten und 11 Litauer. Davon gelang es der Kommission, insgesamt 10 429 Menschen (8600 Esten und Finnen nach Estland und Finnland, 26 Deutsche nach Deutschland, 1803 Letten und Litauer nach Lettland) bis zum Oktober 1942 „umzusiedeln"[885].

Aus dem gesamten Territorium der besetzten Ostgebiete nahm sich die Zahl der nach Estland und Finnland gelangten Personen zum Jahresende 1942 noch umfang-

883 Siehe auch Hinweise dazu bei: Pavel Polian, Die Rekrutierung der Zwangsarbeiter in der Sowjetunion, in: Dittmar Dahlmann (Hg.), Zwangsarbeiterforschung in Deutschland. Das Beispiel Bonn im Vergleich und im Kontext neuerer Untersuchungen, Essen 2010[1], S. 63–86, S. 75; Polian, Sowjetische Zwangsarbeiter und Kriegsgefangene im Dritten Reich, 2010b, S. 36.

884 ERA-R-819.1.9 S. 36. SiPo und SD Leutnant Jaan Lööke, Bericht über die im Jahre 1943 im Transpeipusgebiet durchgeführten Forschungsarbeiten. An: KdS Estland, 15. 5. 1944.

885 ERA-R-819.1.2 S. 7–12. Deutsche Sicherheitspolizei und SD Einsatzkommando 1 c Erfassungsabteilung, Bericht betr.: Zusammenfassung über die Arbeiten der estnischen Kommission in Bereich der 18. Armee seit 30. 10. 1941 bis 25. 10. 1942, 25. 10. 1942.

reicher aus. Das GK in Reval meldete Ende 1942 eine Gesamtzahl von 24 194 estnischen und finnischen „Flüchtlingen“. Davon waren 17 531 Finnen, 6308 Esten, 282 Letten und Litauer und 73 Andere. Diese Menschen waren zum Zeitpunkt des Berichts noch in Estland im „Arbeitseinsatz“: Insgesamt waren 17 448 Menschen der Landwirtschaft zugeteilt worden, 1327 in der Industrie, 1251 waren auf nicht weiter erläuterte Art und Weise inzwischen verstorben, und die verbleibenden 4168 Menschen lebten zu diesem Zeitpunkt in den Auffanglagern in Baltischport (1123), Klooga (2087) und Põllküla (958)[886].

Deportationen von Finnen/Ingermanländer nach Finnland:

Viele der unter „Esten und Finnen“ rubrizierten Personen waren die den Esten und Finnen verwandten Ingermanländer, welche in der Mehrzahl nach Finnland geschickt wurden, um die Beziehungen zu dem nördlichen Verbündeten zu verbessern[887]. Der GK in Reval berichtete hierüber nach Riga:

„Auf Grund einer Vereinbarung der Deutschen Reichsregierung und der Finnischen Regierung findet die Umsiedlung von 12 000 Ingermanländern nach Finnland statt“[888].

Die Bedeutung der politischen Beziehungen zu Finnland wird besonders daran deutlich, dass zu einer Zeit, als in Estland vor allem die Baltöl massenhaft Arbeitskräfte, darunter Tausende von jüdischen Zwangsarbeitern, ins Land holte, die deutsche Führung bereit war, bis zum November 1943 insgesamt 22 050 Ingermanländer aus Estland und Nordrussland nach Finnland zu schicken. Wie die Zivilverwaltung in Reval feststellte, befanden sich unter diesen Personen immerhin knapp 13 000 „Arbeitseinsatzfähige“[889]. Der „Arbeitseinsatz“ dieser für einen Abtransport nach Finnland bestimmten Personen im Baltikum war also nur „vorübergehend“ möglich, wie es in einer Anweisung der Abteilung Aso beim RKO hieß. Während dieser vorübergehenden Zeit sollten sie möglichst in der Landwirtschaft oder bei der Baltöl arbeiten[890].

886 ERA-R.65.1.41 S. 1. GK in Reval, Bericht Nr. 40. Durch die Verwaltung zur Betreuung von Kriegsflüchtigen (sic) sind bis zum 09.12.42 aus dem besetzten Ostgebiet registriert und empfangen, 9. 12. 1942.

887 ERA-R-819.2.8 S. 13–15. Sicherheitspolizei und SD Einsatzkommando 1c Erfassungsabteilung, Vermerk betr.: Evakuierung von Esten und Finnen, 19. 10. 1942.

888 LVVA-P-70.5.72 S. 379. GK in Reval, Schreiben betr.: Ingermanländerumsiedlung. An: RKO, 14. 4. 1943.

889 ERA-R.65.1.29 S. 86–90. GK in Reval, Schlussprotokoll über die Beendigung der Umsiedlung der Ingermanländer aus dem Generalbezirk Estland und dem Bereich der Heeresgruppe Nord, 4. 11. 1943.

890 IfZ-MA.202 S. 1260. RKO Abt. III Arbeitspolitik und Sozialverwaltung gez. Dr. Strebe, Schreiben betr.: Einsatz von Flüchtlingen aus Ingermannland (sic). An: GK in Reval Abt. Aso, 16. 5. 1942.

Da von finnischer Seite noch weitere Ingermanländer gefordert wurden, boten finnische Delegierte den Austausch von Ingermanländern mit sowjetischen Kriegsgefangenen aus finnischer Gefangenschaft an, um so den Verlust an Arbeitskräften für die Kriegswirtschaft in Estland wieder auszugleichen[891]. Auch dieses ist ein Beispiel für das widersprüchliche Verschieben von Menschen aus rassenideologischen und politischen Motiven und Kriterien.

Kurz vor dem deutschen Rückzug hatten diese Maßnahmen bewirkt, dass in Nordrussland im Zuständigkeitsgebiet der 18. Armee nur noch 600 Esten lebten[892]. Zwar hatte die deutsche Verwaltung bereits im November 1943 ein erstes Schlussprotokoll zur Aussiedlung der Ingermanländer und Finnen verfasst, aber da unter den Flüchtlingen der folgenden Zeit noch weitere Ingermanländer waren und die finnische Delegation beim RKO den Wunsch angemeldet hatte, diese Menschen ebenfalls nach Finnland zu bringen[893], setzten sich die Transporte über den finnischen Meerbusen im Winter 1943/1944 fort. Dem vermeintlich letzten Schlussprotokoll ist zu entnehmen, dass letztlich von einer Gesamtzahl von 38 283 nach Finnland verschifften Personen auszugehen ist[894].

Die Abwicklung dieser massenhaften Menschentransporte wurde in solchen Schlussberichten immer außerordentlich positiv und problemlos bewertet. Dass es in der Realität jedoch anders gewesen war, deutet der Bericht eines Beamten des Stadtkommissariats in Reval an, der das Flüchtlingslager in Klooga besuchte. Von dort schilderte er über die Zustände im Lager:

„Die Verwaltung des Lagers bemüht sich ernstlich, ihre Arbeitspflicht bewusst und fürsorglich durchzuführen. Doch völlig unzureichende Versorgung verhindert jede positive Leistung und ist für den bedenklichen Grad der Unterernährung der Insassen verantwortlich. Ich überprüfte das Mittagessen, die einzige größere Tagesmahlzeit, und fand, dass es nur aus Wasser, Kartoffel und einer geringen Menge Graupen oder Nudeln bestand. Fett und Fleisch wurden schon seit Wochen nicht mehr geliefert; wie überhaupt die Lebensmittelnorm für das Lager nur auf dem Papier stand und kaum erfüllt wurde"[895].

891 ERA-R.65.1.29 S. 69–73. GK in Reval Abt. I. Fürsorge, Bericht 5 über die Finnische Regierungskommission, 14. 5. 1943; Vgl. auch: ERA-R.65.1.29 S. 41–43. GK in Reval Abt. I. Fürsorge, Bericht über den Empfang und die Durchführung der Verhandlung mit der Kommission der Finnischen Regierung betreffend Umsiedlung von Ingermanländern aus dem Raum des Generalbezirks Estland, 2. 3. 1943.

892 ERA-R-819.1.9 S. 20 f. Einsatzkommando 1 Volkstumsreferat, Vermerk betr.: Volkstumsarbeit im Kommandobereich bzw. rückw. Heeresgebiet, 22. 1. 1944.

893 LVVA-P-70.3.124 S. 4–6. RKO gez. Trampedach, Niederschrift zu der Frage der Umsiedlung der Ingermländer, 6. 10. 1943.

894 LVVA-P-70.3.124 S. 10 f. RKO, Schlussprotokoll über die Beendigung der Restumsiedlung der Ingermanländer nach Finnland, 17. 4. 1944.

895 ERA-R-95.1.5 S. 3. Stadtkommissar Reval, Besichtigung der Flüchtlingslager in Klooga und in Baltischport am 27. 10. 1942, 27. 10. 1942.

Berichte wie dieser zeigen an, wie sehr auch bei den vermeintlich privilegierten Gruppen Norm und Praxis voneinander abweichen konnten, und dennoch offenbart dieser Bericht zugleich, dass an der Kategorisierung der Ingermanländer als – relativ gesehen – privilegierter Gruppe festgehalten werden muss, da alles stets noch schlimmer ging, wie nachfolgende Berichte aus dem Lager Klooga bestätigen, als dort mehrheitlich Russen untergebracht waren[896].

Ingermanländer/Esten/Finnen und „Evarussen" 1943 – Vernachlässigte Differenzierung:
Besondere Probleme dieser Bevölkerungsbewegung entstanden vor allem ab dem Zeitpunkt, als die großen „Evakuierungen" der russischen Bevölkerung einsetzten. Denn die zuständigen Wehrmachtseinheiten vernachlässigten die Unterscheidungen zwischen den schon zuvor freiwillig nach Westen gehenden Esten und Finnen, die aus diesem Grunde eine bessere Behandlung erfahren sollten und den anderen „Evarussen", welche mit zum Teil brutalen Methoden aus den rückwärtigen Heeresgebieten entfernt wurden[897]. Durch die zunehmend chaotischen Zustände im Zuge der Rückzugsbewegungen der Wehrmacht und der gewaltigen Zahlen der „Evarussen" gerieten die Privilegien der Esten, Finnen und Ingermanländer zusehends unter Druck und wurden vernachlässigt, wie der Bericht der Sicherheitspolizei/SD im estnischen Jamburg verdeutlicht. Nach deren Angaben verwechselten nicht nur die Wehrmachtsstellen „Evarussen" mit Esten, auch die Behörden der zivilen Arbeitsverwaltung bedienten sich ohne Umschweife der aus Russland stammenden Esten, um ihre Quoten zu erfüllen, und schickten so eine Gruppe von Esten direkt an der estnisch-russischen Grenze ins Arbeitslager bei Narva[898]. Besser erging es den Finnen, die unter keinen Umständen unkorrekt behandelt werden durften, um die politischen Beziehungen zu Finnland nicht zu belasten[899]. Sie sollten auch weiterhin als „Ingermanländer" nach Finnland gebracht werden[900]. Aber auch für die „evakuierten" Esten war die Zivilverwaltung bemüht, zumindest ansatzweise eine Besserbehandlung aufrecht zu halten. Einen derartigen Versuch stellte der Vorschlag des Gebietskommissar von Ösel-Wieck dar, die von den Estlandschweden verlassenen Höfe an die „evakuierten" Esten aus Russland zu übergeben, während die anderen „Evarussen" ins Reich geschickt werden sollten. Hier zeigt sich ebenfalls die Interde-

896 Siehe im Folgenden; Vgl. auch Abschnitt zu „Evarussen".
897 ERA-R-819.1.9 S. 61. SiPo und SD Einsatzkommando 1, Bericht betr.: „Eva", 2. 11. 1943.
898 ERA-R-819.1.9 S. 67. SiPo und SD Teilkommando Jamburg, Vermerk betr.: Umsiedlung der Esten, 9. 11. 1943.
899 Ebd.
900 „Soweit Ingermanländer darunter („Evarussen", Anmerkung T.P.) sich befinden, werden diese direkt nach Finnland weitertransportiert ...". Aus: LVVA-P-70.5.72 S. 391. GK in Reval, Vermerk betr.: Aufnahme von 20 000 Flüchtlingen, 27. 4. 1943.

pendenz der verschiedenen Gruppierungen, da den Estlandschweden, vergleichbar mit den Finnen und den Ingermanländern, aus außenpolitischer Rücksicht teilweise die Ausreise gestattet worden war[901]. In den offiziellen Richtlinien zur Behandlung der Flüchtlinge in den Lagern wurde die Unterscheidung ebenso vehement hervorgehoben. So galt das allgemeine Verbot zum Verlassen der Flüchtlingslager nur für die „Evarussen". Finnen und Ingermanländer waren davon ausgenommen[902]. In der Praxis war allerdings inzwischen die Kontrolle der drei bereits genannten Lager in Klooga, Pöllküla und Baltischport von der finnischen Kommission an die deutsche Zivilverwaltung übergegangen, was sich sehr zum Nachteil aller Insassen, unter denen sich nun mehrheitlich Russen befanden, auswirkte[903]. Im Jahre 1942 waren noch 90 Prozent der Insassen des Flüchtlingslagers in Klooga Finnen gewesen[904].

Estlandschweden:
Eine weitere „arische" Bevölkerungsgruppe, welche durch die deutsche Besatzungsmacht mit besonderer Vorsicht behandelt wurde, waren die auf den estnischen Inseln lebenden Estlandschweden. Aufgrund der außenpolitisch motivierten Rücksicht war die deutsche Zivilverwaltung auch in diesem Fall bereit, trotz der angespannten „Arbeitseinsatzlage" bestimmte Estlandschweden nach Schweden übersiedeln zu lassen. Eine solche Erlaubnis erhielten vornehmlich Alte und Kranke sowie verheiratete Personen, deren Ehepartner in Schweden lebten[905]. Nach diesen Bestimmungen verließen bis zum Ende des Jahres 1943 700 Estlandschweden, 16 „Reichsschweden" und 36 Esten den Generalbezirk Estland. Diese Einschränkungen der zur Ausreise berechtigten Personen sorgten vor dem Hintergrund einer heranrückenden Roten Armee für Unruhe in der schwedischen und estnischen Bevölkerung. Mitunter wurden Esten und Estlandschweden gewaltsam von der örtlichen Polizei von den Schiffen gezogen, da sie nach den offiziellen Bestimmungen nicht zur Ausreise berechtigt waren. Die Parallelität zwischen Estlandschweden und Ingermanländer klingt auch in dem Bericht über die Ausreise der Estlandschweden

901 ERA-R.65.1.39 S. 38. Gebietskommissar Oesel-Wiek, Schreiben betr.: Besetzung freigewordener estlandschwedischer Höfe. An: GK in Reval, 21. 1. 1944.

902 ERA-R-65.1.10 S. 126. GK in Reval Abt. III Aso – Gruppe Arbeitseinsatz, Vermerk betr.: Evakuierte, 12. 11. 1943.

903 ERA-R-819.1.4 S. 81–85. KdS Estland Abt. B III, Vermerk betr.: Kriegsflüchtlingslager in Klooga, Pöllküla und Taps, 14. 12. 1943. Zur Zusammensetzung der Insassen in den Flüchtlingslagern: Am 10. 12. 1943 meldete der KdS Estland 8000 Russen, 100 Esten und 1000 Finnen in den Lagern. Aus: ERA-R-819.1.4 S. 71–73. KdS Estland Abt. B III, Aktenvermerk betr.: Kriegsflüchtlinge in Estland, 9. 12. 1943.

904 ERA-R-95.1.5 S. 3. Stadtkommissar Reval, Bericht betr.: Besichtigung der Flüchtlingslager in Klooga und in Baltischport am 27.10.42, 27. 10. 1942.

905 ERA-R.65.1.39 S. 47. GK in Reval, Vermerk betr.: Ausreise von Estland-Schweden aus Estland nach Schweden, undatiert.

an, da darin eine gemeinschaftliche Ausreise von Estlandschweden mit Ingermanländern über Finnland angeregt wird[906].

Diese Ausreisegenehmigungen der deutschen Besatzungsmacht für Ingermanländer und Estlandschweden waren anfangs außenpolitischen Erwägungen geschuldet. Schnell geriet diese Bevölkerungsbewegung der deutschen Verwaltung außer Kontrolle und die Estlandschweden und Ingermanländer bildeten die Speerspitze für die dann im letzten Okkupationsjahr anlaufende massenhafte Fluchtbewegung der gesamten Bevölkerung[907]. Schon bis zum Juni 1943 stellte die Sicherheitspolizei in Estland 170 flüchtige Estlandschweden fest und konstatierte, dass somit der Transport der Estlandschweden über die Ostsee außer Kontrolle zu geraten drohe, da immer mehr Estlandschweden eigenmächtig versuchten, die Ostsee zu überqueren[908]. Insofern ist nur in der Anfangsphase eine nach rassenideologischen Grundsätzen handelnde deutsche Migrationspolitik in diesem Kontext festzustellen. Während in der Anfangsphase der Emigrationsbewegung der Ingermanländer und Estlandschweden eine von deutscher Seite gemeinsame Bevorzugung aufgrund von rassistischen und politischen Überlegungen zugrunde lag, stellte die Sicherheitspolizei in der zweiten Phase der unkontrollierten Flucht allerdings einen interessanten Unterschied dieser beiden Bevölkerungsbewegungen fest: So war nach Auskunft der Sicherheitspolizei das Hauptmotiv der Ingermanländer und Esten an der Nordküste Estlands das Ausweichen vor dem Militärdienst oder aber auch vor dem „Arbeitseinsatz". Im Westen bei den Estlandschweden und Esten sei das Hauptmotiv für die Flucht ausschließlich die Angst vor dem Bolschewismus gewesen:

„Wenn die Gründe für die Flucht von der Nordküste in Arbeitsflucht und Unlust, als Hilfswillige oder Legionäre zu dienen, zu suchen sind, so ist an der Westküste die Ursache der Flucht die Angst vor dem Bolschewismus"[909].

Zu einer ähnlichen Einschätzung gelangte auch der schwedische Gesandte Major Mothander, der mit der Organisation der Ausreise der Estlandschweden betraut war. Auf seiner Reise stellte sich jedoch in den Augen der deutschen Zivilverwaltung heraus, dass neben der Angst vor dem Bolschewismus die Estlandschweden noch ein zweites Motiv für ihren Ausreisewunsch hatten, der hier in Anlehnung an die Situation der slawischen Minderheiten in Estland genannt sei:

„Neben der Furcht vor einer Wiederkehr der Bolschewisten ist nämlich das Gefühl, von den estnischen Behörden und Amtspersonen als Bürger zweiter Klasse

906 ERA-R.65.1.39 S. 31–33. Referent Dr. Taube, Bericht über die schwedischen Krankentransporte. An: Hauptabteilungsleiter I Herr Petersen, 17. 12. 1943.

907 Vgl. auch Abschnitt zur baltischen Mehrheitsbevölkerung 1944.

908 ERA-R-819.1.5 S. 31. KdS Estland Abt. A IV, Vermerk betr.: Flucht von Esten schwedischer Volkszugehörigkeit nach Schweden, 17. 6. 1943; Vgl. auch: ERA-R-819.1.5 S. 53–56. KdS Estland A IV, Vermerk betr.: Flucht von Esten und Estlandschweden nach Finnland und Schweden, 23. 6. 1943.

909 ERA-R-819.1.5 S. 31. KdS Estland Abt. A IV, Vermerk betr.: Flucht von Esten schwedischer Volkszugehörigkeit nach Schweden, 17. 6. 1943.

behandelt zu werden, einer der ausschlaggebenden Gründe für die Unzufriedenheit bei den Estlandschweden"[910].

Diese Feststellung war für die deutsche Zivilverwaltung besonders bitter, da in den Augen der estnischen Bevölkerung die deutsche Besatzungsmacht ohnehin die schwedische Bevölkerung bevorzugte und nun deren ablehnende Haltung den Deutschen gegenüber von den Esten mit „Schadenfreude" zur Kenntnis genommen wurde, wie der Bericht weiter ausführte[911]. Auf diese Weise konnte also auch eine relative Bevorzugung einer bestimmten Bevölkerungsgruppe der deutschen Besatzungsmacht gleich in zweifacher Dimension Schwierigkeiten einbringen. Trotz dieser Einsichten in die schwierigen wechselseitigen Beziehungen zwischen Esten und Estlandschweden gelang es der deutschen Zivilverwaltung nicht mehr, die Estlandschweden zu beruhigen. Die unkontrollierte Flucht setzte sich bis zum Ende der Besatzungszeit fort und steckte, wie schon angedeutet, die estnische Bevölkerung in weiten Teilen an[912]. Insgesamt verließen etwa 7920 Estlandschweden den Generalbezirk Estland bis zur Ankunft der Roten Armee[913].

Liven in Lettland und Woten in Russland:

Den Esten, Finnen und Ingermanländern verwandt sind die im äußersten Nordwesten Lettlands lebenden Liven. Diese sehr kleine Bevölkerungsgruppe war indirekt von der Repressionspolitik gegen die Juden betroffen, da für die Errichtung des bereits erwähnten Lagers in Dondangen in Lettland weite Teile der Zivilbevölkerung ihren Wohnsitz verlassen mussten. Darunter waren auch etwa 1000 Liven. Wegen der kulturellen Nähe zu den Esten war und ist das Interesse in Estland an dieser Bevölkerung groß. Im Zuge dieser Umsiedlungsaktionen versuchte die estnische „Landeseigene Verwaltung", analog zu den Umsiedlungen der Esten und Ingermanländer aus Nordrussland, die Liven nach Estland, konkret auf die Insel Ösel zu bringen. Dieser Vorschlag fand allerdings im Gegensatz zu den Umsiedlungen der Ingermanländer keine Unterstützung von der deutschen Besatzungsmacht. Die Liven blieben in Lettland und wurden in den Ort Talsi in Kurland oder in die benachbarten Dörfer umgesiedelt[914].

Ebenfalls ein finnougrisches Volk sind die Woten, die östlich des Peipussees siedelten und im Zuge der „Umvolkungen", ähnlich den Ingermanländern und im

910 ERA-R-819.1.5 S. 104 f. Referent Dr. Taube, Bericht über die Mission des Majohrs Mothander und die Lage bei den Estlandschweden. SA-Obergruppenführer Litzmann, 26. 8. 1943.

911 Ebd.

912 ERA-R.65.1.29 S. 35. GK in Reval Dr. Taube, Schreiben betr.: Auflösungserscheinungen im Gebiet der Estlandschweden. An: Beauftragter des Auswärtigen Amtes beim RKO Herr Dr. Windecker, 17. 11. 1944.

913 Rahi, On the current State of Research into Soviet and Nazi Repressions in Estonia, 2003, hier: S. 29.

914 ERA-R.65.1.39 S. 18. GK in Reval Abt. I Politik, Schreiben betr.: Umsiedlung der Liven, 27. 9. 1943.

Gegensatz zu den Liven, auch tatsächlich nach Estland „umgesiedelt" wurden. Es handelte sich bei dieser Bevölkerungsgruppe um etwa 500 Personen[915].

Fazit zu Sondergruppen „Rassisch Wertvolle" und „Arier" – Ingermanländer, Estlandschweden, Liven, Woten – Verwässerte Privilegien:

Während über das weitere Schicksal der Woten und Liven nichts bekannt ist, zeigt die Behandlung der Ingermanländer und Estlandschweden wie bestimmte Bevölkerungsgruppen aufgrund von rassenideologischen und außenpolitisch motivierten Gründen einen Sonderstatus innerhalb der nationalsozialistischen „Arbeitseinsatzpolitik" besitzen konnten. Gleichzeitig verdeutlichen diese Fälle aber auch, wie diese Normen durch das Chaos der zweiten Besatzungshälfte an Bedeutung verloren, da die deutschen Besatzungsorgane die Einhaltung dieser Normen nicht mehr vollends gewährleisten konnten und diese Menschen zunehmend im Strom der „Evarussen" und anderen baltischen Flüchtlingen untergingen. Eine besondere Ironie erhalten diese Gruppen innerhalb der deutschen „Arbeitseinsatzpolitik" nicht zuletzt deshalb, da sie als privilegierte Gruppen eine Bevölkerungsbewegung einleiteten, die grundsätzlich mit den deutschen Zielen einer „Evakuierung" vereinbar hätten sein müssen. Doch, wie schon im Fall der baltischen Flüchtlinge 1944 oder der „Evarussen" 1943, waren die deutschen Verwaltungsorgane von der Wucht und dem Ausmaß der Bevölkerungsbewegung überwältigt, sodass die Arbeitsverwaltung keinerlei Nutzen aus dieser Fluchtbewegung ziehen konnte, wie in den Plänen zur „Evakuierung ursprünglich vorgesehen war.

3.4.1.2 Westeuropäische Arbeitskräfte – Privilegierte Arbeitskräfte der letzten Stunde

Die ganze Absurdität der „Arbeitseinsatzpolitik" im Baltikum wird nicht zuletzt daran deutlich, dass entgegen dem Strom von Arbeitskräften aus Ost nach West in das Reich und dem soeben beschriebenen unkontrollierten Bevölkerungsstrom in gleicher Richtung, auch Arbeitskräfte in umgekehrter Richtung transferiert wurden. Dazu zählten, wie schon erwähnt, die Juden, welche auf der untersten Stufe der Arbeitskräftegruppen standen. Auf der anderen Seite waren es aber auch solche Arbeitskräftegruppen, die an oberster Stelle in der Hierarchie der Arbeitskräfte rangierten, wie Deutsche und andere „Arier" aus Westeuropa. Sie sollten in der angestrebten „Kolonialverwaltung" zusammen mit den Deutschen und unter deren Führung die „Untermenschen" des Ostens beherrschen und kontrollieren[916]. So war bei-

915 ERA-R-819.1.4 S. 58. KdS Estland Abt. B III, Vermerk betr.: Umsiedlung der Woten, 3. 11. 1943.

916 Siehe dazu auch den Abschlussbericht des WiStabOst in: Müller, Die deutsche Wirtschaftspolitik in den besetzten sowjetischen Gebieten: 1941–1943; Der Abschlußbericht des Wirtschaftsstabes Ost und Aufzeichnungen eines Angehörigen des Wirtschaftskommandos Kiew, 1991b, S. 138; Vgl. auch: Eichholtz, Institutionen und Praxis der deutschen Wirtschaftspolitik im NS-besetzten Europa, 1997, S. 53.

spielsweise der „Einsatz" von einer Millionen Holländern allein im Generalbezrik Weißruthenien projektiert gewesen[917].

Regionsfremde „Arier" im „Arbeitseinsatz" im „Reichskommissariat Ostland" als „überwachende Tätigkeit"[918]

Der Position der „arischen" Arbeitskräfte entsprechend besaßen diese eine von Anfang an privilegierte Stellung. So sollten die Holländer, welche ins RKO geschickt wurden, in gehobenen Ämtern beispielsweise in der Landwirtschaft arbeiten und dort die Produktionsvorgänge überwachen, da die einheimischen Bauern in großer Zahl für den Polizei- oder Militärdienst abgezogen worden waren:

„Die Funktion dieser Gehilfen der Kreislandwirte sind folgende: Der Schwerpunkt der ganzen Arbeit des Kreislandwirtes liegt heute auf dem Gebiet der Erfassung der landwirtschaftlichen Produktion. Der Gehilfe hat daher gleichfalls sein Hauptaufgabengebiet darin zu finden, dass er in dauernder Überwachung die mit der Erfassung beauftragten Stellen dahin kontrolliert, ob die Ablieferungsverpflichtungen der bäuerlichen Bevölkerung erfüllt werden. Die Dienststellen der Selbstverwaltung haben gleichfalls für ihre Dienstbezirke vorgeschriebene Ablieferungskontingente, die auf die einzelnen Bauern aufgeteilt sind. Es ist auch hier eine überwachende Tätigkeit auszuüben und von Zeit zu Zeit durch Kontrolle bei den einzelnen Betrieben zu prüfen, ob die Ablieferungsverpflichtungen eingehalten werden. Bei dieser Tätigkeit verkörpert der Gehilfe des Kreislandwirtes die deutsche Staatsautorität in den besetzten Ostgebieten und übt hierbei die entsprechenden Hoheitsrechte aus"[919].

Die Transferierung von Holländern und anderen „Ariern" in das RKO hatte also neben dem Effekt der Ersetzung von fehlenden Arbeitskräften vor allem das Ziel der Überwachung und Kontrolle. Offensichtlich misstraute die deutsche Zivilverwaltung den einheimischen Bauern, und wegen des eigenen Personalmangels waren die Holländer als „arisch" verwandte zuverlässig erachtete Gehilfen für die Kontrolle über die Einheimischen als geeignet befunden worden. Diese Überlegungen verstärkten sich nach der Niederlage bei Stalingrad in der deutschen Führung der Zivilverwaltung, als die eigene Personaldecke aufgrund der fortgesetzten Einberufungen zu dünn für eine weitgehende Kontrolle wurde:

„In der Vorlage ist darauf hinzuweisen, das mit Rücksicht auf die zu erwartende weitere Verknappung des deutschen Arbeitsmarktes durch die Einziehung zur Wehrmacht auch in der deutschen Verwaltung der besetzten Ostgebiete Personalmangel

917 Gerlach, Umsiedlungen und gelenkte Bevölkerungsbewegungen in Weißrussland 1941–1944, 1999, S. 553.

918 Vgl. dazu auch: Myllyniemi, Die Neuordnung der baltischen Länder 1941–1944: Zum nationalsozialistischen Inhalt der deutschen Besatzungspolitik, 1973, S. 169–174.

919 BA-R-6.449 S. 13. Beauftragter für Sonderfragen gez. Dr. Coste, Vermerk betr.: Einsatz von Holländern als Mitarbeiter der Kreislandwirte in den Reichskommissariaten, 16. 1. 1943.

eintreten wird und z.T. schon eingetreten ist, der durch geeignete Personalkräfte aus germanischen Ländern behoben werden muss"[920].

Diese „geeigneten Personalkräfte" sollten dabei ausschließlich aus „arischen" Völkern stammen, wie es in den Anweisungen hierzu beim RMfdbO hieß:

„Es werden in der Regel nur Angehörige bestimmter Herkunftsländer zum Einsatz gebracht werden können, in erster Linie Holländer, Belgier, Norweger, Dänen, aber auch Schweden und Schweizer. ... Von vornherein haben auszuscheiden Bewerber polnischer, serbischer und tschechischer Volkszugehörigkeit, sowie polnisch, serbisch oder tschechisch Versippte"[921].

Der rassenideologische Aspekt spielte also eine außerordentlich große Rolle bei der Auswahl dieser Verwaltungshilfskräfte. Selbst innerhalb der „auserwählten" Völker sollte noch nach rassistischen Kriterien gefiltert werden:

„Jeder einzelne Norweger und jeder Holländer muss unter dem Gesichtspunkt vor seinem Einsatz geprüft werden, dass er rasserein ist"[922].

Ähnliche Bedenken äußerte die politische Abteilung des RMfdbO, allerdings mit dem Zusatz, dass die „rassisch wertvollen" Personen vor allem in den als deutsche Siedlungsräume vorgesehenen Gebieten zum „Einsatz" kommen sollten, während die nicht „rassisch wertvollen" auch in den anderen Gebieten der besetzten Sowjetunion arbeiten durften[923]. Ein Streitpunkt diesbezüglich war die rassenideologische Einordnung der Wallonen[924].

Holländer:

Für die Region des Baltikums von größerer Relevanz waren in erster Linie die Holländer, welche hauptsächlich nach Litauen geschickt wurden, da die deutsche Zivilverwaltung hier das größte Misstrauen gegenüber der einheimischen Bevölkerung hegte[925]. So bewirtschafteten Holländer ein Gut (Waka-T) mit einer Gesamtfläche von 1050 ha im Wilnagebiet, welches zu einer Art Musterbetrieb für holländische Arbeitskräfte im RKO wurde. Dort wurden weitere holländische Arbeitskräfte für

920 BA-R-6.449 S. 17 f. Beauftragter für Sonderfragen, Schreiben betr.: Einsatz von Angehörigen germanischer Länder in der deutschen Verwaltung. An: RMfdbO Abt. II Pers., 19. 1. 1943.

921 BA-R-6.449 S. 28. RMfdbO, Vermerk betr.: Verwendung von Ausländern in der zivilen Verwaltung der besetzten Ostgebiete, 29. 1. 1943.

922 BA-R-6.449 S. 37 f. RMfdbO Beauftragter für Sonderfragen, Schreiben betr.: Einsatz von Ausländern in den besetzten Ostgebieten. An: RMfdbO HA I z.H. Markull, 8. 4. 1943.

923 BA-R-6.449 S. 39 f. RMfdbO HA I gez. Dr. Wetzel, Schreiben betr.: Einsatz von Ausländern in den besetzten Ostgebieten. An: RMfdbO Beauftragter für Sonderfragen z.H. Markull, 6. 4. 1943.

924 BA-R-6.449 S. 43. RMfdbO gez. Dr. Groß, Anfrage nach der rassischen Einordnung der Wallonen. An: Stabsleiter Dr. Stallrecht, 5. 10. 1942.

925 BA-R-6.449 S. 90 f. GK in Kauen, Schreiben betr.: Einsatz von Holländern innerhalb der Verwaltung. An: Beauftragter für Sonderfragen beim RMfdbO Malletke, 14. 8. 1943; Zu den Holländern in Litauen vgl.: Thomas Remeikis, Lithuania under German occupation: 1941–1945, Vilnius 2005, S. 474–478.

den „Osteinsatz“ ausgebildet. Auch in Kauen übernahmen Holländer auf diese Weise einige Gärtnereien und eine Molkerei[926]. Die Übernahme von Gutshöfen durch Holländer in Litauen wurde bis zum Ende der deutschen Besatzungszeit praktiziert und hatte insbesondere in dieser Phase den Zweck der Kontrolle über die Produktion, was zu dieser Zeit bereits im Wesentlichen die Abwehr von Partisanen bedeutete, wie aus dem Bericht aus Kauen hervorgeht:

„Das Gut Jonawa soll durch niederländische Bauern neu besetzt werden. Der Vorgänger ist geflüchtet. Die in unmittelbarer Nähe gelegenen Wälder begünstigen die Partisanen. Die Bewaffnung der vom Holländerdienst abzustellenden Männer ist daher notwendig, wenn nicht fahrlässig gehandelt wird. Das verwahrloste Gut wird in Selbstbewirtschaftung übernommen. Ich bin daher in jeder Hinsicht verantwortlich und bitte, aus den Beständen zuzuteilen: 2 Maschinenpistolen mit Munition und 20 Karabiner mit Munition. Zu den niederländischen Bauern kommt ein Bautrupp hinzu, der gleichfalls aus den Mannschaften des Holländerdienstes zusammengestellt wird“[927].

Die Bewaffnung und Beteiligung der Holländer in der Antipartisanenbekämpfung zeigt deutlich auf, wie rassenideologische Fernziele der Besiedelung mit „Ariern“ nahtlos in Nahziele der Partisanenbekämpfung übergingen. Außerdem ist dies ein weiteres Beispiel für die Überlappungen von Bevölkerungstransferierungen und „Arbeitseinsatzpolitik“ vor rassenideologischem Hintergrund. Während die Anwerbebehörden noch immer krampfhaft versuchten, Litauer ins Reich zu schaffen, und ein freiwilliger Flüchtlingsstrom sich in dieselbe Richtung auf den Weg machte, schickte die deutsche Besatzungsmacht vermeintlich privilegierte „arische“ Arbeitskräfte nach Osten, um dort den voran schreitenden Untergang aufzuhalten.

In Lettland übernahmen die Holländer am 1. 4. 1943 eine Gärtnerei in Malpils bei Riga mit einer Größe von 65 ha, welche direkt für die Wehrmacht produzierte[928]. Ebenso versuchte die Zivilverwaltung in Estland, Holländer in der örtlichen Wirtschaft zu engagieren[929], was zu deren „Einsatz“ in Estland führte[930]. Beim GK in Reval hieß es dazu, ohne Nennung von Zahlenangaben:

926 Müller, Die deutsche Wirtschaftspolitik in den besetzten sowjetischen Gebieten: 1941–1943; Der Abschlußbericht des Wirtschaftsstabes Ost und Aufzeichnungen eines Angehörigen des Wirtschaftskommandos Kiew, 1991b, S. 139 f.

927 LCVA-R-615.1.231 S. 24. GK in Kauen, Vermerk betr.: Übernahme von Höfen in Litauen durch den Holländerdienst, 20. 3. 1944.

928 Müller, Die deutsche Wirtschaftspolitik in den besetzten sowjetischen Gebieten: 1941–1943; Der Abschlußbericht des Wirtschaftsstabes Ost und Aufzeichnungen eines Angehörigen des Wirtschaftskommandos Kiew, 1991b, S. 139 f.

929 ERA-R-66.1.144 S. 5. Direktorium für Wirtschaft und Finanzen, Programm anlässlich des Besuchs der Niederländischen Wirtschaftsdelegation in Reval 11–13 Juni 1942.

930 ERA-R.65.1.43 S. 5.Gebietskommissar Pernau, Vermerk betr.: Arbeitseinsatz von Ausländern, 23. 2. 1943.

„Die Erfordernisse der Kriegswirtschaft bringen es mit sich, das im Generalbezirk Estland in steigender Anzahl ausländische Arbeitskräfte zum Einsatz gelangen. Es handelt sich hierbei nicht allein um die in größerer Zahl eingesetzten Arbeiter aus dem sowjetischen Raum (z. B. die Ukrainer in Kiwiöli) sondern auch um z.Zt. noch vereinzelte Angehörige befreundeter und artverwandter Nationen (z. B. Holländer), welche in der Wirtschaft Estlands eingesetzt werden und deren Zahl in Zukunft voraussichtlich wachsen wird"[931].

Wie aus dem Bericht des WiStabOst hervorgeht, befand sich in Estland eine Gärtnerei im Gebiet Narva unter niederländischer Führung, und am Peipussee fischten 57 holländische Fischer mit der Unterstützung von sieben dazugehörigen Spezialkräften[932].

Insgesamt arbeiten im RKO nach den Angaben des WiStabOst 42 landwirtschaftliche Betriebsführer, 80 Gärtner, 64 Fischer, sechs weibliche Kräfte und 416 Bauern aus den Niederlanden[933]. Organisatorisch waren diese Menschen dabei durch die im Sommer 1942 in Den Haag gegründete Niederländische Ost-Compagnie vertreten[934].

Belgier:
Da man bei den Wallonen das Urteil über die Rassezugehörigkeit den Erfordernissen des Arbeitskräftemangels pragmatisch angepasst hatte[935], waren auch die Belgier in ihrer Gesamtheit für einen „Osteinsatz" geeignet, wie das RMfdbO befand. Wie bei den Holländern ließ das RMfdbO zu diesem Zweck eine belgische Ostgesellschaft gründen, welche die organisatorischen Aufgaben von Belgien aus zu regeln hatte. Im Unterschied zu den Holländern sollten die Belgier der Wirtschaftsstruktur ihrer Heimat entsprechend vor allem in der Industrie zum „Einsatz" kommen. So war dazu vorgesehen, dass ganze Betriebe aus Belgien nach Osten beordert werden sollten. Diesen Plänen folgend erreichte beispielsweise das Bauunternehmen Boi aus Brügge am 23. 3. 1944 Kauen und nahm dort mit etwa 40 bis 50 belgischen Arbei-

931 ERA-R.65.1.43 S. 2.GK in Reval Abt. Politik IIa gez. Petersen, Schreiben betr.: Laufende Unterrichtung der Abteilung Politik über den Arbeitseinsatz von Ausländern im Generalbezirk Estland, 23. 1. 1943.

932 Müller, Die deutsche Wirtschaftspolitik in den besetzten sowjetischen Gebieten: 1941–1943; Der Abschlußbericht des Wirtschaftsstabes Ost und Aufzeichnungen eines Angehörigen des Wirtschaftskommandos Kiew, 1991b, S. 139 f.

933 Ebd., S. 139.

934 Zur Niederländischen Ostkompanie siehe auch: Jüngerkes, Deutsche Besatzungsverwaltung in Lettland 1941–1945, 2010, S. 184–192.

935 Siehe: BA-R-6.449 S. 43. RMfdbO gez. Dr. Groß, Anfrage nach der rassischen Einordnung der Wallonen, 5. 10. 1942.

tern die Arbeit auf[936]. Auf dem gesamten Territorium der besetzten Ostgebiete arbeiteten zum Ende des Jahres 1943 bereits 8000 Belgier[937]. Die Zahl dürfte sich im Frühjahr 1944 noch erhöht haben. In den Sommermonaten 1944 ergaben sich allerdings erhebliche organisatorische Schwierigkeiten, da der Rückzug aus dem RKO im Südosten bereits voll im Gange war und so die weitere Aufnahme von Belgiern und anderen westlichen Arbeitskräften gestoppt wurde[938].

Schweden – Dänen:

Entgegen der Flüchtlingsbewegung von Estlandschweden nach Schweden versuchte die deutsche Zivilverwaltung neben den Holländern auch Schweden für einen „Arbeitseinsatz" in gehobener Stellung in Wirtschaft und Verwaltung in Estland zu interessieren[939]. In diesem Zusammenhang dachte die Zivilverwaltung in Estland beispielsweise über die Anstellung von schwedischen Lehrern für die Estlandschweden in Estland nach, deren Ergebnis jedoch leider nicht überliefert ist[940].

Zu ergiebigeren Resultaten gelangten die Verhandlungen zwischen der deutschen Zivilverwaltung und dänischen Wirtschaftsgesandten über eine dänische Beteiligung an der Wirtschaftsführung im RKO[941]. Doch blieben die Ergebnisse auch hier hinter den Erwartungen zurück. Schließlich übernahmen dänische Unternehmer nur die Verwaltung einer Ölfabrik in Libau in Lettland[942]. Auch aus Reval ist die Anwesenheit dänischer Bauarbeiter bezeugt[943].

936 BA-R-6.468 S. 114–119. Militärbefehlshaber in Belgien und Nordfrankreich, Schreiben betr.: Allgemeine Bedingungen für den belgischen Osteinsatz. An: RMfdbO Beauftragter für Sonderfragen, 26. 4. 1944.

937 BA-R-6.467 S. 4. Militärbefehlshaber in Belgien und Nordfrankreich, Schreiben betr.: Dienstverpflichtung belgischer Arbeiter zum Einsatz im Osten. An: RMfdbO Beauftragter für Sonderfragen, 27. 12. 1943.

938 BA-R-6.454 S. 46. GK in Kauen gez. Dr. Pense, Schreiben betr.: Belgische Arbeiter für Litauen. An: RMfdbO Beauftragter für Sonderfragen, 15. 6. 1944.

939 ERA-R.65.1.17 S. 88. GK in Reval, Vermerk betr.: Schwedenbesuch, undatiert wahrscheinlich: Anfang Juni 1942.

940 ERA-R.65.1.39 S. 10. GK in Reval Abt. I Politik, Schreiben betr.: Berufung von Gymnasiallehrern aus Schweden nach Estland. An: RKO, 5. 7. 1943.

941 ERA-R-65.1.4 S. 76 f. GK in Reval – HA III, Besprechung vom 24. April 1942 beim Generalkommissar in Reval mit dem dänischen Minister Gunnar Larsen und den Herren seiner Begleitung, 24. 4. 1942.

942 Müller, Die deutsche Wirtschaftspolitik in den besetzten sowjetischen Gebieten: 1941–1943; Der Abschlußbericht des Wirtschaftsstabes Ost und Aufzeichnungen eines Angehörigen des Wirtschaftskommandos Kiew, 1991b, S. 142.

943 BA-RW-30.203 u. p. Abwicklungsstelle für Osteinheiten (HeWiFü Nord-Rü), Bericht: Die Rüstungswirtschaft im Ostland vom 1. 9. 1941–8. 8. 1944, 29. 1. 1945, hier: S. 55.

Arbeitskräfte „befreundeter nichtarischer“ Staaten – Franzosen:
Auch wenn 1943 noch die rassenideologischen Kriterien für den „Osteinsatz“ so sehr betont worden waren, war der Arbeitskräftemangel und das Chaos der letzten Okkupationsmonate im RKO doch ausreichend groß, dass auch Personen aus den sogenannten „befreundeten nichtarischen“ Staaten für einen „Osteinsatz“ herangezogen wurden, zumal mit den Wallonen in Belgien rassenideologisch argumentiert ohnehin schon die Brücke zu den Franzosen geschlagen worden war. Wie bei den Belgiern und Holländern kam für einen solchen „Osteinsatz“ vor allem das außer Kontrolle geratene Litauen in Frage. Nach Besichtigung der Verhältnisse einigte sich die deutsche Zivilverwaltung in Litauen mit der französischen Delegation vorläufig, dass die Franzosen in Litauen mehrere Betriebe, Fabriken und Werkstätten übernehmen sollten[944]. Dass es sich auch bei den französischen Arbeitskräften um privilegierte Arbeitskräfte handelte ist daran ersichtlich, dass die französische Delegation sich vor allem darum sorgte, dass bei einem „Einsatz“ in Litauen die Versorgung mit französischen Essen und französischen Rotwein sichergestellt sein solle. Als weitere Bedingung galt der geschlossene „Einsatz“ von Franzosen, um neben dem Essen und dem Wein ein heimeliges Gefühl zu erzeugen, und so zu gewährleisten, dass „die französischen Handwerker weiterhin in Fühlung bleiben und durch das Gefühl der Nachbarschaft sich im Osten nicht vereinsamt vorkommen“[945].

Ansonsten wurde den französischen Arbeitskräften, wie auch den anderen „arischen“ Arbeitskräften aus dem Westen, die gleiche Bezahlung wie den Deutschen im Osten gewährleistet[946]. Da die französischen Forderungen sich kaum mit der Realität in Litauen vereinbaren ließen, zogen sich die Verhandlungen über einen „Osteinsatz“ von Franzosen allerdings solange hin, dass ein solcher „Einsatz“ nicht mehr in die Tat umgesetzt wurde[947].

Zwischenfazit – Regionsfremde „Arier“ und „Nichtarier befreundeter Staaten“ – Privilegien der letzten Stunde:
Der verzweifelte Versuch, aus Westeuropa Arbeitskräfte in zumeist gehobenen Positionen für einen „Osteinsatz“ im Baltikum zu gewinnen, ist ein exemplarisches Beispiel für die ganze Absurdität einer „Arbeitseinsatzpolitik“, die basierend auf rassenideologischen Prinzipien eine Kategorisierung von Arbeitskräften vornahm. Diese

944 BA-R-6.466 S. 3. RMfdbO Beauftragter für Sonderfragen gez. Malletke, Vermerk über die Reise der französischen Kommission nach Litauen, 20. 3. 1944.

945 BA-R-6.466 S. 7. RMfdbO Beauftragter für Sonderfragen, Französischer Einsatz in Litauen, 23. 3. 1944.

946 BA-R-6.466 S. 20–25. RMfdbO gez. Dr. Coste, Schreiben betr.: Französischer Einsatz in Litauen. An: Militärbefehlshaber in Belgien und Nordfrankreich, 28. 3. 1944.

947 BA-R-6.466 S. 69. RMfdbO Beauftragter für Sonderfragen, Vermerk über das Ergebnis der Reise nach Paris, 21. 7. 1944.

Westeuropäer gerieten ins Baltikum zu einem Zeitpunkt, als eine massenhafte Bevölkerungsbewegung in westlicher Richtung unterwegs war, mit dem Ziel diese Bewegung einzudämmen, die Verhältnisse im RKO zu ordnen und die zunehmenden Auflösungserscheinungen aufzuhalten. Die hoch angesetzten normativen Sätze dieser privilegierten Arbeitskräfte hatten vor dem Hintergrund einer sich dem Ende zuneigenden Besatzungsherrschaft allerdings nur noch einen geringen Wert, wie die Rotweinforderungen der französischen Delegation verdeutlichen.

3.4.2 Deutsche – Erwünschte und unerwünschte Ansiedlung im „Reichskommissariat Ostland“

Entsendung von Deutschen ins „Reichskommissariat Ostland“:
Obwohl, wie angesprochen, „arische“ Arbeitskräfte im RKO durchaus willkommen waren, galt dies mit Ausnahme der Litauendeutschen nicht für die Deutschbalten, welche nach der Eroberung des Baltikums die Gelegenheit zur Rückkehr nutzen wollten. Ihnen war eine solche Rückkehr ausdrücklich untersagt. Für diese sogenannten „Umsiedler“ galt:

„Diese Umsiedler sind in den Reichsgauen Wartheland und Danzig-Westpressen angesiedelt und im Schnellverfahren eingebürgert worden. Nach den Bestimmungen des Reichskommissars für die Festigung deutschen Volkstums soll diese Umsiedlerqruppe im neuen Siedlungsraum verbleiben und nur in solchen Fällen, in denen ein Umsiedler dort nachweislich keinen Einsatz gefunden hat, kann der Frage seiner Rückkehr in das Herkunftsland nähergetreten werden“[948].

Die Gründe für dieses Verbot lagen neben den hier angesprochenen anderen „Aufgaben“, die Himmler den Deutschbalten im Warthegau zugedacht hatte, auch in der spezifischen Beziehung der Deutschbalten zum Nationalsozialismus und der Haltung Hitlers dieser Bevölkerungsgruppe gegenüber begründet. Die „Neuordnung“ sollte im Baltikum eben keine Wiederholung alter Verhältnisse werden. Solche Ziele unterstellten Hitler und andere führende Nationalsozialisten aber den Deutschbalten[949]. Wichtiger aber, zumindest ab 1942, waren Gründe der veränderten „Arbeitseinsatzpolitik“ auf Reichsebene. Da ab diesem Zeitpunkt mit der anfäng-

948 BA-R-91.288 u. p. GK in Riga Abt. II Politik gez. Bönner, Schreiben betr.: Umsiedler, Nachumsiedler und fremdstämmige Flüchtlinge. An: Gebietskommissar u. kom. Oberbürgermeister Wittrock, 27. 10. 1942; Vgl. auch: Myllyniemi, Die Neuordnung der baltischen Länder 1941–1944: Zum nationalsozialistischen Inhalt der deutschen Besatzungspolitik, 1973, S. 93–95; Zur Umsiedlung der Deutschbalten siehe zur Einführung: Loeber, Diktierte Option: Die Umsiedlung der Deutsch-Balten aus Estland und Lettland 1939–1941; Dokumentation, 1972.

949 Zum gespannten Verhältnis zwischen Hitler und den Deutschbalten siehe: Myllyniemi, Die Neuordnung der baltischen Länder 1941–1944: Zum nationalsozialistischen Inhalt der deutschen Besatzungspolitik, 1973, S. 54; Vgl. auch: Dallin, German rule in Russia, 1941–1945, 1957, S. 12.

lich abgelehnten Deportation von Fremdarbeitern ins Reich begonnen wurde, erschien eine Bevölkerungsbewegung in umgekehrter Richtung von „rassisch wertvollen" Deutschen widersinnig. Der RKO bestimmte diesbezüglich „dass Anforderungen von deutschen angelernten oder ungelernten Arbeitern für die neuen Ostgebiete von den AA. des Reiches im Allgemeinen von vornherein mit dem Hinweis abzulehnen sind, dass dieser Bedarf aus den im Einsatzgebiet vorhandenen zivilen Arbeitskräften und Kgf. zu decken ist"[950].

Etwas leichter als für die „Umsiedler" war es immerhin für die sogenannten „Nachumsiedler", also derjenigen Personengruppe, die erst 1941 aufgrund eines deutsch-sowjetischen Vertrages das Baltikum in Richtung Deutschland verlassen hatte, und nach den Angaben Bönners vom GK in Riga zu einem großen Teil noch nicht in den deutschen Arbeitsmarkt integriert war. Diese Einzelpersonen konnten im Baltikum in den „Arbeitseinsatz". Allerdings war es ihnen nicht gestattet, ihre Familien mitzunehmen, da auch in ihrem Fall eine dauerhafte Ansiedlung im Baltikum nicht erwünscht war[951].

Alle Deutschbalten benötigten für eine Rückkehr die Erlaubnis der Behörde des RMfdbO und Himmlers als Reichskommissar für die Festigung des deutschen Volkstums[952]. Dennoch lag die eigentliche Entscheidungsgewalt in dieser Sache bei der SS, wie der HSSPF gegenüber dem GK in Reval betonte[953]. Dem RMfdbO stand es lediglich zu, die Art eines etwaigen „Arbeitseinsatzes" von Deutschen im RKO zu bestimmen. Wie auch bei den nichtdeutschen „Ariern" kam diesbezüglich vor allem ein „Einsatz" in leitender Stellung in der Verwaltung, weniger in der Wirtschaft in Betracht[954]. Erst nachdem die nationalsozialistische Führung auch die besetzten

950 LCVA-R-626.1.29 S. 105. RKO Abt. III Arbeitspolitik und Sozialverwaltung, Schreiben betr.: Einsatz deutscher Arbeitskräfte im Osten. An: GK in Kauen z.H. Peschel, 9. 3. 1942; Nur im Falle der sogenannten „Fremdstämmigen" war eine Rückkehr ins Baltikum sogar vorgesehen und erwünscht. Bei ihnen handelte es sich um einheimische Bevölkerung, welche zusammen mit den „Nachumsiedlern" im Frühjahr 1941 das Baltikum aus zumeist politischen Gründen verlassen hatten. Aus dieser Bevölkerungsgruppe hatten die Deutschen einen Großteil der Kollaborateure rekrutiert. Dennoch sollten sie nach ihrer Rückkehr im Baltikum nicht bevorzugt behandelt werden, sondern der übrigen Zivilbevölkerung gleichgestellt sein. Vgl. dazu auch: Kangeris, Kollaboration vor der Kollaboration?, 1994.

951 BA-R-91.288 u. p. GK in Riga Abt. II Politik gez. Bönner, Schreiben betr.: Umsiedler, Nachumsiedler und fremdstämmige Flüchtlinge, 27. 10. 1942.

952 BA-R-91.366 u. p. Gebietskommissar Riga Stadt Abt. II a, Schreiben betr.: Rücksiedlung von Nachumsiedlern. An: RKO Abt. II Verw., 13. 5. 1942.

953 ERA-R.65.1.29 S. 4. Reichsführer für die Festigung deutschen Volkstums, Schreiben betr. des Gesuchs nach der Genehmigung der Rückkehr der Baltennachumsiedlerin, Frau Hilja Orle, An: GK in Reval, 3. 12. 1942.

954 BA-R-9. 2. 1140 u. p. Beauftragter für den Vierjahresplan GBA, Einsatz deutscher Arbeitskräfte in den besetzten Ostgebieten. An: Verteiler, 14. 8. 1942.

Gebiete stärker in die industrielle Rüstungsindustrie einbinden wollte, entstand der Bedarf an Fachleuten der Industrie, die in leitender Funktion am Aufbau von Fabriken helfen sollten[955].

Eine Ausnahme wurde im Fall der Litauendeutschen gemacht, welche eine erste deutsche Siedlungsstrasse als „Riga-Brücke" für eine spätere Germanisierung des gesamten Baltikums bilden sollten. Eine entscheidende Rolle spielte dabei ihr soziales Profil, das sich von den deutschbaltischen Baronen Estlands und Lettlands deutlich unterschied[956]. Um die Verhältnisse in Litauen nicht noch zusätzlich zu belasten, waren die deutschen Rückkehrer, welche in der Verwaltung in Litauen tätig wurden, den einheimischen Kräften der Selbstverwaltung gleichgestellt[957]. Eine vollständige Gleichstellung mit der einheimischen Bevölkerung wurde jedoch nie erreicht und auch nicht angestrebt. Das setzte sich bis zu der Flucht aus dem Baltikum fort, als die Litauendeutschen getrennt von den „Fremdvölkischen" „evakuiert" wurden[958].

„Arbeitseinsatz" von Deutschen im „Reichskommissariat Ostland":
Es entsprach den grundlegendsten nationalsozialistischen Prinzipien, dass die im Baltikum beschäftigten Deutschen unter besseren Bedingungen arbeiteten als die einheimischen Arbeitskräfte. Dies galt sowohl für die Lohnsätze, als auch für die Ernährungslage. Während einem „Reichsdeutschen" täglich 500 Gramm Fleisch zustanden, war es für die einheimische Bevölkerung nur eine Ration von 250 Gramm. Das entsprechende Verhältnis bei Butter lag bei 250 Gramm zu 130 Gramm, bei Zucker 280 Gramm zu 125 Gramm usw.[959]. Selbstverständlich waren sämtliche Deutsche im RKO auch von der „Reichswerbung" ausgeschlossen[960]. Ungeachtet dieser Vor-

955 LCVA-R-626.1.29 S. 148 f. RKO gez. Hofmann, Schreiben betr.: Einsatz von ausländischen Arbeitskräften und Verlagerung ausländischer Kapazitäten. An: GK in Kauen, 12. 3. 1942.

956 Dazu vgl.: Stossun, Die Umsiedlungen der Deutschen aus Litauen während des Zweiten Weltkrieges: Untersuchungen zum Schicksal einer deutschen Volksgruppe im Osten, 1993; Myllyniemi, Die Neuordnung der baltischen Länder 1941–1944: Zum nationalsozialistischen Inhalt der deutschen Besatzungspolitik, 1973, S. 160–168; Hilbrecht, Litauen im Reichskommissariat Ostland 1941–1943/44. Parallelen und Kontraste zum übrigen Baltikum, vornehmlich Estland, 1997, S. 201 f.

957 ERA-R-625.1.29 S. 47. GK in Kauen gez. Fritsch, Schreiben betr.: Rueckkehr von deutschen Angestellten des oeffentlichen Dienstes. An: Generalrat für die Innere Verwaltung, 1. 7. 1942.

958 IfZ-MA.248 S. 420. Oberregierungsrat Labs, Schreiben betr.: Behandlung der Litauendeutschen. An: RMfdbO, 15. 7. 1944.

959 BA-R-6.466 S. 20–25. RMfdbO gez. Dr. Coste, Vermerk betr.: Französischer Einsatz in Litauen, 28. 3. 1944.

960 IfZ-MA.202 S. 1175. RKO Abt. III Aso gez. Dr. Strebe, Schreiben betr.: Unterhalt der Angehörigen der aus den besetzten Ostgebieten in das Reich vermittelten Arbeitskräfte. An: GK in Kauen – Reval – Minsk, 25. 4. 1942.

gabe kam es in der Praxis jedoch dennoch vor, dass „Volksdeutsche“ aus Litauen von den Anwerbekommissionen erfasst und nach Deutschland geschickt wurden[961].

Auf normativer Ebene nicht im Vorteil gegenüber den einheimischen Arbeitskräften waren die deutschen Arbeitskräfte im Bereich des „Zwangscharakters“ ihrer Rekrutierung. In den Bestimmungen zu dem „Einsatz deutscher Kräfte in den besetzten Ostgebieten“ des RMfdbO hieß es in ähnlichem Wortlaut wie zu den Rekrutierungen für den „Reichseinsatz“ der Einheimischen von 1942 zum Verhältnis von Zwang und Freiwilligkeit:

„Für den Einsatz im Osten kommen grundsätzlich nur Kräfte in Betracht, die sich hierfür freiwillig melden. ... Eine Dienstverpflichtung auf Grund der Verordnung vom 13. 2. 1939 ist entsprechend dem Grundsatz der Freiwilligkeit im Allgemeinen nur insoweit zugelassen, als sie die freiwillige Arbeitsaufnahme fördert. ... Wenn auch ein Zwang zur Arbeitsaufnahme im Osten grundsätzlich nicht ausgeübt werden soll. So steht doch nichts im Wege, dass durch persönliche Beratung anfänglich abgeneigter, im übrigen aber geeigneter Kräfte versucht wird, die Einsatzbereitschaft solcher Kräfte zu erreichen. ... Eine Dienstverpflichtung gegen den Willen des Dienstzuverpflichtenden ist nur aushilfsweise insoweit zulässig, als ich Ihnen Aufträge auf Zuweisung einer bestimmten Anzahl von Kräften erteile, die unter allen Umständen gestellt werden müssen und freiwillige Kräfte nicht in der verlangten Art und Zahl zur Verfügung stehen“[962].

Auch für die Deutschen im RKO galt somit das eigentümliche Verständnis des Verhältnisses von Freiwilligkeit und Zwang in der nationalsozialistischen „Arbeitseinsatzpolitik“. Allerdings sind für diesen Fall keinerlei vergleichbare Formen der Zwangsrekrutierungen bekannt.

Eine weitere Parallele zu den einheimischen Arbeitskräften und deren „Arbeitseinsatzlenkung“ bestand in dem Versuch der deutschen Arbeitsverwaltung, wenigstens über ihre eigenen Landsleute einen Überblick zu erhalten. Wie die Einheimischen musste sich nach einer Verordnung vom 15. Juni 1942 auch jeder „Reichsdeutsche“ im RKO bei den Behörden der Arbeitsverwaltung melden. Befreit davon waren alle in der Zivilverwaltung, bei der Wehrmacht, bei der Polizei, der Reichsbahn, der Reichspost oder der OT beschäftigten Personen. Diese Verordnung rich-

961 In einem Schreiben des GK in Kauen hieß es dazu: „Trotz wiederholter Weisungen, dass volksdeutsche Arbeitskräfte nicht anzuwerben sind, wird, wie mir die volksdeutsche Mittelstelle mitteilt, die Werbung solcher Kräfte fortgesetzt“. Aus: LCVA-R-614.1.361 S. 33. GK in Kauen HA III Aso, Schreiben betr.: Ostarbeiter. Tätigkeit der Anwerbekommissionen. An: Gebietskommissare des GK Litauen, 30. 7. 1942.

962 BA-R-9. 2. 1140 u. p. Beauftragter für den Vierjahresplan GBA, Einsatz deutscher Arbeitskräfte in den besetzten Ostgebieten, 14. 8. 1942.

tete sich also in erster Linie an in der Wirtschaft Tätige aus Deutschland, die mit ihren Firmen ohne Wissen der Arbeitsverwaltung ins RKO gelangt waren[963].

Für die „Arbeitseinsatzplanung" der Reichsdeutschen im RKO war die deutsche Zivilverwaltung zuständig, was im Angesicht der Tatsache problematisch wurde, dass die Arbeitsverwaltung ab 1942 größtenteils von den Organen der „Landeseigenen Verwaltung" übernommen worden war. Dennoch wies die Abteilung Aso des GK in Riga darauf hin, dass auch künftig die Abteilung Aso der General- und Gebietskommissare für den „Arbeitseinsatz" der Deutschen zuständig bleibe, oder zumindest gegenüber den einheimischen Arbeitsämtern weisungsbefugt[964]. Um diese Zuständigkeit der deutschen Arbeitsverwaltung für die deutschen Arbeitskräfte zu optimieren, ordnete das RKO im September 1943 die Einrichtung einer „Ostvermittlungsstelle" bei den Abteilungen Aso auf General- und Gebietskommissariatsebene an, welche ausschließlich für die Kontrolle des deutschen „Arbeitseinsatzes" im RKO zuständig sein sollte[965].

Die unmittelbare Vertretung der weisungsbefugten deutschen Verwaltungsorgane für die Interessen der deutschen Bevölkerung im Baltikum stellte neben den offiziellen normativen Bevorzugungen in der Praxis den größten Vorteil der deutschen Arbeitskräfte gegenüber den Einheimischen dar. So setzte sich die Verwaltung in Kauen für die etwa 450 deutschen Angestellten der Reichspost für die Beschaffung von Möbeln ein, was wegen der Prioritäten der Wehrmachtsproduktion keine einfache Angelegenheit war[966].

Im Zuge der generellen Personalknappheit und „totalen" Mobilisierungsbemühungen richtete sich das Interesse der „Arbeitseinsatzplaner" immer stärker auf die Frauen der deutschen Verwaltungsbeamten im Baltikum. War der „Fraueneinsatz" in Deutschland lange ein Tabu der nationalsozialistischen Ideologie[967], so fiel diese Hürde in der „Arbeitseinsatzplanung" im Baltikum auch erst im letzten Okkupationsjahr[968].

Da die Deutschen sowohl die Praxis der „Arbeitseinsatzpolitik" in leitender Funktion in ihren Händen hatten, als auch die normativen Vorgaben für sich selbst bestimmten, ist an ihrer einzigartig privilegierten Stellung innerhalb der „Arbeitsein-

963 LCVA-R-634.1.4 S. 255. RKO gez. Burmeister, Verordnung ueber die Meldepflicht der maennlichen Reichsdeutschen vom 15. Juni 1942, 15. 6. 1942.

964 BA-R-9. 2. 1124 u. p. GK in Riga Abt. III e Aso gez. Dorr, Schreiben betr.: Arbeitsverwaltung. Organisation, 29. 9. 1942.

965 BA-R-91.395 u. p. RKO Abt. III Arbeitspolitik und Sozialverwaltung, Schreiben betr.: Vermittlung deutscher Arrbeitskräfte in die besetzten Ostgebiete. An: Gebietskommissar Riga Arbeitsverwaltung, 4. 9. 1943.

966 LCVA-R-615.1.195 S. 73. Postkommissar in Kauen, Schreiben betr.: Möbelbeschaffung. An: GK in Kauen, 18. 2. 1942.

967 Herbert, Fremdarbeiter, 1985, S. 46–49.

968 LVVA-P-69.2.10 S. 201. GK in Riga Abt. III Aso, Schreiben betr.: Einsatz reichsdeutscher Frauen. An: Gebietskommissare Arbeitsverwaltungen, 3. 7. 1944.

satzpolitik" im Baltikum trotz einiger Abweichungen dieser Vorgaben in der Gesamtschau kein Zweifel.

Insgesamt nahmen sich die Zahlen der „Volks"- und „Reichsdeutschen" in den baltischen Generalbezirken des RKO im Juli 1944 wie folgt aus[969]:

	„Volksdeutsche"	„Reichsdeutsche"		Gesamt
		Altreichsdeutsche	Rücksiedler	
Estland	1000	3570		4570
Lettland	8500	10 250		18 750
Davon in Riga		8250		
Litauen	5000	6476	23 500	35 000
Gesamt	14 500	20 300	23 500	58 000

Von den hier genannten etwa 8500 Deutschen in Riga, die sich dort in vergleichbarer Größenordnung schon zum Ende des Jahres 1943 befanden, waren etwas über 3000 bei der Zivilverwaltung tätig und in etwa genauso viele in der privaten Wirtschaft. Die restlichen Personen machten vor allem (noch) nicht arbeitende Frauen (872) und Personen ohne Angaben zum „Arbeitseinsatz" aus[970].

969 Zahlen teilweise gerundet aus: BA-R-90.414 u. p. RKO, Deutsche im Ostland, Juli 1944.

970 BA-R-9. 2. 1140 u. p. GK in Riga, Meldung über die Erfassung und Einsatz der Reichsdeutschen im RKO, 31. 12. 1943.

4. Fazit

„Arbeitseinsatzpolitik" im Spannungsfeld von Kooperationsbestrebungen und Kontrollversuchen:

„Immer wieder scheiterten alle Planungen der Arbeitseinsatz-Dienststellen!"[1]: Nachdem die Zeit der deutschen Besatzung im Baltikum mit Ausnahme des „Kurlandkessels" sich bereits dem Ende zugeneigt hatte, findet sich dieses Urteil zur deutschen Arbeitsverwaltung in dem Abschlussbericht „Die Rüstungswirtschaft im Ostland vom 1. 9. 1944–8. 8. 1944". Es ist dezidiert die Arbeitsverwaltung, welche den Unmut des Berichterstattenden hervorruft und er führt auch aus, worin seiner Meinung nach der ‚Fehler' der Arbeitsverwaltung gelegen habe. Danach sei sie einfach zu lasch mit der Bevölkerung umgesprungen und zwar, wie er vermutet, „offenbar aus politischen Erwägungen"[2].

Lässt sich eine derartige Einschätzung mit den Ergebnissen dieser Arbeit in Einklang bringen? Unabhängig von der trivialen Feststellung, dass die deutsche Herrschaft im Baltikum mit einem Rückzug und somit einer Niederlage beendet wurde und darum die Kategorie der Effizienz nur relational zu fassen ist[3], bedarf es zur Bewertung dieses Abschlussurteils einer Analyse des wechselseitigen Verhältnisses zwischen den deutschen strategischen Planungen und den einheimischen Reaktionsweisen auf die Okkupationspolitik, welche die Sicht auf die unterschiedlichen Akteure und die verschiedenen Schicksale der Betroffenen miteinschließt. Diesem komplexen Beziehungsgefüge wurde in der Arbeit nachgegangen, indem einzelne Themenfelder der „Arbeitseinsatzpolitik" als Parameter untersucht wurden und die Schicksale einzelner Betroffenengruppen getrennt voneinander dargestellt wurden.

Um die Darstellung der Ergebnisse nicht zu einer summarischen Auflistung der in den einzelnen Kapiteln erarbeiteten Thesen werden zu lassen, rekurriert die anschließende Zusammenfassung auf die eingangs genannten allgemeinen Problemfelder und Merkmale der „Arbeitseinsatzpolitik" im Baltikum, um auf die dahinter liegenden erarbeiteten Wirkungsmechanismen zu verweisen und anschließend mit einer resümierenden Charakterisierung abzuschließen. Diese Problemfelder lauteten:

1. Die menschenverachtende Qualität der deutschen „Arbeitseinsatzpolitik"
2. Die rassenideologische Komponente der „Arbeitseinsatzpolitik"
3. Die Verbindung der „Arbeitseinsatzpolitik" mit dem System der „Vernichtung durch Arbeit"

1 Aus: BA-RW-30.203 u. p. ABWICKLUNGSSTELLE FÜR OSTEINHEITEN (HEWIFÜ NORD-RÜ), Bericht: Die Rüstungswirtschaft im Ostland vom 1. 9. 1941–8. 8. 1944. An: OKW. 29. 1. 1945, hier: S. 55 f.

2 Ebd.

3 Zum Begriff der Effizienz im Kontext der NS-Herrschaft siehe: Wolf Gruner (Hg.), „Bürokratien". Initiative und Effizienz, Berlin 2001.

4. Handlungsspielräume der „landeseigenen Verwaltung"
5. Ethnische Konflikte

1. Die menschenverachtende Qualität der deutschen „Arbeitseinsatzpolitik"
Auch das Baltikum kannte den „Arbeitseinsatz" in Zwangslagern, wie KZ, AEL, Kriegsgefangenen- oder Flüchtlingslagern. Verantwortlich für die Entwicklung in den Zwangslagern zeichneten der Polizeiapparat unter der Leitung des HSSPF Friedrich Jeckeln, sowie die Vertreter der Wehrmacht im RKO, welche durch den Zugriff auf Kriegsgefangene und Flüchtlinge, den sogenannten „Evarussen", ihre kriegswirtschaftlichen Interessen durchsetzen konnten. Nicht zuletzt die großen halbstaatlichen Wirtschaftsbetriebe, wie die Baltölgesellschaft in Estland oder die Organisation Todt trugen entscheidend dazu bei, dass deren Arbeitskräfte unter widrigsten Verhältnissen in Zwangslagern zu leben und zu arbeiten hatten. Doch verschlechterten sich auch die Arbeitsbedingungen für die zivile Bevölkerung jenseits der Arbeitslager kontinuierlich. Beispiele für diese Verschärfung der „Arbeitseinsatzpraxis" für die Gesamtbevölkerung waren neben den ständig sich erhöhenden Wochenarbeitszeiten bis zur 60 Stundenwoche, die zunehmenden Dienstverpflichtungen der Bevölkerung zu zusätzlichen Zwangsarbeiten im Dienste der Wehrmacht, der Organisation Todt oder zu Ernte- und zuletzt Schanzarbeiten.

Parallel zu den sich verschärfenden Arbeitsbedingungen griffen die Deutschen außerdem bei den Rekrutierungen zu immer brutaleren Methoden. Generell lässt sich feststellen, dass sich mit Blick auf die Gesamtbevölkerung das strategische Vorgehen der deutschen Arbeitsverwaltung etwa folgendermaßen veränderte: Da die schon zu Beginn der Besatzungszeit ausgerufene allgemeine Arbeitspflicht für die gesamte Bevölkerung von den Arbeitsverwaltungsbehörden nicht durchgesetzt werden konnte, ging die Arbeitsverwaltung dazu über, mit immer härteren Zwangsmethoden gegen immer kleiner werdende Bevölkerungsgruppen vorzugehen, um wenigstens einen Teil der Bevölkerung kontrollieren zu können[4]. In diesen Kontext gehören der Wechsel von der versuchten Kontrolle über die Bevölkerung mittels Arbeitsausweisen hin zu den gezielten Aushebungen einzelner Jahrgänge ab 1943 genauso wie die an einzelne Berufs- und Bevölkerungsgruppen gerichteten Aufrufe

4 Die Methoden und Strategien der deutschen Arbeitsverwaltung und deren Abstufungen und Radikalisierung gegenüber einer als minderwertig eingestuften Bevölkerung lassen sich in weitgehend analoger Form auch in anderen besetzten Gebieten Osteuropas nachweisen. Siehe beispielsweise die Studien zum „Reichsprotektorat Böhmen und Mähren" oder der Ukraine: Steffen Becker, Von der Werbung zum „Totaleinsatz": Die Politik der Rekrutierung von Arbeitskräften im „Protektorat Böhmen und Mähren" für die deutsche Kriegswirtschaft und der Aufenthalt tschechischer Zwangsarbeiter und -arbeiterinnen im Dritten Reich 1939–1945, Berlin 2005; Markus Eikel, „Weil die Menschen fehlen": Die deutschen Zwangsarbeitsrekrutierungen und -deportationen in den besetzten Gebieten der Ukraine 1941–1944, in: Zeitschrift für Geschichtswissenschaft: ZfG, 53, H. 5, S. 405–433.

zum „Arbeitseinsatz", wie beispielsweise gegenüber Studenten oder Beamten. Das sogenannte „Auskämmen" von Betrieben stellte ein weiteres beliebtes Instrument dar, eine überschaubare Menschenmenge nach Aspekten der „Arbeitseinsatzpolitik" zu rationalisieren. Zudem gab es in diesem Kontext ab 1942 auch von den Polizeikräften durchgeführte wahllose oder gezielte Razzien gegenüber der Zivilbevölkerung, die sich durch besonders brutale Methoden auszeichneten und sogar in den Berichten der Polizeidienststellen selbst als „Menschenjagden" charakterisiert wurden. Auch mit Blick auf die Rekrutierungsmethoden lässt sich konstatieren, dass die entscheidenden Impulse für eine derartige Radikalisierung von der Polizei als durchführendes Organ, der Wehrmacht, sowie den Ostgesellschaften und der OT ausgingen, während die politische Abteilung der Zivilverwaltung, und hier wiederum vor allem die untere Verwaltungsebene, vergeblich versuchte, am Konzept einer stärker auf Zusammenarbeit abzielenden Strategie gegenüber der einheimischen Bevölkerung und der „Landeseigenen Verwaltung" festzuhalten.

2. Die rassenideologische Komponente der „Arbeitseinsatzpolitik"

Trotz einer Gleichstellung auf normativer Ebene lassen sich für die Praxis eine Reihe von Beispielen für eine Benachteiligung der slawischen Arbeitskräfte gegenüber den Esten, Letten und Litauern finden. Dies galt für die indigenen Slawen insbesondere in den östlichen Grenzregionen, wie der Petschurregion in Estland, der Region Lettgallen in Lettland, sowie nicht zuletzt dem Wilnagebiet in Litauen. Waren folglich von den Sauckelaktionen vor allem die Russen und Polen im Osten Lettlands, sowie die Polen des Wilnagebietes betroffen, so gelangten die Esten, Letten und Litauer in erster Linie vermittelt durch den RAD zum „Reichseinsatz", dessen ursprüngliche Zielsetzung weniger im Kontext der „Arbeitseinsatzpolitik" lag, sondern stärker rassenideologische Fernziele einer Germanisierung des Gebietes verfolgte. Zwar verlor der RAD im Laufe der Besatzungszeit den anfänglich freiwilligen Charakter und geriet ebenfalls immer stärker in die von der Kriegswirtschaft bestimmten Zwänge. Doch blieb er im Verhältnis zu den Sauckelaktionen die harmlosere Variante des Arbeitszwanges.

Noch schlechter als den indigenen Slawen des Baltikums erging es den anderen slawischen Arbeitskräften. So wurden beispielsweise selbst die im Vergleich zu den russischen Kriegsgefangenen vermeintlich privilegierten ukrainischen Kriegsgefangenen trotz zahlreicher Bestimmungen in der Praxis deutlich schlechter behandelt als es diese Bestimmungen vorschrieben. Als die diskriminierenden „Ostarbeiterbestimmungen" dann aufgrund des massenhaften Erscheinens der „Evarussen" aufgehoben wurden, drifteten normative Gleichstellung und Benachteiligung in der Praxis in noch krasseren Formen auseinander. Die völlige Überforderung der deutschen Zivilverwaltung bei der Unterbringung etwa einer halben Million Russen, die überstürzt das Baltikum erreicht hatten, führten zu miserabelsten Verhältnissen in den Flüchtlingslagern und somit zu einer faktisch massiven Schlechterstellung der theoretisch gleich zu behandelnden Russen.

Weniger gravierend und doch im Kontext einer rassenideologisch begründeten Unterscheidung von Bedeutung ist die zunehmend unterschiedliche Entwicklung der „Arbeitseinsatzpolitik" in den drei baltischen Ländern. Entsprechend der von Beginn an nach rassistischen Kriterien als minderwertiger eingeschätzten Litauer entwickelte sich hier die deutsche „Arbeitseinsatzpolitik" stärker zum Nachteil der einheimischen Bevölkerung, als dies in Estland und Lettland der Fall war. Zusätzlich bedingten sich deutsche Benachteiligungen und einheimische Reaktionen derart, dass dieses Auseinanderdriften noch verstärkt wurde. Auffälligster Fall und zugleich Zäsur dieses Prozesses war die versuchte und missglückte Aufstellung einer SS-Legion in Litauen, woraufhin die Litauer das „Recht auf Gestellung von Arbeitsplätzen" erhielten. Insgesamt lässt sich das Baltikum anhand von qualitativen Kriterien der „Arbeitseinsatzpolitik" in zwei Regionen teilen. Während die Zivilbevölkerung in Lettgallen im Osten Lettlands unter ähnlich harten Bedingungen wie die Litauer zu leiden hatte, glichen sich die Verhältnisse im übrigen Lettland mit der Situation in Estland.

3. *Die Verbindung der „Arbeitseinsatzpolitik" mit dem System der „Vernichtung durch Arbeit"*

Anders als im Fall der slawischen Minderheiten besaß der „jüdische Arbeitseinsatz" im Baltikum ein eindeutiges Primat der Vernichtung. Von den etwa 280 000 Juden des Baltikums, die unter deutsche Besatzungsherrschaft geraten waren, überlebten nur wenig mehr als 10 000. Obwohl seitens der Kriegswirtschaft Interesse an jüdischer Zwangsarbeit bekundet wurde, war spätestens im Dezember 1941 nach einer direkten Nachfrage des RKO Lohse Klarheit darüber verschafft worden, dass wirtschaftliche Interessen nicht zu berücksichtigen seien. Und dennoch bestanden die Ghettos von Riga, Libau, Dünaburg, Schaulen, Kauen und Wilna bis 1943 fort und auch nach Übernahme der Zuständigkeit der jüdischen Zwangsarbeit durch den SS-Wirtschafter in den KZ des Baltikums (Riga-Kaiserwald, Vaivara, Kauen) besaß insbesondere die Ölschieferförderung im Nordosten Estlands große Bedeutung, was hohe Todeszahlen jedoch nicht ausschloss. Sprechen insgesamt die Opferzahlen eindeutig für das Primat der Vernichtung, so bleibt dennoch festzuhalten, dass die Todesraten zu den Zeiten am höchsten waren, als Aspekte der „Arbeitseinsatzpolitik" in den Hintergrund traten. Das gilt für die Phase des Sommers und Herbst 1941, als teilweise noch eine Arbeitslosigkeit im Baltikum herrschte und nur einige jüdische Facharbeiter benötigt wurden, wie für die Zeit der Todesmärsche, als eine planmäßige Verwendung der Juden als Arbeitskräfte im allgemeinen Chaos nicht mehr zu realisieren war.

Die Mordpolitik gegenüber den Roma folgte keinem einheitlichen Muster. Vieles lag in den Händen der örtlichen Polizeistellen, weil eindeutige Befehle nicht existierten, da klare Anweisungen nicht schriftlich mitgeteilt werden durften. Für die Überlebenden wurden bezüglich des „Arbeitseinsatzes" keine besonderen Bestimmungen erlassen. Die Verhältnisse blieben unklar. Auf dieser unsicheren normativen Grundlage reichte die Praxis des „Arbeitseinsatzes" der Roma in den baltischen Generalbezirken von Massenmord über Zwangsarbeitslager bis hin zu einer Behandlung „wie Landeseinwohner".

4. Handlungsspielräume der „Landeseigenen Verwaltung"

Das elementare strategische Grundproblem aus deutscher Sicht bezüglich einer Einbindung einheimischer Verwaltungskräfte bestand in dem unauflösbaren Zielkonflikt von maximaler Kontrolle bei minimalem deutschen Personaleinsatz. Der im Zentrum zur Lösung dieses Konfliktes stehende Begriff der „Aufsichtsverwaltung" umfasste zwei wesentliche Komponenten. Erstens sollte die Verwaltung so geführt werden, dass zwar die Hauptarbeit durch einheimische Verwaltungskräfte geleistet, die Kontrolle jedoch allein von der deutschen Besatzungsmacht ausgeübt werden sollte. Zweitens war das deutsche Konzept der „Aufsichtsverwaltung" von Beginn an darauf ausgerichtet, nur mit der baltischen Bevölkerungsmehrheit zu kooperieren, weshalb hier der Begriff der partiellen Kooperation Verwendung findet. Dieser strategische Gedanke lag zum einen darin begründet, mit einer Taktik des ‚divide et impera' den kleineren Teil der Bevölkerung mit Hilfe des Größeren kontrollieren zu können, und zum anderen rekrutierten sich die Verwaltungskräfte zu einem überwiegenden Teil aus den alten Verwaltungsfachleuten, die bereits in der Phase der autoritären Regime in den baltischen Ländern gearbeitet hatten.

Aus deutscher Sicht scheiterte das Kalkül, die baltische Mehrheitsbevölkerung in die deutschen Mobilisierungsbemühungen organisatorisch so mit einzubeziehen, dass maximaler Nutzen mit vollständiger Kontrolle verbunden war, aus folgenden Gründen:

1) Die fehlende deutsche Einigkeit und der zunehmende Verlust der Planungshoheit der zivilen Arbeitsverwaltung.
2) Die mit zunehmender Dauer des Krieges immer weiter auseinander laufenden deutschen und einheimischen Interessen.
3) Die fehlenden deutschen Kontrollmöglichkeiten über die „Landeseigene Verwaltung".

Insgesamt lässt sich die Rolle der „Landeseigenen Verwaltung“ als eine Mischform von passivem Widerstand und aktiver Kooperation beschreiben. Dort, wo die deutschen Forderungen den Interessen der baltischen Mehrheitsbevölkerung zuwider liefen, gelang es den „landeseigenen“ Organen recht erfolgreich, die deutschen Anstrengungen im Sande verlaufen zu lassen. Dort, wo Interessenkongruenz oder deutsche Uneinigkeit herrschte, vermochten die „landeseigenen“ Organe aktiv, eigene Ziele mittels der „Arbeitseinsatzpolitik“ zu verfolgen.

5. Ethnische Konflikte

Wie aber nutzten die „Landeseigenen Verwaltungen“ diese Handlungsspielräume, bzw., was waren ihre aktiven Ziele? Da die „landeseigenen“ Institutionen fest in estnischer, lettischer oder litauischer Hand waren, konnten alte Rechnungen aus der Zwischenkriegszeit, bzw. – wichtiger noch – aus dem sowjetischen Okkupationsjahr beglichen werden. Da die politisch mächtige Kriegswirtschaft keinerlei Interesse an der nationalen Herkunft ihrer Arbeitskräfte, sondern nur an dem Erfolg der Rekrutierungen und rassenideologische Aspekte das Handeln von Zivilverwaltung und Polizeiorganen mitbestimmten, boten sich den „landeseigenen“ Organen reichlich Gelegenheiten, ihre eigene ethnisch motivierte Politik gegenüber der slawischen Minderheit zu betreiben[5]. Dies galt sowohl für die lokale Bevölkerung, wie für die örtlichen Polizeieinheiten, als auch für die höheren Ebenen der „Landeseigenen Verwaltungen“. Somit waren die oben konstatierte Benachteiligung der slawischen Minderheiten auf dem Feld der „Arbeitseinsatzpolitik“ im Baltikum Ergebnis eines Wirkungsmechanismus, der sich wie folgt beschreiben lässt. Die deutsche Kriegswirtschaft schraubte die Anforderungen in die Höhe, die deutsche und einheimische Arbeitsverwaltung, welche diese Forderungen umzusetzen hatten, einigten sich weitgehend einvernehmlich, die Hauptlast dieser Mobilisierungskampagnen auf die in der Verwaltung nicht repräsentierten slawischen Minderheiten abzuwälzen[6].

„Arbeitseinsatzpolitik“ zwischen „Schonung“ und „Menschenjagden“ als Folge der Gleichzeitigkeit von Kooperationsangeboten und des Versuchs totaler Kontrolle:

Zum eingangs in der zeitgenössischen Quelle geäußerten Verdacht, die deutsche Arbeitsverwaltung habe die einheimische Bevölkerung nicht hart genug zur Arbeit gezwungen, lassen sich zusammenfassend folgende Beobachtungen machen:

5 Die spezifische Konstellation von rassenideologischen Zielen einheimischer Kollaborateure und deutscher „Arbeitseinsatzpolitik“ lässt sich in vergleichbarer Form so auch zwischen Kroaten und Serben nachweisen. Siehe dazu: Anna Grünfelder, Arbeitseinsatz für die Neuordnung Europas. Zivil- und ZwangsarbeiterInnen aus Jugoslawien in der „Ostmark“ 1938/41–1945, Wien 2010, S. 69–72. Vgl. mit übereinstimmender These auch: Christian Schölzel, Vom Schweigen und Erinnern. Kroatien und die Zwangsarbeit, in: Alexander von Plato (Hg.), Hitlers Sklaven, Köln 2008, S. 127–150.

6 Zum Zusammenhang von Repräsentationsmöglichkeit von Interessen und „Arbeitseinsatzbedingungen“ siehe: Mark Spoerer, Zwangsarbeit unterm Hakenkreuz, Stuttgart 2001, S. 16 f., 268.

Die sich radikalisierenden Forderungen der deutschen Kriegswirtschaft, die in allen deutschen Institutionen anzutreffende massive Ignoranz einheimischer Interessen sowie die Strategie der deutschen Zivilverwaltung, aus strategischen Gründen eine partielle Kooperation mit der einheimischen Bevölkerung zu suchen, bewirkten eine Praxis der „Arbeitseinsatzpolitik", die durch eine extreme Bandbreite unterschiedlicher Erscheinungsformen gekennzeichnet war. Dies lag in dem Umstand begründet, dass erstens die angestrebte Planungshoheit der Zivilverwaltung zunehmend unterlaufen wurde und so die jeweiligen Akteure „ihre eigenen Arbeitskräfte" zum Teil besser (Wehrmacht), zum Teil schlechter (SS/Polizei) behandelten. Außerdem gewannen zweitens kurzsichtige radikale Gewaltmaßnahmen als strategische Option immer mehr an Attraktivität, um schnelle Rekrutierungserfolge zu erzwingen. Wegen der spezifischen Einbindung „landeseigener Verwaltungsapparate" waren die Vertreter slawischer Minderheiten am stärksten von diesen Repressionen betroffen. In der Gesamtbewertung ist die deutsche „Arbeitseinsatzpolitik" in ihrer Funktion als Mobilisierungsbemühung als wenig effizient zu bezeichnen, da die widerstrebenden Akteure jegliches langfristiges Konzept zunichte machten und die in der Zivilverwaltung bedingt vorhandene Bereitschaft zu einer Kooperation mit einheimischen Verwaltungseliten zum Scheitern verurteilt war, weil der Spagat zwischen angestrebter totaler Kontrolle bei gleichzeitigem ernsthaften einheimischen Engagement nicht durchführbar war.

Die Unmöglichkeit der Durchführung bestand darin, eine Gleichzeitigkeit herzustellen zwischen einem auf einem Handelsgedanken basierenden „Geben und Nehmen" zwischen Gleichberechtigten, und der ungeheuren deutschen Überheblichkeit, die alle Bedingungen des Handelns selbst bestimmen wollte. Diese schizophrene deutsche Grundeinstellung kommt in einem Kommentar eines deutschen Gebietskommissars zu den Strategien der Rekrutierungsbemühungen exemplarisch zum Ausdruck:

„Es sind nun mal die großen Kinder des Ostens, die man auch wie Kinder behandeln muss, d. h., wenn man etwas haben will, muss man ihnen auch etwas geben"[7].

Dass eine gleichberechtigte Kooperation verbunden mit totaler Kontrolle gleichzeitig nicht zu haben war, bemerkten bereits die Zeitgenossen. Gemäß den Worten des in der Gesundheitsabteilung des GK in Riga arbeitenden Harry Marnitz war es genau diese „Schuljungenangst" der deutschen Führung, welche erfolglos darauf bedacht war, dass die Zivilbevölkerung „nur ja nichts merken" solle von dem, was die Deutschen in Wahrheit mit ihnen plante. Eine solche Strategie war aber in seinen Augen und auch in der Realität zum Scheitern verurteilt, da die deutsche Führung die einheimische Bevölkerung in diesem Punkt chronisch unterschätzte: „Das wissen

7 LVVA-P-69.1a.18 S. 168–273.Gebietskommissar in Dünaburg gez. Schwung, Monatsbericht, 20.4.1942.

sie alles längst sehr genau, was für Probleme bei uns bezüglich ihrer Zukunft behandelt werden"[8].

In dieser Widersprüchlichkeit zwischen der Strategie der Kooperation auf der einen Seite und der fehlenden Bereitschaft einer ernsthaften Wahrnehmung der Interessen der baltischen Bevölkerung auf der anderen Seite gefangen, fand die deutsche Besatzungspolitik in dieser Region bis an ihr Ende keine klare politische Linie im Umgang mit der einheimischen Bevölkerung. Anders als in den Regionen der besetzten Sowjetunion, wo die indigene Bevölkerung aufgrund einhelligen nationalsozialistischen Gedankengutes einseitig als „Untermenschen" betrachtet wurde, und wo so im Umgang mit diesen Menschen viel leichter ein ökonomisch begründbares Kalkül der Vernichtung zur Anwendung kommen konnte[9], stellte sich das strategische Verhalten gegenüber den im Baltikum lebenden Menschen sehr viel komplizierter dar. Denn die Kollaborationsangebote der baltischen Politiker boten von Anfang an eine ernsthafte Verlockung, die ein Spannungsverhältnis in der Abwägung von langfristigem politischen Nutzen und kurzfristiger wirtschaftlicher Ausbeutung schuf. Anders als von Roswitha Czollek in ihrer Studie zur deutschen Besatzungszeit im Baltikum behauptet[10], war die deutsche Besatzungspolitik eben nicht nur einseitig von den deutschen „Monopolen" determiniert. Wie die genannten Zitate, insbesondere das von Marnitz, deutlich machen, existierten auch strategisch motivierte Meinungen innerhalb der deutschen Besatzungsmacht, die sich für eine politische Kooperation stark machten, was den verbrecherischen Gesamtcharakter der deutschen Herrschaft keineswegs schmälert.

Mit Blick auf die im ersten Teil der Arbeit behandelten Akteursebene der „Arbeitseinsatzpolitik" in den baltischen Generalbezirken äußerte sich die konstatierte Besonderheit einer versuchten und gescheiterten Gleichzeitigkeit von Kooperation und totaler Kontrolle in der Region des Baltikums dergestalt, dass sie mit einer relativen Machtlosigkeit sowohl der Zivilverwaltung als auch des GBA korreliert. Die Zivilverwaltung als machtloser Gigant der deutschen Besatzungspolitik ist keine Neuheit und keine Besonderheit der Region des Baltikums[11]. Außergewöhnlich aber ist, dass abgesehen von einigen Ausnahmen (die Regionen Lettgallen und Litauen, die Betroffengruppen der Slawen) der GBA in dieser Region eine verhältnismäßig schwache Durchsetzungskraft besaß. Die „starken" Akteure der Region in dieser Hinsicht waren hingegen die Wehrmacht, die Ostgesellschaften und die Polizei, die

8 LVVA-P-69.1a.19 S. 97–113. Dr. Marnitz, Vermerk zum Protokoll der Sitzung vom 14. Oktober 1942 betr.: Ergebnisse der Musterung von RAD-Freiwilligen, 2. 1. 1943.

9 Mit dieser Argumentationsrichtung: Gerlach, Kalkulierte Morde, 2000.

10 Czollek, Faschismus und Okkupation. Wirtschaftspolitische Zielsetzung u. Praxis des faschistischen dt. Besatzungsregimes in d. baltischen Sowjetrepubliken während d. 2. Weltkrieges, 1974, S. 148 f.

11 Zellhuber, „Unsere Verwaltung treibt einer Katastrophe zu ...", 2006; Zur Rolle im Baltikum: Myllyniemi, Die Neuordnung der baltischen Länder 1941–1944: Zum nationalsozialistischen Inhalt der deutschen Besatzungspolitik, 1973, S. 199–203.

aus unterschiedlichen Gründen erfolgreich gegen eine „Reichswerbung" der einheimischen Bevölkerung opponierten[12]. Nutznießer dieser starken Koalition waren die politischen Abteilungen der Zivilverwaltung und die „Landeseigenen Verwaltungen", welche ebenfalls Rekrutierungen zum „Reichseinsatz" ablehnten. Dass die letztgenannten Akteure auf dieser Welle nur ‚mitschwimmen' konnten und nicht selbst die Akzente der „Arbeitseinsatzpolitik" setzten, ist vor allem an der Frage der Zwangsmethoden zu ersehen, welche gegen ihren Willen auf Betreiben der Ostgesellschaften, der Wehrmachtsorgane und der Polizei im Laufe der Besatzungszeit zunahmen. Der Faktor der Kooperation war also neben der politischen Motivation von Seiten der Zivilverwaltung in starkem Maße auch von der wirtschaftspolitischen Überlegung des Nutzens für die unmittelbare Produktion für die Heeresgruppe Nord und Mitte bestimmt, welche die Ostgesellschaften und die Wehrmacht vertraten. Darüber hinaus waren die politischen und wirtschaftspolitischen Bedenken gegen eine „Anwerbung zum Reichseinsatz" begleitet von den Interessen der SS/Polizei, welche von Anfang an damit begann, aus der einheimischen männlichen Bevölkerung Polizeiverbände aufzustellen. Dieses Motiv der SS/Polizei intensivierte sich ab den Legionsgründungen in der zweiten Besatzungshälfte noch. Somit setzte auch dieser Akteur sich auf diese Weise für eine Form der Kooperation mit der einheimischen Bevölkerung ein.

Ebenso ist der Aspekt der völligen Missachtung der Interessen der einheimischen Bevölkerung mit Blick auf die Akteure der „Arbeitseinsatzpolitik" nachweisbar. Wieder waren die wirtschaftspolitischen Notwendigkeiten ausschlaggebend, vorgegeben von den Ostgesellschaften und der Wehrmacht, welche den Alltag der Bevölkerung zunehmend erschwerten, eine wachsende Unzufriedenheit und eine sinkende Arbeitsmoral hervorriefen und den Aspekt der angestrebten Kooperation auf freiwilliger Basis in wachsendem Maße unmöglich machten. Die Gleichzeitigkeit einer potentiellen Kooperationsbereitschaft und einer menschenverachtenden Vernachlässigung der Interessen der einheimischen Bevölkerung auf Seiten der „starken" Akteure zeigte sich an der Politik der Wehrmacht, nur „ihren" Arbeitskräften in den W-Betrieben einen angemessenen Lohn zu zahlen. Die Macht der Ostgesellschaften auf der einen Seite und die menschenverachtende Einstellung den Arbeitskräften gegenüber andererseits fand darin ihren Ausdruck, dass die Ostgesellschaften trotz massivem Arbeitskräftemangel bis ins letzte Okkupationsjahr hinein Arbeitskräfte für sich „reservieren" konnten und dann nicht benötigten oder an andere Bedarfsträger „verliehen".

Die „Arbeitseinsatzpolitik" im Baltikum war also im Hinblick auf die Akteursebene insgesamt durch eine relative „Schonung" oder Bevorzugung dieser Region gekenn-

12 Trotz der hier ungleich höheren Rekrutierungen von „Ostarbeitern" für den „Reichseinsatz" galten ähnliche Prioritäten für die Wehrmacht und für die OT auch im Nachbarbezirk Weißruthenien. Dazu: Gerlach, Kalkulierte Morde, 2000, S. 482 f.

zeichnet, die einerseits politisch und rassenideologisch begründet war. Darüber hinaus fand sich andererseits auch eine starke machtpolitische Allianz, welche aus wirtschaftspolitischen Gründen die Region des Baltikums von den Werbungen des GBA zum „Reichseinsatz" befreien wollte. Dieselben Akteure waren allerdings auch dafür verantwortlich, dass die so möglicherweise gewonnene Kooperationsbereitschaft der einheimischen Bevölkerung, deren „landeseigene" Vertretungen ebenfalls gegen eine „Reichswerbung" eintraten, zunichte gemacht wurden, da die Bedingungen des „Arbeitseinsatzes" und des Lebens vor Ort sich kontinuierlich verschlechterten.

Das Phänomen der Gleichzeitigkeit von Kooperationsangeboten und Kontrollbestrebungen bestimmte im hohen Maße das wechselseitige Verhältnis zwischen deutschen Besatzern und einheimischer Bevölkerung und somit auch das Schicksal der arbeitenden Menschen, was im zweiten Teil der Arbeit untersucht wurde. Hierbei lassen sich in chronologischer Perspektive folgende Beobachtungen machen:

Unabhängig davon, ob die baltischen Mehrheitsbevölkerungen oder die slawischen Untergruppen dabei im Mittelpunkt des Interesses stehen, ergeben sich für die Besatzungszeit drei unterscheidbare Phasen: Das erste Okkupationshalbjahr 1941, das Jahr 1942 als Übergangsphase und der letzte Zeitabschnitt 1943/1944.

Das erste Okkupationshalbjahr zeichnete sich in dieser Hinsicht dadurch aus, dass die baltische Bevölkerung den deutschen Besatzern zunächst eine relativ hohe Kooperationsbereitschaft entgegenbrachte, die jedoch schnell sank, nachdem Hoffnungen auf die Wiedereinrichtung der verlorenen Eigenstaatlichkeit nicht erfüllt wurden. Im Gegensatz dazu zeigten die Deutschen in dieser Phase insbesondere auf dem Gebiet der „Arbeitseinsatzpolitik" wenig Interesse an einer starken baltischen Eigeninitiative.

Das Jahr 1942 war dadurch gekennzeichnet, dass sich die deutsche „Arbeitseinsatzpolitik" auf Reichsebene massiv veränderte, was auch im Baltikum spürbar wurde. Parallel verstärkten sich die Angebote zur Zusammenarbeit mit „landeseigenen" Kräften von der deutschen Seite aus, wie die Einrichtung des lettischen Arbeitsdepartements verdeutlicht. Dem gegenüber stand eine sinkende Bereitschaft der einheimischen Bevölkerung, die deutschen Kriegsanstrengungen auf dem Gebiet der „Arbeitseinsatzpolitik" aktiv zu unterstützen, wie es die nachlassenden freiwilligen Meldungen zum „Reichseinsatz" und die sinkende Arbeitsmoral belegen. Der Grund dieser 1942 nachlassenden Bereitschaft zur Kooperation der einfachen Bevölkerung war dabei weniger politisch durch die Enttäuschung einer nicht erhaltenen politischen Autonomie motiviert, als stärker wirtschaftlich durch die sich stark verschlechternden Lebens- und Arbeitsbedingungen verursacht.

Die sich ab 1943 abzeichnende deutsche Niederlage bewirkte auf der deutschen Seite den Versuch eines „Totalen Kriegseinsatzes" in Form von jahrgangsweisen Rekrutierungsmaßnahmen und ähnlichen Anstrengungen. Auf Seiten der baltischen

Mehrheitsbevölkerung wuchs von diesem Moment an die eingeschränkte Bereitschaft zur Kooperation wieder, was sich zum Ende der Besatzungszeit verstärkte. Weiterhin intensivierten sich die Unterschiede zwischen Nord und Süd im Baltikum. Während diese Tendenz der bedingten Bereitschaft zur Kooperation mit einer eingeschränkten Rücksicht auf einheimische Interessen in Estland am stärksten übereinstimmte, war dieses Verhältnis in Lettgallen und Litauen am schwächsten ausgeprägt.

Diese latente Bereitschaft zur Kooperation der baltischen Bevölkerungsmehrheiten brachte diesen Menschen keineswegs die erhofften Auswirkungen. Nicht einmal die versprochenen „Bevorzugungen" dieser Bevölkerungsgruppe wurden von den Deutschen eingehalten. Im Gegenteil waren auch die baltischen Bevölkerungsmehrheiten, insbesondere in Lettgallen und im Wilnagebiet, Opfer einer repressiven deutschen „Arbeitseinsatzpolitik". Trotzdem hatten sie mittels der „landeseigenen" Verwaltungen die Möglichkeit, ihre Interessen zu artikulieren, was anderen Arbeitskräften im Baltikum nicht gegeben war. Die genannte Periodisierung trifft auch mit Blick auf die slawischen Betroffenengruppen zu. In jeder dieser Perioden lässt sich jedoch ihre Schlechterstellung im Vergleich zur baltischen Mehrheitsbevölkerung nachweisen. Als 1941 die deutsche Führung Fragen der „Arbeitseinsatzpolitik" noch wenig Raum beimaß, hatten darunter die sowjetischen Kriegsgefangenen, abgesehen von den Juden, am stärksten zu leiden. Sie verhungerten, weil ihre Arbeitskraft noch nicht benötigt wurde. Als die Deutschen 1942 Arbeitskräfte für den „Reichseinsatz" brauchten, griff man erneut zu den Kriegsgefangenen und, da sie politisch nicht repräsentiert waren, zu den slawischen Minderheiten in Lettgallen und im Wilnagebiet. Ab 1943, als sich die Bevölkerung zwischen aktivem und passivem Widerstand zu polarisieren begann[13], wurden wieder vor allem die indigenen Slawen Opfer der deutschen Rekrutierungsbemühungen, da sie mit der entstehenden Partisanenbewegung assoziiert wurden. Darüber hinaus traten die ins RKO hineinströmenden „Evarussen" als slawische Opfergruppe der deutschen „Arbeitseinsatzpolitik" hinzu und blieben die größte Gruppe an frei verfügbarem „Menschenmaterial". Gemeinsam war diesen Gruppen das fast völlige Fehlen einer politischen Repräsentationsmöglichkeit – abgesehen von den machtlosen Vertrauensräten.

Die Politik der selektiven Repression gegen die slawischen Gruppen und ab 1943 auch unter Einschränkung gegenüber den Litauern führte darüber hinaus dazu, dass die Rekrutierungen für den „Reicheinsatz" im Gegensatz zu der Tendenz in den

13 Zur Polarisierung zwischen passivem Widerstand, der zur Bereitschaft zur Kooperation zum Besatzungsende hin changierte und dem aktiven Widerstand auf der anderen Seite, vgl.: Krysin, Pribaltijskij fašizm: istorija i sovremennost, 2007, S. 272 f.

anderen besetzten Ostgebieten sich ab 1943 nicht abschwächte, sondern mindestens auf gleichbleibendem Niveau verblieb[14].

Fassen wir die Ergebnisse der beiden Abschnitte vor dem Hintergrund des konstatierten Phänomens der Gleichzeitigkeit von Kooperationsangeboten und Kontrollversuchen zusammen, so ergibt sich folgende abschließende Beobachtung:

Die „Arbeitseinsatzpolitik" in den baltischen Generalbezirken des RKO zeichnete sich durch das Paradoxon aus, dass sie den Gegensatz von kriegsökonomischen Interessen und Rassenideologie gewissermaßen miteinander vereinte[15], da sie sowohl durch eine starke kriegsökonomische Lobby gesteuert wurde, die sich vor allem für die lokale Wirtschaft und die direkte Versorgung der Front einsetzte, als auch deutliche rassistische Merkmale in der Praxis aufwies, die durch die Spielräume der Zivilverwaltung und der „Landeseigenen Verwaltung" verursacht wurden.

Ergebnis des beschriebenen Phänomens der Gleichzeitigkeit einer partiellen Kooperation und dem Versuch der totalen Kontrolle über die einheimische Bevölkerung war eine „Arbeitseinsatzpolitik" zwischen bedingter „Schonung" der baltischen Mehrheitsbevölkerungen, „Menschenjagden" mit Bezug auf die slawischen Minderheiten und einer klaren Vernichtungspolitik gegenüber Juden und Roma[16].

14 Zur Entwicklung der „Reichswerbung" in den besetzten Ostgebieten in Zahlen: Müller, Die Rekrutierung sowjetischer Zwangsarbeiter für die deutsche Kriegswirtschaft, 1991c, S. 236.

15 Zu diesem strukturellen Gegensatz siehe: Spoerer, Zwangsarbeit unter dem Hakenkreuz, 2001, S. 24–34; auch: Herbert, Arbeit und Vernichtung, 1991a.

16 Es war nicht zuletzt die stärker alltagsgeschichtliche Erfahrung der „Arbeitseinsatzpolitik", welche aufgrund dieser unterschiedlichen Schicksale zu einer höchst unterschiedlichen Erinnerung an diese Zeit in den entsprechenden Bevölkerungsteilen führten und bis heute sehr deutlich spürbar sind. Dazu: Katja Wezel, Clashes of Memory in Europe's „New Old Borderland", in: Stefan Donecker, Imbi Sooman (Hg.), The "Baltic Frontier" Revisited. Power Structures and Cross-Cultural Interactions in the Baltic Sea Region, Vienna 2009, S. 225–246; Imbi Sooman, The Bronze Soldier in Tallinn. A Reminder of the Lack of Common History, in: Ebd., S. 247–282. Vgl. zur Erinnerungspolitik im Baltikum auch: Jörg Zägel (Hg.), Vergangenheitsdiskurse in der Ostseeregion. Die Sicht auf Krieg, Diktatur, Völkermord, Besatzung und Vertreibung in Russland, Polen und den baltischen Staaten, Münster 2007.

Abkürzungsverzeichnis

AEL	Arbeitserziehungslager
Aso	Arbeitsverwaltung und Sozialwesen
BA	Bundesarchiv
Baltöl	Baltische Ölgesellschaft
BdS	Befehlshaber der Sicherheitspolizei
DAF	Deutsche Arbeitsfront
DRKfdO	Der Reichskommissar für das Ostland (vgl. RKO)
ERA	Eesti Riigi Arhiiv
Evarussen	Evakuierte Russen
Dulag	Durchgangslager
FoHo	Forst- und Holzwirtschaft
GBA	Generalbevollmächtigte für den Arbeitseinsatz
GenStdH	Generalstab des Heeres
GenQuH	Generalquartiermeister des Heeres
Gestapo	Geheime Staatspolizei
GebK	Gebietskommissar(iat)
GeWi	Gewerbliche Wirtschaft
GG	Generalgouvernement
GK	Generalkommissar(iat)
HA	Hauptabteilung
HeWiFü	Heereswirtschaftsführung
HKP	Heereskraftfahrpark
HSSPF	Höherer SS- und Polizeiführer
IfZ	Institut für Zeitgeschichte
IMT	Internationales Militärtribunal

IZRG	Institut für schleswig-holsteinische Zeit- und Regionalgeschichte
KdF	Kraft durch Freude
KdO	Kommandeur der Ordnungspolizei
KdS	Kommandeur der Sicherheitspolizei
Kgf	Kriegsgefangene
KZ	Konzentrationslager
LCVA	Lietuvos Centrinis Valstybes Archyvas
LV	Landeseigene Verwaltung
LVIŽ	Latvijas Vēstures Instituta Žurnāls
LVKR	Latvijas Vēstures Komisijas Raksti
LVVA	Latvijas Valsts Vēstures Arhīvs
NSDAP	Nationalsozialistische Deutsche Arbeiterpartei
NKVD	Narodnyj komissariat vnutrennih del
Oflag	Offizierslager
OKH	Oberkommando des Heeres
OKW	Oberkommando der Wehrmacht
ORR	Oberregierungsrat
OT	Organisation Todt
Prop	Propaganda
RAD	Reichsarbeitsdienst
RAM	Reichsarbeitsminister(ium)
RKFDV	Reichskommissar für die Festigung des deutschen Volkstums
RKO	Reichskommissar(iat) für das Ostland
RKU	Reichskommissar(iat) Ukraine
RM	Reichsmark

RMfBuM	Reichsminister für Bewaffnung und Munition
RMfdbO	Reichsminister für die besetzten Ostgebiete
RMfRuK	Reichsminister für Rüstung und Kriegsproduktion
RSHA	Reichssicherheitshauptamt
Rückw. Heeres-Geb	Rückwärtiges Heeres-Gebiet
Rü In	Rüstungsinspektion
SA	Sturmabteilung
SD	Sicherheitsdienst
Sipo	Sicherheitspolizei
SS	Schutzstaffel
SSPF	SS- und Polizeiführer
Stalag	Stammlager
Stralo	Straßentransportleitung Ost
Uk	Unabkömmlich
W-Betriebe	Wehrmachtsbetriebe
WBO	Wehrmachtsbefehlshaber für das Ostland
Wi-Kdo	Wirtschaftskommando
WiRüAmt	Wirtschaftsrüstungsamt
WiStab Ost	Wirtschaftsstab Ost
WVHA	Wirtschaftsverwaltungshauptamt
ZHO	Zentrale Handelsgesellschaft Ost

Quellen

Bundesarchiv – Militärarchiv Freiburg

BA-RW-5	OKW. Amt Ausland Abwehr
BA-RW-19	OKW/Wehrwirtschafts- u. Rüstungsamt
BA-RW-30	Rüstungsdienststellen in den RKO und RKU
BA-RW-31	Wirtschaftsstab Ost
BA-RW-41	Wehrmachtsbefehlshaber Ostland

Bundesarchiv Berlin Lichterfelde

BA-R-6	RMfdbO
BA-R-16	Reichsnährstand
BA-R-70.SU	Polizei in den besetzten Ostgebieten
BA-R-90	RKO
BA-R-91	Gebietskommissariate im RKO
BA-R-92	GK in Riga

Historisches Staatsarchiv Lettlands

LVVA-1398	Polizeipräfektur Dünaburg
LVVA-P-34	Generaldirektion für Wirtschaft
LVVA-P-69	GK in Riga
LVVA-P-70	RKO
LVVA-P-80	Wehrmachtsbefehlshaber Ostland
LVVA-P-82	SSPF Lettland
LVVA-P-84	Gebietskommissar Dünaburg
LVVA-P-97	Generaldirektion des Innern
LVVA-P-98	Arbeitsamt Riga
LVVA-P-132	Außerordentliche Kommission

LVVA-P-252	KdS Lettland
LVVA-P-253	KZ Bauskas
LVVA-P-701	Generaldirektion für Bildung und Kultur
LVVA-P-712	Weißrussische Gesellschaft
LVVA-P-752	OT
LVVA-P-812	Landeseigene Verwaltung Riga Direktion
LVVA-P-813	Generaldirektion für Finanzen
LVVA-P-958	Arbeitsamt Riga-Stadt
LVVA-P-959	Arbeitsamt Libau
LVVA-P-960	Arbeitsamt Windau
LVVA-P-961	Arbeitsamt Wenden
LVVA-P-989	Lettisches Arbeitsdepartement
LVVA-P-999	Generaldirektion des Innern – Polizeibehörden
LVVA-P-1004	Gebietskommissar Riga-Stadt
LVVA-P-1015	Organisation Volkshilfe
LVVA-P-1018	RmfdbO
LVVA-P-1026	BdS Ostland
LVVA-P-1175	Ostlandfaser
LVVA-P-1227	Reichsindustrie Unternehmensverwaltung

Zentrales Staatsarchiv Litauens

LCVA-R-613	Gebietskommissar Wilna-Land
LCVA-R-614	Gebietskommissar Wilna-Stadt
LCVA-R-615	GK in Kauen
LCVA-R-622	Russische Vertrauensstelle
LCVA-R-625	Amt für Arbeit und Sozialwesen
LCVA-R-626	Arbeitsamt Wilna

LCVA-R-634	Deutsches Nachrichtenbüro Kauen
LCVA-R-735	Stalag-344
LCVA-R-736	Stalag-336
LCVA-R-979	Zentralrat der Altgläubigen
LCVA-R-1399	KdS Litauen
LCVA-R-1421	Ghetto Wilna
LCVA-R-1474	Arbeitsamt Kauen
LCVA-R-1549	Erster Generalrat und Generalrat für das Innere

Staatsarchiv Estlands

ERA-R-65	GK in Reval
ERA-R-66	Wirtschafts- und Finanzdirektorium
ERA-R-76	Wirtschafts- und Finanzdirektorium Abteilung Arbeit
ERA-R-95	Stadtkommissar Reval
ERA-R-819	KdS Estland

Literaturverzeichnis

Jan Abele, Im Schatten der deutsch-italienischen Beziehungen: Italienische Vertragsarbeiter, Fremdarbeiter, Militärinternierte; Der Einsatz italienischer Arbeitskräfte in der deutschen Wirtschaft während des „Dritten Reiches", Hamburg 2003.
Arnolds Aizsilnieks, Latvijas saimniecības vēsture: 1914–1945, Sundbyberg, Daugava 1968.
Egidijus Aleksandravicius, Lithuanian collaboration with the Nazis and the Soviets, in: Joachim Tauber (Hg.), „Kollaboration" in Nordosteuropa. Erscheinungsformen und Deutungen im 20. Jahrhundert, Wiesbaden 2006, S. 174–191.
Kari Alenius, Estonian Youth Movements under German Occupation 1941–1944, in: Anu Mai Kõll (Hg.), The Baltic Countries under Occupation. Soviet and Nazi Rule 1939–1991, Stockholm 2003, S. 97–108.
Michael T. Allen, Oswald Pohl – Chef der SS-Wirtschaftsunternehmen, in: Ronald Smelser (Hg.), Die SS: Elite unter dem Totenkopf; 30 Lebensläufe, Paderborn 2000, S. 394–407.
Il'ja Aleksandrovi Al'tman, Žertvy nenavisti: Cholokost v SSSR 1941–1945 gg., Moskva 2002.
Götz Aly, Die restlose Erfassung: Volkszählen, Identifizieren, Aussondern im Nationalsozialismus, Frankfurt am Main 2000.
Götz Aly, Vordenker der Vernichtung: Auschwitz und die deutschen Pläne für eine neue europäische Ordnung, Frankfurt am Main 2004.
Götz Aly, Hitlers Volksstaat, Frankfurt am Main 2006.
Götz Aly, Die Verfolgung und Ermordung der europäischen Juden durch das nationalsozialistische Deutschland 1933–1945, München 2008.
Norbert Angermann u. a. (Hg.), Ostseeprovinzen, Baltische Staaten und das Nationale. Festschrift für Gert von Pistohlkors zum 70. Geburtstag, Münster 2005.
Andrej Angrick, Besatzungspolitik und Massenmord. Die Einsatzgruppe D in der südlichen Sowjetunion 1941–1943, Hamburg 2003[1].
Andrej Angrick u. Peter Klein, Die „Endlösung" in Riga. Ausbeutung und Vernichtung 1941–1944, Darmstadt 2006.
Florian Anton u. a. (Hg.), Deutschland, Rußland und das Baltikum: Beiträge zu einer Geschichte wechselvoller Beziehungen; Festschrift zum 85. Geburtstag von Peter Krupnikow Deutschland, Rußland und das Baltikum, Köln 2005.
Florian J. Anton, Staatlichkeit und Demokratisierung in Lettland: Entwicklung – Stand – Perspektiven, Würzburg 2009.
A. Anušauskas, Zwangsmigrationen von Litauern 1939–1953, in: Nordost-Archiv. Zeitschrift für Regionalgeschichte 14. 2005, S. 140–163.

Ilga Apine, Multikulturālisma tradicijas Latgalē, in: Josifs Šteimanis (Hg.), Latgale un Daugavpils: vēsture un kultūra; rakstu krājums, Daugavpils 1996, S. 7–21.
Ilga Apine, Slāvi Latvijā: etniskās vēstures apcerējums, Rīga 1998.
Ilga Apine, Latvijas krievu identitāte: vēsturisks un sociologisks apcerējums, Rīga 2007.
Icchak Arad, Cholokaust: katastrofa evropejskogo evrejstva; (1933–1945); sbornik statej, Moskva 1990.
Yitzhak Arad, Ghetto in flames: the struggle and destruction of the Jews in Vilna in the Holocaust, New York 1982.
Yitzhak Arad, The Holocaust in the Soviet Union, Jerusalem 2009.
Klaus Jochen Arnold, Die Wehrmacht und die Besatzungspolitik in den besetzten Gebieten der Sowjetunion: Kriegführung und Radikalisierung im „Unternehmen Barbarossa", Berlin 2005.
Hellmuth Auerbach (Hg.), Der Nationalsozialismus: Studien zur Ideologie und Herrschaft; Hermann Graml zum 65. Geburtstag, Frankfurt am Main 1993.
Tomas Balkelis, The making of modern Lithuania, London [u. a.] 2009.
M. K. Baltais, Piespiedu iesaukšana darbam Vācijā, militāram dienestam un evakuācija uz Vāciju, in: Tadeušs Puisāns (Hg.), Okupācijas varu nodarītie postījumi Latvija 1940–1990: rakstu krajums, Toronto 2000, S. 193–199.
Baltijskij Centr Istoriceskich i Social'no-Politiceskich Issledovanij (Hg.), Prestuplenija nacistov i ich posobnikov v Pribaltike (Latvija). 1941–1945; dokumenty i svidetel'stva, Riga 2007.
Ainars Bambals (Hg.), Komunistu un nacistu juga, Riga 2001.
Menachem Barkahan (Hg.), Uničtoženie evreev v Latvii. 1941–1945; cikl lekcij, Riga 2007.
Genovefa Barkovska u. Josifs Steimans, Daugavpils vēstures lappuses, Rēzekne 2005.
Vincas Bartusevicius u. a. (Hg.), Holocaust in Litauen. Krieg, Judenmorde und Kollaboration im Jahre 1941, Köln 2003.
Vincas Bartusevicius u. a., Litauen 1941 im Lichte der internationalen Forschung, in: Vincas Bartusevicius u. a. (Hg.), Holocaust in Litauen. Krieg, Judenmorde und Kollaboration im Jahre 1941, Köln 2003, S. 5–9.
G. Bassler, The Collaborationist Agenda in Latvia 1941–1943, in: Anu Mai Kõll (Hg.), The Baltic Countries under Occupation. Soviet and Nazi Rule 1939–1991, Stockholm 2003, S. 77–84.
Gerhard P. Bassler, Alfred Valdmanis and the politics of survival, Toronto 2000.
Klaus Bästlein, Völkermord und koloniale Träumerei. Das „Reichskomisssariat Ostland" unter schleswig-holsteinischer Verwaltung, in: Alfred Gottwaldt (Hg.), NS-Gewaltherrschaft, Berlin 2005, S. 217–236.

Zygmunt Bauman, Die Lager – östliche, westliche, moderne, in: Dittmar Dahlmann u. Gerhard Hirschfeld (Hg.), Lager, Zwangsarbeit, Vertreibung und Deportation: Dimensionen der Massenverbrechen in der Sowjetunion und in Deutschland 1933 bis 1945, Essen 1999[1], S. 53–66.

Claus Bech Hansen, Mobilisierung in Räumen beschränkter Staatlichkeit während des Zweiten Weltkriegs, in: Zeitschrift für Geschichtswissenschaft 57. 2009, S. 1000–1012.

Peter W. Becker, Fritz Sauckel – Generalbevollmächtigter für den Arbeitseinsatz, in: Ronald Smelser u. Rainer Zitelmann (Hg.), Die braune Elite. 22 biographische Skizzen, Darmstadt 1989, S. 236–245.

Steffen Becker, Von der Werbung zum „Totaleinsatz": Die Politik der Rekrutierung von Arbeitskräften im „Protektorat Böhmen und Mähren" für die deutsche Kriegswirtschaft und der Aufenthalt tschechischer Zwangsarbeiter und -arbeiterinnen im Dritten Reich 1939–1945, Berlin 2005.

Sara Bender, The Jews of Bialystok during World War II and the Holocaust, Hannover 2008.

Wolfgang Benz, Die Ausbeutung „fremdvölkischer" Arbeitskräfte, in: Norbert Frei u. Hermann Kling (Hg.), Der nationalsozialistische Krieg, Frankfurt/Main [u. a.] 1990, S. 255–268.

Wolfgang Benz (Hg.), Enzyklopädie des Nationalsozialismus, München 1997.

Wolfgang Benz (Hg.), Einsatz im „Reichskommissariat Ostland". Dokumente zum Völkermord im Baltikum und in Weißrußland 1941–1944, Berlin 1998.

Wolfgang Benz u. Barbara Distel (Hg.), Der Ort des Terrors. Riga-Kaiserwald, Warschau, Vaivara, Kauen (Kaunas), Płaszów, Kulmhof/Chełmno, Bełżec, Sobibór, Treblinka, München 2008.

Wolfgang Benz u. Barbara Distel (Hg.), Der Ort des Terrors. Arbeitserziehungslager, Ghettos, Jugendschutzlager, Polizeihaftlager, Sonderlager, Zigeunerlager, Zwangsarbeiterlager, München 2009.

Wolfgang Benz u. Marion Neiss (Hg.), Judenmord in Litauen. Studien und Dokumente, Berlin 1999.

Karel Cornelis Berkhoff, Harvest of despair: life and death in Ukraine under Nazi rule, Cambridge 2004.

Jens Binner, „Ostarbeiter" und Deutsche im Zweiten Weltkrieg. Prägungsfaktoren eines selektiven Deutschlandbildes, München 2008.

Ruth Bettina Birn, Die Höheren SS- und Polizeiführer: Himmlers Vertreter im Reich u. in d. besetzten Gebieten, Düsseldorf 1986.

Ruth Bettina Birn, Die Sicherheitspolizei in Estland 1941–1944: Eine Studie zur Kollaboration im Osten, Paderborn 2006.

Ruth Bettina Birn, Konzentrationslager Vaivara, in: Wolfgang Benz u. Barbara Distel (Hg.), Der Ort des Terrors. Riga-Kaiserwald, Warschau, Vaivara, Kauen (Kaunas), Płaszów, Kulmhof/Chełmno, Bełżec, Sobibór, Treblinka, München 2008, S. 127–183.
M. Birznieks, No SS un SD līdz ..., Rīga 1979.
Margot Blank, Nationalsozialistische Hochschulpolitik in Riga (1941–1944): Konzeption und Realität eines Bereiches deutscher Besatzungspolitik, Lüneburg 1991.
Daina u. a. Bleiere, Latvijas vēsture: 20. gadsimts, Rīga 2005.
Daina u. a. Bleiere (Hg.), Latvija Otrajā pasaules karā: (1939–1945), Rīga 2008.
Volker Blomeier, Litauen in der Zwischenkriegszeit. Skizze eines Modernisierungskonflikts, Münster 1998.
Mendel Bobe, Ebreji Latvijā, Rīga 2006.
Klaus Böhm u. Hedwig Singer (Hg.), Quellen zur Geschichte der Organisation Todt. Band 3. Die Organisation Todt im Einsatz 1939–1945. Dargestellt nach Kriegsschauplätzen auf Grund der Feldpostnummern, Osnabrück 1987.
Robert Bohn (Hg.), Die deutsche Herrschaft in den „germanischen" Ländern 1940–1945, Stuttgart 1997.
Robert Bohn, Ausländische Zwangsarbeitende in der NS-Kriegswirtschaft, in: Uwe Danker (Hg. u. a.), „Ausländereinsatz in der Nordmark". Bielefeld 2001, S. 9–31.
Robert Bohn, Kollaboration und deutsche Mobilisierungsbemühungen im RK Ostland: Grundsätzliche Überlegungen, in: David Gaunt (Hg.), Collaboration and resistance during the Holocaust. Belarus, Estonia, Latvia, Lithuania, Bern 2004, S. 33–44.
Robert Bohn (Hg.), Vergangenheitspolitik und Erinnerungskulturen im Schatten des Zweiten Weltkriegs. Deutschland und Skandinavien seit 1945, Essen 2008[1].
I. Boldāne u. D. Dagnoslavs, Latgalieši un Poļi Latgalē: Savstarpējie uztvere un stereotipi, in: Latvijas Vēstures Instituta žurnāls. 2007, S. 106–115.
Reinhard Bollmus, Das Amt Rosenberg und seine Gegner: Studien zum Machtkampf im nationalsozialistischen Herrschaftssystem, München 2006.
Horst Boog (Hg.), Der Angriff auf die Sowjetunion, Stuttgart 1983.
Alexander Brakel, Unter Rotem Stern und Hakenkreuz: Baranowicze 1939 bis 1944: Das westliche Weißrussland unter sowjetischer und deutscher Besatzung, Paderborn 2009.
Valentinas Brandisauskas, Neue Dokumente aus der Zeit der Provisorischen Regierung Litauens, in: Vincas Bartusevicius u. a. (Hg.), Holocaust in Litauen. Krieg, Judenmorde und Kollaboration im Jahre 1941, Köln 2003, S. 51–62.
Ray Brandon u. Wendy Lower (Hg.), The Shoah in Ukraine. History, testimony, memorialization, Bloomington 2008.
Otto Bräutigam, Überblick über die besetzten Ostgebiete während des 2. Weltkrieges, Tübingen 1954.
Otto Bräutigam, So hat es sich zugetragen ... : ein Leben als Soldat und Diplomat, Würzburg 1968.

Richard Breitman, The architect of genocide. Himmler and the final solution, Hanover, NH 1992.
Richard Breitman, Friedrich Jeckeln. Spezialist für die „Endlösung" im Osten, in: Ronald Smelser (Hg.), Die SS: Elite unter dem Totenkopf; 30 Lebensläufe, Paderborn 2000, S. 267–275.
B. Brežgo, Latgolas pogõtne, Daugavpils 1943.
B. Brižka, Latgaļi politiskajõs patmaļõs, Minhene 1957.
Christopher R Browning, Ordinary men. Reserve Police Battalion 101 and the final solution in Poland, New York 1998.
Christopher R Browning, Nazi policy, Jewish workers, German killers, Cambridge 2000.
Christopher R Browning u. Jürgen Matthäus, The origins of the final solution. The evolution of Nazi Jewish policy, September 1939 – March 1942, Lincoln 2007.
Karsten Brüggemann (Hg.), Narva und die Ostseeregion. Beiträge der II. Internationalen Konferenz über die Politischen und Kulturellen Beziehungen zwischen Russland und der Ostseeregion, Narva 2004.
Karsten Brüggemann, Estonia and its escape from the east: the relevance of the past in Russian-Estonian relations, in: Representations on the margins of Europe. 2007, S. 139–165.
Karsten Brüggemann, Denkmäler des Grolls: Estland und die Kriege des 20. Jahrhunderts, in: Osteuropa 58. 2008, S. 129–146.
Arūnas Bubnys, Die litauischen Hilfspolizeibataillone und der Holocaust, in: Holocaust in Litauen. 2003, S. 117–131.
Arūnas Bubnys, Nazi resistance movement in Lithuania: 1941–1944, Vilnius 2003.
Arūnas Bubnys, The Holocaust in the Lithuanian province in 1941: the Kaunas district, in: David Gaunt (Hg.), Collaboration and resistance during the Holocaust, Bern 2004, S. 283–312.
Arūnas Bubnys, The Holocaust in Lithuania between 1941 and 1944, Vilnius 2005.
Arūnas Bubnys, The Fate of the Jews in Švenčionzs, Oshmyany and Svir Regions (1941–1943), in: Jewish Museum (Hg.), The Ghettos of Oshmyany, Svir, Švenčionzs Regions: Lists of Prisoners 1942, Vilnius 2009, S. 83–118.
Algirdas Martin Budreckis, The Lithuanian national revolt of 1941, South Boston 1968.
Luigi Cajani, Die italienischen Militär-Internierten im nationalsozialistischen Deutschland, in: Ulrich Herbert (Hg.), Europa und der „Reichseinsatz". Ausländische Zivilarbeiter, Kriegsgefangene und KZ-Häftlinge in Deutschland 1938–1945, Essen 1991[1], S. 295–316.

Valda Čakša, Latgaliešu tradicionālā kultura un reģionālā identitāte: kulturas atmiņas vietas un simboli, in: Fjodor Fjodorov (Hg.), Latgale kā kulturas pierobeža, Daugavpils 2008, S. 157–169.
Bernhard Chiari, Deutsche Zivilverwaltung in Weißrußland 1941–1944: Die lokale Perspektive der Besatzungsgeschichte, in: Militärgeschichtliche Mitteilungen 52. 1993, S. 67–89.
Bernhard Chiari, Alltag hinter der Front: Besatzung, Kollaboration und Widerstand in Weißrußland 1941–1944, Düsseldorf 1998.
Bernhard Chiari, Deutsche Herrschaft in Weißrussland: Überlegungen zum lokalen und historischen Umfeld, in: Wolf Kaiser (Hg.), Täter im Vernichtungskrieg. Der Überfall auf die Sowjetunion und der Völkermord an den Juden, Berlin 2002, S. 137–159.
Rose Lerer Cohen, Litauen 1941–1944: Sklaven- und Zwangsarbeiter erinnern sich, in: Alexander von Plato (Hg.), Hitlers Sklaven: lebensgeschichtliche Analysen zur Zwangsarbeit im internationalen Vergleich, Wien 2008, S. 184–193.
Gustavo Corni, Die deutsche Arbeitseinsatzpolitik im besetzten Italien 1943–1945, in: Richard J. Overy (Hg.), Die „Neuordnung" Europas. NS-Wirtschaftspolitik in den besetzten Gebieten, Berlin 1997, S. 133–160.
Gustavo Corni, Ghettoisierung und Zwangsbewegungen der jüdischen Bevölkerung in Osteuropa 1939–1944, in: Ralph Melville (Hg.), Zwangsmigrationen im mittleren und östlichen Europa. Völkerrecht – Konzeptionen – Praxis (1938–1950), Mainz am Rhein 2007, S. 219–246.
Wolfgang Curilla, Die deutsche Ordnungspolizei und der Holocaust im Baltikum und in Weissrussland: 1941–1944. Die deutsche Ordnungspolizei und der Holocaust im Baltikum und in Weissrussland, Paderborn 2006.
Roswitha Czollek, Faschismus und Okkupation. Wirtschaftspolitische Zielsetzung u. Praxis des faschistischen dt. Besatzungsregimes in d. baltischen Sowjetrepubliken während d. 2. Weltkrieges, Berlin 1974.
Dittmar Dahlmann (Hg.), Zwangsarbeiterforschung in Deutschland. Das Beispiel Bonn im Vergleich und im Kontext neuerer Untersuchungen, Essen 2010[1].
Dittmar Dahlmann u. Gerhard Hirschfeld (Hg.), Lager, Zwangsarbeit, Vertreibung und Deportation: Dimensionen der Massenverbrechen in der Sowjetunion und in Deutschland 1933 bis 1945, Essen 1999[1].
Alexander Dallin, German rule in Russia, 1941–1945. A study in occupation politics, London 1957.
Uwe Danker, „Wir subventionieren die Mörder der Demokratie": Das Tauziehen um die Altersversorgung von Gauleiter und Oberpräsident Hinrich Lohse in den Jahren 1951 bis 1958, in: Zeitschrift der Gesellschaft für Schleswig-Holsteinische Geschichte 120. 1995, S. 173–199.
Uwe Danker, Der gescheiterte Versuch, die Legende der 'sauberen' Zivilverwaltung zu entzaubern. Staatsanwaltschaftliche Komplexermittlungen zum Holocaust im

'Reichskommissariat Ostland' bis 1971, in: Robert Bohn (Hg.), Die deutsche Herrschaft in den „germanischen" Ländern 1940–1945, Stuttgart 1997, S. 159–186.
Uwe Danker, Die drei Leben des Hinrich Lohse, in: Demokratische Geschichte 11. 1998, S. 105–114.
Uwe Danker, Hinrich Lohse, * 1896 Mühlenbarbek – + 1964 Mühlenbarbek: NSDAP-Gauleiter, Oberpräsident, Reichskommissar, Rentner, in: Alexander Ritter (Hg u. a.), Historische Persönlichkeiten. Itzehoe 1999, S. 280–290.
Uwe Danker, Statuserhebung: Ausländer im „Arbeitseinsatz" in Schleswig-Holstein 1939 bis 1945, in: Uwe Danker (Hg u. a.), „Ausländereinsatz in der Nordmark". Zwangsarbeitende in Schleswig-Holstein 1939–1945, Bielefeld 2001, S. 32–102.
Uwe Danker, Wer einmal in die Mühlen der Zwangsarbeit geriet . . . : Zwangsarbeitende in Schleswig-Holstein 1939 bis 1945; ein Überblick, in: Uwe Danker (Hg u. a.), „Wir empfehlen Rückverschickung, da sich der Arbeitseinsatz nicht lohnt": Zwangsarbeit und Krankheit in Schleswig-Holstein 1939–1945, Bielefeld 2001, S. 27–42.
Uwe Danker, Der schleswig-hosteinische NSDAP-Gauleiter Hinrich Lohse: Überlegungen zu seiner Biografie, in: Michael Ruck u. Karl Heinrich Pohl (Hg.), Regionen im Nationalsozialismus, Bielefeld 2003, S. 91–120.
Uwe Danker, Die „Zivilverwaltung" des Reichskommissariats Ostland und der Holocaust: Wahrnehmung, Rolle und „Verarbeitung", in: David Gaunt (Hg.), Collaboration and resistance during the Holocaust. Belarus, Estonia, Latvia, Lithuania, Bern 2004, S. 45–76.
Uwe Danker (Hg u. a.), „Ausländereinsatz in der Nordmark". Zwangsarbeitende in Schleswig-Holstein 1939–1945, Bielefeld 2001.
Uwe Danker (Hg u. a.), „Wir empfehlen Rückverschickung, da sich der Arbeitseinsatz nicht lohnt": Zwangsarbeit und Krankheit in Schleswig-Holstein 1939–1945, Bielefeld 2001.
Oskars Dankers, Lai vēsture spriež tiesu: atmiņas, Toronto 1965.
Roswitha Dasch, Sage nie, du gehst den letzten Weg. Der Genozid an den litauischen Juden 1941–44, Ausstellungskatalog, Köln 1998[2].
Daugavpilsskaja evrejskaja obščina (Hg.), Evrei v Daugavpilse. Istoričeckie očerki. Kniga četvertaja, Daugavpils 2005.
Martin Dean, Collaboration in the Holocaust: crimes of the local police in Belorussia and Ukraine, 1941–44, Basingstoke 2000.
Martin Dean, Robbing the Jews: the confiscation of Jewish property in the Holocaust, 1933–1945, Cambridge 2008.
Christoph Dieckmann, Der Krieg und die Ermordung der litauischen Juden, in: Ulrich Herbert (Hg.), Nationalsozialistische Vernichtungspolitik 1939–1945, Frankfurt/M 1998, S. 292–329.
Christoph Dieckmann, Die Zivilverwaltung in Litauen, in: Wolf Kaiser (Hg.), Täter im Vernichtungskrieg. Berlin 2002, S. 96–109.

Christoph Dieckmann, Dt. Besatzungspolitik in Litauen 1941–1944, Göttingen 2011. Zivilverwaltung in Litauen, in: Wolf Kaiser (Hg.), Täter im Vernichtungskrieg. Berlin 2002, S. 96–109.
Christoph Dieckmann, Deutsche und litauische Interessen: Grundlinien der Besatzungspolitik in Litauen 1941 bis 1944, in: Vincas Bartusevicius u. a. (Hg.), Holocaust in Litauen. Krieg, Judenmorde und Kollaboration im Jahre 1941, Köln 2003, S. 63–76.
Christoph Dieckmann (Hg.), Kooperation und Verbrechen. Formen der „Kollaboration" im östlichen Europa 1939–1945, Göttingen 2005[2].
Christoph Dieckmann, The murder of Soviet prisoners of war in Lithuania, in: Christoph Dieckmann (Hg u. a.), Karo belaisviu ir civiliu gyventoju žudynės Lietuvoje. 1941–1944 = Murders of prisoners of war and of civilian population in Lithuania, Vilnius 2005, S. 221–258.
Christoph Dieckmann, Kollaboration? Litauische Nationsbildung und deutsche Besatzungsherrschaft im Zweiten Weltkrieg, in: Joachim Tauber (Hg.), „Kollaboration" in Nordosteuropa. Erscheinungsformen und Deutungen im 20. Jahrhundert, Wiesbaden 2006, S. 128–139.
Christoph Dieckmann, Plan und Praxis: Deutsche Siedlungspolitik im besetzten Litauen 1941–1944, in: Isabel Heinemann u. Patrick Wagner (Hg.), Wissenschaft – Planung – Vertreibung. Neuordnungskonzepte und Umsiedlungspolitik im 20. Jahrhundert, Stuttgart 2006, S. 93–118.
Christoph Dieckmann u. Babette Quinkert (Hg.), Im Ghetto 1939–1945. Neue Forschungen zu Alltag und Umfeld, Göttingen, Niedersachs 2009.
Christoph Dieckmann (Hg u. a.), Karo belaisviu ir civiliu gyventoju žudynės Lietuvoje. 1941–1944 = Murders of prisoners of war and of civilian population in Lithuania, Vilnius 2005.
Rudolf Dittrich, Vom Werden, Wesen und Wirken der Organisation Todt, in: Hedwig Singer (Hg.), Quellen zur Geschichte der Organisation Todt, Osnabrück 1998, S. 365–436.
Xaver Dorsch, Die Organisation Todt, in: Hedwig Singer (Hg.), Quellen zur Geschichte der Organisation Todt, Osnabrück 1998, S. 437–610.
Leo Dribins, Ukraiņi Latvijā, Rīga 1995.
Leo Dribins, Nacionālais jautājums Latvijā 1850–1940: historiogrāfisks apskats, latviešu autori, Rīga 1997.
Leo Dribins, Antisemītisms un tā izpausmes Latvijā: vēstures atskats, Rīga 2002.
Leo Dribins, Ebreji Latvijā, Rīga 2002.
Leo Dribins, Mazākumtautības Latvija: vēsture un tagadne, Rīga 2007.
Leo Dribins (Hg.), Latvijas ebreji un padomju vara 1928–1953. Zinātnisks apcerējums, Rīga 2009.

Christina Eckert, Die Mordstätte Paneriai (Ponary) bei Vilnius, in: Bartusevicius, Vincas (Hg u. a.) Holocaust in Litauen. Köln 2003, S. 132–142.
Dietrich Eichholtz, Die Vorgeschichte des „Generalbevollmächtigten für den Arbeitseinsatz" (mit Dokumenten), in: Jahrbuch für Geschichte – Akademie der Wissenschaften der DDR 9. 1973, S. 339–383.
Dietrich Eichholtz, Geschichte der deutschen Kriegswirtschaft 1939–1945. Band II: 1941–1943, Berlin 1985.
Dietrich Eichholtz, Institutionen und Praxis der deutschen Wirtschaftspolitik im NS-besetzten Europa, in: Richard J. Overy (Hg.), Die „Neuordnung" Europas. NS-Wirtschaftspolitik in den besetzten Gebieten, Berlin 1997, S. 29–62.
Dietrich Eichholtz (Hg.), Krieg und Wirtschaft, Berlin 1999.
Markus Eikel, „Weil die Menschen fehlen": Die deutschen Zwangsarbeitsrekrutierungen und -deportationen in den besetzten Gebieten der Ukraine 1941–1944, in: Zeitschrift für Geschichtswissenschaft: ZfG, 53, H. 5, S. 405–433.
Markus Eikel, Arbeitsteilung und Verbrechen. Die ukrainische Lokalverwaltung unter deutscher Besatzung 1941–1944, in: Timm C. Richter (Hg.), Krieg und Verbrechen, München 2006.
Modris Eksteins, Walking since daybreak: a story of Eastern Europe, World War II, and the heart of our century, Boston 1999.
Dz Ērglis (Hg.), Latvijas Centrālās padomes vēstures nezināmās lappuses, Rīga 2003.
Dz Ērglis, Die sowjetischen Kriegsgefangenlager im nationalsozialistisch besetzten Lettland. Überblick zur Historiographie, in: Latvijas Vēstures Instituta žurnāls. 2005.
E. Evarts, Latviešu Zemes pašpārvaldes izveidošanās un darbības sākums vācu nacistu okupētajā Latvijā (1941.g. julijs – 1942.g. septembris), in: Latvijas Vēstures Instituta žurnāls. 2001, S. 135–155.
E. Evarts, Reprivatizācija nacistiskās Vācijas okupācijas laikā, in: Latvijas Vēsturnieku Komisijas Raksti 13. 2004, S. 287–305.
E. Evarts, Riga als Zentrum Ostlands. Die Okkupationsmacht und die Lettische Landesverwaltung 1941–1945, in: Eduard Mühle u. Norbert Angermann (Hg.), Riga im Prozeß der Modernisierung. Studien zum Wandel einer Ostseemetropole im 19. und frühen 20. Jahrhundert, Marburg 2004, S. 255–264.
E. Evarts, Zemes pašpārvalde Latvijas ģenerālapgabalā 1941.-1944.g., Rīga 2008.
Evrej v menjajuščemsja mire, 5. meždunarod. konf., Rīga 2005.
Andrew Ezergailis, The Holocaust in Latvia: 1941–1944; the missing center, Riga 1996.
Andrew Ezergailis, Stockholm documents: the German occupation of Latvia 1941–1945; what did America know? Riga 2002.

Andrew Ezergailis, Collaboration in German Occupied Latvia: Offerred and Rejected, in: Latvijas Vēsturnieku Komisijas Raksti 11. 2004, S. 119–140.

Andrew Ezergailis, „Neighbors" did not kill Jews!, in: David Gaunt (Hg.), Collaboration and resistance during the Holocaust. Belarus, Estonia, Latvia, Lithuania, Bern 2004, S. 187–222.

Andrew Ezergailis, Nazi/Soviet disinformation about the Holocaust in Nazi-occupied Latvia: Daugavas Vanagi, who are they? – revisited, Riga 2005.

Andrievs Ezergailis, Holokausts vācu okupētajā Latvijā 1941–1944, Rīga 1999.

F. P. Fedorov, Duchovnoe prostranstvo Latgalii, in: Fjodor Fjodorov (Hg.), Latgale kā kulturas pierobeža, Daugavpils 2008, S. 13–21.

B. M. Felder, Stalinismus als „russisch-jüdische Herrschaft". Sowjetische Besatzung und ethnische Mobilisierung im Baltikum 1940 bis 1941, in: Zeitschrift für Geschichtswissenschaft 57. 2009, S. 5–25.

Björn M. Felder, Lettland im Zweiten Weltkrieg. Zwischen sowjetischen und deutschen Besatzern 1940–1946, Paderborn 2009.

I. Feldmanis, Vācu okupācija Latvijā (1941–1945): izpētes aktuālās problēmas un risinājumi (Die deutsche Okkupationszeit in Lettland 1941–1945: Aktuelle Probleme und Lösungen der Forschung), in: Latvijas Vēsturnieku Komisijas Raksti 11. 2004, S. 59–70.

Fjodor Fjodorov (Hg.), Latgale kā kulturas pierobeža, Daugavpils 2008.

Jürgen Förster, Das Unternehmen „Barbarossa" als Eroberungs- und Vernichtungskrieg, in: Horst Boog (Hg.), Der Angriff auf die Sowjetunion, Stuttgart 1983, S. 413–447.

Norbert Frei u. Hermann Kling (Hg.), Der nationalsozialistische Krieg, Frankfurt/Main [u. a.] 1990.

J. Fried, The Exploitation of Foreign Labour by Germany, Montreal 1945.

Tôviyyā Friedman, SS-Obergruppenführer Friedrich Jeckeln verantwortlich für die Ermordung der Juden in Litauen, Lettland und Estland 1941–1944: Dokumentensammlung, Haifa 1997.

Tôviyyā Friedman, Die drei SS- und Polizeiführer im Ostland, in Lettland-Riga: SS-Brigadeführer Schröder, in Litauen-Kowno: SS-Brigadeführer Wysocki, in Estonien-Reval: SS-Brigadeführer Möller, die verantwortlich waren für die Ermordung der Juden im Ostland 1941–1944, Haifa 1998.

M. Garleff (Hg.), Deutschbalten, Weimarer Republik und Drittes Reich. Band 2, Köln, Weimar 2008.

Michael Garleff, Deutschbalten in Auseinandersetzung mit der Weimarer Republik und dem Dritten Reich. Zur Forschungssituation und Problemlage, in: Michael Garleff (Hg.), Deutschbalten, Weimarer Republik und Drittes Reich. Band 1, Köln [u. a.] 2001, S. 1–10.

Michael Garleff (Hg.), Deutschbalten, Weimarer Republik und Drittes Reich. Band 1, Köln [u. a.] 2001.
Michael Garleff, Die baltischen Länder, Regensburg 2001.
David Gaunt (Hg.), Collaboration and resistance during the Holocaust. Belarus, Estonia, Latvia, Lithuania, Bern 2004.
Christian Gerlach, Deutsche Wirtschaftsinteressen, Besatzungspolitik und der Mord an den Juden in Weißrußland, 1941–1943, in: Ulrich Herbert (Hg.), Nationalsozialistische Vernichtungspolitik 1939–1945, Frankfurt/M 1998, S. 263–291.
Christian Gerlach, Krieg, Ernährung, Völkermord: Deutsche Vernichtungspolitik im Zweiten Weltkrieg, Hamburg 1998.
Christian Gerlach, Umsiedlungen und gelenkte Bevölkerungsbewegungen in Weißrußland 1941–1944, in: Dittmar Dahlmann u. Gerhard Hirschfeld (Hg.), Lager, Zwangsarbeit, Vertreibung und Deportation: Dimensionen der Massenverbrechen in der Sowjetunion und in Deutschland 1933 bis 1945, Essen 1999[1], S. 553–566.
Christian Gerlach, Kalkulierte Morde. Die deutsche Wirtschafts- und Vernichtungspolitik in Weißrußland 1941 bis 1944, Hamburg 2000[1].
Seraina Gilly, Der Nationalstaat im Wandel: Estland im 20. Jahrhundert, Bern 2002.
Mechtild Gilzmer (Hg.), Widerstand und Kollaboration in Europa, Münster 2004.
Sara Ginaitė-Rubinsonienė, Resistance and survival: the Jewish community in Kaunas, 1941–1944, Oakville 2005.
Harry Gordon, The shadow of death: the Holocaust in Lithuania, Lexington 2001.
Bernhard Gotto, Polykratische Selbststabilisierung. Mittel- und Unterinstanzen in der NS-Diktatur, in: Rüdiger Hachtmann (Hg.), Hitlers Kommissare. Sondergewalten in der nationalsozialistischen Diktatur, Göttingen, S. 28–50.
Helge Grabitz (Hg.), Täter und Gehilfen des Endlösungswahns, Hamburg 1999[1].
Karl Heinz Gräfe, Vom Donnerkreuz zum Hakenkreuz: Die baltischen Staaten zwischen Diktatur und Okkupation, Berlin 2010.
Anna Maria Grünfelder, Arbeitseinsatz für die Neuordnung Europas. Zivil- und ZwangsarbeiterInnen aus Jugoslawien in der „Ostmark" 1938/41–1945, Wien 2010.
Bella Guttermann, Jews in the service of Organisation Todt in the occupied Soviet territories October 1941-March 1942, in: Yad Vashem studies. 2001, S. 65–107.
Irina Guzenberg, The 1942 General Population Census in Lithuania: Labor Camps of the Vilnius Ghetto, in: The Jewish Museum (Hg.), Vilnius Ghetto: Lists of Prisoners Volume 2, Vilnius 1998, S. 45–66.
Irina Guzenberg, Žydu darbo stovykla HKP: 1943–1944; dokumentai, Vilnius 2002.
Rüdiger Hachtmann, Die DAF im Zweiten Weltkrieg, in: Dietrich Eichholtz (Hg.), Krieg und Wirtschaft, Berlin 1999, S. 69–106.
Hans-Dieter Handrack, Das Reichskommissariat Ostland. Die Kulturpolitik d. dt. Verwaltung zwischen Autonomie u. Gleichschaltung 1941–1944, Hann. Münden 1981.

D. Hanovs, Cita zeme: Latgales reģions K. Ulmaņa autoritārā režīma diskursā par tautas vienotību, in: Fjodor Fjodorov (Hg.), Latgale kā kulturas pierobeža, Daugavpils 2008, S. 181–190.
Mark Harrison (Hg.), The economics of World War II: six great powers in international comparison, Cambridge 2000.
Jörn Hasenclever, Wehrmacht und Besatzungspolitik in der Sowjetunion: die Befehlshaber der rückwärtigen Heeresgebiete 1941–1943, Paderborn 2010.
Werner Haupt, Baltikum 1941: die Geschichte eines ungelösten Problems, Neckargemünd 1963.
Werner Haupt, Das war Kurland: d. 6 Kurlandschlachten aus d. Sicht d. Divisionen, Friedberg 1987.
Hannes Heer (Hg.), Vernichtungskrieg. Verbrechen der Wehrmacht 1941–1944, Hamburg 1995[2].
Helmut Heiber, Generalplan Ost, in: Vierteljahrshefte für Zeitgeschichte 6. 1958, S. 281–325.
Susanne Heim, Bevölkerungsökonomie, Deportation und Vernichtung, in: Dittmar Dahlmann u. Gerhard Hirschfeld (Hg.), Lager, Zwangsarbeit, Vertreibung und Deportation: Dimensionen der Massenverbrechen in der Sowjetunion und in Deutschland 1933 bis 1945, Essen 1999[1], S. 501–514.
Susanne Heim u. Götz Aly (Hg.), Bevölkerungsstruktur und Massenmord. Neue Dokumente zur deutschen Politik der Jahre 1938–1945, Berlin 1991.
Eric Heine, Allgemeine Ermächtigung und konkrete Eigendynamik: die Ermordung der Juden in den ländlichen Gebieten Litauens, in: Vincas Bartusevicius u. a. (Hg.), Holocaust in Litauen. Krieg, Judenmorde und Kollaboration im Jahre 1941, Köln 2003, S. 91–102.
Isabel Heinemann u. Patrick Wagner (Hg.), Wissenschaft – Planung – Vertreibung. Neuordnungskonzepte und Umsiedlungspolitik im 20. Jahrhundert, Stuttgart 2006.
Detlef Henning (Hg.), Nationale und ethnische Konflikte in Estland und Lettland während der Zwischenkriegszeit, Lüneburg 2009.
Ulrich Herbert, Arbeit und Vernichtung. Ökonomisches Interesse und Primat der „Weltanschauung" im Nationalsozialismus, in: Ulrich Herbert (Hg.), Europa und der „Reichseinsatz". Ausländische Zivilarbeiter, Kriegsgefangene und KZ-Häftlinge in Deutschland 1938–1945, Essen 1991[1], S. 384–426.
Ulrich Herbert (Hg.), Europa und der „Reichseinsatz". Ausländische Zivilarbeiter, Kriegsgefangene und KZ-Häftlinge in Deutschland 1938–1945, Essen 1991[1].
Ulrich Herbert, Arbeit, Volkstum, Weltanschauung. Über Fremde und Deutsche im 20. Jahrhundert, Frankfurt am Main 1995.
Ulrich Herbert, Geschichte der Ausländerbeschäftigung in Deutschland 1880 bis 1980. Saisonarbeiter, Zwangsarbeiter, Gastarbeiter, Berlin 1995.

Ulrich Herbert (Hg.), Nationalsozialistische Vernichtungspolitik 1939–1945, Frankfurt/M 1998.
Ulrich Herbert, Fremdarbeiter. Politik und Praxis des „Ausländer-Einsatzes" in der Kriegswirtschaft des Dritten Reiches, Bonn 1999².
Ulrich Herbert u. a. (Hg.), Die nationalsozialistischen Konzentrationslager – Entwicklung und Struktur. Band 1–2, Göttingen 1998.
Ludolf Herbst, Der Totale Krieg und die Ordnung der Wirtschaft: Die Kriegswirtschaft im Spannungsfeld von Politik, Ideologie und Propaganda 1939–1945, Stuttgart 1982.
Ludolf Herbst, Die nationalsozialistische Wirtschaftspolitik im internationalen Vergleich, in: Hellmuth Auerbach (Hg.), Der Nationalsozialismus: Studien zur Ideologie und Herrschaft; Hermann Graml zum 65. Geburtstag, Frankfurt am Main 1993, S. 153–176.
Andreas Heusler (Hg.), Rüstung, Kriegswirtschaft und Zwangsarbeit im „Dritten Reich" ; im Auftrag von MTU Aero Engines und BMW Group, München 2010.
J. Lane T. Hiden, The Baltic and the Outbreak of the Second World War, Cambridge, New York 1992.
Toomas Hiio (Hg.), Estonia 1940–1945: reports of the Estonian International Commission for the Investigation of Crimes Against Humanity, Tallinn 2006.
Raul Hilberg, Die Vernichtung der europäischen Juden: die Gesamtgeschichte des Holocaust, Frankfurt am Main 1999.
Rudolf Hilbrecht, Litauen im Reichskommissariat Ostland 1941–1943/44. Parallelen und Kontraste zum übrigen Baltikum, vornehmlich Estland, in: Robert Bohn (Hg.), Die deutsche Herrschaft in den „germanischen" Ländern 1940–1945, Stuttgart 1997.
Hirschfeld G., Formen nationalsozialistischer Besatzungspolitik im Zweiten Weltkrieg, in: Joachim Tauber (Hg.), „Kollaboration" in Nordosteuropa. Erscheinungsformen und Deutungen im 20. Jahrhundert, Wiesbaden 2006, S. 40–55.
Martin Holler, Der nationalsozialistische Völkermord an den Roma in der besetzten Sowjetunion (1941–1944): Gutachten für das Dokumentations- und Kulturzentrum Deutscher Sinti und Roma, Heidelberg 2009.
Edward L. Homze, Foreign labor in Nazi Germany, Princeton 1967.
Peter Hüttenberger, Nationalsozialistische Polykratie, in: Geschichte und Gesellschaft: Zeitschrift für historische Sozialwissenschaft, 2, H. 4, S. 417–442.
Johannes Ibel (Hg.), Einvernehmliche Zusammenarbeit? Wehrmacht, Gestapo, SS und sowjetische Kriegsgefangene, Berlin 2008.
B. Infant'ev, Russkie v okkupirovannoj gitlerovcami Latvii, in: Al'manach. 2006, S. 45–50.
Alvin Isberg, Zu den Bedingungen des Befreiers. Kollaboration und Freiheitsstreben in dem von Deutschland besetzten Estland 1941 bis 1944, Stockholm 1992.

A. Šteimanis J. Ivanovs, Latgales vēstures historiogrāfija, Rēzekne 1999.
Sidney Iwens, How dark the heavens. 1400 days in the grip of Nazi terror, New York 1992².
Wolfgang Jacobmeyer, Vom Zwangsarbeiter zum heimatlosen Ausländer. Die displaced persons in Westdeutschland 1945–1951, Göttingen 1985.
Akim Jah (Hg.), Nationalsozialistische Lager. Neue Beiträge zur NS-Verfolgungs- und Vernichtungspolitik und zur Gedenkstättenpädagogik, Münster 2006.
Franziska Jahn, Riga – Kaiserwald. Stammlager, in: Wolfgang Benz u. Barbara Distel (Hg.), Der Ort des Terrors. Riga-Kaiserwald, Warschau, Vaivara, Kauen (Kaunas), Płaszów, Kulmhof/Chełmno, Bełżec, Sobibór, Treblinka, München 2008, S. 17–64.
Franziska Jahn, Salaspils, in: Wolfgang Benz u. Barbara Distel (Hg.), Der Ort des Terrors. Arbeitserziehungslager, Ghettos, Jugendschutzlager, Polizeihaftlager, Sonderlager, Zigeunerlager, Zwangsarbeiterlager, München 2009, S. 548–558.
Peter Jahn u. Reinhard Rürup (Hg.), Erobern und Vernichten: Der Krieg gegen die Sowjetunion 1941–1945, Berlin c1991.
Y. Jakub, Daugavpils v prošlom, Daugavpils 1998.
Tat'jana Jasinskaja (Hg.), Russkie pribaltiki. Mechanizm kul'turnoj integracii (do 1940 g.), Vil'njus 1997.
Ē. Jēkabsons, Poļi Latvijā, Rīga 1996.
Ē. Jēkabsons, Poļu nacionālā pretošanās kustība Latvijā vācu okupācijas laikā (1941–1944), in: Latvijas Vēsturnieku Komisijas Raksti 10. 2004, S. 240–276.
Karsten Jessen, Nordische Gesellschaft, in: Wolfgang Benz (Hg.), Enzyklopädie des Nationalsozialismus, München 1997.
Jewish Museum (Hg.), The Ghettos of Oshmyany, Svir, Švenčionzs Regions: Lists of Prisoners 1942, Vilnius 2009.
Sven Jüngerkes, Einsatz im Ostland – Egon Bönner in Riga, in: Hannoversche Geschichtsblätter 62. 2008, S. 63–90.
Sven Jüngerkes, Harry Marnitz – Als Deutschbalte beim Generalkommissar in Riga, in: Jahrbuch des baltischen Deutschtums 52. 2009, S. 89–129.
Sven Jüngerkes, Deutsche Besatzungsverwaltung in Lettland 1941–1945. Eine Kommunikations- und Kulturgeschichte nationalsozialistischer Organisationen, Konstanz 2010.
Justinas Braslauskas, Okupacine darbo prievoliu politika Lietuvoje 1941–1944 metais, in: Lietuvos istorijos studijos 15. 2005, S. 38–59.
A. Kadiķis (Hg.), Mēs apsudzam. Dokumenti un materiāli par hitlerisko okupantu un latviešu buržuāzisko nacionālistu ļaundarībām Latvijas Padomju Socialistiskajā Republikā, Rīga 1965.
Hermann Kaienburg (Hg.), Konzentrationslager und deutsche Wirtschaft 1939–1945, Opladen 1996.

Hermann Kaienburg, KZ-Haft und Wirtschaftsinteresse: Das Wirtschaftsverwaltungshauptamt der SS als Leitungszentrale der Konzentrationslager und der SS-Wirtschaft, in: Hermann Kaienburg (Hg.), Konzentrationslager und deutsche Wirtschaft 1939–1945, Opladen 1996, S. 29–60.
Hermann Kaienburg, Die Wirtschaft der SS, Berlin 2003.
Wolf Kaiser (Hg.), Täter im Vernichtungskrieg. Der Überfall auf die Sowjetunion und der Völkermord an den Juden, Berlin 2002.
Karlis Kangeris, Kollaboration vor der Kollaboration? Die baltischen Emigranten und ihre „Befreiungskomitees" in Deutschland 1940/1941, in: Werner Röhr (Hg.), Europa unterm Hakenkreuz: Okkupation und Kollaboration, Berlin 1994, S. 165–190.
Karlis Kangeris, Die nationalsozialistischen Pläne und Propagandamaßnahmen im Generalbezirk Lettland 1941–1942, in: David Gaunt (Hg.), Collaboration and resistance during the Holocaust. Belarus, Estonia, Latvia, Lithuania, Bern 2004, S. 161–186.
Kārlis Kangeris, Hitleriešu plāni Baltijas tautu evakuēšanai 1944 gadā, in: Peter Krupnikov (Hg.), Vācija un Baltija, Riga 1990.
Kārlis Kangeris, Nodeva reiham. Latvijas ģenerālapgabala iedzīvotāji darbos Lielvācijā, in: Latvijas zinātņu akadēmijas vēstis 12. 1990, S. 34–47.
Kārlis Kangeris, Latviešu policijas bataljoni lielajās partizānu apkarošanas akcijās 1942. un 1943.gadā, in: Latvijas Vēsturnieku Komisijas Raksti 13. 2004, S. 332–357.
Kārlis Kangeris, Latgales jautājums. Vācu okupacijas laikā (1941–1944). Nacionālsociālistiskās rases politikas aspekti, in: Heinrihs Strods (Hg.), Cīņa par Baltiju, Rīga 2005, S. 89–107.
Kārlis Kangeris, Policijas strukturas Latvijā vācu okupācijas laikā (1941–1945), in: Latvijas Vēsturnieku Komisijas Raksti 16. 2005, S. 278–318.
Kārlis Kangeris, Die Rückkehr und der Einsatz von Deutschbalten im Generalbezirk Lettland 1941–1945, in: M. Garleff (Hg.), Deutschbalten, Weimarer Republik und Drittes Reich. Band 2, Köln, Weimar 2008, S. 385–428.
Kārlis Kangeris, Ebreju darbaspeka izmantosana Rigas geto likvidacijas faze, in: Latvijas Vēsturnieku Komisijas Raksti 23. 2008, S. 186–212.
Kārlis Kangeris, Baltische Zwangsarbeiter im Dritten Reich, in: Peter Ruggenthaler u. Walter Iber (Hg.), Hitlers Sklaven – Stalins „Verräter". Aspekte der politisch-administrativen Repressionen an Zwangsarbeitern und Kriegsgefangenen; eine Zwischenbilanz, Innsbruck 2010[1], S. 43–62.
Stefan Karner u. a., Zwangsarbeit in der Land- und Forstwirtschaft auf dem Gebiet Österreichs 1939 bis 1945, Wien, München 2004.
A. Kasekamp, The Ideological Roots of Estonian Collaboration during the Nazi Occupation, in: Anu Mai Kõll (Hg.), The Baltic Countries under Occupation. Soviet and Nazi Rule 1939–1991, Stockholm 2003, S. 85–96.

Andres Kasekamp, The radical right in interwar Estonia, Basingstoke 2000.
Max Kaufmann, Churbn Lettland: Die Vernichtung der Juden Lettlands, Wien 1947.
Alex J. Kay, „Hierbei werden zweifellos zig Millionen Menschen verhungern". Die deutsche Wirtschaftsplanung für die besetzte Sowjetunion und ihre Durchsetzung 1941–1944, in: Transit 38. 2009, S. 57–77.
I. Kažociņš, Latvieši vācu karaspēka izpalīgos, in: Latvijas arhīvi. 1998, S. 65–70.
J. Ķērpa, Latvju zēni vācu darba dienestā, in: Kaŗa invalids 31. 1986, S. 63–68.
Zigmantas Kiaupa, The history of Lithuania, Vilnius 2005.
Peter Klein, Die Erlaubnis zum grenzenlosen Massenmord, das Schicksal der Berliner Juden und die Rolle der Einsatzgruppen bei dem Versuch, Juden als Partisanen „auszurotten", in: Rolf-Dieter Müller u. Hans-Erich Volkmann (Hg.), Die Wehrmacht: Mythos und Realität, München 1999, S. 923–947.
Peter Klein, Dr. Rudolf Lange als Kommandeur der Sicherheitspolizei und des SD in Lettland: Aspekte seines Dienstalltags, in: Wolf Kaiser (Hg.), Täter im Vernichtungskrieg. Der Überfall auf die Sowjetunion und der Völkermord an den Juden, Berlin 2002, S. 125–136.
Peter Klein u. Andrej Angrick, Die Einsatzgruppen in der besetzten Sowjetunion, 1941/42. Die Tätigkeits- und Lageberichte des Chefs der Sicherheitspolizei und des SD, Berlin 1997[1].
Peter Kleist, Zwischen Hitler und Stalin 1939–1945: Aufzeichnungen, Bonn 1950.
Klemens von Klemperer, Über Widerstand und Kollaboration oder: Im Angesicht des Absurden, in: Mechtild Gilzmer (Hg.), Widerstand und Kollaboration in Europa, Münster 2004, S. 13–30.
Anu Mai Kõll (Hg.), The Baltic Countries under Occupation. Soviet and Nazi Rule 1939–1991, Stockholm 2003.
Ansgar Koschel (Hg.), Die vergessenen Juden in den baltischen Staaten. Ein Symposium vom 4. bis 7. Juli 1997 in Hannover, Köln 1998.
Rachel Kostanian-Danzig, Spiritual resistance in the Vilna Ghetto, Vilnius 2004.
Boris Nikolaevič Kovalev, Nacistskaja okkupacija i kollaboracionizm v Rossii 1941–1944, Moskva 2004.
Helmut Krausnick u. Hans-Heinrich Wilhelm, Die Truppe des Weltanschauungskrieges: d. Einsatzgruppen d. Sicherheitspolizei u. d. SD 1938–1942, Stuttgart 1981.
Bernhard R. Kroener, „Soldaten der Arbeit": Menschenpotential und Menschenmangel in Wehrmacht und Kriegswirtschaft, in: Dietrich Eichholtz (Hg.), Krieg und Wirtschaft, Berlin 1999, S. 109–127.
Frank Lothar Kroll, Alfred Rosenberg. Der Ideologe als Politiker, in: Michael Garleff (Hg.), Deutschbalten, Weimarer Republik und Drittes Reich. Band 1, Köln [u. a.] 2001, S. 147–166.

D. A. Kronenfeld, Ethnogenesis Without the Entrepreneurs: the Emergence of a Baltic Russian Identity in Latvia, in: Karsten Brüggemann (Hg.), Narva und die Ostseeregion, Narva 2004, S. 339–364.
H. Kruk (Hg.), The Last Days of the Jerusalem of Lithuania. Chronicles from the Vilna Ghetto and the Camps, 1939–1944, New Haven, London 2002.
Peter Krupnikov (Hg.), Vācija un Baltija, Riga 1990.
Michail Jur'evič Krysin, Latyšskij Legion SS: včera i segodnja, Riga 2006.
Michail Jur'evič Krysin, Pribaltijskij fašizm: istorija i sovremennost', Riga 2007.
Sergej Kudryashov, Labour in the occupied territory of the Soviet Union, 1941–1944, in: Richard J. Overy (Hg.), Die „Neuordnung" Europas. NS-Wirtschaftspolitik in den besetzten Gebieten, Berlin 1997, S. 161–167.
Argo Kuusik, Die Deutsche Vernichtungspolitik in Estland 1941–1944, in: Olaf Mertelsmann (Hg.), Vom Hitler-Stalin-Pakt bis zu Stalins Tod. Estland 1939–1953, Hamburg 2005, S. 130–151.
Argo Kuusik, German Police Institutions in Estonia in 1941–1944, in: Toomas Hiio (Hg.), Estonia 1940–1945: reports of the Estonian International Commission for the Investigation of Crimes Against Humanity, Tallinn 2006, S. 573–576.
S. Kuznecov, Russkoe naselenie v političeskoj žizni Latvii (1920–1934), in: Josifs Šteimanis (Hg.), Latgale un Daugavpils: vēsture un kultūra; rakstu krājums, Daugavpils 1996, S. 74–81.
Konrad Kwiet, „Juden und Banditen": SS-Ereignismeldungen aus Litauen 1943/1944, in: Jahrbuch für Antisemitismusforschung 2. 1993, S. 403–420.
Cornelius J. Lammers, Levels of Collaboration. A Comparative Study of German Occupation Regimes during the Second World War, in: Robert Bohn (Hg.), Die deutsche Herrschaft in den „germanischen" Ländern 1940–1945, Stuttgart 1997, S. 47–69.
Sebastian Lehmann (Hg.), Das „Reichskommissariat Ostland". Tatort und Erinnerungsobjekt, Paderborn 2012.
Sebastian Lehmann, Kreisleiter der NSDAP in Schleswig-Holstein. Lebensläufe und Herrschaftspraxis einer regionalen Machtelite, Bielefeld 2007.
Stephan Lehnstaedt, Okkupation im Osten. Besatzeralltag in Warschau und Minsk 1939–1944, München 2010.
Stephan Lehnstaedt, Fritz Sauckels Nürnberger Aufzeichnungen: Erinnerungen aus seiner Haft während des Kriegsverbrecherprozesses, in: Vierteljahrshefte für Zeitgeschichte 57. 2009, S. 116–150.
S. Lehr, Wolfgang A. Mommsens Aufzeichnungen aus dem Baltikum, Polen und der Ukraine 1942–1944, in: Zeitschrift für Ostmitteleuropaforschung 57. 2008, S. 453–514.

Hans Lemberg, Das Konzept der ethnischen Säuberungen im 20. Jahrhundert, in: Dittmar Dahlmann (Hg.), Lager, Zwangsarbeit, Vertreibung und Deportation. Essen 1999, S. 485–492.
Wilhelm Lenz, Deutschbalten in den Einsatzgruppen der Sicherheitspolizei und des SD, in: M. Garleff (Hg.), Deutschbalten, Weimarer Republik und Drittes Reich. Band 2, Köln, Weimar 2008, S. 285–327.
Meir Levenstein, Du sollst sterben und nicht leben! Ein Bericht über die Vernichtung der Juden Lettlands, Münster 1993.
Dov Levin, The Litvaks: a short history of the Jews in Lithuania, Jerusalem 2000.
Joseph Levinson, The Shoah (Holocaust) in Lithuania, Vilnius 2006.
Anatol Lieven, The Baltic revolution. Estonia, Latvia, Lithuania and the path to independence, New Haven 1994[2].
Karsten Linne, Florian Dierl (Hg.), Arbeitskräfte als Kriegsbeute: Der Fall Ost- und Südosteuropa 1939–1945, Berlin 2011.
David Littlejohn, The patriotic traitors. A history of collaboration in German-occupied Europe, 1940–45, London 1972.
Vejas Gabriel Liulevicius, War land on the Eastern Front. Culture, national identity, and German occupation in World War I, Cambridge 2000.
Dietrich A. Loeber, Diktierte Option: Die Umsiedlung der Deutsch-Balten aus Estland und Lettland 1939–1941; Dokumentation, Neumünster 1972.
Peter Longerich, Politik der Vernichtung: Die Verfolgung und Ermordung der europäischen Juden 1933–1945, München 2007.
Gabriele Lotfi, KZ der Gestapo. Arbeitserziehungslager im Dritten Reich, Stuttgart [u. a.] 2000.
Valdis O. Lumans, Latvia in World War II, New York 2006.
Michael MacQueen, Einheimische Gehilfin der Gestapo: Die litauische Sicherheitspolizei in Vilnius 1941–1944, in: Vincas Bartusevicius u. a. (Hg.), Holocaust in Litauen. Krieg, Judenmorde und Kollaboration im Jahre 1941, Köln 2003, S. 103–116.
Czesław Madajczyk, Vom Generalplan Ost zum Generalsiedlungsplan, München, New Providence, London, Paris 1994.
Czesław Madajczyk, Zwischen neutraler Zusammenarbeit der Bevölkerung okkupierter Gebiete und Kollaboration mit den Deutschen, in: Werner Röhr (Hg.), Europa unterm Hakenkreuz: Okkupation und Kollaboration, Berlin 1994, S. 45–58.
Dieter Maier, Arbeitseinsatz und Deportation. Die Mitwirkung der Arbeitsverwaltung bei der nationalsozialistischen Judenverfolgung in den Jahren 1938–1945, Berlin 1994[1].
Klaus-Michael Mallmann, „Aufgeräumt und abgebrannt“: Sicherheitspolizei und „Bandenkampf“ in den besetzten Sowjetunion, in: Gerhard Paul u. Klaus-Michael Mallmann (Hg.), Die Gestapo im Zweiten Weltkrieg. „Heimatfront“ und besetztes Europa, Darmstadt 2000, S. 503–520.

Klaus-Michael Mallmann, Der qualitative Sprung im Vernichtungsprozeß: das Massaker von Kamenenz-Podolsk Ende August 1941, in: Jahrbuch für Antisemitismusforschung 10. 2001, S. 239–264.
Rachel Margolis, Als Partisanin in Wilna: Erinnerungen an den jüdischen Widerstand in Litauen, Frankfurt am Main 2008.
Meelis Maripuu, Kollaboration und Widerstand in Estland 1940–1944, in: David Gaunt (Hg.), Collaboration and resistance during the Holocaust. Belarus, Estonia, Latvia, Lithuania, Bern 2004, S. 403–419.
Meelis Maripuu, Annihilation of Czech and German Jews in Estonia in 1942–1943, in: Toomas Hiio (Hg.), Estonia 1940–1945: reports of the Estonian International Commission for the Investigation of Crimes Against Humanity, Tallinn 2006, S. 705–715.
Meelis Maripuu, Das Lager Jägala, die Massenerschießungen von Juden in Kalevi-Liiva und die juristische Aufarbeitung in der estnischen SSR, in: Akim Jah (Hg.), Nationalsozialistische Lager. Neue Beiträge zur NS-Verfolgungs- und Vernichtungspolitik und zur Gedenkstättenpädagogik, Münster 2006, S. 149–165.
Meelis Maripuu, German Civilian Administration in Estonia in 1941–1944, in: Toomas Hiio (Hg.), Estonia 1940–1945: reports of the Estonian International Commission for the Investigation of Crimes Against Humanity, Tallinn 2006, S. 521–537.
Meelis Maripuu, Places of imprisonment subordinate to the Chief of the Security Police and SD in 1941–1944 Estonia, in: Toomas Hiio (Hg.), Estonia 1940–1945: reports of the Estonian International Commission for the Investigation of Crimes Against Humanity, Tallinn 2006, S. 681–688.
Meelis Maripuu, Soviet Prisoners of War in Estonia in 1941–1944, in: Toomas Hiio (Hg.), Estonia 1940–1945: reports of the Estonian International Commission for the Investigation of Crimes Against Humanity, Tallinn 2006, S. 739–766.
Meelis Maripuu u. I. Paavle, Die deutsche Zivilverwaltung in Estland und die estnische Selbstverwaltung, in: Olaf Mertelsmann (Hg.), Vom Hitler-Stalin-Pakt bis zu Stalins Tod. [Estland 1939–1953], Hamburg 2005, S. 96–129.
Meelis Maripuu u. Riho Västrik, Prison Camps in Estonia in 1941–1944, in: Toomas Hiio (Hg.), Estonia 1940–1945: reports of the Estonian International Commission for the Investigation of Crimes Against Humanity, Tallinn 2006, S. 679–680.
Harry Marnitz, Nordlicht über der Düna: Kritische Betrachtungen und Erinnerungen an die deutsche Besatzungszeit in Lettland 1941–1943, Michelstadt 1991.
Materialy meždunarodnoj naučnoj konferencii „Vtoraja Mirovaja vojna i strany Baltii. 1939–1945 gg.", Riga 2008.
Jürgen Matthäus, Konzentrationslager Kauen Stammlager, in: Wolfgang Benz u. Barbara Distel (Hg.), Der Ort des Terrors. Riga-Kaiserwald, Warschau, Vaivara, Kauen (Kaunas), Płaszów, Kulmhof/Chełmno, Bełżec, Sobibór, Treblinka, München 2008, S. 185–208.

Mark Mazower, Hitlers Imperium: Europa unter der Herrschaft des Nationalsozialismus, München 2009.
Michael McQueen, Collaboration as an element in the Polish-Lithuanian struggle over Vilnius, in: Joachim Tauber (Hg.), „Kollaboration" in Nordosteuropa. Erscheinungsformen und Deutungen im 20. Jahrhundert, Wiesbaden 2006, S. 164–173.
Ralph Melville (Hg.), Zwangsmigrationen im mittleren und östlichen Europa. Völkerrecht – Konzeptionen – Praxis (1938–1950), Mainz am Rhein 2007.
Olaf Mertelsmann, Estland und Russland: Aspekte der Beziehungen beider Länder, Hamburg 2005.
Olaf Mertelsmann (Hg.), Vom Hitler-Stalin-Pakt bis zu Stalins Tod. Estland 1939–1953, Hamburg 2005.
Klaus Meyer (Hg.), Gegen das Vergessen: Der Vernichtungskrieg gegen die Sowjetunion 1941–1945, Frankfurt am Main 1992.
Frida Michelson, I survived Rumbuli, New York 1979.
Alan Steele Milward, Die deutsche Kriegswirtschaft: 1939–1945, Stuttgart 1966.
Romuald J. Misiunas u. Rein Taagepera, The Baltic States: years of dependence 1940–1980, London 1983.
Andreas Molau, Alfred Rosenberg, Koblenz 1993.
Hans Mommsen, Auschwitz, 17. Juli 1942, München 2002.
Eduard Mühle u. Norbert Angermann (Hg.), Riga im Prozeß der Modernisierung. Studien zum Wandel einer Ostseemetropole im 19. und frühen 20. Jahrhundert, Marburg 2004.
Gottfried Müller, Ostland-Atlas, Riga 1942.
Norbert Müller, Wehrmacht und Okkupation 1941–1944. Zur Rolle der Wehrmacht und ihrer Führungsorgane im Okkupationsregime des faschistischen deutschen Imperialismus auf sowjetischem Territorium, Berlin 1971.
Norbert Müller, Verbrechen der faschistischen Wehrmacht an sowjetischen Kriegsgefangenen 1941–1945, in: Showaler, Dennis E.: Militärgeschichte als Operationsgeschichte 16. 1977, S. 15–27.
Rolf-Dieter Müller, Von der Wirtschaftsallianz zum kolonialen Ausbeutungskrieg, in: Horst Boog (Hg.), Der Angriff auf die Sowjetunion, Stuttgart 1983, S. 98–189.
Rolf-Dieter Müller (Hg.), Die deutsche Wirtschaftspolitik in den besetzten sowjetischen Gebieten: 1941–1943; der Abschlußbericht des Wirtschaftsstabes Ost und Aufzeichnungen eines Angehörigen des Wirtschaftskommandos Kiew, Boppard am Rhein 1991.
Rolf-Dieter Müller, Die Rekrutierung sowjetischer Zwangsarbeiter für die deutsche Kriegswirtschaft, in: Ulrich Herbert (Hg.), Europa und der „Reichseinsatz". Ausländische Zivilarbeiter, Kriegsgefangene und KZ-Häftlinge in Deutschland 1938–1945, Essen 1991[1], S. 234–250.

Rolf-Dieter Müller, Es begann am Kuban. Flucht-und Deportationsbewegungen in Osteuropa während des Rückzugs der deutschen Wehrmacht 1943/44, in: Robert Streibel u. Manfred Alexander (Hg.), Flucht und Vertreibung. Zwischen Aufrechnung und Verdrängung, Wien 1994, S. 42–76.
Rolf-Dieter Müller, Menschenjagd. Die Rekrutierung von Zwangsarbeitern in der besetzten Sowjetunion, in: Hannes Heer (Hg.), Vernichtungskrieg. Verbrechen der Wehrmacht 1941–1944, Hamburg 1995[2], S. 92–103.
Rolf-Dieter Müller, An der Seite der Wehrmacht. Hitlers ausländische Helfer beim „Kreuzzug gegen den Bolschewismus"; 1941–1945, Berlin 2007[1].
Rolf-Dieter Müller u. Gerd R Ueberschär (Hg.), Hitler's war in the east, 1941–1945. A critical assessment, New York 2009[3].
Timothy P. Mulligan, The politics of illusion and empire: The attempts to reform German occupation policy in the U.S.S.R., autumn 1942 – summer 1943, New York 1988.
Bogdan Musial, Sowjetische Partisanen 1941–1944. Mythos und Wirklichkeit, Paderborn 2009[1].
Seppo Myllyniemi, Die Neuordnung der baltischen Länder 1941–1944: Zum nationalsozialistischen Inhalt der deutschen Besatzungspolitik, Helsinki 1973.
Seppo Myllyniemi, Enttäuschter Nationalismus im Baltikum, in: Wolfgang Benz (Hg.), Anpassung, Kollaboration, Widerstand. Kollektive Reaktionen auf die Okkupation, Berlin 1996.
Walter Naasner, Neue Machtzentren in der deutschen Kriegswirtschaft 1942–1945: Die Wirtschaftsorganisation der SS, das Amt des Generalbevollmächtigten für den Arbeitseinsatz und das Reichsministerium für Bewaffnung und Munition, Reichsministerium für Rüstung und Kriegsproduktion im nationalsozialistischen Herrschaftssystem, Boppard 1994.
Walter Naasner, SS-Wirtschaft und SS-Verwaltung: „Das SS-Wirtschafts-Verwaltungshauptamt und die unter seiner Dienstaufsicht stehenden wirtschaftlichen Unternehmungen" und weitere Dokumente, Düsseldorf 1998.
U. Neiburgs u. Dz Ērglis, Nacionālā un padomju pretošanās kustība: kopīgais un atšķirīgais (1941–1945), in: Latvijas Vēsturnieku Komisijas Raksti 3. 2001, S. 267–330.
Francis R. Nicosia (Hg.), Business and industry in Nazi Germany, New York 2004.
Bernd Nielsen-Stokkeby, Baltische Erinnerungen, Bergisch-Gladbach 1992.
K. N. Nikolaevič, Kollaboracionizm ne imeet nacional'nosti. Učastie slavjan v nacistich formirovanijach na territorii okkuppirovannoj Latviii1941–1945, in: Materialy meždunarodnoj naučnoj konferencii „Vtoraja Mirovaja vojna i strany Baltii.1939–1945 gg.", Riga 2008, S. 60–64.
Kevin O'Connor, The history of the Baltic states, Westport, Conn. 2003.
Ralf Ogorreck, Die Einsatzgruppen und die „Genesis der Endlösung", Berlin 1996.

Aleksandr Vasil'evič Okorokov, Russkie dobrovol'cy, Moskva 2007.
Jochen Oltmer, Krieg, Migration und Zwangsarbeit im 20. Jahrhundert, in: Hans-Christoph Seidel u. Klaus Tenfelde (Hg.), Zwangsarbeit im Europa des 20. Jahrhunderts. Bewältigung und vergleichende Aspekte, Essen 2007[1], S. 131–154.
Eva-Clarita Onken, Revisionismus schon vor der Geschichte: Aktuelle Kontroversen in Lettland um die Judenvernichtung und die lettische Kollaboration während der nationalsozialistischen Besatzung, Köln 1998.
Eva-Clarita Onken, Demokratisierung der Geschichte in Lettland: Staatsbürgerliches Bewußtsein und Geschichtspolitik im ersten Jahrzehnt der Unabhängigkeit, Hamburg 2003.
Karin Orth, Das System der nationalsozialistischen Konzentrationslager. Eine politische Organisationsgeschichte, Hamburg 1999.
Karin Orth, Die Konzentrationslager-SS: sozialstrukturelle Analysen und biographische Studien, Göttingen 2000.
Jörg Osterloh, Sowjetische Kriegsgefangene 1941–1945 im Spiegel nationaler und internationaler Untersuchungen: Forschungsüberblick und Bibliographie, Dresden 1996.
Jörg Osterloh, Lebensbedingungen und der Arbeitseinsatz von Kriegsgefangenen, in: Hans-Christoph Seidel u. Klaus Tenfelde (Hg.), Zwangsarbeit im Europa des 20. Jahrhunderts. Bewältigung und vergleichende Aspekte, Essen 2007[1], S. 162–173.
Richard Overy, The Economy of the German „New Order", in: Richard J. Overy (Hg.), Die „Neuordnung" Europas. NS-Wirtschaftspolitik in den besetzten Gebieten, Berlin 1997, S. 11–28.
Richard J. Overy (Hg.), Die „Neuordnung" Europas. NS-Wirtschaftspolitik in den besetzten Gebieten, Berlin 1997.
L. Ozola, Die Lettische Jugendorganisation und die damit verbundenen Pläne Nazi-Deutschlands 1942–1945 (Lettisch), in: Ainars Bambals (Hg.), Komunistu un nacistu juga, Riga 2001, S. 157–165.
I. Paavle, Estonian Self-Administration in 1941–1944, in: Toomas Hiio (Hg.), Estonia 1940–1945: reports of the Estonian International Commission for the Investigation of Crimes Against Humanity, Tallinn 2006, S. 539–568.
Armands Paeglis, „Pērkonkrusts" par Latviju: 1932–1944, Rīga 1994.
Cord Pagenstecher, Arbeitserziehungslager, in: Wolfgang Benz u. Barbara Distel (Hg.), Der Ort des Terrors. Arbeitserziehungslager, Ghettos, Jugendschutzlager, Polizeihaftlager, Sonderlager, Zigeunerlager, Zwangsarbeiterlager, München 2009, S. 75–99.

Chistine Pajouh, Die Ostpolitik Alfred Rosenbergs 1941–1944, in: Michael Garleff (Hg.), Deutschbalten, Weimarer Republik und Drittes Reich. Band 1, Köln [u. a.] 2001, S. 167–196.
Kurt Pätzold, Der Führer und die Kriegswirtschaft, in: Dietrich Eichholtz (Hg.), Krieg und Wirtschaft, Berlin 1999, S. 43–68.
Kurt Pätzold (Hg.), Stufen zum Galgen: Lebenswege vor den Nürnberger Urteilen, Leipzig 1999.
Michael Pegel, Fremdarbeiter, Displaced Persons, heimatlose Ausländer: Konstanten eines Randgruppenschicksals in Deutschland nach 1945, Münster 1997.
E. Pelkaus, Vācu okupācijas vara un latviešu politiķi, in: Latvijas Vēsturnieku Komisijas Raksti 1. 2000.
Elmārs Pelkaus, Okupācijas varu politika Latvijā: 1939–1991; dokumentu krājums, Rīga 1999.
Elmārs Pelkaus (Hg.), Aizvestie: 1941. gada 14. jūnijs, Rīga 2007.
Tanja Penter, Arbeiten für den Feind in der Heimat: Der Arbeitseinsatz in der besetzten Ukraine 1941–1944, in: Jahrbuch für Wirtschaftsgeschichte. 2004, S. 65–94.
Tanja Penter, Kohle für Stalin und Hitler: Arbeiten und Leben im Donbass 1929 bis 1953, Essen 2010.
A. I. Petrenko, Pribaltika protiv Fašizma, Moskva 2005.
Hans Pfahlmann, Fremdarbeiter und Kriegsgefangene in der deutschen Kriegswirtschaft 1939–1945, Darmstadt 1968.
Wulf Pingel, Von Kiel nach Riga. Schleswig-Holsteiner in der deutschen Zivilverwaltung des Reichskommissariats Ostland, in: Zeitschrift der Gesellschaft für Schleswig-Holsteinische Geschichte 122. 1997, S. 439–466.
Ernst Piper, Alfred Rosenberg. Hitlers Chefideologe, München 2007.
Gert von Pistohlkors u. a. (Hg.), Staatliche Einheit und nationale Vielfalt im Baltikum. Festschrift für Prof. Dr. Michael Garleff zum 65. Geburtstag, München 2005.
Gert von Pistohlkors, Baltische Länder, Berlin 1994.
Andrejs Plakans, Experiencing totalitarianism: the invasion and occupation of Latvia by the USSR and Nazi Germany 1939–1991; a documentary history, Bloomington 2007.
Andrejs Plakans, The Latvians: a short history, Stanford 2008.
Tilman Plath, Juden unter Ulmanis, in: Jahrbuch des baltischen Deutschtums 56. 2009, S. 99–119.
Alexander von Plato (Hg.), Hitlers Sklaven: lebensgeschichtliche Analysen zur Zwangsarbeit im internationalen Vergleich; [internationales lebensgeschichtliches Dokumentationsprojekt zur Sklaven- und Zwangsarbeit] 2008.
Christian Pletzing u. Marianne Pletzing (Hg.), Displaced Persons. Flüchtlinge aus den baltischen Staaten in Deutschland, München 2007.

Dieter Pohl, Die Wehrmacht und der Mord an den Juden in den besetzten sowjetischen Gebieten, in: Wolf Kaiser (Hg.), Täter im Vernichtungskrieg. Der Überfall auf die Sowjetunion und der Völkermord an den Juden, Berlin 2002, S. 39–53.
Dieter Pohl, Die Herrschaft der Wehrmacht: Deutsche Militärbesatzung und einheimische Bevölkerung in der Sowjetunion 1941–1944, München 2008.
Karl Heinrich Pohl (Hg.), Wehrmacht und Vernichtungspolitik. Militär im nationalsozialistischen System, Göttingen 1999.
Pavel Polian, Die Erinnerung an die Deportationen während der deutschen Besatzung in der Sowjetunion, in: Hans-Christoph Seidel u. Klaus Tenfelde (Hg.), Zwangsarbeit im Europa des 20. Jahrhunderts. Bewältigung und vergleichende Aspekte, Essen 2007[1], S. 59–74.
Pavel Polian, Die Rekrutierung der Zwangsarbeiter in der Sowjetunion, in: Dittmar Dahlmann (Hg.), Zwangsarbeiterforschung in Deutschland. Das Beispiel Bonn im Vergleich und im Kontext neuerer Untersuchungen, Essen 2010[1], S. 63–86.
Pavel Polian, Sowjetische Zwangsarbeiter und Kriegsgefangene im Dritten Reich, in: Peter Ruggenthaler u. Walter Iber (Hg.), Hitlers Sklaven – Stalins „Verräter". Aspekte der politisch-administrativen Repressionen an Zwangsarbeitern und Kriegsgefangenen; eine Zwischenbilanz, Innsbruck 2010[1], S. 27–42.
Pavel Markovič Poljan, Žertvy dvuch diktatur, Moskva 2002[2].
Bernhard Press, Judenmord in Lettland, 1941–1945, Berlin 1992.
Michael von Prollius, Das Wirtschaftssystem der Nationalsozialisten 1933–1939: Steuerung durch emergente Organisation und politische Prozesse, Paderborn 2003.
T. Puisāns, Latgale. Vēsturiskas skices, Toronto 1988.
Tadeušs Puisāns (Hg.), Okupācijas varu nodarītie postījumi Latvija 1940–1990: rakstu krajums, Toronto 2000.
Babette Quinkert, Terror und Propaganda. Die „Ostarbeiteranwerbung" im Generalkommissariat Weißruthenien, in: Zeitschrift für Geschichtswissenschaft 47. 1999, S. 700–721.
Babette Quinkert, „Wir sind die Herren dieses Landes". Ursachen, Verlauf und Folgen des deutschen Überfalls auf die Sowjetunion, Hamburg 2002.
Babette Quinkert, Propaganda und Terror in Weißrußland 1941–1944: Die deutsche „geistige" Kriegführung gegen Zivilbevölkerung und Partisanen, Paderborn 2009.
Aigi Rahi, On the current State of Research into Soviet and Nazi Repressions in Estonia, in: Heinrihs Strods (Hg.), Varas patvaçla, Riga 2003, S. 13–37.
Steffen Raßloff, Fritz Sauckel: Hitlers „Muster-Gauleiter" und „Sklavenhalter", Erfurt 2008.
Katrin Reichelt, Kollaboration und Holocaust in Lettland 1941–1945, in: Wolf Kaiser (Hg.), Täter im Vernichtungskrieg. Der Überfall auf die Sowjetunion und der Völkermord an den Juden, Berlin 2002, S. 110–124.

Katrin Reichelt, Der Anteil der Letten an der Enteignung der Juden ihres Landes zwischen 1941 und 1943, in: Christoph Dieckmann (Hg.), Kooperation und Verbrechen. Formen der „Kollaboration" im östlichen Europa 1939–1945, Göttingen 2005², S. 224–242.
Katrin Reichelt, Lettland unter dt. Besatzung 1941–1944. Der lettische Anteil am Holocuast, Berlin 2011.
Katrin Reichelt, Kollaboration: Zwei Beispiele aus der Judenverfolgung in Lettland 1941–1944, in: Joachim Tauber (Hg.), „Kollaboration" in Nordosteuropa. Erscheinungsformen und Deutungen im 20. Jahrhundert, Wiesbaden 2006, S. 77–86.
Gerald Reitlinger, The house built on sand: the conflicts of German policy in Russia; 1939–1945, London 1960.
Thomas Remeikis, Lithuania under German occupation: 1941–1945. despatches from US legation in Stockholm, Vilnius 2005.
Werner Rings, Leben mit dem Feind: Anpassung und Widerstand in Hitlers Europa 1939–1945, München 1979.
Ėl'mar Rivoš, Zapiski, Riga 2006.
I. Ročko, Žertvy, spasennye i spasateli, in: B. Volkovič (Hg.), Cholokost v Latgalii, Daugavpils 2003.
I. Ročko, Cholokost v Latgalii, in: Evrej v menjajuščemsja mire, 5. meždunarod. konf., Rīga 2005, S. 414–423.
I. Ročko, Cholokost v Latgalii, in: Menachem Barkahan (Hg.), Uničtoženie evreev v Latvii. 1941–1945; cikl lekcij, Riga 2007, S. 175–289.
Werner Röhr (Hg.), Europa unterm Hakenkreuz:. Okkupation und Kollaboration, Berlin 1994.
Werner Röhr, Okkupation und Kollaboration, in: Werner Röhr (Hg.), Europa unterm Hakenkreuz:. Okkupation und Kollaboration, Berlin 1994, S. 59–86.
Werner Röhr, System oder organisiertes Chaos? Fragen einer Typologie der deutschen Okkupationsregime im Zweiten Weltkrieg, in: Robert Bohn (Hg.), Die deutsche Herrschaft in den „germanischen" Ländern 1940–1945, Stuttgart 1997, S. 11–46.
Alfred Rosenberg, Der Mythos des 20. Jahrhunderts, München 1943.
Michael Ruck u. Karl Heinrich Pohl (Hg.), Regionen im Nationalsozialismus, Bielefeld 2003.
Peter Ruggenthaler u. Walter Iber (Hg.), Hitlers Sklaven – Stalins „Verräter". Aspekte der politisch-administrativen Repressionen an Zwangsarbeitern und Kriegsgefangenen; eine Zwischenbilanz, Innsbruck 2010¹.
I. Saleniece, Die sowjetischen Soldaten in den Augen der Einwohner Lettlands: Die 1940er Jahre (nach mündlichen Quellen), in: Karsten Brüggemann (Hg.), Narva und die Ostseeregion, Narva 2004, S. 311–324.
I. Saleniece, Sovetskie voiny glazami russkich žitelej vostočnoj Latvii 40-e gody XX veka, in: Humanities in New Europe. 2007, S. 218–228.

V. Samsons, Vācu drošības policijas un Latgales akcijas, in: Latvijas zinātņu akadēmijas vēstis 12. 1990, S. 109–115.
V. Ščerbinskis, Lauri Latvians. Between Latvia, Estonia, and Russia, in: Karsten Brüggemann (Hg.), Narva und die Ostseeregion, Narva 2004, S. 305–310.
Annette Schäfer, Zwangsarbeiter und NS-Rassenpolitik: Russische und polnische Arbeitskräfte in Württemberg 1939–1945, Stuttgart 2000.
Wolfgang Scheffler, Zur Rolle der Zivilverwaltung bei der Durchführung der „Endlösung der Judenfrage" im Reichskommissariat Ostland, in: Helge Grabitz (Hg.), Täter und Gehilfen des Endlösungswahns, Hamburg 1999[1], S. 242–272.
Wolfgang Scheffler u. Diana Schulle, Buch der Erinnerung: Die ins Baltikum deportierten deutschen, österreichischen und tschechoslowakischen Juden, München 2003.
Gertrude Schneider (Hg.), The unfinished road: Jewish survivors of Latvia look back, New York 1991.
Gertrude Schneider, Journey into terror. Story of the Riga Ghetto, Westport, Conn. 2001.
Wolfgang Schneider (Hg.), „Vernichtungspolitik": Eine Debatte über den Zusammenhang von Sozialpolitik und Genozid im nationalsozialistischen Deutschland, Hamburg 1991.
Christian Schölzel, Vom Schweigen und Erinnern. Kroatien und die Zwangsarbeit, in: Alexander von Plato (Hg.), Hitlers Sklaven, Köln 2008, S. 127–150
Matthias Schröder, Deutschbaltische SS-Führer und Andrej Vlasov 1942–1945. „Russland kann nur von Russen besiegt werden"; Erhard Kroeger, Friedrich Buchardt und die „Russische Befreiungsarmee", Paderborn 2003[2].
Diana Schulle u. Alfred Bernd Gottwaldt, Die „Judendeportationen" aus dem Deutschen Reich 1941–1945, Wiesbaden 2005.
Jan Erik Schulte, Das SS-Wirtschafts-Verwaltungshauptamt – Zentrale der Zwangsarbeit von KZ-Häftlingen, in: Ulrike Winkler (Hg.), Stiften gehen: NS-Zwangsarbeit und Entschädigungsdebatte, Köln 2000, S. 85–107.
Jan Erik Schulte, Zwangsarbeit und Vernichtung: das Wirtschaftsimperium der SS, Paderborn [u. a.] 2001.
Hans-Christoph Seidel u. Klaus Tenfelde (Hg.), Zwangsarbeit im Europa des 20. Jahrhunderts. Bewältigung und vergleichende Aspekte, Essen 2007[1].
Franz W. Seidler, Die Organisation Todt. Bauen für Staat und Wehrmacht 1938–1945, Bonn 1998.
Michajl Ivanovič Semirjaga, Kollaboracionizm: priroda, tipologija i projavlenija v gody vtoroj mirovoj vojny, Moskva 2000.
Alfred Erich Senn, Lithuania 1940: revolution from above, Amsterdam 2007.
Leonīds Siliņš, Nacistiskās Vācijas okupanti: mūsu tautas lielās cerības un rūgtā vilšanās, Rīga 2001.

Leonīds Siliņš, Latvieši Štuthofas koncentrācijas nometnē: 1942–1945, Rīga 2003.
Hedwig Singer, Entwicklung und Einsatz der Organisation Todt (OT), in: Hedwig Singer (Hg.), Quellen zur Geschichte der Organisation Todt, Osnabrück 1998, S. 1–364.
Hedwig Singer (Hg.), Handbook of the Organisation Todt. Quellen zur Geschichte der Organisation Todt. Band 4, Osnabrück 1998.
Hedwig Singer (Hg.), Quellen zur Geschichte der Organisation Todt Band 1 und 2, Osnabrück 1998.
Arnolds Šiņķis, Kurzemes cietoksnis, Rīga 1998.
Ronald Smelser (Hg.), Die SS: Elite unter dem Totenkopf; 30 Lebensläufe, Paderborn 2000.
G. Smirins u. M. Melers, Ebreju bojāejas traģedija holokausta laikā Latvijas provincē 1941. gada vasarā, in: Latvijas Vēsturnieku Komisijas Raksti 8. 2003, S. 210–234.
Ā. Šneijers, Holokausts Ludzā: ebreji un citu tautību iedzīvotāji, in: Latvijas Vēsturnieku Komisijas Raksti 12. 2004, S. 49–59.
Timothy Snyder, Der vergessene Holocaust: the unknown Black Book, in: Transit 35. 2008, S. 90–97.
Henriks Soms (Hg.), Regional identity of Latgale, Daugavpils 2002.
Mark Spoerer, Zwangsarbeit unter dem Hakenkreuz. Ausländische Zivilarbeiter, Kriegsgefangene und Häftlinge im Deutschen Reich und im besetzten Europa 1939–1945, Stuttgart 2001.
Knut Stang, Kollaboration und Massenmord: Die litauische Hilfspolizei, das Rollkommando Hamann und die Ermordung der litauischen Juden, Frankfurt am Main 1996.
Knut Stang, Das Fußvolk und seine Eliten. Der Beginn der Kollaboration in Litauen 1941, in: Wolfgang Benz u. Marion Neiss (Hg.), Judenmord in Litauen. Studien und Dokumente, Berlin 1999.
Petras Stankeras, Litovskie policejskie batal'ony. 1941–1945 gg (= Vragi i soëiuzniki), Moskva 2009.
I. Šteiman u. S. Kuznecov, Nezavisimaja Latvija 1919–1940, Rīga 1996.
Josifs Šteimanis, History of Latvian Jews, New York 2002.
Josifs Šteimanis (Hg.), Latgale un Daugavpils: vēsture un kultūra ; rakstu krājums, Daugavpils 1996.
Josifs Šteimanis, Latgale 1939–1959, Rēzekne 2003.
Ojārs Stepens., Nacionālsocialistiskās Vācijas vietējās varas politika okupātajā Latvijā (1941–1945), in: Heinrihs Strods (Hg.), Komunistu un Nacistu jugā. Latvijas okupācijas muzejs. Gadagrāmata 2000. 2001, S. 57–84.
Erich Stockhorst, 5000 Köpfe, Wiesbaden 1987.
Harry Stossun, Die Umsiedlungen der Deutschen aus Litauen während des Zweiten Weltkrieges: Untersuchungen zum Schicksal einer deutschen Volksgruppe im Osten, Marburg/Lahn 1993.

Aivars Stranga, Holokausts Latvijā: 1941–1945, in: Latvijas Vēsturnieku Komisijas Raksti 12. 2004, S. 209–224.
Aivars Stranga, Ebreji Baltijā: no ienākšanas pirmsākumiem līdz holokaustam; 14. gadsimts – 1945. gads, Rīga 2008.
Abba Strazhas, Deutsche Ostpolitik im Ersten Weltkrieg. Der Fall Ober Ost, 1915–1917, Wiesbaden 1993.
Robert Streibel u. Manfred Alexander (Hg.), Flucht und Vertreibung. Zwischen Aufrechnung und Verdrängung, Wien 1994.
Alfred Streim, Die Behandlung sowjetischer Kriegsgefangener im „Fall Barbarossa": Eine Dokumentation; unter Berücksichtigung der Unterlagen deutscher Strafvollzugsbehörden und der Materialien der Zentralen Stelle der Landesjustizverwaltungen zur Aufklärung von NS-Verbrechen, Heidelberg 1981.
Alfred Streim, Konzentrationslager auf dem Gebiet der Sowjetunion, in: Dachauer Hefte 5. 1989, S. 174–187.
Christian Streit, Keine Kameraden: Die Wehrmacht und die sowjetischen Kriegsgefangenen 1941–1945, Bonn 1997.
Christian Streit, Die sowjetischen Kriegsgefangenen in den deutschen Lagern, in: Dittmar Dahlmann u. Gerhard Hirschfeld (Hg.), Lager, Zwangsarbeit, Vertreibung und Deportation: Dimensionen der Massenverbrechen in der Sowjetunion und in Deutschland 1933 bis 1945, Essen 1999[1], S. 403–414.
Heinrihs Strods, Latgales iedzīvotāju etniskais sastavs 1772–1959, Rīga 1989.
Heinrihs Strods, Zem melnbrūnā zobena: Vācijas politika Latvijā; 1939–1945, Rīga 1994.
Heinrihs Strods (Hg.), Komunistu un Nacistu jugā. Latvijas okupācijas muzejs. Gadagrāmata 2000. Rīga 2001.
Heinrihs Strods (Hg.), Varas patvaçla, Rīga 2003.
Heinrihs Strods (Hg.), Cīņa par Baltiju, Rīga 2005.
Grigorij Sur u. T V Burkova, Evrei v Vil'no. Chronika 1941–1944, Sankt-Peterburg 2000.
Saulius Suziedelis, Lithuanian collaboration during the Second World War: past realities, present perceptions, in: Joachim Tauber (Hg.), „Kollaboration" in Nordosteuropa. Erscheinungsformen und Deutungen im 20. Jahrhundert, Wiesbaden 2006, S. 140–163.
Saulius Sužiedėlis, Foreign saviors, native disciples: perspectives on collaboration in Lithuania, 1940–1945, in: David Gaunt (Hg.), Collaboration and resistance during the Holocaust. Belarus, Estonia, Latvia, Lithuania, Bern 2004, S. 313–359.
Geoffrey Swain, Latvian's Red Partisans reconsidered, in: Humanitāro Zinātņu Vēstnesis. 2003, S. 81–94.
Geoffrey Swain, Between Stalin and Hitler. Class war and race war on the Dvina, 1940–46, London 2004.

Rein Taagepera, Estonia: Return to Independence, Boulder 1993.
J. Tauber, „Kollaboration" in Nordosteuropa. Erscheinungsformen und Deutungen im 20. Jahrhundert, in: Joachim Tauber (Hg.), „Kollaboration" in Nordosteuropa. Erscheinungsformen und Deutungen im 20. Jahrhundert, Wiesbaden 2006, S. 11–20.
J. Tauber, „Jews. Your history on lithuanian soil is over !". Lithuania and the Holocaust in 1941, in: Central and Eastern European Review 1. 2007, S. 55–73.
Joachim Tauber (Hg.), „Kollaboration" in Nordosteuropa. Erscheinungsformen und Deutungen im 20. Jahrhundert, Wiesbaden 2006.
Joachim Tauber (Hg.), Über den Weltkrieg hinaus: Kriegserfahrungen in Ostmitteleuropa 1914–1921. Nordost-Archiv. Band XVII/2008, Lüneburg 2009.
Joachim Tauber u. Ralph Tuchtenhagen, Vilnius. Kleine Geschichte der Stadt, Köln 2008.
Michael Thad Allen, The business of genocide: the SS, slavery, and the concentration camps, in: Francis R. Nicosia (Hg.), Business and industry in Nazi Germany, New York, NY 2004, S. 81–103.
The Jewish Museum (Hg.), Vilnius Ghetto: Lists of Prisoners Volume 2, Vilnius 1998.
Vytautas Toleikis, Lithuanian Roma during the years of Nazi Occupation, in: Christoph Dieckmann (Hg u. a.), Karo belaisviu ir civiliu gyventoju žudynės Lietuvoje. 1941–1944 = Murders of prisoners of war and of civilian population in Lithuania, Vilnius 2005, S. 267–288.
Adam Tooze, Ökonomie der Zerstörung. Die Geschichte der Wirtschaft im Nationalsozialismus, Bonn, München 2007.
Avraham Tory, Surviving the Holocaust: the Kovno Ghetto diary, Cambridge 1990.
Tragedija Litvy. 1941–1944 gody; sbornik archivnych dokumentov o prestuplenijach litovskich kollaboracionistov v gody Vtoroj mirovoj vojny, Moskva 2006.
Liudas Truska, Litauische Historiographie über den Holocaust in Litauen, in: Vincas Bartusevicius (Hg u. a.), Holocaust in Litauen. Krieg, Judenmorde und Kollaboration im Jahre 1941, Köln 2003, S. 262–276.
Gerd Ueberschär, Peter Steinkamp (Hg.), Handbuch zum Widerstand gegen Nationalsozialismus und Faschismus in Europa 1933/39 bis 1945, Berlin 2011.
H. Umbreit, Die Rolle der Kollaboration in der deutschen Besatzungspolitik, in: Werner Röhr (Hg.), Europa unterm Hakenkreuz:. Okkupation und Kollaboration, Berlin 1994, S. 33–44.
Roderich von Ungern-Sternberg, Bevölkerungsprobleme Lettlands, in: Osteuropa 12. 1936–37, S. 155–159.
A. Urtāns, Ebreju tautības civiliedzīvotāju slepkavošana Latvijas provincē: Ludzas apriņķis, in: Latvijas Vēsturnieku Komisijas Raksti 12. 2003, S. 225–254.

Riho Västrik, Tartu Concentration Camp in 1941–1944, in: Toomas Hiio (Hg.), Estonia 1940–1945: reports of the Estonian International Commission for the Investigation of Crimes Against Humanity, Tallinn 2006, S. 689–704.
Riho Västrik u. Meelis Maripuu, Vaivara Concentratioin Camp in 1943–1944, in: Toomas Hiio (Hg.), Estonia 1940–1945: reports of the Estonian International Commission for the Investigation of Crimes Against Humanity, Tallinn 2006, S. 719–738.
Georgij Grigor'evič Verbickij, Ostarbajtery: istorija rossijan, nasil, Moskva 2004.
Margers Vestermanis, Der lettische Anteil an der „Endlösung": Versuch einer Antwort, in: Uwe Backes (Hg.), Die Schatten der Vergangenheit. Frankfurt am Main 1990, S. 426–449.
Margers Vestermanis, Ortskommandantur Libau. Zwei Monate deutscher Besatzung im Sommer 1941, in: Hannes Heer (Hg.), Vernichtungskrieg. Verbrechen der Wehrmacht 1941–1944, Hamburg 1995², S. 241–259.
Margers Vestermanis, Die nationalsozialistischen Haftstätten und Todeslager im okkupierten Lettland (1941–1945), in: Ulrich Herbert u. a. (Hg.), Die nationalsozialistischen Konzentrationslager – Entwicklung und Struktur, Band 1–2, Göttingen 1998, S. 184–199.
Marģers Vestermanis, Tā rīkojās vērmahts: vācu militāristu loma nacistisko okupantu noziegumos Latvijā 1941–1945, Rīga 1973.
R. Vīksne, The Arājs' Commando Member as Seen in the KGB Trial Files: Social Standing, Education, Motives for Joining It, and Sentences Received, in: Latvijas Vēsturnieku Komisijas Raksti 2. 2001, S. 350–384.
R. Vīksne, Holokausts Latvijas mazpilsētās, in: Latvijas Vēsturnieku Komisijas Raksti 18. 2006, S. 217–238.
Hans-Erich Volkmann u. Bernhard Chiari (Hg.), Ökonomie und Expansion. Grundzüge der NS-Wirtschaftspolitik; Ausgewählte Schriften, München 2003.
B. Volkovič, Iudaizm v Daugavpilse (1920–1940), in: Josifs Šteimanis (Hg.), Latgale un Daugavpils: vēsture un kultūra; rakstu krājums, Daugavpils 1996, S. 93–109.
B. Volkovič (Hg.), Cholokost v Latgalii, Daugavpils 2003.
V. Volkovs, Krievi Latvijā, Rīga 1996.
Manfred Weißbecker, Fritz Sauckel: „Wir werden die letzten Schlacken unserer Humanitätsduselei ablegen …", in: Kurt Pätzold (Hg.), Stufen zum Galgen: Lebenswege vor den Nürnberger Urteilen, Leipzig 1999, S. 297–331.
Manfred Weißbecker, „So ein Arbeitseinsatz wie in Deutschland gibt es nicht noch einmal auf der Welt!". Fritz Sauckel – Generalbevollmächtigter für den Arbeitseinsatz, in: Ulrike Winkler (Hg.), Stiften gehen: NS-Zwangsarbeit und Entschädigungsdebatte, Köln 2000, S. 41–66.
A. Weiss-Wendt, Preconditions for the Holocaust Estonian. Jews and the „Judobolshevik" Myth, in: Anu Mai Kõll (Hg.), The Baltic Countries under Occupation. Soviet and Nazi Rule 1939–1991, Stockholm 2003, S. 161–166.

Anton Weiss-Wendt, Extermination of the Gypsies in Estonia during World War II, in: David Gaunt (Hg.), Collaboration and resistance during the Holocaust. Belarus, Estonia, Latvia, Lithuania, Bern 2004, S. 383–402.
Anton Weiss-Wendt, The Business of Survival: Baltic Oil Ltd. and Jewish forced-labor camps in Estonia, in: Yad Vashem studies 36. 2008, S. 45–71.
Anton Weiss-Wendt, Murder without hatred. Estonians and the Holocaust, Syracuse, N.Y 2009[1].
Mario Wenzel, Zwangsarbeitslager für Juden in den besetzten polnischen und sowjetischen Gebieten, in: Wolfgang Benz u. Barbara Distel (Hg.), Der Ort des Terrors. Arbeitserziehungslager, Ghettos, Jugendschutzlager, Polizeihaftlager, Sonderlager, Zigeunerlager, Zwangsarbeiterlager, München 2009, S. 125–154.
Christian Westerhoff, Zwangsarbeit im Ersten Weltkrieg. Dt. Arbeitskräftepolitik im besetzten Polen und Litauen 1914–1918, Paderborn 2012.
Christian Westerhoff, Deutsche Arbeitskräftepolitik in den besetzten Ostgebieten, in: Joachim Tauber (Hg.), Über den Weltkrieg hinaus. Kriegserfahrungen in Ostmitteleuropa 1914–1921. Nordost-Archiv. Band XVII/2008, Lüneburg 2009, S. 83–107.
Wolfram Wette, Der Krieg gegen die Sowjetunion: ein rassenideologisch begründeter Vernichtungskrieg, in: Wolf Kaiser (Hg.), Täter im Vernichtungskrieg. Der Überfall auf die Sowjetunion und der Völkermord an den Juden, Berlin 2002, S. 15–38.
Wolfram Wette (Hg.), Litauen 1941 und 2001. Auf den Spuren des SS-Massenmörders Karl Jäger; Erlebnisberichte von Freiburger Schülern und Studenten, Bremen 2002.
Wolfram Wette, SS-Standartenführer Karl Jäger, Kommandeur der Sicherheitspolizei (KdS) in Kaunas: Eine biographische Skizze, in: Vincas Bartusevicius (Hg. u. a.), Holocaust in Litauen. Krieg, Judenmorde und Kollaboration im Jahre 1941, Köln 2003, S. 77–90.
Ulrike Winkler (Hg.), Stiften gehen: NS-Zwangsarbeit und Entschädigungsdebatte, Köln 2000.
Wolfgang Wippermann, Nur eine Fußnote ? Die Verfolgung der sowjetischen Roma. Historiographie, Motive, Verlauf, in: Klaus Meyer (Hg.), Gegen das Vergessen: Der Vernichtungskrieg gegen die Sowjetunion 1941–1945, Frankfurt am Main 1992.
Wolfgang Wippermann, „Wie die Zigeuner": Antisemitismus und Antiziganismus im Vergleich, Berlin 1997.
Wolfgang Wippermann, „Auserwählte Opfer?": Shoah und Porrajmos im Vergleich; Eine Kontroverse, Berlin 2005.
T. Zeile, Latgales kulturas vēsture, Rēzekne 2006.
Jörg Zabel, Peter Steinweg, Die Sicht auf Krieg, Diktatur, Völkermord, Besatzung und Vertreibung in Russland, Polen und den baltischen Staaten, Berlin 2007.

Andreas Zellhuber, „Unsere Verwaltung treibt einer Katastrophe zu ...". Das Reichsministerium für die besetzten Ostgebiete und die deutsche Besatzungsherrschaft in der Sowjetunion 1941–1945, München 2006.
Dieter Ziegler (Hg.), Zwangsarbeit im Nationalsozialismus in den besetzten Gebieten 2004.
Bernd Zielinski, Die deutsche Arbeitseinsatzpolitik in Frankreich 1940–1944, in: Richard J. Overy (Hg.), Die „Neuordnung" Europas. NS-Wirtschaftspolitik in den besetzten Gebieten, Berlin 1997, S. 109–131.
Michael Zimmermann, Rassenutopie und Genozid. Die nationalsozialistische „Lösung der Zigeunerfrage". Univ., Habil.-Schr.–Jena, 1995. (= Hamburger Beiträge zur Sozial- und Zeitgeschichte, Bd. 33), Hamburg 1996.
Michael Zimmermann, Die nationalsozialistische „Lösung der Zigeunerfrage", in: Ulrich Herbert (Hg.), Nationalsozialistische Vernichtungspolitik 1939–1945, Frankfurt/M 1998, S. 235–262.
Michael Zimmermann, Zigeunerpolitik im Stalinismus, im „realen Sozialismus" und unter dem Nationalsozialismus. Ein Vergleich, in: Dittmar Dahlmann u. Gerhard Hirschfeld (Hg.), Lager, Zwangsarbeit, Vertreibung und Deportation: Dimensionen der Massenverbrechen in der Sowjetunion und in Deutschland 1933 bis 1945, Essen 1999[1], S. 111–132.
Rimantas Zizas, Persecution of Non-Jewish Citizens of Lithuania, Murder of Civilian Population, in: Christoph Dieckmann u. a. (Hg.), Karo belaisviu ir civiliu gyventoju žudynės Lietuvoje. 1941–1944 = Murders of prisoners of war and of civilian population in Lithuania, Vilnius 2005, S. 289–383.

Kolibri 360 GmbH
Ferdinand-Jühlke-Straße 7
99095 Erfurt, Deutschland
produktsicherheit@kolibri360.de